АКАДЕМИЯ НАУК СССР

ИНСТИТУТ РУССКОЙ ЛИТЕРАТУРЫ
(ПУШКИНСКИЙ ДОМ)

СЛОВАРЬ РУССКИХ ПИСАТЕЛЕЙ XVIII ВЕКА

ВЫПУСК 1
(А—И)

ЛЕНИНГРАД
«НАУКА»
ЛЕНИНГРАДСКОЕ ОТДЕЛЕНИЕ
1988

«Словарь русских писателей XVIII века» — первый в отечественном литературоведении труд, представляющий собой свод биографий тех лиц, которые активно участвовали в литературном движении 1700—1800 гг. В «Словарь» включены как биографии авторов, которые внесли заметный вклад в развитие русской литературы, так и статьи о менее значительных, забытых литераторах, рядовых деятелях русской культуры.

Редакционная коллегия:
Н. Д. КОЧЕТКОВА, Г. Н. МОИСЕЕВА,
С. И. НИКОЛАЕВ (секретарь),
А. М. ПАНЧЕНКО (ответственный редактор),
В. П. СТЕПАНОВ (заместитель ответственного редактора)

Рецензенты: В. А. Западов, Г. Н. Моисеева

С $\frac{4603020101-789}{042(02)-88}$ 336-88-III

© Издательство «Наука», 1988 г.

ISBN 5-02-027972-2 (Вып. 1)
ISBN 5-02-027971-4

ПРЕДИСЛОВИЕ

Задача издаваемого «Словаря русских писателей XVIII века» состоит в том, чтобы очертить круг лиц, достаточно активно участвовавших в создании новой русской литературы, начиная с петровской эпохи, и изложить основные сведения о их жизни и литературной деятельности в жанре справочно-биографической статьи. Выделение XVIII века как особого периода обусловлено историко-культурными причинами. Календарная реформа Петра I, которая привела русское летосчисление в соответствие с западным, принятым в протестантской Европе, основывалась также на историософской аксиоме «столетнего века». Тем самым было провозглашено начало нового цикла. Ощущение новизны и неповторимости эпохи сохранялось на всем его протяжении, что продемонстрировал А. Н. Радищев в стихотворении «Осмнадцатое столетие».

Литература эпохи — литература переходного типа. Отчасти доживает свой век (в рукописных сборниках), отчасти трансформируется традиция русского средневековья. В противовес ей происходит становление новой, ориентированной на западную эстетику и западную жанровую систему поэзии, драматургии, прозы. Этот сложный процесс (как и процесс выработки литературного языка) завершается в целом лишь к началу следующего столетия. Отсюда многообразие форм литературной деятельности в пределах цикла. Сосуществуют, образуя противоречивое, но органическое единство, роман и различные историографические жанры, светское красноречие и духовная проповедь, сатира и политическая публицистика, философская поэзия и богословский трактат. Важнейшее значение (и в этом примета времени, его отличительная в сравнении с эпохой романтизма и реализма черта) имеет переводная литература, смыкавшаяся с вольными пересказами и переделками иностранных сочинений.

В XVIII в. изящная словесность только начинает завоевывать автономию. По составу «Словаря. . .» можно судить о незавершенности обособления литературы XVIII в. от письменности вообще. Наряду с прозаиками, поэтами, драматургами в «Словарь. . .» вошли переводчики художественной литературы, а также некоторые историки, проповедники, философы, публицисты, издатели журналов, русские авторы, писавшие на иностранных языках. Велико также число лиц, для которых литература была побочным, в сравнении с их профессиональной деятельностью, занятием.[1] В «Словаре. . .» сделана попытка представить круг участников литературной жизни эпохи по возможности полно. В него включено более 900 статей об отдельных авторах. Наряду со статьями об известных писателях сюда вошли и статьи о рядовых деятелях литературы, обычно не привлекавших внимания исследователей; какие-либо сведения о них часто вообще отсутствуют в биографических и прочих справочниках.

Задача создания словаря своих писателей возникает перед культурой каждого народа лишь на том этапе, когда, во-первых, литература осозна-

---

[1] Более подробно о составе словника «Словаря. . .» см.: Словарь русских писателей XVIII века: Принципы составления; Образцы статей; Словник. Л., 1975.

ется как сумма индивидуальных усилий, как продукция талантов (древнерусская установка на анонимность — следствие трактовки творчества как «соборного», коллективного деяния) и когда, во-вторых, уровень литературы отождествляется с уровнем цивилизованности нации и страны. «Не тщеславие получить название сочинителя, — писал Н. И. Новиков в предисловии к «Опыту исторического словаря о российских писателях», — но желание оказать услугу моему отечеству к сочинению сея книги меня побудило. ⟨...⟩ Все европейские народы прилагали старание о сохранении памяти своих писателей, а без того погибли бы имена всех в писаниях прославившихся мужей. Одна Россия по сие время не имела такой книги, и, может быть, сие самое было погибелью многих наших писателей, о которых никакого ныне не имеем мы сведения».

По мере развития научной истории литературы цели патриотические и чисто цивилизационные отодвинулись на второй план, а в центре внимания оказалось справочное значение словарей. Научная мысль, по крайней мере в России с середины XIX в., стремится к созданию биобиблиографического словаря как универсального справочника, посвященного всем тем, чей вклад в национальную культуру зафиксирован в письменной или печатной форме. Предполагалось, что такой справочник включит сведения о биографии, полный список произведений писателя и библиографию критической и научной литературы о нем. Самой яркой и последовательной попыткой воплощения подобного замысла являются библиографические предприятия С. А. Венгерова в рамках подготовки «Критико-биографического словаря русских писателей», ни одно из которых не было завершено. Обычно неудачи Венгерова объясняют материальными и организационными причинами. Скорее, однако, всеобъемлющий словарь не был создан из-за препятствий чисто научных. Поставленные Венгеровым задачи оказались хотя и взаимосвязаны, но до крайности разнородны, потребовали не только больших усилий, но и особых методов подхода к разным частям большой работы. На практике, как показала дальнейшая история справочных изданий, каждая из этих задач стала затем решаться самостоятельно. Отдельно развернулась работа по учету наличного репертуара печатной и рукописной книги, критических и историко-литературных работ; изучение биографии писателей вылилось в самостоятельную проблему

Споры начала XX в. вокруг биографического метода в литературоведении в значительной степени скомпрометировали и затормозили биографические изучения. Вместе с тем они способствовали прояснению самой проблемы. Попытки представить биографический метод универсальным инструментом объяснения истории литературы были отвергнуты. Однако стало очевидным, что без изучения биографии правильное понимание литературного произведения, тем более литературной жизни эпохи, невозможно. Биографически, особенно в узком смысле «личной биографии», трудно объяснить как отдельное произведение, так и все творчество писателя. Однако бесплодной оказалась и идея рассматривать историю литературы как поток безличных произведений. Живая связь литературы и общества осуществляется через писателя, через его личный и общественный опыт. Культурные, эстетические и общественные потребности трансформируются в личном, индивидуальном сознании, прежде чем предстать в объективированной форме литературного сочинения. Только изучение биографии создает твердую основу для решения вопросов атрибуции, датировок, общественной и кружковой принадлежности писателя, т. е. тех вопросов, которые неизбежно предшествуют попытке общей интерпретации творчества писателя и литературного процесса в целом.

«Словарь русских писателей XVIII века» пытается, хотя бы частично, восполнить накопившиеся пробелы в изучении биографии писателей, давая исследователю и читателю краткую, но систематизированную информацию о их жизни и творческого пути.

Первый словарь русских писателей XVIII в. был создан в том же столетии. Его опубликовал Н. И. Новиков, который, как принято считать, был не только организатором работы, главным собирателем материалов и их редактором, но и автором основной части статей.[2] Его помощники, а подобную книгу вряд ли можно было подготовить в одиночку, точно неизвестны. Предположительно считается, что часть биографических и библиографических сведений Новиков получил от А. П. Сумарокова, а непосредственно ему помогали М. И. Попов, М. Д. Чулков, Г.-Ф. Миллер. Новиков использовал в «Опыте словаря. . .», после строгой критики, также «Известие о некоторых русских писателях» («Nachricht von einigen russischen Schriftstellern. . .»).[3] Авторство последнего сочинения, несмотря на множество выдвинутых предположений, до сих пор достоверно не установлено. Между этими двумя почти одновременно составленными перечнями русских писателей есть и несомненное сходство, и существенное различие. Если «Известие. . .» включало довольно узкий круг писателей середины XVIII в., то «Опыт словаря. . .» вполне оправдывал название издания «исторического», являясь попыткой представить не только писателей-современников, но также писателей начала XVIII в. и допетровской Руси.

Основная источниковедческая ценность первых опытов словарного дела в России состоит в том, что они принадлежат хорошо информированным современникам и содержат сведения «из первых рук», в том числе в произведениях неопубликованных, о фактах биографии, документально не фиксировавшихся. Как подтвердили исследования, в целом «мемуарный» элемент в них требует тщательной проверки; но во многих случаях указания оказываются точными и подтверждаются затем независимыми источниками. В связи с этим и «Опыт словаря. . .» Новикова, и лейпцигское «Известие. . .» широко использовались при написании статей «Словаря. . .».

Достоинством первоисточника в отношении биографии и творчества писателей XVIII в. обладают также словари, составленные митрополитом Евгением (Е. А. Болховитиновым).[4] Он пользовался для своих словарных справок еще вполне близким преданием о литературной жизни XVIII в., а главное планомерно собирал автобиографии писателей-современников, поскольку застал в живых многих деятелей литературы того времени. Ему были доступны и многие рукописи, затем погибшие или затерянные. Как показывают сохранившиеся в бумагах М. П. Погодина черновые материалы для словарей, Евгений Болховитинов хорошо понимал ценность подобных сведений и с большой полнотой вводил их в окончательный текст словарей.

Позднейшие словарные работы учитывали XVIII век лишь как незначительную часть общей истории русской словесности. В основном они имели сводно-библиографический характер и отражали уровень историко-литературных сведений своего времени. Из них словарем писателей в прямом смысле

---

[2] Опыт исторического словаря о российских писателях / Из разных печатных и рукописных книг, сообщенных известий и словесных преданий собрал Николай Новиков. СПб., 1772 (перепечатан: Материалы для истории русской литературы / Изд. П. А. Ефремова. СПб., 1867; *Новиков Н. И.* Избр. соч. / Подгот. текста, вступ. ст. и коммент. Г. П. Макогоненко. М.; Л., 1951).

[3] Впервые опубликовано в лейпцигском журнале «Neue Bibliothek der schönen Wissenschaften und der freien Künste» (1768, Bd 7, Th. 1—2); в переводе на французский язык и с некоторыми дополнениями: Essai sur la littérature Russe, contenant une liste des gens de lettres Russes, qui se sont distingués depuis le règne de Pierre le Grand. Par un voyageur Russe. Livorno, 1771; 2-me éd. Livorno, 1774. И французский и немецкий тексты перепечатаны вместе с переводами на русский язык в книге: Материалы для истории русской литературы / Изд. П. А. Ефремова. СПб., 1867.

[4] *Евгений*. 1) Словарь исторический о бывших в России писателях духовного чина греко-российской церкви. СПб., 1818, т. 1—2; 2-е изд., умнож. и испр. СПб., 1827; 2) Словарь русских светских писателей, соотечественников и чужестранцев, писавших в России, служащий дополнением к Словарю писателей духовного чина, составленного митрополитом Евгением / Изд. И. М. Снегирева. М., 1838, т. 1 (до литеры «Г»). Полностью рукопись Болховитинова была издана М. П. Погодиным (М., 1845, т. 1—2).

слова является лишь «Критико-биографический словарь» С. А. Венгерова (вып. 1—6 включают малую часть имен, в основном до литеры «В», из числа зафиксированных в «Предварительном списке...»).⁵ Сюда вошло и сравнительно небольшое количество статей о писателях XVIII в., составленных преимущественно по данным печатных источников.

«Словарь» Г. Н. Геннади также остался незавершенным (доведен до литеры «Р»). Главной задачей составителя было прежде всего дать достаточно подробный перечень произведений писателей, включенных в «Словарь»; поэтому он содержит только самые краткие биографические справки.⁶ Разные по степени точности и подробности приводимых сведений статьи о писателях вошли в «Энциклопедический словарь» Брокгауза и Ефрона.⁷

На фоне этих изданий выделяется «Русский биографический словарь», подготовленный Русским историческим обществом, — единственное дореволюционное издание, при работе над которым авторы статей имели возможность последовательно использовать документальные материалы Государственного архива.⁸ В их распоряжении были такие ценные источники биографических сведений, как послужные списки (формуляры); разыскивались и другие документы о малоизвестных лицах. Исторические цели «Русского биографического словаря» наложили отпечаток на общий характер статей. В центре внимания составителей словаря и авторов статей преимущественно находилась государственная, служебная или общественная деятельность исторических лиц. Только в статьях, написанных историками литературы, на первое место выдвигался литературный путь писателя. Зато с точки зрения биографий статьи словаря представляют иногда подлинный первоисточник, поскольку следы многих архивных документов после реорганизации системы государственных архивов были потеряны.

Из специальных словарей, включающих сведения о писателях XVIII в., следует отметить составленный Н. Н. Голицыным словарь женщин-писательниц, ценный прежде всего обширной библиографией.⁹

Важнейшим справочным изданием был для авторов настоящего словаря «Сводный каталог» книг XVIII в.¹⁰ Указанный труд, одновременно с работами Т. А. Быковой и М. М. Гуревича,¹¹ впервые в русской библиографии дал

---

⁵ Критико-биографический словарь русских писателей и ученых (от начала русской образованности до наших дней) / Под ред. С. А. Венгерова. СПб., 1889—1904, т. 1—6; Предварительный список русских писателей и ученых и первые о них справки. Пг., 1915—1918, т. 1—2, вып. 1—6 (до «Павлов» включительно).

⁶ *Геннади Г. Н.* Справочный словарь о русских писателях и ученых, умерших в XVIII и XIX столетиях, и список русских книг с 1726 по 1825 год. Берлин; М., 1876—1908, т. 1—3.

⁷ Энциклопедический словарь / Изд. Ф. А. Брокгауз (Лейпциг) и И. А. Ефрон (Петербург). СПб., 1890—1907, т. 1—86.

⁸ Русский биографический словарь. М.; СПб.; Пг., 1896—1918. Всего вышло 25 томов; не вышли тома на литеры «В», «Е», «М», «У»; тома на литеры «Г», «Н», «Т» вышли не полностью. Краткие и случайные справки, особенно о малоизвестных лицах, содержатся также в издании: Азбучный указатель имен русских деятелей для «Русского биографического словаря». СПб., 1887—1888 (Сборник русского исторического общества, т. 60, 62).

⁹ *Голицын Н. Н.* Библиографический словарь русских писательниц. СПб., 1889.

¹⁰ Сводный каталог русской книги гражданской печати XVIII века. М., 1962—1967, т. 1—5; дополнительный том под тем же заглавием (без порядкового номера): М., 1975.

¹¹ Описание изданий гражданской печати. 1708—январь 1725 / Сост. Т. А. Быкова и М. М. Гуревич; Ред. П. Н. Беркова. М.; Л., 1955; Описание изданий, напечатанных при Петре I: Сводный каталог. Дополнения и приложения / Сост. Т. А. Быкова, М. М. Гуревич, Р. И. Козинцева; Под ред. П. Н. Беркова. Л., 1972.

полный свод печатных изданий XVIII в. и предоставил возможность легко ориентироваться в этом книжном многообразии. Составители «Сводного каталога...» решили или, в трудных случаях, поставили вопросы атрибуции большого количества произведений, установили источники значительного числа переводов и имена переводчиков. Кроме того, в аннотациях и указателях «Сводного каталога...» аккумулирована огромная критически проверенная информация, извлеченная составителями из историко-литературных и книговедческих работ. Существенным подспорьем к «Сводному каталогу...» служат также сопутствовавшие ему издания: книга Н. Н. Мельниковой, посвященная издательской деятельности Московского университета,[12] а также библиография книг кирилловской печати.[13] Хронологически продолжением книжной библиографии «Сводного каталога...» до сих пор остается осуществленное В. Н. Рогожиным переиздание «Опыта российской библиографии...» В. С. Сопикова,[14] которое охватывает материалы по началу XIX столетия.

Историки литературы XVIII в. имеют в своем распоряжении и два замечательных справочника по журналистике: «Историческое разыскание...» и «Указатель...» к нему, составленные А. Н. Неустроевым.[15] Неустроев учел и постатейно описал подавляющее большинство периодических изданий за 1703—1802 гг., что дало в «Словаре...» возможность достаточно полно проследить участие писателей в современной им журналистике. А поскольку сотрудничество в журналах на протяжении всего XVIII в. в отличие от более позднего времени определялось прежде всего личными связями и групповыми пристрастиями, введение в «Словарь...» сведений о журнальных публикациях позволило в словарных статьях более дифференцированно определить место писателя среди его современников. Труд Неустроева не безупречен. Он устарел в научном отношении; после его выхода в свет, за последующие сто лет, накопилось много фактических уточнений и дополнений к нему. Впрочем, и в первозданном своем виде работа Неустроева содержала многочисленные ошибки (естественные для столь огромного труда, которым автор занимался в течение всей своей жизни), грешила произвольностью атрибуций, непоследовательностями и пропусками в «Указателе...». Отчасти новейшим дополнением к ней служит подобный же труд известного библиофила Н. П. Смирнова-Сокольского, раскрывающий содержание альманахов и сборников за XVIII—XIX вв.[16]

Все перечисленные справочные издания были рекомендованы авторам «Словаря...» для обязательного просмотра и были практически использованы ими при работе над словарными статьями. Ссылки на них в словарных статьях, как правило, не приводятся; эти работы включаются в пристатейную библиографию только в исключительных случаях (существенное уточнение фактов, спорные моменты, отсутствие возможности проверить сомнительные сведения

---

[12] *Мельникова Н. Н.* Издания, напечатанные в типографии Московского университета: XVIII век. М., 1966.

[13] Описание изданий, напечатанных кириллицей. 1689—январь 1725 / Сост. Т. А. Быкова и М. М. Гуревич; Ред. П. Н. Беркова. М.; Л., 1958; Сводный каталог русской книги кирилловской печати XVIII века / Сост. А. С. Зернова и Т. Н. Каменева. М., 1968.

[14] *Сопиков В. С.* Опыт российской библиографии, или Полный словарь сочинений и переводов, напечатанных на славенском и российском языках от начала заведения типографий до 1813 года / Ред., примеч., доп. и указ. В. Н. Рогожина. 2-е изд. СПб., 1904—1906, т. 1—5. «Указатель к „Опыту..."» вышел отдельной книгой: 2-е изд., испр. и доп. СПб., 1908.

[15] *Неустроев А. Н.* 1) Историческое разыскание о русских повременных изданиях и сборниках за 1703—1802 гг., библиографически и в хронологическом порядке описанных. СПб., 1874; 2) Указатель к русским повременным изданиям и сборникам за 1703—1802 гг. и к «Историческому разысканию» о них. СПб., 1898.

[16] *Смирнов-Сокольский Н. П.* Русские литературные альманахи и сборники XVIII—XIX вв. М., 1965.

по другим источникам и т. п.), а также когда какое-то из этих изданий послужило первоисточником сведений для словарной статьи.

Что касается библиографии критических и исследовательских работ о писателях XVIII в., то основными справочниками для авторов служили «Источники словаря русских писателей», изданные Венгеровым,[17] и подготовленная Сектором литературы XVIII в. Института русской литературы (Пушкинский Дом) АН СССР ретроспективная библиография, учитывающая научную литературу до 1967 г.[18] Широко использовались в качестве библиографического источника также хранящиеся в Пушкинском Доме справочные картотеки С. А. Венгерова и Б. Л. Модзалевского. Первая, вобравшая материалы росписи журналов, справочников и монографий XIX—XX вв. по персональному принципу, дает применительно к литературе XVIII в., как правило, довольно полный перечень произведений, которые появились в журналах начала XIX в. и остались не охваченными росписью Неустроева. Особую ценность для словарной работы представляла картотека Б. Л. Модзалевского. Она является биографической по исходному замыслу составителя и в ряде случаев содержит отсылки к таким печатным материалам о малоизвестных писателях, которые не находимы по другим источникам.

Чтобы расширить источниковедческую базу «Словаря...», Сектор литературы XVIII в. предпринял определенную подготовительную работу, по необходимости ограниченную сроками и объемом. Как показывает даже поверхностная статистика, большая часть лиц, причастных к литературному творчеству в XVIII в., в то или иное время находилась на государственной службе. Поэтому подготовленный в 1975 г. «Словник» был сверен с «Адрес-календарями» (месяцесловами), официальными списками лиц, занимавших штатные должности в военных и гражданских учреждениях. «Адрес-календари» за 1765—1796 гг. подвергались сплошному просмотру; за 1801—1810 гг. — просматривались через год. Из других печатных источников были последовательно учтены выходившие непериодически списки состоявших на службе чинов первых восьми классов (по Табели о рангах). Извлеченные из этих изданий сведения, не представляя исчерпывающей служебной биографии, тем не менее дали возможность производить дальнейшие разыскания в рукописных фондах соответствующих учреждений XVIII в. Кроме того, была просмотрена алфавитная часть коллекции послужных списков Центрального государственного исторического архива в Ленинграде, включающая документы последних десятилетий XVIII—начала XIX в. Вся эта работа была проделана сотрудником Сектора литературы XVIII в. А. Б. Шишкиным. Результаты разысканий были предоставлены авторам, сотрудничающим в «Словаре...». Конкретные отсылки к использованным при составлении биографий «месяцесловам» и «спискам» в статьях опущены; документированы только сведения, почерпнутые из архивных источников.

Наличие книжной библиографии, библиографий журнальных публикаций и основной научной литературы, охватывающих материалы о русском XVIII в., позволило отказаться от традиционного типа биобиблиографического словаря и уделить основное внимание биографиям писателей в собственном смысле слова.

Задача изложения писательской биографии в рамках словаря имела два аспекта. Когда речь шла о научно разработанных биографиях писателей, то перед авторами стояла цель критически проверить известные факты, акцентировать основные моменты жизни и литературной деятельности писателя, на основании имеющейся литературы дать современную оценку его наследия и составить справочную статью, которая избавила бы будущего исследователя от поисков основного фактического материала о жизни и творчестве писателя. Перед авторами статей о малоизвестных, а во многих случаях безвестных литераторах прежде всего стояли проблемы источниковедческого поиска. При этом использовался широкий круг справочной литературы,

---

[17] Источники словаря русских писателей / Под ред. С. А. Венгерова. Пг., 1900—1917, т. 1—4 (до «Некрасов» включительно).

[18] История русской литературы XVIII века: Библиогр. указ. / Сост. В. П. Степанов и Ю. В. Стенник; Под ред. П. Н. Беркова. Л., 1968.

указанной в изданной под редакцией П. А. Зайончковского книге «Справочники по истории дореволюционной России» (М., 1978). Значительное количество сведений удалось почерпнуть из работ по истории Московского университета и гимназии при нем, опубликованных Н. А. Пенчко (Документы и материалы по истории Московского университета второй половины XVIII века. М., 1960—1963, т. 1—3), из работ Е. С. Кулябко об Академическом университете и гимназии (М. В. Ломоносов и учебная деятельность Петербургской Академии наук. М.; Л., 1962; Замечательные питомцы Академического университета. Л., 1977), из изданий, посвященных истории духовных учебных заведений. Для разысканий о лицах, служивших в армии, спорадически использованы истории полков. Для большого числа писателей, остававшихся на службе в первой четверти XIX в., когда окончательно оформилась система «послужных списков», удалось найти эти служебные дела (формуляры), сохранившиеся в фондах соответствующих учреждений и в коллекции коллективных послужных списков Центрального государственного исторического архива в Ленинграде (ф. 1349, оп. 4).

Поскольку основную часть авторов, работавших над статьями, составили ленинградцы, менее основательно были обследованы фонды Центрального государственного военно-исторического архива, а также богатейшие, но труднодоступные материалы Герольдмейстерской конторы в Центральном государственном архиве древних актов (Москва). Из последних удалось систематически выявить и использовать только документы, относящиеся к авторам, имена которых зафиксированы в основной алфавитной описи. Тем не менее факты, извлеченные из дел Герольдмейстерской конторы, позволили во многих случаях определить даты жизни, социальный и служебный статус литераторов XVIII в. и, таким образом, наметить пути дальнейших, более целенаправленных разысканий.

Материалы других архивов и рукописных собраний (Государственной Публичной библиотеки им. М. Е. Салтыкова-Щедрина, Института русской литературы АН СССР, Государственной библиотеки СССР им. В. И. Ленина и др.) использовались авторами в меру разработанности и доступности их справочного аппарата (сводные алфавитные картотеки и указатели), однако и такой ограниченный поиск позволил внести существенные уточнения в некоторые биографии.

Перед авторами «Словаря...» было поставлено несколько общеобязательных задач, которые следовало решить независимо от особенностей каждой конкретной биографии. Необходимо было установить точное имя, отчество и фамилию писателя, даты его жизни, место рождения и смерти, сословное происхождение и положение, образовательный уровень, общественные, литературные и частные связи с современниками. Дать ответ на поставленные вопросы удалось далеко не во всех случаях. Вместе с тем статьи «Словаря...» в значительной степени уточняют представление о том, какими силами создавалась литература XVIII в. Выясняется, что если оригинальная литература представлена в основном писателями — дворянами по происхождению, то среди переводчиков и сотрудников журналов было много выходцев из духовного сословия. Становится ясной огромная роль, которую сыграли в формировании литературной среды такие учебные заведения, как гимназия при Московском университете, Главное народное училище (Учительская семинария), Сухопутный шляхетный корпус и духовные учебные заведения, многие питомцы которых выбрали затем путь гражданской службы. Собранные воедино сведения о составе литераторов XVIII в., видимо, могут послужить основой и для ряда других выводов общего характера о процессе становления русской национальной литературы. Что касается фактографической стороны «Словаря...», то для некоторых лиц удалось уточнить отдельные даты жизни; биографии других (правда, не всегда исчерпывающие) написаны впервые. О ряде писателей биографических сведений разыскать не удалось; поэтому статьи о них имеют характер библиографических справок.

Однако основная задача авторов «Словаря...» — поставить в связь частную биографию и литературное творчество писателя. В каждой статье даются, хотя бы в кратком виде, обзор или характеристика основных произведений данного автора, отмечаются их главные темы, сюжеты, проблематика.

Словарная статья излагает литературную биографию либо в хронологической последовательности, либо по периодам творческого пути, либо чисто биографическая справка сопровождается общей характеристикой литературной деятельности писателя. В заглавной части статьи вслед за общепринятыми фамилией, именем и отчеством указываются их варианты, бытовавшие в XVIII в. Даты жизни приводятся в квадратных скобках цифрами (арабскими для годов, римскими для месяцев); в круглых скобках дается перевод дат на новый стиль. Если известна только одна дата — рождения или смерти, отсутствие второй особо не оговаривается. При наличии двух или нескольких спорных дат в качестве опорной берется наиболее обоснованная; другие, как правило, даются с указанием «по др. данным». Звездочка при дате отсылает к источнику, печатному (в пристатейной библиографии) или архивному (в тексте статьи). Все остальные даты в статье даются по старому стилю; место рождения и смерти указывается по старому административному делению России с той степенью полноты и точности, которая достижима с помощью наличных источников биографии писателя. Дефиниция дается только в статьях о тех лицах, которые более известны в какой-то другой области деятельности, чем в литературе. В начальной части статьи сообщаются сведения о социальном происхождении писателя и его родственных связях, если они имеют значение для его литературной биографии.

Названия произведений, изданий (книги и сборники), журналов XVIII в. приводятся в тексте статей не всегда полностью. Обычно это делается только при первом упоминании; далее они обозначаются сокращенно по первому или ключевому слову. Слишком длинные или двойные названия сокращаются и при первом упоминании, но так, что сокращенное заглавие дает возможность его библиографической идентификации с полным заглавием. Часто повторяющиеся названия (в тексте и пристатейной библиографии) приводятся в соответствии со списком сокращений. Для изданий XVIII в., напечатанных в Москве и Петербурге, указывается лишь год издания; место издания и год одновременно приводятся только для книг, вышедших в провинции или за границей, а также для изданий XIX в. Тексты XVIII в. переведены на новую орфографию. Приводимые в статье имена даются с инициалами при первом упоминании; при последующих инициалы опускаются. Курсивом выделены имена тех лиц, которые вошли в выпуск 1 словаря или войдут в выпуски 2 и 3. Архивные ссылки в тексте статьи указывают, что предшествующие эпизоды биографии изложены или проверены по указанным архивным источникам.

В пристатейную библиографию включены главным образом работы биографического характера, на основании которых составлена статья. Более полная библиография дается при статьях о малоизвестных писателях.

Помимо системы нормативных сокращений в «Словарь...» введены также сокращения в соответствии с особым списком сокращений.

Сектор русской литературы XVIII в. благодарит доктора филологических наук В. А. Западова, со свойственной ему добросовестностью и скрупулезностью отрецензировавшего рукопись издания, а также доктора филологических наук Г. Н. Моисееву и заранее выражает признательность читателям за любые фактические уточнения к статьям «Словаря...», которые они сообщат редколлегии (Ленинград, набережная Макарова, 4, Институт русской литературы (Пушкинский Дом) АН СССР).

ПРИНЯТЫЕ СОКРАЩЕНИЯ [1]

авт.	— авторский	ориг.	— оригинал, оригинальный
акад.	— академик, академический		
арт.	— артиллерийский	отд.	— отдел, отдельно, отдельный
арх.	— архив, архивный	отеч.	— отечество, отечественный
архиеп.	— архиепископ		
архим.	— архимандрит	пб.	— петербургский
благор.	— благородный	первонач.	— первоначально, первоначальный
вед.	— ведомость, ведомости		
вкл.	— включительно	переизд.	— переиздан, переиздание, переизданный
восп.	— воспитательный		
впосл.	— впоследствии	перераб.	— переработка, переработанный
гл. о.	— главным образом		
губ.	— губерния, губернский	подгот.	— подготовка, подготовлен, подготовленный
д.	— действие, действительный		
		подл.	— подлинник
деп.	— департамент	пол.	— половина, польский
дер.	— деревня, деревенский	полн.	— полностью, полный
докум.	— документальный	посв.	— посвящение, посвящен
доп.	— дополнение, дополненный	пост.	— постановка, поставлен
		преосв.	— преосвященный
зап.	— западный, записки	просв.	— просвещение
зем.	— земский	публ.	— публикация, публичный
знач.	— значительно, значительный		
		расш.	— расширенный
изв.	— известия, известен	родосл.	— родословный
изд.	— издание, издал, издан, издаваемый, изданный	с.	— село, столбец, страница
кадет.	— кадетский	сост.	— составитель, составленный
кол.	— коллежский, коллекция		
лит.	— литература, литературный	соц.	— социальный
		ст.	— статский, статья
м.	— местечко, мыс	стих.	— стихотворный
митр.	— митрополит	сухоп.	— сухопутный
м-рь	— монастырь	т.	— тайный, том
набл.	— наблюдатель	типогр.	— типография, типографский
надв.	— надворный		
напеч.	— напечатан, напечатанный	тит.	— титульный
		титул.	— титулярный
насл.	— наследство	у.	— уезд, уездный
нов.	— новости	упр.	— управление
обл.	— область, областной	утр.	— утренний
опубл.	— опубликовал, опубликован, опубликованный	шлях.	— шляхетный

[1] В список не включены использованные в издании общепринятые и легко расшифровываемые сокращения.

СОКРАЩЕНИЯ НАЗВАНИЙ КНИГ, ЖУРНАЛОВ И ГАЗЕТ

Аониды — Аониды, или Собрание разных новых стихотворений.
Арапов. Летопись — *Арапов П. Н.* Летопись русского театра. СПб., 1861.
Бантыш-Каменский. Словарь — *Бантыш-Каменский Д. Н.* Словарь достопамятных людей русской земли, содержащий в себе жизнь и деяния знаменитых полководцев, министров и мужей государственных, великих иерархов православной церкви, отличных литераторов и ученых, известных по участию в событиях отечественной истории / Изд. А. Ширяевым. М., 1836, ч. 1—5.
Барсков. Переписка масонов — *Барсков Я. Л.* Переписка московских масонов XVIII века. Пг., 1915.
Берков. Журналистика — *Берков П. Н.* История русской журналистики XVIII века. М.; Л., 1952.
Берков. История комедии — *Берков П. Н.* История русской комедии XVIII века. Л., 1977.
Берков. Лит. полемика — *Берков П. Н.* Ломоносов и литературная полемика его времени. 1750—1765. М.; Л., 1936.
Берков. Сатир. журналы Новикова — Сатирические журналы Н. И. Новикова: «Трутень». 1769—1770; «Пустомеля». 1770; «Живописец». 1772—1773; «Кошелек». 1774 / Ред., вступ. ст. и коммент. П. Н. Беркова.
Б-ка ученая — Библиотека ученая, экономическая, нравоучительная, историческая и увеселительная в пользу и удовольствие всякого звания читателей.
Биогр. словарь Моск. ун-та — Биографический словарь профессоров и преподавателей имп. Московского университета за истекающее столетие со дня учреждения января 12-го 1755 года по день столетнего юбилея января 1-го 1855 года, составленный трудами профессоров и преподавателей, занимавших кафедры в 1854 году, и расположенный по азбучному порядку. М., 1855, ч. 1—2.
Боголюбов. Новиков — *Боголюбов В.* Новиков и его время. М., 1916.
Быкова, Гуревич. Описание — Описание изданий гражданской печати. 1708—январь 1725 / Сост. Т. А. Быкова и М. М. Гуревич; Ред. и вступ. ст. П. Н. Беркова. М.; Л., 1955.
Венгеров. Источники — Источники словаря русских писателей / Под ред. С. А. Венгерова. Пг., 1900—1917, т. 1—4.
Венгеров. Рус. поэзия — Русская поэзия: Собрание произведений русских поэтов, частью в полном составе, частью в извлечениях, с важнейшими критико-биографическими статьями, биографическими примечаниями и портретами / Под ред. С. А. Венгерова. СПб., 1893—1901, т. 1, вып. 1—6; доп.: вып. 7.
Венгеров. Словарь — Критико-биографический словарь русских писателей и ученых (от начала русской образованности до наших дней) / Под ред. С. А. Венгерова. СПб., 1899—1904, т. 1—6.
Вернадский. Рус. масонство — *Вернадский Г. В.* Русское масонство в царствование Екатерины II. Пг., 1917.

Геннади. Словарь — *Геннади Г. Н.* Справочный словарь о русских писателях и ученых, умерших в XVIII и XIX столетиях, и список русских книг с 1725 по 1825 год. Берлин; М., 1876—1908, т. 1—3.

Голицын. Словарь — *Голицын Н. Н.* Библиографический словарь русских писательниц. СПб., 1889.

Гор. и дер. б-ка — Городская и деревенская библиотека, или Забавы и удовольствия разума и сердца в праздное время, содержащая в себе: как истории и повести нравоучительные и забавные, так и приключения веселые, печальные, смешные и удивительные.

Греч. Зап. — *Греч Н. И.* Записки о моей жизни. М.; Л., 1930.

Гуковский. Очерки — *Гуковский Г. А.* Очерки по истории русской литературы и общественной мысли XVIII века. Л., 1938.

Дело от безделья — Дело от безделья, или Приятная забава, рождающая улыбку на челе угрюмых, умеряющая излишнюю радость вертопрахов и каждому, по его вкусу, философическими, критическими, пастушьими и аллегорическими повестьми, в стихах и прозе состоящими, угождающая.

Державин. Соч. (1864—1883) — *Державин Г. Р.* Соч. 1-е изд. СПб., 1864—1883, т. 1—9.

Державин. Соч. (1868—1878) — *Державин Г. Р.* Соч. 2-е изд. СПб., 1868—1878, т. 1—7.

Дет. чтение — Детское чтение для сердца и разума.

Дирин. Семеновский полк — *Дирин П. Н.* История лейб-гвардии Семеновского полка. СПб., 1883.

Драм. словарь (1787) — Драматический словарь, или Показания по алфавиту всех российских театральных сочинений и переводов с означением имен известных сочинителей, переводчиков и слагателей музыки, которые когда были представлены на театрах и где и в которое время напечатаны. В пользу любящих театральные представления / Собранный в Москве в типографии А. А. 1787 года. М., 1787.

Друг юношества — Друг юношества и всяких лет.

Евгений. Словарь — *Евгений.* Словарь русских светских писателей, соотечественников и чужестранцев, писавших в России. М., 1845, ч. 1—2.

Евгений. Словарь исторический — *Евгений.* Словарь исторический о бывших в России писателях духовного чина греко-российской церкви. 2-е изд., умнож. и испр. СПб., 1827, т. 1—2.

Евгений — Снегирев. Словарь — Словарь русских светских писателей соотечественников и чужестранцев, писавших в России, служащий дополнением к Словарю писателей духовного чина, составленному митрополитом Евгением / Изд. И. Снегирева. М., 1838, т. 1.

Ежемес. соч. — Ежемесячные сочинения, к пользе и увеселению служащие.

Ефремов. Мат-лы — Материалы для истории русской литературы. / Изд. П. А. Ефремова. СПб., 1867.

Жихарев. Зап. — *Жихарев С. П.* Записки современника. М.; Л., 1955.

Журн. для пользы — Журнал для пользы и удовольствия.

Заборов — *Заборов П. Р.* Русская литература и Вольтер. XVIII—первая треть XIX века. Л., 1978.

Зап. и тр. О-ва истории и древностей рос. — Записки и труды Общества истории и древностей российских, учрежденного при императорском Московском университете.

Змеев. Врачи-писатели — *Змеев В. Ф.* Русские врачи-писатели. СПб., 1886—1892, вып. 1, 2 и доп.

Иртыш — Иртыш, превращающийся в Иппокрену, ежемесячное сочинение, издаваемое от Тобольского главного народного училища.

История драм. театра — История русского драматического театра. М., 1977, т. 1.

Казанский вестн. — Казанский вестник, издаваемый при императорском Казанском университете.

Куник. Мат-лы для истории Академии наук — Сборник материалов для истории имп. Академии наук в XVIII веке / Изд. А. Куник. СПб., 1865, ч. 1—2.

Кулябко. Замечательные питомцы — *Кулябко Е. С.* Замечательные питомцы Академического университета. Л., 1977.
Кулябко. Ломоносов — *Кулябко Е. С.* М. В. Ломоносов и учебная деятельность Петербургской Академии наук. М.; Л., 1962.
Левин. Англ. журналистика — *Левин Ю. Д.* Английская просветительская журналистика в русской литературе XVIII века. — В кн.: Эпоха просвещения. Л., 1967.
Левин. Оссиан — *Левин Ю. Д.* Оссиан в русской литературе. Л., 1980.
Лейпцигское известие — Nachricht von einigen russischen Schriftstellern nebst einem Kurzen Berichte vom russischen Theater. — Neue Bibliothek der schönen Wissenschaften und der freien Künste, 1768, Bd 7, Th. 1—2 (нем. текст с фр. и рус. переводами: Материалы для истории русской литературы / Изд. П. А. Ефремова. СПб., 1867).
Лонгинов. Новиков и мартинисты — *Лонгинов М. Н.* Новиков и московские мартинисты. М., 1867.
Мат-лы для истории Академии наук — Материалы для истории имп. Академии наук. СПб., 1885—1900, т. 1—10.
Моск. некрополь — Московский некрополь. СПб., 1907—1908, т. 1—3.
Моск. ежемес. изд. — Московское ежемесячное издание, в пользу заведенных в Санкт-Петербурге Екатерининского и Александровского училищ, заключающее в себе собрание разных лучших статей, касающихся до нравоучения, политической и ученой истории, до философических и словесных наук и других полезных знаний, служащее продолжением Утреннего света.
Неустроев. Ист. разыскание — *Неустроев А. Н.* Историческое разыскание о русских повременных изданиях и сборниках за 1703—1802 гг., библиографически и в хронологическом порядке описанных. СПб., 1874.
Новиков. Опыт словаря (1772) — Опыт исторического словаря о российских писателях / Из разных печатных и рукописных книг, сообщенных известий и словесных преданий собрал Николай Новиков. СПб., 1772.
Опыт тр. Вольного Рос. собрания — Опыт трудов Вольного Российского собрания при имп. Московском университете.
Пб. некрополь — *Саитов В. И.* Петербургский некрополь. СПб., 1912—1913, т. 1—4.
Пекарский. История Академии наук — *Пекарский П. П.* История имп. Академии наук в Петербурге. СПб., 1870—1873, т. 1—2.
Пекарский. Наука и лит. — *Пекарский П. П.* Наука и литература в России при Петре Великом. СПб., 1862, т. 1—2.
Пенчко. Документы — Документы и материалы по истории Московского университета второй половины XVIII века / Подгот. к печати Н. А. Пенчко. М., 1960—1963, т. 1—3.
Письма рус. писателей — Письма русских писателей XVIII века. Л., 1980.
Поэты-сатирики — Поэты-сатирики конца XVIII—начала XIX века. Л., 1959.
Праздное время — Праздное время, в пользу употребленное.
Приятное и полезное — Приятное и полезное препровождение времени.
Провинц. некрополь — Русский провинциальный некрополь. М., 1914, т. 1.
Продолж. Тр. Вольного экон. о-ва — Продолжение Трудов Вольного экономического общества к поощрению в России земледелия и домостроительства.
Прохладные часы — Прохладные часы, или Аптека, врачующая от уныния, составленная из медикаментов старины и новизны, то есть: философических, критических, рифмотворных, пастушьих и аллегорических веществословий.
Пыпин. Рус. масонство — *Пыпин А. Н.* Русское масонство. XVIII и первая четверть XIX в. / Ред. и примеч. Г. В. Вернадского. Пг., 1916.
Ровинский. Словарь портретов — *Ровинский Д. А.* Подробный словарь русских гравированных портретов. СПб., 1886—1889, т. 1—4.
Рогожин. Дела моск. цензуры — *Рогожин В. П.* Дела московской цензуры в царствование Павла I как материалы для русской библиографии и словаря русских писателей. СПб., 1902—1922, вып. 1—2.

Рос. феатр — Российский феатр, или Полное собрание всех российских феатральных сочинений.
Руммель, Голубцов. Родосл. сб. — *Руммель В. В., Голубцов В. В.* Родословный сборник русских дворянских фамилий. СПб., 1886, т. 1.
Рус. басня — Русская басня XVIII—XIX вв. Л., 1977.
Рус. биогр. словарь — Русский биографический словарь. СПб., 1896—1918.
Рус. стих. пародия — Русская стихотворная пародия (XVIII—начало XX в.). Л., 1960.
Рус. эпиграмма — Русская эпиграмма второй половины XVIII—начала XX в. Л., 1975.
Сатирич. вестн. — Сатирический вестник, удобоспособствующий разглаживать наморщенное чело старичков, забавлять и купно научать молодых барышень, девушек, щеголей, вертопрахов, волокит, игроков и прочего состояния людей, писанный небывалого года, неизвестного месяца, несведомого числа, незнаемым сочинителем.
Сел. житель — Сельский житель, экономическое в пользу деревенских жителей служащее издание.
Семенников. История провинц. типографий, доп. — *Семенников В. П.* Дополнительные материалы для истории провинциальных типографий XVIII и начала XIX века и для библиографии книг, в них напечатанных. СПб., 1913.
Семенников. Мат-лы для словаря — *Семенников В. П.* Материалы для истории русской литературы и для словаря писателей эпохи Екатерины II / На основании документов Архива Конференции имп. Академии наук. СПб., 1914.
Семенников. Собрание, старающееся о переводе книг — *Семенников В. П.* Собрание, старающееся о переводе иностранных книг, учрежденное Екатериной II. 1768—1783 / Ист.-лит. исслед. СПб., 1913.
Сиповский. Очерки — *Сиповский В. В.* Очерки из истории русского романа. СПб., 1909—1910, т. 1, вып. 1—2.
Смирнов. Моск. академия — *Смирнов С. И.* История Московской славяно-греко-латинской академии. М., 1855.
Смирнов. Троицкая семинария — *Смирнов С. И.* История Троицкой лаврской семинарии. М., 1867.
Собеседник — Собеседник любителей российского слова.
Собр. лучших соч. — Собрание лучших сочинений к распространению знания и к произведению удовольствия, или Смешанная библиотека о разных физических, экономических, також до мануфактур и до коммерции принадлежащих вещах.
Собр. нов. — Собрание новостей, ежемесячное сочинение, содержащее в себе краткую историю настоящего времени, для примечания важнейших в свете и предпочтительно в России происшествий, успехов в науках и художествах, полезных для человеческого рода изобретений, новых на российском языке сочинений и переводов и прочих любопытных вещей, кои могут служить к знанию, пользе и увеселению людей всякого состояния.
Собр. разных соч. и нов. — Собрание разных сочинений и новостей, ежемесячное издание, содержащее в себе новые на российском языке сочинения и переводы, новые успехи в науках и художествах, новые для человеческого рода изобретения, главные происшествия настоящего времени во всех частях света, особливо же в России, и прочие любопытные вещи, служащие к знанию, пользе и увеселению людей всякого состояния.
Соревнователь просв. и благотворения — Соревнователь просвещения и благотворения (Труды Вольного общества соревнователей просвещения и благотворения).
Старина и новизна — Старина и новизна, состоящая из сочинений и переводов прозаических и стихотворных, издаваемая почасто.
Стих. сказка. — Стихотворная сказка (новелла) XVIII—начала XIX в. Л., 1969.

Сухомлинов. Рос. Академия — *Сухомлинов М. И.* История Российской Академии. СПб., 1874—1887, вып. 1—8.
Сушков. Моск. благор. пансион — *Сушков Н. В.* Московский университетский благородный пансион. М., 1858.
Технол. журн. — Технологический журнал, или Собрание сочинений и известий, относящихся до технологии и приложения учиненных в науках открытий к практическому употреблению.
Тр. Вольного экон. о-ва — Труды Вольного экономического общества к поощрению в России земледелия и домостроительства.
Тр. и летописи О-ва истории и древностей рос. — Труды и летопись Общества истории и древностей российских, учрежденного при имп. Московском университете.
Тр. О-ва любителей рос. словесности — Труды Общества любителей российской словесности при имп. Московском университете.
Филарет. Обзор — *Филарет* (*Гумилевский*). Обзор русской духовной литературы. 3-е изд. СПб., 1884, кн. 2.
Чистович. Мед. школы — *Чистович Я. А.* История первых медицинских школ в России. СПб., 1883.
Чтение для вкуса — Чтение для вкуса, разума и чувствований.
Чтения в О-ве истории и древностей рос. — Чтения в имп. Обществе истории и древностей российских при Московском университете.
Что-нибудь от безделья — Что-нибудь от безделья на досуге.
Шевырев. Моск. ун-т — История Московского университета, написанная к столетнему юбилею проф. Степаном Шевыревым. 1755—1855. М., 1855.
Штранге. Демокр. интеллигенция — *Штранге М. М.* Демократическая интеллигенция России в XVIII в. М., 1965.
Экон. магазин — Экономический магазин, или Собрание всяких экономических известий, опытов, открытий, примечаний, наставлений, записок и советов, относящихся до земледелия, скотоводства, до садов и огородов, до лугов, лесов, прудов, разных продуктов, до деревенских строений, домашних лекарств, врачебных трав и до всяких нужных и небесполезных городским и деревенским жителям вещей.
Bakounine. Le répertoire — *Bakounine Tatiana.* Le répertoire biographique des francs-maçons russes (XVIII et XIX siècles). Bruxelles, 1940.

СОКРАЩЕНИЯ НАЗВАНИЙ АРХИВОВ, МУЗЕЕВ, БИБЛИОТЕК, НАУЧНЫХ УЧРЕЖДЕНИЙ

ААН	— Архив АН СССР (Ленинград)
АВПР	— Архив внешней политики России (Москва)
БАН	— Библиотека АН СССР (Ленинград)
ВИМАИВВС	— Военно-исторический музей артиллерии, инженерных войск и войск связи (Ленинград)
ГАКО	— Государственный архив Калининской обл.
ГБЛ	— Государственная библиотека СССР им. В. И. Ленина (Москва)
ГИМ	— Государственный Исторический музей (Москва)
ГПБ	— Государственная Публичная библиотека им. М. Е. Салтыкова-Щедрина (Ленинград)
ГРМ	— Государственный Русский музей (Ленинград)
ИРЛИ	— Институт русской литературы (Пушкинский Дом) АН СССР (Ленинград)
ЛГАЛИ	— Ленинградский государственный архив литературы и искусства
ЛГИА	— Ленинградский государственный исторический архив
ЛГТБ	— Ленинградская государственная театральная библиотека им. А. В. Луначарского
ЛГУ	— Ленинградский государственный университет
ЛОИВАН	— Ленинградское отделение Института востоковедения АН СССР
ЛОИИ	— Ленинградское отделение Института истории СССР АН СССР
МГУ	— Московский государственный университет им. М. В. Ломоносова
ЦГАВМФ	— Центральный государственный архив военно-морского флота (Ленинград)
ЦГАДА	— Центральный государственный архив древних актов (Москва)
ЦГАЛИ	— Центральный государственный архив литературы и искусства (Москва)
ЦГАОР	— Центральный государственный архив Октябрьской революции (Москва)
ЦГИА	— Центральный государственный исторический архив (Ленинград)
ЦНБ АН УССР	— Центральная научная библиотека АН УССР (Киев)

А

АБЛЕСИМОВ Александр Онисимович [27 VIII (7 IX) 1742, Галичский у. Костромской губ.—1783, Москва]. Сын мелкопоместного служилого дворянина. Получил домашнее образование. В 1751 был записан в военную службу, где числился при Герольдмейстерской конторе. В 1756 по просьбе *А. П. Сумарокова* был переведен копиистом в только что организованный Рос. театр. В 1758 начал действительную военную службу солдатом в артиллерии. В 1759 был произведен в подпрапорщики. В 1760—1762 в звании сержанта участвовал в Семилетней войне. В 1765 состоял фурмейстером. В 1766 был уволен в чине прапорщика. В 1767 определен на службу в Комиссию нового Уложения. Общение с *М. И. Поповым, В. И. Майковым, Н. И. Новиковым*, исполнявшими различные обязанности в комиссии, во многом определило литературный путь А.

Свои первые стихотворные опыты — элегию «Сокрылися мои дражайшие утехи», эпитафию «Подьячий здесь зарыт» и шесть эпиграмм — А. напечатал в журнале А. П. Сумарокова «Трудолюбивая пчела» (1759, июнь, сент.); эпиграммы ошибочно были перепечатаны Новиковым в числе произведений Сумарокова (см.: *Сумароков А. П.* Полн. собр. всех соч. М., 1787, ч. 9). В 1769 вышел сборник стихотворных басен А. под загл. «Сказки Александра Аблесимова» (2-е изд. 1787). Историю его появления в печати А. в иронической форме изложил в письме к Новикову (см.: Трутень, 1769, л. 17). В др. письме к нему (л. 29) А. выступил с защитой и обоснованием принципов сатиры «на лицо». В том же журнале А. под псевд. «Азазез Азазезов» и анонимно поместил несколько своих сатирических стихотворений и статеек, в которых, подражая сатирам и басням Сумарокова, высмеивал щеголей, мотов, хвастунов, взяточников-подьячих; высмеял и своего литературного противника *В. И. Лукина* («Игрок, сделавшийся писцом», л. 11; «Стыд хулителю», л. 13).

В 1770 А. снова поступил на военную службу. В качестве адъютанта генерал-майора А. Н. Сухотина А. участвовал в походах против турок в Грузии, в осаде тур. крепости Поти. В 1772 А. вышел в отставку в чине капитана и поселился в Москве, где служил экзекутором в Управе благочиния.

К кон. 1771 А. сочинил три комедии и одну комическую оперу в стихах: «...первая комедия „Подьяческая пирушка" в пяти действиях, а другие в одном действии, все они довольно хороши, а некоторые явления и похвалы заслуживают, ибо в них находится много соли, остроты и забавных шуток» (Новиков. Опыт словаря (1772)). «Подьяческая пирушка» не сохранилась. А. прославился комической оперой (в 3-х д.) «Мельник — колдун, обманщик и сват» (1779; 4-е изд. 1792; муз. М. М. Соколовского, с 1792 исполнялась с муз. Е. И. Фомина), сочувственно изображавшей быт и нравы крестьянства. Представленная впервые 20 янв. 1779 на Моск. театре, эта пьеса шла в нем 22 раза подряд; в «...Вольном театре у содержателя г. Книппера была играна сряду двадцать семь раз; не только от национальных слушана была с удовольствием, но и иностранцы любопытствовали довольно; кратко сказать, что едва ли не первая русская опера имела столько восхитившихся спектатеров и плескания» (Драм. словарь (1787)). В Петербурге и Москве «Мельник...» периодически ставился до сер. XIX в. В роли мельника Анкудина прославились актеры А. Г. Ожогин (в Москве) и *А. М. Крутицкий* (в Петербурге).

«Мельник...» вызвал к жизни многочисленные подражания. Анонимные оперы «Гадай, гадай, девица, отгадывай, красная» (1788), «Невеста под фатою, или Мещанская свадьба» (1791), «Колдун, ворожея и сваха» (1789) *И. Юкина*, повторяя сюжетную схему оперы А., уступали ей в художественном отношении.

Против «Мельника...» выступили поэты из кружков *Д. П. Горчакова* и *Н. П. Николева* (см.: Николев Н. П. Творении. М., 1796, ч. 3, с. 383; Рус. эпиграмма (1975), с. 142). *В. В. Капнист* в «Сатире I» (1780), назвав А. «Обвесимовым», включил его в «ослиный собор» плохих поэтов — авторов бессмысленных стихов. «Ода похвальная автору „Мельника"» (см.: Рус. стих. пародия (1960), с. 112—114; автором ее, по-видимому, был *Д. П. Горчаков*) высмеивала «грубости» языка в пьесе А., осуждала изображение на сцене народных обрядов, исполнение народных песен.

В 1779 была поставлена комическая опера А. «Счастие по жеребью» (в 1-м д.) (1780), но успеха не имела. Написанная тогда же комическая опера (в 3-х д.) «Поход с непременных квартир», впервые исполненная в Москве (с муз. Эккеля) 7 июня 1787, напечатана не была. Она была «довольно хорошо принята публикою. Г-н сочинитель показал в оной пиесе подробно все солдатские нужды, так как искусившийся в сей части» (Драм. словарь (1787)). Список пьесы сохранился в неполном виде (нет 3-го д.) (см.: *Берков П. Н.* Комическая опера А. О. Аблесимова «Поход с непременных квартир». — В кн.: Театр. насл. М., 1956, с. 189—224).

К открытию нового Петровского театра в Москве А., по поручению театральной дирекции, сочинил аллегорический диалог «Странники» (Рос. феатр, 1780, ч. 28), в котором провозглашалось, что сатира должна быть изгнана из комического театра.

В 1781 при материальном содействии Новикова А. анонимно печатал в его типографии журнал «Раскащик забавных басень, служащих к чтению в скучное время...», в котором публиковал гл. о. свои сочинения, частично вошедшие в книгу «Сказки Александра Аблесимова, а также стихи *И. Коростовцева* и *В. И. Майкова*. В № 38, 40, 41, 45, 46 и 51 А. поместил переписку Б. Фонтенеля с Э. Юнгом (1741), извлеченную из т. 3 анонимно изданной книги Ж.-Б.-К. Делиля де ла Саля «De la philosophie de la nature». В № 49 А. поместил ответ на «Оду похвальную автору „Мельника"».

В. Г. Белинский, называя «Мельника...» «прекрасным народным водевилем», считал, что это произведение А. «и комедии Фонвизина убили ⟨...⟩ все комические знаменитости, включая сюда и Сумарокова». Будучи гимназистом, Белинский сам участвовал в постановке этой оперы, исполняя роль мельника (см.: *Белинский В. Г.* Полн. собр. соч. М., 1953, т. 1, с. 53, 551; т. 3, с. 288). Факты из биографии А. легли в основу комедии Н. А. Полевого «Первое представление „Мельника — колдуна, обманщика и свата"». Реминисценции из «Мельника...» служат характерологическим целям в рассказе А. П. Чехова «По делам службы».

А. умер в бедности. Собрание сочинений (неполное) А. издано А. Ф. Смирдиным (СПб., 1849).

Лит.: Мерзляков А. Ф. Разбор оперы «Мельник». — Вестн. Европы, 1817, № 6; Венгеров. Словарь, т. 1 (1889); *Тупиков Н.* Сатира на Аблесимова. — Ежегодн. имп. театров. Сезон 1893/1894, Прил., кн. 2; *Майков Л.* Аблесимов А. О. — В кн.: Рус. биогр. словарь, т. «Аарон — имп. Александр II» (1896); *Касторский В. В.* Писатели-костромичи XVIII—XIX вв. Кострома, 1958; Ф. Г. Волков и рус. театр его времени. М., 1958; Стих. сказка (1969); Поэты XVIII в. Л., 1972, т. 2; Берков. История комедии (1977); История драм. театра, т. 1 (1977).

Е. Д. Кукушкина.

АВГУСТИН (Виноградский) см. Виноградский А. В.

АВРАМОВ Михаил Петрович [1681—24 VIII (4 IX) 1752, Петербург]. При Петре I начал службу в должности подьячего Посольского приказа, которая предоставила ему прекрасную возможность овладения иностранными языками, в первую очередь лат. и пол. В 1697 был послан учиться в Голландию. В Амстердаме, где печатались первые рус. книги в типографии, принадлежавшей Илье Копиевскому, А. проходил курс обучения «типографским наукам». В 1702 возвратился в Россию и был назначен Петром I дьяком Оружейной палаты. Вскоре А. был переведен в Петербург, где принял деятельное участие в основании в 1711 типографии. Тогда же он был назначен ее первым директором и занимал эту должность с перерывами до 1721; в 1721—1724 служил в Берг-коллегии.

В 1712 были изданы (с гравюрами А. Зубова) написанные А. после окончания Прутского похода приветственные стихи Петру I, в которых он прославлялся как полководец, победитель швед. армии. Во время директорства А. в Петербургской типографии были напечатаны такие известные издания, как «Книга Марсова или воинских дел» (1713), «Книга мирозрения, или Мнение о небесно-земных глобусах и их украшениях» (1717) — перевод сочинения Хр. Гюйгенса. В 1716 А. занимался рус. историей. Он собирал материалы «с начала бывшия Российского государства истории» до 1712, в связи с чем просил кабинет-секретаря Петра I А. В. Макарова прислать ему «Журналы» Петра I за 1714, 1715 и 1716. Но работа не была закончена, как позднее объяснял сам А., «за краткостью ума».

Покровительство царя и высокое положение родственников (А. был женат на дочери А. В. Макарова) обеспечили А. быстрое продвижение по службе: он одним из первых получил высокий чин ст. советника. После воцарения Петра II А. сблизился с консервативными кругами и публично обличал реформы Петра I. Религиозность А. приобрела фанатический характер. Он обрушился на *Феофана Прокоповича* с обвинениями в еретичестве и пособничестве «нечестивым царям». Открытия Коперника он называл «кознями врага рода человеческого и сатанинским коварством». За доносы и пасквили А. попал в Тайную канцелярию, где им была написана автобиография, пронизанная духом самоуничижения и религиозной нетерпимости. За проект восстановления патриаршества, поданный Анне Иоанновне в 1732, А. был заточен в Иверский монастырь. По его делу, которое продолжали рассматривать в Тайной канцелярии, в 1738 был вынесен приговор о ссылке А. в Охотск. В 1741 после восшествия на престол Елизаветы Петровны он был возвращен из ссылки. Вскоре А. выступил с многочисленными проектами и предложениями: он ратовал за восстановление патриаршества, превозносил монашество, настаивал на усилении церковной цензуры, которая препятствовала бы проникновению в народ «вредных учений», выступал за ограждение «святой Руси» от иностранцев, предлагал выпустить вместо металлических бумажные деньги. В 1748 А. снова попал в Тайную канцелярию, в которой находился более трех лет. Его стихотворные опыты представляют собой такой же пестрый сплав «старины и новизны», как и его общественная деятельность. Характерные черты человека петровского времени — обширный круг знаний и реформаторские устремления — совмещались в деятельности А. с религиозным фанатизмом и социальной ограниченностью.

Лит.: Пекарский. Наука и лит., т. 1—2 (1862); *Пыпин А. Н.* Первое время после Петра Великого. — Вестн. Европы, 1895, № 1; Письма М. Аврамова. — В кн.: Лит. разыскания. Тбилиси, 1956, т. 10.

Г. Н. Моисеева

АГАПИТ (Скворцов) см. Скворцов А.

АГАФОНОВ Алексей Семенович [1746—22 IV (3 III) 1792, Петербург, по др. данным — 1794, Кяхта*]. Уроженец Сибири, принадлежал к духовному сословию. По окончании Тобольской семинарии был отправлен в Пекин в качестве ученика при рус. духовной миссии, пробыв там с 1771 по 1782. Совместно с учениками А. Парышевым, Ф. Бакшеевым и Я. Коркиным составил «Журнал секретных действий, намерений, случаев и перемен, бывших в Тайцинском государстве с 1772 по 1782 год» (ЛОИВАН, ф. 1, оп. 1, № 62, л. 220—257), куда они записывали текущие сведения, полученные от кит. знакомых (преимущественно слухи о жизни императорского двора, известия о восстаниях и пр.), а также данные допросов рус. перебежчиков, на которых они часто присутствовали в качестве переводчиков. По возвращении в Россию А. был определен переводчиком Коллегии иностр. дел при иркутском генерал-губернаторе И. В. Якоби; в 1787 А. перемещен в той же должности в Петербург на место умершего Бакшеева.

В 1788 были изданы переводы А., бо́льшая часть которых была им выполнена еще в Иркутске. В мастерстве перевода он заметно уступал *А. Л. Леонтьеву*, вслед за которым обращался преимущественно к произведениям маньчжурских императоров XVI—XVII вв., выдержанным в духе канонов легизма и игравшим важную роль в духовной жизни и политическом сознании современного А. Китая: «Джунчин, или Книга о верности»; «Маньчжурского и китайского хана Шунь-Джия книга нужнейших рассуждений, ко благополучию поощряющих»; «Маньчжурского и китайского Шунь-Джи-хана книга — полезный и нужный образ к правлению»; «Маньчжурского и китайского хана Кан-бия книга придворных политических поучений и нравоучительных рассуждений» (переизд. в 1795). Переведенный А. курс сравнительной кит. хронологии был издан *Н. И. Новиковым* («Краткое хронологическое расписание китайских ханов ⟨...⟩ от начала Китайской империи по 1786 г.», 1788). Некоторые переводы, приписываемые А., в действительности принадлежат *А. Л. Леонтьеву* и *И. К. Рассохину*.

Лит.: *Николай Адоратский*. История Пекинской дух. миссии во второй период ее деятельности. Казань, 1887, вып. 2; *Рус. биогр. словарь*, т. «Аарон — имп. Александр II» (1896); *Скачков П. Е.* Очерки истории рус. китаеведения. М., 1977.

М. П. Лепехин

АГЕНТОВ Михаил Иванович [ок. 1740—1769]. Воспитанник Моск. ун-та (с 1760 был пансионером университета в Кенигсберге). В 1763 состоял при Моск. ун-те переводчиком с нем. и учителем нем. языка в Унив. гимназии. А. — автор учебника нем. грамматики (изд.: 1762, 1779, 1787). Постепенно А. стал тяготиться преподавательской деятельностью, редко приходил на уроки, и в 1764 его класс был передан др. преподавателю.

В 1762 А. опубликовал свои переводы с нем.: «О нюхательном табаке» Д.-А.-В. Плаца, «О употреблении времени» — статья, направленная против сословных привилегий дворян, проводящих «всю жизнь в праздности», «Сочинение доктора Кригера о сновидениях» (Собр. лучших соч., ч. 1—2). Переводам А. свойственны живость, ясность и лаконичность.

А. — составитель первой рус. книги по технической химии «Открытие сокровенных художеств, служащее для фабрикантов, мануфактуристов, художников, мастеровых людей и для экономии», представлявшей собой собрание переводов из разных нем. авторов (1768—1771, ч. 1—3; 2-е изд. 1786—1787, ч. 1—3; 3-е изд. 1790, ч. 1—3 (пер. ч. 3 выполнил студент И. Гаврилов)).

А. принадлежит также перевод с нем. книги «Основательное и ясное наставление в миниатюрной живописи...» (1765).

Лит.: *Безбородов М. А.* Ломоносов и его работа по химии и технологии силикатов. М., 1948; *Пенчко. Документы*, т. 1—2 (1960—1962).

В. С. Свиденко

АДОДУРОВ (Ададуров, Ододуров) Василий Евдокимович [15 (26) III 1709—5 (16) XI 1780, Петербург, похоронен в Александро-Невской лавре]. Сын новгородского дворянина, учился в Новгородском дух. уч-ще, в 1723—1726 — в Славяно-греко-лат. академии, с 1726 в Акад. гимназии в Петербурге;

в 1727 был зачислен в студенты Акад. ун-та, где одновременно с точными и естественными науками изучал лат., нем. и фр. языки. В 1728 А. начал делать переводы с лат. и нем. языков, хотя еще в 1727, по свидетельству *Г.-Ф. Миллера*, совсем не знал нем. В 1728—1733 переводил статьи для «Примеч. к Вед.» и «Крат. опис. Коммент. Академии наук», календари на 1730, 1732 и 1733, составленные Г.-Б. Крафтом, «Расположение учении е. и. в. Петра II. . .» Г.-Б. Бильфингера; участвовал в подготовке нем.-лат.-рус. лексикона Э. Вейсмана (1731) и составил к нему краткий очерк рус. грамматики на нем. языке, которым пользовался *М. В. Ломоносов*, работая над «Российской грамматикой». По поручению Г.-К. Кейзерлинга А. участвовал в подготовке 2-го издания «Немецкой грамматики. . .» М. Шванвица (1734), имевшей некоторое значение для выработки рус. грамматической терминологии. Осень 1730 отмечена тесным общением А. с *В. К. Тредиаковским*, который, вернувшись из Франции, поселился на академической квартире А.; благодаря ему А. усовершенствовался во фр. языке. Влияние было обоюдным; программное предисловие к «Езде в остров любви» Тредиаковского обнаруживает текстуальные совпадения с грамматикой А. 1731, которая, возможно, представляет собой результат сотрудничества этих авторов. А. познакомил Тредиаковского с одой *Феофана Прокоповича* на коронацию Петра II; вероятно, они обсуждали и стихотворные опыты самого Тредиаковского. В 1740 А. принял участие в обсуждении «Письма о правилах российского стихотворства» Ломоносова и вместе с И. И. Таубертом осудил резкий ответ Тредиаковского на него. Сам А. не был чужд версификации: он переводил стихами описания дворцовых церемоний и оды *Я. Я. Штелина* (1737—1740, 1745), сочинял проекты фейерверков и девизы к ним. К 1734 А. стал признанным авторитетом в области кодификации рус. разговорной речи и норм литературного языка; он рецензировал переводы, его мнение являлось решающим в вопросе о зачислении в Академию новых переводчиков. В 1733 А. первым из рус. воспитанников Академии получил звание адъюнкта по кафедре высшей математики у Л. Эйлера.

Вместе с Тредиаковским, Таубертом и М. Шванвицем А. стал членом учрежденного в 1735 Рос. собрания и активно участвовал в работе по «исправлению российского языка в случающихся переводах». В 1736 А. поручили надзор за прибывшими из Москвы учениками гимназии, среди которых недолгое время был Ломоносов; А. составил для них расписание занятий, где основное внимание было уделено нем. языку. В марте 1737 А. написал «Заметку о „ъ" и „ь"» (ААН, Р. I, оп. 76, № 7), с июля преподавал сенатским и кол. юнкерам «славенскую грамматику» и лат. язык. С 1 июня 1738 по осень 1740 А. должен был четыре раза в неделю «публично в Академии показывать надлежащие до российского языка правила и по совершении оных толковать на том же языке реторику», а «все, что до того надлежало, сам вновь сочинить». В отчете за 1740 А. сообщал, что он «новую грамматику для способнейшего изучения языка делает». В 1738—1741 он создал пространную рус. грамматику, которая сохранилась частично в рус. списке 1738—1739, частично в переводе на швед. язык М. Гренинга. Она содержала ряд важных положений, отразившихся в последующих грамматических сочинениях, в частности в «Разговоре об ортографии» Тредиаковского (1748). А. впервые заявил о фонетическом принципе рус. орфографии, а также подчеркнул условный характер ее произносительной, так и орфографической норм, первостепенное значение придавая «общему употреблению» как критерию языковой правильности. Ломоносову труд А. остался неизвестен. Грамматика А. была серьезным этапом в борьбе за размежевание рус. и церковнослав. языковой стихии. В академических документах 1739 сохранилось также упоминание о составленной А. «Собрании российских писем».

В кон. 1730-х гг. А. занимался переводами трудов Эйлера и Крафта, а также литературных материалов для «Примеч. к Вед.». В апр. 1739 переводил бумаги по указаниям кабинет-министра А. П. Волынского и оказался под следствием по его делу (1740), но т. к., кроме переводов, «ни в чем не имел ни малого участия» и Волынский с ним «никаких советов и рассуждений ни о ком никогда не имел», то был отпущен. 16 апр. 1741 А. перешел из Академии в Герольдмейстерскую контору помощником советника Гейнцельмана (впосл. стал советником, а в нач. 1750-х гг. был назначен герольдмейстером), но Академия по-прежнему посылала ему книги «для исправления в российском языке» и поручала переводы. Так, он выполнил переводы ч. 1 «Сокращения математического» (с фр.) и продолжал переводить ч. 2 «Арифметики» Эйлера. В нач. 1742 А. ездил по поручению Сената в Москву для наблюдения за печатанием материалов к коронации Елизаветы Петровны. Близость с семейством Разумовских упрочила положение А.: он исполнял секретарские обязанности при гр. А. Г. Разумовском, вместе с *Г. Н. Тепловым* готовил К. Г. Разумовского к путешествию за границу, сопровождал императрицу и А. Г. Разумовского в Киев (1744). В деле И.-Д. Шумахера (1743) А. оказался противником *А. К. Нартова* и намечался в «товарищи» Шумахеру, назначенному директором Академии.

В 1744 А., по предстательству К. Г. Разумовского, был пожалован в кол. советники и назначен преподавать рус. язык будущей императрице *Екатерине II*. А. сумел стать не только учителем Екатерины, но и ее советчиком, и эти отношения сохранились надолго: в 1756 она называла А. своим другом и «очень честным человеком». К этому же времени относится принадлежащая англ. послу Ч.-Г. Уильямсу характеристика А.: «Я не видел ни одного из туземцев столь совершенного, как он; он обладает умом, образованием, прекрасными манерами; словом, это русский, соизволивший поработать над собой». Екатерина рекомендовала А. гр. А. П. Бестужеву-Рюмину.

В 1758, вместе с приверженцами Бестужева-Рюмина, А. был арестован и содержался под домашним арестом до апр. 1759, когда был отстранен от должности герольд- мейстера, произведен в ст. советники и отправлен в почетную ссылку помощником губернатора в Оренбург. Сразу по восшествии Екатерины на престол А. был назначен куратором Моск. ун-та и президентом Мануфактур-коллегии в Москве (1762). С 9 июля 1763 А. — сенатор. А. пригласил в университет ряд иностранных профессоров; организовал подготовку молодых рус. ученых за границей; заботился о пополнении библиотеки. Сам он продолжал интересоваться языковыми вопросами, в частности значился в числе подписчиков на книгу Тредиаковского *«Три рассуждения о трех древностях российских»* (1773). А. иногда приписывается до сих пор не обнаруженная книга «Правила российской орфографии», изданная будто бы в 1768. С 1770 А., оставаясь куратором университета (до 1778), жил по большей части в Петербурге. С 1778 — почетный член Академии наук, к кон. жизни — д. т. советник.

Лит.: Шевырев. Моск. ун-т (1855); Куник. Мат-лы для истории Академии наук, ч. 1—2 (1865); *Васильчиков А. А.* Семейство Разумовских. М., 1868; Пекарский. История Академии наук, т. 1—2 (1870—1873); Мат-лы для истории Академии наук, т. 1—10 (1885—1900); Зап. императрицы Екатерины II / Пер. с подл., изд. Академией наук. СПб., 1907; Переписка вел. княгини Екатерины Алексеевны и англ. посла Ч.-Г. Уильямса 1756 и 1757 гг. М., 1909; *Платонов С. Ф.* Первый рус. академик В. Е. Адодуров. — Огонек, 1926, № 1; *Bauttann H. V. E. Adodurovs Bedeutung für die Entwicklung der russischen Literatursprache.* — Zeitschrift für Slawistik, 1973, Bd XVIII, H. 5; *Макеева В. Н.* Адъюнкт Академии наук В. Е. Адодуров. — Вестн. АН СССР, 1974, № 1; *Успенский Б. А.* Первая рус. грамматика на родном яз. М., 1975; *Соболева Н. А.* Рос. гор. и обл. геральдика XVIII—XIX вв. М., 1981.

О. Я. Лейбман, Б. А. Успенский

АКИМОВ Иван Иванович [1724—1805]. Сын бедного канцеляриста, в 1736 поступил «казеннокоштным» учеником в Акад. гимназию, окончив которую получил звание переводчика с нем., фр. и лат. языков. После окончания гимназии служил наборщиком Ведомостной экспедиции, а в 1760 был назначен фактором (заведующим) новой Акад. типографии (ААН, ф. 3, оп. 1, № 149, л. 407; № 280, л. 328). Дружеские отношения связывали А. с *Г.-Ф. Миллером*, которому он помогал в переводах материалов для журнала «Ежемес. соч.» (напеч. анонимно).

По-видимому, материальные соображения побудили А. перевести с фр. языка и напечатать своим «иждивением» любовно-авантюрную повесть Ле Живр де Ришбур «Селим и Дамасина» (1761). Книга имела огромный успех, о чем свидетельствовали многочисленные рукописные списки с нее. Типографские расходы А. покрыл продажей части тиража (ААН, ф. 3, оп. 1, № 286, л. 17). В 1763 он перевел с нем. языка роман Харитона Афродийского «Похождение Кереа и Каллирои» (наборный экз. со стилистической правкой — ААН, Р. II, оп. 1, № 1). В предисловии А. подчеркнул «натуральную, а притом и благородную» простоту этого образцового эллинистического романа, противопоставив ее «пустой пышности» и «превеликому соблазну» новомодных любовных сочинений. Перевод получил одобрение в рецензии, напечатанной в журнале «Ежемес. соч.» (1763, ч. 10, окт.). Столь же теплый прием встретил перевод романа «Похождение Карла Орлеанского и Анибеллы» (1765; с нем.); право на издание перевода было куплено у А. Академией наук за 100 руб. (ААН, ф. 3, оп. 1, № 290, л. 332). Литературную практику А. отличал выбор популярных книг, соединявших «нравоучение» с «забавным» содержанием и «плавным слогом». В 1763 А. перевел «Иконологический лексикон» О. Лакомба де Презеля, представлявший собой своеобразный комментарий к насыщенной мифологическими образами, символами и аллегориями беллетристике XVIII в. (наборный экз. — ААН, Р. II, оп. 1, № 2; фр. изд. 1756, с которым работал А., — БАН, шифр: IX/IXDg-XXIII). А. выступал также и в качестве театрального переводчика. В 1758 он перевел комедию Ф.-Н. Детуша о посрамленном скупце «Троякая женитьба» (пост. 27 янв. 1760; изд. 1778), а в 1765 — тираноборческую трагедию Э.-Х. Клейста «Сенека».

Заведование Акад. типографией постоянно осложнялось конфликтами А. с начальством. Поэтому 28 янв. 1764 он перевелся на службу в Сенат (ААН, ф. 3, оп. 1, № 280, л. 328). «Счастье его, — писал в 1773 известный рус. меценат и издатель XVIII в. П. К. Хлебников к Г.-Ф. Миллеру, — в другом месте с лучшим успехом послужило» (ЦГАДА, ф. 199, оп. 2, п. 389, ч. 2, № 6, л. 21). Прослужив несколько лет переводчиком и секретарем 2-го Деп., он был определен в 1773 прокурором в Юстиц-коллегию лифляндских, эстляндских и финляндских дел (ЛГИА, ф. 254, оп. 2, № 5, ч. 1, л. 57). К выходу на пенсию А. имел чин д. ст. советника и должность вице-президента Юстиц-коллегии (ЦГАДА, ф. 286, оп. 1, № 874, л. 324; № 889, л. 30).

Лит.: Семенников. Мат-лы для словаря (1914); Штранге. Демокр. интеллигенция (1965).

И. Ф. Мартынов

АЛБЫЧЕВ Алексей Адрианович [род. 1758]. По происхождению, по-видимому, не был дворянином. В 1771 поступил маркшейдерским учеником в ведомство Берг-коллегии и проходил службу при горных заводах. За открытие залежей серебра в Колыванском крае в 1782 получил свой первый чин шихтмейстера; став в 1785 подпоручиком, перешел в Межевую экспедицию Сената. В Петербурге А. оставался до 1789, когда перевелся уездным землемером в Курское наместничество. В 1794 А. был определением Сената уволен со службы (формуляр 1794 г. — ЦГИА, ф. 1349, оп. 3, № 33, сп. 3).

В апр. 1787 А. обратился с письмом к издателю журнала «Зеркало света» *Ф. О. Туманскому*, предлагая напечатать ряд популярных статей о трех царствах природы. В печати появилась только статья «О рудословии» (1787, ч. 5, май), посвященная началам геологии, в основном о минералах, имеющих хозяйственное применение.

В. П. Степанов

АЛЕДИНСКИЙ Павел Михайлович [22 V (2 VI) 1729, Петербург — 19 XI (1 XII) 1800, там же]. Сын переводчика Коллегии иностр. дел, обучался «на собственном коште» сначала в Акад. гимназии (с мая 1736), затем в Акад. ун-те. За хорошее знание лат. и нем. языков в 1742 со званием студента был зачислен в Академию наук переводчиком, а в 1744 определен в Коллегию иностр. дел; с 1749 — коллегии-юнкер. В сер. 1750-х гг. А. некоторое время состоял при рус. посольстве в Копенгагене, в 1757—1758 был переводчиком в Петербурге, а в сент. 1759 вновь вернулся в Данию — консулом в Гельзингер (Хельсингер), где, по-видимому, пробыл до 1763. С 1764 началась служба А. в должности переводчика при Петербургской портовой таможне, продолжавшаяся до 1795 (ЦГАДА, ф. 286, № 621, л. 304—307 об.; № 629, л. 43). Здесь в 1780-е гг. он был сослуживцем *А. Н. Радищева*. Служебное покровительство А. оказывал Э. Миних, директор Канцелярии таможенных сборов: по его ходатайству А. стал в июле 1778 титул. советником, в сент. 1779 — кол. асессором, в янв. 1784 — надв. советником. Миниху были адресованы посвящения некоторых изданий А., которые представляли собой либо переводы нем. сочинений, либо были сделаны с нем. текста-посредника.

Первым из них была книга К.-Ф. Кёппена «Crata Repoa, или Каким образом в древние времена происходило в таинственном обществе посвящение египетских жрецов» (1779), входившая в круг масонского чтения (отклик см.: СПб. вестн., 1779, № 11, с. 369—373). Др. переводы А. знакомили рус. читателя с современной просветительской и сентиментальной прозой. В романе «Жизнь некоторых благородных особ, несчастием гонимых» (1785; автор англ. ориг. неизв.), состоявшем из нескольких новелл, восхвалялись дружба и любовь, выдержавшие разнообразные испытания; пороку противопоставлялись добродетель и отзывчивость бедных, но благородных людей. Обилие нравоучительных эпизодов и сентенций сочеталось в романе с авантюрно-приключенческим сюжетом, отражавшим мотив превратности судьбы. А. перевел также фр. сентиментальный эпистолярный роман Ле Пилера д'Апльиньи «Пустынник на горе, или Приключения маркизы Лаузанны и графа Луция» (1787).

Лит.: Мат-лы для истории Академии наук, т. 5 (1889).

Л. И. Сазонова

АЛЕКСЕЕВ Иван Алексеевич [1735—1779]. Сын пономаря, брат *П. А. Алексеева*. Образование получил в Славяно-греко-лат. академии, откуда 25 мая 1755 был зачислен в Моск. ун-т в числе первых студентов. За успехи в учении дважды, в 1758 и 1759, награжден медалями. В 1758 было решено отправлять его учителем в Казанскую гимназию, но затем *И. И. Шувалов* отменил это решение. 22 янв. 1760 А. обратился в Унив. конференцию с заявлением, что он уже полгода учит арифметике 120 учеников 4 часа в день, а получает меньше остальных. 30 марта 1762 конференция рассмотрела предложение напечатать краткие учебники по математике, составленные А. вместе с *Д. С. Аничковым* и просмотренные и исправленные *А. А. Барсовым*. Эти учебники действительно вышли несколько лет спустя, но как автор упомянут был только Аничков, что, очевидно, связано с тем, что А. 6 мая 1762 как «в науках знающий и достойный» получил звание магистра и был направлен в Петербург преподавать в Сухоп. шлях. корпусе историю, географию и философию. Впосл. получил чин капитана.

В годы преподавания А. издал целый ряд переводов с лат. и греч., рассчитанных на юношеское чтение. Переводы, как правило, предварялись довольно пространными рассуждениями о пользе чтения. Так, в предисловии к книге «Валерия Максима изречений и дел достопамятных книг девять» (1772) А. полемизирует с представлениями о том, что в лат. книгах «доброго ничего найти не можно». А. предварил этот перевод терминологическим словариком, раскрывающим основные реалии римской культуры. А. перевел также «Диодора Сикилийского историческую библиотеку» (1775), посвященную истории стран Древнего Востока, Греции и Рима. Ряд обширных переводов А. вышел уже после его смерти, благодаря усилиям его брата. Это прежде всего перевод труда Б. Бриссона, озаглавленный «Варнавы Бриссония, главного в Париже сенатора, о Перском царстве» (1781) и посвященный Г. А. Потемкину. Брат А. сделал к переводу следующее примечание: «Переводитель сея книги подлинно истощил свои силы на полезные отечеству труды. ⟨...⟩ А 1779 года, оканчивая Плутарховы сочинения ⟨...⟩ и сам скончался, оставя двух малолетних дочерей в сиротстве и в долгу призрению сиропитателей милосердных». Упомянутый перевод Плутарха вышел в 1789. П. А. Алексеевым был найден в бумагах А. и опубликован перевод книги Г.-К. Агриппы «О благородстве и преимуществе женского пола» (1784) (см. письмо П. А. Алексеева духовнику *Екатерины II* И. И. Панфилову от 24 марта 1784 — Рус. арх., 1871, № 2, с. 216). На титульном листе книги, напечатанной тиражом 600 экземпляров (ААН, ф. 3, оп. 1, № 555, л. 74), значится: «Сия книга переведена в Москве под руководством Московского Архангельского собора протоиерея Петра Алексеева».

В ряде авторитетных справочников сведения об А. сконтаминированы со сведениями об *Иоанне Алексееве*.

Лит.: Семенников. Мат-лы для словаря (1914); Пенчко. Документы, т. 1 (1960); *Смирнов-Сокольский Ник.* Моя б-ка. М., 1969, т. 1.

И. Ю. Фоменко

АЛЕКСЕЕВ Иоанн. Был священником в разных московских церквах, к нач. XIX в. переменил несколько приходов; в прошении 1803 на имя императора Александра I он сокрушался: «По разным я церквям переводим бываю, Седьмое место уж сверх воли занимаю» (ЦГИА, ф. 733, оп. 118, № 24, л. 6).

В 1780 А. приступил к созданию огромного энциклопедического словаря «Пространное поле, обработанное и плодоносное, или Всеобщий исторический оригинальный словарь» (1793—1794, т. 1—2), который должен был состоять из 12 томов и охватывать сведения естественнонаучного, исторического и географического характера. В 1792 первые два тома были отданы в типографию Моск. ун-та. По первоначальному плану они должны были включать слова на буквы «А»—«В», но в ходе работы словарь разросся и тома включили только буквы «А»—«Б». Всего же в объемистом издании (ок. 2000 страниц) помещено 872 словарных статьи. После выхода этих томов издание остановилось, как писал позднее А., «не за недостатком потребных к тому веществ, но нужного к напечатанию иждивения, по малому числу подписавшихся»; продолжению издания не помогли и прошения на высочайшее имя (ЦГАДА, ф. 1239, оп. 3, ч. 116, № 63926; ч. 118, № 65202). Непопулярность словаря объяснялась неполным и иногда случайным словником, ненаучным и велеречивым стилем изложения, обилием досужих вымыслов и непроверенных фактов, взятых из вторых рук.

Не прерывая работы над словарем, А. составил в 1786 пособие по исчислению пасхалии — «Краткое руководство к удобному познанию знаков по греко-российскому церковному исчислению, показующих времена года» (Типогр. комп., 1787; посв. *А. Г. Левшину*). Хотя книга и была одобрена цензурой, ее печатание во время гонений на *Н. И. Новикова* было остановлено почти на два года, и летом 1789 А. обратился с прошением на имя московского главнокомандующего П. Д. Еропкина, в котором жаловался, что потерял надежду получить вознаграждение за свои «безвинно погибающие труды». Книга была выпущена только после вмешательства архиепископа *Платона Левшина*.

В 1799 А. издал «Службу с акафистом Стефану, епископу Пермскому», а затем «Службу с акафистом Димитрию, митрополиту Ростовскому» (М., 1801); по поводу этих изданий А. также подавал прошения (ЦГАДА, ф. 1239, оп. 3, ч. 116, № 55511, 62718; ч. 118, № 65226; ЦГИА, ф. 815, оп. 15, № 46). В эти же годы он подготовил перевод (неизв., с какого яз.) учебного пособия по церковной истории «Начертание священной истории». Московская цензура в мае 1800 разрешила А. напечатать книгу гражданским шрифтом на «собственный кошт», но в июне 1800 Синод затребовал рукопись перевода в Петербург для вторичной цензуры. Цензор, епископ ярославский *Павел Пономарев*, пришел к выводу, что книга «писана в духе реформатском и все реформаторы в сей книге похваляются», в ней также «нет преданий греко-российской церкви». На этом основании в окт. 1800 перевод был запрещен к печати, а рукопись оставлена в архиве Синода (ЦГИА, ф. 796, оп. 81, № 259; совр. местонахождение неизв.).

Сразу после восшествия на престол Александра I в апр. 1801 подал на его имя просьбу издать продолжение «Пространного поля» на казенный счет в качестве учебного пособия для народных училищ. Московские цензоры Д. Х. Стратинович и *А. А. Антонский*, ознакомившись с вышедшими томами, пришли к выводу, что назвать «Пространное поле» учебной книгой «кажется им против совести». После такого решения А. в 1801—1803 обращался с аналогичными неоднократными просьбами к разным сановникам (Д. П. Трощинскому, *М. Н. Муравьеву*, В. П. Кочубею и трижды к министру народного просвещения П. В. Завадовскому), но безрезультатно. В мае 1803 А. опять подал прошение на имя Александра I, написанное уже не прозой, а неловкими стихами, в которых он, описывая свое «пребедное» состояние, отмечал: «Так стражду целый век (терпеть не можно боле!) За то, что написал словарь „Пространно поле"». В сент. 1803 А. обратился с жалобой на М-во нар. просв. к министру юстиции *Г. Р. Державину*. Жалоба возымела действие, и по поручению П. В. Завадовского вышедшие тома «Пространного поля» были переданы на отзыв в Рос. Академию. В ноябре 1803 президент Рос. Академии *А. А. Нартов* представил Завадовскому мнения о «Пространном поле» И. И. Красовского, *А. С. Никольского*, *А. Ф. Севастьянова*, П. Б. Иноходцева и В. М. Севергина, добавив от себя, что «многие статьи пустословием и грубыми погрешностями исполнены, и потому они скорее ввергнут в вящшее заблуждение, нежели просветить людей малосильных могут», а также что «в сочинении сем не соблюдена даже и надлежащая разборчивость». Мнение членов Академии было единодушно: А. из-за «излишнего велеречия» (П. Б. Иноходцев) и «грубого в науке невежества» (А. Ф. Севастьянов) «трудом своим более может привести в заблуждение, нежели доставить настоящее поучение и пользу», т. к. «сочинение его не только написано неясным и невразумительным слогом, но и содержит в себе неполные и даже ложные понятия о тех вещах, кои описывает» (В. М. Севергин). На основании этих отзывов А. было отказано в издании «Пространного поля» на казенный счет (ЦГИА, ф. 733, оп. 118, № 24).

В справочной литературе (см., напр.: Венгеров. Словарь, т. 1 (1889)) А. часто смешивается с *И. А. Алексеевым*, братом *П. А. Алексеева*.

Лит.: Соч. и пер., изд. Рос. Академиею. СПб., 1813, ч. 6; Сухомлинов. Рос. Академия, вып. 3, 4 (1876, 1878); *Мартынов И. Ф.* Книгоиздатель Николай Новиков. М., 1981.

С. И. Николаев

АЛЕКСЕЕВ Михаил Алексеевич [род. 1751, по др. данным — 1749*]. Сын священника; обучался, очевидно, в Александро-Невской дух. семинарии вместе с *М. Самуйловым*. В 1773 вступил в военную службу сержантом, с 1774 — унтер-штаба-аудитор в Арт. и инж. корпусе (формуляр 1778 г. — ВИМАИВВС, ф. 2, № 2268, л. 53 об.). В окт. 1780 перешел в гражданскую службу губернским стряпчим; с 1781 — титул. советник; был председателем Верхн. расправы в Колыванском наместничестве, с 1792 — кол. асессор (*формуляр 1792 г. — ЦГАДА, ф. 286, № 840, л. 99 об.—100).

Во второй пол. 1770-х гг. начал переводить с лат. для Собрания, старающегося о переводе иностр. книг сочинение Иосифа Флавия «О войне иудейской». Перевод А. редактировал М. Самуйлов. Самуйлов же в 1780 получил по доверенности деньги за ч. 2 перевода А. По докладу *С. Г. Домашнева* в 1783 перевод А. был признан готовым, но вышел в свет в 1786—1787, а в 1804—1818 был переиздан. 2-е издание (на тит. л. — 3-е изд.) появилось, очевидно, без ведома А., так как в нем А. именован по-прежнему титул. советником, как в издании 1786—1787.

Лит.: Семенников. Собрание, старающееся о переводе книг (1913).

С. И. Николаев

АЛЕКСЕЕВ Петр Алексеевич [1731, Москва—22 VII (3 VIII) 1801, там же]. Сын пономаря московской церкви Николая Чудотворца. В 1738 А. поступил в Славяно-греко-лат. академию; в 1752, не окончив курса, вышел из нее, так как получил место дьякона в Кремлевском Архангельском соборе с обязательством жениться на дочери протоиерея собора. В 1757 рукоположен в священники того же собора, в 1759 стал катехизитором (преподавателем закона божия) Моск. ун-та с частичным освобождением от некоторых обязанностей по церковнослужению. В 1771 во время «холерного бунта» в Москве Синод назначил А. протоиереем Архангельского собора и членом Моск. дух. консистории. Член Вольного Рос. собрания при Моск. ун-те с 1771, А. в 1783 избран д. членом Рос. Академии (формуляр 1798 г. — ЦГИА, ф. 796, оп. 78, № 923/628, л. 63 об.).

А. был противником монашества, играл видную роль в борьбе белого духовенства с черным. В гонениях на кружок *Н. И. Новикова* выступал в роли добровольного агента-доносителя, ибо видел в масонах «секту еретиков и раскольников». По письму А. от 17 февр. 1785 духовнику *Екатерины* II И. И. Панфилову был запрещен ряд масонских сочинений, изданных новиковским кружком. Затем последовали доносы А. кабинет-секретарю императрицы *А. В. Храповицкому*, московскому губернскому прокурору М. П. Колычеву, московскому главнокомандующему А. А. Прозоровскому (см.: Рус. арх., 1881, кн. 1, с. 218; 1882, кн. 2, вып. 3—4, с. 73, 76—79), Екатерине II, приведшие к разгрому московского просветительского центра и аресту в 1792 Н. И. Новикова. О мировоззрении А. дает представление перевод сочинения Г. Гроция «Истинное благочестие христианское доказано против безбожников, язычников, жидов и махометан» (1768), сопровожденный обширными комментариями А., его дополнениями, уточнениями, а также «Словарем всех речений, из которых большая часть еще не принята у нас».

Основной труд А. — «Церковный словарь, или Истолкование речений славенских древних, також иноязычных, без перевода положенных в Священном писании и других церковных книгах» (М., 1773—1779, ч. 1—3; 2-е изд. СПб., 1794, ч. 1—3; 3-е изд. СПб., 1815—1818, ч. 1—5; 4-е изд. СПб., 1817—1819, ч. 1—5) — явился своеобразной энциклопедией гуманитарных наук того времени. А. составил обширный комментарий к «Апостолу» Ф. Скорины — «Рассмотрение славенской старопечатной книги Апостола...» (Опыт тр. Вольного Рос. собрания, 1783, ч. 6).

По-видимому, А. редактировал перевод книги Г.-К. Агриппы «О благородстве и преимуществе женского пола» (1784), принадлежавший *И. А. Алексееву*.

Два сочинения А. остались ненапечатанными: «Словарь всех еретиков и раскольников церковных» (ГИМ, собр. Черткова, № 99) и «Сокращенный катехизис», рукопись которого, по прошению А. в Синод, была отправлена в июне 1798 в Москву в духовную цензуру. Неизвестный цензор нашел в «Катехизисе» «много погрешностей, противоречий и прочего подобного» (ЦГИА, ф. 796, оп. 77, № 152/10, л. 5). Рукопись была возвращена А. на доработку, дальнейшая ее судьба неизвестна.

Лит.: *Розанов Н.* П. А. Алексеев и его время. — Душеполезное чтение, 1869, № 1; Сухомлинов. Рос. Академия, вып. 1 (1874); *Корсаков А. Н.* 1) П. Алексеев, протоиерей московского Архангельского собора. — Рус. арх., 1880, т. 2; 2) Из бумаг протоиерея П. Алексеева. — Рус. арх., 1882, № 3; 3) Бумаги протоиерея П. Алексеева. — Рус. арх., 1892, № 4; *Лихоткин Г. А.* Оклеветанный Колловион. Л., 1972.

Г. А. Лихоткин

АЛФИМОВ Алексей Николаевич. Происходил из служилого дворянского рода. В 1779 А. был записан солдатом в Семеновский полк; в 1782 обучался в гимназии при Моск. ун-те (см.: Моск. вед., 1782, 14 апр., № 98, Приб.). В 1786 А. был произведен в сержанты, а 19 марта 1792 высочайше пожалован в кавалергарды с чином поручика и причислением к Владимирскому пехотному полку. Пребывание А. в Кавалергардском корпусе было недолгим: 19 авг. 1793 он был выпущен в полк, а 21 июля 1794 назначен флигель-адъютантом И. В. Гудовича. В сент. 1795 А. подал прошение об отставке по болезни и 2 нояб. был уволен от службы секунд-майором.

А. перевел с фр. драму А. Беркена «Карл II» (1783; переизд.: СПб., 1801) из его сборника моралистических сочинений «L'Ami des enfants» (1782—1783). Перевод А., выполненный им либо во время учебы, либо несколько позже, точно следует оригиналу; лишь в одном случае изменено имя слуги. Пьеса не попала на сцену и осталась драмой для чтения. Возможно, рус. читателя в период консульства Наполеона волновала нравственная победа, одержанная готовым отдать жизнь за спасение короля лордом Виндгамом над Кромвелем, «чудовищем, варваром и убийцею, обремененным долгами и пожертвовавшим честью», а также противопоставление исполненного христианского смирения короля Карла II и разъяренных «подлых республиканцев», имеющих «зверские нравы и сумасбродные заблуждения».

Лит: *Панчулидзев С. А.* Сб. биографий кавалергардов. 1762—1801. СПб., 1904.

М. П. Лепехин

АМВРОСИЙ (Гиновский) см. Гиновский А. П.

АМВРОСИЙ (Зертис-Каменский) см. Зертис-Каменский А. С.

АМВРОСИЙ (Подобедов) см. Подобедов А. И.

АМВРОСИЙ (Серебренников) см. Серебренников А.

АМВРОСИЙ (Юшкевич) см. Юшкевич А.

АНАСТАСИЙ (Братановский-Романенко) см. Братановский-Романенко А. С.

АНАХИН (А н о х и н) Филипп Львович. Обучался в Славяно-греко-лат. академии. В 1717 по указу Петра I был послан в Амстердам, а оттуда в Прагу «для науки латинского языка и переводу книг». Получив указ о возвращении в Россию, в 1721 прибыл в Петербург и в авг. того же года был определен при Синоде подканцеляристом, выполняя обязанности переводчика с лат. языка. В 1724 им была переведена с лат. «Грамматика французская» и «отдана ж ему для переводу книга Иулиа Цесаря, из которой перевел он четыре книги» (ЦГИА, ф. 796, оп. 1, № 222, л. 7 об.). Переводы эти, впрочем, так и не были изданы. В 1726 был зачислен студентом в Академию наук, где до своего увольнения (в апр. 1729) занимался переводами с лат. языка. Сведений о выполненных им в Академии переводах не сохранилось, известно лишь, что в июле 1728 ему было поручено перевести на лат. язык очерки о калмыцких племенах из не опубликованного в то время путевого журнала Ивана Унковского (изд. Н. И. Веселовским: Зап. имп. Рус. геогр. о-ва по отд-нию этнографии, 1887, т. 10, вып. 2).

Лит.: Пекарский. Наука и лит., т. 1 (1862); Мат-лы для истории Академии наук, т. 1 (1885); [Без подписи]. Анохин Ф. Л. — В кн.: Рус. биогр. словарь, т. «Алексинский — Бестужев-Рюмин» (1900; с ошибочными инициалами: «Д. И.»).

В. И. Осипов

АНДРЕЕВ Павел. Публиковал в «Приятном и полезном» (1798, ч. 19—20) и в «Иппокрене» (1799, ч. 4) стихотворения, носившие преимущественно элегический характер («Вечернее размышление», «На кончину М...Вл...Б...Р...ь»), а также (в первом из указанных журналов) прозаические переводы с фр. («Аликса» — 1798, ч. 20) и англ. («Истинные друзья. Восточная повесть» — 1798, ч. 19). Выбор произведений для перевода свидетельствовал об интересе А. к литературе сентиментализма: в повести «Аликса» речь идет о любви бедняка и дочери богатого дворянина.

Лит.: Левин. Англ. журналистика (1967).

А. Л. Топорков

АНДРЕЕВ Петр Степанович. Переводчик сочинения Г. Придо «Обстоятельное и подробное описание жизни лжепророка Магомеда», опубликованного в качестве приложения к кн.: Алкоран Магомедов... / Пер. с англ. Л. Колмакова (1792), а также в виде самостоятельного издания (в том же году).

Иждивением В. С. Сопикова была издана в переводе А. ч. 2 романа Ж.-Ж. Руссо «Новая Элоиза, или Переписка двух любовников, живущих в маленьком городке при подошве Альпийских гор» (1792). Здесь же напечатаны (паг. 2, с. 24) «Любовное письмо от Элоизы к Абельярду» А. Попа, переведенное стихами, и книгопродавческая роспись Сопикова, в которой сообщалось, что ч. 1 и последующие части «находятся в тиснении». Затем издание перешло в Императорскую типографию (к И.-Я. Вейтбрехту), которая напечатала ч. 1 книги и, выкупив у Сопикова нераспроданные экземпляры ч. 2, выпустила их с новым титульным листом под загл. «Новая Элоиза, или Переписка любовника с любовницею, жителей одного маленького городка, лежащего при подошве Альпийских гор» (1792—1793). Переводчиком ч. 1 также считают А. (см.: *Лотман Ю. М.* Руссо и рус. культура XVIII века. — В кн.: Эпоха Просвещения. Л., 1967, с. 218). Кроме того, А. перевел с фр. книгу «Мысли Ж.-Ж. Руссо о различных материях» (СПб., 1800—1801, ч. 1—2), о содержании которой дают представление названия глав, напр. в ч. 1: «О совести», «О добродетели», «О чести», «О чувстве», «О лицемерии», «О самоубийстве», «О поединках», «О смерти», «О самолюбии и себялюбии», «О жалости», «О дружбе».

А. принадлежит эротическая ирои-комическая поэма в прозе «Торжество Амура над Целомудрием, или Змей, притаившийся под цветами» (1799, ч. 1—2). В предисловии, откровенно мистифицируя читателя, А. сообщал, что однажды ему в руки попался лат. манускрипт, который он и перевел на рус. язык, причем произвел значительные перемены. А. писал: «...почитаю я его новейшим сочинением. Причины же, меня к таким догадкам побуждающие, суть те, что описывает он ⟨лат. автор⟩ ясным и точным образом нынешние нравы». По аллегорическому сюжету поэмы, чтобы не допустить полной власти Амура в мире, Целомудрие внушило строгие правила пастушке Сефире. Однако Амуру, притаившемуся в образе Змея под цветами, удается поразить ее своей стрелой. После ряда злоключений Сефира склоняется на мольбы пастуха Земиса. Осада Целомудрия сравнивается с осадой Трои: «Аякс, Улисс, сам Ахиллес были ли столь ужасны для Троянцев, как Любопытство, Тщеславие и Ревность для Целомудрия?». В песни X дается сатирическое изображение развращенных нравов некоего народа, под которым подразумеваются французы.

А. Л. Топорков

АНДРЕЕВСКИЙ Иван Самойлович [1759, с. Дроздовка, близ Нежина, Киевской губ. — 17 (29) X 1809, Москва]. Сын священника, в 1770-е гг. обучался в Киево-Могилянской академии, причем в первые годы был «успеха средственного». В нач. 1780-х гг. переехал в Москву и поступил на медицинский факультет Моск. ун-та. По окончании курса в 1789 — помощник при анатомическом театре университета (1790), затем прозектор (1792) и адъюнкт (1800), в 1803 получил звание доктора медицины, с 1805 — экстраординарный профессор медицинского факультета (формуляр 1809 г. — ЦГИА, ф. 733, оп. 28, № 94).

Во время обучения в университете А., очевидно по заказу Типогр. комп., перевел два сочинения религиозно-нравственного содержания: «Надежное добро» (1786; с лат.) и «Брань духовная, или Наука о совершенной победе самого себя» (1787; с пол.) ит. мистика XVII в. Л. Скополи (с варшавского изд. 1782). В «Деле от безделья» (1792, ч. 3, авг.) им был опубликован перевод с фр. «Оптика нравов». Характер всех этих переводов позволяет говорить о близости в те годы А. к масонским кругам.

В 1793 А. подал в Синод прошение о разрешении переиздать на свой счет «Брань духовную...» (ЦГИА, ф. 796, оп. 74, № 355). Разрешение было получено, но в июне 1794 Синод затребовал 1-е издание книги и отпечатанные листы 2-го издания, так как архимандрит Ново-Спасского монастыря Мефодий Смирнов нашел в ней «сумнение ‹...› противное православной греко-латинской церкви». Из уже отпечатанной книги Мефодий изъял некоторые «темные места» и вместо них выбрал «приличные из сочинений святых отец рассуждения»; он же дал и новое загл. — «Подвиг христианина против искушения» (1794).

В 1790—1800-х гг. А. сосредоточивается на занятиях физиологией, патологией и терапией домашних животных и выпускает несколько оригинальных (в т. ч. диссертацию на лат.) и переводных (с фр. и с нем. на лат.) трудов по этим дисциплинам: «Диетика» (1791), «Начальные основания медицины ветеринарии» (М., 1805) и др. В нояб. 1809 «Вестн. Европы» (№ 21) напечатал некролог А.

Лит.: Биогр. словарь Моск. ун-та, ч. 1 (1855); *Вейнберг А.* Андреевский И. С. — В кн.: Рус. биогр. словарь, т. «Алексинский — Бестужев-Рюмин» (1900); Акты и документы, относящиеся к истории Киевской академии. Киев, 1907, отд. II, т. 4.

С. И. Николаев

АНИЧКОВ Дмитрий Сергеевич [1733—30 IV (11 V) 1788, Москва, похоронен на Лазаревском кладбище]. Публицист, философ. Сын подьячего Троице-Сергиевой лавры; несмотря на дворянское происхождение (см.: Руммель, Голубцов. Родосл. сб., т. 1, с. 45), отец А. находился в подушном окладе. Первоначальное образование А. получил в Троицкой дух. семинарии, где дошел до класса риторики; по ходатайству лаврского начальства в 1750 был исключен из подушного оклада. 3 июля 1755 в числе шестерых лучших семинаристов был отправлен в новооткрытый Моск. ун-т. За успехи в науках (особенно в философии у И.-Г. Фроманна и математике у И.-И. Роста) ежегодно награждался золотыми медалями. В 1760, еще будучи студентом, А. преподавал математику в низшем классе гимназии.

В 1761 А. поместил в «Полезном увеселении» два перевода с лат.: «Речь, которую говорил один разумный человек из Гарамантов к Александру Великому» (ч. 4, сент., № 11) и «Сребролюбивого человека и бог, и весь свет ненавидит» (ч. 4, июль, № 1), а также собственное вполне ортодоксальное «Рассуждение о бессмертии души человеческой» (ч. 4, июль, № 4). При получении магистерского звания А. произнес исполненную ортодоксально-религиозных высказываний, но не чуждую и влияния просветительской идеологии речь «О мудром изречении греческого философа: рассматривая всякое дело с рассуждением...» (1762).

С 23 марта 1762 А. преподавал в университете геометрию и тригонометрию, а в обеих гимназиях тригонометрию и алгебру. 30 марта 1762 Унив. конференция обязала А. составить учебники по ряду отраслей математики. В течение почти 20 лет он написал руководства по всем разделам элементарной математики, неоднократно переиздававшиеся, а также «Начальные основания фортификации или военной архитектуры» (1781). 30 июля 1765 конференция поручила. А. перевод с лат. изданных в 1765 трудов И.-Ф. Вейдлера по арифметике, алгебре и геометрии, которые служили образцом для собственных учебников А. Учебники А., бывшие лучшими отечественными руководствами своего времени, представляли собой максимально приближенный к практике относительно полный курс всех разделов математики; заметную роль сыграли труды А. в становлении русской математической терминологии.

30 мая 1765 А. занял кафедру философии и логики. Читая курсы логики и метафизики на лат. языке по руководствам вольфианцев И.-Г. Винклера и Ф.-Х. Баумейстера, а с 1767 курс философии на рус. языке, А. не допускал явных отклонений от установленной программы, но все же пытался в какой-то мере изложить собственные взгляды. Так, «Слово о том, что мир сей есть ясным доказательством премудрости божией...» (1767) содержало явную проповедь деизма.

С 1765 А. неоднократно ходатайствовал об оплате преподавания в гимназии, ибо читал там логику и метафизику безвозмездно. Многолетние хлопоты, однако, остались безрезультатными. 19 марта 1769

В. Е. *Адодуров* указал, что соискателю «профессорского достоинства» надлежит доказать «свою к тому способность ⟨...⟩ ученым сочинением». В 1769 по предложению Унив. конференции А. представил отпечатанную в Унив. типографии диссертацию «Рассуждение из натуральной богословии о начале и происшествии натурального богопочитания» на рус. и лат. языках. В диссертации А. полностью отошел от вольфианства; цитировал Петрония, Лукреция, А. Попа (в пер. *Н. Н. Поповского*), а также *М. В. Ломоносова* (в т. ч. и «Гимн бороде»). Несомненна зависимость диссертации А. от труда Ш. де Бросса «О культе богов-фетишей, или Сравнение древней религии Египта с современной религией Нигритии» (1760) (рус. пер. см. в кн.: Шарль де Бросс о фетишизме. М., 1973, с. 13—124). Работа возбудила негодование большинства профессоров, которые заявили на экстраординарной конференции 24 авг. 1769, что «торжественно против этих мнений протестуют, ибо от них может произойти что-нибудь в предосуждение и позор для университета». Основным противником А. выступил И.-Г. Рейхель, назвавший Лукреция, которого неоднократно упоминал А., «пролетарием между философами и свиньей из стада Эпикурова». Конференция единогласно постановила переиздать диссертацию с исправлениями, а от присуждения А. профессорского звания воздержаться. Во 2-м издании (1769) А. сделал ряд незначительных сокращений, а также удалил атеистические положения; новое издание получило более светское назв. — «Философическое рассуждение о начале и происшествии богопочитания у разных, а особливо невежественных, народов».

О деле А. *П. А. Алексеев* сообщил *Амвросию Зертис-Каменскому*, и тот 10 сент. 1769 донес в Синод, что А. «явно восстает противу всего христианства, богопроповедничества, богослужения; опровергает Священное писание...»; Амвросий требовал отстранения А. от научной и педагогической деятельности, а также уничтожения его труда (дело о диссертации А. — ЦГИА, ф. 796, оп. 50, № 342; копия — ЦГАДА, ф. 168, оп. 1, № 113; первая публ. (по копии): Рус. арх., 1875, № 11). Ошибочность сообщения о сожжении диссертации А., восходящего к И. М. Снегиреву, доказана Н. А. Пенчко. Традиционно считается, что А. поручил издание диссертации недавно прибывшему из Англии С. Е. Десницкому, который и включил в нее много вольнодумных и дерзких мыслей; однако скорее это мог быть *И. А. Третьяков*, который ранее избрал для своей диссертации тему «Невежество, страх и удивление — вот причины всякого суеверия», отклоненную Унив. конференцией 22 марта 1768; тезисы Третьякова и А. почти дословно перекликаются.

Хотя Синод требовал примерного наказания А., обер-прокурор Синода П. П. Чебышев избавил А. от неприятных последствий дела. После очередного требования Синода Чебышев взял дело А. «из повытья» непосредственно «к себе», где оно и пролежало 18 лет, числясь в разряде «интересных» и «нерешенных»; лишь в 1787 оно было официально выключено из делопроизводства. Диссертация А. была некоторыми его современниками «много похваляема» (Новиков. Опыт словаря (1772)).

А. пользовался репутацией искусного оратора. В выступлениях на университетских торжествах он пропагандировал свои взгляды. Так, в «Слове о свойствах познания человеческого и о средствах, предохраняющих ум смертного от разных заблуждений» (1770) А. с позиций сенсуализма подверг критике картезианскую теорию врожденных идей. Эти положения были им развиты в «Слове о разных причинах, немалое препятствие причиняющих в продолжение познания человеческого» (1774). 22 апр. 1772 А. произнес речь на университетских торжествах в день рождения *Екатерины II*. По ряду сведений, с 1777 А., вероятно, являлся членом одной из масонских лож. В «словах» кон. 1770-х гг. «О невещественности души человеческой и из оной происходящего ее бессмертия» (1777), «О превратных понятиях человеческих, происходящих от излишнего упования, возлагаемого на чувства» (1779) и «О разных способах, теснейший союз души с телом изъясняющих» (1783) он с ортодоксально-церковной точки зрения подверг критике ряд положений («заблуждений»), выдвигавшихся им ранее. Тем не менее в примечаниях А. к принятому в университете в качестве основного учебного пособия руководству Ф.-Х. Баумейстера «Annotationes in logicam, metaphisicam et cosmologicam» (1782) при достаточно благоговейном отношении к вольфианской направленности комментируемого курса А. называл Эпикура и Лукреция «выдающимися писателями и остроумнейшими философами», а Лукиана — «весьма мудрым в отношении к софистике и суевериям».

Постановлением Унив. конференции от 11 авг. 1770 на А. было возложено преподавание новой дисциплины — «учения о нравственности и этике» и он был рекомендован к производству в профессора философии. В 1771 А. было присуждено звание «публичного логики, метафизики и чистой математики экстраординарного профессора», в 1777 — звание ординарного профессора. Тогда же А. становится инспектором обеих университетских гимназий. В 1785 А был произведен в надв. советники. А. был членом Вольного Рос. собрания при Моск. ун-те со дня его основания (см.: Опыт тр. Вольного Рос. собрания, 1774, ч. 1, с. 14 ненумер.). В кон. жизни А. постигла длительная изнурительная болезнь. Многие неопубликованные труды А. и его библиотека сгорели в бывшем у него доме в сер. 1780-х гг. пожаре.

По рассказу Н. Е. Зернова, восходящему к университетским преданиям, А. «имел характер твердый, но скромный и благородный ⟨...⟩ и при некоторой угрюмости вида был ко всякому приветлив. ⟨...⟩ Коварство и честолюбие были чужды благородной его душе. ⟨...⟩ Он ⟨...⟩ в приятельском кругу являлся не философом, но веселым и приветливым собеседником» и «всегда предпочитал простоту сердца и доброту души кичливому просвещению ума».

При разысканиях об А. следует учитывать, что одновременно с ним жил его отдаленный родственник Дмитрий Сергеевич Аничков — отставной секунд-майор, помещик Ранненбургского у. Рязанской губ., бывший в 1780-е гг. исправником в Ряжске.

Лит.: *Зернов Н. Е.* Аничков Д. С. — В кн.: Биогр. словарь Моск. ун-та, ч. 1 (1855); *Смирнов.* Троицкая семинария (1867); *Бобров Е. А.* Аутодафе над филос. книгой. — В кн.: Бобров Е. А. Дела и люди. Юрьев, 1907; Bakounine. Le répertoire (1940); *Шахнович М. И.* Д. С. Аничков — первый рус. историк религии. — Учен. зап. ЛГУ, 1948, № 109, вып. 2; *Гагарин А. П.* Первая филос. дис., защищавшаяся в Моск. ун-те. — Вестн. МГУ, 1952, № 7, вып. 3; Избр. произведения рус. мыслителей второй пол. XVIII в. М., 1952, т. 1; *Белявский М. П.* М. В. Ломоносов и основание Моск. ун-та. М., 1955; Пенчко. Документы, т. 1—3 (1960—1963); *Зырянов Н. А.* Мировоззрение Д. С. Аничкова: Автореф. дис. ... канд. филол. наук. М., 1962; *Коган Ю. Я.* Очерки по истории рус. атеистической мысли XVIII в. М., 1962; *Пенчко Н.* Первый в России тр. по истории религии и его загадочная судьба. — Наука и жизнь, 1964; № 11; История философии в СССР. М., 1968, т. 2.

М. П. Лепехин

АННЕНКОВА П. И. см. Вельяшева-Волынцева П. И.

АННЕНСКИЙ Николай Ильич [1773—30 IV (11 V) 1845, Петербург, похоронен на Смоленском кладбище]. Происходил из духовного звания, учился в Рязанской, а затем в Александро-Невской дух. семинариях вместе с М. М. Сперанским и *И. И. Мартыновым*. Закончив обучение, поступил на гражданскую службу. В 1802 служил статс-секретарем в канцелярии *М. Н. Муравьева*, бывшего в то время товарищем министра просвещения, и одновременно исполнял должность секретаря во 2-м Кадет. корпусе. В 1805 был младшим помощником в 3-й экспедиции Комиссии законов в чине кол. советника. 17 нояб. 1807 получил чин ст. советника. В 1808 назначен помощником референдария, а в 1810 состоял при д. ст. советнике *П. С. Молчанове*. В 1811 назначен в М-во юстиции на должность юрисконсульта, где 24 янв. 1818 стал д. ст. советником. С 24 марта 1823 не служил. Вновь был зачислен на службу 21 февр. 1831, однако никакой должности не исполнял до 1837, когда по указу Николая I был назначен чиновником по особым поручениям М-ва внутр. дел.

Литературная деятельность А. началась в 1796, когда он опубликовал перевод статьи «Сон» из англ. журнала «Зритель» Р. Стиля и Дж. Аддисона (Муза, 1796, ч. 2, июнь). В 1798 А. напечатал два переводных «рассуждения»: «Разум часто заставляет почитать предрассудки, им охуждаемые» и «О предрассудках» (СПб. журн., 1798, ч. 2, апр., май).

Известность к А. как переводчику пришла с переводом книги И.-Г. Циммермана «О уединении, относительно к разуму и сердцу» (1796), выдержавшим три издания (2-е изд. СПб., 1801, ч. 1—2; 3-е изд. М., 1822, ч. 1—2). В небольшом вступлении А. советует прочесть книгу «молодым людям, чтобы отвратить их от всех сообществ, служащих только к суетному провождению времени». Из предисловия выясняется, что А. воспользовался фр. переработкой Л.-С. Мерсье («подлинник сочинения сего на немецком языке состоит в четырех больших книгах, которые г. Мерсие сократил и составил из них одну; и сего-то сокращения в моем переводе я наиболее держался»).

А. также перевел с англ. книгу «Лодоик, или Нравственные наставления для пользы и увеселения юношества» (1799, ч. 1—2), сопроводив ее своим предисловием.

Лит.: Моск. нов., 1845, 8 мая, № 55; *Чистович И. А.* История СПб. дух. академии. СПб., 1857; *Мартынов И. И.* Зап. — Заря, 1871, № 6; Рус. биогр. словарь, т. «Алексинский — Бестужев-Рюмин» (1900); Берков. Журналистика (1952); Левин. Англ. журналистика (1967).

С. Н. Травников

АНТОНИЙ (Борисов-Румовский) см. Борисов-Румовский А. И.

АНТОНИЙ (Зыбелин) см. Зыбелин А. Г.

АНТОНОВИЧ Павел Данилович [ум. 1831]. Сын сотенного атамана. Учился в Унив. гимназии, видимо, с 1777 (о переводах в старшие классы и награждениях см.: Моск. вед., 1778, 11 июля, № 55; 1780, 8 июля, № 55, Приб.); в 1782 был переведен в Моск. ун-т (см. там же, 1782, 3 дек., № 97, Приб.); в 1784 определен учителем лат. и греч. языков в Унив. гимназию. С 1786 — губернский секретарь (формуляр 1793 г. — ЦГАДА, ф. 286, № 857, л. 393 об.—394).

Литературную деятельность начал в студенческие годы. Его сотрудничество в периодическом издании *Н. И. Новикова* «Веч. заря» (1782) (скорее всего в качестве переводчика) выясняется из редакционного сообщения в последнем номере (ч. 3, дек.), где выражалась благодарность «участникам, трудившимся для издания». Очевидно, в годы учительства А. составил учебник «Азбука греческая, или Начальное познание греческого языка, с грамматическими правилами, разговорами, Езоповыми баснями» (1794, ч. 1—3). Своим первым литературным трудом А. назвал перевод с фр. «Забавы в уединении для всякого возраста и состояния людей, в двух частях, с приобщением похождений Аристоноевых...» (1797). Ч. 1 книги явилась переводом анонимного фр. сборника «Amusements d'un solitaire», найденного переводчиком, по его собственным словам, в библиотеке из «отборнейших книг» кн. А. М. Голицына, в подмосковной усадьбе которого он «препровождал некогда летнее время» и которому посвятил свой перевод. Сборник состоял из нравоучительных повестей и очерков («О честном человеке», «О воспитании», «О счастии», «О гражданине» и т. п.), цель которых, как пишет переводчик, «полезную, вместе и приятную, сердцу и разуму доставить пищу». Направленность морали — в духе религиозного благонравия и «истинного почтения к государю». Ч. 2 рус. издания содержала перевод продолжения «Приключений Телемака» Ф. Фенелона. Этот перевод «Приключений Аристоноя» не был первым на рус. языке и выполнен на среднем художественном уровне.

Позднее А. служил чиновником московского почтамта, в 1820 получил чин ст. советника и в 1825 вышел на пенсию (см. письма А. к К. Я. Булгакову от 5 февр. 1820 и 15 окт. 1825 — ГБЛ, ф. 41, оп. 54, № 4).

Лит.: [Без подписи]. Антонович П. Д. — В кн.: Рус. биогр. словарь, т. «Алексинский — Бестужев-Рюмин» (1900).

Р. М. Горохова

АНТОНОВСКИЙ Михаил Иванович [30 IX (11 X) 1759, с. Борзна Черниговской губ.—1816, Петербург]. Происходил из старинного, но обедневшего дворянского рода (сам А. возводил свою генеалогию к выходцу из Франции гр. де Ланжерону). В 1764 был записан в службу юнкером при Батуринском поветовом суде. Учился в Киево-Могилянской академии, в 1779—1783 — в Моск. ун-те; за успехи в науках был награжден золотой медалью. Организовал студенческое общество «для упражнений ⟨...⟩ в сочинениях и переводах, а после для издания трудов своих в печать» (Собрание унив. питомцев), куда вошли *А. Ф. Лабзин*, *П. А. Пельский*; приглашенные по инициативе А. из Киевской дух. академии и ставшие студентами *А. А. Прокопович-Антонский*, *П. А. Сохацкий*, И. Ф. Сафонович и др. Общество имело масонскую ориентацию; видную роль играли в нем профессора-масоны, в частности И. Е. Шварц; устав его был написан А., который и стал его президентом. Члены общества участвовали в издании журнала «Веч. заря»; А. напечатал здесь перевод с лат. двух рассуждений Дж. Локка — «О познании божия бытия» и «О бытии бога» (1782, ч. 3, сент.). В публичной лекции «Больше ли вреда или пользы принесли Европе крестовые походы?» А. подверг критике антиклерикальные идеи Вольтера.

В своей автобиографии А. рассказывал, что уже в эти годы он обратил на себя внимание наследника (будущего императора Павла I), который через вице-президента Адмиралтейств-коллегии гр. И. Г. Чернышева пригласил его на службу в коллегию, куда он поступил в сент. 1783 в качестве секретаря Чернышева «по министериальным, адмиралтейским и флотским делам»; в 1785 А. получил «высочайшее благоволение» за сочинение наставлений для секретной морской экспедиции в Северную Америку. В 1784 А. стал одним из учредителей (в автобиографии называл себя инициатором) О-ва друзей словесных наук, в которое вошли некоторые прежние его «соученики, находившиеся уже на службе государственной», и молодые петербургские литераторы *П. Ю. Львов*, *С. Н. Спешницкий*, *К. А. Лубьянович*, *Н. Ф. Эмин*, *С. А. Тучков*, *С. Н. Завалиевский* и др.; позднее в общество вошли также *А. Н. Радищев*, *С. С. Бобров*, *П. А. Озеров* и др. Общество считало себя неотделимой частью московского Собрания унив. питомцев, но имело особый устав; в обязанности членов входило поддержание «чистой нравственности» и должности «доброго гражданина»; предполагалось издание трудов с филантропическими целями. Издательская деятельность общества задержалась из-за начавшегося преследования *Н. И. Новикова* и его кружка; в письме к *Г. Р. Державину* от 30 апр. 1786 А. жаловался на «сумятицу», происшедшую «от монахов» «по случаю напечатанных некоторых у г. Новикова высочайше замеченных вредными и раскольническими книг»; однако он рассчитывал преодолеть издательские и цензурные препятствия.

В 1787 А. уехал из Петербурга, сопровождая гр. Чернышева, находившегося в свите *Екатерины II* во время ее путешествия на юг; в июне 1787 вместе с Чернышевым отправился за границу (Вена, Неаполь); в мае 1788 вернулся в Россию. Размолвка с Чернышевым заставила его принять должность правителя канцелярии командовавшего флотом адмирала В. Я. Чичагова (с 4 мая 1789); во время рус.-швед. войны (в июне 1789) он участвовал в морском сражении; по окончании кампании, в дек. 1789, уехал за границу в составе посольства кн. Голицына для поздравления Леопольда II со вступлением на престол. В промежутках между поездками принимал активное участие в издании журнала «Беседующий гражданин» — одного из наиболее значительных явлений в рус. журналистике 1780-х гг., где проповедь морально-философской и этической программы масонства и масонского мистицизма сочеталась с либеральными общественными тенденциями, критикой крепостничества, социальных пороков и утверждением идеала гражданина (характер декларации имела опубликованная здесь статья Радищева «Беседа о том, что есть сын отечества», 1789). В мировоззрении самого А. консервативные и мистические устремления соседствовали иной раз с резко критическим отношением к современным социальным институтам и даже к царствующему дому.

В 1790 А. по собственной просьбе уволился из Адмиралтейств-коллегии и вынужден был жить литературным трудом, «переводя и сочиняя для книгопродавцев и печатальщиков книг из самой бедной платы, для избежания голодной смерти»; он переводил с нем., фр., а также пол. («Нурзагад, человек неумирающий, восточная повесть» Ф. Шеридана, 1792) языков и издавал частью переведенные, частью составленные им (по-видимому, в соавторстве) географические и статистические труды. Цензурные преследования как «возмутительную книгу» вызвало «Новейшее повествовательное землеописание всех четырех частей света...», составленное по трудам Э. Тоце и Ф. Остервальда (1795, ч. 1—4) и включавшее статистическое описание России; А. был взят под стражу и допрошен в Тайной экспедиции, а тираж книги задержан для устранения «непозволительных выражений» и мест, противных «законному и самодержавному правлению и самой благопристойности». Исправление затянулось, и тираж был уничтожен. Хотя в переводе принимали участие и др. члены О-ва друзей словесных наук, на А. как на издателя пала единоличная ответственность за составление прибавлений к книге. С этим инцидентом сам А. связывал крушение своей дальнейшей карьеры; его автобиография (очень субъективная в оценках фактов и лиц и с явной склонностью автора к самовозвеличению) пестрит жалобами на гонения сильных завистников и недоброжелателей.

В 1794 он по приказанию наследника (покровительствовавшего масонам) был определен инспектором в Морской кадет. корпус, а в 1796 назначен разбирать привезенную из Варшавы коллекцию книг, составившую основание Публ. б-ки. В качестве библиотекаря А. постоянно вступал в конфликты с властями, то протестуя против плана передачи библиотеки Синоду или Академии наук, то разоблачая злоупотребления при новом директоре гр. Шуазель-Гуффье. С вступлением на престол Павла I положение А. не улучшилось, хотя он посвятил императору переведенную им книгу К. Эккартсгаузена (?) «Верное лекарство от предубеждения умов» (1798); изданная им тогда же книга «Библиотека духовная» (включившая анонимно трактат Г. С. Сковороды «Наркиз, или Познай себя») дала дополнительные поводы для преследования А. Несмотря на значительную работу, проделанную А. по сохранению попорченного при перевозке собрания, учету и классификации книг, в 1810 он был уволен без награждения чином и пенсиона; все его попытки добиться признания своих заслуг не увенчались успехом. Литературно-издательская деятельность А. к этому времени заканчивается; в 1802 он издает в своем переводе «Переписку императрицы Екатерины II с Волтером, с 1763 по 1778 год» (ч. 1—2), в 1804 — компиляцию «Сердце и законы Екатерины Великия ⟨...⟩ почерпнутые из ее изустных изречений, писаний и законодательства», в 1807—1809 — популярные изложения военных доктрин Петра I и Суворова. В 1805 он объявил о своем намерении писать рус. историю (статьи на исторические темы он публиковал еще в «Беседующем гражданине»); некоторые результаты своих разысканий, носивших дилетантский характер и подчиненных мистической масонской концепции, он изложил в сочинении «Решение публичной задачи Московского университета о том, когда славяне переселились в Россию и кого летописец Нестор называет волохами» (М., 1806). Труд по истории России, предполагавшийся в восьми частях, не собрал подписчиков и не был издан (по-видимому, и не был написан); не получил А. и должности историографа, на которую претендовал уже после назначения *Н. М. Карамзина* (по-видимому, на него А. намекает в своей автобиографии, замечая, что занимать ее не могут «писатели пустых романцов»). Последние годы А. провел в крайней нищете, пользуясь лишь помощью прежних знакомых, в частности К. А. Лубьяновича.

Рукописные материалы об А. (в подлинниках и копиях) имеются в ИРЛИ (ф. 405), ГПБ (ф. 1105, Д. Д. Шамрай), ЦГИА (ф. 733, оп. 21, № 76 — дело 1827 г. о приеме в училище сына А.).

Лит.: Моск. телеграф, 1826, ч. 10, № 13; Сын отеч., 1838, т. 3; Державин. Соч. (1868—1878), т. 5 (1876); Рус. старина, 1883, № 11; Зап. М. И. Антоновского. — Рус. арх., 1885, т. 1, кн. 2; *Семенников В. П.* 1) К истории цензуры в екатерининскую эпоху. — Рус. библиофил, 1913, № 1; 2) Лит.-обществ. круг Радищева. — В кн.: А. Н. Радищев / Мат-лы и исслед. М.; Л., 1936; Берков. Журналистика (1952); *Светлов Л. Б.* М. И. Антоновский. — В кн.: Моск. ун-т и развитие филос. и обществ.-полит. мысли в России. М., 1957; *Бабкин Д. С.* А. Н. Радищев: Лит.-обществ. деятельность. М.; Л., 1966; *Люблинский В. С.* К изданию рус. пер. переписки Вольтера с Екатериной II. — В кн.: Сб. ст. и мат-лов Б-ки АН СССР по книговедению. II. Л., 1970; *Альтшуллер М.*, *Мартынов И.* «Звучащий стих, свободы ради...». М., 1976.

В. Э. *Вацуро*

АПОЛЛОС (Байбаков) см. Байбаков А. Д.

АПУХТИН Аким Иванович [2 (13) IX 1724—26 VI (7 VII) 1798, Москва]. Начал службу в 1737 по военно-интендантской части; в 1768 произведен в генерал-майоры, с 1775 — генерал-лейтенант. В 1773 назначен членом Военной коллегии. С 1783 — симбирский и уфимский генерал-губернатор. В 1784 вышел в отставку и поселился в Москве, где жил до кончины.

А. принадлежит заслуга ознакомления рус. читателя с пол. просветительской драматургией, с комедиями в «польском вкусе», высмеивавшими как старошляхетские устои и обычаи, так и галломанию современной пол. шляхты (мотивы, созвучные рус. комедиографии). А. переводил исключительно пьесы Ф. Богомольца — «Мот, или Расточитель» (1778; с предисл. *В. Г. Рубана*), «Брак по календарю» (1779), «Из одной чрезвычайности в другую» (1792).

А., переводчик-дилетант, придерживался традиции точного перевода, сохраняя пол. реалии, но переделывая на рус. лад значащие имена персонажей и подыскивая (не всегда удачно) рус. эквиваленты пол. фразеологизмам. Переводы А. отличались точностью, а комедия «Мот, или Расточитель» была «благосклонно принята публикою в рассуждении морали, в ней находящейся» (Драм. словарь (1787)). Др. сведений о ее постановках (кроме недостоверной «Хроники русского театра» И. Носова) не имеется. Под загл. «Расточитель» комедия вошла в состав ч. 3 переведенного с пол. сборника «Похождения Совест-Драла» (1781). Последнее обстоятельство может служить некоторым основанием для атрибуции А. перевода всего сборника.

Лит.: *Туркестанов Н.* Губ. служебник. СПб., 1869; Моск. некрополь, т. 1 (1907); *Берков П. Н.* Рус.-пол. лит. связи в XVIII в. М., 1958; *Łużny R.* Bohomolec i Bogusławski w Rosji. — Slavia Orientalis, 1961, N 2.

Л. И. *Ровнякова*

АПУХТИН Гавриил (Гаврила) Петрович [17 (28) III 1774—3 (15) VI 1834, Москва]. Происходил из дворян. Был записан в службу в Преображенский полк фурьером (1780), выпущен в Астраханский гренадерский полк капитаном (1795). Участвовал в сражениях рус.-перс. войны 1795—1796, вышел в отставку майором (1796). В 1806—1813 был орловским губернским предводителем дворянства. В 1815—1816 служил в Военном м-ве, в 1828 — в Сенате (формуляр 1832 г. — ЦГИА, ф. 1349, оп. 6, № 1842). Активный деятель Моск. о-ва сел. хоз-ва, его казначей (1825—1828), занимался филантропической деятельностью в Москве.

В 1789 в сборнике «Полезное упражнение юношества» напечатал переведенную с фр. назидательную историю «Надейтесь». Участниками альманаха были питомцы Моск. благор. пансиона, и А. принадлежал, по-видимому, к их числу. В том же году А. опубликовал книгу «Письма Иорика к Елизе и Елизы к Иорику / С приобщ. Похвального слова Елизе» — перевод с фр. дружеской переписки Л. Стерна с Элизой Дрейпер (на англ. яз. опубл. в 1775; с 1784 — многочисленные фр. изд.). «Похвальное слово Елизе» принадлежало перу аббата Г.-Т.-Ф. Рейналя.

Предложенная Г. А. Гуковским атрибуция А. перевода трагедии Г.-Э. Лессинга «Эмилия Галотти» (1784) представляется маловероятной.

Лит.: *Маслов С.* Ист. обозр. действий и тр. имп. Моск. о-ва сел. хоз-ва со времен его основания до 1846 г. М., 1846; Моск. некрополь, т. 1 (1907); *Апухтин В. Р.* Орловское дворянство в Отечественную войну. Б. м., 1912; Гуковский. Очерки (1938); *Левин В. Д.* Очерк стилистики рус. лит. яз. кон. XVIII — нач. XIX в. (лексика). М., 1964.

М. В. Разумовская

АРГАМАКОВ Александр Васильевич [22 I (2 II) 1776—12 (24) XI 1833, Москва, похоронен в Покровском м-ре]. Происходил из дворянского рода, известного с XVI в. Сын премьер-майора Василия Алексеевича А. и Федосьи Ивановны А., урожд. Фонвизиной, сестры *Д. И. Фонвизина*. Образование получил в Моск. благор. пансионе. С 1797 служил в Преображенском полку. 3 янв. 1798 произведен из портупей-прапорщиков в прапорщики. С 29 сент. 1800 — полковой адъютант. Одновременно, будучи плац-майором Михайловского замка в Петербурге, подавал Павлу I ежедневные рапорты о пожарах в городе. В 1801 принял участие в заговоре против императора. Хорошо зная внутреннее расположение замка, 11 марта 1801 провел заговорщиков в кабинет Павла I и, по рассказам некоторых современников, непосредственно участвовал в его убийстве. В 1801—1802 имел чин поручика, в 1808 — капитана. 4 авг. 1809 в чине полковника оставил службу «за болезнию, с мундиром» (см.: История лейб-гвардии Преображенского полка. СПб., 1883, т. 4, Прил., с. 26). В июле 1812 был назначен командиром егерского полка Моск. ополчения (см.: Рус. арх., 1874, № 1, с. 99). В 1820-е гг. управлял фабрикой по выделке лосиной кожи.

Литературную деятельность начал в пансионе, напечатав в сборнике «Полезное упражнение юношества» (1789) прозаический перевод с фр. «Рассуждение о вкусе сельской жизни», басню и три эпиграммы. В 1794—1795 сотрудничал в «Приятном и полезном», где опубликовал ряд переводных и оригинальных стихотворений, в т. ч. две анакреонтические «Оды» (1794, ч. 1, 4). Стихотворение «Моя хижинка» вызвало критические замечания *В. С. Подшивалова* (1794, ч. 1). В стихотворении «К Москве» (1794, ч. 4) содержалось упоминание о предстоящем отъезде автора из Москвы. Во время службы в Преображенском полку А. продолжал писать «мелкие стихотворения, разного содержания, легкими, звучными стихами». Сдружился с С. Н. Мариным, вел с ним шутливую переписку в стихах. Общался с Ф. И. Толстым, М. С. Воронцовым, Г. В. Гераковым, А. А. Шаховским, актерами и музыкантами, посещавшими дом директора петербургских театров А. Л. Нарышкина. С одической традицией связаны принадлежащие А. «Стихи императору Александру ⟨...⟩ на день светлого воскресенья марта 24 числа» (Иппокрена, 1801, ч. 9; список 1801 г. — ИРЛИ, ф. 265, оп. 2, № 4813). В ответ на стихотворение «Сон» и басню «Голова и ноги» Д. В. Давыдова А. написал (в 1803—1804) полемические стихи также под загл. «Сон» («Вчера я лег в постелю»), анонимно опубликованные в «Друге просв.» (1806, № 4). В 1812 А. выступил с «Одой на истребление врагов отечества...». Значительная часть шутливых дружеских стихов А. в печати не появилась.

Черновые автографы трех стихотворений и многочисленные деловые бумаги А. хранятся в ГБЛ (ф. 568).

Лит.: *Арапов П.* Любовь к рус. словесности ⟨...⟩ в лейб-гвардии Преображенском полку. — Сев. пчела, 1857, 22 марта, № 65; Моск. некрополь, т. 1 (1907); Время Павла и его смерть: Зап. современников и участников события 11 марта 1801 года. М., 1908; Цареубийство 11 марта 1801 года: Зап. участников и современников. СПб., 1908; Воспоминания и рассказы деятелей тайных о-в 1820-х гг. М., 1931, т. 1; *Ма-*

рин С. Н. Полн. собр. соч. М., 1948; *Мартынов И.*, *Альтшуллер М.* «Звучащий стих, свободы ради...». М., 1976; *Вацуро В. Э.* 1) Из альбомной лирики и лит. полемики 1790—1830-х гг. — В кн.: Ежегодн. рукоп. отд. Пушкинского Дома на 1977 г. Л., 1979; 2) Примеч. — В кн.: *Давыдов Д.* Стихотворения. Л., 1984.

Н. Д. Кочеткова, И. Ю. Фоменко

АРНДТ (Арендт) Богдан Федорович (Христиан Готтлиб) [1743, дер. Гросс-Швансфельд, Вост. Пруссия—1829, Гейдельберг]. Сын лютеранского священника. Учился в Кенигсбергском ун-те, где изучал теологию, а затем, по собственному желанию, юриспруденцию. Случайно познакомившись с курляндским посланником, в 1764 ездил с ним в Варшаву, затем в Курляндию; был в Риге и Митаве. В 1768 приехал в Петербург. С 1772 служил экспедитором в почтамте, затем переводчиком в Коллегии иностр. дел в чине капитан-лейтенанта. С 1 янв. 1781 стал служить при Кабинете е. и. в., имея чин кол. асессора. В Петербурге жил в доме, находившемся против дворца гр. И. Г. Чернышева. Прослужив в России 25 лет, вернулся в Германию. Ок. 10 лет путешествовал, с 1802 поселился в Гейдельберге. От рус. правительства получал пенсию, увеличенную Александром I.

Очевидно, А. принадлежал перевод на нем. язык «Наказа» *Екатерины II*: Instruction zur Verfertigung eines neuen Gesetzbuchs. Riga, 1769. Свидетельством интереса А. к рус. истории явились его переводы сочинения *А. П. Сумарокова* «Первый и главный стрелецкий бунт» (1768): Der erste und wichtigste Aufstand der Strelizen in Moskau. Riga, 1772 — и значительной части «Журнала, или Поденной записки Петра Великого» (1770—1772, ч. 1—2): Beyträge zur Geschichte Peters des Grossen / Hrsg. von L. Bacmeister. Riga, 1774, Bd 1. (пер. § 1—142 был осуществлен *Л. И. Бакмейстером*, а остальных — А.). А. сотрудничал в издании Л. И. Бакмейстера «Russische Bibliothek» (1772—1789); перевел «Тр. Вольного экон. о-ва» (1766—1769, т. 2—11): Abhandlungen der freien Ökonomischen Gesellschaft in St. Petersburg. St. Pbg.; Riga; Leipzig, 1773—1775, Th. 2—11. Возможно, до приезда в Россию А. переводил и ч. 1 (Mitau; Riga, 1767). «Для своих друзей» А. перевел с «удовольствием» прочитанную им книгу *С. И. Плещеева* «Дневные записки путешествия...» (1773): Tagebuch einer Reise des Leutenants Sergjej Pleschtschjeew... Riga, 1774. В предисловии к этой книге, датированном 20 февр. 1774, А. прославлял просвещенное правление, при котором «царят порядок, человеколюбие и законы» и монарх «знает свои обязанности». Здесь же А. формулировал свои основные переводческие принципы. Стремясь к максимальной точности, он предпочитал «заблуждаться вместе с подлинником», чем «искажать его смысл». С 1776 по 1780 на нем. языке А. издавал ежемесячный «St. Petersburgisches Journal» (с 1781 по авг. 1785 выходил четыре раза в год под назв. «Neues St. Petersburgisches Journal»); всего было издано 18 томов. Ближайшим сподвижником А. по изданию и продаже журнала был И.-Я. Вейтбрехт. Кроме Петербурга, журнал продавался в Москве, Риге, Ревеле, Нарве, Выборге и др. рус. городах; попадал в Варшаву, Вену, Берлин, Геттинген. Среди подписчиков были *Г. Р. Державин, Г. Л. Брайко, В. Е. Адодуров*, И. М. Шаден, масонская ложа «Урания» и мн. др. В журнале печатались важнейшие правительственные распоряжения и указы Сената, описания торжественных актов, речи членов Академии наук (*С. Г. Домашнева*, П.-С. Палласа, С. Я. Румовского и др.). Значительное место занимали и материалы по рус. литературе: переводы произведений А. П. Сумарокова («Малый московский летописец», сатиры, одна эклога); некролог Сумарокова; пересказ «Россияды» *М. М. Хераскова*; переводы сказок Екатерины II. В журнале сотрудничали Л. И. Бакмейстер, Г. Л. Брайко, *А. Т. Болотов*, И.-Г. Георги, *Г.-Ф. Миллер*, П.-С. Паллас, *Я. Я. Штелин* и др. По указанию И.-Ф. Гольдбека, А. был «не только издателем этого журнала, но и автором большинства сочинений, в частности содержавшейся в нем русской истории» («История русской империи от нашествия татар до царствования ‹...› Ивана Васильевича»). В журнале публиковались переводы «Тетрадей» и «Писем» Петра I и др. документов по рус. истории. А. печатал репертуарные списки нем. театра в Петербурге, сведения о населении города, о погоде и т. д. Среди печатавшихся в журнале стихотворений были баллады, песни, послания, басни, в т. ч. стихотворные переложения басен Лессинга. Журнал публиковал прозаические произведения нем. авторов, а также переводы из фр. и англ. журналов. Большой интерес представлял раздел, посвященный обозрению книжных новинок на рус. и нем. языках. Помимо краткой характеристики содержания и стиля часто помещались в переводах на нем. язык небольшие отрывки из рецензируемых книг. Так, А. принял участие в обсуждении книги *Ип. Ф. Богдановича* «Историческое изображение России» (St. Petersburgisches Journal, 1778, Bd 5, S. 447—455), вызвавшей полемику между автором и Г. Л. Брайко. Богданович оскорбился сдержанным, хотя и корректным, отзывом А. о его книге (письмо А. к Г.-Ф. Миллеру от 9 окт. 1778). Журнал А. был тесно связан с «СПб. вестн.» (1778— июль 1781), редактируемым Брайко при участии А. В «St. Petersburgisches Journal» (1777, Bd 4, S. 476) была помещена программа «СПб. вестн.»; нередко одни и те же материалы печатались сначала в одном, потом в др. журнале. «Под смотрением издателей „Вестника"» напечатана «Треязычная книга» А. (1779; 2-е изд. Рига, 1786), содержавшая параллельные тексты на рус., нем. и фр. языках. В «Предуведомлении» говорилось, что книга предназначена «для общего употребления ее в училищах» и для всех желающих изучать иностранные языки. Здесь же отмечалось, что переводы «по возможности верны с их подлинниками». В качестве текстов использованы басни Г.-Э. Лессинга, идиллии С. Геснера, сочинения и отрывки из произведений Ш. Роллена, Ф. Фенелона, К.-М. Виланда, Ж.-Ф. Мармонтеля и др. Рус. образцы представлены «Выписками из древней российской истории» *М. В. Ломоносова* и «Манифестом о учреждении наместничеств». Язык рус. переводов несколько архаизирован. Л. И. Бакмейстер рецензировал оба издания книги в «Russische Bibliothek» (1779, Bd 6, S. 421—423; 1786, Bd 10, S. 568—569). В 1770—1780-е гг. А. продолжал переводить на нем. язык такие важнейшие официальные документы, как «Учреждения для управления губерний» (1775, ч. 1—2): Ihro Kaiserlichen Majestät Catharina der Zweiten ‹...› Verordnungen zur Verwaltung des Gouvernements des Russischen Reichs» (1776—1780, Th. 1—2); «Устав купеческого водоходства по рекам, водам и морям» (1781, ч. 1—2): «Russisch-kaiserliche Ordnung der Handels-Schiffahrt auf Flüssen, Seen und Meeren» (1781—1782, Th. 1—2); «Устав благочиния или полицейский» (1782); «Russisch-kaiserliche Policeyordnung» (1782); «О дворянстве» (1785); «Vom Adel» (1785); «Городовое положение» (1785); «Stadtordnung» (1785). Одновременно А. перевел «Записки касательно российской истории» Екатерины II: Aufsätze, betreffend die russische Geschichte. Riga, 1787, Th. 1—2. В 1786—1788 А. переводил комедии Екатерины II. В янв. 1786 он перевел комедию «Обманщик» («Der Betrüger», 1787; Riga, 1787); в февр. — «Обольщенный» («Der Verblendete», 1786; Riga, 1786); в окт. — «Шаман сибирский» («Der Sibirische Schaman», 1786; Riga, 1786). В перевод «Обольщенного» Екатериной II было внесено 14 поправок (Рус. арх., 1872, № 11, с. 2065). Все три комедии вошли в издание: Drey Lustspiele wider Schwärmerey und Aberglauben. Berlin; Stettin, 1788 (с предисл. Ф. Николаи). В янв.—февр. 1788 А. перевел комедию «Расстроенная семья осторожками и подозрениями» («Der Familien-Zwist durch falsche Warnung und Argwohn», 1788). В эти же годы А. деятельно сотрудничал с П.-С. Палласом и Л. И. Бакмейстером в работе по подготовке «Сравнительных словарей всех языков и наречий» (1787—1789, ч. 1—2), преимущественно ч. 2. В ходе «почти ежедневных» бесед с Палласом у А. возникли лингвистические соображения, разработанные им в сочинении «О происхождении и различном родстве европейских языков» (Ueber den Ursprung und die verschiedenartige Verwandschaft der europäischen Sprachen / Hrsg. von Dr. J.-L. Klüber. Frankfurt am Main, 1818). Сочинение А. было написано на фр. языке; в этот текст Екатерина II внесла ряд замечаний и дополнений, но опубликовать в России свою книгу А. не успел. В 1810 Паллас, находившийся тогда в Берлине, заинтересовался ее судьбой, и А. перевел для него текст на нем. язык. Из-за смерти Палласа напечатать книгу снова не удалось. В 1816 рукопись попала в руки И.-Л. Клюбера, «друга и почитателя автора», который наконец ее напечатал, «не без борьбы» получив на это согласие А. В Гейдельберге вышла книга А. «Мысли о важных задачах человека и гражданина» («Gedanken über wichtige Angelegenheiten des Menschen und Bürgers»).

По словам биографа А., Россия всегда оставалась для него «вторым отечеством». В целом деятельность А. способствовала развитию рус.-нем. культурных контактов. Документы и письма из архива А. (использованные в работах И. Ф. Мартынова), хранятся в ЦГИА (ф. 468) и ААН (ф. 21).

Лит.: Bernoulli's Reisen durch Brandenburg, Pommern, Preussen, Kurland, Russland und Pohlen. Leipzig, 1780, Bd 4; *Goldbeck J.-F.* Literarische Nachrichten von Preussen. Leipzig; Dessau, 1783, Th. 2; *Denina, l'abbé.* La Prusse littéraire sous Fréderic II. Berlin, 1790, t. 1; *Hamberger G.-Ch., Meusel J.-G.* Das gelehrte Teutschland. Lemgo, 1796, Bd 1; *Klüber J.-L.* Vorbericht des Herausgebers. — In: Arndt Ch.-G. Ueber den Ursprung und die verschiedenartige Verwandschaft der europäischen Sprachen. Frankfurt am Main, 1818; *Kayser Ch.-G.* Vollständiges Bücher-Lexicon. Leipzig, 1834, Th. 1; Лонгинов. Новиков и мартинисты (1867); *Толстой Д. А.* Люди екатерининского времени. СПб., 1882; *Мальшинский А.* Лит. гонорар в XVIII в. — Ист. вестн., 1886, № 12; *Грот Я. К.* Филол. занятия Екатерины II. — В кн.: Грот Я. К. Тр. СПб., 1901, т. 4; *Пыпин А. Н.* Примеч. — В кн.: Екатерина II. Соч. СПб., 1901, т. 1—2; *Храповицкий А. В.* Дневник. М., 1901; *Schmidt H.* Berührungen der deutschen und russischen Aufklärung in der Regierungszeit Katharinas II. —

In: Studien zur Geschichte der russischen Literatur des 18. Jhs. Berlin, 1968, Bd 3; *Lauch A.* Wissenschaft und kulturelle Beziehungen in der russischen Aufklärung: Zum Wirken H.-L.-Ch. Bacmeisters. Berlin, 1969; *Мартынов И. Ф.* 1) Рус. лит. и наука в петербургских нем. журналах эпохи Просвещения. — Die Welt der Slaven, 1974/1975, Jg. XIX—XX; 2) Журналист, историк и дипломат XVIII в. Г. Л. Брайко. — В кн.: XVIII век. Л., 1977, сб. 12; *Данилевский Р. Ю.* Нем. журналы Петербурга в 1770—1810 гг. — В кн.: Рус. источники для истории зарубеж. литератур. Л., 1980.

Н. Д. Кочеткова

АРСЕНИЙ (Верещагин) см. Верещагин В. И.

АРСЕНИЙ (Могилянский) см. Могилянский А.

АРСЕНИЙ (Тодорский) см. Тодорский Д.

АРТЕМЬЕВ Алексей Артемьевич [ок. 1748—1820]. 15 июля 1755 поступил в Унив. гимназию, в 1764 произведен в студенты. Окончил полный курс юридического факультета с золотой медалью. 11 авг. 1770 И. Борзов и А. обратились с прошением об определении их на государственные должности в связи с окончанием учения; по мнению экзаменаторов (Ф.-Г. Дильтея, *С. Е. Десницкого* и *И. А. Третьякова*), на устроенном им экзамене они «отвечали превосходно» (см.: Пенчко. Документы, т. 3 (1960), с. 361—363, 389—390). В дальнейшем А. служил при Моск. ун-те, занимая разные должности в хозяйственном правлении, в 1779 «имел смотрение над классами» в чине поручика, затем, постепенно повышаясь в чинах, «имел смотрение» над домами университета; в 1806 — экзекутор в правлении университета в чине надв. советника. В 1812 А. оставался в здании университета, захваченном французами, но, по донесению профессора римского права Х.-Ю.-Л. Штельцера А. К. Разумовскому, «был пьян и бесполезен». Штельцер обвинял А. в пропаже крупной суммы казенных денег (см.: *Васильчиков А. А.* Семейство Разумовских. СПб., 1880, т. 2, с. 444).

В годы учебы в университете А. перевел с лат. лекции профессора Ф.-Г. Дильтея, читавшего естественное право, под загл. «Начальные основания вексельного права...» (не ранее 1770). Перевод был осуществлен А. совместно со студентом И. Борзовым «под смотрением» С. Е. Десницкого. В книге «Краткое начертание Римских и Российских прав» (1777; посв. *И. И. Мелиссино*) А. скомпилировал курсы лекций Ф.-Г. Дильтея и С. Е. Десницкого. Переведенная А. (предположительно с фр.) книга «Добродетельная душа, или Нравоучительные правила в пользу и научение юношества, из древних и новых мудрецов выбранные» (1777) — сборник афоризмов, подобранных по рубрикам: о бренности земной жизни, о необходимости платить добром за зло и т. п. — тоже посвящена И. И. Мелиссино. Сборники такого типа входили в круг масонского чтения (положительный отзыв см.: СПб. учен. вед., 1777, № 19). 2-е издание книги, переработанное и расширенное, под загл. «Душа добродетели» (1782), посвящено *Е. В. Херасковой*.

А. был другом *Е. И. Кострова*, после смерти которого опубликовал его перевод песен 7, 8 и 9 (нач.) «Илиады» (Вестн. Европы, 1811, № 14—15). Позже в журнале появилось примечание: «Переведенные Костровым песни „Илиады", в „Вестнике Европы" напечатанные, найдены ‹...› у А. А. Артемьева, служащего при Московском университете, который получил сии и некоторые другие бумаги от самого Кострова» (Вестн. Европы, 1812, № 8, с. 319—320). Появление публикации, очевидно, связано с тем, что в эти годы (с 1808) Н. И. Гнедич начал печатать свой перевод «Илиады» прямо с песни 7, как бы продолжая перевод Кострова.

Лит.: Евгений. Словарь, т. 1 (1845); Лонгинов. Новиков и мартинисты (1867); *Мартынов И. Ф.* Книгоиздатель Н. Новиков. М., 1981.

И. Ю. Фоменко

АСТАФЬЕВ Николай Матвеевич [1765 (?)—27 XI (9 XII) 1806]. Служил с 1780 фурьером и с 1781 сержантом 1-го фузелерного полка. С 1785 А. был штык-юнкером в Елизаветинском арт. гарнизоне, с 1787 переведен в канонирский полк, с 1789 — подпоручик понтонной роты. Находился в действующей армии во время рус.-тур. войны 1787—1791, в частности принимал участие во взятии Очакова (6 дек. 1788), штурме Бендер (4 июня 1791) и переправе рус. войск через Дунай в июне 1791. В 1792 находился в Польше «при неоднократных переправах войск с понтонами». Служба А. неожиданно прервалась 19 февр. 1795: за утрату казенных волов он был лишен чинов и уволен. Но 8 июня 1796 его зачислили сержантом в конную артиллерийскую роту, а в 1797 он перешел аудитором в пионерный полк. 11 мая 1799 был произведен в титул. советники и принят переводчиком в Арт. экспедицию, где, получив в 1804 чин кол. асессора, продолжал служить до нач. жизни (формуляр 1806 г. — ЦГИА, ф. 1349, оп. 3, № 113, сп. 27).

А. перевел с фр. языка книгу «Рассуждение о устройстве легких войск и употреблении их во время войны» (СПб., 1803; пер. посв. Александру I). В «репорте» Арт. экспедиции от 27 июля 1803 об определении А. «к должности литейного мастера» упоминаются переведенные им с фр. языка книги «Новое искусство смягчать чугун» и «Искусство превращать красную медь в желтую», одобренные А. А. Аракчеевым (ЦГВИА, ф. 5, оп. 5/77, № 2603; не изд.). Посмертно была опубликована в переводе А. книга Ф.-Т.-М. де Бакюляра д'Арно «Отдохновение чувствительного человека, или Разные достопамятные происшествия» (СПб., 1808).

Н. Д. Кочеткова

АФАНАСИЙ (Иванов) см. Иванов А.

АХВЕРДОВ Николай Исаевич [20 XI (1 XII) 1754—8 (20) VII 1817, Петербург]. Сын груз. дворянина в рус. службе; образование получил в Сухоп. шлях. корпусе (1764—1776), окончив его с чином поручика. Сопровождал гр. А. Г. Бобринского (1776—1779) и наследника Павла Петровича (1779) в образовательных поездках по Европе. Позднее вернулся на службу в корпус воспитателем (1779—1781); был столоначальником Экспедиции о гос. доходах (1782—1787). С 1788 по 1797 А. — вице-губернатор Колыванского наместничества. Будучи в должности архангельского губернатора (1797—1798), А. добился освобождения от рекрутства и податей семьи М. В. Головиной, сестры *М. В. Ломоносова* (Вестн. Европы, 1804, № 8, с. 312). С 1799 по 1817 А. состоял воспитателем при вел. князьях Николае и Михаиле Павловичах.

А. был почетным членом Академии художеств (с 1806) и Беседы любителей рус. слова (с 1811). Дружеские отношения связывали его с *Г. Р. Державиным*, В. С. Хвостовым. В доме А. воспитывалась поэтесса А. П. Бунина (Рус. старина, 1879, № 1, с 51).

А. принадлежит перевод трактата А.-Р. Менгса «Письмо ⟨...⟩ к дон Антонию Понзу» (1786), в котором рассматриваются школы, стили и «правила живописи»; в качестве образцовой описана живопись Италии (Рафаэль и Корреджо). Основная направленность трактата — стремление обосновать необходимость эклектического слияния достижений всех старых мастеров.

Во время службы в Сибири А. был связан с тобольским кружком литераторов во главе с *П. П. Сумароковым*. Басня «Волк-судья...», направленная против председателя Палаты угол. суда г. Колывани С. В. Шалимова, появилась анонимно в журнале «Иртыш» (1790, март). Там же напечатаны и др. мелкие сочинения А.

По свидетельству А. В. Казадаева, А. также перевел книги «О воспитании» (возможно, это одно из двух изд. соч. Х.-Ф. Геллерта, вышедших в 1787 без указания переводчика: «О нравственном воспитании детей» (М., Типогр. комп.) или «Чадолюбец» (СПб., иждивением *П. И. Богдановича*)) и «Описание Константинополя» (в печати неизв.).

Письма А. к А. В. Казадаеву хранятся в ГПБ; записки А. на фр. языке — в ИРЛИ.

Лит.: Шимко И. И. Ссора двух представителей палат в городе Колывани в 1791—1793 гг. — Рус. старина, 1892, № 3; Рус. биогр. словарь, т. «Алексинский — Бестужев-Рюмин» (1900); Освоение Сибири в эпоху феодализма (XVI—XIX вв.). Новосибирск, 1968, вып. 3.

А. О. Костылев

Б

БАБЕНКОВ Сергей. Переводчик двух романов с нем. Из предисловия ко второму переводу видно, что Б. служил под началом генерал-фельдмаршала Б.-Х. Миниха, т. е. был офицером или чиновником Гл. упр. портов и каналов, однако в списке чиновников этого ведомства Б. не обнаружен. Возможно, что Б. был инженер-прапорщиком; с 1763 он — сверхштатный преподаватель Арт. и инж. корпуса (ВИМАИВВС, ф. 2, № 1632, рапорт 640).

Анонимный роман «Житие и достопамятные приключения Зелинтовы» (в типогр. Сухоп. шлях. корпуса, 1763) ориентирован на традицию англ. просветительского романа, прежде всего на роман Г. Филдинга «История Тома Джонса, найденыша» (1749). Герой произведения Зелинт — сын благородных родителей, в детстве похищен кормилицей и проходит долгий путь лишений и приключений, пока вновь не обретает семью. Большое место в романе занимают иронические, нарочито сниженные описания ситуаций, в которые попадает герой, и тех социальных типов, с которыми сталкивает его судьба.

Роман англ. писателя первой пол. XVIII в. У.-Р. Четвуда «Мореплавание и чудесные приключения морского капитана Рихарда Факонера» (1765), который Б. также перевел с нем. перевода-посредника, имеет много общего с романом Т. Смоллетта «Приключения Родрика Рэндома» (1748). Используя авантюрный сюжет, Четвуд стремится показать приключения героя на широком социальном фоне.

И. В. Немировский

БАБИЧЕВ Дмитрий Григорьевич [род. 1757]. Сын кн. Григория Бабичева, депутата Комиссии нового Уложения. Начал службу 10 июля 1771 в Арт. и инж. корпусе кадетом, 15 февр. 1774 был произведен в капралы. В 1774 в чине прапорщика по именному повелению был отправлен с инженер-капитаном Корсаковым в Лондон учиться строить каналы. Б. выполнял при этом чертежные работы. В 1776 был представлен к следующему чину, но по собственному прошению «за приключившеюся болезнию» уволен со службы (формуляр 1776 г. — ВИМАИВВС, ф. 2, № 2208, л. 45 об.; № 2190, л. 13—16). В 1789 занимал должность прокурора Симбирской верхн. расправы с чином кол. асессора, как это видно из подписи под его статьей (см.: Продолж. Тр. Вольного экон. о-ва, 1790, ч. 10). Членом Вольного экон. о-ва Б. состоял с 1788. В 1789 туда был принят и его брат — Иван Григорьевич Б. Оба занимались изобретениями и усовершенствованиями в области сельского хозяйства, за что в 1790 Б. получил серебряную медаль.

Как литератор Б. известен прозаическим переводом с фр. пятиактной комедии в стихах П.-К. Нивеля де Лашоссе «Училище дружества» (1776: перепеч.: Рос. феатр, 1788, ч. 25). Сведений о постановке ее на сцене нет.

Лит.: *Ходнев А. И.* История имп. Вольного экон. о-ва с 1765 по 1865. СПб., 1865; *Петров П. Н.* Генеалогические заметки. — Всемир. ил., 1873, № 222.

Е. Д. Кукушкина

БАБУШКИН Павел. Переводчик фр. «нравоучительной сказки» «Сельская добродетель» (1788). На титульном листе указано, что Б. был сержантом Преображенского полка; из посвящения «дражайшей родительнице» Е. Д. Бабушкиной видно, что переводчик — молодой человек; сведения о прапорщике Павле Ивановиче Бабушкине (род. ок. 1745) вряд ли относятся к Б. (ЦГАДА, ф. 286, № 800, л. 5, 158). Оригиналом перевода является повесть Ж.-Ф. Мармонтеля «Laurette» (1771), рассказывающая о счастливой любви крестьянки и дворянина и переводившаяся на рус. язык как отдельно («Удивления достойная деревенская красотка, прекрасная Лауретта», 1774; пер. анонима), так и в составе издания: *Мармонтель Ж.-Ф.* Нравоучительные сказки. 2-е изд. М., 1788, ч. 3 (переводчик — *П. И. Фонвизин*). Несмотря на указание «перевел вольно», перевод Б. точен, и под «вольностью» подразумевался, видимо, только отказ от буквализма. По сравнению с анонимным переводчиком Б. реже пользуется архаизмами, более тонко передает стиль Мармонтеля, хотя и несколько упрощает перифрастический язык оригинала.

О. Б. Кафанова

БАГРЯНСКИЙ Михаил Иванович [29 X (9 XI) 1761, с. Гладкое (Георгиевское) Новосильского округа Тульского наместничества—7 (19) VI 1813*, Москва]. Сын сельского священника. «По одиннадцатому году» Б., так же как трех его старших братьев, отправили в Москву «для наук». Один из братьев Б., Василий Иванович, впосл. стал монахом (в монашестве — Вениамин); был иркутским епископом.

В 1772 Б. поступил в Унив. гимназию как ученик «разночинского казенного содержания». Учился в классах: лат., греч., фр., риторики и рос. слога, геометрии, тригонометрии, алгебры, фортификации, истории и географии. В июне 1774 получил характеристику: «Посредственного понятия и прилежания. Поступок честных» (ЦГАДА, ф. 10, оп. 3, № 216, л. 18). Затем за успехи награждался книгами (см.: Моск. вед., 1777, 7 июля, № 54; 1778, 11 июля, № 55, Приб.). С 1779 — студент университета, где слушал лекции по логике и метафизике у *Д. С. Аничкова*, по рос. и лат. красноречию у *А. А. Барсова*, европ. историю у *X. А. Чеботарева*, смешанную математику и физику у И.-И. Роста. В 1780 определен учителем при Моск. благор. пансионе. В том же году назначен учителем Унив. гимназии, где преподавал в лат. синтаксическом и в греч. этимологическом классах. Кроме того, на Б. возложили обязанность переводить протоколы конференций с лат. языка на рус. Б. был участником Собрания унив. питомцев, созданного в 1781. С 1780 Б. стал масоном, вступив в ложу «Апис», возглавлявшуюся в это время *Г. П. Гагариным*. В годы обучения в университете сблизился с *Н. И. Новиковым*, который оказал Б. содействие, когда «малое жалованье, беспокойства, некоторые притеснения, охота к дальнейшему упражнению в науках и желание лучшего жребия» возродили в нем «решимость просить об увольнении ⟨...⟩ от должностей». Б. был освобожден от учительской должности, записался на медицинский факультет и стал слушать там лекции. В это время Б. жил на «наемной квартире», а с 1783 переселился в дом Новикова. С кон. 1783 Б. сделался членом масонской ложи «Латона», возглавлявшейся Новиковым. В 1785 Новиковым принят в розенкрейцеры в присутствии *С. И. Гамалеи, И. П. Тургенева, А. М. Кутузова* и А. И. Новикова. Масонское имя Б. — Ликас или Лихас. Получив университетский аттестат, в нач. июня 1786 поехал за границу для дальнейшего изучения медицины. Новиков отправил Б. «на свой кошт» и ежегодно посылал ему по 500 р. Из Москвы через Белоруссию и Польшу Б. прибыл в Кенигсберг, затем в Берлин, где посетил госпиталь и познакомился с некоторыми нем. хирургами, и — через Магдебург, Галберштадт, герцогство Клевское, Нимвеген и Утрехт — в Амстердам, а потом в Лейден. Здесь в течение двух лет слушал лекции по медицине и в 1788 получил степень доктора. Затем в течение года продолжил обучение в Париже, по «при возрастающих беспокойствах» в 1789 решил вернуться в Россию. Из Парижа — через Страсбург, Франкфурт и Лейпциг — приехал в Берлин, где снова посещал лекции и госпитали, бывал в рус. посольстве и в доме рус. посла М. Алопеуса. Здесь же встречался с А. М. Кутузовым и бароном Г.-Я. Шредером по масонским делам. В кон. июля 1790 выехал из Берлина и через Петербург вернулся в Москву 8 сент. Московские масоны «с нетерпением» ждали Б., как свидетельствуют письма *Н. Н. Трубецкого* А. М. Кутузову. Мн. члены новиковского кружка относились к Б. с большой теплотой: Кутузов, в частности, в 1790 беспокоился об участи «милого» Б.; А. И. Веревкин называл его «любезным другом». Б. оказался в числе тех масонов, которые с большим скепсисом восприняли «Письма русского путешественника» *Н. М. Карамзина*, упрекая его в отсутствии патриотизма. В письме к Кутузову от 29 янв. 1791 Б. писал, что «Моск. журн.» Карамзина «самый плохой, какой только можно представить просвещенному миру». В 1791, сдав экзамен в государственной Мед. коллегии, Б. получил разрешение заниматься врачебной практикой. Оставшись «из благодарности» в доме Новикова, получал от него по 300 р. в год «сверх содержания». В апр. 1792 жил в подмосковном имении Новикова Авдотьино. Во время обыска оказал Новикову понадобившуюся ему врачебную помощь. Вместе с Новиковым был отправлен в Шлиссельбург. В течение всего заключения Новикова находился с ним в одной камере (камера № 9 в нижнем этаже крепости) и лечил его. В рапорте 15 авг. 1792 шлиссельбургский комендант сообщал С. И. Шешковскому, что спрашивал Б., «сам ли он и с доброй воли по приглашению своего хозяина поехал или насильно послали, на что он ⟨...⟩ отвечал, что он по своей воле ни за что на свете ехать бы не согласился, а взят поневоле». Возможно, ответ этот был вынужденный. Впосл. распространилось мнение, что Б. добровольно последовал за Новиковым. В списке шлиссельбургских узников 14 окт. 1794 Б. значился как отбывающий заключение «за перевод развращенных книг». Несмотря на попытки крепостного начальства облегчить условия заточения (ходатайство 9 авг. 1794 о разрешении Б. прогулок и бритья бороды), Б. вместе с Новиковым испытывал лишения «от определенного им к содержанию малого числа кормовых» (донесение от 22 апр. 1796). По указу Павла I 7 нояб. 1796 был освобожден вместе с Новиковым, с которым уехал в Авдотьино. 9 марта 1797 Мед. коллегия направила Б. в Ярославль губернским врачом; с 18 авг. 1800 он стал инспектором Ярославской врачеб. управы. С 9 июня 1802 переведен в Москву инспектором Моск. мед.-хирургической академии. В 1806 при соединении Моск. академии с Петербургской назначен инспектором Мед. конторы. С 1806 стал членом Мед.-физ. и испытателей природы о-ва Моск. ун-та. С 31 дек. 1806 — надв. советник. В 1808 переведен в Моск. отд-ние академии инспектором. 6 июля 1809 избран ученым секретарем при Конференции Моск. отд-ния академии с сохранением должности инспектора «над поведением воспитанников». Умер Б. от «жестокой болезни».

В 1780-е гг. Б. выступал как переводчик. С лат. языка он перевел «Слово о избрании выгодных мест для построения вновь городов в рассуждении здравия человеческого» (1781), произнесенное И.-И.Ростом 21 апр. 1781 на публичном акте в Моск. ун-те. На экземпляре Моск. ун-та автограф Б.: «Его благородию Петру Петровичу Тургеневу посылается сия речь от трудившегося в переводе оныя М. Багрянского в знак его к нему почтения. 1787, сент. 20 дня». В 1782 в числе др. «питомцев Моск. ун-та» Б. сотрудничал в журнале «Веч. заря» (ч. 3, дек.). В издании Новикова «Гор. и дер. б-ка» (1782, ч. 2) была помещена переведенная Б. с фр. языка «португальская повесть» «Инеса де Кастро», рассказывавшая о любви и трагической гибели добродетельной героини. Включенные в текст повести стихи, принадлежавшие якобы одному из героев, прославляли всемогущество любви. В переводе Б. иждивением Н. И. Новикова и Типогр. комп. было опубликовано философско-нравоучительное сочинение «Похвала Сократу, произнесенная в обществе человеколюбцев» (1783). Б. принял участие в переводе масонской книги Дузетана «Таинство креста Иисуса Христа и членов его» (1784), конфискованной при аресте Новикова и сожженной в 1793 по указу *Екатерины II*. Во время следствия по делу Новикова выяснилось, что книга была привезена И. Е. Шварцем «из чужих краев». «Ее переводили двое, — свидетельствовал *Н. Н. Трубецкой*, — а именно Кутузов и Багрянский, а потом она была с оригиналами прочитываема Тургеневым, Гамалеем, Новиковым и прочими — кто, бывало, тут случится». *И. В. Лопухин* сообщал: «Переводил ее ⟨книгу⟩ Багрянский, а с переводом читали оригинал и исправляли, готовя к печатанию, вместе с переводчиком Кутузов, Тургенев, Новиков и я». «О сей книге, — сообщал *И. П. Тургенев*, — еще мы ведали от покойного барона Рейхеля; переводил ее с французского доктор Багрянский, а с немецким сличал я с Кутузовым». Б. перевел также сочинение Фомы Кемпийского «О подражании Иисусу Христу». Очевидно, именно этот перевод, сделанный с лат. языка, включен в «Избранную библиотеку для христианского чтения» (1784, ч. 1; 2-е изд. 1786; 3-е изд. 1787). Др. переводы этого же сочинения были изданы в 1780, 1784 и 1787. Б. принадлежит также перевод объемистого труда К.-Ф. Милло «Древняя и новая история, от начала мира до настоящего времени» (1785, ч. 1—9), изданного иждивением Типогр. комп. Включив это сочинение в число «сумнительных», архиепископ *Платон Левшин* писал о нем: «Во многих местах находятся выражения, для истинной религии оскорбительные и соблазнительные; и, кажется, вся история одушевлена духом, христианству мало приятствующим — все же тому противное выхваляющим и возвышающим». По указанию Г. В. Вернадского, Б. переводил сочинение А.-И. Кирхвегера «Платоново кольцо», связанное с «герметическим» направлением в масонстве. Не законченная печатанием в тайной масонской типографии ч. 1 сочинения «О рождении и рождении натуральных вещей» (ок. 1785) была конфискована в 1792 в деревне Новикова. После освобождения из крепости Б. помогал Новикову в переписке, а может быть, и переводе некоторых мистических сочинений. Так, в письме к *А. Ф. Лабзину* от 28 янв. 1804 Новиков упоминал рукопись «Жизнь Иоанна Бюниана» (об англ. пуританском проповеднике Д. Беньяне), «списанную Багрянскою рукою» и посланную Новиковым Г. М. Походяшину (см.: Рус. библиофил, 1913, № 4). В 1807—1808 Б. сотрудничал в журнале *М. И. Невзорова* «Друг юношества».

Хотя литературно-переводческая деятельность явно занимала второстепенное место в жизни Б., посвятившего себя прежде всего медицине, он принадлежал к числу людей, близких Новикову по своим гуманистическим убеждениям.

Лит.: *Некрологическое жизнеописание доктора Багрянского. — Всеобщ. журн. врачеб. науки, 1813, № 4; Лонгинов. Новиков и мартинисты (1867); *Попов А. Н.* Новые документы по делу Новикова. — В кн.: Сб. Рус. ист. о-ва. СПб., 1868, т. 2; Змеев. Врачи-писатели, вып. 1 (1886); Барсков. Переписка масонов (1915); Боголюбов. Новиков (1916); Вернадский. Рус. масонство (1917); Bakounine. Le répertoire (1940); *Светлов Л.* Новые документы о Н. И. Новикове. — В кн.: Звенья. М., 1950, вып. 8; *Виноградов В. В.* Проблема авторства и теория стилей. М., 1961; *Западов В. А.* К истории правительственных преследований Н. И. Новикова. — В кн.: XVIII век. Л., 1976, сб. 11; *Мартынов И. Ф.* Книгоиздатель Николай Новиков. М., 1981.

Н. Д. Кочеткова

БАЗИЛЕВИЧ (Б а з и л е в и ч е в а) Мария. Переводчица сборника «Новые басни и повести, с присовокуплением нравоучительных примечаний, служащих приятным и полезным препровождением времени. Подарок благородно воспитывающемуся юношеству» (1799, ч. 1—2). Книга составлена из учебных переводов, выполненных Б., когда она была, очевидно, еще подростком. Изданием своих переводов девочка хотела, как говорилось в предисловии, «возблагодарить родителей ⟨...⟩ и доставить им хотя малое удовольствие сим первым опытом трудов». Учебным пособием Б. служила, по-видимому, новейшая нем.

детская книга: *Simon H.-E.* Neue Fabeln und Erzählungen zum Unterricht und Vergnügen: Ein Geschenk für die Jugend edler Erziehung. Heilbronn, 1796, а также какой-то еще нем. сборник. Из этих книг, частично вобравших в себя материал более ранних детских сборников А. Беркена «Lectures pour les enfants, ou Choix de petits contes également propres à les amuser et à leur faire aimer la vertu» (1775 и др.) и «L'Ami des enfants» (1782—1783), были переведены популярные басни и рассказы европ. писателей XVIII в. — Г.-Э. Лессинга, Р. Стиля, П.-П.-Ф. Летурнера, Ж.-Ф. Сен-Ламбера, Ф.-Т.-М. де Бакюляра д'Арно, А. Беркена и др. «Новые басни и повести...» также содержат обработки притч из «Гулистана» Саади и большое число анонимных нравоучительных «анекдотов». В цензуру обе части переводов Б. представлял И. Ф. Венсович (1769—1811), в ту пору студент Моск. ун-та, проходивший практику в московском военном госпитале, позднее профессор университета. Венсович сам переводил с нем. языка, и поэтому не исключена возможность, что именно он был наставником Б. и что ее переводы были им отредактированы и выправлены. Атрибуция сборника «Новые басни и повести» Ф. В. Каржавину (см.: *Рабинович В. И.* Вслед Радищеву. М., 1986) не имеет оснований.

Лит.: Рогожин. Дела моск. цензуры, вып. 2 (1922).

В. Д. Рак

БАЙБАКОВ Андрей Дмитриевич (в монашестве — Аполлос) [1737, Малороссия, с. Зметаево — 14 (26) V 1801, Архангельск]. Родился в бедной и, по-видимому, не дворянской семье. Только при помощи каких-то благотворителей юноше удалось попасть в Москву, где он поступил в Славяно-греко-лат. академию (1757—1767). По выходе из академии он продолжил образование на философском факультете Моск. ун-та (9 февр. 1768—26 марта 1770), — гл. о., чтобы усовершенствоваться в юриспруденции, математике и новых языках (ЦГИА, ф. 796, оп. 48, № 490), а службу начал корректором Унив. типографии (1770—1771). Одновременно Б. продолжал посещать интересовавшие его публичные лекции. Так, в записи Б. сохранился прочитанный И.-Г. Рейхелем в 1773 курс статистики, который с исправлениями автора и в своем переводе он издал под загл. «Краткое руководство к познанию состояния некоторых знатных европейских государств...» (1775; посв. вел. кн. Павлу Петровичу).

В 1772 Б. возвратился в Славяно-греко-лат. академию в качестве преподавателя поэтики и риторики; в 1774 принял монашество (ЦГИА, ф. 796, оп. 55, № 382) и начал продвигаться по служебной лестнице: ректор Троицкой дух. семинарии (с апр. 1775), исполняющий должность наместника Троице-Сергиевой лавры (1782—1783), архимандрит Заиконоспасского монастыря (с 17 дек. 1783) и ректор Славяно-греко-лат. академии (1783—1785). Все это время Б. не прекращал преподавательской деятельности. В 1778 он получил разрешение *Платона Левшина* разделить курс риторики и поэтики; согласно его плану, в преподавании поэтики особое внимание уделялось практике стихотворства. Богословие Б. читал, руководствуясь системой *Феофана Прокоповича*, но несколько очищая ее от элементов схоластики (курс в записи Евлампия Введенского). Б. поручалась организация публичных актов и диспутов, в которых он и сам принимал участие («Речь ⟨...⟩ во время богословского состязания 11 июля 1774 г.» в честь *М. Г. Собакина*, П. Д. Еропкина и др.). Материалы диспута 1781 в Троицкой дух. семинарии Б. напечатал под загл. «Богословские рассуждения...» (1781). Ему самому в книге, очевидно, принадлежали две неподписанные речи: «О разных в славяно-российской церкви ⟨...⟩ знаменитейших приключениях» (на материале житийной литературы, трудов *М. М. Щербатова, В. Н. Татищева, М. В. Ломоносова* и др.) и «Рассуждение о древнем славянском богослужении», посвященное языческой мифологии славян (по *М. И. Попову* и *М. Д. Чулкову*). Здесь же помещены подготовленные под руководством Б. «Разговоры» (в т. ч. в стихах), которые читали на диспуте семинаристы (*П. М. Карабанов*, И. Александровский и др.). В 1785

Б. выступил с толкованиями на апостольские послания, укрепляя свою репутацию ученого богослова. Как способный ученик и последователь Платона он был назначен на годичную «чреду богослужения и проповеди» при дворе (с дек. 1785); произнесенные им здесь проповеди вошли в книгу «Дар для благодетелей и друзей...» (1786). Из Петербурга он уехал настоятелем в Воскресенский монастырь (Новый Иерусалим), о достопамятностях которого составил особую историческую записку (ЦГИА, ф. 796, оп. 69, № 21; не изд.); в 1788 был посвящен в сан епископа и назначен епископом севским и орловским (1788—1798). Последним местом службы Б. стал Архангельск, куда он был переведен по именному повелению 26 окт. 1798. Из дружеских писем Б. к А. А. Самборскому выясняется, что Б. пользовался покровительством А. А. Безбородко (ИРЛИ, ф. 620, № 176, л. 12—16; № 178, л. 4).

Б. принадлежал к узкому кругу просвещенного духовенства, которое в борьбе с деистическим и антиклерикальным движением считало необходимым подкрепить «истины веры» философскими обоснованиями. Б. делал это в духе усвоенной в университете вольфианской телеологии и учения о предустановленной гармонии, не отказываясь в своих рационалистических построениях и от естественнонаучных аргументов. Наиболее очевидно это проявилось в сочинении Б. «Евгеонит, или Созерцание в натуре видимых божиих дел» (1782), построенном по образцу «Разговоров о множестве миров» Б. Фонтенеля. Ссылаясь на труды Н. Коперника, И. Ньютона, Л. Эйлера, Г.-В. Крафта и др., Б. дал естественнонаучное описание мира, созданного для Евгеонита, человека, «произведенного в свет для своего благополучия». Он переложил стихами «Песни духовные...» Х.-Ф. Геллерта, «нравственную философию» которого пропагандировали в Москве нем. профессора. Из богословских трудов Б. переработал для рус. читателя «Христианскую философию...» фельятинца кардинала Дж. Бона (1774; посв. *Е. Р. Дашковой*, детей которой Б. «наставлял» в эти годы). Под загл. «Вера, надежда, любовь...» (1782) вышли богословские главы из «Апологии, или Защиты от напрасных в безбожии клевет...» англ. врача и духовного писателя Т. Броуна, при жизни обвинявшегося в атеизме; оригинал был получен Б. из личной библиотеки Платона.

Б., как и Платона, привлекали религиозно-этические идеи рус. масонов. Он был близок с *Н. Н. Трубецким*; откликом на беседы с ним о воспитании юношества явилась брошюра «Общий способ учения:..» (1781; основана на трудах Л.-А. Караччиоли, Иоахима Ланге, Канзия). С масонской литературой Б. сближала и любовь к аллегорическим формам повествования. Мн. сочинения Б. выходили или были переизданы в типографии *Н. И. Новикова*.

Первое из известных оригинальных сочинений Б. — «Ода России» (в связи с победами над Турцией в 1770), появилось в «Кошельке» Новикова (1774; приписывалось *А. А. Барсову*); тогда же он напечатал вместе с нотами И.-Б. Керцелли «Канто ⟨...⟩ 1774 года июля 10 дня» на мир с Портою (Муз. увеселение, 1774) и «Кантату П. Б. Шереметеву» (1774). Однако типичными для творчества Б. стали не произведения «похвального жанра», а своеобразные назидательные «повести» с характерным посвящением «богу, церкви и отечеству».

Б. преследовал в них сугубо нравоучительные задачи. Он стремился сделать близкими и понятными для читателя отвлеченные истины православной этики; показать, что идея бога вытекает из опыта человеческого бытия и истории человечества. Схема его доказательств насквозь рационалистична. Герои повестей персонифицируют общие понятия; конкретная их судьба оказывается прозрачной этической или религиозной аллегорией.

В основе повести «Лишенный зренияУраний, несчастный государь» (1779) лежит библейский рассказ о грехопадении человека и об искуплении. Ураний (Адам), совершенный человек, разум которого полностью господствовал над страстями, был совращен Какофитом (дьяволом), отведал ядовитых плодов, ослеп и познал раздвоение души. В поисках исцеления он путешествовал по свету, обращался к философским системам египтян, иудеев, римлян и греков, но спас его частицей своей крови «самарянин» по имени Филантроп (Христос). На основе канонического сюжета Б. создал литературный апокриф, парадоксально пронизанный деистическими мотивами (мысль о едином боге, имеющем лишь разные имена у разных народов, научное описание устройства макрокосма и проч.). Свидетельством известной популярности повести Б. служит близкое использование ее сюжета *С. С. Бобровым* в поэме «Древняя ночь Вселенной...» (СПб., 1807—1809).

«Неразрывный союз двух братьев, повесть из любомудрия почерпнутая» (1780) развивала мысль о противоречии в человеке духовного и житейского начал. Вечный спор души и тела олицетворяли близнецы Афанат и Фнит, которые одновременно любят и ненавидят друг друга; вместе они добродетельны, порознь — порочны, т. е. если Фнит способен быть «хуже скотов», то и Афанат «с вощаными, подобно Икару, крыльями ⟨...⟩ с превеликой высоты упадает».

В повести «Кто есть истинный друг» (1783), иносказательном «с правоучением повествовании», Б. изобразил борьбу человека с житейскими искушениями и скользкий путь порока. Молодой Виофит поддается влиянию Плутуса, обманщика, льстеца и мота, и попадает в долговую тюрьму. В несчастье его покидают и Плутус и холодный, расчетливый Сингений; помощь приходит от Арета, всегдашнего обличителя порока, дружбу с которым Виофит в свое время разорвал.

Сюжет прозаической трагедии «Иеффай...» (1778) заимствован Б. из гл. 2 Книги Судей, чтобы показать, что Ветхий завет может быть поэтическим источником наравне с античностью. Однако идея «рока» в трактовке Б. приобретает случайный и отчасти комический смысл. Иеффай, жрец иудейский, дает клятву, в случае военного успеха полководца Победоносна, жениха его дочери, принести в жертву первого встреченного соотечественника. Когда им оказывается Целомудра, Победоносн «падает в обморок и умирает». Пьеса явно не предназначалась для сцены, хотя и была перепечатана в «Рос. феатре» (1787, ч. 6).

Наиболее известным трудом Б. явились «Правила пиитические в пользу юношества...» (1774), выдержавшие множество изданий (11-е изд. 1836); 2-е издание (1780) вышло с «пополнением к познанию российского стихотворения»; к 3-му изданию (1785), наиболее полному, был приобщен «Словарь пиитико-исторических примечаний...» (отд. изд. 1781), содержавший «баснословных богов, мест, времен, цветов, дерев и проч. имена», а также прозаический текст «Овидиевых превращений» и отрывки песен 1—2 «Энеиды» Вергилия параллельно с лат. текстом (по хрестоматии И. Ланге) и со стихотворным переводом Б.

Первый вариант «Правил...» составлялся как учебник, по программе Славяно-греко-лат. академии, чтобы облегчить и упорядочить преподавание словесности. В качестве побудительных причин Б. указывает «приказания Вышних» (видимо, Платона Левшина) и отсутствие печатных руководств, «ибо нет книжки, по коей бы можно учиться, а хотя и есть правила г. Тредиаковского, но они редки, неполны и дороги». В соответствии с программой лат. класса в книгу введен раздел лат. поэзии (в 3-м изд. пополнен очерком «куриозной» поэзии); указаны мн. примеры из изданий рус. поэтов и современной журналистики (часто лишь в виде ссылок на источник). «Правила...» фиксируют окончательную победу силлабо-тоники (главы о рус. стихосложении предварительно обсуждались в Вольном Рос. собрании при Моск. ун-те). Б. порицал опыты силлабиков, т. к. «они больше походят на прозу»; отмечая тонический характер рус. ударения, он говорил о невозможности строить рус. стихи по подобию лат. и греч. Наиболее «сродными» рус. языку размерами Б. считал ямб и хорей, однако для эпической поэзии рекомендовал «российский гекзаметр» («стихи дактило-хореические»), который «полнее, важнее и великолепнее». Ряд замечаний касался типичных погрешностей силлабо-тоники (злоупотребление глагольными рифмами, которые «простонародное употребление привело в презрение», неестественное смещение ударений для соблюдения размера и др.).

Создавая свое руководство по поэтике, Б. обильно использовал «Новый и краткий способ...» *В. К. Тредиаковского*; 3-е издание он расширил за счет многочисленных примеров, приблизив его к хрестоматии по рус. поэзии; в него вошли образцы стихотворных форм и жанров из Сильвестра Медведева, Феофана Прокоповича, *А. Д. Кантемира, В. К. Тредиаковского, М. В. Ломоносова, А. П. Сумарокова, М. М. Хераскова, В. Г. Рубана, В. П. Петрова, Н. П. Николева* и др. Особо примечательно появление у Б. в качестве примера «наивной» поэзии подлинных текстов лирических и исторических народных песен.

Вместе с тем, при всем интересе к литературным новшествам, Б. в целом трактовал поэзию как чисто словесное искусство, исчерпывающееся набором правил для составления стихотворных произведений, и, т. о., не выходил за рамки предшествовавших классицизму поэтик. Гл. о. из них он заимствовал учение о родах поэзии, классификацию жанров, общие представления о смысле и назначении отдельных жанров. В сфере стихосложения он выступал за более широкое применение поэтами дактило-хореических и анапесто-ямбических стихов по той причине, что они представляют рус. эквивалент лат. и греч. (составленные самим Б. примеры см. в тексте книги «Вера, надежда, любовь...»). Написанные на рус. языке «Правила...» Б., включавшие в старую схему произведения рус. классицизма, приспосабливали к рус. традиции и оживляли наследие барочных лат. поэтик; воздействие «Правил...» особенно ощущалось в творчестве поэтов, прошедших через духовные училища; однако по ним учился стихосложению также *И. И. Дмитриев*.

Примером практического применения этих теорий являлись многочисленные стихотворные опыты самого Б.; некоторые из них он печатал в составе своих повестей; из их числа он поместил в «Правилах...» задачу для сочинения сатир, две «элегии» (одна — переложение 142-го псалма) и ряд др. стихотворений. Б. принадлежат также положенные на стихи «Увеселительные загадки...» (1781), представлявшие собой образчик юмористической поэзии (среди 58 стихотворений — такие как «Брюхо», «Борода», «Вошь», «Блоха»). В 1784 Б. приступил к изданию «Христианского календаря...» (изд. остановилось на кн. 1), где под каждым днем года поместил собственное стихотворение на определенный стих Священного писания.

Своими поэтическими опытами Б. демонстрировал умение писать на любую тему и в любом жанре с достаточно высоким профессиональным мастерством. Он использовал широкий спектр размеров (часто малоупотребительных), неожиданные схемы рифмовки, скрупулезно добивался правильности в стопосложении. С этой точки зрения особенно показателен его эквилинеарный перевод «Песен» Геллерта, одновременно весьма приблизительный по смыслу.

Последним крупным изданием Б. была «Грамматика, руководствующая к познанию Славено-российского языка» (Киев, 1794; предисл. имеет помету: «1794, сентября 28, писано в Севске»). Замысел ее возник из официального поручения Рос. Академии, членом которой Б. стал с 14 марта 1786. Он выполнял словарную работу для академического словаря, а также участвовал в обсуждении теоретических вопросов. В связи с «рассуждением» о твердом и мягком произношении литеры «Г» он, в частности, сообщил Академии неопубликованные стихи Ломоносова «Бугристы берега, благоприятны влаги» («О сомнительном произношении буквы „Г" в русском языке»). В кон. 1786 Б. принял на себя труд по составлению грамматики и «Словарю», продолжив затем эту работу как самостоятельную.

«Грамматика» Б. компилятивна. В церковнослав. части он использовал «Грамматику словенскую...» (1723) Федора Максимова и незавершенную рукописную грамматику *Иоанна Сидоровского*; парадигмы спряжений заимствованы им из грамматики Мелетия Смотрицкого (по изд. 1648). В рус. части главным источником для Б. служила «Российская грамматика» Ломоносова, однако он учел и результаты позднейших грамматических споров (особенно труды А. А. Барсова) и практику работы над «Словарем Академии Российской». Характерны предложения Б. удалить из гражданского алфавита не только устаревшие буквы, но также «Э» и «Щ», ввести новую букву «Ё», унифицировать графические написания слов. Для предыстории споров нач. XIX в. о соотношении между рус. и церковнослав. языками представляет интерес таблица соответствий слав. и рус. наречий.

Неизданным осталось богословское сочинение Б. «О начале церковного молитвословия ⟨...⟩ и Чин божественной литургии...», т. к., по мнению Синода, в нем были «в некоторых вещах объяснения писаны бездоказательно с непристойными и сумнительными выражениями» (ЦГИА, ф. 796, оп. 72, № 96). Б. приписывалось также «Исследование книги „О заблуждениях и истине"» (автор — *П. С. Батурин*) и ряд др. анонимных сочинений.

Лит.: Смирнов. Моск. академия (1855); Смирнов. Троицкая семинария (1867); Сухомлинов. Рос. Академия, вып. 1 (1874); [*Чернышев В.* (?)] Преосв. Аполлос... — Странник, 1879, № 4; Венгеров. Словарь, т. 1 (1889); *Кадлубовский А. П.* «Правила пиитические» Аполлоса Байбакова. — Журн. М-ва нар. просв., 1899, № 7; *Сиповский В. В.* Иеромонах-романист. Киев, 1904 (отд. отт. из невышедшего сб. в честь А. И. Соболевского: ЛГУ, Научн. б-ка им. М. Горького).

В. П. Степанов

БАККАРЕВИЧ Михаил Никитич [1775, Могилев—29 VIII (9 IX) 1819, Петербург]. Родился в семье священника. В 1790-х гг. учился в Моск. ун-те, по окончании его был оставлен преподавателем рус. словесности и грамматики в Моск. благор. пансионе, где одновременно исполнял обязанности главного инспектора классов. В 1802, по приглашению Н. С. Мордвинова, переехал в Петербург, где был зачислен на службу экспедитором деп. М-ва военно-морских сил (см.: Арх. графов Мордвиновых. СПб., 1902, т. 3, с. 294). В янв. 1803 Б. переходит в М-во внутр. дел (ЦГИА, ф. 1286, оп. 1, № 203), с 1810 — помощник статс-секретаря в Деп. гос. экономии Гос. совета. В 1812 Б. переведен в М-во полиции с чином д. ст. советника (дело о службе Б. 1812 г. — ЦГИА, ф. 1162, оп. 7, № 47, л. 1—11).

Литературные воззрения Б. сформировались под воздействием *М. В. Ломоносова* и *Г. Р. Державина*. Б. — автор апологетической статьи «Нечто о Ломоносове» (Приятное и полезное, 1794, ч. 3), вызвавшей оживленную полемику. Вместе с тем Б. не был чужд новому литературному направлению — сентиментализму. Перевод романа Л.-Э. Бийардона де Совиньи «Торжество Розы. Праздник в Салансе» (1793) — дань поклонения *Н. М. Карамзину*. Это влияние отразилось и в элегии Б. «Надгробный памятник» (Приятное и полезное, 1798, ч. 13), примыкающей к традиции переводов из Т. Грея, Э. Юнга, Ф. Маттисона.

Б. явился инициатором создания литературного Собрания воспитанников Моск. благор. пансиона. Ему принадлежал устав общества - «Законы Собрания». Как преподаватель Б. оказал большое воздействие на В. А. Жуковского, *Андрея И. Тургенева*, *С. Е. Родзянко*. Для воспитанников он издал «Краткую русскую просодию, или Правила, как писать русские стихи» (1798) *В. С. Подшивалова* — своеобразный учебник по стихосложению. В предисловии Б. подчеркивал гражданственность и патриотизм поэзии Ломоносова и Карамзина. Вопросам нравственного воспитания посвящены «Разговоры о физических и нравственных предметах» (М., 1800), написанные Б. в форме диалога. Они содержат новую постановку вопроса о сущности «истинного просвещения», которое Б. понимает как осознание обязанности служить своему отечеству.

Для оценки политических взглядов Б. большое значение имеет его перевод фр. сочинения *А. В. Нарышкина* «Мысли беспристрастного гражданина о буйных французских переменах» (1793). Свое внимание к малоизвестному сочинению Б. объясняет как «беспристрастным прояснением всех причин бедственных замешательств, совершенно разоряющих ныне французское государство, так и справедливыми рассуждениями о безумстве французских бунтовщиков». Не возражая против разумных нововведений, ломающих устаревшие нормы жизни Франции, Б. не может согласиться с передачей законодательных прав третьему сословию, считая, что оно не выражает волю всей нации, и высказывает опасение, что революция может превратиться в разгулявшуюся стихию, которую трудно остановить. Политический идеал Б. — «истинная монархия» по классификации Ш.-Л. Монтескье. Эта мысль еще отчетливее выражена в «Речи о любви к отечеству» (Утр. заря, 1800, кн. 1) и в «Песни патриота» (1801; опубл.: Рус. старина, 1877, № 12, с. 576). В 1802 Б. предложил проект издания «Правительств. журн.» (ЦГИА, ф. 733, оп. 86, № 2, л. 1; замысел не осуществился). Особенно ярко реформаторские настроения Б. проявились в «СПб. журн.», издаваемом в 1804—1809 при М-ве внутр. дел. Журнал публиковал материалы по вопросам, поставленным Великой фр. революцией: законность и реформы, наилучшая форма государственного устройства, свобода книгопечатания и просвещения. Особое место занимали публикации статей И. Бентама, пропаганда идей которого была непосредственно связана с правительственным планом законодательных преобразований. Активное участие в журнале В. П. Кочубея, М. М. Сперанского, интерес к нему Н. Н. Новосильцева и Александра I свидетельствуют о влиянии на характер этого издания членов Негласного комитета, пытавшихся проводить через журнал свои замыслы. В сент. 1809 «СПб. журн.» прекратил свое существование (причина не выяснена).

Со службой Б. в М-ве внутр. дел и Гос. совете связано издание (анонимное) «Статистического обозрения Сибири» (1810), составленного по официальным источникам, а также перевод работы фр. экономиста Ж.-Б. Сея «О торговом балансе» (1816).

Б. — автор пространного некролога «Мысли Россиянина при гробе фельдмаршала кн. Голенищева-Кутузова» (1813; отзыв А. М. Данилевского см: Отеч. зап., 1820, № 6, с. 266).

Лит.: Шевырев. Моск. ун-т (1855); Сушков. Моск. благор. пансион (1858); Ист. сведения о цензуре в России. СПб., 1862; *Пятковский А.* Из истории нашего лит. и обществ. развития. СПб., 1889, т. 2; *Бестужев-Рюмин К. Н.* Воспоминания. Пб., 1900; *Резанов В. И.* Из разысканий о соч. В. А. Жуковского. 2-е изд. СПб., 1915, вып. 2; *Теплова В. А.* 1) К вопр. о формировании обществ.-полит. взглядов М. Н. Баккаревича. — В кн.: Обществ.-полит. мысль и классовая борьба в России в XVIII—XIX вв. Горький, 1973; 2) Возникновение ведомственной печати в России. — В кн.: Вопр. экон. и соц.-полит. истории России в XVIII—XIX вв. Горький, 1975, вып. 1.

В. А. Теплова

БАКМЕЙСТЕР Иван Григорьевич (Bacmeister Johann) [ум. 1788, Петербург]. С 1756 состоял библиотекарем Академии наук. В 1768 составил каталог рукописных и печатных книг Б-ки Петербургской Академии наук (ААН, ф. 158, оп. 1, № 39, 40), которым во время приезда в Россию в 1792 пользовался чеш. славист Й. Добровский. В 1774 к пятидесятилетию Петербургской Академии наук Б. подготовил историю и описание Б-ки Академии наук и Кунсткамеры. Работа Б. была издана на фр. языке («Essai sur la Bibliothèque et le Cabinet de curiosités et d'histoire naturelle de l'Académie des Sciences de Saint Pétersbourg», 1776), вскоре была напечатана на нем. языке в издании «St. Petersburger Journal» (1777, Bd 3), а затем вышла отдельной книгой («Versuch über die Bibliothek und die Naturalien- und Kunst-Kabinet der Kaiserlichen Akademie der Wissenschaften in St. Petersburg», 1777). На рус. язык труд Б. был переведен В. Г. Костыговым («Опыт о Библиотеке и Кабинете редкостей и истории натуральной Санкт-Петербургской имп. Академии наук, изданной на французском языке Иоганном Бакмейстером, подбиблиотекарем Академии и наук», 1779; 2-е изд. 1780). Книга Б. являлась наиболее ранним из появившихся в печати описаний обширной научной академической библиотеки и содержала ценные библиографические сведения о находившихся в ней рукописных и печатных произведениях. В этой работе Б. впервые был указан год основания Б-ки Петербургской Академии наук — 1714.

В 1782 Б. написал работу, посвященную истории создания памятника Петру I скульптором Э.-М. Фальконе. Работа была первоначально опубликована на нем. языке в журнале «Neues St. Petersburgisches Journal» (1782, Bd 4), а в 1783 вышла отдельным изданием. Через несколько лет было осуществлено рус. издание («Историческое известие о изваянном конном изображении Петра Великого, сочиненное коллежским асессором и библиотекарем имп. Академии наук Иваном Бакмейстером. Переведено Николаем Карандашевым», 1786).

В 1778—1780 Б. опубликовал ряд статей исторического содержания в «St. Petersburger Journal»: «О первом в России прибытии англичан и о заведении ими в оной торговли», перевод на нем. язык исследования *М. М. Щербатова* о старинных рус. монетах. Отдельно был напечатан перевод Б. на нем. язык изданного *О. П. Козодавлевым* «Жития святейшего патриарха Никона» (1784): Beiträge zur Lebensgeschichte des Patriarchen Nikon. Riga, 1788.

Лит.: *Князев Г. А., Шафрановский К. И.* «История Б-ки Петербургской Академии наук» И. Бакмейстера 1776 г. — В кн.: Тр. Б-ки Академии наук и Фундам. б-ки обществ. наук Академии наук СССР. М.; Л., 1962, т. 6.

Г. Н. Моисеева

БАКМЕЙСТЕР Логгин (Людвиг) Иванович (Bacmeister Hartwich Ludwig Christian) [15 (26) III 1730, Герренберг (Курляндия) — 22 V (3 VI) 1806]. Обучался правоведению в Любеке и Иене. В студенческие годы познакомился с А.-Л. Шлецером, который рекомендовал его в 1762 в качестве домашнего учителя в семью молд. архиепископа Кондоиди. В 1766 Б. переехал в Петербург; там он получил место инспектора Акад. гимназии, где успешно работал до 1778. Позднее перешел в финансовое ведомство, где служил до 1801, уйдя в отставку с чином ст. советника.

С 1772 по 1787 выпустил в Петербурге одиннадцать томов издания «Russische Bibliothek zur Kenntnis des gegenwärtigen Zustandes der Litteratur in Russland», где помещал критические обзоры книг, выходивших в России (с указанием цен), информацию о журналах и сборниках, а также известия о научных путешествиях, академические и университетские новости, некрологи. «Russische Bibliothek» Б. не утратила большой библиографической ценности до настоящего времени.

Чрезвычайно ценно и др. составленное Б. издание — «Топографические известия, служащие для полного географического описания Российской империи» (1771—1774, т. 1, ч. 1—4), в основу которого были положены обработанные ответы на вопросы двух анкет, разосланных через Сенат во все города России от имени Академии наук и Сухоп. шлях. корпуса. Подготовленная *М. В. Ломоносовым* академическая анкета имела целью получение точных сведений о количестве и местоположении населенных пунктов для составления полного атласа России. Анкета Сухоп. шлях. корпуса, составленная *Г.-Ф. Миллером*, содержала ряд дополнительных вопросов историко-географического характера. На основании собранных для «Топографических известий...» материалов Б. составил краткий учебник географии России, впервые напечатанный в «Географическом месяцеслове на 1768 год» (2-е изд. 1773).

Б. перевел на нем. язык «Древнюю российскую историю» М. В. Ломоносова (1766): Alte Russische Geschichte bis auf den Tod des Grossen Jaroslaws I. Riga; Leipzig, 1768, а также выписки из журнала Петра I, изданного *М. М. Щербатовым* (1772): Beiträge zur Geschichte Peters des Grossen. Riga, 1774—1784.

Б. занимался сравнительным языкознанием, принимая участие в составлении глоссария всех языков и наречий. Принадлежащее ему сочинение «Объявление и прошение, касающиеся до собрания разных языков в примерах» опубликовано на рус., фр., лат. и нем. языках (1773).

Материалы Б. по изданию «Russische Bibliothek», а также его переписка с профессорами Ф.-Г. Баузе, Г.-Ф. Миллером, Ф.-П. Аделунгом и Ф. И. Кругом хранятся в ААН (ф. 140, оп. 1; ф. 21, оп. 3; ф. 89, оп. 2).

Лит.: *Князев Г. А., Шафрановский К. И.* «История Б-ки Петербургской Академии наук» И. Бакмейстера 1776 г. — В кн.: Тр. Б-ки Академии наук и Фундам. б-ки обществ. наук Академии наук СССР. М.; Л., 1962, т. 6; *Lauch A.* Wissenschaft und kulturelle Beziehungen in der russishen Aufklärung: Zum Wirken H.-L.-Ch. Bacmeisters. Berlin, 1969.

Г. Н. Моисеева

БАЛДАНИ Георгий [род. в 1760-х гг.]. Обрусевший грек. Учился в Греч. гимназии в Петербурге, очевидно, с самого ее основания (1775). Будучи еще учеником гимназии, опубликовал четыре оды на рус. и новогреч. языках параллельно: «Ода Екатерине II, истинной покровительнице греков» (1779), «Ода на рождение ⟨...⟩ Константина Павловича» (1779), «Ода на торжество тезоименитства ⟨...⟩ Константина Павловича» (1781) и «Ода на день рождения Екатерины II, апреля 21 дня 1782 года» (1782). Кроме того, Б. перевел на греч. язык «Оду Потемкину» («В ином течет натура чине») *В. П. Петрова* (1781). Б., по-видимому, принадлежит греч. перевод др. «Оды Потемкину» («Средь благ, которы очеса») В. П. Петрова (1780); заголовок этого перевода идентичен с греч. текстом заголовка «Оды Потемкину» 1781. В своих одах Б. обращается к *Екатерине* II и наследнику престола с мольбой освободить Грецию. Стиль рус. од Б. близок к манере Петрова. В греч. одах и переводах его на «еллиногреческие стихи» чувствуется стилизация под язык и размеры древнегреч. лирической поэзии, и прежде всего Пиндара.

Лит.: Венгеров. Рус. поэзия, т. 1, вып. 5 (1895).

С. А. Кибальник

БАНТЫШ-КАМЕНСКИЙ Николай Николаевич [16 (27) XII 1737, Нежин—20 I (1 II) 1814, Москва]. Происходил из семьи молд. бояр, выехавших в 1711 из Молдавии вместе с господарем Дмитрием Кантемиром. Племянник *Амвросия Зертис-Каменского*. Образование получил в нежинской греч. школе. С 1745 до 1754 учился в Киево-Могилянской академии. С 1755 в Моск. ун-те слушал лекции по физике, математике, истории и фр. языку. Во время учебы в университете перевел т. 1 «Истории России при Петре Великом» Вольтера (1761; с фр.), а в 1777 издал (на лат. яз.) пособие по философии «Elementa philosophiae recentioris», положив в основу его труды Ф.-Х. Баумейстера. В 1779 появилась его грамматика греч. языка (Grammatica graeca sive institutionum linguae graecae. Lipsiae, 1779; 2ᵉ ed. 1785).

31 дек. 1762 поступил актуариусом в Арх. Коллегии иностр. дел. В 1765, когда *Г.-Ф. Миллер* был назначен помощником управляющего архивом, Б.-К. приступил к систематическому изучению документальных источников; им составлены: опись старинных грамот новгородских и великих князей, «Историческое известие о бывших во время царя Алексея Михайловича с 1642 по 1652 г. с имеретинским царем Александром перепискою», «О братских в Сибири калмыках», «Историческая выписка из всех дел, происходивших между Российскою и Турецкою империями, с 1512 по 1700 г.», «Реестр историческим и церемониальным делам, хранящимся в архиве», «Выписка обстоятельная о выборе на польский престол кандидата в случае смерти Августа II и об избрании потом в короли сына его Августа III». В 1780—1784 Б.-К. написан пятитомный труд «Дипломатическое собрание дел между Российским и Польским дворами с самого оных начала по 1700 год», рукописью которого пользовался *Н. М. Карамзин* в период работы над «Историей государства Российского». В XIX в. эти труды Б.-К. частично вошли в издание «Памятники дипломатических сношений Древней России с державами иностранными»: *Бантыш-Каменский Н. Н.* 1) Памятники дипломатических сношений древней России с Римской империей. 1488—1599. СПб., 1851—1852; 2) Переписка между Россией и Польшей по 1700 г. (1487—1645). М., 1862, ч. 1—3; 3) Реестр делам Крымского двора с 1474 по 1799 г.

Симферополь, 1893; 4) Обзор внешних сношений России (по 1800 г.). СПб., 1894—1902, ч. 1—4.

В 1781 вышло 1-е издание «Дневных записок святого чудотворца Димитрия, митрополита Ростовского», подготовленное Б.-К.

7 нояб. 1783 Б.-К. был назначен (после смерти Г.-Ф. Миллера) управляющим Арх. Коллегии иностр. дел. В этот год Б.-К. передал в дар архиву ценные рукописи, в числе которых были неопубликованные сочинения Д. Кантемира, а также перевел с лат. и издал «Историю о жизни и делах молдавского господаря князя Константина Кантемира...» Г.-З. Байера с рос. переводом и приложением родословия князей Кантемиров.

Б.-К. активно снабжал *Н. И. Новикова* материалами для 2-го издания «Древней российской вивлиофики», в частности передал ему грамоты и бумаги, найденные им в библиотеке Иосифова монастыря (см.: Древняя рос. вивлиофика. М., 1790, вып. 14); помогал материалами *Ф. О. Туманскому* при составлении им «Полного описания деяний е. в. государя императора Петра Великого» (1788). В 1794 Б.-К. написал по поручению обер-прокурора Синода А. И. Мусина-Пушкина «Историческое известие о возникшей в Польше унии, с показанием начала и важнейших, в продолжении оной, чрез два века, приключений» (М., 1805; 2-е изд. Вильно, 1864); в 1797 подготовил «Описание дел греческих духовных и светских лиц, бывших в России, китайского двора, Молдавии и Валахии», в 1798 — «Дела о выездах в Россию иностранцев».

В 1799 Б.-К. принял деятельное участие в подготовке к изданию А. И. Мусиным-Пушкиным рукописи «Слова о полку Игореве». Та бережность, с которой Б.-К. относился к передаче текста памятников, его исключительные познания в области палеографии древнерус. рукописей позволяют считать, что текст «Слова о полку Игореве» передан в издании 1800 точно в пределах орфографических норм XVIII в.

Б.-К. составил громадное количество библиографий, описаний рукописей Арх. Коллегии иностр. дел, азбучных и систематических указателей к ним. Кроме того, им собран алфавитный свод титульных листов изданий кирилловской (ЦГАДА, ф. 182, № 793) и гражданской (ЦГАДА, ф. 182, № 724) печати с ценными дополнительными сведениями об этих изданиях.

Во время Отечественной войны 1812 Б.-К. спас все архивные материалы, отправив их в авг. этого года в сундуках на подводах сначала во Владимир, а затем в Нижний Новгород. Благодаря его неутомимой деятельности сохранились ценнейшие рукописные и печатные фонды Арх. Коллегии иностр. дел.

Лит.: Бантыш-Каменский. Словарь, ч. 1 (1847); *Белокуров С. А.* По поводу мат-лов для рус. библиографии, собранных Н. Н. Бантыш-Каменским. — Книговедение, 1894, № 11; *Здобнов Н. В.* История рус. библиографии (от древнего периода до нач. XX в.). М., 1944, т. 1; *Дмитриев Л. А.* История первого изд. «Слова о полку Игореве». М.; Л., 1960; *Кобленц И. Н.* Н. Н. Бантыш-Каменский (1737—1814) и его мат-лы по рус. библиографии. — В кн.: Теория и история библиографии. М., 1970; *Моисеева Г. Н.* 1) Судьба рукоп. наследия Дмитрия Кантемира. — В кн.: Наследие Дмитрия Кантемира и современность. Кишинев, 1976; 2) Древнерус. лит. в худож. сознании и ист. мысли России XVIII в. Л., 1980.

Г. Н. Моисеева

БАРАНОВ Дмитрий Осипович [8 (19) III 1773—23 VIII (4 IX) 1834, Петербург; похоронен в Александро-Невской лавре]. Происходил из дворян; учился в Моск. благор. пансионе. С 1784 записан в штат Преображенского полка солдатом; 1 янв. 1794 произведен в прапорщики и переведен в Семеновский полк; вышел в отставку с капитанским чином. 21 июня 1801 Б. поступил экзекутором в 1-й Деп. Сената и начал быстро продвигаться по служебной лестнице: 19 июля 1803 назначен «за обер-прокурорский стол» в 3-й Деп. Сената (где долгое время заведовал делами Евр. комитета); с 23 февр. 1808 — д. ст. советник; с 4 июля 1817 — т. советник и с 23 авг. — сенатор. За годы службы в Сенате совершил ряд инспекционных поездок в Могилев, Каменец-Подольск, Киев, Астрахань, управлял Сенатской типографией, был избран почетным опекуном Моск. опекунского совета. Репутация Б. как честного человека и чиновника привлекала декабристов, которые (см. показания на следствии Н. А. Бестужева) прочили его в министры временного правительства. Однако после 25 дек. 1825 Б. оказался членом Следственной комиссии; его подпись стоит под вынесенными ею смертными приговорами.

5 авг. 1833 Б. избран д. членом Рос. Академии. В рекомендательной речи А. С. Шишкова отмечалось, что «некоторые сочинения Б. и любовь к российскому языку и словесности дают ему неоспоримое право на сие звание».

Литературная деятельность Б. началась в журнале «Зеркало света», где он напечатал стихотворение «Шарлотта при гробе Вертера» (1787, ч. 6, нояб.). В дальнейшем его литературные опыты появлялись гл. о. в изданиях Моск. благор. пансиона. Басни («Лисица-офицер», «Слон, свинья и другие звери»), ода «Песнь истине», сатира «Влюбленный поэт», эпиграмма «Я слышал о тебе», песня «Весна» напечатаны в сборнике «Распускающийся цветок» (1787); в «Полезном упражнении юношества» (1789) помещены дидактическое послание «К бывшему моему другу», элегия «Любовь», псалмодическое стихотворение «Пустынник», басни «Прохожий» и «Розовый куст». *Н. М. Карамзин* опубликовал в «Аонидах» лучший стихотворный перевод Б. — поэму Вольтера «Любовь нынешнего света» (1797, ч. 2) и стихотворение «Договор» (1798—1799, ч. 3). По цензурным соображениям Б. изъял из поэмы антиклерикальные выпады и несколько переложил ее на рус. нравы. Вероятно, Карамзин привлек Б. к участию в «Вестн. Европы» («Стихи Г. Р. Державину на перевод Пиндара» — 1802, № 17). К столетнему юбилею Петербурга Б. выпустил отдельным изданием «Стихи на истекшее столетие от построения Санкт-Петербурга 1803 года мая 16 дня». Свидетельством известности Б. как поэта является перепечатка его перевода из Вольтера и двух др. ранних стихотворений в «Собрании русских стихотворений», изданном В. А. Жуковским (1811, ч. 4—5), и в «Пантеоне русской поэзии», изданном П. А. Никольским (1815, ч. 4, кн. 7). Интерес к Вольтеру не ослабевал у Б. и позднее. В 1815 он опубликовал в «Чтениях в Беседе любителей рус. слова» перевод песни 9 «Генриады» Вольтера в качестве завершения перевода *Д. В. Ефимьева*. Однако этот перевод страдал тяжеловесностью, обилием славянизмов и инверсий, характерных для деятелей Беседы. В собрании бумаг П. П. Митусова хранился полный перевод «Генриады» и неопубликованные стихотворные послания Б., однако их современное местонахождение неизвестно.

В 1830-е гг. Б. был знаком с А. С. Пушкиным, который, в частности, высказался за его избрание в члены Рос. Академии. В пересказе Б. Пушкин записал рассказ *И. И. Дмитриева* об усмирении *Г. Р. Державиным* бунта в Малыковке (Вольске), вошедший в «Историю Пугачева».

Лит.: Сев. пчела, 1834, 25 авг., № 191; Сушков. Моск. благор. пансион (1858); Дирин. Семеновский полк, т. 2 (1883), Прил.; Сухомлинов. Рос. Академия, вып. 7 (1885); Венгеров. Словарь, т. 2 (1891); Рус. биогр. словарь, т. «Алексинский — Бестужев-Рюмин» (1900); *Нечкина М. В.* Движение декабристов. М., 1955, т. 2; Поэты-сатирики (1959); Заборов (1978).

С. Н. Травников

БАРКОВ (Б о р к о в) Иван Семенович [1732—1768, Петербург]. Сын священника; в 1744 был определен в Александро-Невскую дух. семинарию, где доучился до класса пиитики. При наборе семинаристов в Акад. ун-т был проверен в знании латыни *М. В. Ломоносовым* (26 апр. 1748), который засвидетельствовал, что Б. «имеет острое понятие и латинский язык столько знает, что он профессорские лекции разуметь может». 10 мая Б. вместе с др. был прислан в Академию наук и 27 мая зачислен со студенческим жалованьем, но для предварительной подготовки направлен в классы Акад. гимназии. В течение 1748 Б. числился среди лучших студентов у Х.-Г. Крузиуса, толковавшего лат. авторов, средним — у *В. К. Тредиаковского* «по принадлежности и понятию в латинском языке и элоквенции»; И.-Э. Фишером, разбиравшим Ветхий завет, был отнесен к числу студентов, которые «либо не годны к историческим наукам, либо рано к оным допущены»; Г.-В. Рихман признал его малосведущим даже в арифметике. По результатам экзамена в февр. 1750 *Г.-Ф. Миллер* отметил успехи Б. только в переводах: «...он объявляет, что по большей части трудился в чтении латинских авторов, и между оными Саллюстия, которого перевел по-русски Войну Катилинову; понятия не худова, но долго лежал болен, и кажется, что острота его от оной болезни еще нечто претерпевает»; перевод Б. остался в рукописи (ААН, ф. 3, оп. 1, № 137, л. 767—809). Неодобрительным был и отзыв Фишера о поведении Б.: «средних обычаев, но больше склонен к худым делам».

В 1751, согласно доношению ректора *С. П. Крашенинникова*, преподававшего «российский штиль» Б. после кутежа «ушел из университета без дозволения, пришел к нему, Крашенинникову, в дом, с крайнею наглостию и невежеством учинил ему прегрубые и предосадные выговоры с угрозами, будто он его напрасно штрафует», а позднее чернил его перед профессорами. За это Б. был подвергнут телесному наказанию, во время которого выкрикнул «слово и дело» и был взят в Тайную канцелярию; после выяснения необоснованности доноса возвращен в университет под угрозой сдачи в матросы. 25 мая 1751 за подобные же проступки Б. исключили из студентов и определили в Акад. типографию учеником наборщика. На деле Б. оказался в ведении корректора *А. А. Барсова*, который уже в июле доносил, что Б. находится «в трезвом уме и состоянии и о прежних своих продерзостях сильно сожалеет»; тем не менее в 1751 его вторично секли за участие в буйных компаниях. В эти годы Б. продолжал посещать занятия по рус., нем. и фр. языкам; 2 марта 1753 он был переведен копиистом в Акад. канцелярию. С сер. 1755 за Б. предполагалось закрепить переписку исторических работ Миллера; однако вместо этого его назначают штатным писцом при Ломоносове: он дважды перебеляет «Российскую грамматику» (1755), снимает копию с Радзивилловского (Кенигсбергского) списка Несторовой летописи — «Повести временных лет» (1757); переписывает «Древнюю российскую историю» (1759) и ряд др. литературных сочинений и деловых бумаг.

В янв. 1757 Б. «за пьянство и неправильность» был уволен от письменных дел, которые исполнял при президенте А. Г. Разумовском, и формально причислен для переписки рукописей «в команду» И. И. Тауберта; в 1758 он несколько недель не посещал службу и его разыскивали через полицию.

В 1762 Б. выступил в печати с двумя сочинениями «на случай». С нем. перевода *Я. Я. Штелина* он перевел стихами пьесу итальянца Л. Лазарини «Мир героев», представленную во время празднования мира с Пруссией, и сочинил «Оду...» на день рождения Петра III. 13 февр. 1762 Б. указом А. Г. Разумовского был произведен в академические переводчики с лат. языка за то, что «своими трудами в исправлении разных переводов оказал изрядные опыты своего знания в словесных науках и к делам способность, а притом обещался в поступках совершенно себя исправить»; речь шла о трудах Б. в рамках академической служебной деятельности.

По-видимому, под воздействием Ломоносова пробудился интерес Б. к историческим работам, хотя основную их часть он выполняет все же по заданию и под наблюдением Тауберта. На основе «Древней российской истории» Ломоносова он составил «Краткую российскую историю», которая в качестве анонимного приложения была напечатана во 2-м издании «Сокращенной универсальной истории» Г. Кураса (1762; пер. *Б. А. Волкова*) и получила одобрительную оценку Миллера (см.: Ежемес. соч., 1763, ч. 17, май). По заданию Тауберта он работал над подготовкой к печати текста «Скифской истории» А. Лызлова (1776); в этом же году в его переводе с лат. вышло «Сокращение универсальной истории» Л. Гольберга, в которой Б., кроме того, расширил раздел, посвященный России. В 1759—1760 он готовил текст Несторовой летописи. В 1761—1762 были набраны первые 15 листов текста; печатание завершилось в сент. 1765, книга вышла незадолго до смерти Б. (события до 1206 г.; составила ч. 1 «Библиотеки российской исторической...», 1767). Принципы издания, определенные редактором Таубертом, подверглись резкой критике А.-Л. Шлецера (исследование которого о Несторе оно опередило), отметившего такие недостатки, как подновление орфографии и даже лексики, пропуски по произволу издателей одних частей текста и восполнение др. по случайным источникам, необоснованность толкований «темных мест» и т. п. Вместе с тем, несмотря на незнакомство издателей с методами критики текста, книга долгое время оставалась основным источником по древнерус. истории.

Известно, что Б. поручали редактуру некоторых книг, представляемых в Акад. типографию: «Натуральная история» Ж. Бюффона (1762; совм. с *И. И. Акимовым*), «Приключения барона Дюшингофа» (1764; пер. П. Кутузова), «Лексикон» X. Целлария (1765; совм. с К.-Ф. Модерахом); «Езоповы и другие басни» (1766; переизд. пер. *С. С. Волчкова*). По сообщению Штелина, Б. в 1761 радикально переработал для переиздания «Похождения Телемака» (в пер. *А. Ф. Хрущева*) и ранее Тредиаковского начал переводить роман Ф. Фенелона стихами; однако следов этой работы не сохранилось.

Особенное значение имела работа Б. над переводами и изданием ряда литературных произведений, которую он вел сравнительно недолго и с необыкновенной энергией. Ему принадлежит подготовка «Сатир и других стихотворческих сочинений» (1762) *А. Д. Кантемира* — издания, предпринятого с одобрения Академии наук на свой счет Таубертом (постановление от 27 февр.) и отпечатанного уже к 18 окт. 1762. В основу «Сатир...» лег «академический» список 1755 (копия с авторизованного текста), подвергнутый Б. основательной редактуре. Считая Кантемира продолжателем традиций «древнего» силлабического стихотворства (Симеон Полоцкий, *Иоанн Максимович*), Б. сохранил в неприкосновенности стих сатир, но в соответствии с современной нормой подновил язык, устраняя просторечную лексику, церковнославянизмы, варваризмы и старые грамматические формы. Примечания Кантемира Б. в отдельных случаях пересказал и уточнил. Приложенное к кн. «Житие кн. А. Д. Кантемира» было составлено Б. на основе фр. биографии аббата О. Гуаско.

5 июня 1763 Б. представил в Академию наук сделанный им вне служебных обязанностей перевод под загл. «Квинта Горация Флакка Сатиры, или Беседы с примечаниями, с латинского языка преложенные российскими стихами» (отпеч. в авг. 1763). В отличие от Кантемира и В. К. Тредиаковского, русифицировавших Горация, Б., как и *Н. Н. Поповский* (чей перевод «Послания к Пизонам» он перепечатал в дополнение к сатирам), стремился прежде всего к точности перевода. В выборе александрийского стиха со смежной рифмой он следовал узаконенной *А. П. Сумароковым* форме «сатиры», хотя в трактовке жанра противостоял ему. В стихотворном посвящении Г. Г. Орлову и в предисловии к книге Б. отдает предпочтение сатире «на порок», а не «на лицо», впрочем не отрицая пользы любого сатирического обличения. К этому же времени, вероятно, относятся подносные стихи тому же Орлову, в которых, вслед за Ломоносовым, Б. противопоставляет сатире прямой положительный идеал в поэзии. В 1764 Б. издал «Федра, Августова отпущенника, Нравоучительные басни, с Эзопова образца сочиненные, а с латинских российскими стихами преложенные» (по типу учебной двуязычной книги). Выбирая для перевода басни Федра (причем некоторые «для непристойного содержания» он опустил), Б. противопоставил свой перевод практике басенных переложений Сумарокова и Тредиаковского: ямбический триметр Федра он единообразно передал тщательно выдержанным шестистопным ямбом, последовательно выделив басенное нравоучение. Возможно, в данном случае он придерживался образцов из «Риторики» Ломоносова. В приложении Б. поместил собственный перевод «Двустиший» Дионисия

Псевдо-Катона, впервые переведенных *К. А. Кондратовичем* (1745) с одобрения Тредиаковского.

Скудные печатные сведения о литературных отношениях Б. к современникам отчасти дополняют материалы рукописных полемик, правда атрибутируемые Б. не всегда безусловно достоверно. Об участии Б. в полемиках упоминает Штелин: «В 1753 г. являлись в Москве.различные остроумные и колкие сатиры, написанные прекрасными стихами, на глупости новейших русских поэтов под вымышленными именами (Auctore Barcovio, satira nato)». В сатирических сборниках, гл. о. второй пол. века, за подписью Б. встречается «Сатира на Самохвала» («В малой философьишке мнишь себя великим») против Тредиаковского, написанная, по-видимому, в связи с полемикой между ним и Ломоносовым о предисловии к «Аргениде» (1751). Против Тредиаковского же направлена «Надгробная надпись» («На сем месте, вот, лежит Автор, знаменит добре»), дающая крайне резкую оценку всего его творчества вплоть до «Тилемахиды» (1766; опубл.: Новые ежемес. соч., 1786, ч. 6; прислано в журнал анонимом как «сочинение Б., студента в вашей Академии»). В полемике вокруг ломоносовского «Гимна бороде» (1757) Б. атрибутируется один из ответов на пасквиль церковников «Переодетая борода, или Имн пьяной голове» — стихотворение «Пронесся слух, хотя кого-то сжечь» (в др. списках приписано Сумарокову). К нач. 1760 относится ходившая за подписью Б. эпиграмма на журнал Сумарокова «Трудолюбивая пчела» — «Под сею кочкою оплачь, прохожий, пчелку» (ныне печатается в корпусе сочинений Ломоносова). По бумагам из «портфелей» Миллера под именем Б. опубликованы также «Сатира на употребляющих французские слова в русских разговорах» (ранее автором считался Сумароков или кто-то из поэтов его школы), эпиграммы «На красоту» («Есть главная доброта, красой что названа») и «Любовная» («Играя, мальчики желают ясна ведра»).

По свидетельству современников, большое количество произведений Б. ходило в рукописи: «...также писал много сатирических сочинений, переворотов и множество целых и мелких стихотворений в честь Вакха и Афродиты, к чему веселый его нрав и беспечность много способствовали. Все сии стихотворения не напечатаны, но у многих хранятся рукописными ⟨...⟩ стихотворные и прозаические сатирические сочинения весьма много похваляются за остроту» (Новиков. Опыт словаря (1772)). Рукописная проза Б. остается неизвестной; из поэтических вещей традиция и литературное предание прочно связывают с его именем «оды» — «Приапу» (перелож. скандального стихотворения А. Пирона), «Кулачному бойцу», «Бахусу» и «К любви». Эти произведения, как правило, входят в состав сборников, имеющих названия «Сочинения г. Баркова» или «Девичья игрушка»; оба заглавия иногда контаминируются, хотя в основе всех сборников, видимо, лежит «Девичья игрушка» как особый цикл, объединенный предисловием — обращением к Белинде (ср. предисл. А. Попа к ироикомической поэме «Похищение локона»; в рус. изд. 1761 — «Похищенный локон волосов»). Шутливое предисловие, в частности, указывает, что сборник не принадлежит одному автору: «Я не один автор трудов, в ней ⟨книге⟩ находящихся, и не я один собрал их, а многие были авторами и собирателями стихов, ее составляющих ⟨...⟩ без сей книги плоды веселого остроумия, прилежания и труда многих погребены б были в вечной могиле забвения времени». Это же подтверждает элемент «состязания» в обработке определенных тем. Сборники содержат два текста «Оды к любви»; один из вариантов встречается с подписью *М. Д. Чулкова*, которому, как сочинителю ее, обычно адресуется также особое послание; к обработке темы был причастен и *В. Г. Рубан*, напечатавший эвфимизированный текст в своем журнале «Старина и новизна» (1772; ч. 2). Есть сведения, что «Оду Приапу» наряду с Б. переводил *И. П. Елагин*. В разных редакциях существует «Ода Фомину понедельнику» (др. назв. — «Ода Турову дню»). В более или менее полном объеме в сборники входит принадлежащая *А. В. Олсуфьеву* подборка стихотворений, обращенных к некоему И. Д. Осипову. Некоторые стихи сочинены после смерти Б.: иногда о нем упоминается как о покойном, иногда об этом свидетельствует основа «перелицовки» (напр., «Русские в Риме», «подражание» драме П. С. Потемкина «Россы в Архипелаге», 1772; перелицовка комической оперы Н. П. Николева «Точильщик», 1783). В связи с этим традиционный комплекс «сочинения Баркова» следует рассматривать как «барковиану», в которой Б. принадлежит лишь ограниченное количество произведений. Объединение их вокруг имени Б. позволяет предположить, что Б. мог быть первым собирателем произведений этой групповой поэзии. Основное место в сборниках занимают грубо эротические сочинения; к ним примыкают осколки печатной рукописной сатиры (эпиграммы Сумарокова; «Гимн бороде» Ломоносова и стихи, отражающие полемику вокруг него; стихи, осмеивающие духовенство, и др.). Окончательное оформление типа сборника происходило, видимо, в самом кон. XVIII—нач. XIX в.; более ранние рукописи пока не выявлены. Традиция рукописного распространения сборников под именем Б. поддерживалась любителями до сер. XIX в.: при этом из их состава изгонялась сатира, более четко очерчивалась эротическая тематика, они пополнялись новейшими произведениями.

Современники считали «барковиану» одним из видов «шутливой» поэзии, свидетельствующей «о веселом и бодром направлении ума» автора, «особенно в бурлесках, каковых он выпустил в свет множество; жаль лишь, что местами там оскорблено благоприличие» (Лейпцигское известие (1767)); *Н. И. Новиков* называет их «переворотами»; *Н. М. Карамзин* наименовал Б. «русским Скарроном», любившим «одни карикатуры». На рус. почве приемы бурлеска (высокое, изложенное низким слогом) и ироикомики (низкое содержание в высоких жанрах) применялись одновременно, а не в их чистом виде. «Барковиана» воспевает низкие предметы (напр., кулачный бой) в духе гомеровского эпоса, но с употреблением грубой лексики; подобным содержанием наполняется также схема ломоносовской торжественной оды или эпической поэмы; в драматическом роде образцом служат трагедии Сумарокова («Дурносов и Фарносов» по сюжету «Синава и Трувора»). В некоторых сборниках встречаются примеры жанровых перелицовок «элегии», «песни»; содержание сатирических жанров (басни, эпиграммы, надписи, рецепты и пр.) обычно до крайности огрублено. Следует также иметь в виду, что по содержанию «барковиана» не всегда оригинальна; отдельные стихотворения явно восходят к иноязычным образцам (возможно, к новолат.).

Общелитературное значение этой никогда не предназначавшейся для печати, но пользовавшейся успехом продукции, в создании которой Б., по-видимому, принадлежала значительная роль, оценивается исследователями крайне противоречиво. С одной стороны, ее рассматривали как самое грубое кабацкое сквернословие, с другой — пытались интерпретировать как явление внутрилитературной борьбы, принципиальный, по сути своей нигилистический, протест против литературы классицизма со стороны демократически настроенных писателей. С этой точки зрения в «барковиане» стремятся увидеть пародию на всю жанровую систему классицизма, ходовую тематику и стиль его крупнейших представителей. Непосредственное отражение этой борьбы находили в анекдотах о столкновениях Б. с писателями-современниками, особенно с Сумароковым, который в свою очередь оставил несколько резких отзывов о Б. (ему приписывается эпиграмма «Сочинителю трагедии „Дурносов"»; Б. упоминается в памфлетной комедии «Ядовитый»; известна сумароковская характеристика Б. как «ученого пьяницы»).

Предлагалось также изучать литературную деятельность Б. как попытку применить в рамках жанровой системы классицизма поэтику и стилистику, приближающуюся к реалистической, сблизить поэзию и действительность. Конкретизация этих гипотез наталкивается на полную неизученность «барковианы» в типологическом, историко-культурном и собственно историко-литературном отношении (круг авторов, их литературная позиция, атрибуции, связь с сатирической традицией и т. п.).

Между тем несомненно, что «барковиана» оказала известное влияние на позднейшую литературу. Отзвуки ее есть в поэме *В. И. Майкова* «Елисей, или Раздраженный Вакх» и в др. произведениях рус. ироикомической поэзии. Связь со сборниками «барковианы» прослеживается в драматургии *И. А. Крылова* («Трумф»), в ранней поэзии А. С. Пушкина («Монах», «Тень Баркова», «Царь Никита и сорок его дочерей»), у В. Л. Пушкина («Опасный сосед»), А. И. Полежаева («Сашка»), в «юнкерских» поэмах М. Ю. Лермонтова и т. п.; некоторые мотивы вошли в шутливую поэзию («Если б милые девицы...») *Г. Р. Державина*, «скоромные» сказки *П. М. Карабанова* и др.).

О последних годах жизни Б. достоверных сведений нет. 22 мая 1766 он был официально уволен из Академии наук, но, видимо, окончательно не потерял с нею связь, т. к. еще позднее Тауберт предлагал Акад. канцелярии исследовать прошлые поступки Б. Предание украшает жизнь и смерть Б. анекдотическими подробностями.

«Барковиана» как литература, неудобная для печати, никогда не издавалась; отдельные стихотворения, приписываемые Б., печатались с купюрами. Переводы Б. были перепечатаны полностью лишь однажды в издании чисто коммерческого характера под загл. «Сочинения и переводы» (СПб., 1872).

Лит.: Ефремов. Мат-лы (1867); Венгеров. Словарь, т. 2 (1891); Берков. Лит. полемика (1936); *Радовский М.* И. А. Кантемир и Петербургская Академия наук. М.; Л., 1959; Рус. стих. пародия (1960); *Макогоненко Г. П.* «Враг парнасских уз». — Рус. лит., 1964, № 4; *Кулябко Е. С., Соколова Н. В.* Барков — ученик Ломоносова. — В кн.: Ломоносов / Сб. ст. и мат-лов. М.; Л., 1965, т. 6; *Моисеева Г. Н.* И. Барков и издание сатир А. Кантемира. — Рус. лит., 1967, № 2; Стих. сказка (1969); *Моисеева Г. Н.* 1) Соч. И. Баркова по русской истории. — В кн.: Страницы по истории рус. лит. М., 1971; 2) Из истории рус. лит. XVIII в. — В кн.: Поэтика и стилистика рус. лит. Л., 1971; Поэты XVIII в. Л., 1972, т. 1; *Моисеева Г. Н.* К истории лит.-обществ. полемики XVIII в. — В кн.: Искусство слова. М., 1973; *Cross A.-G.* «The notorios Barkov»: An annotated bibliography. — Study Group on Eighteenth-Century Russia. Newsletter, 1974, № 2; Кулябко. Замечательные питомцы (1977).

В. П. Степанов

БАРСОВ Александр Дмитриевич [1769, Ярославль—ок. 1797, Москва (?)]. Племянник *А. А. Барсова*, происходил из мещан. Учился в Моск. коммерч. уч-ще, где в 1781, совместно с учащимися Н. Рубцовым, *И. Новиковым*, В. Антиповым, перевел трактат Верона де Форбонне «Перевод из энциклопедии о коммерции» (в то время Б. было 12 лет). В 1783 был принят на казенное содержание в Унив. гимназию, в 1790 окончил философский факультет университета с золотой медалью (см.: Моск. вед., 1790, 3 июля, № 53, Приб.), получил степень бакалавра и был оставлен при университете преподавателем математики. В 1793 защитил диссертацию на лат. языке «О движении небесных тел» и получил ученую степень магистра философии и свободных наук. В списке преподавателей Моск. ун-та на 1 нояб. 1797 Б. уже не числился (ЦГАДА, ф. 359, № 17).

Б. известен как переводчик с нем., лат., фр. языков и автор ряда работ по математике. Он перевел «Представление всеобщей истории» А.-Л. Шлецера (1791; 2-е изд. СПб., 1809), «Школу деревенской архитектуры» Ф. Куантеро (1794), «Геометрию для детей от 8 до 12 лет» А.-Ф.-Э. Якоби (1790), «Арифметику», «Геометрию» и «Алгебру» И.-Ф. Вейдлера (1795), «Новейшую арифметику» Н. Шмита (1797) и написал учебник «Новая алгебра» (1797).

Лит.: Моск. вед., 1782, 3 дек., № 97; 1783, 12 июля, № 55, Приб.; Биогр. словарь Моск. ун-та, ч. 1 (1855); *Головщиков К. Д.* Деятели Ярославского края. Ярославль, 1899, вып. 2; [Без подписи]. Барсов А. Д. — В кн.: Рус. биогр. словарь, т. «Алексинский — Бестужев-Рюмин» (1900).

С. Н. Травников

БАРСОВ Алексей Кириллович [ок. 1673, Ярославль—23 V (3 VI)

1736, Петербург]. Сын священника московской Троицкой церкви, обучение начал в Типогр. школе на Печатном дворе. По прибытии в Россию Софрония и Иоанникия Лихудов учился у них, сначала в школе при Богоявленском монастыре, затем в созданной на ее основе Славяно-греко-лат. академии, где освоил курс наук по программе пяти классов, заведенных Лихудами. Соучениками Б. были *Ф. П. Поликарпов* и Н. Головин. Вместе с ними он перевел с греч. на слав. язык полемическое сочинение Лихудов «Акос» с обличением взглядов Сильвестра Медведева, а также др. произведения своих учителей, выступавших за «чистоту» православия против католиков и протестантов. Учение у Лихудов оказало решающее влияние на формирование личности Б. По окончании курса как лучше прочих владевший греч. языком он был назначен на должность типографского справщика и вместе с Софронием Лихудом и архимандритом *Феофилактом Лопатинским* занимался в 1712 исправлением слав. перевода Библии. Он производил также сверку изданий Киево-Печерской типографии с московскими (обнаружил, в частности, расхождения в текстах «Триоди»), переводил переписку Синода и вост. патриархов. В 1725 назначен «по усмотрению» *Гавриила Бужинского* учителем греч. языка в Славяно-греко-лат. академию; преподавательскую деятельность совмещал с должностью справщика. В 1731 Б. стал директором Моск. синод. типографии, но служба его в новой должности оказалась непродолжительной: в мае 1732 он был взят в Тайную канцелярию; в авг. того же года отправлен под караулом в Петербург, где умер во время следствия.

Б. был вовлечен в сложную идейно-политическую борьбу и стал жертвой интриги между *Феофаном Прокоповичем* и его противниками *Стефаном Яворским*, Феофилактом Лопатинским и др. Он обвинялся в том, что читал принадлежавшие попу-расстриге Осипу две рукописные тетради «о поношении» Феофана Прокоповича, поддерживал связи с архимандритом Маркелом Радишевским, обвинявшим Феофана в неправославии, давал читать своим ученикам «сумнительные сочинения»: «Повесть о юноше, называемом Премудром, а в нем жил бес», «Повесть о спасительной иконе, бывшей у царя Мануила», «тетратку о деянии, бывшем в Константинополи от четырех патриархов, о поставлении Московского патриарха, которое показует, что бутто бы в Москве быть без патриарха». Последнее сочинение, как подозревали, написал сам Б. или вместе с кем-то из учеников. В вину Б. поставили выдачу из типографии лат. шрифтов для печатания книги доминиканца Ф. Рибейры (секретаря исп. посла), сочиненной в защиту «Камня веры» Стефана Яворского, с нападками на протестантского философа Ф. Буддея, которому сочувствовал Феофан Прокопович (следственное дело о Б. — ЦГАДА, ф. 7, № 221, ч. 1, л. 30—38, 86, 118, 167, 183, 246 об.—247; ч. 2, л. 140 об.; ч. 3, л. 14, 77—93; ч. 5, л. 52—71 об., 93—97). По отзыву академика Х. Гросса, Б. был «человек скромный, прилежный и разумный».

Основной труд Б. — перевод «Аполлодора, грамматика Афинейского, Библиотеки, или О богах» — осуществлялся по прямому указанию Петра I; был завершен 19 июля 1723 и напечатан в 1725 тиражом 300 экземпляров с предисловием Феофана Прокоповича, где проводилась мысль о «великой пользе», которую приносит знание языческой религии: постигнув, «как мерзское есть многобожия зловерие», христианин сможет обратить «языческие писания себе к созиданию». Точный источник перевода не установлен. В предисловии о принципах перевода Б. писал, что в его распоряжении имелся и греч., и лат. текст сочинения, причем он более придерживался греч. оригинала: «...превод книжицы сея сочинен паче с первообразного греческого сочинения, неже с превода латинского». В наборном экземпляре книги (ЦГАДА, ф. 381, № 1015) имеется правка (начата 24 сент. 1724) справщиков Моск. синод. типографии *Иосифа* Кречетовского и И. П. Максимовича по устранению буквализма и упрощению языка. В «Библиотеке», кроме перевода и предисловия к нему, Б. принадлежит также «каталог» греч. имен с указанием их лат. форм, более распространенных в России, и «екстракт ⟨...⟩

сумненных речей», где в алфавитном порядке объяснены малоизвестные в России имена и географические названия. Чтобы предупредить неправильное толкование сочинения, к нему было приложено «Следование о родословии первых богов языческих», являющееся переводом из книги С. Бохарта «Geographia sacra seu Phaleg et Canaan» (по изд. 1707), и в заключение — «священные истории» Феофана Прокоповича, доказывающие влияние Ветхого завета на «баснословие» о языческих богах.

В 1725 Б. перевел также аллегорический диалог «Картина» ученика Сократа Кебета из Фив — «Кевита Фивеанина, философа платонического, Дска о правом состоянии жизни человеческия» (ГБЛ, ф. 299, № 204).

По поручению Синода Б. перевел с греч. языка ряд сочинений религиозного содержания. Некоторые из них посвящены полемике с протестантизмом («Щит православия», 1728; рукопись: ГПБ, Q.I.238).

Лит.: Евгений. Словарь исторический, т. 1 (1827); Смирнов. Моск. академия (1855); Пекарский. Наука и лит., т. 1—2 (1862); *Чистович И.* Феофан Прокопович и его время. СПб., 1868; Сухомлинов. Рос. Академия, вып. 4 (1878); *Строев П. М.* Библиолог. словарь и черновые к нему мат-лы. СПб., 1882; Филарет. Обзор, кн. 2 (1884); *Викторов А. Е.* Описи рукоп. собраний книгохранилищ сев. России. СПб., 1890; Венгеров. Словарь, т. 2 (1891); *Соболевский А. И.* Из переводной лит. петровской эпохи: Библиогр. мат-лы. — Сб. Отд-ния рус. яз. и словесности, 1908, т. 84, № 3.

Л. И. Сазонова

БАРСОВ Антон Алексеевич [1 (12) (III) 1730, Москва—21 XII 1791 (1 I 1792), там же; похоронен в Андрониевом м-ре, могила не сохр.]. Сын *А. К. Барсова*. В 1738 был определен в низшую школу Славяно-греко-лат. академии. 24 марта 1748, будучи учеником класса риторики, был внесен *В. К. Тредиаковским* в список семинаристов, отправляемых для пополнения Акад. ун-та, и 14 мая прибыл в Петербург. Сохранились неизменно благожелательные отзывы профессоров об успехах студента Б. в математике и гуманитарных дисциплинах; в том же 1748 Б. был назначен переводить статьи для «СПб. вед.». Хотя *Г.-Ф. Миллер* и настаивал, чтобы он посвятил себя чистой науке, Б. вскоре поручили вести математические занятия в классах Акад. гимназии. В отзыве экзаменационной комиссии 1751 за подписью *М. В. Ломоносова* Б. рекомендовалось сосредоточиться на словесных и философских предметах и «упражняться таким образом, чтобы главное его дело было философия». Философию Б. слушал у И.-А. Брауна; в риторике и красноречии он был учеником И.-Э. Фишера, который оценивал его успехи выше успехов *Н. Н. Поповского*, замечая, что Б. «очень остроумен и легко приметить, понять и выдумать может». В дек. 1753 Б. получил звание магистра философии и свободных наук и был оставлен при Академии с обязанностью читать лекции по математике, а также заниматься новыми языками и переводами «ученых» сочинений. Среди последних оказались работы А.-Н. Гришова о микроскопах и Г.-В. Рихмана, в опытах которого Б. принимал участие, об электричестве.

При организации Моск. ун-та Б. по рекомендации *Г. Н. Теплова* был зачислен в его штат преподавателем математики (февр. 1755), а в янв. 1761 в звании ординарного профессора занял освободившуюся после смерти Поповского кафедру красноречия, т. е. преподавал риторику, поэтику и рус. язык.

Курс лекций, который Б. открыл речью «О употреблении красноречия в Российской империи» (31 янв. 1761; не сохр.) и который читал в течение 30 лет, сыграл значительную роль в формировании литературно-эстетических представлений рус. интеллигенции и, хотя в целом сильно отставал от литературной практики, в какой-то мере подготовил взлет неоклассических увлечений нач. XIX в. В основе курса риторики Б. лежало руководство лейпцигского профессора И.-А. Эрнести «Opuscula oratoria» (рус. пер. — Начала риторики. М., 1828), большого знатока лат. литературы. Среди произведений, которые Б. комментировал и толковал студентам в разные годы, были речи Цицерона, «Энеида» Вергилия, комедии Плавта и Теренция, оды, эпистолы и «Послание к Пизонам» («Искусство поэзии») Горация. В задачи Б. входило также обучение переводу с древних языков, навыкам стихотворства и составлению речей. Практическое применение правил поэзии и красноречия Б. демонстрировал на примерах из рус. литературы, гл. о. из Ломоносова. В общей сложности он рассмотрел похвальные «слова» поэта, поэму «Петр Великий» и наиболее известные оды; из Ломоносова черпались также примеры для описания правил рус. стихосложения. Стихотворения др. авторов привлекались Б. более или менее случайно.

В 1776—1777 учебном году Б. читал свой курс по учебнику красноречия И.-Ф. Бурга, который ранее использовался в Акад. гимназии, ориентируя слушателей на выпущенное университетом переиздание книги, подготовленное *Н. Н. Бантыш-Каменским* («Burgii Elementa oratoria...», 1776) и дополненное издателем рус. примерами и библиографией рус. книг. С 1789 Б. начал читать раздел о поэзии по более совершенному пособию «Institutiones poeticae...» Жозефа де Жуванси (1^e ed. 1718), автор которого основывался на некоторых принципах эстетики фр. классицизма. В частности, здесь было развито противопоставление поэзии стихотворству как чистой версификации.

Б. считался одним из лучших знатоков лат. языка. В 1762 он перевел классическую «Краткую латинскую грамматику» Х. Целлария в переработке И.-М. Геснера, приложив к ней биографии составителей; поклонник римских ораторов, он пытался поддержать традицию светского «слова» на лат. языке (рукоп. конволют лат. «речей» Б. не сохр.). Заслуги Б. как латиниста были отмечены избранием его, возможно по рекомендации И. Е. Шварца, в почетные члены Иенского лат. о-ва (между 1780 и 1782), пропагандировавшего возрождение древних языков.

Научная деятельность Б. была тесно связана с преподавательской. Он стал инициатором создания (2 авг. 1771) Вольного Рос. собрания при Моск. ун-те, вокруг которого сгруппировались не только московские, но и петербургские историки и литераторы и главной задачей которого являлись подготовка словаря литературного языка, а также издание «полезных» сочинений и переводов. Б. оставался его бессменным секретарем до 1787, осуществив в качестве редактора выпуск ч. 1—6 «Опыта тр. Вольного Рос. собрания» (1774—1783). Из его собственных литературных выступлений здесь заслуживают внимания публикация старой «Речи о пользе учреждения имп. Московского университета при открытии оного 1755 года апреля 26 дня» и полемика с *М. И. Плещеевым* («Англоманом»), переводчиком монолога Гамлета, о метафорическом богатстве церковнослав. языка.

После прекращения деятельности Вольного Рос. собрания Б. в качестве председателя возглавил О-во любителей учености (открыто 2 июля 1789). Оно, вероятно, должно было противостоять влиянию тесно связанного с *Н. И. Новиковым* и масонскими организациями Дружеского учен. о-ва, которое наряду с чисто просветительскими задачами ставило целью исправление «сердца и нравственности» соотечественников.

В рамках собрания, с привлечением его членов и студентов университета, Б. приступил к созданию «Словаря российского языка», выпустив в 1776 корректурный экземпляр литеры «А». Остальные материалы «Словаря» были позднее переданы в распоряжение Рос. Академии, куда Б. был избран с момента ее официального открытия (21 окт. 1783) и в словарной работе которой принял недолгое (1783—1784), но глубоко профессиональное участие (дополнения к первым листам «Словаря», замечания о правописании «Ѣ» и «Е»).

Репутация Б. как знатока языка сложилась прежде всего на основании его работ в области грамматики, в которых он подверг пересмотру грамматическое наследие *В. Е. Адодурова*, В. К. Тредиаковского и М. В. Ломоносова. Первой из них был чисто нормативный начальный учебник «Азбука церковная и гражданская...» (1768), в заключении которого Б. изложил свои взгляды на правописание. Ряд его соображений о составе рус. алфавита (ненадобность «Ѣ», «Ѳ», «И», «V» и др.) вызвали резкое возражение *А. П. Сумарокова* в незавершенной статье «О правописании» (нач. 1770-х гг.): «Что до правописания надлежит, никакого наставления нет, ниже малейшего во правописании углубления; в чем я прошу господина Б., как моего приятеля, на меня не сетовать; ибо я не его, а его Азбуку трогаю, безо всякого тщания или проницания сочиненную». Раздел «Краткие примечания о правописании» был затем повторен в более обстоятельном учебнике для гимназии Моск. ун-та «Краткие правила Российской грамматики...» (1773, по др. данным — 1771; 9-е изд. 1797). Согласно предисловию, он был составлен по распоряжению В. Е. Адодурова и с использованием его «Начальных оснований Российской грамматики» (1728). Авторство Б. в отношении этой традиционно приписываемой ему книги, а также в отношении иного варианта «Кратких правил...» (1784), в настоящее время подвергается сомнению. Составителем ее называют учителя Унив. гимназии В. Ф. Романова, что не снимает вопроса об участии Б. или о заимствованиях из его трудов в этом издании.

Наиболее откровенно свои нетрадиционные орфографические взгляды Б. изложил в лат. трактате «De Brachygraphia» («О скором письме»), оглашенном в университете 20 февр. 1786 (текст не сохр.). По свидетельству *Евгения Болховитинова*, Б. предложил в нем наряду с сокращением алфавита также систему краткого стенографического письма при помощи обозначения наиболее распространенных слов несколькими буквами.

Центральный труд Б. «Российская грамматика» вырос из поручения Комиссии нар. уч-щ (в марте 1783, после смерти *В. П. Светова*) составить пособие для учителей по образцу славяно-серб. учебника И.-И. Фельбингера. В процессе работы (с июля 1783 по февр. 1788) Б. отклонился от практических задач и создал чисто научное лингвистическое сочинение.

Б. преимущественно интересовали вопросы морфологии языка; меньшее внимание он уделил синтаксису и пунктуации. В то же время развернутый раздел о правописании непосредственно связан со спорами и колебаниями в этой области, характерными для писателей XVIII в. Предложения Б. о реформе алфавита в общем вызывали скептическое отношение современников; единомышленники его были крайне немногочисленны (*С. Г. Домашнев*, *Д. И. Языков*).

Т. к. работа Б. не соответствовала плану Комиссии нар. уч-щ, вместо нее была издана сокращенная грамматика *Е. Б. Сырейщикова*, ученика и родственника Б. Замысел опубликовать «Российскую грамматику» в переработке *М. С. Пахомова* не осуществился, как и надежда Б. на отдельное издание его труда. Текст грамматики сохранился в неполных списках, принадлежавших *Х. А. Чеботареву* и *М. Н. Муравьеву*.

Грамматические воззрения Б. в определенной степени подготовили споры о языке между шишковистами и карамзинистами. Сам Б. как стилист принадлежал к стойким последователям теории «трех штилей» Ломоносова. Тем не менее *Н. М. Карамзин* в посвященной Б. полуиронической статье «Великий муж Русской грамматики» (1803) особо выделил поднятый этим «педантом» и гибко решавшийся им вопрос о соотношении «правил» и живого словоупотребления, ставший центральным в практике рус. сентиментализма. Затронутый Б. вопрос о различии исконно рус. и церковнослав. языков позднее также стал одним из предметов общелитературной полемики.

В качестве профессора университета Б. приходилось выполнять мн. правительственные поручения. По указаниям *И. И. Бецкого* он составил «Генеральный план Московского воспитательного дома» (1763); в 1767 был привлечен к редакционной работе в Комиссии нового Уложения и оформлял законодательные предложения, относящиеся к дворянству. В 1763 под его наблюдением печаталась ч. 1 «Наставлений политических...» Я.-Ф. Бильфельда, в переводе которых с фр. наряду с Ф. Я. Шаховским принимала участие *Екатерина II*, использовавшая эту книгу при составлении «Наказа». За перевод ч. 2 (1775) Б. был награжден чином кол. советника (18 июля 1775), дававшим права потомственного дворянства.

4 дек. 1783 последовало распоряжение императрицы о привлечении московских профессоров к собиранию, согласно указаниям *А. П. Шувалова*, материалов по древней рус. истории. Т. к. Б. к этому времени уже публиковал документы XV—XVI вв. о браках вел. князей в «Опыте тр. Вольного Рос. собрания» и был известен как собиратель древних рукописей, куратор университета *И. И. Шувалов* поручил эту работу ему и Х. А. Чеботареву. Выписки за 1224—1374, сделанные Б. по разным источникам, сохранились в составе подготовительных материалов к «Запискам касательно Российской истории» Екатерины II (ГПБ, ф. 885, № 319). Задание это, видимо, стимулировало собственные исторические замыслы Б. В его бумагах остался план труда под назв. «Симфония, или Свод бытий Российских». Он был задуман как хронологический перечень событий рус. истории с 860 по 1598 г., который будут сопровождать развернутые именные, предметные и др. указатели. К плану Б. приложил «Опыток, или Образчик...» «Свода» за 860—864 гг., скомпилированный из «Истории» *В. Н. Татищева*. Карамзин, уже в это время проявлявший интерес к возможным способам разработки рус. истории, опубликовал «Свод» в «Моск. журн.» (1792, ч. 7, сент.; публ. иллюстрирует также своеобразную орфографию Б.).

Б. принадлежал к консервативно настроенной части профессуры; в частности, он оказался среди осудивших диссертацию *Д. С. Аничкова* (1769). Не занимая административных постов, он тем не менее как член Унив. конференции имел возможность оказывать влияние на университетскую жизнь. С 1756 по сент. 1765 Б. редактировал издаваемую университетом газету «Моск. вед.» и держал корректуру большинства книг Унив. типографии; в 1760-х гг. был «инспектором» (начальником) обеих гимназий, дворянской и разночинной. С этим временем связано исключение из числа гимназистов некоторых впосл. видных лиц (Г. А. Потемкин, Н. И. Новиков и др.). Через Б. в течение 20 лет (цензор с 1771; имя Б. стало указываться на об. титула с 1779) проходили все печатавшиеся в Унив. типографии издания; к 1791 он «отправлял» также «публичную цензуру при театре и вольных типографиях Москвы».

В связи с широкой научно-общественной деятельностью, прежде всего цензурной, Б. приходилось общаться со мн. московскими литераторами. Сохранились сведения о близких отношениях Б. с Карамзиным периода издания «Моск. журн.» и М. Н. Муравьевым.

На стыке административной и ученой деятельности Б. находятся его «речи», высоко ценимые современниками как образцы практического приложения теории элоквенции. Б. был постоянным оратором на торжественных актах (заседаниях) университета. Общее количество произнесенных им «слов» определить затруднительно; наиболее важные вошли в «Собрание речей...» (1788), посвященное автором И. И. Шувалову как личному «благодетелю» Б. и покровителю литературы. Они приурочены к придворным или государственным событиям («на мир с Портою», 1775; «первое седмилетие мира в России», 1781 и др.) и примыкают к идущей от В. К. Тредиаковского традиции ораторской прозы (см.: Речи, произнесенные в торжественных собраниях имп. Моск. ун-та рус. профессорами оного. М., 1819, ч. 1).

Б. не писал стихов; приписывавшаяся ему «Ода» на победы 1770 в «Кошельке» Н. И. Новикова (1774; подп. — «А. Б.») принадлежала *Аполлосу Байбакову*. Б. приписывается также анонимно изданный сборник «Собрание 4291 древних российских пословиц» (1770; 3-е изд. 1787).

Бумаги Б. были приобретены А. И. Мусиным-Пушкиным; редкие книги и древние рукописи также влились в его коллекцию; остальное, в т. ч. т. 1—6 автобиографических «Записок», которыми пользовался Евгений Болховитинов, владелец предполагал передать в Арх. коллегии иностр. дел, но, видимо, не успел этого сделать, и они погибли вместе с его библиотекой.

Лит.: Евгений. Словарь, ч. 1 (1845); Биогр. словарь Моск. ун-та, т. 1 (1855); Сухомлинов. Рос. Академия,вып. 4 (1878); Пенчко. Документы,т. 1—3 (1960—1963); Кулябко. Ломоносов (1962); Кулябко. Замечательные питомцы (1977); *Барсов А. А.*

Обстоятельная рос. грамматика / Предисл. Б. А. Успенского; Подгот. текста М. П. Тоболовой. М., 1981.

В. П. Степанов

БАРСУК-МОИСЕЕВ (М о й з а) Фома Иванович [1768—VII 1811]. Врач, профессор Моск. ун-та. Родом из Малороссии, изучал языки и философские науки в Киево-Могилянской академии, где русифицировал свою фамилию и добавил к ней анаграмму слова «бурсак». В 1788 вступил в число студентов Моск. ун-та по медицинскому факультету. За диссертацию по повивальному искусству был награжден золотой медалью и в 1794 произведен в доктора медицины. В Моск. ун-те Б.-М. преподавал физиологию и ряд др. медицинских дисциплин, руководствуясь трудами выдающихся европ. ученых.

Б.-М. принадлежит оригинальное сочинение «О превосходном блаженстве человеческом; философское рассуждение, Священным писанием подкрепляемое» (1785), опубликованное под именем Фомы Мойзы и представляющее собой религиозно-мистический трактат, в котором ставятся проблемы происхождения и сущности человеческой природы и духа, содержания философских категорий; при этом рассуждения автора подкрепляются морально-этическими наставлениями (напр.: «Блаженство человека составляет чистая совесть, верою и благодатию подкрепляемая» и т. д.). В сочинении широко использованы труды Аристотеля, Ньютона, Платона, Спинозы и др.

С лат. и фр. языков Б.-М. перевел и опубликовал мн. труды по медицине. Особое место среди переводов занимает труд знаменитого нем. натуралиста и физиолога И.-Ф. Блуменбаха «Физиология, или Наука о естестве человеческом» (1796). Упомянутый *Евгением Болховитиновым* (см.: Евгений — Снегирев. Словарь, т. 1 (1838); Евгений. Словарь, ч. 1 (1845)) перевод Б.-М. др. книги Блуменбаха «О единстве рода человеческого и его разнообразностях» (М., 1801 или 1804) в библиотеках не обнаружен.

Лит.: Чистович. Мед. школы (1883); Змеев. Врачи-писатели, вып. 1 (1886).

Э. М. Жилякова

БАТУРИН Пафнутий Сергеевич [1740 или 1741—23 X (4 XI) 1803, Минск]. Происходил из старинного обедневшего дворянского рода. В 1754 вступил в лейб-гвардии Конный полк и через некоторое время был произведен в вахмистры. В 1756 отправился поручиком в действующую армию. В одном из сражений в Пруссии был взят в плен и «претерпел семимесячное полонное содержание». Выйдя в отставку в 1763 с чином капитана, Б. совершил путешествие по Европе. В 1770 во время рус.-тур. войны Б. вновь вступил в действующую армию. При штурме Браилова Б. был ранен и на время излечения отправлен в корпус войск под командованием генерал-майора М. Н. Кречетникова. В 1771 был произведен в секунд-майоры. В 1776—1777 служил в Апшеронском пехотном полку. В 1777 получил чин премьер-майора и затем был переведен в Ревельский пехотный полк, где в 1780 в отсутствие полкового командира исправлял его должность. В нояб. 1781 в чине подполковника Б. оставил воинскую службу.

Поселившись в Петербурге, Б. стал заниматься литературной деятельностью. Он уже имел некоторый литературный опыт, но его ранние сочинения неизвестны.

Комедия Б. «Игроки» основана на жизненных наблюдениях автора, участвовавшего в карточной игре в доме Е. С. Жилина. Пьеса была представлена 26 дек. 1782 в Вольном рос. театре *И. А. Дмитревского* и К. Книппера. Б. напечатал эту комедию под загл. «Сговор» (1783; перепеч.: Рос. феатр, 1789, ч. 29) с большим авторским «Предуведомлением», где рассказывалось об истории ее создания и отстаивалось право драматурга высмеивать нравы петербургского чиновничества. Вторая пьеса Б. «Бездушник», «комедия характерная в пяти действиях», как определил ее жанр сам сочинитель, также была принята в театр Дмитревского, но вскоре автор взял ее назад, так как дирекция придворного театра, под начало которой была тем временем передана «вольная» труппа, отказалась уплатить установленный ранее гонорар. Комедия, очевидно, на сцене не ставилась, хотя Б. считал, что «она есть на русском языке в роде из характерных первая оригинальная».

В «Собеседнике» (1783, ч. 4) была помещена статья Б. «Сумнительные предложения г-дам издателям Собеседника от одного невежды, пылающего приобресть просвещение», где подвергались критике напечатанные в журнале статьи *Ип. Ф. Богдановича*, *М. М. Хераскова* и др., а также стиль оды *Г. Р. Державина* «Фелица». В этом журнале (1783, ч. 10) печатались анонимно также «безделки» Б., одну из которых предположительно указывает Б. Л. Модзалевский («Счастливое излечение зараженного болезнию сочинять»).

В кон. 1783 Б., по предложению своего давнего «благодетеля» калужского наместника М. Н. Кречетникова, определился советником Палаты гражд. суда в Калуге. Кречетников также поручил Б. заведовать театром и типографией. Б. деятельно реформировал местный театр, стремился совершенствовать приемы актерской игры, перевел для труппы «Руководство игры театральной» М.-Ж. Риккобони, написал для Калужского театра две одноактные пьесы, с «идеей из французских и из итальянских авторов» («Любовная досада»; отрывки из второй приведены в «Записках»). Деятельность Б. принесла театру успех у калужского общества, в частности у купечества. Однако проект постройки нового театра навлек на Б. немилость Кречетникова. Б. был отставлен от театра.

В Калужской типографии Б. анонимно напечатал свои переводы: «Колумб в Америке» (1786) — сокращенный перевод поэмы А.-М. Дю Бокажа «Колумбиада, или Вера, принесенная в Новый свет»; «Краткое повествование о аравлянах» — перевод с нем. (1787). Басни собственного сочинения, а также переведенные с нем., Б. поместил в изданной им книге «Собрание разных нравоучительных повествований и басен» (1785; 2-е изд. 1788). В 1790 в Туле Б. выпустил антимасонский трактат «Исследование книги „О заблуждениях и истине"», направленный против изданной в рус. переводе книги философа-мистика Л.-К. Сен-Мартена «О заблуждениях и истине...» (1785). Б. отвергает «сумасбродные нелепости» Сен-Мартена с позиций материалистического сенсуализма, опираясь на достижения естествознания XVII—XVIII вв. В Калуге Б. познакомился с *В. В. Новиковым* и *Н. И. Страховым*.

Вследствие столкновения Б. с председателем Палаты гражд. суда, Кречетников перевел Б. на место советника в Калужское губ. правление. В 1788 наместник переехал в Тулу и определил Б. советником в Палату угол. суда. Для судопроизводственных надобностей Б. сочинил увещевание для преступников (во второй пол. 1790-х гг. оно было отослано в Комиссию законов). Через некоторое время Кречетников назначил Б. советником в Тульское губ. правление и, став малороссийским генерал-губернатором, в 1790 перевел Б. директором экономии Киевской казен. палаты. Здесь Б. познакомился с *В. В. Капнистом*. В сент. 1793 Б. в чине кол. советника стал председателем Палаты угол. суда открываемого Изяславского наместничества. По учреждении наместничества в Житомире Б. занял место председателя Палаты угол. суда Волынской губ.: «Возложено на него было наблюдение за всеми польскими судами, в оной губернии находившимися, вследствие чего он исправлял дела уголовные, гражданские и, за неопределением вице-губернатора, правил казенной частью». Произведенный в 1796 в ст. советники, Б. летом 1797 при переформировании Волынской губ. остался без места. В нояб. 1797 именным указом Сената Б. был назначен председателем 2-го департамента Воронежской палаты суда и расправы. Он не согласился занять эту должность и был отстранен от службы и лишен пенсии. Не найдя другой службы, Б. вынужден был принять должность в апр. 1798.

В кон. своей жизни Б. написал мемуары «Жизнь и похождения господина статского советника Батурина. Повесть справедливая, писанная им самим» (ч. 1—2 не сохр., ч. 3 охватывает 1780—1798). По мнению Модзалевского, свои мемуары Б. предназначал для печати. Он мог ориентироваться на вышедшие в 1790 мемуары *П. З. Хомякова*.

Лит.: Грот Я. К. Фелица и Собеседник. — Совр., 1845, № 4; *Се-*

менников В. П. Лит. и книгопечатание в провинции. СПб., 1911; *Малинин Д. А.* Нач. театра в Калуге. Калуга, 1912; *Лонгинов М. Н.* Соч. М., 1915, т. 1; Пыпин. Рус. масонство (1916); Зап. П. С. Батурина / Вступ. ст. и публ. Б. Л. Модзалевского.— Голос минувшего, 1918, № 1—9; Избр. произведения рус. мыслителей второй пол. XVIII в. М., 1952, т. 2; *Щипанов И. Я.* Философия рус. Просвещения. М., 1971; Берков. История комедии (1977).

Е. Д. Кукушкина, А. Б. Шишкин

БАХТИН Иван Иванович [1755 или 1756—14 (26) IV 1818, Петербург, похоронен на Волковом кладбище]. Происходил из небогатой дворянской семьи. В 1772 Б. начал службу в 1-м фузелерном полку; 5 июля 1774 произведен в штык-юнкеры. В 1772—1775 участвовал в рус.-тур. войне, находился при осаде Силистрии. 9 дек. 1776 вышел в отставку в чине подпоручика артиллерии. В 1782 Б. поступил на штатскую службу, заняв должность стряпчего в Тобольском верхн. надв. суде. Этот поступок некоторые расценивали как переход «из попов во диаконы». С 1783 Б. служил в Перми, сперва губернским стряпчим, а с 11 июля 1785 — прокурором Пермского верхн. зем. суда в чине кол. асессора. С 10 марта 1788 — губернский прокурор в Тобольске, с 31 дек. 1791 — надв. советник. С 1 мая 1794 Б. был переведен в Новгород-Северскую казен. палату, с 4 дек. 1794 — в Калужское губ. правление, а с 9 окт. 1795 — в Тульское наместническое правление (ЦГАДА, ф. 286, № 808, л. 483; № 852, л. 133, 471; № 862, л. 115; № 889, л. 145). С 28 февр. 1797 Б. служил в Петербурге в Экспедиции о гос. доходах в чине кол. советника; 29 авг. 1798 стал ст. советником; в 1802 поступил в Деп. М-ва финансов; с 8 апр. 1803 — д. ст. советник. Б. пользовался расположением и доверием Александра I, о чем свидетельствуют в частности, его письма к Б. 1802 с поручениями расследовать несколько дел о служебных злоупотреблениях и поведении помещиков (см.: Рус. старина, 1870, № 2). В 1803 по ходатайству В. Н. Каразина Б. назначили в Харьков гражданским губернатором Слободской Украины. Александр I, беседуя с Б. перед этим назначением, сказал: «Выведи ты мне в Харькове местничество». Б. стремился ограничить влияние укр. магнатов, чем вызывал их недовольство. Работал он много и упорно, фактически без секретаря: «Вставал ⟨...⟩ в три часа утра, принимался тотчас за работу еще в белом колпаке и шлафроке». За «любовь к наукам и покровительство просвещению» 30 июня 1809 Б. получил диплом почетного члена Харьковского ун-та; в 1814 — диплом внешнего члена Харьковского о-ва наук; 2 мая 1817 избран его д. членом (см.: Тр. О-ва наук, состоящего при имп. Харьковском ун-те, 1817, т. 1, с. XVIII); с 16 янв. 1815 стал почетным членом Филотехн. о-ва. Б. был известен своей непримиримостью к взяткам. 22 апр. 1812 купцы и дворяне Харьковской губ. преподнесли Б. адрес с приложением 10 000 р. Подношение было сделано публично, «с высочайшего разрешения», поэтому Б. не мог отказаться, но «тяготился этим даром» и на будущее запретил почте принимать денежные посылки на его имя. В связи с болезнью 1 нояб. 1814 Б. вышел в отставку. Он вновь переехал в Петербург и с 29 февр. 1816 до самой смерти служил управляющим Гос. экспедицией для свидетельства счетов. В Петербурге у Б. было много знакомых в среде крупных государственных деятелей (В. Н. Каразин, Д. П. Трощинский, В. П. Кочубей и др.).

Современники признавали в Б. «высокую честность, обширный, несколько саркастический ум, вполне достаточное по его времени образование и особенное расположение к добру в отношении ближних». Одновременно предание говорит о том, что отличавшийся подозрительностью и непомерной страстью к картам Б. проиграл все свое родовое состояние (формуляр 1798 г.: «деревень и крестьян за собою не имеет» — ГПБ, ф. 682, к. 3, № 11; формуляр 1818 г.: «имеет дворовых людей двух» — ИРЛИ, ф. 265, оп. 2, № 150). По воспоминаниям профессора Харьковского ун-та Х. Роммеля, Б. «с какою-то нежностью» говорил о *М. В. Ломоносове* и любил «возвышенные творения» Ф.-Г. Клопштока.

Одно из первых стихотворений Б. датировано 1780. В печати он выступил как сотрудник журнала «Лекарство от скуки и забот», где в 1786 за подписью «И. Бах.» появились следующие его стихотворения: «Эпитафия», две «Эпиграммы» (ч. 1, 16 сент., № 12) и шесть «Мадригалов» (ч. 1, 23 сент., № 13). Более широко литературная деятельность Б. развернулась во время его пребывания в Тобольске. Здесь он стал одним из основных сотрудников журнала *П. П. Сумарокова* «Иртыш» (1789—1791), печатая свои произведения за подписью «Ив. Бахт.» и «Ив. Бах.». Уже для ранних стихов Б. характерна сатирическая направленность. «Пороки исправлять вооружайся смело», — писал Б. в стихотворении «Сон». В примечаниях к отдельным строкам этого стихотворения Б. приводил примеры из стихов М. В. Ломоносова, *Г. Р. Державина*, *В. И. Майкова*, с легкой иронией отзываясь о собственном поэтическом творчестве. К «Стансам», посвященным традиционной теме (поэт предпочитает любовь царскому скипетру и венцу), Б. сделал ироническое примечание: «Восемь лет тому назад, то есть во время сочинения, автор подлинно так думал; а теперь пришло ему на мысль, что ни один царь не согласится на мену» (Иртыш, 1789, сент.). В поэтическом творчестве Б. преобладали сатирические темы и жанры (стихотворные сатиры, притчи, эпиграммы). Наиболее смелой явилась «Сатира на жестокости некоторых дворян к их подданным» (там же, 1790, янв.), в которой также нашли отражение некоторые реальные черты крестьянского быта XVIII в. Сочувствие к людям труда проявилось и в др. стихотворениях Б. (напр., «Сказка. Господин и крестьянка»). Как установил В. Д. Рак, ряд притч Б. восходил к сюжетам, почерпнутым из «Словаря анекдотов» (1766) О. Лакомба де Презеля. У Б. были дружеские и творческие контакты с П. П. Сумароковым и др. тобольскими литераторами, в т. ч. с *Н. С. Смирновым*. Об этом свидетельствовало, в частности, участие Б. в стихотворной полемике в «Иртыше» (1790, янв.), связанной со «Стихами на жизнь» Смирнова. Очевидно, в 1791 Б. встречался в Тобольске с *А. Н. Радищевым*. Стихи Б., как правило, отличались остроумием; написаны они были простым разговорным языком, почти без славянизмов (за искл. ранних стихов), в основном ямбом (изредка хореем — притча «Муж с женою»). Б. хорошо владел иностранными языками. Среди его стихотворений были переводы и подражания. Особенно интересен стихотворный перевод Б. «Отрывки, переведенные из разговоров господина Вольтера о человеке» (Иртыш, 1789, окт.; частично перепеч.: Б-ка ученая, 1793, ч. 2). Источником стихотворения Б. «Юзбек» (Иртыш, 1789, нояб.) послужил текст С. де Бельво, опубликованный в «Mercure de France» и представлявший, в свою очередь, переложение притчи Ж.-Ф. де Сен-Ламбера «Деспот» из его сборника подражаний Саади. Подражанием фр. являлось также стихотворение «Филиса, или Четыре степени любви» (Иртыш, 1791, окт.); подражанием нем. — басня «Змея любимец» (там же, 1791, авг.). Об интересе Б. к деятельности Тобольского нар. уч-ща свидетельствовало его стихотворение «Благодарность и вопрос к господину учителю от мещанина Старолета Добромыслова», в котором, в частности, развивалась идея множественности миров (опубл. в кн.: *Воскресенский Т.* Слово о пользе физики ⟨...⟩ 1793 года июля 12 дня. Тобольск, 1794, с. 26—28). Драма Б. «Ревнивый» (СПб., 1816), написанная в Новгороде-Северском и датированная 1795, была выдержана в духе сентиментализма. Трагический конфликт драмы благополучно разрешался благодаря «узнаванию» в служанке Флене девушки дворянского происхождения. В пьесе была затронута тема воспитания, причем речь шла о воспитании «душевных качеств». Б. собирался поставить драму в Петербурге во время своего пребывания там в 1797—1803, но впервые она была разыграна лишь в 1810 в Харьковском театре (спектакль в пользу бедного дворянина Н. Ф. Алферова, находившегося за границей для изучения архитектуры и не имевшего средств вернуться в Россию). Сообщение об этом вызвало возражение Б. с уточнением даты создания пьесы (Вестн. Европы, 1811, № 2, 6). В «Рус вестн.» Б. напечатал стихотворения «Ручей» (1808, ч. 4, № 10) и «Молитва» (1840, ч. 10, № 4). Здесь же было опубликовано стихотворение *Ив. Ф. Богдановича* «Нежному отцу на смерть сына его» (1810, ч. 9, № 2), обращенное к Б. Видимо, ок. 1811, «на 56 году от рождения», Б. написал сочинение «Вдохновенные идеи» (СПб., 1816), представлявшее собой психологический этюд, в котором автор анализировал свое состояние после пробуждения от сна. Особый интерес имело автобиографическое признание: «Я теперь совершенный в душе моей христианин, но ⟨...⟩ в тридцать же два года, в тридцать шесть, даже в сорок я еще был волтерист и Орлеанская девица была карманная моя книжка». Не исключено, что Б. использовал для книги и какой-то фр. источник: в тексте несколько слов пояснено по-французски.

Стихотворения 1780—1790-х гг. Б. вновь издал в сборнике «И я автор, или Разные мелкие стихотворения» (СПб., 1816), отредактировав и «исправив» мн. тексты журнальных публикаций, в ряде случаев изменив заглавия. В сборник были включены и некоторые новые произведения: лирическая «Песня» («Расставшейся с тобою»), иронические «Стихи моему будущему начальнику, которого совсем не знаю» и др. По признанию самого Б. в предисловии, сборник был итоговым, т. к. он «лет десяток» перестал писать стихи. Б. высоко отозвался здесь о поэзии Г. Р. Державина, с которым был хорошо знаком и которого, очевидно, посещал незадолго до его смерти в Званке. Последним в сборнике помещено стихотворение «Надгробие сыну моему, или Последнее мое стихотворение», написанное, вероятно, в 1810.

В 1816—1817 гг. Б. поместил несколько произведений в периодическом издании «Дух журналов»: стихи, посвященные Державину («Надгробие», «К портрету надпись» и др.), «Мадригал»; нравоучительная повесть «Степаша, или Образ „воспитания"» (написана в 1799); «Письмо к сыну моему от 18 окт. сего 1817 года».

Творчество Б. явилось заметным явлением в культурной жизни Сибири и рус. провинции.

Рукописная биография Б., составленная Н. Н. Селифонтовым, хранится в ИРЛИ (ф. 265, оп. 2, № 154).

Лит.: *Багалей Д. И.* Опыт истории Харьковского ун-та. Харьков, 1893—1898, т. 1; *Дмитриев-Мамонов А. И.* Нач. печати в Сибири. СПб., 1900; *Жуков З.* Иртыш. Иппокрена. Лета: (Поэты-тоболяки XVIII столетия). — В кн.: Омский альм. Омск, 1939, кн. 1; Поэты-сатирики (1959); *Schroeder H.* Russische Verssatire im 18. Jahrhundert. Köln; Graz, 1962; *Кунгуров Г.* Сибирь и лит. Иркутск, 1965; Освоение Сибири в эпоху феодализма (XVI—XIX вв.). Новосибирск, 1968, вып. 3; Стих. сказка (1969); *Постнов Ю. С.* Рус. лит. Сибири первой пол. XIX в. Новосибирск, 1970; *Рак В. Д.* Пер. в первом сибирском журн. — В кн.: Очерки лит. и критики Сибири (XVII—XX вв.). Новосибирск, 1976; Рус. басня (1977); *Татаринцев А. Г.* Радищев в Сибири. М., 1977; *Заборов* (1978); *Чмыхало Б. А.* Опыт реконструкции одной биографии: (Поэт и чиновник И. И. Бахтин). — В кн.: Тенденции развития рус. лит. Сибири в XVIII—XX вв. Новосибирск, 1985; *Зорин А. Л.* Две заметки к биогр. Г. Р. Державина. — Изв. Отд-ния лит. и яз. АН СССР, 1986, т. 45, № 1.

Н. Д. Кочеткова

БАШИЛОВ Семен Сергеевич [1741—1770]. Сын приказного Троице-Сергиевой лавры. Обучался в Троицкой дух. семинарии, а с 1757 по 1762 — в Моск. ун-те, после окончания которого преподавал математику в Троицкой дух. семинарии. В 1764, благодаря хорошему знанию иностранных языков, был назначен инспектором тех студентов Славяно-греко-лат. академии и Троицкой дух. семинарии, которых предложено было послать для обучения в Англию. Б. приехал с этими студентами в Петербург, но начавшаяся болезнь (туберкулез легких) заставила его отказаться от поездки за границу.

В 1766 Б. был принят переводчиком в Петербургскую Академию наук. Первой его работой явился указатель к Кенигсбергской (Радзивилловской) летописи XV в., которая составила ч. 1 «Библиотеки российской исторической» (1767). Одновременно Б. готовил к изданию рукопись Никоновской летописи XVI в. Эта работа шла под руководством А.-Л. Шлецера при участии *А. Я. Поленова*. В 1767—1768 т. 1 и 2 «Русской летописи по Никонову списку» вышли из печати. Кенигсбергская (Радзивилловская) летопись и Никоновская летопись явились первыми памятниками древнерус. литературы, изданными в XVIII в. В 1768 Б. издал «Судебник царя и великого князя Ивана Васильевича», «Законы из Юстиниановых книг», «Указы дополнительные к Судебнику» и «Таможенный устав царя и великого князя Ивана Васильевича», используя как манускрипты Б-ки Петербургской Академии наук, так и рукопись *В. Н. Татищева*, содержавшую подготовленный текст «Судебника» и комментарий к статьям. По поручению Академии наук Б. перевел на рус. язык предисловие *Л. И. Бакмейстера* к «Топографическим известиям, служащим для полного географического описания Российской империи» (1771—1774, т. 1, ч. 1—4).

Кроме издания древнерус. памятников Б. занимался переводами литературных произведений. В журнале «Ни то ни сио» (1769) Б. поместил перевод сочинения Сенеки «О провидении». Отдельными изданиями вышли подготовленные Б. переводы: «Блаженство. Разговоры животных» (1767) Ж.-Б. Д'Аржанса; «Политический опыт о коммерции» (1768) Ж.-Ф. Мелона; «Кандид» Вольтера (1769 и 1789); статья Д'Аламбера «О ласкательстве» (из «Энциклопедии») (1770); «Краткая мифология с Овидиевыми превращениями» (1776). Б. приписывается перевод «Исповедания веры» из «Эмиля» Ж.-Ж. Руссо по рукописи XVIII в.

Последний год своей жизни Б. состоял при Комиссии нового Уложения и секретарем в Сенате.

Лит.: [Письма Б. к А.-Л. Шлецеру]. — Вестн. Европы, 1812, № 4; [Без подписи]. С. С. Башилов. — В кн.: Рус. биогр. словарь, т. «Алексинский — Бестужев-Рюмин» (1900); *Чичерин А. В.* К вопр. о формировании рус. филос. яз. в XVIII в. — В кн.: Вопр. слав. языкознания. М., 1953, кн. 3; *Штранге М. М.* Историк и археограф XVIII в. Семен Башилов. — В кн.: Проблемы обществ.-полит. истории России и слав. стран. М., 1963; *Моисеева Г. Н.* М. В. Ломоносов и древнерус. лит. Л., 1971; *Пештич С. Л.* Рус. историография XVIII в. Л., 1971, ч. 3.

Г. Н. Моисеева

БЕГИЧЕВ Матвей Семенович [1723 или 1724*—после 1791]. Происходил из старинного, но небогатого дворянского рода, владевшего поместьем в Малоярославецком у. Отец Б. вышел в отставку с чином капитана в февр. 1730 (*ЦГАДА, ф. 286, № 108, л. 216). Второй сын в семье, Б. в 1737 был отдан в Моск. арт. школу, но проучился лишь год, был отозван в отпуск до 1744 и не вернулся, возможно в связи со смертью престарелого отца (ЦГАДА, ф. 286, № 269, л. 1020). С мая по дек. 1740 пробыл в Сухоп. кадет. корпусе, из которого был выпущен с чином инженер-прапорщика и перешел на службу в Арт. и инж. корпус, где состоял до 25 апр. 1754, когда высочайшим указом был пожалован в инженер-подпоручики (ЦГАДА, ф. 286, № 240, л. 354). Получив в 1762 чин капитана (ЦГАДА, ф. Бегичевых, № 9, л. 3), в 1764 был назначен директором Арт. и инж. корпуса (см.: *Ломан Н. Л.* Ист. обозрение 2-го Кадет. корпуса. СПб., 1862, с. 119). 28 февр. 1776 отставлен от директорства и переведен в артиллерию полковником. С 1780 служил в Москве, а с 1782 — в Киеве. С 1786 — генерал-поручик. После 1791 в «Адрес-календарях» не упоминается.

Не получив систематического образования, Б. овладел нем. языком и в 1751 перевел «галантное» сочинение Г.-А. Беклера «Подлинное известие о славнейшей крепости, называемой Склонность, ее примечанию достойной осады и взятья купно с приложенным чертежом». Организовав в 1765 типографию Арт. и инж. корпуса, Б. в числе первых книг издал свой старый перевод. Инициалами «М. Б.» подписан также перевод книги Х. Вольфа «Разумные мысли о силах человеческого разума и их исправном употреблении в познании правды» (1765). Из текста на титульном листе следует, что перевод был сделан в 1753. К изданию приложен рус.-нем. словарь философских терминов — одна из первых попыток в этом роде, наряду со «Знаниями, касающимися вообще до философии» *Г. Н. Теплова*. В 1777 Б. перевел с нем. известные записки ганноверского резидента X.-Ф. Вебера «Переменившаяся Россия», относящиеся к 1714—1719 (ГБЛ, ф. 96, № 7).

В 1757 И. Я. Вишняковым написан портрет Б. (Музей В. А. Тропинина в Москве, инв. № 265; реставрирован в 1960-х гг. А. Д. Кориным) (см.: *Ильина Т. В.* И. Я. Вишняков. М., 1979, с. 148, 193).

А. Н. Севастьянов

БЕЗАК Павел Христианович [28 IX (9 X) 1769, Петербург—10 (22) VII 1831, там же; похоронен на Смоленском лютеранском кладбище]. Сын *Х.-Х. Безака*, преподавателя Сухоп. шлях. корпуса, где обучался вольнослушателем и откуда был выпущен офицером. Знал древние и новые языки, занимался математикой. С 1795 — секретарь в Сенате, с 1800 — правитель канцелярии генерал-прокурора. В отставке (с 1802); живя в Киеве, занимался коммерцией. В 1806—1810 — правитель канцелярии главнокомандующих Дунайской армией А. А. Прозоровского и П. И. Багратиона. В 1812 до падения М. М. Сперанского — статс-секретарь Сената. Позднее вел типографские дела по журналам Н. И. Греча, своего двоюродного брата. В 1815 пожалован в дворянство (ЦГИА, ф. 1343, оп. 47, № 1857, л. 2—4). Умер в эпидемию холеры.

Перевел с фр. книгу сентиментально-назидательных повестей Ж.-П. де Флориана «Новые новости» (1792; 2-е изд., тит. 1793). Перевод полный (вплоть до сносок; опущен лишь эпиграф из Марциала), точный, стихи переданы в рифму. Б. стремился сохранить особенности слога оригинала, который, как сказано в посвящении переводчика прекрасному полу, «подобен тихому, приятно по камушкам журчащему ручью, привлекает чувствительные сердца». В дальнейшем в переводе Б. с нем. были опубликованы «Описание российско-императорского столичного города Санкт-Петербурга и достопримечательностей в окрестностях оного» академика И.-Г. Георги (1794, ч. 1—3; рус. текст дополнен по сравнению с ориг.) и «Похвальное слово графу Ф. Е. Ангальту...» (1794) А.-К. Шторха. После 1812, примкнув к движению гернгутеров, Б. занимался переводами религиозных сочинений (в частности, помогал А. М. Брискорну в издании толкований И. Госснера на Новый Завет).

Лит.: Геннади. Словарь, т. 1 (1876); Венгеров. Словарь, т. 2 (1891); *Венгеров С. А.* Рус. книги. СПб., 1898, т. 2; [Без подписи]. Безак П. Х. — В кн.: Рус. биогр. словарь, т. «Алексинский — Бестужев-Рюмин» (1900); Греч. Зап. (1930).

М. В. Разумовская

БЕЗАК Христиан Христианович (Besack Gottlieb Christian) [9 (20) VIII 1727, Гросскольциг, Южная Пруссия—4 (15) VII 1800*, Петербург]. Сын пастора. Получив в Лейпцигском ун-те звание магистра философии, Б. приехал в Петербург (1760) и поступил на службу в Сухоп. шлях. корпус профессором исторических и нравственных наук (формуляр 1799 г. — ЦГВИА, ф. 314, оп. 1, № 4013). По воспоминаниям С. Н. Глинки, Б. также преподавал логику и «выводы логические объяснял ‹...› выкладками и формулами алгебраическими». Б. принимал активное участие в преобразовании учебной части Сухоп. шлях. корпуса при *И. И. Бецком*, за что неоднократно удостаивался наград и повышений. Вскоре по прибытии в Россию он выучил рус. язык.

Б. является автором компилятивного учебного пособия этнографического характера «Краткое введение в бытописание Всероссийской империи» (1785). Была напечатана прочитанная перед воспитанниками корпуса речь Б. «Наставление об изящных действиях просвещения разума» (1788). На нем. языке Б. опубликовал философское сочинение «Philosophische Aufsätze» (1792), которое содержит два трактата наставительного содержания: «Was ist Lehrmethode?» («Что такое метод обучения?») и «Über Synthesis und Analysis» («О методе синтетическом и аналитическом»). Б. принадлежит также глава, посвященная рус. истории, в издании *Л. И. Бакмейстера* «Russische Bibliothek» (1786, Bd 10). В «Записках» Н. И. Греча есть упоминание о том, что важнейшие труды Б. остались в рукописях. Сведения о том, что ученик Б. Путятин напечатал в 1820-е гг. в Дрездене «Уроки философии» Б., не подтверждаются.

Лит.: *Георги И.-Г.* Описание российско-императорского столичного города Санкт-Петербурга и достопримечательностей в окрестностях оного. СПб., 1794, ч. 1—3; *Meusel G.* Das Gelehrte Deutschland. Lemgo, 1796, Bd 1; *Старчевский А. В.* Энцикл. словарь. СПб., 1847, т. 1; *Венгеров.* Словарь, т. 2 (1891); *Глинка С. Н.* Зап. СПб., 1895; *Голицын Н. В.* Портфели Г.-Ф. Миллера. М., 1899; [Без подписи]. Безак Х. Х. — В кн.: Рус. биогр. словарь, т. «Алексинский — Бестужев-Рюмин» (1900); *Пб. некрополь, т. 1 (1912); Греч. Зап. (1930).

Л. Ф. Капралова

БЕКЕТОВ Никита Афанасьевич [8 (19) IX 1729—9 (20) VII 1794, имение Отрада Саратовской губ., похоронен в имении Черепаха близ Астрахани]. Происходил из дворянской семьи. Образование получил в Сухоп. шлях. корпусе (1742—1751), где увлекся театром и литературой; был знаком с *И. П. Елагиным*, *А. П. Сумароковым* и др. молодыми дворянскими поэтами. Участвовал в первых любительских постановках рус. пьес при корпусе, а 1 февр. 1750 был включен в составленную из кадетов труппу для устройства придворных спектаклей. Известно об участии Б. в представлении трагедий «Хорев» (25 февр.), «Синав и Трувор» (роль Трувора, 21 июля) и комедии «Чудовищи» (21 июля) Сумарокова, где он, по-видимому, исполнял женские роли. Б. был хорош собою и принадлежал к числу первых придворных щеголей и петиметров. Высказывалось предположение, что Б. послужил прототипом Нарцисса в одноименной комедии Сумарокова (пост. 8 февр. 1750, под назв. «Нарт») и что именно ему дана в ней следующая характеристика: «...так сильно заражен он собою, что и чтение книг, и обхождение с людьми вместо поправки его портило». По преданию, в нач. 1751 Б. на короткое время занял при дворе положение фаворита, соперника *И. И. Шувалова*; его считали ставленником канцлера А. П. Бестужева-Рюмина. 7 окт. 1750 Б. из капралов был произведен в подпоручики, а 11 марта 1751 выпущен из Сухоп. шлях. корпуса в генерал-адъютанты к А. Г. Разумовскому с чином премьер-майора. Падение Б. приписывали интригам М. Е. Шуваловой (урожд. Шепелевой), которая распространила слухи о его безнравственности, основываясь на том, что Б. часто разучивал с придворным хором песни своего сочинения. Во второй пол. 1751 он попал в опалу, заболел нервной горячкой и был уволен от двора с чином полковника армии. В дальнейшем Б. принимал участие в битве при Гросс-Егерсдорфе (1757); при Цорндорфе (14 авг. 1758), будучи командиром 4-го Гренадерского полка, он попал в плен и пробыл в Пруссии до 1760. С 1763 по 1773 Б. занимал должность астраханского губернатора. С его именем связано основание нем. колонии в Сарепте, развитие виноградарства и шелководства на Нижней Волге. До 1780 Б. присутствовал в Сенате. Последние годы жизни провел в имении Отрада, между Сарептой и Царицыным. Племянник Б., *И. И. Дмитриев*, откликнулся на его смерть «надписью» к его портрету: «Воспитанник любви и счастия богини» (1794; опубл. 1797). В деле о наследстве Б., составившего завещание в пользу своих незаконных детей — Кетова и двух дочерей (на наследство претендовали И. И. Дмитриев и В. А. Всеволожский), принимали участие *Г. Р. Державин* и *А. А. Ржевский*; перипетии дела (тянулось с 1795 по 1803) описаны в «Записках» Державина и в его «Объяснениях» на свои сочинения.

Занятия литературой относятся к петербургскому периоду жизни Б.: он «в молодых своих летах много писал стихов, а более всего песен» (Новиков. Опыт словаря (1772)). Его песни вошли в сборники «Между делом безделье» (1759); высказывалось мнение, что часть песен Б. сам положил на музыку), «Письмовник» *Н. Г. Курганова* (1769) и «Собрание русских песен» *М. Д. Чулкова* (1770—1772, ч. 1—2), однако атрибутирована из них только одна — «Везде мне скучно стало». Противоречивые сведения сохранились о сочиненной Б. трагедии в стихах; *Евгений Бол*-

ховитинов называет ее «Эдип», Д. Н. Бантыш-Каменский — «Никанор», указывая, что сюжет был взят из ассирийской истории (ср. «Подложного Смердия» А. А. Ржевского); рукопись пьесы погибла в XVIII в. Предполагается также участие Б. в полемике 1753 вокруг сатиры И. П. Елагина «На петиметра и кокеток», которая могла лично задеть Б. В конволюте, состоящем из списков, принадлежавших А. А. Ржевскому, к Б. обращено антиелагинское стихотворное послание (условно атрибутируется *Н. Е. Муравьеву*), в котором легкая и ясная поэзия защищается от нападок педантов, а светский образ жизни дворянина противопоставляется подьяческим нравам. Самому Б. предположительно приписывается тематически близкое к посланию Муравьева стихотворение «Правила. Письмо к приятелю, как любиться без печали» из того же сборника (БАН, шифр: 12.4.28).

Лит.: Венгеров. Словарь, т. 2 (1891); *Щукин И. Н.* Бекетов: (Заметка к его портрету). — Библиогр. зап., 1892, № 10; *Г. М. [Мокринский Г.]* Бекетов. — В кн.: Рус. биогр. словарь, т. «Алексинский — Бестужев-Рюмин» (1900); *Екатерина II.* Соч. СПб., 1907, т. 12; Берков. Лит. полемика (1936); Федор Волков и рус. театр его времени. М., 1953; *Мартынов И. Ф., Шанская И. А.* Отзвуки лит.-обществ. полемики 1750-х гг. в рус. рукоп. книге: (Сб. А. А. Ржевского). — В кн.: XVIII век. Л., 1976, сб. 11; Берков. История комедии (1977).

В. П. Степанов

БЕКЕТОВ Платон Петрович [11 (22) XI 1761, Симбирск—6 (18) I 1836, Москва]. Принадлежал к древнему дворянскому роду; племянник *Н. А. Бекетова*, двоюродный брат *И. И. Дмитриева*.

Учился вместе с И. И. Дмитриевым сначала в Казани (1767—1768), затем в Симбирске (1768—1772) во фр. пансионе Манже (Манженя). Осенью 1773, в связи с приближением армии Пугачева, семья Б. переехала в Москву. В 1774—1776 Б. занимался в пансионе профессора И. М. Шадена. Записанный еще в 1767 в гвардию, 2 сент. 1776 Б. вступил сержантом в Семеновский полк; 1 янв. 1788 вышел в отставку в чине премьер-майора, а в 1791 определился в Герольдмейстерскую контору при Сенате. В 1798 ушел в отставку и навсегда перебрался в Москву.

В 1801 Б. завел типографию, которую современники считали самой лучшей в Москве. Книги, выпущенные Б., отличались особым изяществом оформления и высокой филологической культурой в тех случаях, когда сам Б. выступал как их редактор. Вехой в истории рус. текстологии стало бекетовское издание сочинений *Ип. Ф. Богдановича* (М., 1809—1810; 2-е изд. М., 1818—1819). Б. финансировал издание «Собрания оставшихся сочинений А. Н. Радищева» (М., 1806—1811, ч. 1—6). Вершиной эдиционной деятельности Б. явилось подготовленное им «Полное собрание сочинений» *Д. И. Фонвизина* (М., 1830; 2-е изд. М., 1838). Издание было основано на созданном Б. (ныне утраченном) фонде рукописей Фонвизина и вызвало в 1830-е гг. много откликов и похвалу Белинского. Б. издавал также произведения Н. И. Гнедича, В. А. Жуковского, И. И. Дмитриева, *М. М. Хераскова*, В. Н. Нарежного, *Н. М. Карамзина*, Ф. Ф. Иванова, В. В. Измайлова и мн. др.

Особое место среди бекетовских книг занимают такие иконографические издания, как «Пантеон российских авторов» (М., 1801; с текстом Карамзина) и «Собрание портретов россиян, знаменитых по своим деяниям...» (М., 1824). Стремление Б. создать ру.. историю в портретах не встретило поддержки подписчиков, и поэтому ни одно из двух задуманных им изданий не было завершено. Подготовленные для них материалы сохранились лишь частично.

Интерес Б. к истории выразился также в собирании и коллекционировании гравюр, рукописей, книг, документов, старинных монет; мн. писатели обращались к Б. за советами и книгами из его библиотеки (см. записки Карамзина к Б. — ИРЛИ, ф. 93, оп. 3, № 568).

Как поэт и переводчик Б. сотрудничал в «СПб. вестн.» (1780), «Приятном и полезном» (1794), «Аонидах», «Друге просв.» (1804), «Рус. вестн.» (1810), «Тр. О-ва любителей рос. словесности» (1812), «Моск. вестн.» (1829) и др. изданиях.

Литературное наследие Б. невелико по объему. В поэзии он не выходил за границы малых жанров. Особый успех имели анакреонтические песни Б., в которых чувствуется влияние Дмитриева. Классицистические по своей поэтике надписи, притчи, эпиграммы затрагивают философские, гражданские, сатирические темы («Стихи к портрету г. Вольтера»; «Паук. Притча», «надписи» к статуям А. В. Суворова и Я. Ф. Долгорукова).

Достаточно определенно литературная позиция Б. прослеживается в выборе произведений для переводов. Публикации в «СПб. вестн.» («Иль пенсеро, или Мысли Мильтоновы», «Размышления одного дикого человека, которые можно почесть предсказаниями») свидетельствуют об интересе Б. к событиям англ. и амер. революции. Переводы, помещенные в «Друге просв.» (1804), содержат сатирические («Пилигрим»; пер. из Ж. Казотта) и гражданские (ст. «О древних поэтах европейских, известных под именем бардов», провозглашающая идеал народного поэта-патриота) мотивы. Характерен отказ Б. в 1805 печатать консервативный по направлению «Друг просв.».

Широкие познания Б., его издательская деятельность, а возможно, и его литературная позиция снискали ему популярность и уважение в кругу московской дворянской интеллигенции. Активный член разных научных обществ при Моск. ун-те, Б. в 1811 был избран председателем О-ва истории и древностей рос. В своей первой программной речи Б. подчеркнул важность изучения истории для воспитания гражданских чувств и допустил смелые высказывания (напр., характеристика последних лет царствования Ивана Грозного и др.), тем самым подтвердив свою верность лучшим тенденциям «Истории. . .» Карамзина, упомянутой им в этой речи. В 1823 Б. «по болезни» оставляет пост председателя и прекращает печататься в «Зап. и тр. О-ва истории и древностей рос.». Приписываемые Б. статьи, напр. «О сребре Ярослава» и «Мнение о генеалогическом древе г. Щербатова» (Зап. и тр. О-ва истории и древностей рос., 1824, ч. 2; 1827, ч. 3,

кн. 2), на самом деле принадлежа И. П. Бекетову и Н. А. Бекетову-

Хотя пожар 1812 уничтожил типографию и библиотеку Б., он тем не менее продолжал заниматься отечественной историей (письмо с публикацией документа о погребении Петра I — Моск. вестн., 1829, ч. 3), подготовкой новых изданий. Собранный им после 1812 архив большей частью погиб. Остатки его находятся в ГИМ (ф. 396), ГЦТМ (ф. 25); отдельные материалы есть в ИРЛИ, ГПБ и др. хранилищах.

Лит.: Лонгинов М. Неизд. шуточные стихотворения И. И. Дмитриева. — Рус. арх., 1867, № 1—12; Бумаги П. П. Бекетова. — Рус. арх., 1880, кн. 3, вып. 2; *Новицкий А.* К истории рус. гравюры: (П. П. Бекетов). — Рус. арх., 1893, № 6; *Симони П. К.* П. П. Бекетов. — Старые годы, 1908, № 2—4; *Виноградов С. П.* Собр. портретов, изд. П. П. Бекетовым: Каталог. М., 1913; *Макогоненко Г. П.* История издания соч. Д. И. Фонвизина и судьба его лит. наследства. — В кн.: Фонвизин Д. И. Собр. соч. М.; Л., 1959, т. 2; *Гришунин А. Л.* Очерк истории текстологии новой рус. лит. — В кн.: Основы текстологии. М., 1962.

Г. Н. Ионин

БЕКЛЕМИШЕВ Петр Иванович. В мае 1707, после обучения в нем. школе в Москве, был отправлен для продолжения образования в Голландию (см.: Чтения в О-ве истории и древностей рос., 1907, кн. 1, отд. 1, с. XXII). Очевидно, через своего дядю, О. А. Соловьева, специального торгового агента рус. правительства в Амстердаме, стал известен Петру I, который в янв. 1716 назначил Б. торговым агентом в Венеции. Петр I, придававший большое значение установлению прямых торговых контактов между Россией и Венецианской республикой, лично разработал инструкцию для него. В Венецию Б. прибыл в июне 1716 и пробыл там до апр. 1720, проведя целый ряд удачных торговых операций. Однако в целом деятельность Б. в Венеции носила не столько торговый, сколько дипломатический характер. Кроме того, он выполнял отдельные поручения Петра I: покупал произведения искусства, помогал русским, приехавшим в Италию для прохождения наук. Одним из его подопечных был И. И. Неплюев (письма Б. и воспоминания о нем см. в его «Записках» (СПб., 1893)). В 1720 Б. был отозван в Петербург и в следующем году на краткое время назначен торговым агентом в Гамбурге и Любеке, откуда он должен был отправиться в Кадис (Испания), однако эта поездка не состоялась.

В 1710 в Амстердаме был издан в переводе Б. «Феатр, или Зерцало монархов» — речь члена Берлинского научн. о-ва Анастасия Наузейзиуса (Наузиуса), произнесенная им в 1707 в греч. православной церкви. Текст обращенной к Петру I речи, в которой выражалась надежда на помощь русских грекам, был напечатан в Амстердаме на греч. и рус. языках, но Б., как он сам поясняет в предисловии, переводил «на наш славено-российский диалект» с лат. После речи шли примечания Б., показывавшие его незаурядную эрудицию, начитанность, а также знакомство с классическими древностями.

Лит.: *Уляницкий В. А.* Рус. консульства за границей в XVIII в. М., 1899, ч. 1; Посылка Петра Беклемишева во Флоренцию в 1716 г. / Сообщ. В. В. Еропкина. — Рус. старина, 1903, № 8; *Крылова Т. К.* Россия и Венеция на рубеже XVII и XVIII вв. — Учен. зап. Ленингр. пед. ин-та им. А. И. Герцена, 1939, т. 19; *Шаркова И. С.* Россия и Италия: Торговые отношения XV—первой четверти XVIII в. Л., 1981.

С. И. Николаев

БЕЛАВИН Петр. Учился в Моск. благор. пансионе. В 1782 за «отменное прилежание и оказанные успехи» был награжден книгой (см.: Моск. вед., 1782, 3 дек., № 97, Приб.). Вместе с др. воспитанниками пансиона принимал участие в издании «Распускающийся цветок» (1787) М. М. Снегирева и *В. С. Подшивалова*. Здесь была помещена басня Б. «Вода и плотина» — ученическое сочинение, заключавшееся моралью, «что гордость не нужна и в свете все не вечно»; а также перевод с нем. двух анекдотов и нравоучительной повести «Пример правосудия Айдер Али Хана».

В 1790 Б. напечатал перевод с фр. сентиментального романа популярной в Европе того времени англ. писательницы Е. Хелм «Луиза, или Хижина среди мхов» (ч. 1—2).

Лит.: Сушков. Моск. благор. пансион (1858).

Р. М. Горохова

БЕЛЛИНСГАУЗЕН Иван Федорович (Bellingshausen Johann Gustav) [1759, Вайдау (?)—27 X (8 XI) 1820, Петербург]. Происходил из семьи прибалтийских баронов. Образование получил в Германии. Службу начал в лейб-гвардии Конном полку (1782). По выходе в отставку служил в Военной коллегии; в 1786 перешел в Лифляндской губ. правление аускультом (чиновник-правовед), с 1787 — переводчик; затем стряпчий казенных дел Рижского губ. магистрата (1791) и прокурор Рижской верхн. расправы (1796). Принадлежал к числу немногих среди коренных лифляндских дворян, вопреки тенденциям к местной автономии специально изучавших рус. язык — гл. о. для целей двуязычного судопроизводства. В письме к Павлу I от 3 апр. 1798 Б. писал: «...обучаясь в течение службы сочинениям по судебным делам на обоих языках, сим способом старался я приобрести нужное во всех провинциях гражданскому служителю о общих в империи законах сведение». В специальном добавлении к аттестату Б. за 1797 губернский прокурор Густав фон Берх поставил ему в заслугу знание как земских лифляндских, так и общерус. законов, особо подчеркнув, что Б. тем «подал полезный пример другим молодым дворянам» (ЦГИА, ф. 468, оп. 43, № 544, л. 36—39). Результатом юридических занятий Б. было издание «Repertorium russischer Gesetze und Ukasen» (Riga, 1792).

Первым опытом Б. в литературных переводах с рус. явилась произнесенная в связи с кончиной коменданта Риги П. С. Бегичева «Надгробная речь священника Я. Полонского» (Rede bey der Herrn ⟨...⟩ P. S. Begitschew, gehalten von dem Priester Jacob Polonsky. Riga, 1790; рус. изд. неизв.). В 1797 Б. определяется секретарем в цензуру иностранных книг при Рижской таможне, занимаясь чисто канцелярской работой, не имеющей отношения к просмотру ввозимых изданий. В том же году он переводит стихами (чередуя александрийский стих с четырехстопным ямбом) «Оду» *М. М. Хераскова* на коронацию Павла I, «поднесенную в Петровском подъездном дворце» (Ode an ⟨...⟩ Paul Petrowitsch. Riga, 1797). Судя по помете на докладе статс-секретаря, перевод был принят с одобрением: «Послать часы, а оду дать прочитать» (ЦГИА, ф. 468, оп. 43, № 548, л. 66 об.).

В 1800 Б. становится цензором Ревельского порта; по упразднении специальных припортовых цензур занимает должность эстляндского прокурора (1802—1803), а затем переезжает в Петербург младшим помощником референдария Комиссии законов (20 мая 1804). Последний период жизни (с 1809) он прослужил при архиве комиссии у *Н. С. Ильинского*, незадолго до смерти (1818) получил в комиссии должность редактора (формуляр 1820 г. — ЦГИА, ф. 1260, оп. 1, № 900, л. 52—54).

В Ревеле Б. предпринял попытку популяризации рус. литературы, приступив к изданию «Journal der ältern und neuern russischen Litteratur» (1802). В первый и единственный выпуск вошли обзор рус. литературы XVIII в. и переведенные Б. отрывки из произведений М. М. Хераскова (нач. «Россиады»), *М. В. Ломоносова*, *Гавриила Бужинского* с краткими характеристиками писателей. В Петербурге он решил использовать свои юридические познания, чтобы познакомить рус. читателя с состоянием рус. и европ. законодательства. «Журн. правоведения» (1812) составлялся Б. единолично. Компилятивное изложение идей европ. законодательства Б. сопровождал самостоятельными сопоставлениями с рус. законами. Журнал прекратился из-за недостатка подписчиков.

Лит.: *Recke J.-F., Napiersky K.-E.* Allgemeiner Schriftsteller- und Gelehrten-Lexikon der Provinzen Livland, Esthland und Kurland. Mitau, 1827, Bd 1; *Russwurm C.* Nachrichten über die adelige und freyherrliche Familie von Bellingshausen. Reval, 1870; Венгеров. Словарь, т. 2 (1891); Рус. биогр. словарь, т. «Алексинский—Бестужев-Рюмин» (1900).

Р. Ю. Данилевский, В. П. Степанов

БЕЛИКОВ Филипп. В 1730-е гг. служил в Монетной канцелярии. В 1738 «за некоторую его вину» по указу Анны Иоанновны Б. был наказан плетьми и сослан «для службы» в Тобольск. В 1745 Б. объявил о своем желании сделать Тайной канцелярии заявление о важных для государства делах, вследствие чего вместе с женой и тремя детьми был немедленно доставлен в Петербург. На допросе Б. сообщил Сенату о своем желании написать две книги — «Натуральную экономию», которая «принесет некоторую всероссийскую пользу», и труд по алхимии, который сможет дать доходу 10 000 руб. 21 мая 1746 Сенат позволил Б. писать книги и взял с него подписку, чтобы «ничего противу богу и ее имп. величества ⟨...⟩ ее фамилии и Российской империи отнюдь не писать и о том, что писать, никому не объявлять». «Для лучшего сочинения» Б. с женою и детьми под конвоем отвезли в Шлиссельбургскую крепость, где отвели ему «два покоя». На дневное содержание семье Б. отпускалось 25 коп.; Б. было позволено под конвоем посещать церковь и навещать живущих в крепости; жену и детей было разрешено отпускать за стены крепости. В 1747 Б. прислал в Сенат «Натуральную экономию», но ее сочли трудом, лишенным всякого значения, и даже заподозрили автора в помешательстве. Рукопись сочинения не сохранилась. Труд по алхимии не был завершен. Б. и его семья страдали в крепости от голода и холода; им не выдавали положенного количества свечей, и Б. трудился при лучине. В крепости у Б. родилось еще двое детей, а денежное довольствие оставалось прежним. В своих многочисленных жалобах в Сенат Б. писал, что «смерть лучше такого житья». По докладу Сената 30 янв. 1764 *Екатерина II* повелела освободить Б.

Лит.: *Гернет М. Н.* История царской тюрьмы. М., 1960, т. 1.

М. П. Лепехин

БЕЛОСЕЛЬСКИЙ - БЕЛОЗЕРСКИЙ Александр Михайлович [1752—26 XII 1809 (7 I 1810), Петербург]. Принадлежал к древнему роду князей Белосельских. В 1759 был зачислен в конную гвардию, позднее переведен в Измайловский полк; дослужился до чина подпоручика. В 1773 получил первое придворное звание (камер-юнкер). В 1779 был назначен (вместо умершего сводного брата Андрея М. Белосельского) посланником в Дрездене, где оставался до мая 1790, после чего был причислен к рус. посольству в Вене; с апр. 1792 по март 1793 занимал пост посланника при сардинском дворе. По свидетельству Ф. В. Ростопчина, Б.-Б. был отозван из Турина за «слишком идиллический характер» донесений о революционных событиях во Франции (см.: Арх. кн. Воронцова. М., 1876, т. 8, с. 60); сам Б.-Б. впосл. объяснял «немилость» тем, что «предвидел события», на которые императрица пыталась «закрыть глаза» (текст донесений см.: Рус. арх., 1877, № 9—10; Un ambassadeur russe à Turin (1792—1793). Paris, 1901). С воцарением Павла Б.-Б. был «назначен к присутствию» в Сенат, но 15 сент. 1797 по прошению был уволен от всех дел. В 1801, после восшествия на престол Александра I, получил чин д. т. советника, а в 1808 — одно из высших придворных званий (обер-шенк).

С 1800 Б.-Б. — член Рос. Академии, с 1809 — почетный член Академии наук и почетный член Академии художеств; он являлся также членом Болонского ин-та, Нансийской академии словесности и Кассельской академии древностей.

Получив хорошее домашнее воспитание, в 1768 для усовершенствования в науках Б.-Б. был отправлен за границу; ок. года он провел в Лондоне при своем дяде — рос. посланнике гр. И. Г. Чернышеве; несколько лет прожил в Берлине, где его образованием руководил Дьедонне Тьебо, фр. литератор, член Прус. академии, секретарь Фридриха II. В 1775—1778 Б.-Б. путешествовал, преимущественно по Франции и Италии, изучая литературу, музыку, живопись и собирая произведения изобразительного искусства (к кон. жизни Б.-Б. его коллекция считалась одной из лучших в России). В эти годы завязывается его знакомство — личное или эпистолярное — с Вольтером, Руссо, Бомарше, Мармонтелем, Гретри; в дальнейшем в этот круг вошли Ш.-Ж. де Линь, Ж.-Ф. Лагарп, Ж. Делиль, Ж.-А. Бернарден де Сен-Пьер, Ф.-Ж. де Бернис, Ж.-А. Нежон, Ж.-Л. Жоффруа и др.

Первым печатным сочинением Б.-Б. было послание к Вольтеру (Mercure de France, 1775, mai, p. 176—178), состоявшее из трех стихотворных фрагментов, которые чередовались с короткими прозаическими вставками-разъяснениями; в первом и втором фрагментах прославлялся «великий Вольтер», в третьем излагалось философское и эстетическое кредо автора. В ответном письме-послании Вольтер высоко оценил это произведение и, в частности, его превосходный фр. язык. В 1778 в Гааге появилась небольшая брошюра «De la musique en Italie» («О музыке в Италии»), изданием которой Б.-Б. принял участие в споре глюкистов и пиччинистов на стороне последних (отзыв о ней см.: Journal encyclopédique, 1778, t. 7, pt. 2, p. 305—318). Известность как поэту принесла ему изданная при содействии Мармонтеля (Cassel, 1784; 2e éd. Paris, 1789) книга «Poésies françaises d'un prince étranger» («Французские стихотворения одного иностранного князя»), которую составляли три послания-рассуждения. В «Epître aux Français» и «Epître aux Anglais» сравниваются Франция и Англия с Россией, в их прошлом и настоящем. С сочувствием (хотя и не безоговорочным) отзываясь об успехах цивилизации в этих странах, Б.-Б. обращает внимание европ. читателя на достижения рус. культуры; среди упомянутых отечественных писателей — *М. В. Ломоносов, А. П. Сумароков, Д. И. Фонвизин, М. М. Херасков, М. М. Щербатов, В. П. Петров, И. П. Елагин, А. В. Олсуфьев, А. П. Шувалов*; в примечаниях к первому из посланий содержатся обширные сведения о рус. истории. Основной пафос «Epître aux républicains de Saint-Marin» — в восхвалении патриархальных нравов Сан-Марино; однако в этой «тишине» Б.-Б. видит угрозу общественного и духовного застоя, к которому как просветитель относится с неприязнью. К названным сочинениям примыкает второе «Послание к французам» (Epître aux Français. S. l., 1802). В нем получили отражение мысли Б.-Б. о рус. действительности и современных событиях во

Франции. О *Екатерине II* он отзывался неодобрительно; память Павла I всячески защищал, утверждая, что тот лишь «худо творил добро»; Александра I приветствовал. Не сочувствуя фр. революции, он признавал величие некоторых ее деяний; в Наполеоне видел представителя нации, ее «душу, око и длань». Острота и злободневность послания сделали невозможным его появление во Франции.

Перу Б.-Б. принадлежал философский этюд «Dianyologie, ou Tableau philosophique de l'entendement» (Dresde, 1790; Londres, 1791; Freyberg, 1791) («Дианиология ⟨от греч. «дианойя» — «ум», «размышление»⟩, или Философическая картина познания»), где им предложена классификация различных типов («сфер») проявления человеческого разума — от «инертности» до «гениальности». В 1795 предполагалось осуществить и рус. издание этюда (под назв. «Дианиология, или Умомер»); в сохранившемся предисловии к нему приведено адресованное Б.-Б. письмо И. Канта, который находил сочинение «прекрасным».

Единственным появившимся в печати произведением Б.-Б. на рус. языке была двухактная пьеса — комическая опера «Олинька, или Первоначальная любовь». По свидетельству П. А. Вяземского (см.: *Вяземский П. А.* Полн. собр. соч. СПб., 1883, т. 8, с. 393—394), пьеса была «приправлена пряностями самого соблазнительного свойства», что вызвало скандал во время представления на «домашнем и крепостном театре» А. А. Столыпина в Москве. Когда текст пьесы затребовал Павел I, Б.-Б. обратился к *Н. М. Карамзину* с просьбой исправить в ней «все подозрительные места». В «очищенном», хотя и не в полной мере, виде «Олинька» была срочно напечатана с выходными данными «Село Ясное, 1796» (в действительности — М., типогр. А. Г. Решетникова). Указание *Евгения Болховитинова* (см.: Евгений — Снегирев. Словарь, т. 1 (1838), с. 160) на 2-е издание пьесы не подтверждается.

Последнее напечатанное сочинение Б.-Б. — философский диалог о боге («Premier dialogue entre Esper, jeune enfant de M. le prince Béloselsky, et le sage. — L'Abeille du Nord (Altona), 1804, vol. 5, N 23, p. 455—456). Значительная часть литературного наследия Б.-Б. (поэтические послания, стихотворения на случай, диалоги о музыке, рассуждение о живописи, максимы, наброски исторических и художественных произведений и др.) была опубликована А. Мазоном. Трагедия «Лжедимитрий» до нас не дошла; известна эпиграмма на нее *Г. Р. Державина*, датируемая 1794 (см.: Державин, Соч. (1864—1883), т. 3 (1866), с. 355).

В бумагах Б.-Б. был найден список одного из трех переводов, предшествовавших первому изданию «Слова о полку Игореве».

Отдельные рукописи Б.-Б. находятся в ЦГАДА и ГПБ; письма — в ГБЛ, АВПР и ИРЛИ; биографические материалы — в ЛОИИ.

Лит.: *Moussard P.* Les diversités littéraires. St-Pbg., 1812; *Spada A.-F.* Ephémérides russes, politiques, littéraires et nécrologiques. St-Pbg., 1816, t. 4; *Бартенев П. И.* Наполеон I и кн. А. М. Белосельский-Белозерский. — Рус. арх., 1888, № 2; *Тимирязев В. А.* Кн. Белосельский в Турине во время фр. революции. — Ист. вестн., 1902, № 12; *Верещагин В.* Моск. Аполлон: (Альбом кн. А. М. Белосельского-Белозерского). — Рус. библиофил, 1916, № 1; *Ильинский Л. К.* Пер. «Слова о полку Игореве» по рукописи XVIII в. Пгр., 1920; *Алексеева Е. Г.* «Зеленый альбом»: (Жизнь и деятельность кн. А. М. Белосельского-Белозерского). Нью-Йорк, 1958; *Смирнов-Сокольский Н. П.* Рассказы о книгах. М., 1959; *Дмитриев Л. А.* История первого изд. «Слова о полку Игореве». М.; Л., 1960; *Besançon A.* Un neó-classique russe: à propos de trois lettres du prince Alexandre Béloselski. — Revue des études slaves, 1963, t. 42; *Mazon A.* Deux Russes écrivains français. Paris, 1964; *Chailley J.* Les dialogues sur la musique d'Alexandre Bélosel'skij. — Revue des études slaves, 1966, t. 45; *Vodoff Vl.* Alexandre Bélosel'skij, panégyriste de la Russie ancienne. — Ibid.; *Гулыга А.* Из забытого. — Наука и жизнь, 1977, № 3; *Заборов П. Р.* Рус.-фр. поэты XVIII в. — В кн.: Многоязычие и лит. творчество. Л., 1981.

П. Р. Заборов

БЕЛЯВСКИЙ Иван. Жил в Москве. Перевел с нем. «Двенадцать истинных нравоучительных повествований, которых происшествия случились в Германии, Англии, Франции, Италии, Греции и Китае» (1791). Б. посвятил свой перевод *И. И. Голикову*, высказав ему личную признательность, что дает основание считать Б. близким Голикову человеком.

Лит.: *Сиповский В. В.* Из истории рус. романа и повести. Ч. 1. 18 век. СПб., 1903.

Л. Ф. Капралова

БЕЛЯВСКИЙ Яков Иванович [1746—не ранее 1809]. В 1790-е гг. в чине капитана служил надзирателем водоходных народных училищ в Петербурге.

На средства Б. в 1789 были напечатаны сделанные им переводы с фр. книг «Детский советник» (анонимное изд.) и «Детские игры, или Забавы невинности» Э.-А.-Ж. Фетри. Эти педагогические сочинения изобилуют простодушными наставлениями, как преуспеть в обществе и снискать благоволение высоких покровителей.

Известен ряд од и посланий, адресованных Б. своим покровителям: С. Г. Зоричу («Эпистола...», 1791), Н. И. Салтыкову («Ода...», 1791), П. П. Коновницыну («Ода...», 1792), Н. В. Салтыковой («Ода...», 1792). Оды Б. наполнены подробностями частной жизни его высоких покровителей и обнаруживают близость автора к этим лицам; порой они ироничны. Ошибочно приписывается Б. «Краткое повествование о российских патриархах» (1786) (автор — Я. Беляев).

Лит.: Евгений — Снегирев. Словарь, т. 1 (1838); Венгеров. Рус. поэзия, т. 1, вып. 6 (1897); *Алексеева О. В.* Мат-лы по истории детской лит. М., 1929, т. 1, вып. 2.

Л. Ф. Капралова

БЕЛЯЕВ Василий. Обучался в Славяно-греко-лат. академии; можно предположить, что до этого он окончил Тверскую дух. семинарию, т. к. перевод книги Р.-Ф.-Р. Беллармино «Искусство благополучно умирать» (1783) посвящен ее ректору, «благодетелю» переводчика,

епископу *Арсению Верещагину*, а «Щит терпения» (1787) был переведен Б. совместно с *Гавриилом Щеголевым*, преподавателем риторики в семинарии в 1766—1768. Однако на титульном листе последней книги Б. подписался уже как «коллежский регистратор».

Переводы Б. имеют сугубо религиозный характер. Это «Спасительные размышления» (1782), приписывавшиеся автору мистико-теософических трактатов и создателю устава Ордена тамплиеров Бернару Клервоскому; творения классика христианской мысли Аврелия Августина («Единобеседование души с богом», «Ручная книжка», «Святые и душеспасительные размышления»; все — 1783); назидательные «Ансельмовы размышления о искуплении рода человеческого» (1787) отца средневековой схоластики Ансельма Кентерберийского.

Переводы 1782—1783 печатались в Унив. типографии на средства *Н. И. Новикова* и Типогр. комп.; это позволяет предположить, что и переводились они по заказу московских масонов. В кон. «Святых и душеспасительных размышлений» Б. поместил четверостишие, которое позволяет убедиться в полном соответствии душевного строя переводчика характеру заказанных переводов.

А. Н. Севастьянов

БЕЛЯЕВ Иван Иванович. Состоял в службе с 1750 (по др. данным — с 1759). В 1772 — кол. асессор, рентмейстер в Моск. статс-конторе, с 1777 — городничий в Туле, в 1779—1780 — в Ждзре, с 1781 — вновь в Туле; с 29 нояб. 1784 — надв. советник, губернский прокурор в Тульском наместничестве; в 1795 — председатель Тульского угол. суда; в 1802—1804 — д. ст. советник, тульский вице-губернатор.

Б. перевел с фр. философскую повесть профессора Ш. Данталя, чтеца Фридриха II, «Ипархия и Кратес...» (1789). Содержание повести Б. изложил в предисловии: «Кратес ⟨...⟩ был строгий последователь Зеноновой секты. Ипархия, дочь одного славного человека, славящаяся красотою своею, несмотря на бедность и безобразие философа, влюбилась в него и чрез мудрые его наставления учинилась славною своего времени философкою».

А. Б. Шишкин

БЕЛЯЕВ Осип (Иосиф) Петрович [ок. 1763—1807, Петербург]. Сын священника. Учился в Славяно-греко-лат. академии; по указу о пополнении Акад. ун-та семинаристами в марте 1783 из класса философии был переведен в Петербург. На экзамене Б. показал, что «нарочито твердо» знает основы арифметики, начатки греч. грамматики, переводит с лат., читает по-французски и совершенно не знает нем. языка (ААН, ф. 3, оп. 9, № 443). В нояб. 1783 Б. был произведен в студенты и одновременно определен на службу при Кунсткамере; 21 июля назначен в подчинение библиотекаря И. Ф. Буссе надзирателем музея вместо умершего С. Бухвостова (ААН, ф. 3, оп. 8, № 76/3). С 1797 Б. числился унтер-библиотекарем; в 1800 исполнял обязанности корректора типографии и преподавателя «верхних и нижних российских классов» Акад. гимназии. С 1804 преподавал в Пажеском корпусе. Умер в чине надв. советника (формуляры 1804 г. — ААН, ф. 4, оп. 5, № 43/935; ЦГИА, ф. 1349, оп. 6, № 566, л. 29 об.).

Первые стихотворения Б. стали появляться в «Новых ежемес. соч.» с 1788 — анонимно и за подписью «О. Б.». Позднее они вошли в книгу Б. «Муза, или Собрание разных забавных сочинений в стихах» (напеч. в июле 1794 — ААН, ф. 3, оп. 4, № 83/2). В сборнике представлены подражания фр. легкой поэзии (дружеские и любовные стихи, «песенки»), но основную часть составляют сатирические произведения (притчи, басни, эпиграммы), в которых ощущается влияние *А. П. Сумарокова* (ср. «Мая первое число»). Одна из эпиграмм Б. («Маралов написал стихов велику груду») приписывалась *Д. П. Горчакову*.

Остальные сочинения Б. носят популярно-исторический характер. Наиболее известен его каталог-путеводитель «Кабинет Петра Великого. . .» (1793, ч. 1—2), сохранивший значение первого на рус. языке описания «восковой персоны», личных вещей Петра, коллекции медалей, монет и др. экспонатов Кунсткамеры. В описание включены исторические анекдоты (частично заимствованные у *И. И. Голикова*) и этнографические сведения о народах, представленных в Кунсткамере. Дополненное переиздание «Кабинета. . .» (СПб., 1800, ч. 1—3) было осуществлено по личному приказанию Павла I «в пользу автора». Панегирическое отношение к Петру ощущается также в составленном Б. сборнике анекдотов «Дух Петра Великого ⟨. . .⟩ и соперника его Карла XII» (1798). Статьи сборника (224 посвящены Петру I, 40 — Карлу XII) имеют отчетливо сопоставительный смысл, акцент сделан на афористических фразах героев. Анекдоты представляют собой обработку материалов И. И. Голикова, *Я. Я. Штелина*, сочинений Вольтера («История России в царствование Петра Великого», «История Карла XII») и др. Изданиями Б. пользовался Пушкин при работе над «Историей Петра».

Имеются сведения о попытке Б. опубликовать в 1795 отредактированный текст «Потерянного рая» Дж. Мильтона в переводе *А. Г. Строганова* (1745). Издание было отвергнуто Академией наук, которая сочла, что поэма противоречит Священному писанию, а язык перевода устарел.

В последние годы жизни Б. составил историческое описание рус. монастырей под загл. «Зерцало российских монастырей. . .» (рукопись ч. 1—3 — ГБЛ, собр. П. Румянцева, № 22—24). Предназначенное к печати в 1806, оно было остановлено Синодом, возвращено автору для исправлений и в свет не вышло.

Лит.: Семенников В. П. К истории цензуры в екатерининскую эпоху. — Рус. библиофил, 1913, № 1; 250 лет Музея антропологии и этнографии. . . М.; Л., 1964; Стих. сказка (1969); Рус. эпиграмма (1975).

В. П. Степанов

БЕНЕДИКТОВ Михаил Степанович [1753—8 (20) V 1833, Владимир]. Сын священника Смоленской губ.; получил образование в духовной семинарии, некоторое время преподавал в Ярославской дух. семинарии; затем учился в Моск. ун-те, где 9 сент. 1782 получил чин кол. переводчика. С 22 дек. 1783 Б. служил секретарем Приказа обществ. призрения Тульского наместничества, а 8 марта 1788 был назначен старшим адъютантом в штат генерал-поручика И. А. Заборовского (1735—1817), направлявшегося ввиду рус.-тур. войны со специальной миссией в Италию. Находясь в Италии (1788—1789), Б. побывал в Риме, Флоренции, Венеции. По возвращении на родину он остался при Заборовском (с 12 окт. 1789) адъютантом и до кон. жизни прослужил сначала в должности советника Владимирского угол. суда (с 6 мая 1791), а с 3 марта 1823 его председателя (формуляры 1798 и 1826 гг. — ЦГИА, ф. 1349, оп. 4, № 55, л. 31 об.—32; № 119, л. 82 об.—84).

Прекрасно образованный человек, заслуживший у современников прозвище «владимирского Гете», Б. всю жизнь проявлял интерес к литературе и был в курсе всех новинок. Еще студентом Моск. ун-та он сочинил две прозаические идиллии, издав их под загл. «Непорочные забавы, или Невинное препровождение праздного времени» (1783). Развивая мысль о необходимости и неизбежности зла в мире, Б. в духе христианского вероучения проповедовал смирение и покорность божьей воле, утверждая, что «бедствия, которые нас терзают, провидение для того ниспосылает, дабы испытать мужество наше».

Б. владел лат., ит. и фр. языками и всю жизнь много занимался переводами. После смерти Б. в его архиве, в настоящее время, по-видимому, утраченном, были обнаружены многочисленные рукописи переводов, гл. о. философского и юридического содержания. Полностью или в извлечениях Б. перевел труды Л.-Г.-А. де Бональда, А.-Ф.-К. Феррана, В. Кузена, Ф. Гизо, Ж.-Э.-М. Порталиса, Л.-Ф. Фейе и др. Обширная библиотека Б. легла в основу Владимирской публичной библиотеки (ныне Владимирская обл. б-ка им. М. Горького).

Лит.: *П. Г.* Некролог. — Владимирские губ. вед., 1838, № 7, Приб. (перепеч.: Лит. приб. к Рус. инвалиду, 1838, 20 авг., № 34; Владимирские губ. вед., 1859, 7 марта, № 10, «Часть неофиц.»).

В. Д. Рак

БЕРГ (Б е р х) Иоганн (Густав Иванович). Учитель в Сухоп. шлях. корпусе, корпусный штаб-офицер, с 1790 — майор. Автор фарсовой пьесы «Нечаянная женитьба, или Обманутый старик» (1766; 2-е изд. 1788) о лукавстве молодой особы, обманувшей со своим возлюбленным богатого старика. Б. издал также в своем переводе за подписью «У. Ф. Б.» роман Ш. Муи «Железная маска, или Удивительные приключения отца и сына. Повесть гишпанская» (1766—1767, ч. 1—3; 2-е изд. 1799).

Лит.: СПб. вед., 1767, 14 сент., № 74, «Торг. объявл.»; Драм. словарь (1787); *Шамрай Д. Д.* Цензурный надзор над типографией Сухоп. шлях. корпуса. — В кн.: XVIII век. М.; Л., 1940, сб. 2.

Л. Ф. Капралова

БЕРГ Петр Иванович [1749—1813]. «Лифляндский уроженец», из дворян. В 1768 поступил в Моск. ун-т, откуда 22 апр. 1772 «за ревность и усердие в службе» был переведен в Ревизион-коллегию переводчиком. В июле 1777 получил чин кол. секретаря и был прикомандирован «к директорским делам». В 1778, будучи уже кол. асессором, определен адъютантом к Р. И. Воронцову, исполняя при этом обязанности правителя канцелярии при учреждении Владимирской, Тамбовской и Пензенской губерний. Удаление Б. из столицы и перевод во Владимир связаны, вероятно, с тем, что он попал под следствие по обвинению в приписке, хотя и не был найден в том виновным (ЦГАДА, ф. 286, № 815, л. 46). 2 сент. 1780 Б. был назначен во Владимирскую гражд. палату, где пользовался протекцией Р. И. Воронцова; со 2 мая 1791 занимал должность председателя Гражд. палаты, с 17 мая 1798 — ст. советник (ЦГАДА, ф. 286, № 871, л. 117 об.). Кроме того, был главным комиссаром Комиссии по разграничению Владимирской и соседних с ней губерний, вел следствие о злоупотреблениях чиновников при рекрутских наборах и служил два трехлетия по выборам дворянства Киржачского у. 19 нояб. 1801 был назначен вице-губернатором в Литовско-Гродненскую губ. (Гос. арх.

Владимирской обл., ф. 40, оп. 1, № 144, л. 1, 3; № 919, л. 1, 2; № 1323; ф. 92, оп. 2, № 56), где занимался подготовкой к открытию губернских учреждений, за что получил в 1802 чин д. ст. советника. 8 дек. 1803 Б. был переведен губернатором в Екатеринославскую, в 1808 в Каменец-Подольскую, а в апр. 1808 в Могилевскую губ., где прослужил до 1812. Духовное завещание Б. было утверждено в Стародубском зем. поветовом суде Черниговской губ. (ГБЛ, ф. 178, № 8553, 17).

Б. перевел роман Г. Филдинга «Амелия» с фр. перевода М.-Ж. Риккобони (1772—1773, ч. 1—2; 2-е изд. 1782—1785, ч. 1—3). Им написаны хвалебные оды «Чувства россиянина при ⟨...⟩ коронации ⟨...⟩ Александра Первого» (М., 1801) и «Ода ⟨...⟩ Александру Первому ⟨...⟩ на случай новоизданных всевысочайших милостивых манифестов» (Владимир, 1801). Существует предположение, высказанное впервые Л. Н. Майковым, что ряд статей и стихотворений, опубликованных в периодике за подписью «П. Ф. Б.», могли принадлежать Б. П. Н. Берков считал, что ему принадлежат статьи 90-я о скупости («Между всеми пороками...») и 93-я о воспитании («Не более года...») во «Всякой всячине» (1769) и литературно-критическая статья о театре («Изданная вами...») в «Барышке всякой всячины» (1770). Эти же инициалы стоят под переведенной с фр. языка небольшой повестью «Гераклит и Демокрит» (Гор. и дер. б-ка, 1782, ч. 2). В журнале «Нов. рус. лит.» была напечатана переведенная с фр. поэма Ш.-П. Коларло «Любовь и дружба» и стихотворение «На прошлый 1802 год...» (1803, ч. 6—7), подписанные «П. Ф. Б.»

Лит.: Майков Л. Н. Крит. и библиогр. заметки. — Журн. М-ва нар. просв., 1876, № 7; Арх. кн. Воронцова. М., 1883—1888, т. 27, 31, 36; [Без подписи]. Берг П. И. — В кн.: Рус. биогр. словарь, т. «Алексинский — Бестужев-Рюмин» (1900); Берков. Журналистика (1952).

С. Н. Травников

БЕРЕЗАЙСКИЙ Василий Семенович [1762, Ярославская губ. (?) — 1821, Петербург]. Происходил, по-видимому, из среды сельского духовенства. Учился в Александро-Невской дух. семинарии, откуда 5 окт. 1782 был направлен в Петербургскую учит. семинарию. Здесь Б. пробыл лишь 3 месяца. Уже 9 янв. 1783 он был определен преподавателем в Исаакиевское нар. уч-ще в Петербурге, а 25 апр. того же года Комиссия нар. уч-щ постановила перевести его в Восп. о-во благор. девиц (Смольный ин-т), где он приступил к исполнению обязанностей 1 мая (ЦГИА, ф. 730, оп. 1, № 24, л. 20, 27, 37 об.; № 48, л. 672 об.; оп. 2, № 2, л. 34 об., 72—72 об., 83).

В Смольном ин-те Б. служил учителем «сначала российского чтения, писания, грамматики, арифметики, а наконец, переводам с французского на российский язык» (ЛГИА, ф. 2, оп. 1, № 1639, л. 3). С 20 марта 1797 он стал преподавать также в «верхних классах» Мещанского уч-ща при Смольном ин-те. Служба Б. протекала ровно, с постепенным продвижением по лестнице чинов от кол. регистратора (1786) до кол. советника (1800). 7 апр. 1816 он вышел в отставку.

Литературная деятельность Б. началась переводами из т. 8 «Энциклопедии» Д'Аламбера и Дидро: «О врожденном побуждении» («Instinct») и «О новооткрытом из земли древнем городе Геркулане» («Herculanum», автор — Л. де Жокур). Оба перевода были напечатаны в журнале «Растущий виноград» (1785, нояб.— 1786, янв.). Вторая статья, дополненная сведениями по др. источникам и отрывками из писем Плиния Младшего, дважды перепечатывалась отдельной книжкой («Любопытное открытие города Геркулана...», 1789; «Открытие, описание и содержание города Геркулана...», 1795). Во 2-м издании, по-видимому, принимал участие *Ф. В. Каржавин*, добавивший к тексту Б. два примечания. В том же журнале (1787, февр.) Б. поместил «Оду о восстановлении Карла II» англ. поэта А. Каули, переведенную, очевидно, с фр. прозаического переложения. Последним переводом Б. была книга «Храм бессмертныя славы императора Петра Первого» (1789; ориг.: *Le Febure G.* Éloge historique de Pierre le Grand Czar, Empereur de toutes les Russies. Utrecht, [1782], на тит. л. ошибочно: 1772).

Лишь спустя девять лет вышло в свет первое и оставшееся единственным собственное литературное произведение Б. — «Анекдоты древних пошехонцев» (1798). В этой книге Б. объединил подобием авантюрного сюжета рассказы о традиционных «дураках» и «простофилях» рус. фольклора. Сюжеты и мотивы собранных Б. «анекдотов» распространены в рус. сатирической сказке (напр., «Лутонюшка»), мн. являются международными. Некоторые «анекдоты» заимствованы из литературных источников или подсказаны ими: использован, в частности, рассказ «Драгоценная щука» из «Пересмешника» *М. Д. Чулкова*; к традиции «Дон-Кихота» восходит эпизод сражения пошехонца с часами.

Как противник «невежества», Б. принимал фольклор избирательно. В ироническом посвящении «нянюшкам и мамушкам» он высмеял, наряду с различными суевериями, приметами, гаданиями, заговорами и т. п., волшебные сказки; но сказки о глупцах представлялись ему подходящим исходным материалом для сатирической повести. В «Анекдотах древних пошехонцев» он поставил себе задачею создать подобную повесть, подвергнув записанные им устные рассказы литературной обработке в соответствии с принципами авантюрно-сатирического романа, воспринятыми от К.-М. Виланда, М. Сервантеса, А.-Р. Лесажа. Главным объектом сатирической насмешки Б. были глупость и невежество. Мотив социального обличения присутствует лишь в гл. 1, где идет речь о воеводах-взяточниках; он несколько усилен во 2-м издании (Анекдоты, или Веселые похождения старинных пошехонцев... СПб., 1821) подробным пересказом упомянутого сюжета из «Пересмешника». Повествовательная манера Б. характеризуется обилием цитат, всевозможных ученых и литературных аллюзий; широко используются приемы прозаического бурлеска. Написанная в форме монологического сказа, повесть выдержана в тоне замысловато-игривого балагурства. Речь рассказчика пересыпана пословицами, поговорками, прибаутками; в ней воссоздана очень цельная фонетическая, а отчасти и морфологическая картина сев.-рус. диалекта в Пошехонье во второй пол. XVIII в.

Тип простака-пошехонца, разработанный Б., утвердился в «низовой» литературе и просуществовал в лубочных изданиях вплоть до нач. XX в. (ср., напр.: *Коротков Н.* Анекдоты или похождения старых пошехонцев. СПб., 1873; Пошехонцы, или Веселые рассказы об их медном лбе и замысловатом разуме. М., 1912). Связь с повестью Б. прослеживается в «Пошехонских рассказах» М. Е. Салтыкова-Щедрина.

Ко 2-му изданию «Анекдотов» был приложен сатирический «Забавный словарь». В нем имеются прямые текстуальные заимствования из более ранних отечественных произведений этого популярного в то время жанра — «Отрывка толкового словаря» *Я. Б. Княжнина* и «Опыта критико-философского словаря» А. А. Писарева. Некоторая текстуальная близость могла также возникнуть за счет самостоятельного использования Б. того же иностранного источника, к которому ранее обращались Княжнин и Писарев и который нельзя считать окончательно установленным. Встречаются в «Словаре» максимы Ф. Ларошфуко.

Уже находясь в отставке, Б. издал учебник «Арифметика, сочиненная для употребления в Обществе благородных девиц» (СПб., 1818), в котором обобщил свой многолетний опыт преподавания этого предмета. Задачи, им составленные, интересны тем, что в некоторых из них отразились, по-видимому, реальные житейские ситуации, свидетелем которых автор был сам, а также, возможно, и автобиографические детали.

Лит.: *Винокур Г. О.* Любопытный памятник XVIII в. — Докл. и сообщ. Ин-та рус. яз., 1948, вып. 2; *Молдавский Д. М.* Василий Березайский и его «Анекдоты древних пошехонцев». — В кн.: Рус. сатир. сказка в записях сер. XIX—нач. XX в. / Подгот. текста, ст. и коммент. Д. М. Молдавского. М.; Л., 1955; *Померанцева Э. В.* Судьбы рус. сказки. М., 1965; *Привалова М. И.* Из истории «малых форм» сатиры в рус. журналистике XVIII—

XIX вв. — В кн.: Рус. журналистика XVIII—XIX вв.: Из истории жанров. Л., 1969.

В. Д. Рак

БЕСТУЖЕВ Александр Федосеевич [24 XI (5 XII) 1761—20 III (1 IV) 1810, Петербург, похоронен на Смоленском кладбище]. Происходил из дворянского рода. С 27 мая 1772 учился в Греч. гимназии при Арт. и инж. корпусе. Окончив его в 1779 и получив чин инженер-прапорщика, оставлен в корпусе в качестве преподавателя. 24 янв. 1780 произведен в штык-юнкеры; 20 июня 1784 — в подпоручики.

В 1788 в связи с начавшейся рус.-швед. войной перешел в артиллерию действующего флота. 6 июля 1788 участвовал в морском сражении, командуя пушками «весьма исправно со всякою расторопностию и неустрашимостию». Был тяжело ранен в голову, и его хотели бросить за борт, считая мертвым, но по просьбе «нижних чинов» доставили на берег. Здесь более полугода его выхаживали крепостной слуга Федор и девушка-мещанка Прасковья Михайловна, на которой он затем женился. Несмотря на серьезные последствия ранения, Б. продолжал службу. С 13 марта 1789 — поручик. 23—24 мая и 22 июня 1790 он снова участвовал в морских сражениях, проявив смелость и находчивость во время пожара на корабле (аттестаты Б. 1788 и 1790 гг. — ИРЛИ, ф. 604, № 4). Оставив из-за состояния здоровья морскую службу, 20 нояб. 1797 Б. был «по прошению уволен к статским делам» в чине кол. асессора. 17 февр. 1800 Б. был назначен правителем канцелярии при А. С. Строганове, президенте Академии художеств и главном начальнике Экспедиции мраморной ломки и приисков цветных камней. С 12 июня 1800 Б. — надв. советник, с 22 дек. 1800 — кол. советник, с 17 февр. 1802 — ст. советник (формуляр 1809 г. — ГПБ, ф. 69, № 1). Некоторое время Б. был конференц-секретарем Академии художеств при Строганове, высоко ценившем его образованность и нравственные качества. Б. назначили также главным управляющим Екатеринбургской гранильной фабрикой, которую он поднял «из ее ничтожества». Б. — инициатор основания отечественной фабрики белого (холодного) оружия и деятельный участник создания (1804) бронзолитейных мастерских в Петербурге, предназначенных для изготовления монументальных городских украшений и выполнения заказов, связанных со строительством Казанского собора. В доме Б. бывали М. И. Козловский, В. Л. Боровиковский (в 1806 написал портреты Б. и его жены), И. Е. Хандошкин, *Н. Я. Озерецковский*, А. И. Корсаков и др. деятели науки и искусства. Он собрал ценную коллекцию минералов, камней, картин, эстампов и др. произведений искусства, моделей пушек, крепостей и знаменитых архитектурных сооружений, устроив в своем доме на 4-й линии Васильевского острова «богатый музей в миниатюре». В обширной библиотеке Б. были книги на разных иностранных языках (изв., что Б. прекрасно владел фр.) и «все, что только появлялось на русском языке примечательного». С большим вниманием и заботой Б. относился к воспитанию своих детей: пяти сыновей и трех дочерей.

По свидетельству М. А. Бестужева, Б. еще во время военной службы «много занимался по различным отраслям военных наук и писал различные трактаты». В 1797 он завершил работу над трактатом «О воспитании», в котором, используя некоторые идеи Г. Филанджиери, развивал просветительские принципы педагогики. По мнению С. М. Бородина, ч. 1 сочинения принадлежит *И. П. Пнину*, который был дружен с Б. и некоторое время жил в его доме. Летом 1797 Б. поднес трактат вел. кн. Александру Павловичу, который, не зная, «как примет государь отец» (Павел I), просил сочинение «раздробить в повременное издание», взявшись его финансировать. Впосл. сумма, выдававшаяся на журнал, была превращена в пожизненный пансион Б. Трактат печатался в каждом выпуске «СПб. журн.» (1798), издававшегося Б. и И. П. Пниным. В числе др. материалов здесь были опубликованы ч. 1—2 «Чистосердечного признания» *Д. И. Фонвизина*. Как упоминает А. А. Бестужев, из-за этой публикации Б. вызывали на дуэль. По убедительному предположению П. Н. Беркова, Б. принадлежит характеристика Фонвизина и его творчества, предваряющая публикацию «Чистосердечного признания» (СПб. журн., 1798, ч. 3, июль). В несколько переработанном виде трактат Б. вышел отдельным изданием под загл. «Опыт военного воспитания...» (СПб., 1803). Во «Введении» подчеркивалось общественное значение воспитания и осуждалось «пренебрежение всего, что русским именуется». В самой книге содержались многочисленные примеры, связанные с отечественной историей и педагогикой: упоминались Минин и Пожарский, цитировался устав Кадет. корпуса и т. д. Публикуя «Правила военного воспитания...» (СПб., 1807), Б. указывал, что «начало, равно как и некоторые места этой книги», уже были напечатаны им в «СПб. журн.» и «Опыте военного воспитания», но «правила, здесь предлагаемые (исключая некоторых примеров и замечаний), изготовлены были гораздо прежде обоих тех изданий». Текст «Правил...» в основном совпадает (за искл. некоторых разночтений) с текстом рукописи «Опыт военного воспитания...», датированной 1797 (ГПБ, Эрмитажное собр., № 166). Анонимно Б. издал свои переводы с фр. в книге «Учение, нравственность и правила честного человека...» (СПб., 1807). В книгу вошли сочинения преимущественно философско-дидактического характера (в частности, отрывки из рассуждений Конфуция), а также прозаический перевод элегии Т. Грея «Сельское кладбище». Среди знакомых Б. литераторов помимо сотрудников «СПб. журн.» (*И. И. Мартынов*, П. А. Яновский, *А. И. Бухарский*, А. Е. Измайлов и др.) был и *Н. С. Ильинский*, которому Б. сделал дарственную надпись на одном из экземпляров журнала (ИРЛИ, Р. 1, оп. 2, № 71). Ильинский с уважением отзывался о Б. в своих «Записках» (Рус. арх., 1879, № 12). Н. И. Греч называл Б. «человеком умным и почтенным». Б. оказал значительное воздействие на формирование общественно-литературных и художественных интересов своих сыновей-декабристов. Н. А. Бестужев говорил о нем: «Я чувствовал себя под властию любви, уважения к отцу, без страха, без боязни непокорности, с полною свободою в мыслях и действиях, и вместе с тем под обаянием такой непреклонной логики здравого смысла, столь положительно точной, как военная команда» (изв. его переписка с отцом, относящаяся к 1805, — ИРЛИ, ф. 604, № 4, л. 4—10, 12—25 об.). А. Бестужев (Марлинский) писал: «Отец мой был редкой нравственности, доброты безграничной и веселого нрава. Все лучшие художники и сочинители тогдашнего времени были его приятелями». На надгробии Б. была надпись: «Бестужева здесь прах, Душа на небесах, Заслуги у царя, А имя на сердцах».

Архив Б. — ИРЛИ, ф. 604; отдельные материалы — ГПБ, ГБЛ.

Лит.: *Бестужев А. А.* Письмо к Н. А. Полевому от 9 июня 1831 г. — Рус. вестн., 1861, № 3; *Семевский М. И.* Николай Александрович Бестужев. — Заря, 1869, № 7; *Бородин С. М.* Рус. журналистика в конце прошлого столетия. — Набл., 1891, № 3; Пб. некрополь, т. 1 (1912); Греч. Зап. (1930); *Троцкий И. М.* Семья Бестужевых: (Опыт идеолог. характеристики). — В кн.: Воспоминания Бестужевых. М., 1931; Воспоминания Бестужевых / Ред., сост. и коммент. М. К. Азадовского. М.; Л., 1951; Берков. Журналистика (1952); *Орлов В. Н.* Рус. просветители 1790—1800-х гг. М., 1953; *Медынский Е. Н.* Трактат отца декабристов А. Ф. Бестужева «О воспитании» (1798). — Сов. педагогика, 1955, № 11; *Попов А. В.* А. Ф. Бестужев: (Забытая страница истории рус. педагогики). — Сб. тр. Ставропольского пед. ин-та, 1958, вып. 13; Рус. просветители: (От Радищева до декабристов) / Под ред. И. Я. Щипанова. М., 1966, т. 1; *Зильберштейн И. С.* Художник-декабрист Николай Бестужев. 2-е изд. М., 1977; Антология пед. мысли России XVIII в. М., 1985.

Н. Д. Кочеткова

БЕЦКОЙ (Б е ц к и й) Иван Иванович [3 (14) II 1703, Стокгольм— 31 VIII (11 IX) 1795, Петербург]. Внебрачный сын кн. И. Ю. Трубецкого; родился, когда тот находился в швед. плену (1700—1718). В связи с этим возник ряд недостоверных преданий (о браке Трубецкого с баронессой Вреде или Спарре, учебе Б. в университетах Або и Лейпцига и т. п.). Сам Б. в «сказке» 1728 называл себя «польским шляхтичем», родственники которого и поныне служат «в Короне польской», и, видимо, имел купленный патент на пол. дворянство.

Б. получил хорошее домашнее образование, воспитываясь вместе с дочерьми Трубецкого, семья которого после 1704 приехала в Швецию. Единокровная сестра Б., А. И. Трубецкая (с 1720 — жена Дмитрия Кантемира, с 1738 — ландграфиня Гессен-Гомбургская), была затем приближенной императрицы Елизаветы Петровны и покровительствовала Б. до своей смерти (1755). По-видимому, Б. в 1718 возвратился с Трубецким в Россию, но затем уехал в Европу с образовательными целями, побывав в Копенгагене и Париже; во всяком случае он свободно владел нем. и фр. языками. В 1722 он определился в секретари к послу во Франции В. Л. Долгорукому; затем был вытребован отцом в Киев для ведения иностранной корреспонденции, с 1726 исполнял при нем должность флигель-адъютанта, вместе с ним переехал в Москву (1728); под видом фиктивных продаж Трубецкой закрепил за Б. ряд поместий. Б. был в числе подписавших челобитную против «верховников»; в 1733 произведен в генеральс-адъютанты полковничьего ранга. В эти годы он общался с *А. Д. Кантемиром*.

В 1738—1739 Б. сопровождал сестру во время свадебного путешествия в Гессен, вернувшись в Петербург только к кон. 1740. Во время свержения Брауншвейгской фамилии Б. находился при Людовике-Вильгельме Гессен-Гомбургском и начал придворную карьеру камергером «малого двора» наследника Петра Федоровича (20 марта 1741). В 1744 он встречал его невесту, будущую императрицу *Екатерину II*; особо дружеские отношения у Б. установились с ее матерью. С этим связана легенда о том, что Екатерина II была дочерью Б. В 1747 (одновременно с делом братьев И. Г. и З. Г. Чернышевых) Б., сославшись на слабость здоровья, оставил службу при дворе. В авг. 1756 он отправился вместе с племянницей, Е. Д. Голицыной (урожд. Кантемир), и ее мужем дипломатом Д. М. Голицыным в длительную заграничную поездку. Путешественники останавливались в Гааге; во Франции Б. объехал Прованс, побывал в Пломбьере, Лионе, Монпелье; в Италии осматривал Турин и Неаполь. В Париже он посещал литературный салон г-жи Жоффрен, интересовался современной живописью и скульптурой.

Приказание Петра III вернуться в Россию (от 16 марта 1761) застало Б. в Вене; по приезде в Петербург он неожиданно получил назначение на должность директора Канцелярии от строений (24 мая). В день переворота 28 июня Б. вместе с императором бежал из Петергофа в Ораниенбаум и в первые месяцы нового царствования не играл никакой активной роли. Однако 10 июня 1763 в Москве он представил императрице созвучный либеральным веяниям доклад об учреждении Восп. дома. Екатерина II поддержала проект, широко афишировавший просветительные цели ее политики, и предложила развить его. Б. вошел в число приближенных, став официальным «чтецом» императрицы и получив полномочия преобразователя благотворительных и учебных заведений. 2 марта 1763 он заменил *И. И. Шувалова* на посту президента Академии художеств (до 1791); в 1765—1766 управлял Сухоп. шлях. корпусом; до кон. жизни был главным попечителем воспитательных домов и Восп. о-ва благор. девиц (Смольный ин-т), организованных в 1764. В 1772 Б. удостоился беспрецедентной награды: в его честь была выбита памятная медаль, врученная Б. в торжественном заседании Сената 10 дек. 1773.

Официальный характер проектов Б. обусловил их широкую гласность. Сочиненные им доклады, программные записки, уставы, как правило, печатались и широко переиздавались, а затем, в большинстве своем, были объединены в сборниках «Учреждения и уставы, касающиеся до воспитания и обучения в России юношества обоего пола...» (1774, ч. 1—2) и «Собрание учреждений и предписаний, касательно воспитания в России обоего пола благородного и мещанского юношества; с прочими в пользу общества установлениями» (1789—1791, ч. 1—3). Наиболее важные из них были переведены на фр. язык и изданы для сведения европ. общества: «Les plans et les statuts des différents établissements ordonnés par Sa Majesté Impériale...» (Amsterdam, 1775, t. 1—2) и «Système complet d'éducation publique, physique et morale pour les diverses conditions exécuté dans les différents établissements ordonnés par Sa Majesté Impériale» (Neuchâtel, 1777, t. 1—2).

Педагогические идеи Б. не составляют оригинальной системы и восходят к общепросветительским концепциям воспитания. Он использовал новейшие педагогические теории в их популярной фр. интерпретации; учитывал Б. и практику европ. училищ (план организации Смольного ин-та близок к уставу Сен-Сира, основанного г-жой Ментенон и Ф. Фенелоном). Много соприкосновений у Б. и с воззрениями Дж. Локка (указание на роль темперамента в воспитании, внимание к физическому развитию учеников, обучение в форме игр и упражнений, высокие требования к воспитателю и др.). Отзвуки идей Ж.-Ж. Руссо прослеживаются в приверженности Б. к системе закрытых пансионов, в которых ребенок был бы огражден от влияния испорченного общества («отрицательное воспитание»). Однако Б. явно сомневался в главном тезисе Руссо о врожденно доброй натуре человека. В этом отношении он следовал за сторонником рациональной педагогики К.-А. Гельвецием, считавшим, подобно Локку, что ребенок лишь сырой материал для умелого воспитателя. С книгой Гельвеция «Об уме» связана последовательно проводимая Б. мысль о предпочтительности государственной системы образования и воспитания. Целью Б. было создание полезной государству «породы» людей, которые затем через семью распространят принципы нового воспитания на все общество.

Система воспитания, по Б., сохраняла сословный характер. Строго закрытыми школами для дворян были Смольный ин-т (в 1764 открылось подобное ему Екатерининское уч-ще в Москве) и Сухоп. шлях. корпус (по уставу 1766). Для выходцев из др. сословий (но не крепостных) были созданы особые «мещанские» училища при Академии художеств (1764), Воскресенском Новодевичьем (Смольном) монастыре (1765), Сухоп. шлях. корпусе (1766), Моск. коммерч. уч-ще (1772). Это было связано с идеей целенаправленного создания в России «третьего чина» (сословия), состоящего из образованных людей: учителей, гувернанток, художников, купцов. В этом деле особая роль отводилась Восп. дому, принимавшему на воспитание брошенных родителями младенцев. Выпускники его, получившие ремесленные навыки, становились «вольными» и должны были пополнять мещанское сословие.

Предполагалось, что училища будут выпускать по-разному образованных, но единообразно воспитанных дворян и разночинцев, с привитыми им новыми представлениями об общественной жизни: добрых христиан, верных граждан, честных людей. Т. к., по мысли Б., сами по себе «науки и художества» не производят «благонравия», он придавал воспитанию преимущественное значение перед собственно образованием. Школа рассматривалась как «училище нравов», где детей сначала делают «добродетельными», а затем «просвещенными».

Вне зависимости от скудных практических результатов реформы Б. (на смену ей в 1780 пришла система народных училищ) ряд выдвинутых им проблем стал предметом обсуждения и полемики. Вопрос о «третьем чине» подняли *Д. И. Фонвизин* и *Н. И. Панин* в «Рассуждении о непременных государственных законах»; по поводу воспитания человека и гражданина с Екатериной II полемизировали *А. Н. Радищев* и др. писатели-демократы; споры о соотношении нравственного воспитания и просвещения продолжались до нач. XIX в. (Фонвизин, *Н. М. Карамзин*, А. С. Шишков и др.).

Противоречивую общественную оценку получили также училища, устроенные по проектам Б. Обсуждение его реформ в тогдашних придворных кругах зафиксировано в дневниковых записях *С. А. Порошина*. *Ф. А. Эмин* в широко распространявшейся рукописной сатире «Сон» (1765) осмеял нововведения в Сухоп. шлях. корпусе и Академии художеств, обрушившись на засилье в них иностранцев-воспитателей. Др. мишенью для Эмина явились «мещанские» училища и Восп. дом, в которых он увидел намерение поколебать сословное устройство общества. Первые шаги Смольного ин-та приветствовали стихами *П. С. Потемкин* («Стихи на прогулку воспитанниц в Летнем саду», 1773) и *А. П. Сумароков* («Надписи» на закладку Смольного ин-та, 1768; «Письмо к девицам Нелидовой и Барщовой», 1774); А. А. Ржевский откликнулся стихами на театральные спектакли воспитанниц; Д. Г. Левицкий создал серию портретов первых «смолянок». Затем в литературу входит, как правило, сатирический образ «институтки» («монастырки»).

В последние годы жизни Б. его влияние при дворе стало падать. В 1782 он ослеп, а ок. 1789 практически удалился от дел.

Б. не был тесно связан с литературной средой, но сыграл важную роль в судьбе *Я. Б. Княжнина*, взяв в 1777 опального писателя в секретари и предоставив ему возможность литературной и преподавательской деятельности. Поэтическим откликом на смерть Б. явилась ода *Г. Р. Державина* «На кончину благотворителя»; посвященное ему погребальное слово *Анастасия Братановского* относится к числу лучших речей этого проповедника. Кончине Б. посвящено последнее из напечатанных стихотворений *В. Г. Рубана* «Пук цветов парнасских» (1795).

Лит.: *Лаппо-Данилевский А. С.* И. И. Бецкой и его система воспитания. — В кн.: Отчет о 44-м присуждении наград гр. Уварова. СПб., 1904; *Майков П. М.* И. И. Бецкой: Опыт его биографии. СПб., 1904; *Маккавейский М. К.* Пед. идеи Екатерины Великой и Бецкого. — Тр. Киевской дух. академии, 1904, № 5; *Рождественский С. В.* Очерки по истории систем нар. воспитания в России в XVIII—XIX вв. СПб., 1912, т. 1; Антология пед. мысли России XVIII в. М., 1985.

В. П. Степанов

БИБАНОВ Григорий Матвеевич [1763—после 1809, Митава (?)]. Происходил из дворянской семьи. Учился в Унив. гимназии «на собственном содержании» (с 25 янв. 1780), с 17 дек. 1784 — студент университета на «студентском содержании» (Моск. вед., 1781, 2 окт., № 79; 1785, 19 июля, № 58, Приб.). С 1786 одновременно курировал казеннокоштных учеников гимназии. 15 янв. 1788 определился в лейб-гвардии Конный полк; 1 янв. 1789 выпущен армейским подпоручиком и поступил на службу в Экспедицию по горным заводам при Гос. ассигн. банке. Затем перешел в почтовое ведомство: почтмейстер Кронштадтской почтовой конторы (27 сент. 1792), губернский почтмейстер в Курляндии (21 авг. 1803). В 1809 уволился со службы в связи с болезнью (формуляр 1808 г. — ЦГИА, ф. 1289, оп. 19, № 14, л. 30—32).

В университете Б. занимался литературной работой и перевел с нем. «восточную» повесть «Апсалим», напечатанную Типогр. комп. (1788; посв. кн. Д. Е. Цицианову; автор неизв.; к 1794 на складе хранилось более тысячи экз. изд.). Повесть представляет собой развлекательную историю о герое, освобождающем красавицу из заколдованного замка при участии непременных фей, волшебниц и кабалистов. Книга переведена легким стилем; стихотворные вставки переданы рус. стихами. Можно предположить, что неуспех первой книги отвратил Б. от дальнейших литературных занятий.

Лит.: Пенчко. Документы, т. 3 (1963).

*М. П. Лепехин,
В. И. Юдичева*

БИБИКОВ Василий Ильич [1747—1787]. Сын инженер-генерал-поручика И. А. Бибикова. Служил в Сухоп. шлях. корпусе в должности капитан-поручика. Участвовал в дворцовом перевороте 28 июня 1762 и сопровождал будущую императрицу из Петергофа в Петербург (Рус. арх., 1870, № 4—5, с. 966). *Екатерина II* наградила Б. поместьями и званием камер-юнкера.

Б. участвовал вместе с *А. А. Волковым, И. И. Кропотовым, П. И. Мелиссино* в так называемых «кавалерских» представлениях комедий, дававшихся на придворном театре, и, возможно, был режиссером некоторых спектаклей. По словам *С. А. Порошина*, женские роли иногда исполняли сестры Б. Известно, что Б. присутствовал при первом чтении *Д. И. Фонвизиным* комедии «Бригадир».

12 дек. 1765 Екатерина II назначила Б. «иметь дирекцию над Российским театром и всему, что до оного принадлежит, быть в его ведомстве». В 1779 Б. стал преемником *И. П. Елагина* в качестве «директора над зрелищами и музыкой». Одним из первых мероприятий Б. было приглашение в императорские театры новых рус. и иностранных актеров. Б. угадал талант *П. А. Плавильщикова* и принял его на петербургскую сцену. Как свидетельствует А. А. Шаховской, по плану и настоянию Б. в 1779 было учреждено петербургское театральное училище, преподавателем драматической части в котором стал *И. А. Дмитревский*.

В 1780 Б. с «отборною музыкою» и т. труппой сопровождал Екатерину II в путешествии по России. В том же году императрица сочла «непорядочным ведение расходов» по театральной дирекции. 14 февр. 1786 последовал указ о передаче управления всеми театрами С. Ф. Стрекалову, а Б. вновь вернулся к заведованию рус. труппой.

В кон. 1765—нач. 1766 Б. написал комедию «Лихоимец», которая «многократно на придворном российском театре была представляема со успехом и всегда принимана со особливою похвалою. ⟨...⟩ Комедия сия почитается за одну из лучших в российском театре» (Новиков. Опыт словаря (1772)). В основу комедии легли «личные приключения» Б.; пьеса имела, очевидно, памфлетный характер. Текст «Лихоимца» не сохранился, известно лишь изложение сюжета: корыстолюбивый судья наказан, так как по несправедливому решению, вынесенному им самим, оказывается вынужден уплатить долги собственного сына. Существует основанное на фр. источнике предположение, что комедия была напечатана небольшим тиражом для узкого круга лиц.

До последних лет жизни Б. продолжал службу при дворе, являясь камергером (с 1768) и т. советником.

После смерти Б. его собрание театральных книг, пьес, нот в 1789 было куплено на аукционе Б-кой имп. театров (ныне ЛГТБ им. А. В. Луначарского).

Б. был связан с мн. рус. писателями; в частности, *М. Д. Чулков* посвятил ему «Краткий мифологический лексикон» (1767).

Лит.: *Шаховской А. А.* Летопись рус. театра. — Репертуар рус. театра, 1840, ч. 1—3; Арапов. Летопись (1861); Зап. о жизни и службе А. И. Бибикова, сост. сыном его сенатором Бибиковым. М., 1865; Ефремов. Мат-лы (1867); Арх. Дирекции имп. театров. СПб., 1892, вып. 1, отд. 2; *Всеволодский-Гернгросс В. Н.* История театр. образования в России. СПб., 1913; т. 1; *Нелидов Ю. А.* Ленингр. театр. б-ка им. А. В. Луначарского. — В кн.: Театр. наследие. Л., 1934, сб. 1; *Берков П. Н.* «Лихоимец», комедия В. И. Бибикова. — В кн.: XVIII век. М.; Л., 1935, [сб. 1].

Е. Д. Кукушкина

БЛАГОДАРОВ Яков Иванович [1764—13 (25) VI 1833]. Происходил из пол. дворянства. В 1783 (по одним данным — 7 янв., по др. — 28 янв.) поступил в Моск. ун-т, где попал под влияние масонского окружения, состоял на иждивении Дружеского учен. о-ва и вошел в число членов Собрания унив. питомцев. По окончании курса обучения Б. был уволен из университета с аттестатом (11 февр. 1788); следующие три года (до 11 апр. 1791) работал в Унив. типографии переводчиком и корректором. 28 апр. 1791 Б. определился в землемеры Тамбовской межевой конторы, где служил девять лет; в этот период своей жизни, не прекращая собственных литературных трудов, он также принимал участие как корректор в работе типографии *И. Г. Рахманинова* в с. Казинке. 25 апр. 1800 Б. был уволен по болезни из ведомства Межевой канцелярии, год пробыл не у дел, а с 19 апр. 1801 служил казначеем в Можайске. 19 сент. 1805 он был назначен почтмейстером в Вязьму, 14 авг. 1812 переведен на ту же должность в Переяславль, где служил до кон. жизни, дойдя до чина ст. советника (со старшинством с 19 авг. 1826) (ЦГИА, ф. 1289, оп. 16, № 302, л. 295 об.—297; оп. 17, № 47, л. 71—73; ф. 1349, оп. 4, 1803 г., № 58, л. 77 об.—78). В 1811—1812 был избран членом-соревнователем О-ва истории и древностей рос. (в списке членов с 1828).

Литературная деятельность Б., активно протекавшая до 1803, началась сотрудничеством в печатном органе Собрания унив. питомцев — журнале «Покоящийся трудолюбец» (1784—1785). За годы учебы и работы при университете вышли отдельными книгами восемь или десять его переводов и собственных сочинений, из них шесть или семь были изданы Типогр. комп. (1786—1788); переводы, выполненные им по заказу Унив. типографии, неизвестны.

В студенческие годы Б. написаны две довольно слабые в художественном отношении комедии: «Матерьняя любовь» (1786) и «Смешное сборище, или Мещанская комедия» (1787). В первой из них главным комическим персонажем выведена мать, потерявшая голову от вымышленных страхов за ушедшего на войну сына; комедия эта, возможно, содержала непонятные в настоящее время намеки на какие-то реальные лица или обстоятельства. В «Смешном сборище...» был изображен домашний театр московского мещанина Петухова, окружившего себя актерами-любителями из родных и соседей и дающего представление для коломенских купцов, страстных театралов, которые, однако, плохо разбираются в происходящем на сцене. В пьесе пародировались почти все современные той эпохе драматические жанры: «слезные» драмы, нравоописательные и развлекательные комедии, трагедии; комедия дает довольно обширный материал, позволяющий судить об отношении некоторых писательских кругов к господствовавшим в те годы литературно-театральным жанрам. Пьеса интересна и как свидетельство увлечения театром в мещанско-купеческой среде.

Также в студенческие годы Б. перевел прозою стихотворную трагедию фр. драматурга П.-Л. Бюирета де Беллуа «Тит», написанную в 1757 на сюжет оперы П.-А.-Д. Метастазио «Милосердие Тита». Выбор произведения для перевода (издан в 1787) был подсказан, вероятно, трагедией *Я. Б. Княжнина* «Титово милосердие» (1785), благосклонно принятой *Екатериной II*. Французская пьеса, представлявшая злободневный отклик на события царствования Людовика XV, приобретала в рус. переводе новое звучание, имея, возможно, конкретную политическую цель: пример милосердного римского императора, простившего заговорщиков, которые покушались на его жизнь, мог быть адресован московскими масонами Екатерине II, начавшей прямое преследование *Н. И. Новикова*. Вместе с тем пространные восхваления мудрого правления Тита звучали как разъяснение, обоснование и пропаганда просветительского идеала «просвещенного монарха».

Мелкие переводы Б. были собраны в сборнике «Полезное и увеселительное чтение для юношества и для всякого возраста...» (1788). Кроме Б. в этом издании участвовали *Н. Казаринов*, Х. Ладо, С. Б. Пушкин. Один из переведенных Б. рассказов, входивших в сборник, был напечатан также отдельной книжкой («Благодетель и мудрец. Китайская повесть», 1788), а позднее перепечатан в журнале «Чтение для вкуса» (1791, ч. 1). В Тамбове Б. перевел с нем. языка три тома составленных К.-Ф. Николаи собрания анекдотов «Новый спутник и собеседник веселых людей» (1796, ч. 1—3). Последним его художественным переводом был небольшой нравоучительный рассказ «Награда» (Укр. вестн., 1817, № 12).

Большую группу переводов Б. составляли религиозно-нравоучительные сочинения, выбор которых несомненно диктовался масонскими влияниями и настроениями: «Врач души, или Лекарство душевное как здоровым, так и больным в день смерти...» (1786; с лат.); «Способ утешать находящихся в опасной болезни» (1786; с лат.); «Характер добродетелей или свойство их, украшенное разными цветами древних и новых сочинителей» (1788); книги Б. Кепке «Храм Соломонов, приложенный к нравственному храму души христианской...» (М., 1800;

с нем.) и Х.-Г. Зальцмана «Небо, или Блаженство на земле» (М., 1803, ч. 1—4; с нем.). К этим переводам примыкал небольшой оригинальный рассказ Б. «Егорушка, или Человек сам собою довольный» (1797). Герой его — простой крестьянин, который не умеет ни читать, ни писать, но благодаря образцовой набожности обладает истинной мудростью. К кругу переводов, отражавших масонские интересы Б., относился также астрологический трактат англичанина У. Кока «Воздухословие, или Прямый способ предузнавать перемены воздуха в различных сторонах...» (1792; с нем.).

Кроме указанных выше Б. принадлежали следующие переводы и сочинения: «Ручная книжка для домостроительницы» (1788; с фр.; предположительно атрибутируется Б., т. к. представлена им в цензуру); «Наставник красоты, показывающий надежные способы и средства, по которым можно сохранить красоту лица, зубов, рук и, словом, всего тела...» (1791; с нем.); «Краткие правила польского языка...» (1796); лечебник Р. Мида «Врачебный искусник...» (М., 1800).

Лит.: Моск. вед., 1783, 12 июля, № 55, Приб.; Состав имп. О-ва истории и древностей рос. при Моск. ун-те с открытия О-ва по 1 мая 1890 г. М., 1890; *Мартынов Б. Ф.* Журналист и издатель И. Г. Рахманинов. Тамбов, 1962; *Полонская И. М.* И. Г. Рахманинов — издатель соч. Вольтера. — В кн.: Тр. ГБЛ. М., 1965, т. 8; Берков. История комедии (1977); *Афанасьева И. Н.* Реализация метафоры «жизнь — театр» в комедии Я. И. Благодарова «Смешное сборище, или Мещанская комедия». — В кн.: Проблемы изучения рус. лит. XVIII в.: Вопр. метода и стиля. Л., 1984, [вып. 6].

В. Д. Рак

БЛАНК Борис Карлович [1769—1825, с. Елизаветино Липецкого у.]. Сын преуспевающего петербургского архитектора. Службу начал как типичный молодой дворянин в гвардейских полках. В 1797 с чином подполковника вышел в отставку. В 1803—1807 — депутат Можайского дворянского собрания, в 1807—1810 — предводитель дворянства Можайского у.

Будучи женат на А. Г. Усовой, Б. оказался связан свойством с семействами Буниных и Ахвердовых, а через них сошелся с П. И. Шаликовым и близким ему кругом московских писателей. Первые крупные произведения «Путешествие в Малороссию» (М., 1803) и «Другое путешествие в Малороссию» (М.,1804) Шаликов посвятил «любезным сердцу» Б., В. Андреевскому, А. Таушеву. Известную роль Б. сыграл в судьбе поэтессы А. П. Буниной; по ее свидетельству, он и Шаликов были ее первыми учителями и руководителями в поэтическом творчестве. По воспоминаниям воспитанника Б. Э. И. Стогова, в Праслове, богатом подмосковном имении Б., был крепостной оркестр, устраивались иллюминации и фейерверки.

В 1815 Б. покупает с. Елизаветино в 40 верстах от Липецка, где усиленно занимается сельским хозяйством. Ранним свидетельством внимания к хозяйственным нововведениям является его перевод фр. сборника советов практического содержания «Открытия экономические...» (1789), предназначенного для сельских и городских жителей.

На всю жизнь Б. сохранил интерес к музыкальному театру. Среди его стихотворений есть поэтические обращения к Д. Н. Кашину, московскому музыканту и композитору, ученику Дж. Сарти, и певице Е. Сандуновой. Первыми сочинениями Б. были либретто опер «Красавица и привидение» (1789; посв. П. А. Долгову) и «Пленира и Зелим» (1789; посв. С. С. Попову), принадлежавших к жанру фантастических феерий и поставленных на придворной сцене. На широкий круг поклонников сентиментальной прозы были ориентированы его переводы сентиментально-дидактического романа в письмах «Платонический опекун» (1795; посв. С. К. Замятниной; авторство приписывается мисс Джонсон) и сентиментально-готического «Живой мертвец, или Неаполитанцы» (1806; подражание А. Радклиф; автор неизв.). Об интересе Б. к нем. литературе свидетельствует стихотворный перевод (с фр.) описательной поэмы Ю. Цахарие «Четыре части дня» (1806; посв. Александру I);

здесь в сохраненном Б. предисловии фр. переводчика был приведен краткий очерк развития новейшей нем. литературы. В 1802 Б. выступил в качестве издателя альманаха «Аония», состоявшего из стихотворений сестер Е. О. и М. О. Москвиных (прекратился на кн. 1).

Постоянно и широко Б. начал публиковать свои произведения, гл. о. стихотворные, в журналах Шаликова «Моск. зритель» (1806) и «Аглая» (1808—1812) (в основном под криптонимами «Б.*» или «Б. Б.»). Отдельные стихотворения и прозаические статьи Б. появлялись также в др. московских журналах: «Рус. вестн.» (1812) С. Н. Глинки, «Тр. О-ва любителей рос. словесности» (1820), «Вестн. Европы» (1820), «Дамский журн.» (1823—1825). Он сотрудничал и в «Журн. драм.» (1811) своего приятеля М. Н. Макарова, где кроме мелких сочинений поместил переводы опер «Фаниска» (с нем.) и «Эхо-любовник, или Неожиданное свидание» (с фр.).

Многочисленные стихотворения Б. представляют собой переработанный в сентиментальном духе и осложненный нем. влияниями вариант фр. легкой поэзии. Наряду с переводами Н.-Л. Леонара, Экушара Лебрюна, Горация, Т. Тассо и античной анакреонтики во фр. интерпретации Б. обращается также к произведениям А. Коцебу, Э. Юнга, Э.-Х. Клейста, А. Галлера, С. Геснера. Откровенный дилетант, Б. не связывал себя никакой жесткой литературной программой, выражая в стихах весь набор эмоций, популярный у эпигонов карамзинизма, и прежде всего чувства преданной дружбы и нежной любви. По тематике и жанрам его лирика — типичная для литературных кружков Москвы салонная поэзия с преобладанием песен-романсов, стихов «на случай», на семейные события, мадригалов, сонетов и посланий к друзьям. В сентиментальном духе перерабатывает Б. и такие жанры, как басня и стихотворная сказка.

Участие Б. в литературной борьбе нач. века сводилось в основном к поддержке Шаликова. Некоторые его эпиграммы направлены против А. С. Шишкова, Д. И. Хвостова, П. Ю. Львова, П. И. Голенищева-Кутузова; напротив, он высоко оценивал *И. И. Дмитриева*, *П. И. Макарова* и некоторых др. писателей противоположной партии.

Из поздних произведений Б. неопубликованным осталось стихотворное переложение «Песни песней» царя Давида с историческими объяснениями и примечаниями (не сохр.).

Сыновья Б. — Г. Б. и П. Б. Бланки — известны как публицисты консервативного направления в 1850—1860-х гг. Последний из них был женат на сестре П. И. Бартенева, соседа Бланков по тамбовскому имению.

Лит.: Венгеров. Словарь, т. 2 (1895); *Губастов К. А.* Бланки: Тамбовская ветвь. — Изв. Тамбовской учен. арх. комис., 1917, вып. 57; Стих. сказка (1969); Рус. эпиграмма (1975); Рус. басня (1977).

В. П. Степанов

БЛОННИЦКИЙ Иаков [27 I (7 II) 1711, г. Орловец—14 (25) IV 1774, Киев]. Сын священника. С 1724 учился в Киево-Могилянской академии, преподавателю которой *Симону Тодорскому* Б. обязан знанием вост. языков. В 1729 принял постриг и через некоторое время был рукоположен в иеромонахи. В 1740—1741 учебном году Б. преподавал в Киево-Могилянской академии; в 1741 был определен учителем риторики в Тверскую дух. семинарию, с 18 мая 1742 — префект семинарии. В 1743 Б. удалился в Лубенский Мгарский монастырь, а в кон. 1743 по рекомендации митрополита Рафаила Заборовского был назначен преподавателем греч. языка в Славяно-греко-лат. академию. Здесь Б. написал для учебных целей краткую греч. грамматику и перевел «Енхиридион» Эпиктета (рукопись неизв.), к которому существовал значительный интерес как в древнерус. письменности, так и в XVIII в.

В авг. 1745 Синод определил Б. помощником архимандрита Иллариона Григоровича в комиссию по исправлению слав. Библии; последний в 1747 отказался от работы над переводом, и в дальнейшем Б. сотрудничал с *Варлаамом Лащевским* и Гедеоном Слонимским. В работе этой комиссии Б. участвовал до мая — июня 1748.

В июне 1746 Б. вместе с Илларионом Григоровичем освидетельствовал «Требник» и «Чин присоединения к православию иноверцев»; после 1748 перевел сочинения «О небесной и церковной иерархии» Псевдо-Дионисия Ареопагита и трактат «О Соборе, бывшем в 1672 г. в Иерусалиме, против заблуждений кальвинистов» (ГИМ, собр. Уварова, № 1707). 17 июня 1748 Синод отослал Б. «для жительства и для переводу церкви святой благопотребных книг и употребления переписи нуждных скриптов» в Белгород к тамошнему архиерею Иоасафу Горленко. В 1751 «за учиненное оным Блонницким по духовному делу преступление» (существо дела неизв.) Иоасаф отправил его в Святогорский Успенский монастырь с запрещением совершать богослужение. 8 авг. 1751 Б. бежал из монастыря в Грецию на Афон в Зографский болгарский монастырь. На Афоне Б. продолжал филологические труды: он сопоставил с греч. оригиналами около 40 слав. книг и на основании полученного материала стал составлять греческо-слав. и славяно-греко-лат. словари; кроме того, Б. работал над грамматикой церковнослав. языка. В 1761, воспользовавшись манифестом Петра III о прощении виновных, Б. возвратился в Россию, привезя с собой начатые на Афоне труды. Синод отправил Б. сначала в Пустынно-Николаевский монастырь, а позднее в Златоверхо-Михайловский монастырь и повелел ему завершить работу над лексиконами и грамматикой, определив «в рассуждении ⟨...⟩ его трудов в пище и содержании иметь надлежащий против протчей братии респект» (см.: Описание рукописей, хранящихся в Арх. Синода. СПб., 1910, т. 2, вып. 2, с. 346). При этом трижды в год надлежало доносить в консисторию о поведении Б. В марте 1763 «Грамматика нова старого и славного языка славенского» Б. была рассмотрена тремя киевскими монахами; по полученным замечаниям Б. исправил ее и в июле 1767 просил дозволения самому отвезти грамматику и лексикон в Москву для одобрения. В марте 1768 грамматику Б. затребовал Синод, но не дал при этом Б. разрешения приехать в Петербург. В 1773 Б. вновь просил дать ему возможность лично представить Синоду грамматику и лексикон и вновь получил отказ. В февр. 1774 грамматика была отослана в Синод, а лексиконы оставлены для свидетельствования в Киево-Могилянской академии (совр. местонахождение рукописей неизв.).

В авг. 1774 после смерти Б. Синод постановил «оную грамматику освидетельствовать и исправить Московской типографской конторе» (там же, с. 348). В 1777 корректоры Моск. синод. типографии Афанасий Приклонский, Алексей Струковский, *Гавриил Щеголев*, Михаил Котельницкий, Михаил Кудрявцев и Иаков Осипов нашли, «что оная грамматика в порядке и правилах имеет сходство с древними славенскими грамматиками и правил в ней довольное число положено, но ⟨...⟩ все правила писаны самым древним и почти неупотребительным слогом и темным смыслом, а притом де невразумительными терминами так затемнены, что премногие из них с великим трудом ⟨...⟩ от самых ученых понимаемы быть могут, а другие ⟨...⟩ и совсем невразумительны; что же до примеров, коими состав оной грамматики утверждается, из них многие ⟨...⟩ введены, употребляемые в одной Малороссии» (там же, с. 349). Синод распорядился отдать грамматику в архив (ЦГИА, ф. 834, оп. 3, № 3372).

Указ Синода о розыске Б. сохранил его портрет: «...росту среднего, лицом смугл, круглолик, волоса на голове черные малые, речи тонклявой, мало шепетлив».

Лит.: *Чистович И. А.* Тр. Иакова Блонницкого. — Изв. Отд-ния рус. яз. и словесности, 1858, т. 7, № 1; *Елеонский Ф.* По поводу 150-летия Елизаветинской Библии. СПб., 1902; Акты и документы, относящиеся к истории Киевской академии. Киев, 1904—1910, отд. 2, т. 1—3; *Харлампович К. В.* Малорос. влияние на великорус. церковную жизнь. Казань, 1914, т. 1.

А. Б. Шишкин

БОБРОВ Семен Сергеевич [1765, Ярославль—22 III (3 IV) 1810, Петербург]. Сын священника. В 1774 определен в духовную семинарию, в 1780 переходит в Унив.

гимназию, с 1782 — студент. По свидетельству *М. И. Невзорова*, «учился языкам латинскому, французскому, немецкому и английскому», читал «хорошие книги на разных языках, особливо касательно нравственности и истинного познания Натуры, из которых он много заимствовал и материи и вкусу» (Друг юношества, 1810, № 6, с. 126). Окончив университет (1785), переезжает в Петербург. В 1787 определяется в «канцелярию Сената к герольдмейстерским делам». В 1791 перемещен в чине капитана в походную канцелярию при Черноморском адмиралтейском правлении в Николаеве. В качестве чиновника по переписке с правительственными инстанциями сопровождает адмирала Н. С. Мордвинова в его служебных поездках по побережью (Николаев, Херсон, Одесса, Севастополь, Керчь, Таганрог). В Петербург возвращается в 1800, служит переводчиком в Адмиралтейств-коллегии и одновременно (с 1804) в Комиссии законов. К 1806 — надв. советник (формуляры 1796 и 1804 гг. — ЦГАВМФ, ф. 406, оп. 7, № 48, л. 795; ЦГИА, ф. 1260, оп. 1, № 900, л. 36). Умер от чахотки в крайней бедности.

Б. начал печататься с 1784 («Собеседник»). Входит в состав Собрания унив. питомцев (1781), с 1782 по 1785 — член Дружеского учен. о-ва и переводческой семинарии профессора И. Е. Шварца; активно сотрудничает в журнале «Покоящийся трудолюбец» (1785). По-видимому, в эти годы состоялось знакомство Б. с *А. А. Петровым*, *Н. М. Карамзиным* и Я. Ленцем, жившими в доме Дружеского учен. о-ва, из соучеников — с *М. И. Антоновским*, *К. А. Лубьяновичем*, *А. А. Прокоповичем-Антонским*. Его учителями и наставниками были *А. М. Кутузов*, *Н. И. Новиков*, *М. М. Херасков*. По заданию Новикова к 1785 Б. исправляет (по «аглинскому подлиннику») для переиздания «Новое Киронаставление...» Э.-М. Рамзея (в пер. *А. С. Волкова*). Большое влияние на Б. оказали «Ночные размышления» Э. Юнга, переведенные прозой Кутузовым (журнальные публ. — с 1778). Ориентируясь на лексику и стиль этого перевода, Б. творчески перерабатывает отдельные мысли и образы Юнга и вводит их в свои поэтические произведения. Юнговский — «ночной» — колорит становится одним из основных компонентов его поэтики. В сознание современников Б. входит как «певец ночей» (П. А. Вяземский).

В Петербурге Б. примыкает к О-ву друзей словесных наук под председательством М. И. Антоновского, активно сотрудничает в «Беседующем гражданине» (1789). Здесь появляются его «Стихи в Новый год к П... П... И...» ⟨*П. П. Икосову*⟩ (др. назв. — «Первый час года»), «Ода на взятие Очакова», «Хитрости Смерти» (др. назв. — «Хитрости Сатурна, или Смерть в разных личинах»). Особый интерес представляют ода «Судьба мира» (др. назв. — «Судьба древнего мира, или Всемирный потоп») и «Ночное размышление» (др. назв. — «Прогулка в сумерки, или Вечернее наставление Зораму»), где, переосмысливая просветительскую традицию XVIII в., Б. выражает идею о соотнесенности мировой жизни с развитием человеческой души и, исходя из натурфилософии Я. Бёме, вырабатывает свою поэтическую философию природы. По-видимому, в это время Б. знакомится с *А. Н. Радищевым*, с творчеством которого его сближают отрицательное отношение к зарождающейся традиции легкой поэзии и ориентация на затрудненность поэтического текста.

В законченную философско-поэтическую систему все эти идеи оформляются в самом значительном произведении Б. 1790-х гг., поэме «Таврида, или Мой летний день в Таврическом Херсонисе» (Николаев, 1798; посв. Н. С. Мордвинову), образцом для которой послужила описательная поэма Дж. Томсона «Времена года». В предисловии Б. обосновывает отказ в эпическом жанре от рифмы («готической штукатурки стихов») и стремление к звуковой выразительности поэтического образа. «Таврида» представляет собой нечто вроде «поэтической энциклопедии» по истории, мифологии и географии Крыма. Описательный план тесно переплетается с философско-аллегорическим, в основе которого — натурфилософская идея о творческом единстве природы, развивающейся в виде бесконечной цепи подобий. Представление о единстве мира у Б. выражается в понятии гармонии. Космос («горняя гармония» сфер), поэзия («тайная гармония ⟨...⟩ благоразумного подбора буквенных знаков») и музыка оказываются для Б. явлениями одного порядка; язык поэзии, т. о., уподобляется «языку» природы.

Складывается своеобразная «поэтическая философия», метафорическая по способу выражения и по характеру осмысления действительности.

Поэма «Таврида...», будучи ярким примером подобной поэзии, высоко оценивалась современниками. Радищев видел в «Тавриде...» образец для своей поэмы «Бова»; по мнению И. Т. Александровского, поэма Б. отворяла «новую дверь в российскую поэзию», явившись первой русской описательной поэмой (Сев. вестн., 1805, № 3, с. 301).

В 1804 под загл. «Рассвет полночи...» (ч. 1—4) выходит собрание сочинений Б. Каждому из томов Б. дал особое назв., что, по-видимому, было вызвано стремлением преодолеть автономность малых поэтических форм: т. 1 — «Порфироносные гении России»; т. 2 — «Браноносные и миролюбивые гении России, или Герои Севера в лаврах и пальмах»; т. 3 — «Игры важной Полимнии, забавной Каллиопы и нежной Эраты, или Занимательные часы для души и сердца относительно священных и других дидактических песней с некоторыми эротическими чертами и домашними жертвами чувствований»; завершала издание «Таврида...» (в новой ред. под загл. «Херсонида...»). Стихотворения Б. располагает в таком порядке, что, подключаясь одно к другому, они образуют единый сюжет. Каждая часть выступает, т. о., как самостоятельное художественное целое. Отдельными изданиями выходят поэтические произведения: «Россы в буре, или Грозная ночь на японских водах» (СПб., 1807), «На случай выросшей ветки на монументе Румянцева-Задунайского» (СПб., 1807), «Парение венценосного гения России с полунощных пределов к западным, 15 марта, 1808» — и проза: перевод ч. 2 и 3 «Всеобщей истории мореходства» (СПб., 1808—1811; по поручению А. С. Шишкова) и «Древний российский плаватель, или Опыт краткого дееписания о прежних морских походах Россиян» (СПб., 1812).

В последние годы жизни Б. работает над мистико-философской поэмой-аллегорией «Древняя ночь Вселенной, или Странствующий слепец» (СПб., 1807—1809, ч. 1—3). «Книга сия не роман и не героическая поэма, — писал он в предисловии, — но одна Философская истина в иносказательной Эпопее». В поэме в аллегорической форме представлен путь человеческой души от тьмы к свету. Сочинение Б. осталось непонятым современниками.

В литературной жизни 1800-х гг. Б. занимает значительное место. В кругу Вольного о-ва любителей словесности, наук и художеств, членом которого он становится в 1807, в нем видят преемника Радищева. Космизм и философские поиски сближают Б. с А. Х. Востоковым и *И. П. Пниным*. Он печатается в журналах активных членов общества: *И. И. Мартынова* («Сев. вестн.», «Лицей»), А. П. Бенитцкого и А. Е. Измайлова («Талия» и «Цветник»). На страницах «Сев. вестн.» (1804—1805) поэзия Б. оценивается как знаменательное явление в рус. литературе. «Счастлива страна, которая имеет таких поэтов!» — говорится в «Журн. рос. словесности» (1805, ч. 1, с. 120).

Б. выступает как решительный противник карамзинистской эстетики. В 1805 он декларирует свою позицию в памфлете «Происшествие в царстве теней, или Судьбина российского языка» (впервые опубл. в ст.: *Лотман Ю. М., Успенский Б. А.* Споры о яз. в нач. XIX в. как факт рус. культуры. — Учен. зап. Тарт. ун-та, 1975, № 358), который становится полемическим ответом *П. И. Макарову* — автору критического разбора «Рассуждения о старом и новом слоге российского языка» А. С. Шишкова. Далекий от Шишкова, Б. тем не менее воспринимается карамзинистами как типичный «архаист». Эпиграмма П. А. Вяземского закрепляет за Б. репутацию малопонятного, «темного» и «дикого» поэта: «Нет спора, что Бибрис богов языком пел, Из смертных бо никто его не разумел». Как и Вяземский, сатирически обыгрывает пристрастие Б. к вину К. Н. Батюшков: «Как трудно Бибрису со славою ужиться!

Он пьет, чтобы писать, и пишет, чтоб напиться» («Бибрис» от лат. «bibere» — пить). С другой стороны, современники делят оды на «ломоносовские, державинские и бобровские» (см.: *Левитский И. М.* Курс рос. словесности. СПб., 1812, ч. 2, с. 89); *Г. Р. Державин* видит в Б. своего ученика; путем Б. пытается идти С. А. Ширинский-Шихматов. В 1820-х гг. интерес к творчеству Б. возникает в кругу младоархаистов (А. С. Грибоедов, В. К. Кюхельбекер). Исследователи отмечают несомненную связь вступления к «Медному всаднику» А. С. Пушкина со стихотворениями Б. «Установление нового Адмиралтейства» (1797) и «Торжественный день столетия» (1803?). Внимание Пушкина к поэзии Б. усиливается в годы его разрыва с карамзинистами. Как поэт Б. стоит у истоков той традиции, которая через кружок С. Е. Раича и любомудров ведет к философской лирике Ф. И. Тютчева.

Лит.: П. И. [Икосов П.]. [Некролог]. — Друг юношества, 1810, № 5; *С. С.* [Некролог]. — Вестн. Европы, 1810, № 11; *Саитов В. И.* С. С. Бобров. — В кн.: Батюшков К. Н. Соч. СПб., 1885, т. 2; *Брайловский С.* С. С. Бобров. — Изв. ист.-филол. ин-та кн. Безбородко в Нежине, 1895, т. 15; Венгеров. Словарь, т. 4 (1895); *Розанов И. Н.* Рус. лирика. М., 1914; *Альтшуллер М. Г.* С. С. Бобров и рус. поэзия кон. XVIII—нач. XIX в. — В кн.: XVIII век. М.; Л., 1964, сб. 6; *Заборов П. Р.* «Ночные размышления» Юнга в ранних рус. пер. — Там же; *Левин Ю. Д.* Англ. поэзия и лит. рус. сентиментализма. — В кн.: От классицизма к романтизму. Л., 1970; *Лотман Ю. М.* С. С. Бобров. — В кн.: Поэты 1790—1810-х годов. Л., 1971; *Зайонц Л. О.* 1) Э. Юнг в поэтическом мире С. Боброва. — Учен. зап. Тарт. ун-та, 1985, № 645; 2) «Маска» Бибруса. — Там же, 1986, № 683.

Л. О. Зайонц

БОГАЕВСКИЙ Иван Иванович [род. 1750]. Сын полкового священника, служившего в годы Семилетней войны «при главной армии» (ЦГАДА, ф. 286, оп. 1, № 808, л. 175). Получив образование в Акад. гимназии (с 29 окт. 1765) и Моск. ун-те (с 10 июля 1767), Б. остался в Академии наук переводчиком Ведомостной экспедиции и зарекомендовал себя как добросовестный, исполнительный чиновник (ААН, ф. 3, оп. 1, № 293, л. 3—4, № 306, л. 127, 239). В 1776 он получил чин кол. переводчика, а 21 дек. 1778 — титул. советника (ЦГАДА, ф. 286, оп. 1, № 622, л. 574—575).

Поиски дополнительного заработка побудили его перевести с нем. языка и напечатать в Акад. типографии роман А.-Г. Контан д'Орвиля «Судьба человеческая» (1768) о приключениях вымышленного «сподвижника» Петра I, кавалера Дампьера, и сборник «шутливых» повестей «Препровождение праздного времени» (1769). Наиболее примечательна переведенная им в студенческие годы книга фр. историка аббата Г.-Ф. Койе (Куайе) «Описание жизни Иоанна Собеского, короля польского» (1770—1773), автор которой осуждал засилье пол. магнатов на Украине; в посвящении к переводу Б. называет П. И. Панина «основателем своего благополучия».

Для Собрания, старающегося о переводе иностр. книг Б. перевел фундаментальное исследование И.-Г.-Г. Юсти «Основание силы и благосостояния царств» (1772—1778). Ему же принадлежит перевод антируссоистской повести И.-Г.-Б. Пфейля «Похождения дикого американца» (1773), получивший высокую оценку *Н. И. Новикова* (см.: Моск. вед., 1779, 24 июля, № 59, с. 8).

С годами административные обязанности оставляли Б. все менее свободного времени для литературных занятий. К 1770-м гг. относятся лишь переведенные по заданию Академии наук книги И.-Г. Георги «Описание всех в Российском государстве обитающих народов» (1776—1777) и А.-И. Лекселя «Исследование о новой планете, открытой Гершелем» (1783), а также нескольких научно-популярных статей для журнала «Акад. изв.» и месяцесловов.

В нач. 1780-х гг. Б. приобрел в Академии наук большое влияние, благодаря симпатии и поддержке ее директора *С. Г. Домашнева*. После отъезда *П. И. Богдановича* на Украину он полтора года (1780—июль 1781) редактировал «Акад. изв.» (ААН, ф. 3, оп. 6, № 247, л. 7). 25 янв. 1779 Домашнев возложил на него обязанности заведующего Ведомостной экспедицией, 17 марта 1781 — назначил управляющим Акад. типографией и книжной лавкой, а с 14 июля — поручил надзор над всеми «письменными» делами Акад. канцелярии. Б. принял активное участие в борьбе Домашнева с Акад. комиссией. В результате академики добились устранения Б. со всех постов и 17 нояб. 1781, обвинив его в действительных и мнимых проступках, приняли решение навсегда «исключить» из академической службы (ААН, ф. 3, оп. 1, № 552, л. 11, 337—338, 356, 358, 386, 487, 516, 523). Тем не менее 1 дек. 1782 Домашнев назначил Б. редактором «СПб. вед.» вместо *Ип. Ф. Богдановича*. Пожалованный 18 дек. 1780 Сенатом, по представлению Домашнева, чин кол. асессора дал Б. право на потомственное дворянство (ААН, ф. 3, оп. 1, № 327, л. 11).

Увольнение Домашнева не навлекло на Б. новых неприятностей. *Е. Р. Дашкова* в 1783 даже намеревалась поручить ему редактирование журнала «СПб. Меркурий» (вышел в свет под назв. «Собеседник»). 12 авг. 1786, по просьбе гр. А. А. Безбородко, Б. был переведен из Академии наук секретарем в Комиссию о дорогах в государстве (ААН, ф. 3, оп. 1, № 353, л. 169). Однако вплоть до 1 нояб. 1791 он по-прежнему оставался редактором «СПб. вед.», т. к. в Академии не нашлось другого «способного к тому человека».

12 марта 1792 Б., замещавший «в небытность правителя» и двух секретарей Комиссии о дорогах их должности «с отличным рачением и способностию», получил чин надв. советника (ЦГАДА, ф. 286, оп. 1, № 808, л. 173, 179), а затем, год спустя, перешел на службу секретарем 1-го Деп. Сената (ЦГАДА, ф. 286, оп. 2, № 808, л. 135). Последние сведения о нем относятся к 1801, когда он купил у Чернышевых имение под Выборгом (Рус. арх., 1893, № 1, с. 105).

Лит.: Семенников. Собрание, старающееся о переводе книг (1913); Семенников. Мат-лы для словаря (1914); Штранге. Демокр. интеллигенция (1965); *Рак В. Д.* Рус. пер. из «Опыта нравоучительных повестей» Пфейля. — В кн.: Взаимосвязи рус. и зарубеж. литератур. Л., 1983.

И. Ф. Мартынов

БОГДАНОВ Андрей Иванович [1692—1766]. Отец Б. был мастером порохового дела в Петербурге. С 1712 по 1719 Б. помогал отцу, затем указом Петра I был определен «в службу к типографскому художеству». В 1727 в связи с указом «Об упразднении Санкт-Петербургской типографии», находившейся в ведении Синода, и передачи той ее части, которая печатала гражданские книги, в Академию наук («словенская», т. е. кириллическая, ее часть была возвращена в Моск. синод. типографию) Б. был переведен на службу в Акад. типографию. В 1730 по его настойчивому прошению он был определен в Б-ку Петербургской Академии наук. Фактически Б. заведовал ее рус. отделением. С 1737 он получил звание «библиотекарского помощника». Б. описывал собрание рукописей *Феофана Прокоповича*, которое поступило в библиотеку после его смерти. В 1739 он составил «реестр» книгам и рукописям, конфискованным у Д. М. Голицына, в 1741 разбирал рукописи, поступившие в библиотеку из дома А. И. Остермана после его опалы. Значительную роль сыграл Б. в подготовке первого печатного описания рукописей, хранящихся в Б-ке Петербургской Академии наук, т. н. «Камерного каталога» (1742). После выхода книги Б. продолжал пополнять каталог сведениями о поступавших в библиотеку новых рукописях и изданиях, уточняя имена их бывших владельцев.

Б. выполнял также ряд др. поручений Акад. канцелярии: «держал» корректуры, наблюдал за учениками «ландкартного и словорезного дела». В 1737 Б. издал «Конкордацию на послания апостольские» — алфавитный ключ к словам и речениям в тексте апостольских посланий (2-е изд. М., 1821); в 1741 составил «Собрание пословиц и присловиц российских» (опубл. в кн.: Пословицы, поговорки, загадки в рукоп. сборниках XVIII—XX вв. М.; Л., 1961), а в 1746 — «Реестр российских слов», вошедший в качестве приложения в «Христофора Целлария краткий латинский лексикон с российским и немецким переводом для употребления Санкт-Петербургской гимназии» (1746). В 1747 в составе перевода *С. С. Волчкова* «Экстракт Савариева лексикона о коммерции» Б. опубликовал предметный указатель к этому изданию. Алфавитно-предметные индексы составлены Б. к «Описанию земли Камчатки» *С. П. Крашенинникова* (1755). Им также сделаны указатели к рукописи «Книги Степенной царского родословия».

В 1755 Б. окончил, а в 1757 представил в Акад. канцелярию «Краткое ведение и историческое изыскание о начале и произведении вообще всех азбучных слов, которыми ныне весь свет пишет и ими всякое книжное сочинение составляется, купно же при том со внесением истории и о наших российских азбучных словах» (БАН, шифр: 32.12.7). После отрицательного отзыва *В. К. Тредиаковского* и *Г.-Ф. Миллера* (ААН, ф. 3, оп. 1, № 220, л. 445—449) сочинение Б. не было рекомендовано к печати и отослано в библиотеку. «Краткое ведение...» представляет собой известный интерес для истории книговедения. Оно было использовано составителем более позднего известного издания (см.: Новиков. Опыт словаря (1772)). Из сочинения Б. *Н. И. Новиковым* извлечены основные сведения о рукописных книгах, хранящихся в Б-ке Петербургской Академии наук.

В течение многих лет Б. работал над сбором сведений по истории Петербурга. Сочинение, озаглавленное им «Историческое, географическое и топографическое описание Санкт-Петербурга от начала заведения его, с 1703, по 1751 год» (БАН, шифр: 32.8.1), предназначалось к печатанию в связи с пятидесятилетием столицы Рос. государства, которое отмечалось в 1753. Но насыщенный важнейшими сведениями по истории раннего Петербурга труд Б. был написан тяжелым языком с преобладанием архаической церковнослав. лексики. Этот недостаток сознавал и сам Б. Отрывок рукописи в переработке *В. Г. Рубана* был опубликован в «Месяцеслове» (1778), а затем все сочинение было напечатано им же в отредактированном и сокращенном виде отдельным изданием под назв. «Историческое, географическое и топографическое описание Санкт-Петербурга» (1779).

Сохранилась челобитная, продиктованная Б. незадолго до смерти и переданная его вдовой в Акад. канцелярию (см.: Пекарский. История Академии наук, т. 2 1873)). В этой челобитной, где только подпись — автограф Б. (почерк сильно изменен), перечислены все его труды и под пунктом 8 помечено: «Краткий экстракт о державных российских князьях и с славными их делами написан, которая и напечатана господином штатским советником Ломоносовым». Этот пункт челобитной дал основание Н. Н. Аблову и Л. Б. Модзалевскому полагать, что труд Ломоносова «Краткий российский летописец с родословием» (1760) был им написан совместно с Б. Однако вторая часть этого пункта («которая и напечатана господином штатским советником Ломоносовым») добавлена позднее на боковом поле др. (по сравнению с тем, которым написана вся рукопись) почерком явно без ведома Б.; содержание же первой части пункта 8 — «Краткий экстракт о державных российских князьях и с славными их делами» — вполне соответствует истине: Б. постоянно составлял «экстракты» (ср. выше), и нет ничего удивительного, что и из «Краткого российского летописца с родословием» Ломоносова Б. также был сделан «экстракт».

Лит.: *Аблов Н. Н.* Сподвижник Ломоносова, первый рус. книговед А. Богданов. — В кн.: Сов. библиография. М., 1941, сб. 1; *Модзалевский Л. Б.* Об участии А. И. Богданова в «Кратком российском летописце» Ломоносова.— В кн.: Ломоносов. М.; Л., 1946, т. 2; *Кобленц И. Н.* А. И. Богданов. М., 1958; *Моисеева Г. Н.* 1) Об А. Богданове, первом рус. книговеде: (К вопр. о его участии в работе Ломоносова над «Кратким российским летописцем»). — В кн.: Сб. ст. и мат-лов по книговедению. Л., 1973, т. 3; 2) Древнерус. лит. в худож. сознании и ист. мысли России XVIII в. Л., 1980.

Г. Н. Моисеева

БОГДАНОВ Игнатий. В 1782 и 1784 напечатал две подносные оды — З. Г. Чернышеву и на рождение вел. княжны Александры Павловны.

Б. обучался в Унив. гимназии (Моск. вед., 1780, 8 июля, № 55, Приб.), а затем в Моск. ун-те, что явствует из подписей к обеим одам. Ода Чернышеву написана от имени московского купечества, а сочинил ее «того ж общества сочлен», что указывает на социальное происхождение Б.

С. И. Николаев

БОГДАНОВ Петр Иванович [1776—1816]. Сын московского дьякона, в дальнейшем добровольно отказавшегося от священства. Старший брат Б., Василий Иванович, был священником и законоучителем в Моск. благор. пансионе. Б. окончил Славяно-греко-лат. академию, затем учился в Мед.-хирургической академии. С нач. XIX в. преподавал словесность, логику и риторику в Моск. благор. пансионе. Кроме того, Б. давал уроки словесности в частных домах: девицам Скульским, графиням Гудович, Баташевой. В 1807 он получил степень магистра философии.

Наиболее тесно Б. был связан с *З. А. Буринским*, Н. И. Гнедичем, С. П. Жихаревым, наставником которого был и с которым в 1805—1807 жил под одной крышей. После переезда Жихарева в Петербург переписывался с ним и, продолжая жить в его семье, давал уроки его сестрам.

Ранние стихи Б., вышедшие в виде листовок, написаны в традициях *Г. Р. Державина* и посвящены А. М. Голицыну: «Имн его сиятельству ⟨...⟩ в день его рождения 1798 года ноября 6 дня» (1798) и «Ода на открытие в Москве Голицынской больницы» (СПб., 1801).

Перевод поэмы А. Галлера «О происхождении зла» (1798) Б. также посвятил А. М. Голицыну. Ранее эту поэму перевел прозой *Н. М. Ка-рамзин* (1786). В поэме описан бунт Люцифера; одна из основных ее мыслей — об изначальной греховности человека — полемически направлена против просветительских представлений («Лапландцы, что средь гор ледяных обитают, Усердные рабы пороков также суть»). Б. перевел поэму шестистопным ямбом; в стилистике, особенно в описаниях пейзажа, несомненны преромантические веяния.

Жихарев скептически оценил оду «Гений», которая была написана Б. по заказу попечителя пансиона *А. А. Прокоповича-Антонского* и прочитана на торжественном акте в пансионе 23 дек. 1805 (см.: Моск. вед., 1805, 27 дек., № 103). Этот же мемуарист упоминает и др. произведения Б., в частности неизданную «Пиитику» и «Оду на Новый год по случаю Пултусской победы» (Моск. вед., 1807, 1 янв., № 1).

В 1806 Б. издал «Краткую логику для юношества, обучающегося в Моск. пансионе» (посв. *М. Н. Муравьеву*). Некоторые положения ее восходят, очевидно, к «Логике» Э.-Б. Кондильяка (рец. см.: Моск. учен. вед., 1807, 13 апр., № 15).

Статья Б. «Краткое обозрение следов всемирной истории» (Друг юношества, 1809, № 2) посвящена вопросу об источниках исторического знания и их достоверности; в ней подчеркивается роль философии в изучении истории. Судя по этой статье, Б. хорошо знал исторические труды фр. просветителей.

Лит.: Жихарев. Зап. (1955).

И. Ю. Фоменко

БОГДАНОВИЧ Иван Федорович [1764*, по др. данным — 1758, с. Переволочна Полтавской губ. — 2 (14) IV 1831, с. Басы Сумского у. Украинско-Слободской губ.]. Принадлежал к малорос. дворянам; брат *Ип. Ф. Богдановича*. Мальчиком был записан солдатом в Семеновский полк (1768), в 1773 произведен в сержанты. В последующие годы Б., по-видимому, учился в Унив. гимназин. В 1781 он уволился из армии с чином гвардии прапорщика. С мая 1784 по 1804 Б. служил городничим в Сумах, в 1811—1813 был уездным предводителем сумского дворянства и жил в дер. Ивановой (*формуляр 1813 г. — ЦГИА, ф. 1349, оп. 4, № 99, л. 82). Занимался хозяйственными усовершенствованиями. За работу «О лучшем способе хозяйства в различных местностях России» получил большую серебряную медаль Вольного экон. о-ва (1809).

Литературой Б., видимо, начал интересоваться рано; в зрелом возрасте он был обладателем большой библиотеки, возможно вобравшей библиотеку Ип. Ф. Богдановича. Особо тесных отношений со старшим братом Б. не поддерживал и, видимо, не был близко посвящен в его писательскую деятельность. В Сумах литературные знакомства Б. формировались под влиянием кружка *А. А. Палицына*, в имении которого Поповка бывали Е. И. Станевич, С. Н. Глинка, В. Н. Каразин, Н. Ф. Алферов, И. Ф. Вернет и др. Свидетельством того, что к 1806 Б. в этом окружении еще не имел репутации писателя, служит умолчание о нем в «Послании к Привете» (1807) Палицына, дающего подробный перечень знакомых литераторов.

Имя Б. появляется в печати после смерти брата, когда к нему начинают обращаться в поисках неопубликованных сочинений автора «Душеньки». С такой просьбой через посредничество Станевича к Б. обращался А. С. Шишков; Б. предоставил свои воспоминания о брате *Н. М. Карамзину*, работавшему над статьей «О Богдановиче и его сочинениях» (1803); он принял активное участие в подборе неизвестных произведений для предпринятого *П. П. Бекетовым* издания «Сочинений» Богдановича (М., 1809—1810), в котором они составили два тома. Тут же появилась его эпитафия брату (т. 1).

Еще в 1790-е гг. Б. обсуждал с братом и *В. В. Капнистом* замысел книги «О воспитании юношества» (М., 1807), в которой исходил из представления о самобытности национального характера. В рассуждениях о воспитании младенца и подростка прослеживается ориентация на труды Дж. Локка, Ж. Бюффона, Ж.-Ж. Руссо, не без посредства компиляций *И. И. Бецкого*. Далее Б. останавливается на обучении юношей рус. истории, литературе, необходимости образовательных путешествий по России. Выступая за национально-рус. устои, против культурной и литературной подражательности, Б. оказался идейно близок шишковистам. В письме Бекетову (1 сент. 1808) он сообщал, что ставил своей целью «отклонять от обезьянства, превратившего многих Славяно-Россов в Вельхов», и что его сочинения нашли одобрение у *Е. Р. Дашковой* и Н. С. Мордвинова, которые, конечно, авторитетнее модных литераторов, «ищущих лавров на полях бесплодных». Книга получила одобрительный отзыв в «Рус. вестн.» (1808, ч. 2, № 5). «Слово похвальное царю Иоанну Васильевичу IV» (М., 1809) выдержано в духе академического панегирика; Б. восхваляет военные (взятие Казани, Астрахани, присоединение Сибири), юридические («Судебник»), дипломатические (связи с Англией) деяния Ивана Грозного, не упоминая об эпохе опричного террора. Из периодических изданий Б. почти исключительно сотрудничал в «Рус. вестн.» С. Н. Глинки за 1808—1811, как ввиду патриотического направления журнала, так и вследствие давнего знакомства издателя с членами «поповской академии» Палицына. Здесь в ответ на рецензию Глинки он напечатал «Письмо к издателю» (1808, ч. 3, № 9), развивавшее идеи подлинно рус. воспитания, и написанный в том же духе «Памятник неустрашимости и любви к отечеству Россиян 16 века» (1809, ч. 5, № 2), рассказ о рус. посольстве 1555 г. в Константинополь во главе с Н. В. Курбским. Из двух стихотворных посланий Б., также появившихся в «Рус. вестн.», одно обращено к *И. И. Бахтину* («Нежному отцу на смерть сына его» — 1810, ч. 9, № 2), др., датированное 15 дек. 1810, — к *Г. Р. Державину*, «разнообразием» поэзии которого он восхищается (1811, ч. 13, № 3; рукопись — ГПБ, ф. 247, № 24, л. 135). Второе обращение к Державину, «Послание к Мурзе-Правдолюбцу, певцу Фелицы», осталось неопубликованным (ГПБ, ф. 247, № 28, л. 118). Отдельным изданием вышла «Ода на 1813 год» (Харьков, 1813).

Несколько позднее Б. вновь обращается к теме общественного воспитания. 24 окт. 1816 он представил А. Н. Голицыну сочинение «О просвещении народном». В анонимном отзыве цензурного характера отмечалось, что автор в нем «не совсем благоразумно и справедливо» отзывается о духовенстве и злоупотреблениях помещиков и земских начальства, ввиду чего рецензент предлагал некоторые мысли и выражения выпустить или смягчить (ЦГИА, ф. 733, оп. 118, № 343). Возможно, из-за этого книга не появилась в печати. Автобиографический характер имеет заметка Б. «К издателям», адресованная редакции журнала «Укр. вестн.» (1818, № 7; отклик на ст. И. Ф. Вернета). В статье «Писатель в обществе и в уединении» (1818, № 11) Б. косвенно полемизирует с одноименной статьей В. А. Жуковского (1808) и, возможно, с А. А. Палицыным, переведшим с фр. сочинение Ш. Мильвуа «Независимость писателя» (Харьков, 1813).

Б. также приписывалась компилятивная «Грамматика российская в пользу поляков, собранная из разных российских грамматик» (Вильно, 1809).

Автографы Б. — прошение по поводу тяжбы с Г. М. Кондратьевым и письмо к П. С. Молчанову от 2 июля 1809 — хранятся в ЦГИА (ф. 1468, оп. 21, 1950).

Сын Б., М. И. Богданович, был известным военным историком.

Лит.: *Бартенев П. И.* Из бумаг П. П. Бекетова. — Рус. арх., 1880, т. 3, № 3; *Михайловский Н. К.* Лит. и жизнь. — Рус. богатство, 1885, № 4; *Ярославский В. И.* Из воспоминаний. — В кн.: Харьковский сб. Харьков, 1887, вып. 1; Венгеров, Словарь, т. 4 (1895).

Т. Н. Громова,
В. П. Степанов

БОГДАНОВИЧ Ипполит Федорович [23 XII 1743 (3 I 1744), с. Переволочна Полтавской губ.—6 (18) I 1803, Курск, похоронен на Всесвятском кладбище]. Родился в небогатой дворянской семье. Получил домашнее образование; 21 марта 1754 был определен юнкером Юстиц-коллегии в Москве и одновременно стал обучаться в математической школе при Сенатской конторе. Однако, по признанию Б., он «издетства любил чтение книг, рисование, музыку и стихотворство, к которому особливо получил вкус чтением стихотворных сочинений Михаила Васильевича Ломоносова». В 1757 Б. обратился к *М. М. Хераскову* с просьбой принять его в актеры театра при Моск. ун-те. Объяснив «неприличность актерского звания для благородного человека» и дворянина, Херасков «записал» Б. в Унив. гимназию и поселил в своем доме. 11 авг. 1761 указом Сената Б. был переведен в университет (продолжая числиться юнкером Юстиц-коллегии), где учился одновременно с *С. Г. Домашневым*, *Д. И.* и *П. И. Фонвизиными*, *А. Г. Кариным*. Общение с Херасковым способствовало развитию литературного дарования Б. В журнале «Полезное увеселение» (1760—1762) были опубликованы разнообразные в жанровом отношении стихи Б. (ориг. и пер. с фр.): басни, сказки, эпистолы, идиллии, стансы, сонеты, эпиграммы, переложения псалмов. Тематически они близки херасковской поэзии (темы денег, клеветы; нападки на приказных и подьячих и т. д.), но правоучение Б. носит преимущественно шутливый характер. По сенатскому указу 29 окт. 1761 с чином прапорщика и причислением к Навагинскому полку Б. был принят на службу в университет «к надзиранию над классами». В 1762 были опубликованы две оды Б., посвященные Петру III. Ода на день «тезоименитства» Петра (июнь 1762) оказалась весьма несвоевременной в связи с переворотом 28 июня 1762. Чтобы исправить положение, Херасков определил Б. в Комиссию о строении торжественных ворот, сооружавшихся к коронации *Екатерины II*, для которых Б. сочинил надписи. В Комиссии Б. состоял с 19 июля по 28 окт. 1762; к этому времени относится его «Ода Екатерине на пришествие в Москву» (сент. 1762). На новый (1763) год Б. написал еще одну оду императрице, в осторожной форме развивая программу просвещенного правления. Б. был привлечен *Е. Р. Дашковой* к участию в журнале «Невинное упражнение» (янв.—июнь 1763) в качестве одного из издателей и сотрудника. Здесь помещены стихи Б., посвященные преимущественно любовной теме, в частности переведенные с фр. мадригалы (их источники определены Р. Лауером), а также три перевода из Вольтера, в т. ч. стихотворный перевод «Поэмы на разрушение Лиссабона» (отд. изд.: СПб., 1801, 1802, 1809; вошла также в сб.: Правдолюбец, или Карманная книжка мудрого. СПб., 1801), распространявшийся и в списках. Б. принадлежит перевод с фр. т. 1 сборника сказок «Тысяча и одна ночь» (1763) в обработке А. Галлана. 3 мая 1763 Б. был «по его прошению» отослан из университета в Военную коллегию, а 26 мая, по просьбе Е. Р. Дашковой, определен переводчиком в штат генерала П. И. Панина и вместе с ним в том же году переехал в Петербург. Панину посвящен перевод Б. с фр. «Малая война, описанная майором в службе короля прусского» (1765). 30 апр. 1764 Б. был принят в Коллегию иностр. дел переводчиком, в том же году он стал членом Вольного экон. о-ва и впосл. принял участие в его трудах.

Первым значительным оригинальным произведением Б. явилась дидактическая поэма «Сугубое блаженство», посвященная вел. кн. Павлу Петровичу и содержавшая своеобразное наставление наследнику престола (напеч. в апр. 1765 на счет Сухоп. шлях. корпуса; тираж 500 экз.; из них 100 было отдано автору: ЦГВИА, ф. 314, оп. 1, № 352, л. 107—109). Известен благожелательный отзыв о поэме: «Стихи в ней славные, мысли благородны и сильны» (*Лейпцигское известие* (1768)). *Н. И. Новиков* упоминал, что поэма и оды Б. «похваляются много знающими людьми». При чтении поэмы у Павла Петровича, покровительствовавшего Б., «очень хвалил» ее *Н. И. Панин*. По словам *Н. М. Карамзина*, поэма «не сделала сильного впечатления в публике». В 1765 Б. перевел прозой стихотворную комедию Вольтера «Нанина» (1766; на средства автора; 2-е изд. 1788), близкую по жанру «слезной» драме. В пьесе противопоставлялись достоинства простых, но «честных людей» порокам знатных «высокоумных подлецов». Следуя за *В. И. Лукиным*, Б. несколько русифицировал пьесу, в частности ввел «мужицкую» речь. Пьеса часто ставилась.

В апр. 1766 Б. был назначен секретарем посольства в Саксонии, возглавлявшегося А. М. *Белосельским-Белозерским*, и вместе с ним 30 июля прибыл в Дрезден. Во время пребывания в Дрездене Б. близко познакомился с Ф. Г. и А. Г. Орловыми. Сохранились письма Б. из Дрездена Н. И. Панину и *Я. И. Булгакову*. Служба оставляла Б. достаточно времени для досуга: он знакомился с окрестностями Дрездена, картинной галереей, и, по мнению Карамзина, этот период жизни имел «счастливое влияние и на самый писательский талант его». По предположению А.-Г. Кросса и др., Б. мог быть автором «Лейпцигского известия» (1768). В кон. 1768 у Б. возникли серьезные неприятности: А. Г. Орлов обвинял его чуть ли не в измене и просил Екатерину срочно отозвать его.

По возвращении в Петербург (20 марта 1769) Б. продолжал службу в Коллегии иностр. дел в должности переводчика, интенсивно занимаясь литературной деятельностью. Для Собрания, старающегося о переводе иностр. книг Б. перевел с фр. труд Р.-О. Верто «История о бывших переменах в Римской республике» (1771—1775, ч. 1—3) и «Сокращение, сделанное Жан-Жаком Руссо, из проекта о вечном мире, сочиненного Де-Сент-Пиером» (1771), с ит. — «Песнь Екатерине II» М.-А. Джанетти, в связи с чем был представлен императрице. Б. проявлял серьезный интерес к истории рус. литературы, как свидетельствует его письмо к *Я. Я. Штелину* о Симеоне Полоцком. В 1772 Б. принял участие в журнале «Вечера». Из своих оригинальных и переводных произведений Б. составил сборник «Лира» (1773), посвятив его Екатерине II. Он подвергал тексты существенной переработке, в частности поэма «Сугубое блаженство» была сильно сокращена и помещена под загл. «Блаженство народов». Среди впервые опубликованных стихов были «Песня» («Пятнадцать мне минуло лет»), получившая широкую популярность, и «Перевод стихов Мармонтеля», в которых содержался весьма недвусмысленный призыв к Екатерине:

«Счастливому в твоем владении народу Осталося иметь едину лишь свободу». В нач. 1774 Б. состоял мастером петербургской масонской ложи «Девять муз». С сент. 1775 по дек. 1776 Б. издавал журнал «Собр. нов.» (в «Автобиографии» ошибочно назван «СПб. вестн.»; эта ошибка повторена мн. позднейшими биографами Б.), включавший разнообразный и злободневный литературный материал (статьи о современных событиях в России и за рубежом, аннотированные списки новых книг, литературные произведения). Вначале журнал был частным изданием Б., а с февр. 1776 печатался за счет Академии наук. Б. привлек к сотрудничеству М. М. Хераскова, *В. И. Майкова*, *Г. Л. Брайко*, *В. П. Петрова*, *В. Г. Рубана*, *И. А. Тейльса* и др. Общее направление журнала отличалось некоторой противоречивостью: здесь печатались сочинения, проникнутые верноподданническим духом, но также и статьи, авторы которых ратовали за улучшение положения крестьян; переводы произведений Эразма Роттердамского, Гельвеция, Вольтера, Д'Аламбера, Руссо. Некоторые переводы, видимо, принадлежат самому Б. (по свидетельству Карамзина, ряд статей из «Энциклопедии»). За подписью Б. опубликованы «Гимн на бракосочетание Павла Петровича. . .» и статья «О германских нравах». 23 дек. 1775 Академия наук поручила Б. «главное смотрение» за изданием «СПб. вед.», т. е. «выбор» статей и перевод их с фр. и нем. Газета сообщала политические и литературные новости. Б. также ввел раздел отзывов о новых книгах (напр., о переведенном Д. И. Фонвизиным «Похвальном слове Марку Аврелию» А. Тома, об «Илиаде» в переводе *П. Е. Екимова* и др.). Указом Сената от 5 мая 1776 Б. был произведен в кол. асессоры (ЦГАДА, ф. 286, № 609, л. 401—407). Однако Б. был не удовлетворен службой в Коллегии и в сент. 1776 обращался к А. Ф. Куракину с просьбой помочь ему получить место при дворе Павла Петровича, оставшейся без последствий (см.: Арх. кн. Ф. А. Куракина. Саратов, 1899, кн. 8, с. 250—252). В 1777 Б. издал ч. 1 своей книги «Историческое изображение России», посвященной истории древней Руси. Книга получила благоприятный отзыв *Г.-Ф. Миллера*. Но стремясь прежде всего «вывесть из истории добрые примеры, полезные правила и нужные сведения», Б. вольно обращался с историческим материалом, что и послужило предметом полемики между ним, *Б. Ф. Арндтом* и Г. Л. Брайко, развернувшейся на страницах «St. Petersburgisches Journal», «СПб. вестн.» и «СПб. вед.». Ряд публикаций Б. подготовил для журнала «Акад. изв.» (1779—1781). В марте 1779 Б. «за излишеством людей» был переведен из Коллегии в Герольдию «без жалованья, следственно, и без пропитания». 12 марта 1779 он обратился к Екатерине II с прошением о помощи и упоминал о долгах, связанных с печатанием «Исторического изображения России». В марте Б. подал прошение об отставке «для исправления своих нужд» и 25 апр. 1779 получил увольнение (ЦГАДА, ф. 286, № 633, л. 376—378). 30 окт. 1780 Б. поступил на службу в только что учрежденный Петербургский арх., продолжая при покровительстве директора Академии наук С. Г. Домашнева редактировать «СПб. вед.». Борьба академиков с Домашневым коснулась и Б. После возвращения Б. из длительного отпуска (февр.—май 1782 он провел в Курской губ. у родных) Акад. конференция (19 июля 1782) поставила вопрос о появлении в газете статей, «худо выбранных и нередко детских», и предложила поручить редактирование «более разумным людям». На заседании 22 авг. 1782 было обращено внимание на наносящую ущерб престижу Академии наук заметку о заседающем в швед. Академии самодовольном прирученном, т. е. «домашнем», Лосе (намек на Домашнева). В дек. 1782 в связи с опалой Домашнева Б. вынужден был отказаться от редакторства, а о его ошибках было «донесено высочайшей власти».

Положение Б. во многом было спасено благодаря выходу в свет завершенной им поэмы «Душенька» (кн. 1 под загл.: Душенькины похождения. Сказка в стихах. 1778; полн. (кн. 1—3) и с перераб. текстом кн. 1: 1783; 2-е изд. 1794; 3-е изд. 1799). Это главное произведение Б., принесшее ему восторженные похвалы не только современников, но и крупнейших писателей позднейшей поры. Вслед за Ж. Лафонтеном, но по-своему разработав известный сюжет об Амуре и Психее и во многом русифицировав его, Б. создал один из первых образцов шутливой поэмы-сказки в рус. поэзии. «Живописцем граций» назвал Б. *М. Н. Муравьев* в стихотворении «К И. Ф. Богдановичу» (1782). Читателей «Душеньки» пленяла «приятность содержания, удачливость в выражениях, легкий и непринужденный слог в стихах» (Моск. вед., 1783, 2 дек., № 96, Приб.). П. А. Вяземский видел главное достоинство поэмы в «легкости стихосложения», но пороком ее считал «однообразие». «Душеньку» высоко ценили Батюшков, Пушкин, Баратынский, Гоголь и др. Многократно переиздававшаяся поэма Б. вызвала ряд подражаний и откликов в кон. XVIII— нач. XIX в. (поэмы *П. П. Сумарокова*, А. Ф. Мерзлякова, анонимная поэма «Катенька» (1806) и др.). Опыт Б. был своеобразно использован Пушкиным в поэме «Руслан и Людмила». В сознании читателей «Душеньки» складывался идеализированный образ ее творца — беспечного любителя муз. Карамзин писал о Б.: «Он жил тогда на Васильевском острову, в тихом, уединенном домике, занимаясь музыкою и стихами: в счастливой беспечности и свободе; имел приятные знакомства; любил иногда выезжать, но еще более возвращаться домой, где муза ожидала его с новыми идеями и цветами...». В марте 1783 весь тираж поэмы (1000 экз.) был куплен Академией наук; в мае 1783 на счет Академии были «приняты» оставшиеся экземпляры «Исторического изображения России», а за продолжение этого сочинения заранее определялась значительная сумма. Е. Р. Дашкова привлекла Б. к сотрудничеству в журнале «Собеседник» (1783—1784), в котором он стал проявлять себя как писатель правительственной ориентации. Б. опубликовал в «Собеседнике» ряд стихотворений (басни, идиллии, стансы, среди них «Станс к Д. Г. Левицкому» и др.) и статей, в частности «О древнем и новом стихотворении», где значительное место уделялось поэзии *М. В. Ломоносова*. Новаторство Фонвизина-драматурга Б. не оценил, как свидетельствует его эпиграмма «От зрителя комедии „Недоросля"». В то же время у Б. сохраняются дружеские отношения с М. М. Херасковым («Станс к М. М. Хераскову» в ответ на благосклонный отзыв о «Душеньке»). Очевидно, сотрудничество в «Собеседнике» сблизило Б. с *О. П. Козодавлевым* и *Г. Р. Державиным*, в доме которого впосл. он часто бывал, встречаясь там с *Н. А. Львовым* и *Ф. П. Львовым*, *В. В. Капнистом*, *И. И. Дмитриевым* и др. По предложению О. П. Козодавлева, 11 нояб. 1783 Б. был избран членом Рос. Академии; вскоре он стал членом издательского отдела, готовившего академический словарь. 16 дек. 1783 Б. уже представил список слов на букву «Ф».

Снискав славу «певца Душеньки», Б. вынужден был подчинить дальнейшую литературную деятельность запросам своих высоких покровителей. По свидетельству Карамзина, «исполняя волю Екатерины», Б. подготовил сборник «Русские пословицы» (1785, ч. 1—3; сдан в печать 23 авг. 1784). Целью Б. было не издание подлинных пословиц, а их литературная обработка: Б. перекладывал пословицы в стихи, иногда приближая их к жанру басни; некоторые «пословицы» сочинены самим Б. В целом сборник имел умеренно-либеральную направленность, несколько отличавшую его от официозных обработок фольклора в сочинениях Екатерины II. Карамзин видел в «пословицах» Б. «драгоценные остатки ума наших предков, их истинные понятия о добре и мудрые правила жизни». 15 марта 1784 Б. был произведен в надв. советники, однако в нояб. 1785 он жаловался Г. А. Потемкину на материальные затруднения: «Место, какое ныне в Государственном архиве занимаю, приносит мне жалованья только 450 рублей; деревень, ни земли, ни дома не имею ⟨...⟩. С малым жалованьем задолжал я ныне более тысячи рублей» (Рус. вестн., 1824, кн. 5, с. 51—53). Деньги на «заплату долгов» Б. получил после того, как в апр. 1786 по именному указу написал лирическую комедию «Радость Душеньки». Пьеса, поставленная на придворном театре 12 окт. 1786, долго держалась в репертуаре. В 1787 Б. написал драму «Славяне» (1788), за которую был пожалован бриллиантовым перстнем, и «по именному повелению» сочинил две пьесы, иллюстрировавшие пословицы «Сердцем делу не пособить» и «Не всякому дело судить и рядить». Эти пьесы, проникнутые псевдонародными и верноподданническими мотивами, мало ценны в художественном отношении. К этому же времени, очевидно, относится и не публиковавшаяся при жизни Б. поэма «Добромысл», примыкающая по характеру к его драматическим опытам. Заказные работы для Эрмитажного театра помогли Б. получить 28 авг. 1788 должность председателя Петербургского арх., после чего он почти прекратил заниматься литературой. Лишь изредка Б. помещал стихи в «Новых ежемес. соч.» (1786—1796), но, очевидно, с бо́льшим интересом работал над составлением словаря Рос. Академии, с мая 1789 по янв. 1792 не пропустив почти ни одного ее собрания. 13 окт. 1789 он сообщил дополнения на букву «А»; 14 дек. 1790 представил выборки слов из сочинений *А. П. Сумарокова*; 20 дек. 1791 читал рассуждение о корне слова «воскресение». В 1792 или 1793 Б. подал Державину «Начертание об заведению и установлению общества российских писателей» (Библиогр. зап., 1861, № 7, с. 194—199).

В эти годы Б. вел светский образ жизни; модно одетый, он появлялся по вечерам в концертах или на балах в знатных домах. И. И. Дмитриев вспоминал: «Он не любил не только докучать, даже и напоминать о стихах своих, но в тайне сердца всегда чувствовал свою цену и был довольно щекотлив к малейшим замечаниям насчет произведений пера его. Впрочем, чужд злоязычия, строгий блюститель нравственных правил и законов общества, скромный и вежливый в обращении, он всеми благоразумными и добрыми людьми был любим и уважаем». Дмитриев передал также отзыв Фонвизина о «Душеньке», который в разговоре, состоявшемся 30 нояб. 1792, назвал ее «прелестною».

1 мая 1795 Б. ушел в отставку, а 31 янв. 1796 уехал из Петербурга в г. Сумы, где поселился с семьей брата, *Ив. Ф. Богдановича*. 8 февр. 1797 Б. был помолвлен с богатой наследницей А. А. Кондратьевой, однако свадьба не состоялась (Карамзин упоминал об «оскорбленном самолюбии» поэта). В 1798 Б. переехал в Курск. Бытовой облик Б. сохранился в воспоминаниях одного из его курских соседей: «Сделавшись владетелем своего наследственного имения, он тотчас подарил оное своей сестре, а сам жил одним пенсионом, из казны получаемым. Он был весьма добродушен и кроток в обращении с людьми, и никогда не слыхали, чтобы он сказал своим слугам грубое слово. Он даже гневался на своих знакомых, если примечал, что они дурно обращаются со своими служителями ⟨...⟩. Будучи виртуозом на скрипке, он всегда возил ее с собой и любил играть и петь у себя дома и в гостях» (Сын отеч., 1823, № 43, с. 127—130). В Курске с Б. встретился *П. И. Сумароков*. В доме Г. С. Волькенштейна в Курске Б. обратил внимание на крепостного мальчика, будущего актера М. С. Щепкина, и предоставил ему возможность брать книги из своей библиотеки. При вступлении на престол Александра I Б. написал оду на коронацию. В письме к президенту Рос. Академии *А. А. Нартову* (24 июня 1801) Б. просил содействия в напечатании оды и собрания своих сочинений. 11 июля 1801 Б. писал Нартову, что перед смертью Екатерины II ему было предложено место при императорской библиотеке «с порядочным жалованьем и обещанием чина штатского советника, но все то не состоялось». Нартов отказался печатать и собрание сочинений, и оду Б. Вместо этого 26 дек. 1801 Академия предложила Б. составить «правила российской поэзии». Сославшись вначале на свое «неведение», Б. тем не менее 9 мая 1802 сообщил Нартову предварительный план этого сочинения, рассчитанный на пять частей. Одновременно Б. напоминал о своей оде на коронацию и посылал два др. стихотворения. 17 июня 1802 Б. прислал в Академию «Речь о достоинстве вообще и о произведении слов российских», в др. письмах он повторял просьбы о жаловании, сетовал на нужду, заставлявшую его продавать библиотеку, и просил о «получении места» или награды «...хоть

чином, хотя крестом, хотя другим каким государским отличием, только б не ⟨...⟩ малою единовременною денежною выдачею, какая унижает дух и погашает дворянское усердие». Однако в академическом собрании 23 авг. 1802 «Речь» Б. была признана не заслуживающей одобрения «ни по слогу, ни по мыслям». Очевидно, Б. опротестовывал это мнение в М-ве нар. просв., на запрос которого 10 нояб. 1802 Академия дала справку о Б., отвергая правомерность каких-либо его претензий.

В дек. 1802 Б. заболел и вскоре умер. В 1834 на его могиле был установлен памятник, изображавший Психею; в 1894 возобновлен на средства жителей Курска. Карамзин в «Вестн. Европы» объявил конкурс на лучшую эпитафию Б. и напечатал эпитафии И. И. Дмитриева (3), П. И. Шаликова, *Н. М. Кугушева*, В. Л. Пушкина, «Стихи на смерть Богдановича» *А. А. Палицына*, а также «Стихи к портрету творца Душеньки» В. В. Измайлова (Вестн. Европы, 1803, № 6—8). Карамзин откликнулся на смерть Б. статьей «О Богдановиче и его сочинениях» (там же, 1803, № 9). В «Рассуждении о лирической поэзии» Державин назвал Б. среди «лучших сочинителей песен». Вскоре после смерти Б. была издана его аллегорическая поэма «Добромысл», сюжетно соотносившаяся со сказками Екатерины II (М., 1805; перепеч. в кн.: Соч. и пер., издаваемые Рос. Академиею. СПб., 1806, ч. 2, с примеч. А. С. Шишкова, который сообщал, что получил текст поэмы от А. А. Палицына). Кроме того, некоторые стихотворения Б. впервые опубликованы в «Рус. вестн.» (1808) и в «Собр. соч.» Б., изданном *П. П. Бекетовым* (М., 1809—1810, т. 1—6); отдельным изданием вышел стихотворный драматический отрывок «Берег» (1812), проникнутый элегической настроенностью.

Лит.: [*Анастасевич В. Г.*] Биобиблиогр. замечания: (Богданович И. Ф.) — Улей, 1811, ч. 2, № 7; [Без подписи]. И. Ф. Богданович: Биография. — Полтавские губ. вед., 1846, 16 марта, № 11, «Часть неофиц.»; *Геннади Г. Н.* Автобиография И. Ф. Богдановича. — Отеч. зап., 1853, № 4; Арапов. Летопись (1861);

Ефремов. Мат-лы (1867); *Дмитриев М. А.* Мелочи из запаса моей памяти. М., 1869; Державин. Соч. (1864—1883), т. 7 (1872); *Порошин С. А.* Зап. СПб., 1881; *Вяземский П. А.* Полн. собр. соч. СПб., 1883, т. 8; Сухомлинов. Рос. Академия, т. 7 (1885); *Вержбицкий Т. И.* Памятник на могиле И. Ф. Богдановича. — Ист. вестн., 1890, № 7; также: Киевская старина, 1890, № 7; *Дмитриев И. И.* Взгляд на мою жизнь. — Соч. СПб., 1893, т. 2; *Коноплева М. С.* И. Ф. Богданович. — Рус. арх., 1911, № 9; отд.: М., 1911; Семенников. Мат-лы для словаря (1914); *Щепкин М. С.* Зап. М., 1933; Берков. Журналистика (1952); *Соколов А. Н.* Очерки по истории рус. поэмы XVIII и первой пол. XIX в. М., 1955; *Серман И. З.* И. Ф. Богданович — журналист и критик. — В кн.: XVIII век. М.; Л., 1959, сб. 4; *Арзуманова М. А.* Неизв. письма И. Ф. Богдановича. — Учен. зап. ЛГУ, 1960, № 295, вып. 58; Пенчко. Документы, т. 1 (1960); *Карамзин Н. М.* Избр. соч. М.; Л., 1964, т. 2; *Соколов А. Н.* Из истории «легкой поэзии»: (От «Душеньки» к «Катиньке»). — В кн.: XVIII век. Л., 1966, сб. 7; Рус. лит. и фольклор (XI—XVIII вв.). Л., 1970; Cross A.-G. British Freemasons in Russia during the Reign of Catherine the Great. — Oxford Slavonic Papers, 1971, v. 4; Lauer R. Die frühen Madrigale von I. F. Bogdanovič. — Zeitschrift für slavische Philologie, 1971, Bd 35, H. 2; *Мартынов И. Ф.* Рус. лит. и наука в петербургских нем. журналах эпохи Просвещения. — Die Welt der Slaven, 1974/75, Jg. 19; Lauer R. Gedichtform zwischen Schema und Verfall. München, 1975; Cross A.-G. «Nachricht von einigen russischen Schriftstellern» (1768): A new document and a bibliography. — Study Group on Eighteenth-Century Russia. Newsletter, 1976, N 4; Берков. История комедии (1977); История драм. театра, т. 1 (1977); *Мартынов И. Ф.* Журналист, историк и дипломат XVIII в. Г. Л. Брайко. — В кн.: XVIII век. Л., 1977, сб. 12; Заборов (1978); Письма рус. писателей (1980).

Н. Д. Кочеткова

БОГДАНОВИЧ Петр Иванович [кон. 1740—нач. 1750-х гг., Полтава — 1803]. Родился в семье обедневшего екатеринославского помещика; был в дальнем родстве с *Ив. Ф.* и *Ип. Ф. Богдановичами*. 24 авг. 1765 принят в Лейпцигский ун-т. Учился «на собственном своем коште», занимался математикой. Продолжал образование в Голландии и Англии. Хорошо владел нем., фр. и англ. языками. По возвращении в Россию служил в Полтаве при штабе В. М. Долгорукова и в Ряжском полку (1771—1777); вышел в отставку в чине армейского поручика.

В февр. 1777 по приглашению *С. Г. Домашнева* поступил на службу в Академию наук переводчиком и помощником библиотекаря. Вместе с *И.-Ф. Бакмейстером* составлял каталоги академической библиотеки, систематизировал коллекции Кунсткамеры, снабжая экспонаты «ярлычками» на рус. и фр. языках. В 1778 получил чин титул. советника. С янв. 1779 по 1781 по поручению Домашнева редактировал «Акад. изв.», держал корректуру и «исправлял вообще штиль во всех переводных статьях». В 1779 здесь печатался перевод с англ. ч. 1 «Новейшего и достоверного описания Тибетского государства» (подп. — «П. Б.» и «П. Богд.»), а в 1779—1781 перевод с фр. «Истории математики» Ж.-Э. Монтюкла (первые публ. за подп. «Петр Богданович», послед. — без подп.). Б. приписывал себе этот перевод Монтюкла, но, отвечая на запрос Акад. комиссии от 13 мая 1782, переводчик М. Ковалев указал, что перевод принадлежит ему и «стоит, может быть ошибкою, чужое имя». О печатавшейся (подп. — «П. Б.» и «П. Богд.») в 1781 статье «О Америке» Б. писал: «Описание Америки не есть перевод, но собрание из многих достоверных известий и преданий, рассеянных в разных частях Всеобщей истории о путешествиях, купно с собственными некоторыми моими рассуждениями». Но по поводу и этой публикации переводчик А. Андреев на тот же запрос сообщил, что «бо́льшая часть» переведена им. В течение нескольких лет до июня 1782 Б. составлял аннотированные каталоги «всех продающихся при Академии наук книг», которые, по предположению И. Ф. Мартынова, публиковали «СПб. вед.». Одновременно с 1777 по 1780 Б. имел «смотрение» за работой Гравировального и Рисовального департаментов Академии наук. В нач. 1780 выехал на Украину для выяснения возможностей «заведения от Академии книжной продажи». Вернулся в Петербург в дек. 1780. 18 дек. 1780 получил чин кол. асессора. Анонимно издал перевод философской повести Вольтера «Человек в 40 талеров» (1780; 2-е изд. 1785; 3-е изд. 1792; принадлежность пер. Б. обоснована В. П. Семенниковым). С. Г. Домашнев хотел наградить Б. суммой в 100 р. за этот перевод, который, по его мнению, «в рассуждении штиля» мог быть «полезным образцом в русской литературе». Но Акад. комиссия в резолюции от 8 июля 1782 не сочла справедливой эту характеристику и отказала в выдаче награждения. К тексту повести Б. сделал ряд примечаний, где упоминал некоторые новейшие издания: книгу И.-Г.-Г. Юсти «Основание силы и благосостояния царств» и книгу Д. Драгонетти «Рассуждение о добродетелях и награждениях» (авторство приписывалось Ч. Беккариа). В марте 1786 переведенная Б. книга попала в число «сумнительных». Роман «Дикий человек, смеющийся учености и нравам нынешнего света» (1781; 2-е изд. 1790), изданный Б. и принадлежавший, по мнению Ю. М. Лотмана, самому издателю, содержит критику современного ему общественного устройства с точки зрения «естественного человека». Вместе с тем здесь подвергаются сомнению некоторые руссоистские идеи. Содержание романа и имя его главного героя (Ацем) обнаруживают знакомство автора с повестями И.-Г.-Б. Пфейля. После текста романа напечатан перевод сочинения Вольтера «Разговор дикого с бакалавром». 10 мая 1782 Б. был уволен из Академии наук. Рецензировавшиеся им книги оставили ему «в награждение» по ордеру Домашнева от 20 июня 1782. В июле 1782 Б. подал «Изъяснение» с просьбой не выключать его «из списка академического» «без аттестата и определенного награждения». В марте 1783 Б. вынужден был окончательно покинуть Академию и вернуть оставленные ему книги. Занимаясь переводческой и книгоиздательской деятельностью, Б. с 1779 по 1787 печатал книги своим «иждивением» в разных петербургских типографиях, а с кон. 1787 завел собственную типографию в 3-й Адмиралтейской части, в доме Апайщикова. Всего им было издано св. 150 книг (издательская марка — инициалы «П. Б.»). Среди этих изданий были произведения фр. просветителей (Ж.-Ж. Руссо, Л.-С. Мерсье и др.), сочинения *Д. И. Фонвизина*, *Ф. А. Эмина* и др. рус. авторов, сборники рус. былин, сказок, песен; эстампы и картографические материалы.

Переведенная Б. книга У. Додда «Размышления аглинского пресвитера Додда в темнице» (1784) подверглась конфискации в московских книжных лавках в 1787. 2-е и 3-е издания (под загл. «Размышления Додда и сетования его в темнице»; посв. А. А. Безбородко) содержат текст, несколько сокращенный и переработанный по сравнению с 1-м изданием. Со своими дополнениями Б. издал книгу *И. И. Сидоровского* «Наставление юношества в добродетели и должности христианской» (1784, ч. 1), посвященную митрополиту *Гавриилу Бужинскому* «для засвидетельствования почтения» (посв. подписано Б. и Сидоровским), в которой рекомендовались для чтения «книги полезные» (среди них «Доддовы размышления») и сообщалось, где они продаются.

Б. принадлежит ряд книг учебного характера: «Новая российская азбука, для дворянских детей, с правилами о соблюдении здоровья» (1784); «Новая французская азбука» (1784); «Азбука для малолетних детей» (1788). Издавая составленный им «Новый французский букварь» (1785; также под загл. «Новая и полная франц. азбука...», 1787), Б. в «Предуведомлении» критиковал др. словари за то, что в них нет «показания правильного произношения слов французского языка», а также за то, что они содержат гл. о. отвлеченную, а не бытовую лексику. К словарю приложены учебные тексты (краткий разговорник, прозаические басни, краткие «повести» на фр. яз. и в рус. пер.).

С февр. по июнь 1786 Б. в сотрудничестве с *Ф. О. Туманским* издавал журнал «Зеркало света». Здесь напечатаны сочинение Б. «О Алкоране» (отд. изд. под загл. «Магомет с Алкораном», 1786; 2-е изд. 1792) и главы из его книги «Правила для соблюдения здоровья» (1788; 2-е изд. 1792; также под загл. «Страж здоровья, или Правила соблюдения оного», 1787; 2-е изд. 1792). По предположению Ю. Д. Левина, Б. принадлежат публиковавшиеся в «Зеркале света» переводы из англ. журналов. Некоторые произведения др. авторов, печатавшиеся в журнале, Б. позднее тоже переиздал, в частности «Жизнь Н. И. Панина» Д. И. Фонвизина (1786; 2-е изд. 1787; 3-е изд. 1792). В «Зеркале света» помещены рецензии на некоторые книги, переведенные и изданные Б. В авг.— нояб. 1786 Б. издавал «Новый СПб. вестн.» (ч. 1—2), по словам *А. М. Грибовского*, «единственно в досаду Туманскому, с которым он поссорился». Здесь публиковались преимущественно сочинения и переводы (гл. о. с англ.) самого Б. за подписью «П. Б.» (СПб. вед., 1786, 30 июня, № 52). Ряд статей Б. перепечатал из «Зеркала света» («О воздухе», «О пище», «О питье»). В сочинении Б. «О российских староверцах» (ч. 1; отд. изд. под загл. «Историческое известие о раскольниках», 1787; 2-е изд. 1791) пересказывались отдельные главы «Истории о страдальцах соловецких» Андрея Денисова. Некоторые переводные статьи также были позднее выпущены Б. отдельными изданиями, в частности ч. 2 направленного против фанатизма сочинения «Плод суеверия во Франции...» (под загл. «Достоверное сказание о смерти Марка Антония Каласа...», 1788). В журнале Б. напечатаны «Стансы» *М. М. Хераскова*, переводы за подписью «С. Б.» (*С. С. Боброва*?) и др. Среди переводившихся авторов были А. Галлер, Г.-Э. Лессинг, Дж. Литтлтон.

Б. был составителем и переводчиком изданной им книги «Письмовник, или ⟨...⟩ наставление, как сочинять всякого рода письма...» (1788; под загл. «Новый и полный письмовник», 1791, ч. 1—2; 2-е изд. 1792), содержавшей образцы писем «новых и древних иностранных писателей»: Сенеки, Цицерона, Ф. Честерфилда, Вольтера и др. По предположению Л. Б. Светлова, Б. мог быть автором изданной им сатирической повести «Кривонос-домосед, страдалец модный» (1789) и переводчиком приложенного к ней сокращенного текста «Похвалы глупости» Эразма Роттердамского (под загл. «Вещание глупости»). Возможно, что Б. являлся переводчиком ряда др. изданных им книг: «Новый и легчайший и безопаснейший способ лечения чесотки» (1786; с лат.) Д. Я. Писчекова; «Водка в руках философа, врача и простолюдина» (1790) К. Линнея.

Поддерживавший постоянные контакты с Д. И. Фонвизиным, Б. в мае 1788, как явствует из книгопродавческой росписи («Объявление. О издании новых книг и о подписке на оные в С.-Петербурге...»), предпринял попытку издать его «Полн. собр. соч. и пер.». В книготорговой росписи Б., приложенной к книге Фонвизина «Жизнь Панина» (1792), вновь значилось «Полн. собр. соч. и пер. Д. И. Фонвизина в 5-ти ч.». Издание не осуществилось, но, по словам Б., Фонвизин «по смерть свою» хранил к нему дружбу и оставил ему для издания «все свои творения и переводы».

В сер. 1780-х гг. Б. познакомился с *Н. Ф. Эминым* и переиздал ряд сочинений его отца, Ф. А. Эмина. Однако в 1788 между Б. и Н. Ф. Эминым произошел конфликт из-за неисправно напечатанной повести Н. Ф. Эмина «Роза» (1788), нашедший отражение на страницах «СПб. вед.» (1788, 10 марта, № 20, с. 255; 27 окт., № 86, с. 1257; 31 окт., № 87, с. 1271; 7 нояб., № 89, с. 1306; 10 нояб., № 90, с. 1322). Отвечая на упреки Эмина, Б. пытался уверить, что буквы «П. Б.» означают не его инициалы, а некоего Барабанова.

Во время следствия по делу *А. Н. Радищева* переводчик *Н. П. Осипов* на допросе в Тайной экспедиции 17 июля 1790 упоминал о Б. и его интересе к «Путешествию из Петербурга в Москву» (см.: *Бабкин Д. С.* Процесс А. Н. Радищева. М.; Л., 1952, с. 204—205). По предположению Л. Б. Светлова, Б. намеревался переиздать книгу Радищева.

С мая 1789 по апр. 1791 в Петербургском верхн. надв. суде рассматривалось дело о взыскании с Б. долга домовладелицей П. Е. Апайщиковой, сообщавшей, что Б. съехал с нанятой в ее доме квартиры 13 марта 1789, не заплатив денег. В деле указывалось, что Б. живет в доме Н. П. Кувшинникова в Московской части и имеет там собственную типографию. Б. не явился в суд, его искали в «обывательских домах», но в «жительстве» нигде не нашли (ГИАЛО, ф. 1715, оп. 1, № 265). 15 июля 1790 Б. снял квартиру и помещение под типографию в доме Д. А. Зубова у Аничкова моста и стал здесь продавать издаваемые им книги. Обширная библиотека и коллекция картин Б. пострадали во время пожара; оставшееся частично было распродано им в 1791—1792. В апр. 1792 Б. обращался к *Екатерине II* с жалобой на петербургского обер-полицмейстера П. М. Глазова, чинившего затруднения книготорговцам, а затем на петербургского генерал-губернатора Н. П. Архарова. 15 авг. 1795 Б., поссорившись с Д. А. Зубовым, был вынужден переехать в дом Штондта, но его семья и имущество оставались на прежнем месте. 22 янв. 1796 Петербургский нижн. надв. суд постановил выселить семью Б. В апр. 1796 против Б. было начато судебное дело в связи с тем, что он оскорбил частного пристава Мотафтина. 12 апр. Б. арестовали, 13 апр. суд принял решение о высылке его с семьей на казенный счет из Петербурга в Полтаву к отцу «для жительства без выезда»; 14 апр. особый комитет (специально созданный для рассмотрения этого дела) утвердил приговор над Б. — «беспокойным и упорного нрава человеком, не повинующимся власти». 16 апр. Б. под негласным конвоем выехал из Петербурга в Москву, где пробыл 4 месяца. Из-за болезни его жена и дети остались в Москве, а он отправился в Курск, где находился еще 4 месяца, и лишь 7 марта 1797 прибыл в Полтаву. Крупную сумму, издержанную Б. за время путешествия, было предписано взыскать с него, и для этого Б. пришлось отдать почти все свое имущество в залог на полгода, а затем продать его. По донесениям полиции, Б. выезжал из Полтавы в окрестные селения. После одной из таких отлучек Б. городничий поставил к нему в дом караул. В марте 1801 по решению Александра I Б. был освобожден из-под надзора тайной полиции, в дек. 1801 ему было разрешено «выезжать, куда он пожелает, кроме С.-Петербурга».

Архивные материалы о Б. хранятся в ГПБ, ф. 341, № 385 («Изъяснение П. И. Богдановича о службе его в Академии наук, поданное им в июне 1782 г. в Акад. комиссию); ААН, ф. 3, оп. 2, № 331 и ЦГАДА, ф. 7, оп. 1, № 2894.

Лит.: Дело о Петре Богдановиче. — Чтения в О-ве истории и древностей рос., 1863, кн. 1, отд. 5; Лонгинов. Новиков и мартинисты (1867); Державин. Соч. (1864—1883), т. 5 (1869); *Сторожевский Н.* Дело о П. И. Богдановиче, типографщике и переводчике «Монтюглевой» истории математики: (Из арх. полтавской полиции 1793 г.). — Киевская старина, 1891, № 11; *Бучневич В. Е.* Зап. о Полтаве и ее памятниках. 2-е изд. Полтава, 1902; *Столпянский П. Н.* Лит. мелочи XVIII в. — Вестн. лит., 1914, № 8—9; Семенников. Мат-лы для словаря (1915); *Светлов Л. Б.* А. Н. Радищев и полит. процессы кон. XVIII в. — В кн.: Из истории рус. философии XVIII—XIX вв. М., 1952; *Лотман Ю. М.* Пути развития рус. просветительской прозы XVIII в. — В кн.: Проблемы рус. Просвещения в лит. XVIII в. М.; Л., 1961; *Макогоненко Г. П.* Денис Фонвизин. М.; Л., 1961; *Светлов Л. Б.* Первое изд. рус. пер. «Похвалы глупости» Эразма Роттердамского. — В кн.: XVIII век. М.; Л., 1966, сб. 7; Левин. Англ. журналистика (1967); *Мартынов И. Ф.* 1) Где искать рукоп. собр. П. И. Богдановича? — Рус. лит., 1969, № 1; 2) Книгоиздатель, литератор и библиограф XVIII в. П. И. Богданович. — В кн.: Книга. М., 1970, сб. 21; Заборов (1978); Cross *A.-G.* «By the Banks of the Thames»: Russians in Eighteenth-Century Britain. Newtonville, 1980; *Рак В. Д.* Рус. пер. из «Опыта нравоучительных повестей» Пфейля. — В кн.: Взаимосвязи рус. и зарубеж. литератур. Л., 1983.

Н. Д. Кочеткова

БОГОМОЛОВ Федор. Составитель сборника «Нравственный пластырь, заключающий в себе лучшие из древних и новейших писателей выбранные места...» (1792); возможно, именно он учился в Унив. гимназии в кон. 1770 — нач. 1780-х гг. (см.: Моск. вед.; 1778, 11 июля, № 55; 1782, 7 дек., № 98, Приб.). В нач. 1790-х гг., по-видимому, имел связи со студентами или преподавателями Славяно-греко-лат. академии; основанием для этого предположения служит то обстоятельство, что в «Нравственном пластыре...» напечатаны нигде ранее не публиковавшиеся стихи «Учение лучше богатства» Сергея Москворецкого, который в это время учился в академии. «Нравственный пластырь...» включает нравоучительные рассказы и стихи, заимствованные из нескольких журналов: «Веч. заря» (1782, ч. 1, янв.—фев.), «Детское чтение» (1785, ч. 2, № 15, 17, 19, ч. 3, № 27; 1786, ч. 7, № 31, 33, 37), «Беседующий гражданин» (1789, ч. 1, март), в т. ч. сонет С. А. Тучкова «Придворная жизнь». В значительной своей части «Нравственный пластырь...» был позднее в свою очередь перепечатан в журнале «Прохладные часы» (1793, ч. 2, дек.). |

В. Д. Рак

БОГОРОДСКИЙ Василий. Обучался в Славяно-греко-лат. академии, откуда был направлен в Филол. семинарию Дружеского учен. о-ва, организованную *Н. И. Новиковым* при Моск. ун-те.

В 1787 вышел его сборник фокусов «Открытие увеселительных хитростей» (2-е изд. 1792). В 1796—1798 Б. выпустил «Странные приключения Димитрия Магушкина, российского дворянина, описанные им на испанском языке, с которого переведены на немецкий, а с сего на российский язык» (ч. 1—2), развлекательный приключенческий роман анонимного автора в форме подлинных записок. Его содержание составляют похождения сына рус. вельможи, выросшего в крестьянской семье, изведавшего татар. плен и проч. Кроме того, Б. были изданы книги, популяризовавшие элементарные научные сведения: «Новое зрелище Вселенныя» (1797—1798, ч. 1—3) и «Карманная книжка для размышляющих юношей» (1800), а также составленная им «Новая российская азбука» (1798). Он заново берется переводить сочинения, уже снискавшие известность у читателей и обещавшие коммерческий успех: труд И.-А. Гофмана «О спокойствии и удовольствии по правилам разума и веры» (1798; ранее пер. *С. С. Волчкова*) и сборник А.-Г. Мейснера «Новые басни» (1798, ч. 1—5). Большую популярность имел перевод Б. «Ста четырех священных историй» И. Гюбнера (1798), изданный, по свидетельству *Евгения Болховитинова*, в 1801—1825 шесть раз (ранее пер. *М. Соколова*).

Чрезвычайно показательно, что все эти книги печатались издателями коммерческого направления — *А. Г. Решетниковым*, В. Пономаревым, И. Я. Сытиным, и вышли на средства книгопродавца С. Никифорова и гравера И. Розанова. Все это позволяет предположить, что в своей деятельности Б. ориентировался на расширение и демократизацию читательской аудитории.

А. Н. Севастьянов

БОДУЭН (Baudouin) Жан Жак Франсуа Этьен [ум. 23 X (3 XI) 1796, Москва]. Выехал из Франции в кон. 1760-х гг. По сведениям С. П. Шевырева, некоторое время был домашним учителем в семье Фонвизиных. С 1773 до кон. жизни преподавал в Моск. ун-те фр. язык, этимологию, синтаксис и стилистику. С 23 янв. 1778 — экстраординарный профессор. Умер в чине кол. советника.

Как писатель известен торжественными «словами» на фр. языке, опубликованными в университетских «Торжествах»: на заключение мира 10 июля 1774 с Портой (произнесено 25 июля 1775), на бракосочетание 26 сент. 1776 вел. кн. Павла Петровича (произнесено 15 окт. 1776), на рождение 12 дек. 1777 вел. кн. Александра Павловича (произнесено 23 янв. 1778), на посещение *И. И. Шуваловым* университетского собрания (произнесено 30 июня 1779), на бракосочетание вел. кн. Александра Павловича (произнесено 26 окт. 1793). Б. — автор стихотворных «Эпиталамы» на бракосочетание вел. кн. Константина (1796) и «Надписи к бюсту Екатерины II» (Приятное и полезное, 1796, ч. 9). Все напечатанные произведения Б. (кроме «Слова» на посещение университета Шуваловым и «Эпиталамы») сопровождены рус. переводом. Вероятно, Б. выступал также с торжественными «словами» на фр. языке при посещениях Моск. ун-та *Н. И. Паниным* 5 янв. 1774, наследным принцем Гессен-Дармштадтским Людвигом 13 марта 1774 и Г. А. Потемкиным 23 сент. 1775. Творчество Б. — интересный пример вкрапления франкоязычной классицистической традиции в культурную жизнь екатерининского времени.

Лит.: Биогр. словарь Моск. ун-та, ч. 1 (1855); Шевырев. Моск. ун-т (1855); Геннади. Словарь, т. 1 (1876); Рус. биогр. словарь, т. «Бетанкур — Бякстер» (1908).

М. П. Лепехин

БОЛОТОВ Андрей Тимофеевич [7 (18) X 1738, с. Дворяниново Каширского у. Тульской губ. — 4 (16) X 1833, там же, похоронен в с. Русятино]. Принадлежал к небогатому дворянскому роду. Отец Б. (ум. 1750), полковник, участник многих военных походов, в т. ч. взятия Хотина, человек честный, способный, знавший языки, оказал на сына самое благотворное влияние, приохотив его к труду и чтению книг. На шестом году Б. стали обучать грамоте. Его учителями были старик-малороссиянин, полковой писарь Красиков, прививший мальчику любовь к рисованию, и унтер-офицер Миллер. Нем. языку Б. обучался в доме курляндского дворянина Нетельгорста, фр. — в петербургском пансионе преподавателя Сухоп. шлях. корпуса Ферре. Образование, полученное Б., не было ни серьезным, ни систематическим, но оно породило отвращение к праздности и потребность в постоянном пополнении знаний.

Весной 1748 Б. был записан в Архангелогородский пехотный полк; с 1750 числился сержантом (ЦГАДА, ф. 286, № 360, л. 463); в марте 1755 прибыл в полк, стоявший в Лифляндии. Записывая Б. в военную службу, отец прибавил к его летам лишний год. За эту невольную «просрочку» и «неявление» к полку Б. был обойден чином при общем производстве и не сразу получил чин подпоручика. Военная служба тяготила Б., но он нес ее исправно, обучая солдат «без употребления строгости и всяких побой», «обходясь с ними ласково и дружелюбно, разделяя сам с ними труды». Участвовал в Семилетней войне (походы 1757 и 1758; Гросс-Егерсдорфское сражение). Постепенно Б. пришел к мысли, что он «рожден» «не для войны, а для наук».

В 1758, когда Архангелогородский полк держал караулы в Кенигсберге, Б. был назначен письмоводителем, а затем переводчиком при канцелярии генерал-губернатора Пруссии Н. А. Корфа. Он посещает лекции по философии, участвует в публичных университетских диспутах, знакомится с московскими студентами, приехавшими в Кенигсберг для продолжения обучения, не пропускает ни одного театрального представления и пробует сам играть в спектаклях любительского театра, организованного Г. Г. Орловым. Он собирает библиотеку, рисует (по его эскизу Кенигсбергский монетный двор чеканит новую монету), много читает, переводит, пробует писать.

В 1760 Б. получил чин поручика; в янв. 1762 был назначен флигель-адъютантом Корфа, ставшего петербургским генерал-полицеймейстером, и 24 марта 1762 прибыл в Петербург. Г. Г. Орлов попытался привлечь Б. к готовящемуся заговору в пользу *Екатерины II*, однако, воспользовавшись указом о вольности дворян, 14 июня 1762 Б. уходит в отставку.

3 сент. 1762 Б. прибыл в Дворяниново. Занятый ведением хозяйства, он обращается к чтению иностранной экономической литературы, записывает и обобщает собственные «опыты хлебопашества». В марте 1766 Б. отсылает в Петербург ответы на вопросы о формах землевладения, предложенные в «Тр. Вольного экон. о-ва», становится деятельным сотрудником журнала, ведет регулярную переписку с секретарем (потом президентом) общества *А. А. Нартовым*. 19 дек. 1766 Б. избран членом общества. Сочинения Б. трижды (в 1770, 1771 и 1777) удостаивались наград общества (в частности, за «Наказ для управителя»).

В 1774 по рекомендации А. А. Нартова Б. получил должность управителя собственных имений Екатерины II в Киясовской волости и поселился с семьей в Киясовке (женился в 1764 на А. М. Кавериной). В 1776 Б. занял место управителя дворцовых имений в Богородицкой волости. Двадцатилетнее пребывание в Богородицке отмечено расцветом творческой деятельности Б. Он составляет проект застройки города, вызвавший восхищение петербургских архитекторов и императрицы, следит за отделочными работами в Богородицком дворце (построен И. Е. Старовым), разбивает пейзажный парк. С апр. 1778 по март 1779 Б. издает (и выступает автором большинства статей) еженедельный журнал «Сел. житель» — первый рус. частный сельскохозяйственный журнал, печатавшийся в типографии Моск. ун-та иждивением книгопродавца Х. Ридигера. Прекращение издания было вызвано его убыточностью: по подписке расходилось лишь 100 экземпляров. С некоторыми корреспондентами «Сел. жителя», А. А. Владыкиным, А. А. Воейковым, известным промышленником Н. Демидовым, Б. поддерживал дружеские связи и переписку.

2 сент. 1779 (он считал этот день «наидостопамятнейшим почти во всей ⟨...⟩ жизни») в Москве (куда Б. приезжал довольно часто) состоялось знакомство Б. с *Н. И. Новиковым*, переросшее в долголетнее сотрудничество и дружбу. Не принимая масонских взглядов Новикова, Б. тем не менее отчетливо осознавал роль этого «всей России известного человека» в развитии литературы и всегда питал к нему, гонимому и опальному, самые добрые чувства. Судя по уцелевшим письмам Новикова к Б., относящимся к 1815, дружеские отношения между ними сохранялись до кон. жизни Новикова. Новиков знакомит Б. с *М. М. Херасковым*, *Н. М. Карамзиным*, *Е. И. Костровым*, *Ф. П. Ключаревым*; поручает Б. продажу изданных Унив. типографией книг в Туле и Богородицке (комиссия эта, однако, успеха не имела). В течение 1780—1789 Б. редактировал журнал «Экон. магазин», своеобразное продолжение «Сел. жителя» (1778—1779), печатавшийся на средства Новикова, в его типографии, в качестве приложения к «Моск. вед.».

Постоянными корреспондентами журнала были В. А. Левшин, И. П. Щербатов, М. С. Бороздин. Опубликованные в «Экон. магазине» материалы, оригинальные и переводные, помогали распространению новейших сельскохозяйственных и естественнонаучных знаний.

В 1790 Б. возобновил свое участие в «Тр. Вольного экон. о-ва» (1790—1807); Саксонское королевское экон. о-во в Лейпциге избирает его в 1794 своим почетным членом.

После смерти *Екатерины II*, когда Богородицкая волость была пожалована А. Г. Бобринскому, Б., не пожелав состоять на службе у частного лица, вышел в отставку в чине кол. асессора, который он получил в 1783, и в нач. 1797 возвратился в Дворяниново. Самое значительное событие его «второй деревенской жизни» — поездка в Петербург с 19 янв. по 18 нояб. 1803 (см.: Домашний исторический журнал 1803 г. — ГПБ, ф. 89, № 35, л. 23). Занятый хлопотами в Межевом деп. Сената по земельной тяжбе с Пашковым (за Б. перед министром юстиции *Г. Р. Державиным* ходатайствовал Ф. В. Ростопчин), Б. в то же время участвует в собраниях Вольного экон. о-ва, лично знакомится с *А. А. Нартовым, И. С. Захаровым, И. А. Дмитревским* (ГПБ, ф. 89, № 35, л. 365, 474). В 1822—1830 Б. активно сотрудничает в «Земледельческом журн.». Последняя прижизненная публикация Б. в этом издании — статья «О фруктовых садах» (1830). В 1828 Б. избирается почетным членом Моск. о-ва сел. хоз-ва. Потеряв зрение и слух, он сохранил до кон. дней живой интерес к жизни, прекрасную память и чувство юмора. 8 окт. 1838 Вольное экон. о-во отметило столетие со дня рождения Б.

Чуждый стремления к богатству, карьере и славе (все его сочинения и переводы печатались анонимно), имевший репутацию «человека достойного и справедливого» (Державин), Б. видел смысл жизни в беспрерывной деятельности на пользу отечества. Смелый экспериментатор, он был отцом русской помологии, занимался селекцией, лесоводством, огородничеством, различными ремеслами, медициной. С неутомимой энергией Б. открывал школы (в частности, пансион для благородных детей, волостное училище для крестьян в Богородицке) и лечил крестьян, участвовал в любительских спектаклях, сочинял духовную музыку, рисовал маслом и писал акварели (Эрмитаж, ГРМ, ГИМ).

Первые литературные опыты писателя относятся к периоду его пребывания в Кенигсберге (1760—1761) и являются результатом перелома, происшедшего в сознании Б. под влиянием нравоучительной и философской литературы (Л. Гольберг, И.-Х. Готшед и др.). Возникшие на грани литературы и быта письма Б. к Н. Е. Тулубьеву (1760) и «Памятная книжка, или Собрание различных нравоучительных правил...» (1761) (ГПБ, ф. 89, № 110 и 55) интересны не только как частный документ, «памятник тогдашним ⟨...⟩ чувствованиям» автора и его «тогдашней способности к писанию», но и как наиболее раннее проявление сентиментальных тенденций в рус. литературе.

Первое опубликованное произведение Б. — «Детская философия, или Нравоучительные разговоры между одною госпожою и ее детьми...» (1776—1779, ч. 1—2) — создано под влиянием «Детского училища» М. Лепренс де Бомон и представляет собой популярное изложение учения И.-Г. Зульцера об устройстве Вселенной. Написанная понятно и живо, книга знакомила детей с основными положениями системы Коперника, учила узнавать и любить природу. В рукописи остались ч. 3—8 «Детской философии...», посвященные физике, минералогии и ботанике. Б. пользовался этой книгой в своих педагогических занятиях. Нравоучительные сочинения Б.: «Чувствования христианина, при начале и конце каждого дня в неделе...» (1781) и «Путеводитель к истинному человеческому счастию...» (1784, ч. 1—3), проникнутые идеей нравственного усовершенствования, были изданы Новиковым.

Драматические произведения «Честохвал» (1779), «Несчастные сироты» (1780; изд. 1781), «Награжденная добродетель» (1781) предназначались для домашнего детского театра, созданного Б. в Богородицке. Одно из них, «Несчастные сироты», интересно многочисленными совпадениями с «Недорослем» *Д. И. Фонвизина*, к тому времени еще не оконченными. Сведений о постановке пьес Б. на профессиональной сцене нет; они ставились только на домашнем театре Б.

В 1790-е гг. Б. сочиняет множество стихотворений духовного и натурфилософского содержания, в основном белым стихом (частично опубл. в изд.: Венгеров. Рус. поэзия, т. 1, вып. 5 (1895)). «Песнь к Вездесущему», «Утреннее расположение духа» и прозаический этюд «Оканчивающаяся зима» появились в журнале «Приятное и полезное» (1796—1797). Стихотворения Б. чаще всего писались на голоса известных песен, романсов, духовных стихов; он называл их «сельскими песнями». По собственному признанию Б., «природного дара и способности» к поэзии он «не имел» (ГПБ, ф. 89, № 53, л. 192).

Самое значительное произведение Б. — «Жизнь и приключения Андрея Болотова, описанные самим им для своих потомков» (СПб., 1870—1873, ч. 1—4; сокращ. изд.: М., 1986). Работа над записками началась в 1789 и продолжалась в течение нескольких десятилетий. Повествование в них, по свидетельству М. П. Болотова, внука Б., было доведено до 1812, в сохранившейся же и опубликованной части — до 1795. Мемуары Б. не предназначались для печати и создавались как история одной человеческой жизни. Однако они стали не только ценнейшим источником сведений по истории рус. общества XVIII в., но и совершенно органичным выражением тех тенденций в литературном процессе кон. XVIII в., которые были связаны с усилением роли личного, биографического начала. Л. Н. Толстой назвал записки Б. «драгоценными». Из неопубликованных произведений Б. особого внимания заслуживает относящаяся к 1819 попытка описания собственного характера «Краткие записки о значительнейших происшествиях со мною в 82 год моей жизни ⟨...⟩ и некоторые общие замечания, касающиеся до моей жизни и характера» — ГПБ, ф. 89, № 53); предпринятая с точки зрения привычных для Б. рационалистических представлений о психологии человека и являющаяся своеобразным итогом мемуаров.

В рукописи остались многочисленные и обширные исторические сочинения Б., посвященные событиям, современником которых он был, — рус.-тур. войне 1768, фр. революции 1789, Отечественной войне 1812 и др. Опубликованный в 1875 «Памятник претекших времян ...» (ч. 1—2) интересен тем, что, наряду со сведениями, почерпнутыми из печатных источников, в нем зафиксированы бытовавшие в народе слухи.

Б. ошибочно приписывается «Рассуждение о злоупотреблении разума некоторыми новыми писателями и опровержение их вредных правил» (1780; автор — *И. В. Лопухин*).

Огромный архив Б. находится в разных хранилищах: основная часть — ГПБ, ИРЛИ; также — ГБЛ, БАН, ГИМ, ЦГАЛИ.

Лит.: *Маслов С. А.* А. Т. Болотов: Биография. — Земледельческий журн., 1838, № 5; [Без подписи]. А. Т. Болотов: Биогр. очерк. — Журн. садоводства, 1861, т. 1, № 10; А. Т. Болотов. 1738—1833: Воспоминания о последних годах его жизни / Сообщ. М. Болотов. — Рус. старина, 1873, т. 8; *Ростопчин Ф. В.* Письмо к Г. Р. Державину от 15 янв. 1803; *Державин Г. Р.* Письмо к Ф. В. Ростопчину от 10 февр. 1803. — Рус. старина, 1889, № 9; Венгеров. Словарь, т. 5 (1897); [Без подписи]. Болотов А. Т. — В кн.: Рус. биогр. словарь, т. «Бетанкур — Бякстер» (1908); *Блок А. А.* Болотов и Новиков. — В кн.: Блок А. А. Собр. соч. Л., 1934, т. 11; *Водовозов Н. В.* А. Т. Болотов — писатель XVIII в. — В кн.: Рус. классическая лит. М., 1960 (Учен. зап. Моск. гор. пед. ин-та им. В. П. Потемкина, т. 107, каф. рус. лит., вып. 10); *Новиков С.* Начало: Докум.-ист. повесть. М., 1978; *Лазарев В.* «Жизнь и приключения Андрея Болотова». — В кн.: Встречи с книгой. М., 1979; *Гулыга А.* Болотов и мы. — В кн.: Гулыга А. Искусство истории. М., 1980; *Лихачев Д. С.* Поэзия садов: К семантике садово-парковых стилей. Л., 1982; *Новиков С.* Болотов: Докум.-ист. повесть. М., 1983.

Р. М. Лазарчук

БОЛТИН Дмитрий Сергеевич [1757—14 (26) IV 1824]. Происходил из семьи зажиточных нижегородских дворян. Начал службу мушкетером в Преображенском полку (1775—1779); 1 сент. 1779 переведен сержантом в Измайловский полк; 1 янв. 1781 отставлен в чине гвардии прапорщика. С 1787 по 1790 служил прокурором при Тамбовском губ. магистрате. Начиная с 1794 по 1822 Б. неоднократно выбирался уездным предводителем дворянства в Нижегородской и Рязанской губерниях, где находились его поместья. По зятю, Г. С. Кушникову, Б. состоял в дальнем родстве с *Н. М. Карамзиным* и *И. И. Дмитриевым* (формуляр 1820 г. — ЦГИА, ф. 1349, оп. 3, № 258; Моск. вед., 1824, 10 мая, № 38, с. 1397).

Б. является первым переводчиком «Исповеди» Ж.-Ж. Руссо на рус. язык; для перевода было выбрано неполное женевское издание 1782 (кн. 1—6), хотя в печати уже был известен полный текст мемуаров; перевод вышел под загл. «Исповедание...» (1797); он знакомил рус. читателей только с ч. 1 сочинения Руссо. Также с фр. Б. перевел прозою идиллическую поэму С. Геснера («1784 г., в сельце Дубровском») «Первобытный мореплаватель...» (1784). Ее сюжет — любовь как причина изобретения мореплавания, повидимому, истолковывался аллегорически и привлекал внимание рус. масонов: поэма печаталась в типографии *И. В. Лопухина*. В 1798 Б. предполагал напечатать два перевода: поэму «Победа достоинства над красотою» и «Полное и правоучительное изображение свойств мужчины и женщины» (с фр.); рукописи их подавал в марте в московскую цензуру студент Славяно-греколат. академии Феодот Хитров (см.: Рогожин. Дела моск. цензуры, вып. 2 (1922), с. 14, 16). Б. выступил как случайный сотрудник журнала «Друг просв.» (элегический отрывок «Затмение луны», 1807). Ему также приписывается перевод книги М.-Ф. Жанлис «Размышления» (1808), сборника литературно-полемических заметок; некоторые из них были направлены против Ж. де Сталь, а также Вольтера, Дидро, Д'Аламбера и пр. энциклопедистов. В нападках на радикальных мыслителей фр. Просвещения переводчик солидаризировался с автором; в одном из примечаний он каламбурно комментировал рассуждение Жанлис о «сильных умах»: эти «умы мощные» («esprits forts») уместнее было бы назвать «умами ложными» («esprits faux»).

В. П. Степанов

БОЛТИН Иван Никитич [1 (12) I 1735—6 (17) X 1792]. Получил домашнее образование. В 1751 Б. поступил в лейб-гвардии Конный полк. После выхода в отставку в 1769 в звании премьер-майора Б., живя в Петербурге, усердно занимался пополнением своего образования: изучением иностранных языков, чтением сочинений античных авторов. Служба Б. с Г. А. Потемкиным в одном полку сблизила их и оказала влияние на карьеру Б.: главный смотритель и директор Васильковской таможни (1772—1779), он в 1781 был назначен прокурором Военной коллегии, в 1786 стал генерал-майором.

В нач. 1750-х гг. Б. познакомился с *М. В. Ломоносовым*, *В. К. Тредиаковским*, *А. П. Сумароковым* и *Г.-Ф. Миллером*. В 1770-х гг. начал заниматься древнейшей рус. историей и исторической географией России. Большое влияние на него оказала «История российская» *В. Н. Татищева*, первый том которой под редакцией Г.-Ф. Миллера вышел в 1768. Б. был убежденным сторонником методики работы В. Н. Татищева над источниками: его авторитет для Б. был непререкаем. Б. разделял т. н. «сарматскую теорию» происхождения славян, причисляя к сарматам руссов, венгров, чудь, шведов и финнов.

В 1788 были опубликованы в двух томах «Примечания на Историю древния и нынешния России г. Леклерка, сочиненные генерал-майором Иваном Болтиным». Т. 1 содержал примечания к «Histoire physique, morale, civile et politique de la Russie ancienne. Par M. Le Clerc» (Paris, 1783—1784, t. 1—3); т. 2 — к «Histoire physique, morale, civile et politique de la Russie moderne» (Paris, 1783—1785, t. 1—3). В труде Б. были показаны фактические ошибки фр. историка, предпринята попытка опровергнуть его неверные взгляды относительно допетровской Руси, якобы отличавшейся полным невежеством.

Наиболее известным сочинением Б. являются «Критические примечания генерал-майора Болтина на первый и второй том Истории князя Щербатова», первоначально распространявшиеся в рукописном виде. *М. М. Щербатов* — автор «Истории российской с древнейших времен» (1770—1771, т. 1—2) отвечал «Письмом князя Щербатова, сочинителя Российской истории, к одному его приятелю, в оправдание на некоторые сокрытия и явные охуления, учиненные его Истории от господина генерал-майора Болтина, творца Примечаний на Историю древния и нынешния России г. Леклерка» (1789). Это опровержение замечаний Б. М. М. Щербатовым вызвало «Ответ генерал-майора Болтина на письмо князя Щербатова, сочинителя Российской истории» (1789). «Критические примечания...» (ч. 1—2) были изданы в 1793—1794 после смерти Б.

Для своих исторических трудов Б. пользовался собранием российских древностей А. И. Мусина-Пушкина, с которым находился в в многолетней дружбе. Вместе с А. И. Мусиным-Пушкиным и *И. П. Елагиным* Б. готовил к печати «Духовную, или Поучение к детям своим Владимира Всеволодовича Мономаха», «Правду Русскую» (оба изд.— 1792) и работал над переводом и комментированием «Слова о полку Игореве».

Архив Б. после его смерти был приобретен А. И. Мусиным-Пушкиным и сгорел вместе со всем его рукописным собранием в 1812.

Лит.: Сухомлинов. Рос. Академия, вып. 5 (1880); *Пыпин А. Н.* Рус. наука и национальный вопр. в XVIII в. — Вестн. Европы, 1884, № 5—7; *Юшков В.* Очерк из истории рус. самосознания XVIII в.: (Общие ист. взгляды И. Н. Болтина). СПб., 1912; *Валк С. Н.* «Правда русская» в изд. и изучениях XVIII—нач. XIX вв. — В кн.: Археол. ежегодн. за 1958 г. М., 1960; *Дмитриев Л. А.* История первого изд. «Слова о полку Игореве». М.; Л., 1960; *Николаева А. Т.* Вопр. источниковедения и археографии в тр. И. Н. Болтина. — В кн.: Археол. ежегодн. за 1958 г. М., 1960; *Моисеева Г. Н.* Спасо-Ярославский хронограф и «Слово о полку Игореве». Л., 1976; *Шанский Д. Н.* Из истории рус. ист. мысли: И. Н. Болтин. М., 1983.

Г. Н. Моисеева

БОЛТИНА Евдокия Федоровна [род. 4 (15) VIII 1734]. Дочь генерал-майора кн. Федора Ивановича Голицына (1700—1769) от его второго брака с Анной Петровной Измайловой (1712—1749). С 26 февр. 1755 замужем за бригадиром Александром Ивановичем Болтиным. По сведениям *Л. И. Бакмейстера* (Russische Bibliothek, 1775, Bd 3, S. 346), Б. принадлежит прозаический перевод с фр. драмы Вольтера «Сократ» (1774; часть тиража с тит. л.: Аглая, драма в трех действиях). Современники считали, что «сия пиеса должна быть уважаема в рассуждении материи, в ней находящейся, и точности перевода» (Драм. словарь (1787)). Хотя перевод в общем действительно точен, он содержит некоторые искажения и уступает переводу этой же пьесы, осуществленному «Н. К.» (1780).

Лит.: Голицын. Словарь (1889); *Голицын Н. Н.* Род князей Голицыных: Мат-лы родословные. СПб., 1892, т. 1; Заборов (1978).

Н. Д. Кочеткова

БОЛХОВИТИНОВ Евфимий Алексеевич (в монашестве — Е в г е н и й) [18 (29) XII 1767, Воронеж— 23 II (7 III) 1837, Киев]. Сын священника. Учился в Воронежской дух. семинарии (1778—1784), в Славяно-греко-лат. академии (1784—1788), одновременно посещал лекции в Моск. ун-те, подрабатывал на жизнь корректором в типографии П. М. Пономарева. Сблизился с кружком Н. И. Новикова (В. А. Левшин, Е. И. Костров, И. А. Дмитревский, Н. М. Карамзин, А. А. Петров и др.), под влиянием которого начал свою литературную деятельность переводами преимущественно фр. сочинений литературно-философского характера: «Краткое описание жизней древних философов» Ф. Фенелона (1788), сатирическое «Похвальное слово чему-нибудь» Л. Кокле (1787) с пародийным посвящением «Никому», анонимная «Парнасская история» (1788) с восторженными похвалами Вольтеру и резкими выпадами против «поэтов-ласкателей», поэтов-схоластов, поборников «академических правил», поэма М. Эйкенсайда «Удовольствие от способности воображения» (1788) о свободе поэтического вдохновения, о радостях чувствительного человека в общении с природой. Сам отбор этих сочинений, «примечания» и «предуведомления» к ним свидетельствуют о критическом отношении молодого Б. к некоторым сторонам рус. социальной действительности, к устаревшим литературным традициям, напыщенной риторике. Одновременно Б. зачитывается произведениями Н. М. Карамзина, сам пишет трогательные стихи и канты.

В 1789 Б. вернулся в Воронеж, стал преподавателем, библиотекарем, потом ректором Воронежской дух. семинарии, а с 1796 также и соборным протоиереем в Павловске. С местным духовенством особенно не сходился, зато был дружески близок с молодыми людьми из светской разночинной среды, увлекался театром, стоял во главе литературного кружка, где велись горячие споры не только литературного, но и политического характера. В семинарии Б. поощрял литературные упражнения учащихся. Под его руководством был осуществлен перевод «Размышлений о красноречии...» Н. Трюбле (1793), он снабдил предисловием и отредактировал перевод «Вольтеровых заблуждений...» аббата К.-Ф. Ноннота (1793). Б. также усердно работал в местных архивах; результатом этих занятий явилось «Историческое, географическое и экономическое описание Воронежской губернии» (Воронеж, 1800). В этом же году он издал свой перевод философской поэмы А. Попа «Опыт о человеке» (в прозе), переработав некоторые острые места, напр. рассуждение о «множестве миров».

После смерти жены и детей в 1799 Б. при поддержке *Н. Н. Бантыша-Каменского* переехал в Петербург и принял монашество. С 1800 он учитель философии, высшего красноречия и префект Александро-Невской дух. академии. Впосл. занимал высокие церковные должности — в Новгороде (1804), Вологде (1808), Калуге (1813), Пскове (1816); с 1822 — митрополит киевский и галицкий, член Синода. 14 дек. 1825 по «высочайшему поручению» Б. на Сенатской площади призывал восставших к покорности, потом принимал участие в суде над ними.

Б. активно работал в «румянцевском кружке» (Н. П. Румянцов, А. Х. Востоков, П. М. Строев, К. Ф. Калайдович), обследовал древние церкви, их библиотеки и архивы, публиковал и комментировал исторические документы и литературные памятники («Хождение игумена Даниила», «Сказание о Борисе и Глебе» и др.). В 1834 Б. выпустил «Собрание поучительных слов» (т. 1—4).

Б. состоял членом Рос. Академии, О-ва истории и древностей рос., почетным членом ряда др. ученых обществ и университетов. Исторические воззрения его консервативны, увлечение просветительскими идеями к кон. жизни значительно ослабело, но тем не менее церковников смущала широта его интересов, его религиозность без ханжества и мистицизма, близость с «учеными светскими», среди которых, по мнению министра духовных дел А. Н. Голицына, были вольнодумцы (очевидно, имелись в виду связи Б. с пол. учеными и литераторами, его участие в журнале «Сын отеч.», где сотрудничали и писатели-декабристы, дружба с В. Г. Анастасевичем, С. И. Селивановским и др.). Это вызывало иногда и столкновения с духовной цензурой, находившей в некоторых сочинениях Б. «несходство с известными в церкви преданиями». Цензурные возражения вызвали «Вольтеровы заблуждения...», «Каталог писателей» А. Селлия (М., 1815), «Киевский месяцеслов» (Киев, 1834). Запрету подверглось «Исследование о славянском переводе Священного писания» (1812); материалы Б. использовал О. М. Новицкий в книге «О первоначальном переводе Священного писания на славянский язык» (Киев, 1837).

Трудом всей жизни Б. было создание «Словаря русских писателей». Отдельные статьи о писателях, первоначально помещаемые им в журналах «Друг просв.» (1805—1806), «Улей» (1811—1812), «Сын отеч.» (1821—1822), вошли в издание: Словарь исторический о бывших в России писателях духовного чина... СПб., 1818, т. 1—2 (2-е изд., испр.

и доп. СПб., 1827). В 1838 (после смерти Б.) И. М. Снегирев начал издание его «Словаря русских светских писателей...» (М., 1838, т. 1) со своими дополнениями и исправлениями; подлинный текст «Словаря» Б. издал М. П. Погодин (М., 1845, ч. 1—2). Создание «Словаря» Б. рассматривал как большое патриотическое дело, имеющее целью запечатлеть историю рус. словесности. Он вел обширную переписку, стараясь собрать и зафиксировать возможно больше имен и фактов. И сам Б. щедро делится своими познаниями, помогает в работе В. С. Сопикову, В. Г. Анастасевичу, Н. И. Гречу — и многое получает от них. Статьи «Словаря» в ряде случаев основаны на автобиографиях писателей-современников Б. (ныне в кол. Погодина — ГПБ, ф. 588, № 2002); иногда биографические данные взяты у их близких (статью о *Я. Б. Княжнине* писал его сын, А. Я. Княжнин; мн. статьи о драматургах написаны при участии И. А. Дмитревского).

«Словарь» Б. хронологически ограничен: он дает сведения преимущественно об умерших писателях. Словарные статьи неравноценны по содержательности и достоверности, в них редко высказываются какие-либо критические суждения: «...боюсь открывать даже и за тайну свое мнение, потому что и сам я в оном не уверен» (письмо Б. к Д. И. Хвостову от 30 марта 1804). С глубоким уважением Б. пишет о Н. И. Новикове, на «Словарь» которого опирался, помещает короткую заметку об *А. Н. Радищеве* и его «Путешествии из Петербурга в Москву», в котором видит «многие дерзкие и возмутительные места». Гораздо смелее и откровеннее его суждения в письмах к друзьям и сотрудникам, живых, ярких, остроумных.

Литературные взгляды Б. не отличались последовательностью. Знаток и поклонник античности, воспитанный на литературных образцах классицизма, он в целом отрицательно относился к его строгой нормативности. Утверждая, что творчество *А. Д. Кантемира* и *А. П. Сумарокова* безнадежно устарело, он, однако, брал под защиту поэзию «учителя нашего старика Тредиаковского», поскольку «вкус словесности с веками переменяется и для потомства, может быть, многие из наших современников покажутся Тредиаковскими» (письмо к Д. И. Хвостову от 30 апр. 1820); поэзию *Г. Р. Державина*, с которым мн. годы был дружен, судил сурово и пристрастно: «Мало у него было пиес совершенно отделанных» (письмо к Д. И. Хвостову от 19 авг. 1816); в то же время он постоянно (хотя и не всегда искренне) восхищался неуклюжими творениями Д. И. Хвостова. Литература нового времени осталась чуждой Б.: он иронически относился к «романтическим писцам, поющим ныне только злодейства и ужасы воображения» (письмо к Д. И. Хвостову от 10 авг. 1829), пренебрежительно отзывался о «Руслане и Людмиле» Пушкина, на гибель его откликнулся холодным неодобрительным суждением («...хороший стихотворец, но дурной сын, родственник и гражданин» — Журн. М-ва нар. просв., 1867, № 12, с. 755).

Рукописи и книги библиотеки Б. хранятся в ЦНБ АН УССР, частично — в ГПБ и ИРЛИ.

Лит.: Автобиография. — В кн.: Евгений. Словарь, ч. 1 (1845); *Пономарев С.* Мат-лы для биографии митр. Евгения. Киев, 1867; [Переписка Б. с В. Г. Анастасевичем, К. К. Гирсом, Г. Н. Городчаниновым, Г. Р. Державиным, А. И. Ермолаевым, Д. И. Хвостовым]. — В кн.: Чтения 18 дек. 1867 г. в память митр. киевского Евгения. СПб., 1868 (Сб. Отд-ния рус. яз. и словесности, т. 5, № 1); *Шмурло Е.* Митр. Евгений как ученый. СПб., 1888; *Тихонравов Н. С.* Киевский митр. Евгений Болховитинов. — Соч. М., 1898, т. 3, ч. 1; *Кожемякин А. В.* Е. А. Болховитинов. — В кн.: Очерки лит. жизни Воронежского края. Воронеж, 1970.

Е. Н. Кононко

БОРИСОВ-РУМОВСКИЙ Александр Иванович (в монашестве — А н т о н и й) [VIII 1738—10 (22) XI 1786, Астрахань]. Сын священника одного из сел Суздальской епархии. Учился в Александро-Невской дух. семинарии, после окончания которой оставлен при ней учителем физики (1762); пострижен в монахи в 1762; с 1763 — законоучитель в Сухоп. шлях. корпусе. В кон. 1760-х гг.

выступил с проповедями «нравственно-практического» содержания: «Слово в день коронования императрицы Екатерины II» (1767), «Слово при торжестве первого приема благородных воспитанников в Сухопутный шляхетный кадетский корпус» (1767), «Слово по окончании подвига прививания оспы императрицей Екатериной II» (1769). С 1770 Б. — придворный проповедник со званием архимандрита Николаевского Вяжицкого монастыря Новгородской епархии, с 1774 — епископ Переяславля-Залесского, с 1776 — епископ, а с 1785 — архиепископ астраханский. Известны следующие его проповеди, отличавшиеся простотой и отсутствием мистицизма: «Слово в торжественный день восшествия на престол императрицы Екатерины II» (1771), «Слово при погребении тела фельдмаршала графа А. Г. Разумовского» (1771), «Слово о вступлении на астраханскую кафедру» (в рукописи, 1785).

Лит.: *Любарский П.* Иерархия астраханской епархии. — Чтения в О-ве истории и древностей рос., 1848, № 7; Филарет. Обзор, кн. 2 (1884); [Без подписи]. Борисов-Румовский А. И. — В кн.: Рус. биогр. словарь, т. «Алексинский — Бестужев-Рюмин» (1900).

Ю. К. Бегунов

БОРНОВОЛОКОВ Тертий Степанович [1764—9 (21) I 1813]. Сын небогатого костромского помещика. С 1775 — в военной службе (Преображенский полк); в 1784 отставлен «за болезнью» армии поручиком. В 1785 — адъютант в штате ярославского и вологодского генерал-губернатора, в 1790 — асессор Ярославской казен. палаты. В 1793 поступил в комиссариатский штат кригс-цалмейстером капитанского чина (формуляр 1799 г. — ЦГИА, ф. 1349, оп. 3, № 270, сп. 5). В 1799—1808 — вологодский губернский прокурор; в 1808 в чине кол. советника служил в Архангельской палате угол. суда. В 1809 перебрался в Петербург, где был принят в канцелярию государственного казначея; в 1810 получил место столоначальника первой экспедиции М-ва юстиции. После увольнения (апр. 1812) поступил на службу в Рос.-Амер. комп. и был назначен помощником правителя «Русской Америки»; в авг. 1812 на корабле «Нева» отправился из Охотска в Новоархангельск (Аляска); у м. Эджком корабль потерпел крушение и затонул вместе с большей частью команды и пассажиров; по сообщению очевидца, Б. был выброшен на берег, но вскоре скончался (Москв., 1849, ч. 4, № 15, кн. 1, с. 100).

Первый литературный опыт Б. — «Изобличенный Волтер» (1792), типичный для кон. XVIII в. антипросветительский памфлет, составленный на основе сочинения аббата А. Гене. Задачей Б. было «показать юношам, сколь лживо и дерзко писал о религии г. Волтер», и «отвлечь их от излишнего к нему доверия, а следственно от разврата». При этом, подобно многим современникам, Б. не отрицал «великих дарований» фр. писателя, «кои наиболее зримы в драматических его сочинениях, бессмертныя похвалы достойных».

С воспитательной целью были предприняты и два оригинальных труда Б.: «Отцовский подарок дочери, при вступлении ее в свет» (1808) и «Советы семидесятилетней бабки внуке» (1809). В первом сообщались важнейшие правила «общественной жизни»; во втором (он служил продолжением первого) этот сюжет подробно развивался. Особенно обстоятельно характеризовались «общие и нужнейшие правила господствования над людьми» (т. е. крепостными). По мнению Б., «люди, нам подданные, содержатся в границах обязанности их и принуждаются к исполнению должностей их не жестокостию и тиранством, паче снисхождением, благосклонностию и в необходимых токмо самых крайних случаях благоразумною и хладнокровием управляемою строгостию». В подтверждение этой весьма умеренной точки зрения приводились выразительные зарисовки помещичьего быта, составлявшие своего рода «беллетристический раздел» этого дидактического трактата. Б. принадлежал и ряд статей на различные естественнонаучные темы, которые печатались в «Технол. журн.» (1809—1811) и некоторых др.

С 1808 Б. являлся членом-корреспондентом Вольного экон. о-ва с 1809 — Академии наук (его «яко мужа, желающего споспешествовать успехам наук», представили академики Н. И. Фусс, *Н. Я. Озерецковский* и В. М. Севергин). Он также принимал участие в деятельности Вольного о-ва любителей словесности, наук и художеств.

Автограф (деловая записка) Б. находится в ИРЛИ.

Лит.: *Тихменов П.* Ист. обозр. образования Рос.-Амер. комп. и действий ее до наст. времени. СПб., 1861, т. 1; *Ельчанинов И. Н.* Мат-лы для генеалогии ярославского дворянства. Ярославль, 1913, т. 2; Семенников. Мат-лы для словаря (1914); *Кострин К. В.* Глубокие корни. Уфа, 1971.

П. Р. Заборов

БОЧАРНИКОВ (Бачарников) Капитон. Переводил, по-видимому, в качестве учебных упражнений, рассказы из составленной фр. детским писателем А. Беркеном хрестоматии «Lectures pour les enfants, ou Choix de petits contes également propres à les amuser et à leur faire aimer la vertu» (1775 и др.). Эти переводы, включавшие мелкие произведения Вольтера, Ш.-Л. Монтескье, Ж.-Ф. Сен-Ламбера, П.-П.-Ф. Летурнера, С. Геснера, Ф.-Т.-М. де Бакюляра д'Арно, были изданы Б. под эквивалентным загл. «Детское чтение, или Отборные небольшие повести, удобные увеселить детей и наставить их любить добродетель» (1779); на титульном листе переводчик назван «Преображенского полку подпрапорщиком». Учебным сочинением была, возможно, и небольшая брошюра Б. «Краткое описание российского торга, отправляемого сухим путем с Китаем, Бухариею, Калмыками, Курляндиею и Польшею» (1782). Сборник «Описание нравов и употреблений древних народов» (1783) составлен Б. из кратких статей, заимствованных, очевидно, из нескольких источников. Одним из них была детская учебная хрестоматия Д.-Э. Шоффена «Amusements philologiques, ou Mélange agréable de diverses pièces...» (1749 et al., t. 1—2).

В. Д. Рак

БРАЙКО Григорий Леонтьевич [род. в нач. 1740-х гг.—1793, Вена]. Происходил из «малороссийского шляхетства» (ЦГАДА, ф. 286, оп. 1, № 620, л. 237). Из Киево-Могилянской академии был переведен в Акад. ун-т (1764—1765), затем усовершенствовался «в юриспруденции и других свойственных с нею науках, равно как и языках», в Геттингенском и Кильском ун-тах (ААН, ф. 3, оп. 1, № 826, л. 288—291; ЦГАДА, ф. 10, оп. 1, № 608, л. 446). По возвращении из Германии первое время выполнял переводы при Академии наук, а в 1773 «профессорами ее» был рекомендован переводчиком с лат. и пол. языков под начало *М. М. Щербатова* для описания архива Петра I (ЦГАДА, ф. 10, оп. 1, № 608, л. 446). По завершении этой работы указом Сената от 13 февр. 1778 Б. перевели с чином титул. советника в Коллегию иностр. дел (ЦГАДА, ф. 286, оп. 1, № 620, л. 238—240). По свидетельству вдовы Б., он пользовался особым расположением своего начальника — графа *Н. И. Панина*.

Первым литературным опытом Б. был перевод отрывка из «Географии» А.-Ф. Бюшинга «Королевство Аглинское...» (1772); в журнале «Собр. нов.» (1776) Б. поместил «Разговор, содержащий жалобу на супружество, между Евлалиею и Ксантиппою» Эразма Роттердамского (пер. с лат.).

В янв. 1778 Б. вместе с *Я. Б. Княжниным* и *Б. Ф. Арндтом* начал издавать журнал «СПб. вестн.» (1778—1781). В журнале активно пропагандировались конституционные идеи, печатались призывы облегчить участь крепостных; важное значение имел критико-библиографический отдел.

Перу Б. в «СПб. вестн.» принадлежат переводы из «Диалогов Диогена» К.-М. Виланда, идейно близких ему ненавистью к деспотизму и роскоши, апологией умеренности, верой в торжество «здравого смысла». Им созвучно рассуждение «О домашнем благосостоянии» (пер. с фр.) и философские идиллии «Ирин» Э.-Х. Клейста и «Вечность» А. Галлера.

Издатели «СПб. вестн.» привлекли к активному участию в журнале литераторов кружка *Н. А. Львова*: *Г. Р. Державина*, *В. В. Капниста* и *И. И. Хемницера*. Публикация в нем державинского переложения 81-го псалма («Властителям и судиям») (изъятого полицией), острой «Сатиры I» Капниста, некоторых рецензий в официальном отделе вызвала недовольство правительства, и под давлением властей журнал прекратил свое существование.

25 янв. 1783 Б. был назначен советником рус. посольства в Венеции (АВПР, ф. «Внутренние коллежские дела», оп. 1, № 5004, л. 237), что являлось своего рода почетной ссылкой. Более того, Б. прямо запретили заниматься литературной деятельностью. Все попытки С. Р. Воронцова, посланника в Лондоне, облегчить судьбу Б. не имели успеха. Только к кон. жизни, 30 авг. 1789, состоялось назначение Б. советником рус. миссии в Вене (АВПР, ф. «Внутренние коллежские дела», оп. 2, № 3140, л. 1), где он вскоре и умер. Лишь с воцарением Павла I вдове и сиротам дипломата была оказана материальная помощь (ЦГАДА, ф. 1239, оп. 1, № 37022, л. 2).

Письма Б. к *А. Р. Воронцову* и С. Р. Воронцову 1784—1787 сохранились в ЦГАДА (ф. 1261, оп. 3, № 385).

Лит.: Берков. История журналистики (1952); *Мартынов И. Ф.* Журналист, историк и дипломат XVIII в. Г. Л. Брайко. — В кн.: XVIII век. Л., 1977, сб. 12.

И. Ф. Мартынов

БРАНКЕВИЧ Михаил Степанович [ум. 8 (20) VII 1812]. Родился в Малороссии в семье дворянина. Получил образование в Киевском гл. нар. уч-ще, затем учился в Киево-Могилянской академии, в 1796 поступил в Унив. гимназию и закончил философский факультет кандидатом астрономии. После окончания университета Б. был старшим учителем математики в Смоленской гимназии, где преподавал также словесность, лат. язык, философию, коммерческую науку (1804—1806).

Вновь переехав в Москву, Б. непродолжительное время служил в М-ве юстиции, затем вернулся к педагогической деятельности: оставшиеся годы жизни преподавал математику в высшем арифметическом классе Унив. гимназии и получил звание магистра математики.

Как свидетельствует автор некролога, живший в крайней бедности Б. страдал «слабостью сложения, расстройкой здоровья», но все это переносил с твердостью.

Еще студентом Б. сотрудничал в «Иппокрене», «Приятном и полезном», где напечатал переводы нравоучительных повестей, анакреонтическое стихотворение и притчу о поэте, создававшем «стихотворный хаос» из чужих мыслей. В стихотворении «Гробница» (Приятное и полезное, 1798, ч. 18) сатирически подчеркнут социальный мотив: на могиле того, кто «Обманом миллионы Старался всячески нажить», золотыми буквами высечена надпись о добродетелях. В «Друге юношества» (1811) помещены религиозно-нравоучительные статьи Б.

Б. был близок к московским масонам: поддерживал знакомство с *М. И. Невзоровым*, *И. В. Лопухина* считал своим покровителем. Очевидно, под влиянием последнего он написал «Дух Эккартсгаузена, или Сущность учения сего знаменитого писателя» (М., 1810), краткое изложение взглядов весьма авторитетного для рус. масонов К. Эккартсгаузена. В этот трактат он включил собственные рассуждения, полемику с «вольнодумцами», примеры из рус. истории. Примечательны утверждения о том, что церковь делится на истинную и ложную: «Наружная церковь марается грязью пороков, но внутренняя тверда». Б. пытается осмыслить историческую обстановку 1810-х гг. («Я вижу, собирается над Европой туча кровавых замыслов. Но ты, бессмертная Россия! как и прежде, отразишь и рассыплешь их...») и социальные пороки рус. общества (глухой старик, выйдя в отставку после геройской солдатской службы, был вынужден работать на помещика и наказывался за малейшую провинность).

Последняя тема разработана и в более ранней повести «Храбрый философ Лев Андреевич Громин, сослуживец Силы Андреевича Богатырева. Отрывок» (М., 1809). Прослуживший солдатом 48 лет, раненный, награжденный Суворовым за храбрость крестьянин Громин на старости лет ради куска хлеба принужден «протягивать свою руку перед каким-нибудь тунеядцем». Возмущенный автор тем не менее устами своего героя призывает к смирению: «...терпи да потей! Кто ж тому виноватый? Право, я не знаю и знать не хочу». Те же примирительные мотивы присутствуют в «Духе Эккартсгаузена...».

Называя Громина сослуживцем Силы Андреевича Богатырева, героя «Мыслей вслух на Красном крыльце» (1807) Ф. В. Ростопчина, Б., очевидно, стремился ввести свою повесть в число произведений «для народа», написанных «простым слогом».

Перу Б. принадлежат «Самовернейший астрономический телескоп» (М., 1808, ч. 1—3) и «Древнейший астролог, или Оракул искуснейших в гадании» (М., 1814), в которых он популяризирует систему Коперника; им опубликованы в этих изданиях ок. двух тысяч народных пословиц и поговорок. Позднейшая критика считала, что указанные книги поддерживают «простонародные заблуждения» (Б-ка для чтения, 1837, т. 23, с. 77).

Лит.: *И. М.-К.* Известие о М. С. Бранкевиче. — Друг юношества, 1812, № 9; *Аксенов М. В.* Ист. записка о Смоленской губ. гимназии. Смоленск, 1912, ч. 1.

Р. М. Садовникова

БРАТАНОВСКИЙ-РОМАНЕНКО Андрей Семенович (в монашестве — А н а с т а с и й) [16 (27) X 1761, м. Барышевка Полтавской губ. — 9 (21) XII 1806, Астрахань]. Родился в семье протопопа местной церкви С. К. Братановского, малороссийского дворянина. Окончив в 1782 Переяславскую дух. семинарию, был направлен учителем в Севскую дух. семинарию; в 1784 при содействии своего дяди Иринея Братановича, архиепископа вологодского, перевелся в Вологодскую дух. семинарию учителем поэтики, риторики, истории, географии и арифметики. В 1788—1789 в Кирилло-Белозерской дух. семинарии начал составлять и читать проповеди. В янв. 1790 приехал в Петербург по вызову петербургского митрополита *Гавриила Петрова* и стал преподавать в Александро-Невской дух. семинарии. 26 июня 1790 принял постриг и в 1790—1792 преподавал закон божий кадетам Измайловского гвардейского полка. С 1792 Б.-Р. — законоучитель Сухоп. шляхт. корпуса. Он часто выступает с проповедями и становится известен в придворных кругах. *Екатерина II*, назначившая Б.-Р. придворным проповедником (1793—1796), часто называла его «русским Масильоном»: «Анастасию или должно подражать, или превзойти его; но и то и другое невозможно». В 1790-е гг. Б. занимает должности архимандрита Зеленецкого монастыря, Троицкой Сергиевой пустыни, Московского Новоспасского монастыря. В 1794 он избирается д. членом Рос. Академии. В 1796 снова становится законоучителем Сухоп. шляхт. корпуса. В 1797 назначается епископом белорус. (могилевским), а в 1805 — архиепископом астраханским.

Ученик московского митрополита *Платона Левшина*, Б.-Р. превосходил всех остальных представителей его школы ясностью и отточенностью стиля, близостью языка своих проповедей к разговорному. К числу лучших его произведений относятся надгробные слова, посвященные *И. И. Бецкому* (1795), *И. И. Шувалову* (1797), покровителям наук и искусств. Б.-Р. написал также руководство на лат. по составлению проповедей «Tractatus de concionum dispositionibus formandis...» (М., 1806).

Б.-Р. известен своими переводами сочинений фр. писателя Ф.-Т.-М. де Бакюляра д'Арно — «Плач Иеремии пророка. В шести песнях» (1797) и «Истинный Мессия, или Доказательство о божественном пришествии в мир Иисуса Христа и его божества» (М., 1801). Также с фр. им переведены два сочинения протестантского писателя Ж.-А.-С. Формея, выступавшего против идей Ж.-Ж. Руссо: «Предохранение от безверия и нечестия, здравым рассудком, совестию и опытами доказанное» (1794) и «Опыт о совершенстве» (СПб., 1805).

По указу Павла I в 1801 Б.-Р. переводил с фр. «Историю падения и разрушения Римской империи» англ. историка Э. Гиббона, однако этот труд остался незавершенным, как и перевод «Толкований на Евангелие Иоанна Богослова». Б.-Р. принадлежит перевод с лат. трактата Г. Кондея «Исследование свойства субботы и покоя Нового завета» (1787; не изд.).

Лит.: Евгений. Словарь исторический, т. 1 (1827); Бантыш-Каменский. Словарь, ч. 1 (1847); *Чистович И. А.* История С.-Петербургской дух. академии. СПб., 1857; Сухомлинов. Рос. Академии, вып. 1 (1874); *Покровский Н.* Проповедническая деятельность преосв. Анастасия Братановского. — Странник, 1876, т. 1, № 2; *Заведеев П.* История рус. проповеди от XVII в. до наст. времени. СПб., 1879; Филарет. Обзор, кн. 2 (1884); [Без подписи]. Анастасий (А. С. Братановский). — В кн.: Рус. биогр. словарь, т. «Алексинский — Бестужев-Рюмин» (1906).

Ю. К. Бегунов

БРЯНЦЕВ Андрей Михайлович [1749, Одигитриевская пустынь Вологодской губ. — 21 I (2 II) 1821, Москва]. Сын причетника. В 1756 поступил в Вологодскую дух. семинарию; окончив ее, пешком дошел до Москвы и поступил в Славяно-греко-лат. академию. В 1770 окончил курс богословских и философских наук и определился в Моск. ун-т, где изучал юриспруденцию, естественные и точные науки и языки. В 1779 назначен учителем лат. и греч. языков и рос. словесности в Унив. гимназию; в 1787 защитил диссертацию «О критерии истины» на степень магистра философии и свободных наук (текст не сохр.). С 1788 — экстраординарный, а с 1795 — ординарный профессор логики и метафизики в университете. В 1791—1795 — университетский цензор, в 1804—1806 — член Училищного комитета и директор Пед. ин-та при Моск. ун-те. В 1816 получил чин ст. советника.

Б. — один из первых профессоров, популяризировавших в России философию И. Канта, не будучи чистым кантианцем. В составленных Б. для торжественных собраний университета «Слове о связи вещей во Вселенной...» (1790) и «Слове о всеобщих и главных законах природы...» (1799) отчетливо прослеживается влияние Г.-В. Лейбница. Делались, однако, и попытки интерпретировать представления Б. о единстве мироздания как особую форму «метафизического материализма».

Кроме краткого участия в «Моск. ежемес. изд.» (1781; пер. анонимных статей «Письмо» и «О поединках») литературная деятельность Б. включала перевод книг по лингвистике, юриспруденции, этике и философии. Так, вместе с *С. Е.* Десницким он перевел с англ. языка «Истолкования аглинских законов» У. Блэкстона (1780—1782, т. 1—3). В 1787 вышел перевод с нем. «Грамматики новейшей лат. языка» И. Шеллера (в нем. имелся отд. об античном стихосложении). В 1798 во Владимире Б. напечатал книгу «Antiquitatum graecorum praecipue Atticarum, descriptio brevis» (вышла в 1799). Б. переведены с нем. «Начальные основания нравственной философии» Г.-А. Фергюссона (М., 1804), по специальному поручению *М. Н. Муравьева*.

В круг его интересов входили и историко-литературные занятия. И. М. Снегирев отмечал, что общение с Б. привело его к мысли начать собирание рус. пословиц. Б. принадлежала большая библиотека книг и рукописей, сгоревшая в московском пожаре 1812.

Лит.: Биогр. словарь Моск. ун-та, ч. 1 (1855); *Снегирев И. М.* Старина рус. земли. СПб., 1871; [Без подписи]. Брянцев А. М. — В кн.: Рус. биогр. словарь, т. «Бетанкур — Бякстер» (1908); Избр. произведения рус. мыслителей второй пол. XVIII в. М., 1952, т. 1.

А. Б. Шишкин

БРЯНЧАНИНОВ Афанасий Матвеевич [ум. 1786]. Сводный брат *Ф. М. Брянчанинова*. «Недоросль» в 1759, в 1767 начал службу сержантом, затем каптенармусом лейб-гвардии Семеновского полка. Тридцати лет поручиком вышел в отставку и приобрел в Грязовецком у. Вологодской губ. имения Осанино и Фомино. Был женат на двоюродной сестре *М. Н. Муравьева*, хорошо знал его самого. Вологодские имения Б. описаны в произведениях Муравьева, которые и служат источником сведений о жизни Б. В стихотворении «Сельская жизнь» (1770-е гг.) Муравьев описывает его как образованного помещика, занимающегося искусством. По мнению Л. И. Кулаковой, в «Эмилиевых письмах»

Муравьева Б. выведен под именем добродетельного помещика Осанова, а, по указанию Ф. Н. Фортунатова, в «Трех письмах» — как «вологодский помещик А.» (см.: Рус. арх., 1867, № 12, с. 1654). Ему посвящены стихотворения Муравьева «Ода вторая к А. М. Брянчанинову» и «Письмо к А. М. Брянчанинову на смерть супруги его Елисаветы Павловны» (оба — 1775).

Муравьев неоднократно обращался к Б. как к «другу-стихотворцу», напр. в «Послании о легком стихотворстве к А. М. Брянчанинову» (1783): «Любовных резвостей своих летописатель, Моих нежнейших лет товарищ и приятель, Что делаешь теперь у Северной Двины?». Альтернативой поэзии в «Послании» предстает «кривизна ябеды», что позволяет предположить, что в эти годы Б. служил в суде. Тексты Б. в изданиях XVIII в. не атрибутированы, возможно, он и не пытался их публиковать, довольствуясь поприщем литератора-дилетанта. В семейном альбоме Брянчаниновых (Вологодская обл. б-ка, № 105 008) сохранились ода Б. «Всходяща солнца луч темнеет», стихотворение «Приятностию то в глазах наших блистает», «Вражда между чаем, кофием и водою. Героическая поэма» и нач. комедии «Слуга, совместник своего господина» со стихотворным посвящением *А. В. Олешеву* (ок. 1778).

В ГИМ (ф. 94, оп. 1, № 1, л. 99, 141) хранится переписка Б. с ярославским меценатом А. П. Мельгуновым. Библиотека и архив Б. утрачены.

Лит.: *Ельчанинов И. Н.* Мат-лы для генеалогии ярославского дворянства. Ярославль, 1913, т. 2; *Гура В. В.* Рус. писатели в Вологодском крае. Вологда, 1952; *Муравьев М. Н.* Стихотворения. Л., 1961; *Мартынов И. Ф.* Провинц. книголюбы XVIII в. — В кн.: Рус. б-ки и частные книжные собр. XVI—XIX вв. Л., 1979; Письма рус. писателей (1980).

И. Ю. Фоменко

БРЯНЧАНИНОВ Федор Матвеевич [1765—первая треть XIX в.]. Сын (от второго брака) М. Ф. Брянчанинова, обер-секретаря Сената, сводный брат *А. М. Брянчанинова*. 5 марта 1773 зачислен в Семеновский полк, с 1785 — сержант, 1 янв. 1786 переведен капитаном в Апшеронский мушкетерский полк и 23 февр. 1787 по болезни уволен в чине секунд-майора.

В дальнейшем жил в своих имениях в Ярославской губ. и там же служил: с 1788 — заседатель Ярославского верхн. зем. суда, в 1790—1792 — депутат дворянского собрания Романовского у. С 1801 по 1805 присутствовал в Комиссии моск. комиссариатского депо. С 1805 — инспектор казенных винокуренных заводов (в чине кол. советника). В течение 15 лет был заседателем Ярославского приказа общест. призрения. Известно также, что в нач. 1820-х гг. Б. вступил в конфликт с ярославским гражданским губернатором А. М. Безобразовым и подал записку о его противозаконных действиях.

Был женат на «мещанке Анастасии Семеновне» (род. 1797). Крепостной Б. *И. А. Майков* (*Розов*) в «Эпистоле ⟨...⟩ Федору Матвеевичу Бряньчанинову 22 июня 1793 года» (1793) воспел Б. как честного судью и великодушного помещика.

Единственный опубликованный текст Б. — песня «Свободой наслаждаясь» — появился в альманахе *Н. М. Карамзина* «Аониды» (1798—1799, ч. 3). Стихотворение Б. «Любить несносно» записано в семейном альбоме Брянчаниновых (Вологодская обл. б-ка, № 105 008).

Лит.: *Ельчанинов И. Н.* Мат-лы для генеалогии ярославского дворянства. Ярославль, 1913, т. 2; *Мартынов И. Ф.* Провинц. книголюбы XVIII в. — В кн.: Рус. б-ки и частные книжные собр. XVI—XIX вв. Л., 1979.

И. Ю. Фоменко

БУДАКОВ Василий. Преподаватель Сухоп. шлях. корпуса. В 1769 был капитаном артиллерии в отставке. Подал в февр. этого же года прошение об «определении к статским делам», но уже в марте прошение просил возвратить назад, т. к. «он в статской службе быть не желает» (ЦГАДА, ф. 286, кн. 556, л. 49).

В 1754 составил для обучения кадетов рукописную «Историю всеобщую», компилятивное сочинение, основанное на фактах преимущественно военной истории прошлого (ГБЛ, Собр. О-ва истории и древностей рос., ф. 205, № 67). В 1757 перевел повесть фр. романистки М.-А. Фальян «Зерцало восточных принцесс» (1755). Перевод остался в рукописи (ГБЛ, ф. 205, № 226, л. 108—114).

Лит.: Сб. имп. Рус. ист. о-ва. СПб., 1888, т. 60; *Пыпин А. Н.* История рус. лит. СПб., 1902, т. 3; *Греков В.* Будаков В. — В кн.: Рус. биогр. словарь, т. «Бетанкур — Бякстер» (1908).

Л. Ф. Капралова

БУЖИНСКИЙ Гавриил Федорович [ок. 1680, правобережная Украина—14 (25) IV 1731, Москва, похоронен в Заиконоспасском м-ре]. Образование получил в Киево-Могилянской академии. В 1706 Б. был вызван *Стефаном Яворским* в Москву, где стал учителем Славяно-греколат. академии. В 1707 Б. был пострижен в монахи, а в 1709 назначен префектом Славяно-греко-лат. академии. Стал известен как проповедник Петру I, который в 1714 вызвал Б. в Петербург, в Александро-Невский монастырь, а в 1718 назначил обер-иеромонахом флота. Б. жил то на кораблях, то в Александро-Невском монастыре и часто произносил торжественные проповеди в присутствии Петра I. С 1721 Б. — настоятель Костромского Троицкого Ипатьевского монастыря, а с 1722 — архимандрит Троице-Сергиевой лавры. С февр. 1721 Б. — советник Синода. Занимая до 1726 должность протектора всех подведомственных Синоду школ и типографий, Б. редактирует книги и документы, наблюдает за печатанием книг в Петербурге, Москве и на Украине.

В 1726 Б. переведен в Рязань, где занимает епископскую кафедру и восстанавливает (1727) славяно-греко-лат. школу. Гонения на бывших сподвижников Петра I коснулись и Б.: его обвиняют в должностных злоупотреблениях и отступлениях от православия. С 1728 Б. живет в Москве. Оправданный в 1730 от возводимых на него обвинений, Б. уже не мог по состоянию здоровья выехать в Рязань или возвратиться в Петербург.

«Петра Великого дел славный проповедник», «весьма прилежный и тщательно трудолюбивый», пишущий «внятно и хорошим штилем», Б. принадлежал к возглавляемой *Феофаном Прокоповичем* группе ранних русских просветителей этико-гуманистического направления, разделявших теорию «естественного права» Г. Гроция, Дж. Гоббса, С. Пуффендорфа и идею «просвещенного абсолютизма». Апология петровских преобразований и побед (Орешек, Полтава, Гангут) была стержневой темой проповедей Б., проникнутых высоким гражданским пафосом. Б. принадлежат также похвальное слово в честь семьи Петра I, а также слово на погребение фельдмаршала Б. П. Шереметева. Лучшие из проповедей: «Слово в похвалу Санкт-Петербурга» (окт. 1717), произнесенное по случаю возвращения Петра I из заграничного путешествия в свой «северный парадиз»; «Слово на день годичного поминовения государя Петра Великого, проповеданное над гробом его» (1726; перев. и изд. в 1729 на лат. и англ. Т. Консеттом в Лондоне). Витиеватость стиля, типичное для эпохи барокко смешение библейских и античных мотивов и сочетание в языке неологизмов петровского времени с церковнослав. лексикой были характерными чертами стиля Б.

Как агиограф и гимнограф Б. известен составлением «Службы на воспоминание заключенного мира между империею Российскою и короною Свейскою» и «Синаксария» Александру Невскому (1725). Б. раздвигает рамки старых жанров, обращаясь к современной ему истории: в «Службе...» прославляются победы рус. оружия в Северной войне, а в «Синаксарии» первоначальный текст проложного жития Александра Невского дополнен материалами из реляций о Северной войне и сказанием о перенесении мощей князя Александра из Владимира в Петербург.

Б. принадлежат переводы с лат. «Разговоров дружеских» Эразма Роттердамского (1716; с перераб. А. Бакера), «Введения в историю европейскую» С. Пуффендорфа (1718; 2-е изд. 1724) и «Феатрона и позора исторического» В. Стратемана (1724). Позднее книги Пуффендорфа (в 1738) и Стратемана (в 1749) конфисковывались правительством из-за их антикатолической и пропротестантской направленности. Б. редактировал и исправлял сделанный *Иосифом Кречетовским* перевод сочинения Пуффендорфа «О должности человека и гражданина по закону естественному» (1726).

Остался неизданным перевод большого исторического лексикона Л. Морьери, который Б. редактировал в 1716 (тетр. 1—422, содержащие слова от «А» до «Н», хранятся в ЦГИА, ф. 834).

Обширная библиотека Б. поступила в Славяно-греко-лат. академию, небольшая часть — в Типогр. синод. б-ку.

Лит.: Пекарский. Наука и лит., т. 1—2 (1862); *Шереметевский В.* Гавриил Бужинский. — В кн.: Рус. биогр. словарь, т. «Гааг — Гербель» (1914); *Бегунов Ю. К.* Древнерус. традиции в произведениях первой четверти XVIII в. об Александре Невском. — В кн.: Тр. Отд. древнерус. лит. М.; Л., 1971, т. 26; *Луппов С. П.* Книга в России в первой четверти XVIII в. Л., 1973.

Ю. К. Бегунов

БУЛАТНИЦКИЙ Егор [ум. 1767, Москва]. В 1755 был прислан из Киево-Могилянской академии в Моск. ун-т, где «обучался философии, юриспруденции, еловкенции и первым частям математическим с добрым успехом» (аттестат 1762 г.). 17 дек. 1756 Б. в числе др. студентов участвовал в публичном университетском диспуте. 19 дек. 1757 по завершении экзаменов он оппонировал в диспуте «в онтологии», а затем вместе со студентом С. Лобановым «сократический разговор о географии имели и на глобусе некоторые космографические теоремы разрешали» (Моск. вед., 1757, 19 дек., № 101, Приб.). В 1758 к награде «за ревность и рачение к наукам» «из итальянского класса магистра Николая Папафило» первым был представлен Б., «который сверх своей должности обучал долгое время итальянский класс с хорошим успехом» (Моск. вед., 1758, 12 мая, № 38, Приб.). В 1758 и 1760 Б. получил серебряные медали (см.: Моск. вед., 1760, 28 апр., № 34, Приб.), а затем был направлен в Петербургскую Академию художеств преподавать историю, мифологию, катехизис и, вероятно, ит. язык. Уволен в февр. 1762 по его просьбе, видимо, из-за плохого состояния здоровья.

Уже в первые годы пребывания в университете Б. составил ит. грамматику для рус. учащихся (25 сент. 1757 директор университета *И. И. Мелиссино* рапортовал *И. И. Шувалову*: «Итальянская грамматика в силу ордера вашего высокопревосходительства на сих днях печататься может»). Этот первый рус. учебник ит. языка вышел в 1759 под загл. «Новая итальянская грамматика. Собрана из разных авторов и переведена на российский язык Московского университета студентом Егором Булатницким» (переизд. анонимно в 1774). Грамматика Б. стала классической в Унив. гимназии, а в Академии художеств служила руководством в течение 20 лет и была заменена только в 1779 учебником Ж. Веньерони.

Б. первым из рус. переводчиков обратился к произведениям К. Гольдони. В нач. 1759 он опубликовал перевод ит. «драмы увеселительной» «Сердечный магнит» — принадлежащего Гольдони либретто одноименной комической оперы Б. Галуппи, представленной в Москве на открытии оперного театра у Красных прудов 29 янв. 1759 ит. труппой Дж.-Б. Локателли. Рифмованную прозу и стихи оригинала Гольдони, напечатанного параллельно с переводом, Б. переложил прозой. В переводе ощутимы хорошее знание языка и определенная переводческая уверенность.

Лит.: Евгений — Снегирев. Словарь, т. 1 (1838); Шевырев. Моск. ун-т (1855); Сб. мат-лов для истории имп. С.-Петербургской Академии художеств за сто лет ее существования / Изд. под ред. П. Н. Петрова и с его примеч. СПб., 1864, ч. 1; *Забелин И. Е.* Из хроники обществ. жизни в Москве в XVIII столетии. — В кн.: Сб. О-ва любителей рос. словесности на 1891 г. М., 1891; Пенчко. Документы, т. 1 (1960).

Р. М. Горохова

БУЛГАКОВ Яков Иванович [15 (26) X 1743, Москва—7 (19) VII 1809, там же]. Дипломат. Происходил из старинного дворянского обедневшего рода. Сын отставного секретаря Преображенского полка Ивана Михайловича Б. Получив домашнее образование, поступил в качестве «своекоштного» ученика в Унив. гимназию, где учился одновременно с *Д. И.* и *П. И. Фонвизиными* и Г. А. Потемкиным. Отличался знанием лат. и фр. языков. Неоднократно отмечался как «достойный награждения» и как «ближайший к награждению». В июле 1758 получил золотую медаль (см.: Моск. вед., 1757, 19 дек., № 101; 1758, 12 мая, № 38; 1761, 27 апр., № 34, Приб.). Вместе с Д. И. Фонвизиным был в числе учеников, ездивших в Петербург для представления *И. И. Шувалову* (см.: Учен. зап. Моск. ун-та, 1834, ч. 4, май, с. 355—356). Б. называли также среди «лучших актеров» любительской труппы при Моск. ун-те (см.: Арапов. Летопись (1861), с. 56). В 1759 произведен в студенты. В 1760—1761 в журнале «Полезное увеселение» поместил ряд прозаических переводов с лат. и фр. («Совет богов», «Разговоры морские», «Икароменипп» Лукиана, «Речь 3-я» Исократа, «О дружестве», «Рассуждение о том, что словесные науки приносят ли какую пользу в военном состоянии?», «Сатира на скупость»), носивших в основном ученический характер.

С 24 марта 1762 начал службу в Коллегии иностр. дел. Ездил в Варшаву с известием о воцарении Петра III, затем в качестве переводчика сопровождал в Вену Д. М. Матюшкина. 13 окт. 1763 определен переводчиком при полномочном министре в Польше Н. В. Репнине. С 1764 секретарь, а с 1768 советник посольства в Варшаве, откуда вел переписку с Д. И. Фонвизиным, имевшую и деловой, и дружеский характер. В 1775—1776 находился в Константинополе с дипломатической миссией Н. В. Репнина. Этой поездке посвящен частично написанный Б. «Журнал путешествия из Киева до Царяграда, бытность в оном и возвратного пути ⟨...⟩ посла князя Николая Васильевича Репнина» (опубл. в сокр. виде под загл. «Российское посольство в Константинополь»: СПб. вед., 1776, 16 февр.—11 марта, 31 мая—7 июня, 23 и 26 авг., № 14—21, 44—46, 68, 69, Приб.; отд. изд.: 1777). В это же время Б. перевел прозой поэму М.-М. Боярдо «Влюбленный Роланд» (1777—1778, т. 1—3; 2-е изд. 1799) с прозаического фр. перевода А.-Р. Лесажа. В предисловии Б. говорил о преимуществах, которые, по его мнению, фр. перевод имеет перед оригиналом, т. к. Лесаж исправил «все несообразности, противные здравому рассудку даже и в самих баснях, а особливо те, кои касаются до географии». Здесь же Б. упомянул о своем намерении издать перевод поэмы Л. Ариосто о Роланде, часть которой «уже и перевел». Этот труд Б. остался незавершенным, возможно в связи с неудачами, вышими при продаже перевода Боярдо. Об этом *Н. И. Новиков* писал Б. 21 апр. 1779: «Роланд продается весьма тупо», «везде с малым успехом» (Рус. арх., 1864, № 7—8, с. 740).

В 1778—1779 Б. участвовал в работе Тешенского конгресса. Летом 1780 ездил в Астрахань, очевидно с поручением к А. В. Суворову. Совместно с М. С. Потемкиным состоял в Комиссии по разграничению Новороссийской губ. с пол. землями и 5 янв. 1781 подписал акт об этом разграничении.

С 1770-х гг. Б. занимался переводом сочинения Ж. де Ла Порта «Всемирный путешествователь...» (1778—1794, т. 1—27; 2-е изд. 1780—1786, т. 1—11; 3-е изд. СПб., 1800—1816, т. 2—27). В предисловии Б. говорил о пользе путешествий. Ему принадлежат примечания и дополнения к тексту, а также перемены, которые он делал, «быв сам очевидцем тех вещей или достав вернейшие известия». Печатание и продажа т. 1—3 «Путешествователя» были осуществлены Н. И. Новиковым. *Г. Р. Державин* говорил об этой книге: «Сколько тут любопытного, и у кого память хороша, сколько пользы прочесть ее!». Отрывки из перевода Б. были перепечатаны в нач. XIX в. в книгах В. Б. Броневского и выданы им за свои сочинения.

В мае 1781 по ходатайству *Н. И. Панина* и Г. А. Потемкина Б. назначили чрезвычайным посланником и полномочным министром в Константинополь, куда он прибыл 27 июля 1781. В авг. к Б. приехал *И. И. Хемницер*, рекомендованный Г. Р. Державиным. Б. успешно защищал рус. интересы в Константинополе:

добился заключения торгового соглашения с Турцией 10 июня 1783 и подписания акта 28 дек. 1783 о присоединении к России Крыма, Тамани и кубанских земель. За это *Екатерина II* наградила Б. особой медалью. Высоко ценя его службу, она и в дальнейшем часто награждала его чинами и поместьями. О дипломатическом искусстве Б. и его «благоразумной отваге» с уважением отзывался С. Р. Воронцов (см.: Арх. кн. Воронцова. М., 1880, кн. 16, с. 176). Б. постоянно вел «журналы», т. е. поденные записки, содержавшие разнообразные сведения о жизни Турции и рус.-тур. отношениях. В 1784 Б. получил чин д. ст. советника. 16 дек. 1784 А. А. Безбородко поручил Б. доставить Екатерине II перевод слов по приложенному реестру на абис. и эфиоп. языки, а также на их диалекты (см.: Рус. арх., 1864, № 3, с. 293—295). В Константинополе родились внебрачные дети Б.: Александр (1781—1863) и Константин (1782—1835). Их мать, француженка Е.-Л. Имбер (Ракет), впосл. вышла замуж за *А. М. Шумлянского*. В апр. 1787 Б. ездил через Севастополь в Херсон для встречи с Екатериной II и Г. А. Потемкиным. В связи с осложнением рус.-тур. отношений 5 авг. 1787 Б. по приказанию султана заключили в Едикуль (Семибашенный замок), откуда он тайно вел переписку с Екатериной II, Г. А. Потемкиным, А. А. Безбородко и др. «Ежели отнимут у меня чернилы, то я буду писать кровию моею», — писал Б. Отстаивая независимость рус. дипломатии, Б. отклонил предложение фр. посла ходатайствовать о его освобождении. В заключении Б. продолжал работу над переводом «Всемирного путешествователя...» и занимался садоводством. 24 окт. 1789 его освободили, и с двумя малолетними сыновьями он отправился в Россию. Находясь проездом в Вене, был принят Иосифом II и послом Кауницом. С почетом был встречен в Царском Селе. По инициативе Г. А. Потемкина 19 марта 1790 назначен послом в Варшаву. 2 июня 1790 произведен в т. советники. В Польше Б. стремился завоевать доверие местных жителей и укрепить рус.-пол. отношения. 6 мая 1792 Б. за своей подписью представил «Декларацию ⟨...⟩ Министерству польскому», напечатанную на рус. и пол. языках (1792). В Варшаве написал также на фр. языке книгу «Mémoire sur la révolution de Pologne» (1792), переведенную на рус. *Н. Яценковым*: «Записки о нынешнем возмущении Польши» (1792). Деятельность Б. вызвала недовольство П. А. Зубова, и 22 дек. 1792 он был отозван в Петербург. Оставив службу, поселился здесь, приобрел дом. Занимался устройством денежных и имущественных дел гр. А. В. Браницкой. Сделал по заказу Екатерины II перевод сочинения М.-Ф. Дандре-Бардона «Образование древних народов» (1795—1796, ч. 1—4), которое представляло собой собрание иллюстраций с пояснительным текстом, взятых из двух разных фр. изданий книги. Текст Б. снабдил примечаниями и указателями. В эти же годы Б. перевел для императрицы ряд статей из пол. гербовника. После вступления на престол Павла I Б. был назначен губернатором в Вильно и Ковно; получил чин д. т. советника.

Выйдя в отставку в 1799, Б. поселился в Москве, где имел дом рядом с Немецкой слободой. Он много читал, посещал театры, концерты, светские вечера, занимался приведением в порядок своего богатого книжного собрания, включавшего библиотеку отца и существенно дополненного им самим, вел обширную переписку. Часть собрания, уцелевшая после пожара 1812, перешла к С. Д. Полторацкому. Среди корреспондентов Б. были государственные деятели, дипломаты, издатели и литераторы (Д. И. Фонвизин, *Н. А. Львов*, Г. Р. Державин, *И. У. Ванслов*, *Н. Н. Бантыш-Каменский*, В. А. Жуковский, Александр И. Тургенев, П. А. Вяземский, А. И. Мусин-Пушкин и др.). В переписке Б. нашла отражение литературная и театральная жизнь Москвы, Петербурга, Твери, Новгорода, Варшавы. 29 июля 1790 Б. сообщал *В. С. Попову*, что послал ему «странную книгу» — «Путешествие из Петербурга в Москву». В письме к др. лицу Б. писал об *А. Н. Радищеве*: «...велено его судить уголовной палате — и достоин». Особое место занимает переписка Б. с его сыновьями: он давал им житейские наставления, рекомендовал книги для чтения. Письма Б. «могут служить образцами остроты, они отличаются слогом чистым и правильным, замысловаты без натяжек». В совершенстве зная фр. язык, Б. «говорил всегда предпочтительно по-русски». Б. работал над переводом «Путешествия молодого Анахарсиса в Грецию» Ж.-Ж. Бартелеми, но, «узнав, что сочинение переводит „молодой недостаточный" человек», *П. И. Страхов*, подарил ему сделанный им перевод (рукопись введения, т. 1 и гл. 1 т. 2 хранится в ГБЛ). Д. Н. Бантыш-Каменский упоминал о «приятной, величавой его наружности, радушии, великолепном доме, всегда открытом для лучшего общества, любезности его и ловком обхождении с прекрасным полом», о том, что Б. «предпочитал пользу общую собственной». О «достоинствах» Б., «признанных целою Европою», писал А. В. Суворов. Хвалебную оду Б. посвятил И. Погожев (1791). Анонимный автор прославлял Б. в «Надписи к портрету Я. И. Булгакова» (Рус. вестн., 1817, кн. 5—6, с. XXIII). С. П. Жихарев восхищался трудолюбием Б.: «Говорят, что он не может ни минуты оставаться праздным: не пишет, так читает». Б. был почетным членом Академии наук и Моск. ун-та (с 1805). 30 июня 1805 принимал участие в праздновании 50-й годовщины основания университета (см.: Рус. арх., 1898, № 5, с. 51).

Архив Б. (биографические материалы, каталоги библиотеки, значительная часть обширной переписки) хранится в ГБЛ (ф. 41), частично также в ГИМ и ЦГАЛИ.

Лит.: Изображение заслуг, оказанных отечеству Яковом Ивановичем Булгаковым, почерпнутое из подлинных писем кн. Потемкина и Суворова.— Рус. вестн., 1814, ч. 25, кн. 9; *Глинка С. Н.* Рус. анекдоты. М., 1820, ч. 1; [*Булгаков А. Я.*] Краткая биография Я. И. Булгакова.— Моск. телеграф, 1831, ч. 39, № 11; Бантыш-Каменский. Словарь, ч. 1 (1836); Евгений — Снегирев. Словарь, т. 1 (1838); *Соловьев С. М.* История падения Польши. М., 1863; Письма Я. И. Булгакова к кн. Потемкину.— Рус. арх., 1866, № 11—12; Державин. Соч. (1864—1883), т. 5—8 (1869—1880); *Хемницер И. И.* Соч. и письма. СПб., 1873; Рус. арх., 1875, № 1; *Вяземский П. А.* Полн. собр. соч. СПб., 1880, т. 5; Сб. Рус. ист. о-ва. СПб., 1885, т. 47; *Дубровин Н. Ф.* Присоединение Крыма к России: Рескрипты, письма, реляции и донесения. СПб., 1889, т. 4; Переписка Я. И. Булгакова с А. Я. и К. Я. Булгаковыми.— Рус. арх., 1898, т. № 1—12; *Майков П.* Булгаков Я. И.— В кн.: Рус. биогр. словарь, т. «Бетанкур — Бякстер» (1908); Письма и бумаги Суворова / Примеч. Б. Алексеева. Пг., 1916, т. 1; *Вирен В. Н.* Университетский театр в Москве.— В кн.: Ежегодн. Ин-та истории искусств. 1958. Театр. М., 1958; *Фонвизин Д. И.* Собр. соч. М.; Л., 1959, т. 2; Пенчко. Документы, т. 1 (1960); *Герасимова Ю. И.* Арх. Булгаковых.— В кн.: Зап. Отд. рукописей ГБЛ. М., 1968, вып. 30 (с портретом); *Суворов А. В.* Письма. М., 1986.

Н. Д. Кочеткова

БУЛГАРИС (Булгар, Вулгарис, Болгарский) Елевферий (в монашестве — Евгений) [11 (22) VIII 1716, о. Корфу—27 V (8 VI) 1806, Петербург, похоронен в Александро-Невской лавре]. Выдающийся греч. эрудит, педагог и духовный писатель, один из создателей новогреч. литературного языка. Образование получил на родине и в Янине; одним из его учителей был А. Катифоро. Позже учился в Падуанском ун-те, где усовершенствовался в ит., лат., древнегреч. и фр. языках, в богословии, естественных науках и особенно в математике. Здесь же Б. основательно знакомится с новейшими философскими системами. По возвращении на родину принял монашество и занялся преподаванием, обновленный дух которого встретил интерес слушателей и раздражение приверженцев старины; характер Б., не слишком покладистый, еще более обострил его отношения с др. преподавателями (о Б. говорили: «Хорош Евгений, только безбожник»). В 1753—1759 Б. преподавал на Афоне в академии, основанной при Ватопедском монастыре, где его называли «вторым Платоном»; в 1761—1763 — в Константинопольской патриаршей школе, из которой он почел за лучшее удалиться добровольно.

В 1764—1765 Б. живет в Лейпциге. В 1766 выходит его «Логика», излагающая историю философии языком, пропитанным старой греч. книжностью. Труд этот сыграл значительную роль в истории новогреч. культуры. Б. печатает одно за др. свои сочинения, сближается с европ. учеными и деятелями культуры, которым он был интересен как живой носитель греч. традиции. Выступает Б. и как издатель визант. текстов; в эти годы он предпринимает издание Иосифа Вриенния. По-видимому, в это время Б. знакомится с посещавшими православную греч. церковь в Лейпциге рус. учащимися и с опекавшими их Ф. Г. и В. Г. Орловыми. О сильном впечатлении, произведенном проповедью коллеги Б. Никифора Феотоки на рус. студентов, в т. ч. на *А. Н. Радищева*, писал А. С. Стурдза по воспоминаниям своего отца. Именно в это время Радищев начал перевод ит. брошюры Антонио Гики «Желание Греков, к Европе христианской» (изд. в Петербурге в греч. переводе Б. ок. 1771). Среди новых знакомых Б. оказываются *Д. Е. Семенов-Руднев (Дамаскин)*, у которого Б. позднее принимал экзамен в Петербурге; Вольтер, к сочинениям которого Б. испытывал острый и не только полемический интерес; Фридрих II и Иосиф Александр Яблоновский (родственник короля Станислава-Августа Понятовского). Уважение этих лиц, поддержка видных греков-фанариотов привели к приглашению Б. в Россию. Через представителей рус. двора Б. получил предложение перевести с фр. на новогреч. язык «Наказ» *Екатерины II* (пер. подгот. в 1770, изд. в 1771), а затем перебраться на жительство в Петербург. Переписка по этому поводу (ее вели в 1769—нач. 1771 С. К. Нарышкин, А. М. Голицын, В. Г. Орлов и *Г. В. Козицкий*) показывает, что Екатерине II Б. был нужен в связи с ее «греческим проектом». Императрица стремилась усилить иммиграцию греков в новоприобретенные земли и, упрочив их надежду на рус. помощь, произвести в них «сильное восхищение к низвержению ига оттоманского» (ИРЛИ, ф. 265, оп. 2, № 4521). Уже тогда намечалось участие Б. в «смотрении» за специальным учебным заведением, учрежденным Екатериной II в 1775 под назв. Корпус чужестранных единоверцев, или Греч. гимназия, где учились мн. выходцы с Балкан (*Георгий Балдани* и др.).

Прибыв в Петербург в июле 1771, «иеродиакон Евгений», по некоторым указаниям, числился придворным библиотекарем, сочиняя греч. панегирические стихотворения на различные случаи политической и придворной жизни, в которой приходилось ему принимать участие. Эти его произведения, демонстрирующие разнообразие древнегреч. метров, были переведены на рус. язык *Л. И. Сичкаревым* (напр., «Победная песнь на заключение мира с Оттоманскою Портою», 1775). С др. стороны, Б. перевел (1775) на греч. (надо думать, по подстрочнику) «Оду» *В. П. Петрова* Г. А. Потемкину («Проснись, злата, проснися, лира») (греч. текст: ″Εγρεο δὴ χρύσεα, ἔγρεο φόρμιγξ). Ко времени рус.-тур. войны 1769—1774 относится ряд сочинений Б. против Турции с объединявшим русских и греков рефреном «Да ниспровергнется Карфаген».

После заключения Кючук-Кайнарджийского мира (1774) образуется новая «словенская и херсонская» (впосл. — Екатеринославская) епархия, заселяемая в большой мере выходцами из Молдавии, Валахии, Сербии и греч. областей. 1 окт. 1775 Б. стал архиепископом славенским и херсонским, а в 1776 отбыл в Полтавский Крестовоздвиженский монастырь, являвшийся центром епархии. Б. основал всесословную Полтавскую дух. семинарию, особенно окрепшую после прибытия Никифора Феотоки, который с 1779, по желанию Б., сменил его и в качестве архипастыря. Из Полтавской семинарии вышли знаменитый автор казацкой «Энеиды» И. П. Котляревский, *И. И. Мартынов*, впосл. переводчик и издатель серии «Греческие классики», а также Д. В. Илличевский (отец лицеиста); позднее там некоторое время учился Н. И. Гнедич. Своим положением в Петербурге Мартынов был в известной степени обязан покровительству Б., который поддержал молодого преподавателя греч. языка в Александро-Невской дух. семинарии. Екатерина II в разное время привлекала Б. к воспитанию вел. князей, Константина прежде всего.

Можно предположить, что педагогические внушения Б. опосредованно оказали влияние на уклад просветительных учреждений александровского царствования, в т. ч. Лицея, открытого при деятельном участии И. И. Мартынова.

От императрицы Б. получил задание перевести на греч. «Энеиду» и «Георгики» Вергилия; одновременно *В. Г. Рубан*, служивший при Потемкине директором екатеринославских училищ, переводил «Георгики» на рус. Задача Б. была сложна: он возвращал «гомеровский» облик всему тому, что Вергилий позаимствовал из «Илиады» и «Одиссеи». Б. работал над переводом сначала в Полтаве, затем в Херсоне; в 1789 вслед за Екатериной II, завершившей свое таврическое путешествие, он приехал в Петербург. Роскошно изданные параллельные лат. и греч. тексты «Георгик» и «Энеиды» с основательным комментарием и посвящениями Потемкину и Екатерине II появились в 1786; 1791—1792. Они предназначались (как и греч. часть многоязычных «Лангиевых школьных разговоров» (1776), переведенная, как теперь доказано, Б.) прежде всего для молодежи, учившейся в Корпусе чужестранных единоверцев, а также для «эллино-россов» рус. юга. Основной целью Б. было обогащение новогреч. языка на основе древней и средневековой греч. словесности. Труд этот принес Б. успех: избранный еще 29 дек. 1776 почетным членом Петербургской Академии наук, теперь он был принят в Лондонское о-во древностей, а в 1792 — в Петербургское Вольное экон. о-во. Перевод Вергилия вызвал и критику: язык перевода показался ученым филологам (напр., Ж.-Б. Виллуазону) варварским и нелепым, т. к. Б. широко опирался на народную речь. Между тем как рус. знакомые Б., так и греч. дипломаты признавали необыкновенные достоинства его греч. речи.

Ученость и трудолюбие создали Б. высокий авторитет. Уже в 1776 профессор Моск. ун-та X.-Ф. Маттеи посвятил ему свое издание ценных греч. текстов, найденных им в Москве. В 1792 А. И. Мусин-Пушкин опубликовал рус. перевод написанного Б. на лат. языке «Исторического разыскания о времени крещения российской великой княгини Ольги». Это исследование запутанного вопроса визант. и рус. истории стоит в одном ряду с др. учеными репликами Б. по вопросам слав. древностей (ср. его полемическое лат. рассуждение касательно происхождения этнонима «чехи» в «Acta Societatis Jablonovianae» (1772, v. 2) и появившиеся в рус. переводе с ит. оригинала Б. соображения по поводу версии о будто бы древнеслав. языке сарматов — Вестн. Европы, 1805, № 9).

Общение рус. литераторов с Б. состояло прежде всего в переводах его сочинений разнообразнейшего содержания; эта практика продолжалась и долгие годы после смерти Б. Кроме Л. И. Сичкарева переводами его сочинений занимались *С. И. Писарев*, *Феофилакт Русанов*, С. Платонов, П. П. Соколов, А. Кругликов, Мартынов. Сам Б. перевел на греч. ряд сочинений рус. иерархов — *Феофана Прокоповича*, *Стефана Яворского*, а также *Гавриила Петрова*, по-видимому, с имевшихся лат. переводов. Вопрос о том, владел ли Б. рус. языком, вызывает споры. Известно, что деловые переговоры Б. вел обычно на греч. и ит. языках, ученые собеседования — на лат. (в заметках митрополитов *Платона Левшина* и *Евгения Болховитинова* сохранены отдельные лат. высказывания из бесед с Б.). Для облегчения деловых контактов с рус. населением во время архиепископства Б. к нему был приставлен ученый монах Феоктист Мочульский. Ставшее общепринятым мнение Я. К. Грота, что Б. был автором рус. подстрочного перевода, по которому *Н. А. Львов* перевел всего Анакреонта стихами, ошибочно. Во введении к двуязычному изданию «Стихотворений Анакреонта Тийского» (1794) определенно сказано, что Львову помогали два сотрудника: «человек добровольный и греческий язык хорошо знающий» составил подстрочник, а выверял греч. текст и помогал в трудных местах «снисходительный, в знании греческого языка несравненный, просвещенный и почтенный муж». Автор подстрочника неизвестен; возможно, им был Мартынов, в 1801 издавший собственный стихотворный перевод Анакреонта. Что касается Б., то он «руководствовал переводчика и трудился в греческой корректуре». Соответственно и Евгений Болховитинов в своем «Словаре» (М., 1838, т. 1) в статье о Львове сообщал: «Сей перевод делал он под руководством преосвященного Евгения Булгара». Подготовка ценного во всех отношениях издания Анакреонта показывает, что отсутствие достаточных познаний в рус. языке в тогдашних условиях не мешало ни общению, ни обмену культурными ценностями. Способствуя Львову и последующим рус. переводчикам Анакреонта, Б. внес заметный вклад в рус. рецепцию древнегреч. поэзии.

Связи с Львовым и причастность к воспитанию вел. князей делают весьма правдоподобным знакомство Б. с *М. Н. Муравьевым*. Что касается *Г. Р. Державина*, то поэт несколько раз упоминает Б. в своих сочинениях. В оде «Водопад» в стихах «И Муз ахейских жалкий звук Вокруг Перикла раздается», как сообщено в примечаниях самого Державина, имеется в виду Б., сочинивший греч. эпитафию Потемкину, что не подтверждено пока др. источниками, но вполне вероятно.

Живой, убедительный портрет Б. в старости содержится в письмах Евгения Болховитинова, который отмечает, что стиль учености Б. в ту пору воспринимался уже как устаревший. Явной стала противоречивость его принципов: веротерпимость, которую Б. ценил и для которой придумал новое греч. обозначение «ἀνεξιθρησκεία» (букв. «культотерпимость»), не совсем вязалась с его по-традиционному резким неприятием западного христианства (Б. много переводил из необозримой православной полемики против латинян); когда-то раздражавшее соотечественников пристрастие Б. к Вольтеру обратилось в резкое отрицание идей Просвещения; познавательный рационализм Б. бил в глаза на фоне созерцательно-мистических черт, характерных для восточнохристианского уклада; к вере в Россию как избавительницу греч. народа с недоумением относились младшие единоплеменники Б., ориентировавшиеся теперь на обновленную Францию; жизнь Б. вдали от родной земли вызывала нарекания, несправедливые и тем более обидные. Некоторая двойственность Б. позволила А. С. Стурдзе представить его образцом смиренномудрия, между тем как Б. заслужил признание прежде всего за свою деятельность на интеллектуальном и политическом поприще в век Просвещения. При этом не могло не быть эклектичным соединение таких весьма разнородных начал, как «нововизантийская церковность, древнеэллинская культура и новейшая западноевропейская философия» (Ф. Мейер), которые пытался примирить Б.

По замечанию С. Батэлдена, «карьера Б. в России представляла собой неповторимое соединение греческих и русских интересов в той неопределенной стадии изменчивого восточного вопроса, когда переход от вселенского православия к национальным культурам еще не свершился с определенностью».

В последние годы Б., с 1801 поселившийся в Александро-Невской лавре, пользовался в России большим уважением. Ф. Е. Ангальт, директор Сухоп. шлях. корпуса, заказывает картину, изображающую Гомера и Вергилия, которые приветствуют Б., их соединившего. Александр I имел с Б. продолжительную беседу, в память которой была прислана Б. алмазная панагия. Ее и др. сокровища, полученные им в России, Б. завещал в пользу Академии и школ Ионийской республики. Свои книги, достаточно многочисленные даже после приобретения части их Потемкиным, Б. отказал библиотеке С.-Петербургской дух. академии. Его рукописи перешли большей частью к братьям Зосимам (Зосимадам), поставившим свое богатство на службу просвещения греков. Последнее обстоятельство дало Державину повод сказать через два года после смерти Б.: «Гении в мраке так зримы, Ночью как в небе огни; Памятны будут Зосимы: В духе Евгенья они Прейдут к потомству...».

Труды Б. послужили углублению связей между греч. и рус. культурами. Рус. филэллинизм кон. XVIII — нач. XIX в., обеспечивший успех усилий Б. на благо греч. народа, был в свою очередь обогащен многообразной культурной деятельностью Б.

Лит.: *Мартынов И. И.* Известия о архиеп. Евгении Булгаре. — Лицей, 1806, ч. 3, кн. 1; Евгений. Словарь исторический, т. 1 (1827);

Стурдза А. С. Воспоминания о замечательных современниках: Евгении Булгарисе и Никифоре Феотокисе, предтечах умственного и политического пробуждения греков / Пер. М. Л. Магницкого. — Москв., 1844, ч. 1, № 2; ориг. в кн.: *Stourdza A. S.* Oeuvres posthumes: Souvenirs et portraits. Paris, 1859; Выдержки из дружеских писем Евгения (впосл. митр. киевского и воронежского) приятелю его В. И. Македонцу. — Рус. арх., 1870, № 4—5 (письмо 10); *Лебедев А.* Евгений Булгарис, архиеп. славенский и херсонский. — Древняя и новая Россия, 1876, № 3; *Meyer Ph.* Beiträge zur Kenntnis der neueren Geschichte und des gegenwärtigen Zustandes der Athosklöster. — Zeitschrift für Kirchengeschichte (Gotha), 1889—1890, Bd 11; Κωνσταντινίδης Ι. Χ. Εὐγένιος ὁ Βόλγαρις. — In: Θρησκευτικὴ καὶ ἠθικὴ ἐγκυκλοπαιδεία. Ἀθῆναι, 1964, τ. 5; *Batalden S.-K.* 1) Notes from a Leningrad manuscript: Eugenios Voulgaris' autograph list of his own works. — Ὁ Ἐρανιστής (Ho Eranistes), 1976, v. 13, N 73; 2) Catherine II's Greek prelate Eugenios Voulgaris in Russia. 1771—1806. NewYork, 1982.

А. К. Гаврилов

БУСЛАЕВ Петр. Сын священника. В 1720-х гг. окончил Славяно-греко-лат. академию и был поставлен в дьяконы Кремлевского Успенского собора. Видимо, это место занимал недолго: в кон. 1730 в синодальной справке о выпускниках академии отмечалось, что Б. «за недостоинство, за некоторые его непотребности отрешен, а ныне обретается при Петербургской академии подпрофессором» (Описание документов и дел <...> Синода. СПб., 1901, т. 10, стб. 1312). Хотя среди адъюнктов Академии наук Б. не значится, его служба там вполне возможна, чем и объясняется осведомленность в его биографии *В. К. Тредиаковского.* Только от него известно, что Б. овдовел, сложил с себя духовный сан и стал мирянином.

Скорее всего это произошло до 1733, когда Б. снова жил в Москве. В кон. этого года умерла покровительствовавшая Б. известная московская благотворительница баронесса М. Я. Строганова (видимо, поэт жил на хлебах в ее доме). На ее кончину Б. написал поэму «Умозрительство душевное» (закончена в Москве 20 янв. 1734, напечатана в марте в Петербурге). Поэма написана тринадцатисложником с парной рифмой и состоит из двух частей (в каждой по 100 двустиший, пронумерованных автором). При очевидной ориентации на поэзию католического барокко (это выразилось и в религиозной экзальтации, и в использовании в композиции христианской числовой символики — девять разделов каждой части соответствуют «девяти блаженствам», т. е. девяти заповедям Нагорной проповеди) Б. проявил себя не подражателем, а мастером, создавшим одно из лучших произведений русской силлабики. Его высоко оценил Тредиаковский в статье «О древнем, среднем и новом стихотворении российском» (1755). Процитировав второй раздел первой части, он заметил: «...что выше сего выговорить возможно? Но что и сладостнее и вымышленнее? Если б в сих стихах падение было стоп, возвышающихся и понижающихся по определенным расстояниям, то что сих Буслаевых стихов могло б быть и глаже и плавнее?». Почти полностью эти слова повторил *Н. И. Новиков* (Новиков. Опыт словаря (1772)), на них основывался *Н. М. Карамзин* в лестном отзыве о Б. в «Пантеоне российских авторов» (1801), а П. А. Плетнев изобразил Б. участником ученого спора о литературе наряду с Тредиаковским, *Феофаном Прокоповичем* и *И. Ильинским* (Благонамеренный, 1819, ч. 8, с. 170). Напротив, *А. П. Сумароков* приводил стихи Б. в качестве примера «бедности» старинного рус. Парнаса.

Судя по тону справки о Б. в статье «О древнем, среднем и новом стихотворении российском», Б. умер задолго до ее написания и напечатания, возможно в 1730—1740-х гг.

Лит.: Рус. силлабическая поэзия XVII—XVIII вв. Л., 1970; *Toporov V. N.* Eine Seite aus der Geschichte des russischen barocken Concettismus: Petr Buslaevs «Umozritel'stvo Duševnoe». — In: Slavische Barockliteratur. München, 1983, Th. 2.

А. М. Панченко

БУТУРЛИНА А. С. см. Жукова А. С.

БУХАРСКИЙ Андрей Иванович [1767—1833, Вильно]. Принадлежал к обедневшему дворянскому роду; сельцо Жданово в Костромской губ. перешло к нему только после смерти его тетки А. А. Бухарской (ЦГАДА, ф. 1355, № 524, л. 202). Получил домашнее образование (ЦГАДА, ф. 10, оп. 1, № 608, л. 456). В 1775 был записан в Преображенский полк; в 1787 в звании капитана перевелся в Невский пехотный полк, а в 1788 ушел в отставку в чине майора.

В литературном творчестве Б. наибольшее место занимали театральные пьесы (комедии) и стихотворные произведения (оды и послания). В 1781 был напечатан юношеский перевод Б. с фр. — пьеса «Неумышленные ошибки». 16 мая 1795 впервые была представлена комедия Б. «Плата тою же монетою», 19 нояб. 1797 — «Недоконченная картина». Эти пьесы, напечатанные в 1805 в Театр. типографии, затрагивали вопрос о бесправном положении женщины в семье. Этой же теме посвящена героида «Кора к Алонзу» (1793), написанная Б. на сюжет из романа Ж.-Ф. Мармонтеля «Инки...». Пьеса Б. «Любовная ссора» (пост. 1798; опубл.: СПб., 1806), сюжетно близкая комедии Ж.-Б. Мольера «Любовная досада», ставилась до 1830-х гг.

Интерес к театру сблизил Б. с *А. И. Клушиным*, *И. А. Дмитревским*, *П. А. Плавильщиковым*, *И. А. Крыловым*, издателями журналов «Зритель» и «СПб. Меркурий», где были напечатаны стихотворения Б., отличавшиеся гражданственностью и патриотизмом: «Ода на день моего рождения» (1792), осуждавшая придворных поэтов, которые «льстивым фимиамом пред знатным дышат истуканом, Без всех той статуи заслуг»; «Изображение россиянина» (1793), перекликавшееся со статьей Плавильщикова «Нечто о врожденном свойстве душ российских». Кроме того, появляется ряд «официальных» стихотворений Б.: оды на взятие Бендер (1789), на взятие Очакова (1789), на заключение мира со Швецией (1790). Визиту в Россию швед. короля Густава IV посвящены оставшиеся в рукописи «Стихи на случай приезда в Петербург графа Гага и графа Ваза августа 13 дня 1796 года» (ЦГАЛИ, ф. 1346, оп. 1, № 528, л. 21). «Письмо к жене от мужа, идущего на приступ к городу Очакову в декабре месяце 1788 года» (1790) представляет собой обработку реального письма погибшего при штурме Очакова К. И. Меллера. Прозаический перевод его на фр. язык сделан *Ф. В. Каржавиным*, к которому обращено и дружеское послание Б. «Стихи Ф. В. господину Каржавину» (1790). Б. поддерживал также дружеские отношения с *П. И. Богдановичем*, *Ф. О. Туманским*, *И. П. Пниным* (ИРЛИ, ф. 154, № 39). Позднейшая лирика Б. выдержана в духе «легкой поэзии». Переложения Б. из Катулла, Сафо, так же как переложения антологических стихов, сделаны с фр. переводов.

В февр. 1796 Б. вступил в статскую службу; получил место столоначальника при петербургских хлебных магазинах; в дек. стал секретарем Гос. экспедиции для свидетельства счетов. С 1801 Б. — правитель канцелярии главного директора почт; с 1811 — почт-директор Литовского почтамта в Вильно (формуляр 1825 г. — ЦГИА, ф. 1349, оп. 4, № 43). Б. тесно сблизился с преподавателями Виленского ун-та (ГБЛ, ф. 41, к. 63, № 12). Прекратив литературную деятельность, Б. продолжал интересоваться литературной жизнью в России, поддерживая отношения с Александром И. Тургеневым, В. А. Жуковским (ГПБ, ф. 286, оп. 2, № 384), К. Я. Булгаковым. В письме к Булгакову от 14 сент. 1822 Б. дал высокую оценку молодому Пушкину, отозвавшись о нем как о поэте, «одаренном чрезвычайным талантом» (ГБЛ, ф. 41, к. 63, № 12, л. 29).

Лит.: Берков. Журналистика (1952); Стих. сказка (1969); *Долгова С. Р.* А. И. Бухарский о «Кавказском пленнике». — Рус. лит., 1980, № 3.

С. Р. Долгова

БЫКОВСКИЙ Иван (в монашестве — И о и л ь) [1706—25 VIII (5 IX) 1798, Ярославль]. С 1741 по 1752 или 1753 учился в Киево-Могилянской академии. В 1757 принял монашество и стал учителем аналогии в Киево-Могилянской академии. В февр. 1758 Киевская дух. консистория отправила его в Петербург преподавать в Сухоп. шлях. корпусе. В нач. 1760-х гг. переведен в Чернигов архимандритом Троицкого Ильинского монастыря, с 1776 — архимандрит Спасо-Ярославского монастыря, до 1787 — ректор семинарии при Спасо-Ярославском монастыре и духовный цензор печатавшихся книг. 3 июля 1787 по «высочайшему указу» об упразднении Спасо-Ярославского монастыря и превращении его в архиерейский дом Б. был уволен на пенсию (в размере годового архимандритского жалованья) и остался жить в монастыре, отстраненный от всех дел.

Б. издал «Букварь, или Начальное учение хотящим учитися книг писмены славенскими» (Чернигов, 1765) и компилятивный трактат духовно-нравственного содержания «Истина, или Выписка о истине» (Ярославль, 1787), содержавший более тысячи выписок из 220 книг разного содержания, причем не только из богословских сочинений, но и из таких изданий XVIII в., как «Славенские сказки», «Домашний лечебник», «Флоринова экономия», из трудов *М. В. Ломоносова*, из «СПб. вестн.», «Полезного увеселения», «Живописца» *Н. И. Новикова*, из произведений Цицерона, Сенеки, Попа, Вольтера и из фр. «Энциклопедии». В предисловие к «Истине...» Б. включил автобиографические сведения.

Известны три проповеди Б.: «1760 года, февраля 27 дня <...> в Кадетском корпусе», в том же году «на посещение епархии» и «на день Преображения», произнесенная Б. 6 авг. 1778 в Спасо-Ярославском монастыре.

В рукописных сборниках Б. сохранились многочисленные произведения *Феофана Прокоповича*, переписанные в бытность Б. преподавателем Киево-Могилянской академии.

В течение длительного времени с именем Б. связывалась история рукописи «Слова о полку Игореве». Подпись Б. имеется на пяти описях монастырского имущества, хранившегося в ризнице Спасо-Преображенского собора, где среди прочего описан и «хронограф в десть», в одном сборнике с которым находилось «Слово о полку Игореве». Как утверждал в 1813 (после гибели рукописи «Слова» в московском пожаре) А. И. Мусин-Пушкин в письме к К. Ф. Калайдовичу, он стал владельцем рукописи, купив ее у Б. после того, как тот «ушел на покой». В действительности Мусин-Пушкин получил рукопись от *Арсения Верещагина*, по-видимому, в 1789—1790. Именно по распоряжению последнего был составлен нашедший отражение в монастырской описи 1788 акт о том, что «Хронограф в десть» якобы «за ветхостию и согнитием <...> уничтожен».

Книги из библиотеки Б., выявленные В. В. Лукьяновым, хранятся в Отд. редких книг Ярославского Музея-заповедника и в Фундам. б-ке Ярославского пед. ин-та им. К. Д. Ушинского.

Лит.: *Лукьянов В. В.* Первый владелец рукописи «Слова о полку Игореве» — Иоиль Быковский. — В кн.: Тр. Отд. древнерус. лит. М.; Л., 1956, т. 12; *Прийма Ф. Я.* К истории открытия «Слова о полку Игореве». — Там же; *Дмитриев Л. А.* История открытия рукописи «Слова о полку Игореве». — В кн.: «Слово о полку Игореве» — памятник XII в. М.; Л., 1962; *Крестова Л. В., Кузьмина В. Д.* Иоиль Быковский, проповедник, издатель «Истины» и первый владелец рукописи «Слова о полку Игореве». — В кн.: Древнерус. лит. и ее связи с новым временем. М., 1967; *Моисеева Г. Н.* Спасо-Ярославский хронограф и «Слово о полку Игореве». Л., 1976; *Дмитриев Л. А.* К вопр. об истории открытия рукописи «Слова о полку Игореве». — Рус. лит., 1981, № 3; *Прийма Ф. Я.* Нужна ли здесь поспешность? — Рус. лит., 1982, № 1; *Козлов В. П.* 1) К истории «Слова о полку Игореве» в кон. XVIII в. — В кн.: Исслед. «Слова о полку Игореве». Л., 1986; 2) Некоторые вопр. изучения древнерус. поэмы в XVIII в. — Вопр. истории, 1986, № 1; *Моисеева Г. Н.* О времени ознакомления И. П. Елагина с рукописью «Слова о полку Игореве». — Там же.

Г. Н. Моисеева

В

ВАНСЛОВ Иван Ульянович [1742—после 1804, Пермь]. По рождению принадлежал к беспоместному смоленскому шляхетству. Учился в Киево-Могилянской академии, затем в Унив. гимназии, откуда в нач. 1761 вместе с частью труппы студенческого театра был переведен в Петербург. Здесь он преподавал «российский» и фр. языки ученикам придворного театра и числился актером при нем. В нояб. 1763 В. получил разрешение слушать лекции по фр. языку при Акад. гимназии и обучаться рисованию в Академии художеств (ЦГИА, ф. 789, оп. 1, № 121; ААН, ф. 3, оп. 1, № 278, л. 205); в 1766—1768 посещал Акад. ун-т, особо обучаясь «российскому штилю» и переводам у А. П. Протасова (ЦГИА, ф. 470, оп. 78/190, № 151). 20 марта 1768 из студентов был определен в Канцелярию строений, в 1769 перешел канцеляристом в Сенат, с 1770 по 1776 служил актуариусом и переводчиком в канцелярии *Н. И. Панина*, причем в 1773 исполнял обязанности дипломатического курьера для поездок в Швецию, Данию и Гамбург.

Литературная деятельность В. относится к петербургскому периоду его жизни. Его первый перевод с фр. — «Сатирический и нравоучительный разговор. Правда и ласкательство» — появился у *М. М. Хераскова* в «Полезном увеселении» (1762, ч. 5, февр.). В «Парнасском щепетильнике» (1770, июнь) он поместил переведенный с фр. отрывок «Децемвиры управляли вместо императоров в Риме» — историю Виргинии и Аппия Клавдия. Среди нескольких статей за подписью «И. В.» в «Трудолюбивом муравье» *В. Г. Рубана* (1771) имеется перевод с нем.; однако сотрудничество В. в этом журнале сомнительно: переводы В. с нем. неизвестны; П. Н. Берков предполагал, что этот псевдоним принадлежит И. А. Вейдемейеру, позднее участнику «Старины и новизны» (1772). В. принимал участие в работе Собрания, старающегося о переводе иностр. книг (его интересовала «Энциклопедия» Дидро — Д'Аламбера). Переводы В. печатались отдельными выпусками в 1770—1774 под общим загл. «Статьи из Энциклопедии». Тематика выбранных статей — «о любопытстве и гадании» (1770), «о клевете, презрении и несчастии» (1771), «о пороке и добродетели» (1774) — сближает В. с писателями типа *М. И. Попова* и *М. Д. Чулкова*. В статье «о пороке» имеется стихотворный перевод монолога Ипполита из одноименной трагедии Расина (д. 1, явл. 1).

С 1776 по 1782 В. был консулом и поверенным в консульских делах в Энзели в Персии (ЦГАДА, ф. 1261, оп. 6, № 251). Позднее служил заседателем Пермского верхн. суда (1782), а также председателем губернского магистрата (1787), советником гражданской палаты (1790) и губернского правления (1794) в этом же городе. С 1804 имя В. исчезает из «Адрес-календарей» (формуляры: за 1791 г. — ЦГАДА, ф. 286, № 814, л. 795; за 1801 г. — там же, № 882).

Сохранились письма В. к *Я. И. Булгакову* за 1770 и 1800-е гг. (ГБЛ, ф. 41), свидетельствующие о его живом интересе к литературным новинкам. Они содержат сведения о любительских постановках «Бригадира» *Д. И. Фонвизина*, журналистике 1770-х гг., упоминания о *Г. Р. Державине, Н. М. Карамзине, Ф. В. Каржавине, А. Ф. Мерзлякове*. Высказывалось предположение, что В. был знаком с *А. Н. Радищевым* и встречался с ним во время его проезда через Пермь в ссылку.

Лит.: *Уляницкий В. А.* Рус. консульства за границей в XVIII в. М., 1899, ч. 1; Семенников. Мат-лы для словаря (1914); Берков. Журналистика (1952); *Штранге М. М.* «Энциклопедия» Дидро и ее рус. переводчики. — В кн.: Фр. ежегодн. 1959. М., 1961; Штранге. Демокр. интеллигенция (1964); Зап. Отд. рукописей ГБЛ. М., 1968, вып. 30; *Татаринцев А. Г.* Пермские знакомые А. Н. Радищева. — Рус. лит., 1976, № 1.

В. П. Степанов

ВАРАКИН (Воракин, Ворокин) Иван Иванович [1759 или 1760—не ранее 1824]. Родился в семье потомка государственных крестьян, переселившейся в нач. XVIII в. из-под Холмогор (с. Варака) в Соликамский у. Пермской губ. («Записка о происхождении рода Варакиных...», составленная, видимо, самим В., — ЦГАДА, ф. 1263, оп. 10, № 2433, л. 1—2). В сер. века семья В. была закрепощена Строгановыми, затем перешла во владение князей **Голицыных**. Доказывая противозаконность акта закрепощения, В. перечисляет в Записке...» своих родственников, обретавшихся в свободном состоянии, в т. ч. мещан и представителей сельского духовенства. Отец В. «более пятидесяти лет» управлял «промыслами» пермской вотчины своих помещиков; младший В., судя по автохарактеристике 1803, «никогда не бывший в школах», но любивший с «младенчества книги и науки», должен был, видимо, наследовать обязанности Варакина-старшего. В автобиографии 1812 отмечено: «...доставлял большие соляные караваны по рекам Каме и Волге ⟨...⟩ занимался письмоводством и юриспруденциею, был уполномочен от многих знатных лиц в правительствующий Сенат. ⟨...⟩ Управлял вотчинами и заводами, железными и соляными...». Бо́льшую часть этих сведений подтверждает собрание документов, связанных со служебной деятельностью В., в архиве Голицыных (ЦГАДА, ф. 1263). Семья В. жила в с. Верхнемулинском, неподалеку от Перми.

В 1788—1792, исполняя различные поручения М. М. Голицына, В. находился в Петербурге, где завязал отношения с *И. А. Крыловым* и *А. И. Клушиным*, опубликовав в *Зрителе* за 1792 два стихотворения: «Любезному сыну моего истинного благодетеля» (апр.) и «Долина» (июнь). «Долина» отражает знакомство В. с разработкой пейзажной темы в лирике *А. П. Сумарокова*.

К петербургскому периоду относятся первые попытки В. добиться освобождения от крепостной зависимости. Обвиненный М. М. Голицыным в скверном исполнении данных ему поручений и в «поисках вольности», В., несмотря на его оправдания, был затребован на Урал, где, однако, вскоре был определен к исполнению весьма ответственных управленческих обязанностей. В 1803, обвиненный в превышении данных ему полномочий, «дурном поведении», а также в том, что в услужении у него находилось чуть ли не полтора десятка «людей» Голицыных, В. был отстранен от всех должностей; но в 1805, в уважение к его отцу, был «прощен» и ему была дана «свобода быть в посторонних услугах» (ЦГАДА, ф. 1263, оп. 10, № 1058, л. 72). Некоторое время В., кажется, живет в Москве, затем оказывается в Петербурге, где в 1807 издает отдельной брошюрой под загл. «Торжествующий Петроград...» (посв. вел. княгине Елизавете Александровне) пять стихотворений о первых рус. победах над Наполеоном в 1806 г. В том же году был напечатан посвященный вел. кн. Константину Павловичу более полный сборник «Пустынная лира забвенного сына природы И. В. Книжка первая», в который вошло ок. 30 его сочинений преимущественно за 1796—1806 (сюда полностью включен и «Торжествующий Петроград...»). В сборнике также помещено «Письмо к издателю „Вестника Европы"» (1803), которое содержит завуалированное указание на отсутствие в печати произведений В. с 1792 (ср. там же «Письмо 2. К митрополиту

Платону» от дек. 1796). Посвящения к сборникам и в значительной мере их содержание отразили стремление В. к освобождению, его критическую оценку института крепостничества с моральной, религиозной, политической и экономической сторон. Тема «рабства» и «свободы» — одна из основных в творчестве В. Защита ценности личности независимо от ее социального положения — постоянный мотив его поэзии. В основе этих представлений В., по-видимому, лежали и просветительская идеология, и религиозные антифеодальные устремления крестьянства. Эти идеи нашли свое выражение в одном из наиболее известных стихотворений В. «Русская правда в царствование императора Павла» (1797): «Усмирели хлебоеды, Перестали нас зорить И на пышные обеды Душ по тысяче валить». Весьма характерна для эпохи вторая тема «Русской правды...» — прославление военного, экономического и торгового могущества России, получившая развитие и в др. произведениях В. («Ода ⟨...⟩ императору Павлу Петровичу...», «Победа Россов над Буонапартом при Висле 12, 13 и 15 декабря 1806 года»).

Ряд стихотворений содержит обращение В. к его заступникам и меценатам. Благодарность за участие перемежается в них с сомнениями в успешном решении вопроса о его судьбе. В автобиографии перечислены лица, ходатайствовавшие об освобождении В. от крепостной зависимости («Державин, Уваров, покойный Тутолмин, губернатор Ланской, Новосильцев и прочие»), указана предложенная сумма выкупа — «до 12 000 рублей» (каким образом она была собрана — неизв.). К 1812 положение В. оставалось прежним. Результативными оказались лишь письма *Г. Р. Державина* (от 29 мая 1806 и 16 мая 1807) к А. М. и С. М. Голицыным с просьбой о продлении В. «плакатного паспорта» (ЦГАДА, ф. 1263, оп. 10, № 141, л. 27—27 об.; № 159, л. 1). Державину В. посвятил вышедший листком «Мадригал покровителю несчастных» (СПб., 1806).

Очередной этап в жизни и творчестве В. связан с установившимися к 1812 его взаимоотношениями с В. Г. Анастасевичем, который оказал крепостному поэту литературную и моральную поддержку, отредактировав и поместив в журнале «Улей» (1812) несколько произведений В., в т. ч. антикрепостнические «Стихи на случай издания книги мудрым графом Стройновским „О условиях помещиков с крестьянами"» (опубл. в ч. 3, № 16 под загл. «Другу людей В. С.»). «Стихи» построены аналогично «Русской правде...»; антикрепостнические убеждения В. выражены здесь еще отчетливее.

К этому же периоду восходит очередной замысел В. сделать историю своей семьи достоянием гласности, добиться, чтобы о его судьбе узнал царь. По предположению Н. К. Замкова, в журнале «Улей» В. принадлежит анонимное «Письмо к издателю. О Пугачеве» (Улей, 1812, ч. 3, № 15), где рассказ о том, как в годы восстания Пугачева отец В. организовал и возглавил несколько отрядов для борьбы с восставшими, заканчивается словами: «...а храбрый Варакин, любимый поднесь народом, в маститой старости, 75 лет сущий, еще жив и с семейством своим состоит в крестьянском смиренном звании за своими помещиками!!!».

Трудно установить, добился ли В. освобождения. В 1815 Державин упоминает В. в качестве поверенного гр. Д. А. Зубова (см.: Державин. Соч. (1868—1878), т. 6 (1871), с. 326). Об этом же свидетельствует письмо-прошение в вдове Державина от 1 дек. 1824: «...12 лет служа ревностно при самых многотрудных делах гг. Зубовых...». И хотя под этим письмом имеется подпись: «Иван Варакин, титулярный советник», а ранее, в письме к Д. Н. Шереметеву (1820), В. называет себя «губернским секретарем» (ЦГИА, ф. 1088, оп. 1, № 814, л. 3), достоверных сведений о социальном положении В. нет, поскольку неясно, когда и каким образом он мог получить эти чины. В год отправления письма Державиной В. жил в Петербурге. Продолжалась ли поэтическая деятельность В. в 1820-е гг., неизвестно.

Лит.: Замков Н. 1) И. И. Варакин, поэт-крепостной кон. XVIII и нач. XIX в. — Рус. библиофил, 1915, № 6; 2) «Улей», журнал В. Г. Анастасевича (1811—1812). — В кн.:

Sertum bibliologicum в честь проф. А. И. Малеина. Пг., 1922; *Гиппиус В. В.* О некоторых писателях, связанных с Пермским краем. — В кн.: Пермский краевед. сб. Пермь, 1926, вып. 2; *Брискман М. А. В. Г. Анастасевич.* М., 1958; *Лотман Ю. М.* К характеристике мировоззрения В. Г. Анастасевича. — Учен. зап. Тарт. ун-та, 1958, № 65; Поэты 1790—1810-х гг. Л., 1971; *Жаркова В. И.* Крепостной поэт И. И. Варакин. — В кн.: Проблемы изучения рус. лит. XVIII в. Л., 1980, вып. 4; *Курмачева М. Д.* Крепостная интеллигенция России. Вторая пол. XVIII—нач. XIX в. М., 1983.

Б. Н. Равдин, А. Б. Рогинский

ВАРЛААМ (Лащевский) см. Лащевский В.

ВАСИЛЬЕВ Андрей. В февр. 1720 определился в Коллегию иностр. дел, жил в Петербурге; переводил с ит. языка. В 1724 В. перевел с венецианского издания 1723 «Господней молитвы толкование», в окт. 1726 — «Житие Флавия Веспасиана, единого себе имени и десятого императора римского» (черновой автограф — ГПБ, F.IV.121; источник перевода, относящийся к сер. XVI в., не установлен); в 1728 — «Ведомости Парнасские» ит. сатирика XVI в. Т. Боккалини (с амстердамского изд. 1649; рукопись — ГБЛ, собр. Ундольского, № 885). В последнем произведении много острых политических характеристик и сведений по ит. литературе — о Данте, Т. Тассо и др. Перевод «Ведомостей Парнасских» был известен *В. Н. Татищеву*, назвавшему его в «Истории российской» (т. 1) «вредительным» сочинением из-за антимонархической направленности.

Переводы В. в рукописях хранились в библиотеке кн. Д. М. Голицына и, возможно, выполнялись по его поручению. «Ведомости Парнасские» переписывались и активно читались в кругу лиц, близких к Голицыну. Интерес Голицына к Боккалини подтверждается и наличием в его библиотеке оригинала «Ведомостей Парнасских». Один из списков перевода принадлежал *Феофану Прокоповичу* (ГПБ, собр. Софийское, № 1572).

Лит.: Библиогр. зап., 1861, № 11; Пекарский. Наука и лит., т. 1 (1862); *Соболевский А. И.* Из переводной лит. петровской эпохи. СПб., 1908.

С. И. Николаев

ВАСИЛЬЕВ Иван Тимофеевич. Уроженец Курской губ., происходил из духовного звания. Учился в Харьковском коллегиуме, а затем в Курской гл. школе. С 1782 — учитель в Белгородском гл. нар. уч-ще.

В. — автор «первопечатной» курской книги «Благополучное время, или Разговор мальчика со стариком» (Курск, 1792). Книга посвящена А. А. Беклешову, основавшему в 1791 в Курске типографию: «Ваша ревность о приведении в лучший порядок народных училищ поощрила меня сочинить маленькую книжечку». «Благополучное время...» предназначалось для детского чтения. Книге, излагающей в форме вопросов и ответов основные события Ветхого Завета, был предпослан в качестве эпиграфа текст *М. В. Ломоносова* «Науки юношей питают». Как полагал В., его книга может послужить «твердым руководством к познанию достопамятных происшествий, случившихся от сотворения мира до Рождества Христова, описующим священной истории истины со всякою ясностию».

Лит.: Семенников. История провинц. типографий, доп. (1913).

И. Ю. Фоменко

ВЕДЕНСКИЙ Семен Иванович [1737, Москва—1767, Петербург]. Сын священника. В 1749 В. был принят в Акад. гимназию. 2 июня 1749 ректор гимназии И.-Э. Фишер писал, что В. «нарочито выучился читать по-немецки и по-латине и в арифметике выучился счислять, складывать и вычитать. В прочем разумом своим не глуп; токмо больно резов». Более резко о «резвости» В. Фишер отозвался в рапорте Акад. канцелярии в дек. 1749: «в поступках своих весьма неисправен явился» — и предложил «оного ученика от гимназии вовсе отрешить». Аналогичный рапорт он подал и 19 янв. 1750. 22 янв. канцелярия постановила В. «за его предерзости при собрании всех учеников высечь лозами и оставить его по-прежнему в гимназии для будущего экзамена».

В 1754 В. выдержал экзамены и поступил в Акад. ун-т, но из-за недостаточного знания лат. языка, на котором читались лекции, некоторое время обучался в «верхнем латинском классе» гимназии. Работавший над «Российской историей» *М. В. Ломоносов* в марте и мае 1757 подавал Акад. канцелярии просьбы, «дабы для вспоможения назначить <...> способного и охоту к тому имеющего студента». На это место был определен В., который стал ближайшим помощником Ломоносова; рукопись этого труда и подготовленные к нему материалы не сохранились, поэтому невозможно установить, в чем состояла помощь В.

27 мая 1757 В. подал в Акад. канцелярию просьбу «наградить его шпагой» «для поощренья к наукам», и канцелярия удовлетворила ее. В., оставаясь студентом университета, также вел преподавание в «среднем российском» классе Акад. гимназии; в дек. 1758 через инспектора К.-Ф. Модераха он обратился в канцелярию с просьбой об отчислении его из университета и определении на должность учителя гимназии. 12 дек. 1758 В. был назначен учителем, но оставлен в числе студентов. С янв. 1759 он начал «обучать юношество российскому штилю» в «российских классах» Акад. гимназии.

По распоряжению Ломоносова, с 11 дек. 1760 за двухнедельное «нехождение к должности» В. содержался под стражей на академической «караульне», находившейся в подчинении прапорщика П. Н. Галла. Будучи под караулом, В. продолжал вести разгульный образ жизни, и по рапорту Галла в конце концов канцелярия постановила за «непристойные <...> поступки» отослать его «для определения к другим делам в Герольдмейстерскую контору при промемории». Лишь после ходатайства Ломоносова В. был оставлен в прежней должности, но в 1762 после жалоб учеников на то, что он пропускает уроки и «берет переводы исправлять на дом, да и не только не поправляет, но и тетради учеников утрачивает», все же по приказанию Ломоносова был уволен.

В том же году В. стал корректором типографии Морского кадет. корпуса, бывшего в директорство *И. Л. Голенищева-Кутузова* одним из литературных центров столицы. В обязанности В. входили чтение корректур и правка переводов. В 1766 в типографии корпуса был напечатан т. 1 предпринятого В. перевода сочинения популярного дат. писателя и историка Л. Гольберга «Сравнения жития и дел разных, а особливо восточных и индийских великих героев и знаменитых мужей, по примеру Плутархову». Ранняя смерть не позволила В. завершить этот перевод.

Лит.: Мат-лы для истории Академии наук, т. 10 (1900); Штранге. Демокр. интеллигенция (1965); *Чернявский Е. М.* Хольберг и Россия. — Тр. науч. конф. по истории, экономике, яз. и лит. сканд. стран и Финляндии. Тарту, 1966; Кулябко. Замечательные питомцы (1977).

М. П. Лепехин

ВЕЛЬЯМИНОВ Петр Лукич [ум. 28 II (12 III) 1805, Петербург]. Происходил из дворян Тамбовской губ. В 1762 вступил в военную службу; в 1783, пользуясь покровительством Г. А. Потемкина, определился в Ревизион-коллегию, откуда перешел директором 2-й экспедиции в Гос. заемный банк под начало П. В. Завадовского, с которым находился в дружеских отношениях (1787—1794).

Первым печатным выступлением В. был перевод одного из фр. подражаний повести Вольтера «Кандид, или Оптимизм» — «Второй Кандид, уроженец китайский, или Друг истины» (1774), который вышел со специально написанным *В. Г. Рубаном* стихотворным эпиграфом. Сюжет повести, весьма далекий от философской проблематики Вольтера, составляют поиски героем человека, способного без гнева и обиды выслушать правду о себе самом. После большого перерыва В. обратился к переводу романа Ж.-П. Флориана «Нума Помпилий» (1788, ч. 1—2) о добродетельном государе, посвятив свой перевод вел. князьям Александру и Константину, которым он хотел представить пример идеального правителя.

Достаточно разнообразны были литературные связи В. Он был свойственником и другом *И. Г. Рахманинова*. В 1780-е гг. сближается с членами львовско-державинского кружка, особенно с *Н. А. Львовым* и *Г. Р. Державиным*, подолгу живёт в имении Львовых с. Никольском. *И. И. Дмитриев* в «Записках» засвидетельствовал, что в 1790-х гг. В., А. Н. Оленин, Н. А. и Ф. П. Львовы составляли почти ежедневное общество Державина. В. посвящено стихотворение Державина «Гостю» (1795; опубл. 1804); к нему же обращено стихотворение «Зима» (1804; в рукописи с подзаг. «П. Л. Вельяминову»; опубл. 1808), где В., к этому времени уже тяжело больной, охарактеризован как «лир любитель, Богатырь, певец в кругу, Беззаботный света житель». Львов опубликовал в «Моск. журн.» (1791, ч. 4, янв.) «Письмо от Н. А. Л. к П. Л. В.» (датировано 17 авг. 1791), в котором, описывая праздник освящения церкви в селе Арпачеве, ведёт с В. спор о вкусе в живописи, отмечает любовь В. к народным песням и умение их мастерски исполнять. И. Е. Хандошкин посвятил В. переложение шести рус. песен для скрипки, опубликованных в издании «Сочинении Ивана Хандошкина» (1794, ч. 1). Самому В. принадлежит песня «Ох, вы славны русски кислы щи...» (опубл. в «Карманном песеннике», изд. И. И. Дмитриевым, 1796). П. И. Бартенев указывал, что В. был также автором нескольких стихотворений (не обнаруж.).

По рассказам А. П. Кожевникова (в записи Я. К. Грота), В., от оспы совершенно рябой и в последние годы жизни почти ослепший, отличался чудаковатым поведением. Напр., в 1802 он приказал слуге во время майского гулянья в Сокольниках водить лошадь в очках, привлекавшую общее внимание, и поместил об этом заметку в «Моск. вед.» (1802, 1 мая, № 36). Намерение В. «сделать сим эпиграмму на московских франтов, коих число здесь довольно велико — так, как и странность в их нарядах», послужило предметом переписки московского обер-полицеймейстера П. Н. Каверина с Д. П. Трощинским (ГПБ, ф. 874, оп. 2, № 202). В. вёл кочевой, бездомный образ жизни, находя приют у многочисленных друзей; был крайне непрактичен, но безукоризненно честен. Интересовался архитектурой; под его наблюдением строился кафедральный собор в Липецке. В Липецке же В. лечился на водах в последние годы жизни (письма к Д. А. Державиной 1803 — ГПБ, ф. 277, Отчёт 1969. 23; к Д. М. Полторацкому от 13 мая 1802 — ГПБ, ф. 603, № 409).

В 1804 по предложению А. С. Строганова В. был избран в почётные члены Академии художеств; Строганов писал о нем: «Я знаю совершенно приверженность его к изящным художествам и знание и вкус в предметах, истинное художество составляющих, что на самом опыте мне доказано» (ЦГИА, ф. 789, оп. 1, ч. 1, № 1772). По смерти В. осталась коллекция картин и бронзы (более 100 произведений), которую на предмет оценки осматривал Г. И. Угрюмов (ЦГИА, ф. 789, оп. 16, 1806 г., № 55; оп. 19, 1806 г., № 35).

Лит.: Державин. Соч., т. 1—9 (1864—1883); *Гарновский М. А.* Зап. — Рус. старина, 1876, № 3; Жихарев. Зап. (1955); Песни и романсы рус. поэтов. М.; Л., 1963.

В. П. Степанов

ВЕЛЬЯШЕВ-ВОЛЫНЦЕВ Дмитрий Иванович [3 (14) VI 1774 или 1775—26 V (7 VI) 1818, Москва, похоронен на Новодевичьем кладбище]. Сын *И. А. Вельяшева-Волынцева*. Окончил Моск. благор. пансион в одном из первых его выпусков. В 1785 был записан в Преображенский полк, но служил, как и отец, по артиллерии, преимущественно в инженерных частях (понтонные роты). По восшествии на престол Павла I был произведён в майорское звание, в отставку вышел в 1800 полковником. В 1805—1807 — предводитель дворянства Угличского у. Ярославской губ. Почти постоянно живший в Москве, В.-В. — член и регулярный посетитель Англ. клуба, театрал, участник литературно-театрального салона Ф. Ф. Кокошкина.

Основываясь на сообщении И. М. Снегирёва, ранние поэтические опыты В.-В. следует искать среди анонимных произведений первого литературного сборника воспитанников Моск. благор. пансиона «Распускающийся цветок» (1787); атрибутировать их затруднительно. Во втором сборнике («Полезное упражнение юношества», 1789) В.-В., участник объединявшего пансионеров литературного общества, опубликовал идиллию «Палемон» — обработку одноименного сочинения С. Геснера, и ряд др. поэтических текстов («Рондо», «Вечер», «Зима»), отмеченных очевидным воздействием сентиментализма. В 1794—1795 В.-В. — сотрудник «Приятного и полезного». Помещенные здесь произведения («К бабочке», «Роза», «К мыслям», «Сон» (без подписи) и др.) с незначительной правкой частично вошли в единственный поэтический сборник В.-В. «Лира» (М., 1804). Литературно-эстетическая программа В.-В. сформулирована в стихотворениях «Лира. Отрывок» (Приятное и полезное, 1795, ч. 5) и «Посвящение лиры». Вслед за *Н. М. Карамзиным*, чье творчество воспринимается В.-В. как одно из ведущих литературных направлений (др. — *Г. Р. Державин*, см. эпиграмму «Кто в прозе и стихах приятностью блистает?»), В.-В. декларирует отказ от «серьезной» тематики, стремится придать своей поэзии исключительно «домашний» характер. Преобладающие жанры «Лиры» — ламентации, любовные и дружеские послания, акростихи, шарады, надписи, «стихи на случай». Популярностью пользовались песни В.-В., в особенности «Здесь под тенью древ ветвистых» (впервые: Приятное и полезное, 1794, ч. 2); вошедшая в «Лиру» песня «Моей Катеньке» принадлежит *М. Л. Магницкому*.

В 1811 В.-В. — один из членов-учредителей О-ва любителей рос. словесности при Моск. ун-те. В «Тр. О-ва любителей рос. словесности» (1812, ч. 1—3; 1816—1818, ч. 5—7, 9—11) регулярно помещались его стихотворные сочинения, по преимуществу басни. К этому жанру В.-В. обращался еще в 1790-е гг. («Орел и бабочка» — Приятное и полезное, 1795, ч. 6; А. Н. Неустроевым ошибочно приписана Г. М. Яценкову). В.-В. принимал незначительное участие в др. близких обществу изданиях («Вестн. Европы», «Амфион»).

Некоторым свидетельством признания творчества В.-В. можно считать включение его произведений в сборники «Аониды» (1796—1797, ч. 1—2) Карамзина и «Весельчак на досуге» (1798, ч. 2) *И. Ф. Львова*, в «Собрание русских стихотворений» В. А. Жуковского и др. антологии нач. XIX в. Стилистические особенности поэзии В.-В. на протяжении его литературного пути оставались практически неизменными и в 1810—1820-х гг., возможно, воспринимались как анахронизм, что подтверждается ироническим упоминанием «московского поэта Вельяшева» в коллективном «Надо помянуть, непременно помянуть надо...» А. С. Пушкина и П. А. Вяземского (ср. сходные упоминания в письме 1812 В. Л. Пушкина к Д. Н. Блудову и в сатире А. И. Писарева «Певец на бивавах у подножья Парнаса» — Рус. арх., 1899, № 7; Библиогр. зап., 1859, № 20).

Значительное место в литературной деятельности В.-В. занимают его переводы и переделки известных фр. и нем. драматических сочинений. Первое из этих произведений — ученический перевод одноактной комедии Ж.-Ф. Сен-Фуа «Сильф» — было опубликовано в 1782. Затем последовали пьесы «Примирившиеся неприятели» (1787), «Детская любовь» (1790) и повесть «Скороспелый лорд» (1789), возможно принадлежащая Ж. Казотту. Переводы 1808—1811 — драмы, комедии, оперные либретто (последние переведены т. о., что «русские стихи сохраняют точную меру французских») — были собраны В.-В. в издававшемся им ежегоднике «Талия, журнал для любителей театра» (М., 1810—1812, ч. 1—3), одном из первых в России репертуарных сборников. Все пьесы, напечатанные в «Талии», вышли также в виде самостоятельных оттисков. На сцене столичных театров в переводе В.-В. были поставлены пьесы П.-Ж. Дефоржа-Шудара, Б.-Ж. Марсолье де Виветьера, оперы на музыку А. Бертона, Н. Далейрака и др. В последние годы жизни В.-В. большее внимание уделяет нем. драматургии: переводит первую часть воспоминаний А.-В. Иффланда «Мое театральное поприще» (М., 1816), несколько пьес того же автора, занимается «Гамбургской драматургией» Г.-Э. Лессинга. Большинству переводов В.-В. предпосланы стихотворные посвящения: А. И. Апрелевой — «любезной сестре и другу», А. Д. Балашову, В. П. и М. П. Волконским, Г. Г. Орлову, Е. С. Семеновой, А. Т. Тутолмину и др.

В истории отечественного образования известен составленный В.-В. пятитомный «Словарь математических и военных наук» (СПб., 1808), при работе над которым В.-В. широко использовал «Энциклопедию» Дидро и Д'Аламбера.

Отечественная война 1812 усилила интерес В.-В. к занятиям историей: в О-во истории и древностей рос., членом которого В.-В. состоял с 1816, им был представлен перевод книги И.-Ф. Эверса «Kritische Vorarbeiten zur Geschichte der Russen» (1814).

В.-В. регулярно вел дневник под назв. «Моя повседневная записка» (фрагмент, с 3 июня 1814 по 16 мая 1818, — ГБЛ, поступл. 1974, кол. В. А. Виноградa), в котором отражены творческие занятия автора, его встречи с В. А. Жуковским, А. Ф. Мерзляковым, А. А. Шаховским, отклики на политические, литературные и театральные события.

Портрет В.-В. и часть его библиотеки (ок. 200 наименований), каталог которой был составлен И. М. Снегиревым, были по завещанию переданы в О-во любителей рос. словесности, а затем поступили в собрание Моск. ун-та, почетным членом которого В.-В. был избран незадолго до смерти.

Лит.: *Снегирев И. М.* Воспоминания о Д. И. Вельяшеве-Волынцеве. — Тр. О-ва любителей рос. словесности при Моск. ун-те, 1822, ч. 1; Сушков. Моск. благор. пансион (1858); *Мендельсон Н. М.* О-во любителей рос. словесности при Моск. ун-те. М., 1911; Словарь членов О-ва любителей рос. словесности при Моск. ун-те. М., 1911; *Бобынин В. В.* Вельяшев-Волынцев Д. И. — В кн.: Рус. биогр. словарь, т. «Вавила — Веселовский» (кор. экз., ГИМ); Песни и романсы рус. поэтов. М.; Л., 1963; Зап. Отд. рукописей ГБЛ. М., 1977, вып. 38; Рус. басня (1977); *Жирмунский В. М.* Гете в рус. лит. Л., 1981.

Б. Н. Равдин, А. Б. Рогинский

ВЕЛЬЯШЕВ-ВОЛЫНЦЕВ Иван Андреевич [1737—1795]. Принадлежал к старинному дворянскому роду Вельяшевых. В 1746 поступил на военную службу; в 1766 — артиллерии майор, в 1772 — подполковник, в 1774 — полковник, в 1776 — генерал-майор, в 1781 — инженер-генерал-майор. В 1762—1783 преподавал военные и математические науки в Арт. и инж. корпусе, снискав себе «всеобщее уважение». После увольнения в отставку (4 сент. 1783) поселился в своем ярославском имении; в 1787—1795 был депутатом от Мологского у. Ярославского наместничества в депутатском собрании.

Известности В.-В. как педагога особенно способствовали «сочиненные» им «для обучения благородного юношества» «Артиллерийские предложения» (1767; 2-е изд. 1777), которые на протяжении полувека оставались «существенным руководством для наших артиллеристов» (*Ломан Н. Л.* Ист. обозр. 2-го Кадет. корпуса. СПб., 1862, с. 102). Серьезным вкладом его в рус. педагогическую литературу явились трехтомные «Уроки експериментальной физики» (1779—1781) — перевод знаменитого труда аббата Ж.-А. Нолле, в котором В.-В. старался «хотя не словами, но по крайней мере смыслом не отбиться от подлинника». Наибольшую сложность представляла для него передача физических терминов, в чем ему помогал С. Я. Румовский.

Наряду с точными и естественными науками В.-В. интересовался историей и дважды обращался к историческим сочинениям Вольтера. В 1772 в его переводе появилась «История о крестовых походах». Ввиду политической актуальности этого труда, в котором видели оправдание позиции *Екатерины II* в «турецком вопросе», «История...» выдержала еще два издания (1782 и 1783). Др. книга «Новое расположение истории человеческого разума» (1775; издатель — *Н. И. Новиков*) — перевод первоначальной редакции прославленного «Опыта о нравах и духе народов». В ней дано предварительное изложение воззрений Вольтера на исторический процесс и задачи историка, а также с философских позиций определяется место вост. цивилизаций в истории человечества.

Лит.: *Тихвинский П. А.* Военный энцикл. лексикон. СПб., 1853, т. 3; Список гг. губернских и уездных предводителей и депутатов дворянства Ярославской губ. Ярославль, 1898; [*Львов Т. В.*] 2-й Кадет. имп. Петра Великого корпус. СПб., 1912; *Ельчанинов И. Н.* Мат-лы для генеалогии ярославского дворянства. Ярославль, 1913, т. 2; *Заборов М. А.* Историография крестовых походов. М., 1971.

П. Р. Заборов

ВЕЛЬЯШЕВА-ВОЛЫНЦЕВА Пелагея Ивановна [1773—7 (19) VI 1810, Москва]. Жена полковника Анненкова. П. Н. Арапов называет В.-В. в числе «дам высшего общества», писавших для театра. Перевела с фр. комедию Л. Буасси «Французы в Лондоне» (изд. «иждивением» *Н. И. Новикова*, 1782). Посвящая свой труд статс-даме А. Р. Чернышевой, В.-В. благодарила ее за «милостивые» и «снисходительные всем приемы». Перевод В.-В. упомянут в издании: Драм. словарь (1787). В.-В. принадлежит также перевод с фр. нравоучительно-сентиментальной драмы Ш.-А. де Лонгейля «Сирота аглинская» (1787), ранее переведенной *А. П. Голицыным* под назв. «Аглинский сирота» (1775).

М. Н. Макаров писал о В.-В.: «Она известна драматическими переводами, которые хотя в свое время и не были на сцене наших театров, но по крайней мере их читывали с удовольствием». Возможно, В.-В. имел в виду *А. А. Палицын*, называя в «Послании к Привете» (1807) в числе женщин-писательниц Вельяшеву.

Лит.: Дамский журн., 1830, ч. 29, № 10; Арапов. Летопись (1861); Голицын. Словарь (1889); Поэты 1790—1810-х годов. Л., 1971.

Н. Н. Белых,
Н. Д. Кочеткова

ВЕНИЦЕЕВ Семен Никифорович [1743—между 1814 и 1822]. Сын артиллерийского офицера. В 1756 принят в Унив. гимназию, в 1760-е гг. — студент Моск. ун-та. В 1767 служил в Комиссии нового Уложения. В июле 1775 принят в масонскую ложу «Равенство». В дневнике масона А. И. Ильина упоминается о заседании ложи 10 окт. 1775, в котором «говорена Веницеевым оратором речь о ⟨. . .⟩ жизни человеческой, и после того пели все с музыкой стихи, сочиненные Веницеевым на смерть Плещеева» (Чтения в О-ве истории и древностей рос., 1908, кн. 4, отд. 4, с. 5, 9; стихи не сохр.). До окончательного переезда ложи «Равенство» из Москвы в Петербург В. исполнял должность мастера и ее петербургского отделении. В 1776 вместе с *А. В. Храповицким* и *И. М. Слатвинским* В. был «братом» и «первым надзирателем» швед.-берлинской ложи «Немезида» (см.: Рус. старина, 1909, № 1, с. 174). Вероятно, был также знаком с *А. Н. Радищевым*. В 1777—1784 В. служил секретарем в правлении Калужского наместничества, в нояб. 1784 произведен в надв. советники и назначен советником в оружейную экспедицию Тульской казен. палаты.

В мае 1764 В. поместил в журнале «Доброе намерение» лат. перевод нравоучительного отрывка из «Размышлений» Марка Аврелия («Описание случая во время владения Марка Аврелия Антонина, римского императора, с римским гражданином Антигоном»). В 1776 в переводе В. вышел трактат Т. Гоббса «Начальные основания философические о гражданине». В переводе опущены три раздела трактата: «Свобода», «Власть» и «Религия». К изданию приложено «Краткое описание жизни Фомы Гоббезия», содержащее панегирическую характеристику энциклопедистов. По мнению В., переведенное им сочинение направлено против ограничения власти монарха, а трактат «Левиафан» представляется ему как «хотя и преизрядное ученое здание, но странное».

Ошибочным является предположение М. Н. Лонгинова об участии В. в издании «Исследования книги „О заблуждениях и истине"» (Тула, 1790; автор — *П. С. Батурин*).

В «Изустной хронике» Н. Н. Андреева передается анекдот, как В. в приезд *Екатерины II* в Тулу в 1787 прочел своему начальнику по чистому листу якобы сочиненную им записку императрице, которую из-за бражничества не успел написать. По воспоминаниям Андреева, В. «был одарен умом быстрым и наблюдательным, имел воображение живое, пламенное и превосходную память, верный взгляд на вещи, глубокие юридические познания и писал простым, естественным слогом» (Зап. имп. Академии наук, 1865, т. 6, № 2, с. 234).

Лит.: Лонгинов М. Библиогр. записка. — Совр., 1857, № 3.

А. Б. Шишкин

ВЕРЕВКИН Михаил Иванович [1732, Клинский у. Московской губ.—21 III (1 IV) 1795, с. Михалево Дмитровского у. Московской губ.]. Происходил из обедневшего дворянского рода. Отец В. был флигель-адъютантом Петра I, потом служил в Семеновском полку (ум. в 1739). В 1742 В. был определен в Морской кадет. корпус, где выделялся успехами, особенно в языках. В 1743 записан во флот гардемарином, в 1748 произведен в мичманы, в 1751 — в унтер-лейтенанты, с 1753 служил корабельным секретарем.

По указанию директора корпуса адмирала А. И. Нагаева В. опубликовал «Сказание о мореплавании...» (1782—1783, ч. 1—2), в ч. 1 которого помещена переведенная В. с фр. «Повесть о начале, пользах и преуспеянии к совершенству мореплавания» Дж. Локка, а в ч. 2 — составленное В. в 1781 «Краткое описание жизни А. И. Нагаева». К сер. века относятся, вероятно, оставшиеся неопубликованными переводы В. — «Фарватеры, мели, надводные и подводные камни...» (с фр.), комедия Л.-Ф. Делиля де ла Древетьера «Тимон-нелюдим» (с фр.) и «Универсальная история» (т. 1—6; с нем.).

В 1755 по рекомендации *И. И. Шувалова* В. был назначен асессором в только что открывшийся Моск. ун-т. 6 сент. 1755 он произнес в публичном собрании университета речь по случаю тезоименитства императрицы Елизаветы Петровны. После смерти первого директора университета А. М. Аргамакова (1757) В. вошел в состав Унив. конференции. Напряженные отношения с ректором обеих гимназий И. М. Шаденом привели к отстранению В. от руководства учебным процессом в гимназиях.

В 1758 с учреждением гимназии в Казани В. назначается ее директором. Приступив с янв. 1759 к исполнению должности, В. в короткий срок сумел превратить гимназию в просветительский центр губернии. В числе первых ее воспитанников был *Г. Р. Державин*. Несмотря на недостаток средств, учебных пособий, на низкое жалованье учителей, занятия шли успешно. Из учеников В. организовал любительскую театральную труппу; на праздновании пятилетнего юбилея Моск. ун-та летом 1760 она представила гостям и родителям учеников комедию Ж.-Б. Мольера «Школа мужей». В изданиях Моск. ун-та («Полезное увеселение» и др.) В. печатал стихи и мелкие переводы. После поездки В. в янв. 1760 в Петербург ему удалось добиться увеличения жалованья учителям, а также перевода самых успевающих учеников на казенный кошт. Тогда же он был назначен товарищем губернатора Казани. По интригам противников из числа иностранных учителей В. в сент. 1761 был от директорства гимназии отстранен. Продолжая служить в Казанской губ. канцелярии, он в 1762 получил чин надв. советника; указом от 17 окт. 1763 был пожалован в кол. советники с «вечною от всех дел отставкою». Императрица поручает ему перевод иностранных книг на счет Кабинета е. и. в. Поселившись в родовом имении с. Покровском, В. писал и переводил, изредка посещая Москву и Петербург. В это время им была начата работа над переводом «Записок ⟨...⟩ герцога Сюлли, первого министра Генриха IV...». В 1772 В. стал членом Вольного рос. собрания при Моск. ун-те.

Когда началось восстание Пугачева, В. по личному желанию вновь поступил на государственную службу (1773), заняв должность директора походной канцелярии графа П. И. Панина. После разгрома восстания по прошению Панина в февр. 1776 В. был назначен членом учрежденного при Новгородской губ. канцелярии Деп. для решения старых дел (см.: Собр. разных соч. и нов., 1776, июль, с. 50). В окт. 1776 В. перевелся советником в Тверское наместническое правление; там на торжествах при открытии наместничества была исполнена пьеса В. «На нашей улице праздник. Пословица», а в дек. того же года при открытии наместничества в Новгороде — пьеса «Астрея» (аллегорический эпилог). Обе пьесы — драматизированные панегирики *Екатерине II*. С янв. 1777 В. — советник в Новгородском наместническом правлении. Последнее место службы В. — Тверская палата гражд. суда (1778—1781), будучи председателем которой он 21 мая 1779 получил чин ст. советника.

В 1770—1780-х гг. В. написал и опубликовал комедии «Так и должно» (1773), «Именинники» (1774), «Точь-в-точь» («сочинена в Симбирске в 1774»; 1785). Последняя была создана по горячим следам восстания Пугачева и основана на реальных фактах. Существует мнение о принадлежности В. комедии «Подражатель» (1779; см.: *Мельникова Н. Н.* Изд., напеч. в типографии Моск. ун-та. XVIII век. М., 1966, с. 178). Все пьесы с успехом игрались в театрах Москвы и Петербурга. Комедия «Точь-в-точь» ставилась в Эрмитажном театре. Комедии В. эклектичны, в них идеи европ. мещанской «слезной» драмы Дидро соединяются с традицией обличительно-сатирической комедии *А. П. Сумарокова* и *Д. И. Фонвизина*. «Так и должно» и «Точь-в-точь» написаны в общей манере: сентиментальная фабула, трогательная счастливая развязка, невинно страждущие добродетельные герои. Одновременно автор выводит взяточников-подьячих, безграмотных и трусливых воевод, а также корыстолюбивых и опустившихся дворян. «Именинники» по характеру ведения интриги похожи на комедии П.-О.-К. Бомарше с их смышлеными и находчивыми слугами, устраивающими счастье своих господ.

В. пробует силы и в прозе. Подражая А.-Ф. Прево, он пишет повесть «Небылица» (1778). По высочайшему повелению 1776 не только переводы, но и сочинения В., оставаясь его собственностью, печатались на счет Кабинета е. и. в. в Унив. типографии и типографии Петербургского Горного ин-та, а с 1791 в Акад. типографии, правда на менее льготных условиях. В Новгороде В. закончил перевод «Записок» Сюлли (1770—1776, т. 1—10) и начал перевод «Всеобщего повествования о путешествиях» А.-Ф. Прево (т. 1—4 опубл. в 1777—1781, а весь труд — ч. 1—22 — в 1782—1787, под загл. «История о странствиях вообще по всем странам земного круга»). Летом 1780 для лечения, а также с инспекционными целями по поручению Екатерины II, В. совершает поездку в Астраханскую губ. к целебным источникам близ Сарепты. Результат поездки — «Описание Екатерининских вод в Астраханской губернии» (1780), интересное с этнографической точки зрения.

В мае 1781 по болезни В. подал в отставку с должности председателя Тверской палаты гражд. суда впредь до выздоровления, а в сент. оставил службу с сохранением кабинетского жалованья. В 1785 В. по представлению Сената окончательно уволен со службы с чином д. ст. советника.

В отставке В. жил в сельце Михалеве, где целиком отдался переводческой деятельности. В 1780—1790-х гг. В. перевел с фр. и издал «Начальные основания англинской истории...» (1786—1788, т. 1—3) и «Начальные основания французской истории от Кловиса до Лудовика четвертого на десять...» (1788, т. 1—3) К.-Ф. Милло, а также «Записки, надлежащие до истории, наук, художеств, нравов, обычаев и проч. китайцев, сочиненные проповедниками веры христианской в Пекине...» (1786—1788, т. 1—6; пер. соответствует первым трем томам «Mémoires concernants d'histoire ⟨...⟩ des Chinois...» (Paris, 1776—1778, t. 1—12) Ж.-М. Амио, Ф. Буржуа, П.-М. Жибо; т. 12, содержавший описание жизни Конфуция, В. издал отдельно в 1790). В эти же годы В. перевел труды В. Миньо и И.-М. д'Оссона по истории Турции, а также Коран (с «перевода с арабского на французский язык Андрея Рюэра де ла Гард Малезера», 1790, ч. 1—2). В. перевел несколько книг о воспитании, по истории церкви, экономике, ведению хозяйства и т. п. В предисловии к «Хозяйственному и деревенскому календарю...» (1794) В. идиллически изобразил свое сельцо Михалево как «убежище от мирских сует». Ряд переводов В. остался неопубликованным.

В 1782 В. был избран членом-корреспондентом Академии наук. По поручению *Е. Р. Дашковой* в 1783 он подготовил научную биографию М. В. Ломоносова для его полного собрания сочинений, предпринятого Академией наук. Работая над биографией, В. установил много новых фактов, тщательно проверив сведения др. биографов — *Я. Я. Штелина, Н. И. Новикова* и *Д. Е. Семенова-Руднева (Дамаскина).* Письма В. к Дамаскину, Е. Р. Дашковой, *И. И. Мелиссино, О. П. Козодавлеву* содержат указания на источники его данных (ГПБ, F.XVIII.35; Отчет имп. Публ. б-ки за 1891 год. СПб., 1894, с. 151—153). В. также принял деятельное участие в подготовительных работах Рос. Академии по созданию словаря рус. языка. Е. Р. Дашковой им был прислан «Опыт выбора нарочитых словенских слов из Священного писания» (ААН, ф. 8, оп. 3, № 11).

В 1792 В. избирается в члены Вольного экон. о-ва. В том же году он лишился льгот по печатанию своих переводов: Екатерина II указала «впредь ни в каких типографиях как сочинений, так и переводов без особливого ее величества повеления, а притом и без уведомления от Кабинета, на счет оного не печатать». Тогда же В. задумал перевод «Энциклопедии» Дидро — Д'Аламбера, что видно из писем его к *Г. Р.* Державину от 10 июня и 10 авг. 1792 с просьбами ходатайствовать перед Екатериной II о разрешении на перевод. Замысел В., возникший во время революционных событий во Франции, остался неосуществленным.

В последние годы жизни В. часто обращается к Екатерине II и др. лицам с жалобами на тяжелое материальное положение семьи и с просьбами о финансовой поддержке.

Лит.: [Послужной список]. — Моск., 1842, ч. 6, № 12; *Артемьев А.* Казанская гимназия в XVIII столетии. СПб., 1874; *Тупиков Н. М.* М. И. Веревкин: (Ист.-лит. очерк). СПб., 1895; *Бабкин Д. С.* Биографии М. В. Ломоносова, сост. его современниками. — В кн.: Ломоносов / Сб. ст. и мат-лов. М.; Л., 1946, т. 2; *Троицкий В. М.* 1) Некоторые проблемы культ. наследства XVIII в.: М. И. Веревкин — писатель и драматург второй пол. XVIII в. — Учен. зап. Лиепайского пед. ин-та, 1958, № 1; 2) Последние годы лит. деятельности Веревкина. — Там же, 1960, № 4.

Ю. В. Стенник

ВЕРЕЩАГИН Василий Иванович (в монашестве — А р с е н и й) [1736—1799, Петербург]. После окончания Славяно-греко-лат. академии постригся в монахи. В 1772 издал в Москве слав. перевод «Бесед Златоустовых о покаянии и на некоторые господские праздники», первоначально переведенных с греч. языка Софронием Младеновичем. В 1770-х гг. прославился в Москве как проповедник. В 1773 назначен епископом архангелогородским, в 1775 — епископом тверским, в 1783 — архиепископом ростовским. С 1798 член Синода.

В 1787 по именному указу *Екатерины II* Ростовская архиепископия была соединена с Ярославской. В. стал именоваться архиепископом ростовским и ярославским с проживанием в упраздненном по этому же указу Спасо-Ярославском монастыре. В том же году из Ростова в Ярославль была перевезена личная библиотека В., состоявшая из нескольких тысяч томов книг, изданных исключительно на иностранных языках в европ. странах и в России. Эта библиотека постоянно пополнялась В., в чем ему большую помощь оказывал известный собиратель древнерус. рукописей А. И. Мусин-Пушкин, находившийся с В. в приятельских отношениях (см. их переписку и «Дневник» В. в двух частях (за 1786—1791 и 1797—1799; совр. местонахождение части, охватывающей 1792—1796, не установлено) — ГПБ, Q.IV.267). В 1793 к В. попало значительное количество иностранных изданий из библиотеки покойного профессора Моск. ун-та *А. А. Барсова,* приобретенной Мусиным-Пушкиным. В настоящее время бо́льшая часть библиотеки В. находится в Отд. редких книг Ярославского Музея-заповедника, некоторая часть — в Ростовском Музее-заповеднике. Благодаря В. Мусин-Пушкин стал владельцем рукописи «Слова о полку Игореве», находившейся до тех пор в Спасо-Ярославском монастыре, о чем свидетельствуют описи монастырского имущества, подписанные *Иоилем Быковским.*

В. принимал участие в журнале «Уединенный пошехонец», издававшемся в Ярославле в 1786—1787, и был его цензором. В. посвящены два печатных сборника (оба — 1779) речей и стихотворений на лат. и рус. языках, состоящих из риторических похвал, «от паствы» тверской епархии и «от обучающихся в Москве студентов», в которых он прославляется как «изящнейший наук любитель и покровитель».

Лит.: *Титов А. А.* Столетие ярославской архиерейской кафедры и первый ярославский архиепископ Арсений. М., 1887; *Прийма Ф. Я.* К истории открытия «Слова о полку Игореве». — В кн.: Тр. Отд. древнерус. лит. М.; Л., 1956, т. 12; *Лукьянов В. В.* Доп. к биографии Иоиля Быковского. — В кн.: Тр. Отд. древнерус. лит. М.; Л., 1958, т. 15; *Филипповский Г. Ю.* Дневник Арсения Верещагина: (К истории рукописи «Слова о полку Игореве»). — Вестн. МГУ. Филология, 1973, № 1; *Моисеева Г. Н.* Спасо-Ярославский хронограф и «Слово о полку Игореве». Л., 1976; *Прийма Ф. Я.* «Слово о полку Игореве» в рус. ист.-лит. процессе первой трети XIX в. Л., 1980.

Г. Н. Моисеева

ВЕРЕЩАГИН Иван Афанасьевич. Первоначальное образование получил в Троицкой дух. семинарии, где дошел до класса богословия, откуда в 1775 поступил в Моск. ун-т, который окончил в 1778. В 1776—1779 В. являлся кустосом (хранителем) библиотеки университета.

Первые оды В., посвященные победам рус. армии в войне с Турцией, а также на заключение мира (1771—1775), написаны в подражание ломоносовскому образцу. Наиболее значительное произведение В. — «Песнь „Осеняемая свыше Россия" на высокоторжественный день тезоименитства императрицы Екатерины Алексеевны» (1775), где говорится, в частности, о заслугах Петра I, пробудившего «во тьме лежавшую Россию» от векового сна. Поэтические произведения В. 1777—1778 не выходят за рамки служебных упражнений университетского студента-одописца. Указание *Н. И. Новикова* на дебют В.-поэта в Петербурге (см.: Опыт словаря (1772)), а также атрибуция ему С. А. Венгеровым «Оды на бракосочетание вел. кн. Александра Павловича» (1793; автор — *Я. И. Романовский*) ошибочны.

Лит.: Смирнов. Троицкая семинария (1867); *Пенчко Н. А.* История б-ки Моск. ун-та. М., 1969.

М. П. Лепехин

ВЕРСИЛОВ Андрей. Перевел с фр. стихотворение «Надгробие Невтону» (Муза, 1796, т. 2, ч. 3), а также роман Ф.-А.-К. Вертеса «Приключения Едуарда Бомстона, описанные им самим чрез переписку с С. Прио, Юлиею, Клерою, Волмаром и другими, служащие дополнением к Новой Элоизе» (1799). Посвящение переводчика романа с нем. на фр. язык своему другу в переводе В. отсутствует. Перевод В. отличает тщательность и стремление точно передать мысль автора. В. также перевел роман А. фон Коцебу «Мальчик у ручья, или Постоянная любовь» (Смоленск, 1802, ч. 1—4), ранее переведенный В. А. Жуковским (М., 1803).

С. Н. Искюль

ВЕРШНИЦКИЙ Алексей [род. ок. 1744]. Родился на Украине, учился в Славяно-греко-лат. академии, откуда 1 янв. 1763 поступил в Унив. гимназию. 30 июня 1763 произведен в студенты. 11 июня 1765 Унив. конференция рассмотрела вопрос о взыскании с В. в пользу студента Славяно-греко-лат. академии И. Берлинского 20 р. «за некоторые взятые им ⟨В.⟩ вещи». На конференции 19 нояб. 1765 у В. выясняли причину небрежного посещения лекций по медицине, и В. попросил уволить его из университета. Впосл. В. стал священником Кремлевского Архангельского собора (см.: Рус. арх., 1879, № 9, с. 98).

В журнале «Свободные часы» (1763, авг.) за подписью «А. В.» напечатана элегия «Страдай, моя душа», принадлежащая В. В журнале «Доброе намерение» (1764) помещены прозаические переводы В. с лат. из книги А. де Гевары «Часы правителей»: «Речь Марка Аврелия», «Речь Пануция к Марку Аврелию» и др. Эти переводы перепечатаны с искажениями в книге «Переводы с латинского и шведского языков, случившиеся во времена императора Марка Аврелия и Каролуса 12 шведского» (1786), приписывающейся *И. С. Баркову*, а затем в книге «Повествование о болезни, от которой Марку Аврелию, императору римскому, смерть приключилась...» (1789). По свидетельству *Н. И. Новикова*, в «Добром намерении» помещены также «разные случайные стихи» В.

Лит.: Пенчко. Документы, т. 2 (1962); *Гаврилов А. К.* Марк Аврелий в России. — В кн.: Марк Аврелий Антонин. Размышления. Л., 1985; *Рак В. Д.* «Часы правителей» в рус. пер. XVIII в. — В кн.: Сервантесовские чтения. Л., 1985.

Н. Д. Кочеткова

ВЕТОШНИКОВ Иван Николаевич [род. 1746]. Родом из «гостиных» (купеческих) детей. В 1762 вместе с братом Михаилом был принят в Академию художеств. В 1763 на экзамене получил 2-ю серебряную медаль; в 1767 выпущен из Академии со званием «ученика архитектурного художества» и с аттестатом 3-й степени; отправлен за границу в качестве пансионера Академии. По возвращении поступил канцеляристом в Сенат (1772). В 1774 уволился с чином сенатского регистратора и в 1777—1778 служил в Комиссии нового Уложения. Затем, используя свои знания архитектора и рисовальщика, определился уездным землемером в Ярославское наместническое правление (1778—1782). После возвращения в Петербург 27 мая 1784 был принят секретарем в Адмиралтейскую комиссию строения в Кронштадте, откуда ушел по прошению 8 апр. 1785 в связи с болезнью. Лишь в 1797 он вновь поступил на службу. 11 февр. 1797 В. обращался с прошением на имя М. Ф. Соймонова (ЛГИА, ф. 963, оп. 1, т. 1, № 73), рассчитывая занять место учителя нижнего арифметического класса в Горном уч-ще. Одновременно он подал на высочайшее имя прошение (с прил. нескольких аттестатов) о зачислении в Комиссию законов, куда и был взят 25 февр. «для письмоводства» (ЦГИА, ф. 1259, оп. 1, № 29, л. 61—66). Здесь он выслужил чин кол. асессора; в 1808 был произведен в надв. советники.

В 1776 на счет В. в Акад. типографии было напечатано «сочинение И. В.», озаглавленное «Надписи к разным женским и мужским портретам» и, видимо, представлявшее собой перевод с фр. Восемь коротких сатирических стихотворений, включенных в листовку, содержали насмешки над глупыми красавицами, модницами, любителями выпить, взяточниками. Спустя значительное время В. опубликовал поэму «Свет несравненного в трех песнях, купно же и в трех беседах содержающуюся» (1795; посв. А. Б. Куракину), в которой утверждает превосходство «богозрения» над науками. Поэма состоит из «бесед» поэта с астрологом, логиком (философом) и нравоучителем, демонстрирующих их ограниченность в познании истинной «премудрости»: «Премудрость не наука, премудрость первая есть свыше благодать». В последний раз В. выступил в печати с псалмодическим сочинением «Три молитвы ко господу. Первая — на врагов, вторая — за избавление от врагов, третья — о врагах или за врагов» (СПб., 1808). Тема молитв, по-видимому, связана с обстоятельствами последних лет жизни В. Судя по дарительным надписям на книгах (некоему кн. Егору Петровичу на «Свете несравненном» в 1801 и И. М. Шапошникову на «Трех молитвах» в 1808), он был вынужден в эти годы искать покровительства.

Лит.: Семенников. Мат-лы для словаря (1914); *Кондаков С. Н.* Список рус. художников. СПб., 1915.

В. П. Степанов

ВИНИУС Андрей Андреевич [ум. 1718]. Сын гол. купца, переселившегося в Россию в сер. XVII в. В 1664 начал службу переводчиком. В. принадлежал рукописный список 1667 «Избрания от святых, божественных и царственных книг...» — сборника морально-дидактических сочинений, в составе которого были известная «Беседа отца и сына о женской злобе», сказание Ивана Пересветова о тур. султане Магомете, описание событий рус. истории XVI в. и др. В. известен как составитель обширного труда «Описание расстоянию столиц, нарочитых градов, славных государств и земель ‹...›

от града Москвы, сколько до которого городу», названного в каталоге рукописей Б-ки Петербургской Академии наук «Поверстником» и датированного 1667 (не изд.). Помимо сведений о расстояниях между городами в кон. книги даны образцы, «как писать подорожные». К 1674 относится перевод В. с нем. «Зрелища жития человеческого» (рукоп.). С 1685 В. заведовал почтами в России. В 1690-х гг. он был уже думным дьяком. Но дружба его с Ф. Л. Шакловитым, руководителем заговора царевны Софьи Алексеевны, направленным против Петра I, едва его не погубила. В 1697 В. управлял Сибирским приказом и приложил много знаний и усилий, чтобы наладить производство железа на уральских заводах. Принадлежал к числу близких к Петру I лиц. На нем лежала обязанность просматривать переводы книг, которые готовились к изданию, он был непременным участником составления «программ» к триумфальным въездам. По поручению царя он принимал деятельное участие в учреждении первого в России морского училища — Навигацкой школы, позднее ставшей Морской академией. В 1706 В. уехал за границу без разрешения Петра I, за что его имущество было конфисковано. В 1708 он вернулся в Архангельск и просил царя о возвращении принадлежащих ему дома, книг и пр. Просьба его была удовлетворена, и В. снова приступил к активной деятельности сподвижника Петра I. Он перевел множество книг: «огнестрельную книжицу», «трактат о механике», «о фейерверках» и др.

После смерти В. собрание его книг по приказанию Петра I было передано в Б-ку Петербургской Академии наук, в настоящее время хранится в БАН. Часть книг и рукописей В. находится в университетской библиотеке г. Хельсинки.

Лит.: Пекарский. Наука и лит., т. 1 (1862); Пекарский. История Академии наук, т. 1 (1870); *Соколов Н. И.* С.-Петербургские почты при Петре Великом. СПб., 1903; *Козловский И. П.* Первые почты, первые почтмейстеры в Моск. государстве: Опыт исследования некоторых вопр. из истории рус. культуры второй пол. XVII в. Варшава, 1913, т. 1; *Добросклонский М. В.* Книга Виниуса. — Изв. АН СССР, Отд-ние гуманит. наук, 1929, № 3; *Быкова Т. А.* Заметки о редких рус. изд. в собр. ГПБ: (Неизв. автограф Виниуса). — В кн.: XVIII век. М.; Л., 1959, сб. 4; *Томсинский С. М.* Урал в рус. публицистике и законодательстве первых десятилетий XVIII в. Пермь, 1959.

Г. Н. Моисеева

ВИНОГРАДОВ Иван Иванович [1765, Петербург—1801, там же]. Сын священника. Образование получил в Александро-Невской дух. семинарии, откуда в 1783 был зачислен в Петербургское гл. нар. уч-ще. Там В., будучи одним из лучших студентов, пристрастился к вину и за совершение ряда проступков был отдан в солдаты в Семеновский полк, где сразу же получил чин сержанта. В 1796, вконец расстроив свое здоровье, вышел в отставку с чином подпрапорщика. По указанию *Евгения Болховитинова*, «кончил жизнь бедственным образом как жертва своего идола».

«Когда несчастная страсть не терзала его, что иногда продолжалось довольно долго», В. «был весьма трудолюбив и оказал отечественной словесности значительные услуги». Так, в типографии *Н. И. Новикова* был напечатан перевод В. с греч. «Златые остатки древности, содержащие древних греческих философов драгоценные нравоучения» (1783, ч. 1—2), включавший «увещательную поэму» Фокилида, рассуждения Семонида, Навмахия и Демокрита, стихи пифагорейцев и пр. Перевод этого свода этических наставлений страдает буквализмом; незнакомые термины В. пояснял прямо в тексте. По заказу масонов В. перевел с лат. «Мифологический пантеон» Ф.-А. Помея (под загл. «Храм всеобщего баснословия, или Баснословная история о богах египетских, еллинских, латинских и других...», 1785, ч. 1—3; изд. *И. В. Лопухина*) — один из лучших мифологических словарей того времени, построенный в форме диалога. При цитировании Помеем стихотворений древних классиков В. давал помимо оригинала свой прозаический перевод, а в ряде случаев приводил и стихотворный перевод *В. П. Петрова*.

Деятельное участие принимал В. в издаваемом Петербургским гл. нар. уч-щем журнале «Растущий виноград», — в 1786 не было ни одного номера без стихов В. Поэтическое творчество В. состояло исключительно из вольных переложений античных авторов и подносных од (среди адресатов — *Екатерина II*, П. В. Завадовский, А. П. Ермолов). В одах этого времени, как и в более поздних (Павлу I — 1799), В. выступает как эпигон, ориентирующийся на ломоносовские образцы. Переложения В. из Сафо и Анакреонта (датированные авг. 1787) В. объединил в сборнике «Стихотворения Сафы, лесбийския стихотворицы» (1792). В «Предуведомлении» В. подчеркивал зависимость своего издания от традиционных фр. антологий анакреонтики. Помимо переложений В. поместил в сборнике перевод сонета Ф. Петрарки, а также собственные пастораль и две песни. Книге предпослано «Житие Сафы», где В. сделал попытку разграничить комплекс мифов о жизни Сафо и ее творчество. Переводы В. изобилуют славянизмами: «единоглаголание» (монолог), «надписание» (эпиграмма), «осмеяния» (ямбы) — и отличаются тяжеловесностью синтаксических конструкций и многословием. Размер у В. зачастую не выдержан, однако точность рифм соблюдена.

В переведенном В. анонимном фр. сочинении «Жизнь славнейшего г. Вольтера» (1786; 2-е изд. 1787) Вольтер рассматривается исключительно в сфере частной жизни и как драматург. Во 2-е издание были внесены небольшие редакционные изменения, — так, поэма Вольтера «Божественный закон» помещена с отдельным титульным листом, а «Молитва», которой оканчивалась поэма, в части тиража изъята. Помимо этого к изданию 1787 были добавлены анонимная повесть «Протопоп Бадайосский» и небольшой неозаглавленный отрывок неизвестного автора — по-видимому, самого В., в котором говорится о несовершенстве человеческой природы и который является прозаическим откликом на «Молитву» Вольтера. В. был одним из немногих авторов XVIII в., удачно справившихся со стихотворными переводами Вольтера, однако, по предположению Г. В. Ермаковой-Битнер, именно В. как переводчика Вольтера имел в виду *Д. П. Горчаков* в одной из своих эпиграмм (см.: Рус. эпиграмма (1975), с. 143).

В 1792—1793 по совету своего покровителя И. П. Ляпунова В. принялся за перевод имевшего европ. известность руководства по естествознанию Ш. Бонне «Созерцание природы» (1792—1796, ч. 1—4; 2-е изд. Смоленск, 1804—1806); в комментариях В. давал не только переводы сносок оригинала, но и подробно объяснял терминологию и приводил свои примеры.

Зачастую В. предлагал издателям чужой перевод, отредактированный им самим, — так, «Страсти молодого Вертера» Гете (1796) в переводе В. были исправленным переводом *Ф. А. Галченкова*, а «Емилий и София, или Благовоспитанные любовники» (1799—1800, ч. 1—2) — исправленным изданием сокращенного перевода *П. И. Страхова*.

В. перевел также «Всеобщее нравоучение» М.-Ф. Жанлис (1796), «Иисуса» Э.-Г. Альбрехта (1799), «Смешные повести забавного Скаррона» (СПб., 1801, ч. 1—4), а также изложил «Священную историю Ветхого и Нового завета, содержащую двести шестьдесят восемь священных повествований, изъясненных из писаний святых отцов...» (1799—1800, ч. 1—3).

В 1790-х гг. В. пользовался известностью в литературном мире: был знаком с *И. И. Дмитриевым*, *И. М. Долгоруковым*, *Н. М. Карамзиным*, Д. И. Хвостовым, А. С. Шишковым. Однако вся его деятельность последнего десятилетия жизни носила откровенно коммерческий характер: он составил руководство по фокусам «Библиотека забавного и естественного волшебства» (1792, ч. 1—2), написал популярную биографию Ф. Я. Лефорта («Житие Франца Яковлевича Лефорта, женевского гражданина», 1799), издал «Самоучитель немецкого языка» (СПб., 1800; 2-е изд. СПб., 1802).

Лит.: Черты из жизни рус. дворян. — Моск. наблюдатель, 1837, № 1; Евгений. Словарь, ч. 1 (1845); *Черняев П. Н.* Следы знакомства рус. общества с древнеклас. лит. в век Екатерины II. Воронеж, 1906;

Вайнштейн О. Л. Кто является автором «Исторического комментария» к произведениям Вольтера. — В кн.: Вольтер / Ст. и мат-лы. Л., 1947; *Лотман Ю. М.* Руссо и рус. культура XVIII в. — В кн.: Эпоха Просвещения: Из истории междунар. связей рус. лит. Л., 1967; Заборов (1978); *Жирмунский В. М.* Гете в рус. лит. Л., 1981.

М. П. Лепехин

ВИНОГРАДСКИЙ Алексей Васильевич (в монашестве — А в г у с т и н) [6 (17) III 1766, Москва — 3 (15) III 1819, Сергиев Посад]. Сын священника-иконописца, осиротел в восьмилетнем возрасте, учился вначале в Перервинской дух. семинарии под Москвой (с 1776), потом в Славяно-греко-лат. академии. С 1787 В. — учитель лат. грамматики в Моск. гл. нар. уч-ще и в Перервинской дух. семинарии; с 1788 — учитель риторики и поэтики в Троицкой дух. семинарии. В. покровительствовал, руководил его воспитанием и образованием *Платон Левшин*. 16 янв. 1794 В. был пострижен в монахи и вскоре посвящен в иеромонахи и иеродиаконы. В 1792—1795 В. — учитель философии и префект Троицкой дух. семинарии; с 1795 — ректор этой же семинарии и учитель богословия. С 1798 В. — архимандрит Можайского Лужецкого монастыря, с 1801 — архимандрит Московского Богоявленского монастыря, с 1802 — архимандрит Московского Заиконоспасского монастыря, цензор духовных книг, ректор Славяно-греко-лат. академии, а с 1804 — епископ дмитровский и викарий Московской митрополии. С 1811 В. управлял Московской митрополией в связи с болезнью митрополита Платона. В 1814 назначен архиепископом дмитровским, архимандритом Троице-Сергиевой лавры, в 1818 утвержден архиепископом московским и коломенским. В. был вице-президентом Рос. библейского о-ва, членом Моск. о-ва любителей рос. словесности, О-ва врачеб. и физ. наук.

Как проповедник В. основывался на нравственно-этическом истолковании Священного писания. Во время нашествия Наполеона на Россию В. произносил патриотические слова и речи перед народом и в присутствии Александра I и получил прозвание «Златоуста двенадцатого года» («При совершении годичного поминовения по воинах, на брани Бородинской живот свой положивших» (М., 1813), «Слово на покорение Парижа, говоренное 23 апр. 1814» (не изд.), «Слово на заключение мира с Францией, говоренное 21 июня 1814» (не изд.)). Темы проповедей В. нередко смыкаются с национально-историческими темами древнерус. воинских повестей.

Богословские труды В. «Догматическая система», «Толкование апостольских посланий», так же как и многие его проповеди, остались в рукописи.

В. хорошо знал греч., евр., лат., фр., в молодости сочинял лат. стихи, изданные в нач. XIX в.

Лит.: Биогр. черты из жизни архиеп. моск. Августина, почетного члена О-ва любителей рос. словесности в Москве. М., 1824; Бантыш-Каменский. Словарь, ч. 1 (1836); *Снегирев И.* Очерки жизни моск. архиеп. Августина. М., 1841 (с портретом); *П. П.* Августин (Виноградский А. В.) — В кн.: Рус. биогр. словарь, т. «Аарон — имп. Александр I» (1896).

Ю. К. Бегунов

ВИНОГРАДСКИЙ Иван [род. между 1760 и 1762, Москва]. Очевидно, Иван Николаевич; сын дьякона «Никитского сорока церкви Воскресения Христова, что на Оврашке». 1 июля 1772 был зачислен в Славяно-греко-лат. академию, где обучался «латинскому языку и чистому российскому штилю, слушал поэзию, риторику и все части философии, также и богословия, при сем обучался арифметике, географии, истории». По окончании учебы В. был 1 марта 1783 направлен в Севскую дух. семинарию, где с 15 марта по 10 окт. того же года был «пиитического класса учителем», а затем преподавал также риторику и историю. В 1784 он был переведен в Брянское дух. уч-ще префектом, учителем философии и греч. языка; 11 апр. 1785 получил чин губернского секретаря. В донесении Синоду 10 янв. 1788 архиепископ *Платон Левшин* сообщал, что В. по собственному прошению уволен «в светскую команду, откуда требован будет» (ЦГИА, ф. 730, оп. 1, № 4, л. 20; ф. 796, оп. 66, № 14, л. 1—2, 13; оп. 68, № 106). В 1791 какой-то Иван В., отставной губернский секретарь, подал прошение о зачислении на вакантное место секретаря Нижн. зем. суда в Старом Осколе (ЦГАДА, ф. 286, № 813, л. 255), но на эту должность было принято др. лицо.

В. составил и издал сборник «Картина нравов, или Собрание разных нравоучительных повестей и анекдотов, служащих к образованию сердца и нравов юношества» (1789, ч. 1—2). Три «повести» он перепечатал из журнала «Утр. свет» (1777, ч. 1, сент.—окт.), две — из сборника нем. писателя А.-Г. Мейснера «Собрание разных нравоучительных повествований и басен» (Калуга, 1785; 2-е изд. 1788). Остальные рассказы он самостоятельно перевел с фр. языка. В частности, «Картина нравов» включает большое число рассказов из сборника Л.-П. Беранже и П.-Э. Гибо «Нравоучение в действии...» (Berenger L.-P., Guibaud P.-E. La morale en action, ou Elite de faits mémorables et d'anecdotes instructives, propre à faire aimer la vertu et à former les jeunes gens dans l'art de la narration. Lyon, 1783), который, в свою очередь, вобрал в себя материал из нескольких популярных книг для детского чтения, в т. ч. многократно выходившей хрестоматии А. Беркена «Lectures pour les enfants, ou Choix de petits contes également propres à les amuser et à leur faire aimer la vertu» (1775 и др.) и сборника Г.-К. Пфеффеля «Magazin historique pour l'esprit et le cœur» (1764).

В. также перевел с фр. языка галантно-авантюрный роман Ж. Демаре де Сен-Сорлена «Увенчанная любовь, или Приключения Мелентеса и Арианы, одной знаменитой сицилианки» (1789, ч. 1—4) и анонимную нравоучительную повесть «Непоколебимая верность, или Жизнь графини де Шатофорт» (1789), которая незадолго до этого вышла в переводе Н. Воейкова под загл. «Новая Евфимия» (1788). Если «Непоколебимая верность» была литературной новинкой, увидевшей в оригинале свет в 1786, то подлинник «Увенчанной любви» («L'Ariane») представлял собой архаическое произведение (1632), получившее в России в XVIII в. распространение в рукописных переводах. Перевод В. передает текст фр. романа в большей части вольным пересказом, в котором, с одной стороны, допущены значительные сокращения, а с др. — содержатся многочисленные добавления и изменения. Язык перевода приведен в соответствие со стилистическими тенденциями 1780-х гг. Остается неясным, пользовался ли В. только фр. оригиналом или также рукописным переводом; на эту вероятность указывает подзаголовок, похожий на заглавия, под которыми роман ходил в рукописях. Библиографическими разысканиями не было выявлено никакой фр. переделки романа Демаре де Сен-Сорлена, которой бы соответствовал перевод В.; поэтому указание на титульном листе: «Повесть, взятая из сочинений г. П...» — было, по-видимому, фикцией.

В журнале «Дело от безделья» были напечатаны два стихотворения В.: «Стихи на смерть князя Михайла Никитича Волхонского» (1792, ч. 3, авг.) и «Стихи на кончину князь Павла Сергеевича Гагарина» (1792, ч. 4, сент.). Существует предположение о принадлежности В. криптонима «И. В.», которым в журнале «Прохладные часы» (1793) подписано несколько стихотворений.

В. Д. Рак

ВИНСКИЙ Григорий Степанович [1752, Почеп—после 1819, Бузулук]. Происходил из семьи мелкопоместных укр. дворян. Обучался грамоте в приходской школе, начальные сведения в лат. языке получил от домашнего учителя; прошел грамматический класс в Черниговском коллегиуме (1762—1763), закончил класс риторики Киево-Могилянской академии (1763—1768); фр. языку обучался в пансионе Карповича в Стародубе. Осень 1769 провел в Глухове, 12 апр. 1770 был определен К. Г. Разумовским солдатом в Измайловский полк. Кутежи и мотовство привели В. в долговую тюрьму (1773—1774). Он был освобожден благодаря заступничеству своего зятя *А. К. Лобысевича*. Получил первый унтер-офицерский чин (1775). Выйдя в отставку, 1775—1776 провел в Почепе; затем в февр. 1777 вернулся в Петербург, где вскоре оказался замешанным в дело армейских офицеров о подделке документов и похищении казенных денег, разбиравшееся особой Секретной комиссией А. А. Вяземского. После заключения в Петропавловской крепости (сент. 1779 — дек. 1780) был лишен чинов и дворянства и сослан на поселение в Оренбургскую губ. В 1781—1782 был секретарем у откупщика Астраханцева; с авг. 1783 жил в Уфе домашним учителем в семьях Н. М. Булгакова, Е. Д. Рычковой (вдовы П. И. Рычкова), С. Я. Левашева, Ф. Я. Шишкова, с 1801 по 1806 в Оренбурге — в семье директора таможни П. Е. Величко. В 1806 В. ездил в Петербург и добился помилования, после чего осел в Бузулуке, часто наезжая в Астрахань, где поддерживал отношения с А. М. Тургеневым, автором известных «Записок».

Знакомство В. с новейшими писателями началось в Петербурге. Более глубокий интерес к литературе пробудился у него в ссылке под влиянием провинциальной интеллигенции (В. называет П. И. Чичагова, А. П. Мансурова, полковых лекарей С. С. Андреевского и Зандена) и благодаря возможности пользоваться библиотекой П. Ф. Квашнина-Самарина. Особенно важным в этом отношении было знакомство с А. И. Арсеньевым, владельцем собрания современных фр. изданий, который побудил В. заняться переводами. Наиболее сильное впечатление на В. произвел Л.-С. Мерсье; его сочинения определили отношение В. к литературе фр. Просвещения. Рукописные переводы В. (среди них, возможно, «2440 год» Мерсье) имели хождение в Казани, Симбирске и в Сибири. Своих воспитанников В. знакомил с идеями Ж.-Ж. Руссо, К.-А. Гельвеция, Г. Мабли; его увлекали «занимательный слог и смелые истины» Вольтера. Широкая начитанность наложила отпечаток на биографические записки В. «Мое время», начатые ок. 1813 (доведены до 1794). В манере изложения В. пытается подражать Л. Стерну, принимая его «шандеизм», но отвергая стернианство в истолковании *Н. М. Карамзина*. Кроме бытовых картин провинциальной жизни Украины и Заволжья (В. резкими чертами рисует тяжелое положение дворовых людей) записки включают полемическое рассуждение о воспитании в России, критическую оценку царствования *Екатерины II*, сопоставление нравов России и Малороссии. Мемуары В. стали известны вскоре после его смерти (Александр И. Тургенев получил список в нач. 1820-х гг.), но привлекли внимание только в сер. XIX в. (совр. местонахождение автографа не установлено). Среди бумаг А. П. Величко хранились рукописи сочинений (возможно, переводов) В.: «Оратор французских Генеральных штатов в 1789 г.» и «Драма...» в трех действиях из истории гугенотов (утрачены). В 1819 В. составил и предложил правительству политико-экономический «проект» расширения торговли через Хиву и Бухару.

Лит.: *Бартенев П. И.* К жизнеописанию Г. С. Винского. — Рус. арх., 1877, № 6; *Пыпин А. Н.* Рассказы из екатерининского века. — Вестн. Европы, 1877, № 7; Мое время: Зап. Г. С. Винского / Ред. и вступ. ст. П. Е. Щеголева. СПб., 1914; *Большаков Л., Большакова Т.* Винский известный и неизвестный. — В кн.: Рифей. Челябинск, 1981.

Н. И. Никулина

ВИТИНСКИЙ (Витынский) Стефан. Видимо, малороссиянин. В 1730 учился богословию в Харьковском коллегиуме, с 1737 — коллегиуммайстр (учитель), с 1739 — преподаватель философии, с нач. 1740-х гг. — префект коллегиума.

В. написал «Эпиникион, то есть песнь победительную» на победу рус. войск у Хотина (1739), во многом следуя панегирической традиции первой пол. XVIII в., к которой восходят центральные аллегорические образы Славы, Вечности и Удивления. В. стремился преобразовать силлабический тринадцатисложник «Эпиникиона» в соответствии с тонической реформой *В. К. Тредиаковского*, что, однако, удалось ему не полностью. Влияние поэзии В. К. Тредиаковского видно также и в прямых заимствованиях В. из его сочинений. Посвященный фельдмаршалу Б.-Х. Миниху «Эпиникион» не исключительно комплиментарное произведение; в центре его — победа рус. воинства над могущественной Оттоманской державой.

16 сент. 1739 В. послал «Эпиникион» с письмом на лат. языке Тредиаковскому; называя его своим учителем в поэзии, он писал, что сочинить оду его обязал архиепископ белгородский Петр Смелич (короткий друг Тредиаковского). В. просил также поправить текст оды и напечатать ее в Акад. типографии на счет архиепископа. В приписке к письму Петр Смелич объяснил практическую цель, которую он преследовал, добиваясь напечатания оды: «Сие только для того делается, что Харьковский коллегиум имеет некоторые споможествования от ⟨...⟩ Миниха и побольше обещания впредь показует» (Мат-лы для истории Академии наук, т. 4 (1887), с. 205).

Лит.: С[*олнцев*] *П*. Очерк истории Харьковского коллегиума. Харьков, 1881; Описание документов и дел ⟨...⟩ Синода. СПб., 1906, т. 16; Берков. Лит. полемика (1936).

А. Б. Шишкин

ВИТОВТОВ Александр Александрович [24 V (4 VI) 1770—1 (13) X 1840, похоронен на кладбище в д. Мурзинка по Шлиссельбургской дороге близ Петербурга]. Происходил из старинного дворянского рода, известного с XVI в.; сын генерал-поручика артиллерии А. Е. Витовтова.

В. принадлежит перевод повести Ж.-Ф. Мармонтеля «Еленин треножник», занявшей вып. 1 сборника В. «Мои переводы» (1797; послед. вып. не появились в печати). Перевод отличается буквализмом и некоторой архаичностью, по сравнению с переводом этой же повести, помещенным в «Чтении для вкуса» (1792, ч. 7; подп. — «А.»).

Служил в Измайловском полку, был адъютантом вел. кн. Константина Павловича. 25 февр. 1802 пожалован камергером. В мае 1802 Александр I поручил В. создание Комитета Благотворительного о-ва, однако В. не проявил особой активности в этом деле. Впосл. В. был назначен статс-секретарем императора. Имел суконную фабрику недалеко от Петербурга по Шлиссельбургской дороге, где была построена одна из первых в России паровых машин, живо интересовался экономическими новшествами. Однако начинания В., как правило, носили прожектерский характер и не давали желаемых результатов. В сент. 1825 приезжал из Петербурга в Москву с поручением осмотреть фабрики в Москве и ее окрестностях. 2 дек. 1828 вышел в отставку в чине т. советника. Состоял почетным членом ряда обществ: Петербургского филармонического о-ва, О-ва коммерч. знаний, Моск. о-ва испытателей природы (см.: Моск. телеграф, 1825, ч. 6, № 22, с. 323), Вольного о-ва любителей словесн. наук и художеств. Был одним из основателей Моск. о-ва сел. хоз-ва (1818) и с 1818 по 1820 начальником его 1-го отделения (см.: *Маслов С*. Ист. обозр. действий и тр. имп. Моск. о-ва сел. хоз-ва. М., 1846). Состоял членом О-ва наук при Харьковском ун-те (по отд-нию естественных наук); Минерал. о-ва в Петербурге; Вольного экон. о-ва.

Н. И. Греч назвал В. среди «благородных людей», окружавших Александра I. Сохранилась недатированная записка Александра I к В. (ГПБ, ф. 152, оп. 2, № 907).

Лит.: Греч. Зап. (1886); *Майков Л*. Пушкин. СПб., 1899; Рус. арх., 1900, № 2; *Щукин П. И*. Сб. старинных бумаг. М., 1902, ч. 10; *Комаровский Е. Ф*. Зап. СПб., 1914.

Н. Д. Кочеткова

ВИЦМАН Августин [ум. ок. 1806, Петербург]. Саксонский подданный, учился в Лейпциге, но, по-видимому, не завершил университетского курса. В 1767 служил одним из репетиторов при рус. юношах, отправленных в Лейпцигский ун-т (*А. Н. Радищев, Ф. В. Ушаков* и др.), и во время «бунта» рус. студентов против Георга фон Альтенбокума принял их сторону. Петер фон Гогенталь в донесении о конфликте (от 4 июня 1767) охарактеризовал В. как «известного в Академии ⟨университете⟩ неблагомыслящего человека, который когда-то сам должен был вследствие этого покинуть академические стены». Г. фон Альтенбокум (в рус. документах — Бокум) в письме к А. В. Олсуфьеву (14 июля

1767) обвинил В. в подстрекательстве студентов и сообщал, что, «избегая справедливого наказания за прочие худые свои поступки», он из Лейпцига скрылся. В., действительно, в эти дни на собранные студентами деньги уехал в Петербург, увозя жалобу своих учеников (от 9 июля 1767). Хотя ходатайство В. перед рус. властями осталось без успеха, Радищев посвятил В. прочувствованные строки в «Житии Ф. В. Ушакова» (1789): «Великодушный муж! Никто из нас не мог тебе за то воздать достойно, но ты живешь и пребудешь всегда в сердцах наших». Теплые отношения с В. он сохранил и позднее, в 1790 подарив ему, в числе немногих, экземпляр «Путешествия». По возвращении из ссылки он отдал своих малолетних детей в пансион В., по замечанию П. А. Радищева, «доброго и честного немца, старинного своего знакомого».

Возможно, с 1767 В. обосновался в Петербурге в качестве учителя. Не исключено, что отражением его деловых связей в эти годы являлась оставшаяся неизданной книга «Предложения и проекты о распространении российской торговли, поднесенные в 1775 г. графу А. Р. Воронцову». Первое сообщение о его самостоятельной педагогической деятельности относится к 3 мая 1776 в связи с открытием В. пансиона «для юношества обоего пола» (в Переведенских слободах, на Большой Мещанской). С 1 июля общеобразовательная программа пансиона была дополнена счетоводством и др. предметами, применительно к нуждам купечества. В 1778 В. объявил о заведении училища для крепостных, аргументируя его необходимость тем, что «невежество вредно благополучию народному»; план не был реализован, скорее всего из-за нежелания помещиков оплачивать обучение своих людей. 6 дек. 1779 при пансионе В. открылся класс фр. языка для приходящих детей, пользовавшийся успехом и просуществовавший до 1804; в это время пансион помещался уже на Мойке между Синим и Красным мостами, где 12 июля 1792 был официально зарегистрирован в числе частных учебных заведений (ЦГИА, ф. 733, оп. 95, № 74, л. 27 об.); в 1805 В. еще руководил им (ЛГИА, ф. 139, оп. 8, № 35, л. 33). К 1790-м гг. какая-то школа В. находилась также в Измайловском полку, в доме купца Поггенполя. Расширяя свою педагогическую практику, В. 7 июля 1794 напечатал программу открываемого Коммерч. уч-ща для людей разных сословий, запрещенного, однако, Приказом обществ. призрения, т. к. В. не был экзаменован в объявленных им к преподаванию дисциплинах.

Еще в 1776 В. завел одну из первых в России платных библиотек для чтения, сначала помещавшуюся на Фонтанке, а в 1777 переведенную на Невский проспект. При ней существовала книжная лавка, где продавались иностранные книги по напечатанному В. в 1777 каталогу. В 1778 В. сам приступает к издательской деятельности, предпринимая на нем. и рус. языках издание журнала «СПб. еженед. соч.», касающееся до размножения домостроительства и распространения общеполезных знаний», выходившего с 3 мая; подписка в Ревеле, Москве и Петербурге была объявлена от лица «некоего общества», но, вероятнее всего, нем. вариант («St. Petersburgisches Wochenblatt...») составлял сам В.; на рус. язык его переводили В. Г. Костыгов и Д. М. Лодыгин. Журнал, рассчитанный «на всякого состояния людей», носил практический, утилитарный характер; литературная часть («сказки и прочие вещи, не приносящие пользы») в нем принципиально отсутствовала. Однако наряду с хозяйственными советами и рецептами здесь помещались нравоучительные статьи; ряд материалов касается темы крепостных и вообще простого трудового люда. Журнал прекратился на 26-м номере за недостатком подписчиков; В. также жаловался на хищения в типографии и недоброжелательную критику (см. рец.: СПб. вестн., 1778, № 8). Для просветительных намерений В. показательно, что он пытался продолжить издание на благотворительных началах, а остатки тиража в течение 1779—1780 раздавал бесплатно.

Издательская деятельность В. активизировалась в 1796; до 1805 он выпустил, гл. о. в типографии 1-го Кадет. корпуса, более 40 книг и брошюр, широко рекламируя их в «СПб. вед.». Они в значительной степени повторяли тематику журнала и также были обращены к широкому слою «недостаточных людей». В. пропагандировал начатки медицинских знаний, правила гигиены и доврачебной помощи, сообщал о новых способах ведения хозяйства и усовершенствованиях в этой области. Наиболее значительным компендиумом такого рода была его «Золотая книжка...», вышедшая в переводе *С. Торучкина* (1798—1800, ч. 1—4). Моралистическое направление в деятельности В. характеризуют такие брошюры, как «Должности честного человека» (1798), «Правила и нравоучительные изречения ⟨...⟩ для детей» (1798), «Нравоучительные наставления слугам, сочинение славного Лафатера» (1799), «Христианские мысли и правила...» (1804) и ряд др. аналогичных изданий. Некоторые из них напечатаны с параллельным иноязычным текстом и использовались при обучении переводу. Демократические симпатии В. прорываются иногда самым неожиданным образом: в книжке «О болезнях богатых и светских людей» (СПб., 1805) сатирически описывается жизнь состоятельных классов; социальная несправедливость осуждается в «Погребении собачки; послание к одному другу в Вену» (СПб., 1805).

Проекты В. по усовершенствованию общества воспринимались современниками как чудачества. В 1796 он задумал издать книгу «Россия превыше всего, если бы только хотела», направленную к «могуществу, богатству и счастию России»; издание не состоялось из-за отсутствия подписчиков. Согласно обширному плану среди прочего он собирался разработать вопрос о таком распространении нравственности в народе, чтобы делать людей благоразумными, «даже противу их воли», рассматривал преимущества частного и государственного воспитания, предлагал проект «национальной библиотеки». 30 окт. 1802 В. обращался в Деп. нар. просв. с жалобой, что цензура не пропустила объявление-анонс о книге; в сент. 1804 — с прошением на высочайшее имя содействовать печатанию своего труда, однако книга не появилась в печати (ЦГИА, ф. 1486, оп. 20, № 77). «Не дельными» были признаны и прожекты, с которыми В. неоднократно обращался к Павлу I (ЦГАДА, ф. 1239, оп. 3, № 62 272; № 64 453, л. 13; ЦГИА, ф. 468, оп. 43, № 498; СПб. вед., 1797, 30 июня, № 52, с. 1045; 1798, 19 янв., № 6, с. 99).

Издания В. выходили без указания автора; в основном это компиляции и переработки почерпнутых из нем. прессы материалов, иногда подготовленные с помощью рус. переводчиков, особенно в первый период деятельности В., когда он еще недостаточно знал рус. язык. Среди объявленных, но оставшихся неопубликованными трудов В. есть сочинения литературного характера: пособие по самообразованию «Наука с пользою читать книги» и «История итальянской литературы».

Многочисленные публикации В. прекращаются в 1806. Его пансион, во главе которого стояла Анна Вицман, существовал еще в 1823 (ИРЛИ, ф. 263, оп. 3, № 177). А.-Ф. и П.-Ф. Вицманы (служили в Петербургском ценз. комитете и Деп. нар. просв.), видимо, сыновья В., в 1812 приняли русское подданство (ЦГИА, ф. 733, оп. 95, № 1088, л. 28; ф. 777, оп. 1, № 155; № 156, л. 5; № 187, л. 13 об.).

Лит.: Геннади. Словарь, т. 1 (1876); *Столпянский П. Н.* 1) Частные школы и пансионы Петербурга. — Журн. М-ва нар. просв., 1912, № 3; 2) Старый Петербург: (Август Вицман — один из былых петербургских педагогов кон. XVIII в.). — Изв. Отд-ния рус. яз. и словесности, 1915, № 3; *Берков П. Н.* Кому Радищев подарил экземпляры «Путешествия». — В кн.: Радищев / Ст. и мат-лы. Л., 1950; *Старцев А.* Унив. годы Радищева. М., 1956.

В. П. Степанов

ВЛАДЫКИН Иван Афанасьевич [ум. между 1792—1802]. Происходил из дворян. Службу начал с нижних чинов в армейских полках в 1737, первый офицерский чин получил в 1742. 20 мая 1745 был определен во флигель-адъютанты к генералу П. П. Яковлеву. Участвовал в рус.-тур. войне 1735—1739 (под Хотином, Очаковым и Ставучанами), во взятии Вильманстранда в Финляндии (1741). В 1753 перешел на статскую службу с чином кол. асессора; к 1761 — надв. советник и полицеймейстер в Ярославле (ЦГИА, ф. 1343, оп. 18, № 2939; ИРЛИ, ф. 265, оп. 3, № 9, л. 159; ЦГАДА, ф. 10, оп. 1, № 575, л. 227). Сохранилось письмо В. от 18 марта 1762 к возвращенному Петром III из ярославской ссылки И.-Э. Бирону с поздравлениями по поводу милостей нового императора (ГПБ, ф. 588, № 173). К 1765 В. переехал в Петербург. 10 апр. он обратился к *Екатерине II* с витиеватым прошением, в котором жаловался, что верная и ревностная служба в разных местах («дальние и многократные переезды») изнурила его здоровье, истощила малое имение, поставила под угрозу саму честь В. Поднося императрице какой-то государственный проект, В. просил в воздаяние за «присяжную, а для общества патриотическую должность» пожаловать его с очередным чином в директоры Моск. типогр. конторы, «с пристойною доверенностью для наилучшего изобретения и произведения по мере таланта и рачения к общей пользе благопотребных способов» (ИРЛИ, ф. 265, № 9, л. 759; Сенатский арх. СПб., 1913, т. 15, с. 421—422; ЦГАДА, ф. 1349, оп. 1, № 114). Решением Сената В. был 20 мая 1765 назначен в Петербургскую контору Ревизион-коллегии. Чувствуя себя обойденным по службе, неоднократно просил императрицу о повышении в чине (6 марта 1770, 3 февр. 1771, 12 дек. 1771 — ЦГАДА, ф. 10, оп. 1, № 575, л. 226; № 588, л. 284), но, несмотря на соответствующие распоряжения, был произведен в кол. советники лишь 16 дек. 1778 в связи с переходом в Петербургскую контору конфискации, где прослужил первым членом вплоть до отставки за старостью (2 нояб. 1781) с полным содержанием. Возможно, остаток жизни провел во Владимирской губ., где ему с семейством (трое дочерей) к 1789 принадлежали 20 душ мужского пола в деревнях Коверлово и Харнаково (ЦГИА, ф. 1343, оп. 18, № 2939, л. 18).

Первое из известных сочинений В., «Элегия о кончине Петра Великого, Россию новым образом преродившего...» (напеч. в Унив. типографии, 1763; «сочинена при армии в 1749 году»), написано реформированным *А. Д. Кантемиром* тринадцатисложником с цезурой; определение жанра («печальное» стихотворение) созвучно «Элегии о смерти Петра Великого» *В. К. Тредиаковского* (1725; опубл. 1752); по содержанию (похвала разнообразным преобразованиям Петра) оно ориентировано на второе «Слово» памяти Петра I *Феофана Прокоповича*. Последующие произведения В. написаны уже силлабо-тоническим стихом, и в них он обращается по преимуществу к духовной тематике.

В 1760 В. пишет «Поэму на похвалу истины, на обличение лжи, на подкрепление и утешение христиан, от различных приключений колеблемых и скорбящих», в которой противопоставляет мнимым добродетелям общежития «божественную истину» (особенно в полемическом послесловии «Краткое изъяснение об истине вообще...»). Пространное (ок. 800 стихов) дидактическое сочинение В. (изд. 1765; поев. вел. кн. Павлу Петровичу), претендовавшее на философские обобщения, но страдавшее ошибками в стихосложении и невнятностью изложения, вызвало насмешки современников. *С. А. Порошин* среди пр. событий при дворе вел. кн. под 14 февр. 1765 упомянул, что «рифмач Владыкин, надворный советник с Парнасу, поднес его величеству поэму „На ложь и истину", довольно вздорно сложенную».

Скорее всего в 1750-х гг. В. начал работать над большим религиозно-философским сочинением в стихах, первоначально имевшим назв. «Вопрос к христианскому философу и на оный решительное изъяснение о человеке» (ок. 2000 стихов); в ч. 2 в виде песни 7 (с загл. «О смешении пороков и добродетелей и о божьем промысле») включена в новой редакции и «Поэма на похвалу истины...». Вместе с переложением 100-го псалма и двумя стихотворениями — «Песнь о страшном суде и бесконечной за грехи муке» и «Песнь торжественная о надежде на бога и вечном за добродетель блаженстве» — «Вопрос к христианскому философу...» вошел в рукописный сборник В. «В праздности непраздное время, к славе всевышнего употребленное». Здесь же помещено датированное 1757 прозаическое «Письмо к приятелю о рождении первородного сына ⟨...⟩ отчасти величество дел божиих, в твари сокровенных, изъявляющее» (авториз. текст сб. — ЦГИА, ф. 834, оп. 2, № 1357). Поэма «Вопрос...» в целом имела антирационалистическую направленность; тщетным попыткам разума («философов») познать натуру и человека В. противопоставляет всеобъясняющую веру в творца и его всемогущество. Возможно, сам В. соотносил свой труд с «Опытом о человеке» А. Попа, появившимся в рус. переводе *Н. Н. Поповского* в 1757: есть некоторые параллели между затронутыми здесь и там темами.

28 июля 1766 В. подал в Акад. типографию свой сборник «В праздности непраздное время...». Судя по указанию: «Часть 1. День именуемая, часы 1—4», под этим загл. он предполагал напечатать несколько выпусков. Однако уже после того как было набрано два листа текста, сомнение академического начальства вызвало центральное произведение «Вопрос к христианскому философу...». Сам В. также понимал, что, прибегая к логическим построениям, он вступает в противоречие с православной догматической традицией. Поэтому, как писал он, «предупреждая могущие быть сумнительства, сочинил давно на всю оную поэму потребные изъяснения, с пристойным от Священного писания уверением», и часть из них представил, в дополнение к рукописи, академическому цензору *Н. И. Попову*, который, как жаловался В., «не учиня ни одного примечания, следственно и сумнительства не нашед», печатание поэмы все же остановил, отметив ряд мест, показавшихся ему недостаточно ортодоксальными (время сотворения ангелов, знал ли Адам учение о святой троице, блаженны ли были прежние веки и т. п.). С этими замечаниями два уже отпечатанные листа сборника были отправлены на рассмотрение в Синод. 20 окт. В. обратился в Синод с просьбой разрешить печатание книги, назначив цензора из духовных лиц; к прошению он приложил свои возражения на замечания Попова, а 11 нояб. представил полную рукопись сборника, пояснив, что «оное сочинил по большей части в таком месте, где при себе не имел ни Библии, ни других потребных книг», с единственной целью «прославления дарования божия» и «во общую юношества и всех благосклонных читателей пользу». Тем не менее Синод заключил, что, «понеже в оном его, Владыкина, сочинении не ино что писано, как то, что уже во многих книгах еще яснее и основательнее изображено, притом немало и ненужного, и неприличного к той богословской материи в оном сочинении вмешано, почему оное сочинение за нужное и достойное печатания не признает» (ЦГИА, ф. 796, оп. 47, № 331).

В 1760—1770-х гг. В. публикует несколько сочинений, посвященных Екатерине II и вел. кн. Павлу Петровичу, связанных скорее всего с его исканиями по службе. Это «Эпистола...» на день коронации Екатерины II (1767), в которой В. называет императрицу «отцом россов», прозаическая «Похвала...» ей за «истекающую от ее величества, истинной матери отечества, к отечеству истинную любовь» (1770; *Н. И. Новиков* в сухой информативной заметке о В. ошибочно назвал ее «Похвалой истинной любви к отечеству» — см.: Опыт словаря (1772)), «Ода...» на день рождения Павла (1771), «Стихи...» и «Ода...» на его бракосочетание (1773). Последними из подносных сочинений В. были «Сонет...» на празднование Кючук-Кайнарджийского мира и «Стихи...» на возвращение Екатерины II из Москвы в Петербург (оба — 1775). Ориентируясь на приемы высокой одической поэзии, В. неоднократно прибегает к почти дословным цитациям из од *М. В. Ломоносова* (на взятие Хотина, 1739; на возвращение Елизаветы Петровны в Петербург, 1742, и др.).

К 1774 В. расширяет (до 7854 стихов) и перерабатывает «Вопрос к христианскому философу...» в поэму «Потерянный и приобретенный рай» (по содержанию не имеет никакого отношения к одноименной поэме Дж. Мильтона), снабжая ее обширными примечаниями и автопояснениями. 7 нояб. 1774 он представил поэму на рассмотрение Синода. В прошении В. сообщал, что она уже была «свидетельствована от некоторых искусных особ в согласии веры и закону»; если же что будет обнаружено «благочестию несогласное или сумнительное предусмотрится», то он выражал готовность внести нужные изменения. 12 авг. 1775 *Амвросий Подобедов* дал отзыв на поэму, признав возможным ее напечатать, хотя и «нашел ее сочинением не таким, которое бы означало автора искусным в баснословии и в Священном писании». 20 марта 1777 В. прислал в Синод экземпляр книги, изданной на его собственный счет (ЦГИА, ф. 796, оп. 55, № 463). В предисловии к изданию (1776; посв. Павлу Петровичу; здесь же стихи на его бракосочетание с Марией Федоровной) В. выступил апологетом духовной поэзии, противополагая ее по значению для *истинного христианина*» литературе светской, в т. ч. и языческой *Энеиде* Вергилия в рус. переводе *В. П. Петрова*. Свой многолетний труд он посвятил вопросу о месте человека в божественном мироздании и в этой связи проблеме добродетельной жизни. Он признает, что «бог человека разумным и свободным сотворил» и «внутренняя человеческая свободность в творении нравственного добра и зла остается вовеки ненарушима»; однако когда «стремится ум достигнуть выше меры, там должны мы его пленить под область веры».

Отношение современников к В. было насмешливым. Сочинитель рукописной сатиры «Обед Мидасов» (1781) писал о нем: «Владыкин смело взял одну с Мильтоном тему, По-русски написал чертовскую поэму; Он попирал в ней рай, род смертных погубил, Читателей терзал и в ад их посадил». В. В. Капнист в «Сатире I» (1779) причислил В. к сонму бездарных стихотворцев.

В. без достаточных оснований было приписано В. С. Сопиковым сочинение в прозе «В праздности непраздное время, изъявляющее сокращенное, но верное понятие о всех в обществе вещах» (1777—1785, ч. 1—5).

Лит.: *Никольский А*. Описание рукописей, хранящихся в арх. Св. Синода. СПб., 1906, т. 2, вып. 1; *Семенников В*. К истории цензуры в екатерининскую эпоху. — Рус. библиофил, 1913, № 1; *Степанов В. П*. К истории лит. полемик XVIII в.: («Обед Мидасов»). — В кн.: Ежегодн. рукоп. отд. Пушкинского Дома на 1976 г. Л., 1978.

С. И. Николаев, В. П. Степанов

ВОДОПЬЯНОВ Иван Никитич. Возможно, сын переплетчика Унив. типографии Н. Водопьянова. Перевел с фр. книгу «Зимние вечеринки, другой Кандид, или Друг истины» (1789; 2-е изд. 1793), сборник нравоучительных сочинений различных жанров (вост. волшебная сказка, философская «восточная повесть», идиллия в прозе, назидательный диалог между богатым и бедным, аполог) сатирической, отчасти демократической направленности. «Иждивением» В. в 1793—1795 был издан или переиздан ряд переводных (с фр. и нем.) книг различного содержания: «Разговор в царстве мертвых несчастного Лудовика XVI с императором Леопольдом II и Густавом III, королем шведским» (1793); «Даира, восточная повесть» Ж. Ле Риша де Ла Поплиньера (1794); «Образец твердой и верной любви, или Приключения прекрасной турчанки Ксеминды» (3-е изд. 1794); «Карманный лечебник» и др., а также оригинальных рус. книг (напр., «Ядро истории государя Петра Великого» *И. В. Нехачина*, 1795). К переводу книги И. Уотса «Очищение разума» (1793) приложен реестр книг, продававшихся у В., «в книжной лавке на Никольской улице напротив Заиконоспасского монастыря».

М. В. Разумовская

ВОЕЙКОВ Алексей Васильевич [9 (20) XII 1778—22 VI (4 VII) 1825, с. Ольшанка Борисоглебского у. Тамбовской губ., похоронен в Тегуляевом м-ре близ Тамбова]. Принадлежал к старинному дворянскому роду. Сын отставного артиллерийского капитана. Учился в Моск. благор. пансионе (с 1793), который окончил с отличием (19 мая 1796). В 1797 поступил прапорщиком в Ярославский мушкетерский полк. Принимал участие в Швейц. походе 1799 и навсегда остался благоговейным почитателем А. В. Суворова. В 1806, будучи в чине капитана, В. служил в Днепровской армии, назначенной занять Молдавию. В швед. кампанию 1808—1809 состоял адъютантом при М. Б. Барклае-де-Толли, с которым сблизился настолько, что стал его «домашним человеком»; по его поручению вел переговоры со шведами. В 1809 В. был переведен в Преображенский полк, назначен флигель-адъютантом Александра I. После того как Военное м-во перешло в ведение Барклая-де-Толли (1810), В. стал правителем его канцелярии. В 1811 содействовал назначению М. И. Кутузова главнокомандующим Дунайской армией. Через *М. Л. Магницкого*, товарища по пансиону, В. вошел в круг М. М. Сперанского и принял участие в составлении уложения по Военному м-ву. После падения Сперанского в 1812 В. был отправлен в действующую армию командиром егерской бригады. Отличился в сражениях под Красным, Смоленском, при Бородине и др. В нояб. 1812 произведен в чин генерал-майора. После похода 1814, в котором В. получил ранение, вышел в отставку и навсегда поселился в Ольшанке, своем тамбовском имении.

В 1813 женился на В. Н. Львовой, дочери поэта *Н. А. Львова* и племяннице *Г. Р. Державина* (дочь В. Мария вышла замуж за Д. В. Поленова; сын, Д. В. Поленов, — известный художник). В 1810-х гг. В. состоял в деловой переписке с Державиным, был знаком с поэтами кружка, в частности с *В. В. Капнистом*, который одно из своих стихотворений посвятил жене В.

В. был любителем и знатоком литературы: «военные писатели были его любимым чтением, постоянным предметом разговоров и ⟨...⟩ споров с товарищами». В журнале «Приятное и полезное» были опубликованы переведенные В. с нем. сентиментальная повесть «Эмма» (1794, ч. 3) и отрывок «Родительское благословение» (1798, ч. 20). Поэтическое творчество В. связано и с традициями классицистической оды (стихотворение «Чувствования по прочтении новоизданных творений российского лирического песнопевца», посв. Державину, — Иппокрена, 1799, ч. 4), и с сентименталистскими веяниями («Осень» — Приятное и полезное, 1797, ч. 16). Стихотворения «К живописцу» (там же, 1797, ч. 16), «Война и мир» (Иппокрена, 1800, ч. 5) — образцы любовной лирики.

Они насыщены мифологическими образами, стиль славянизирован. В стихотворении «Святослав» (там же, 1800, ч. 6) отразилась любовь В. к батальным сценам. «Солоновы законы», перевод из книги Ж.-Ж. Бартелеми «Путешествие молодого Анахарсиса в Грецию» (Нов. рус. лит., 1802, ч. 4), В. посвятил «г-ну К-ину» (*Н. М. Карамзину*?). В. принадлежит и опубликованный там же перевод натурфилософской статьи Вольтера «Об изменениях в природе» («О горах и раковинах»).

Лит.: Михайловский-Данилевский А. И. Военная галерея Зимнего дворца. СПб., 1845, т. 2 (с портретом); *Грот Я.* К истории ссылки Сперанского. — Рус. арх., 1871, № 12; Державин. Соч. (1868—1878), т. 6 (1876); *Хрущев И.* Очерк жизни и деятельности Д. В. Поленова. СПб., 1879; *Корф М.* Участники падения Сперанского. — Рус. старина, 1902, № 3; *Глинка В. М., Помарницкий А. В.* Военная галерея Зимнего дворца. 3-е изд., доп. Л., 1981 (с портретом).

М. В. Юровская

ВОЕЙКОВ Иван Григорьевич (в монашестве — И с а а к и й, Ю в е н а л и й или И у в е н а л и й) [18 (29) IX 1729, с. Архангельское Орловского у. Киевской губ. — 21 IV (3 V) 1807, Москва]. Происходил из дворян, в 1744—1748 обучался в Сухоп. шлях. корпусе. По выходе из корпуса служил в Комиссии по размежеванию Ингерманландии, но в мае 1749 оставил службу, вернулся на родину и ушел в Брянские леса, где в 1750 в отшельнической келье принял послушничество под именем Исаакия. В том же году вступил в Одрин монастырь и в 1753 постригся в монашество под именем Ювеналия. В 1760 определен строителем Брянской Полубенской пустыни, в 1763 — игумен Одрина монастыря, в 1767 — Новосильского Духова монастыря, с 1775 — Вологодского Корнильевского монастыря. В апр. 1784 уволен по болезни на покой, поселился в Московском Новоспасском монастыре, где и скончался (автобиография 1806 г. — ГПБ, собр. Погодина, № 2009, т. 2, л. 279—280; ЦГИА, ф. 796, оп. 88, № 417).

Историческими работами В. начал заниматься в Корнильевском монастыре; уже в 1775 под его руководством было составлено «Описание Корнильева Комельского монастыря» (ГПБ, F.IV.748). Основным занятием В.-историка были генеалогические разыскания о рус. дворянских родах. Чаще всего это заказные работы, печатавшиеся ограниченным тиражом (10—20 экз.). В 1779—1798 В. составил родословные Лопухиных, Сабуровых, Приклонских, Воейковых, Юровых-Романовых, Кропотовых, Карабановых и др. Некоторые из них впосл. были переизданы, иные остались в рукописи (см. письмо В. к А. И. Мусину-Пушкину от 2 июля 1803 о составленной им родословной: ГПБ, собр. О-ва любителей древней письменности, F. 2, л. 12—13 об.; переписка 1802—1804 о родословной Н. П. Шереметева: ЦГИА, ф. 1088, оп. 1, № 143). В своих генеалогических исследованиях В. пользовался сведениями, которые сообщали ему заказчики (см. три письма 1796 П. В. Лопухина к В.: ГПБ, ф. 588, № 53), и печатными источниками по рус. истории, широко привлекая материалы, опубликованные *Н. И. Новиковым* в «Древней российской вивлиофике» и *И. И. Голиковым* в «Деяниях Петра Великого...». Ему принадлежит несколько стихотворений, напечатанных в «родословных» или отдельно в виде «благодарственных подношений» (П. М. Щербатову, П. В. Хитрово и др.). В 1798 он переиздал «Описание бракосочетания цесаревны Анны Петровны с Карлом Фридрихом» (1-е изд. 1725) и «Дополнение к краткому описанию жизни <...> патриарха Филарета» (ранее — 1790). В том же году В. напечатал небольшую речь, посвященную его давнему покровителю *Иакинфу Карпинскому*, в то время архимандриту Новоспасского монастыря. По неясным причинам речь была признана «наполненною многими нелепыми выражениями», и по указу Павла I Синод 8 окт. 1798 строжайше запретил В., как «не обучавшемуся в училищах», печатать любые свои сочинения; в противном случае ему грозила высылка из Москвы в отдаленную епархию (ЦГИА, ф. 796, оп. 79, № 809, л. 1). Указ, очевидно, был отменен после воцарения Александра I, когда В. опубликовал несколько описаний монастырей и церквей, в т. ч. «Краткое историческое описание Московского Новоспасского монастыря» (М., 1802). Два авторских конволюта нескольких родословных В. поднес *Г. П. Гагарину* (см.: Рус. арх., 1891, № 10, с. 289; 1892, № 11, с. 348).

Лит.: *П[ясецкий] Г.* О Карачевском дух. правлении <...> с 1742 по 1764 г. — Орловские епарх. вед., 1870, 15 дек., № 24.

С. И. Николаев

ВОЕЙКОВА Екатерина Ивановна [25 VIII (5 IX) 1756—18 (30) XII 1824, Москва, похоронена в Донском м-ре]. Дочь гр. И. П. Толстого; замужем за Н. А. Воейковым, председателем деп. Моск. губ. магистрата.

В. принадлежит перевод с фр. сентиментально-нравоучительной сказки «Луцилия, или Арендарка маленького домика» Л. Шарпантье (изд. *Н. И. Новикова*, 1781). Посвящая перевод своей «приятельнице» Ш. И. Михельсон, В. писала: «Не стану я следовать гордому уничижению моих сотоварищей, которые обыкновенно в предуведомлении расхулят сами перевод свой и извиняются перед читателем, надеясь внутренно, что оный при чтении скажет противное». В языке перевода встречаются отдельные галлицизмы. После текста повести помещено сообщение о том, что некоторые мотивы этого сюжета «будут истолкованы в особливой сказочке, которая не замедлится выйти в свет». Имелся в виду перевод повести Л. Шарпантье «Мать и дочь, или Почести двора. Повесть Люцилииных родителей» (1781), который, по-видимому, также осуществлен В.

Рассказывая о своем знакомстве с В. в доме графини Строгановой, *И. М. Долгоруков* отметил, что В. «дама умная и охотница до стихов», но «собой очень нехороша».

Лит.: *Ювеналий [Воейков И. Г.]*. Ист. родословие благородных дворян Воейковых. М., 1792; *Макаров М. Н.* Мат-лы для истории рус. женщин-авторов. — Дамский журн., 1830, ч. 29, № 10; ч. 30, № 21; *Долгоруков И. М.* Капище моего сердца... М., 1874; Голицын. Словарь (1889);

Моск. некрополь, т. 1 (1907); *Рак В. Д.* Библиогр. заметки о переводных книгах XVIII в. — В кн.: Тр. ГБЛ. М., 1969, т. 11.

Н. Н. Белых, Н. Д. Кочеткова

ВОИН-КУРИНСКИЙ (В о й н а-К у р е н с к и й) Петр. Перевел с фр. анонимный роман-пастораль «Адель, или Несчастие» (М., 1800). Под загл. «Отрывки» В.-К. опубликовал переводы из «Voyages d'Antenor en Grece et en Asie, avec de notes sur l'Egypte» (Paris, 1797, t. 1), а также перевод отрывка из нравоучительного сочинения «Любовь и дружба», помещенного в издании: Choix de contes et de poésies diverses. Amsterdam; Paris, 1772 (Нов. рус. лит., 1802, ч. 1). Эти переводы характеризуются тщательностью и точностью передачи содержания оригиналов. Возможно, ему же принадлежат переводы (ориг. не установлены): «Письма к сыну от несчастного отца»; «Нечто о кончине Ж.-Ж. Руссо»; басня «Прометей»; «Описание препятствий, случившихся на Луне с семью мудрецами, сделанное одним Афинянином, имевшим счастие сопутствовать сим знаменитым мужам»; «Идиллия»; «Пустынник»; «Невинность всего драгоценнее на свете» (там же; подп. — «П. В.-К.»). С нем. В.-К. перевел «Тарские песни» Оссиана (Нов. рус. лит., 1803, ч. 5). В это время (после полного перевода *Е. И. Кострова*) прозаические переводы «Поэм Оссиана» Макферсона были уже большой редкостью.

Лит.: Левин. Оссиан (1980); *Левин Ю. Д.* Оссиан в России. — В кн.: *Макферсон Дж.* Поэмы Оссиана. Л., 1983.

С. Н. Искюль

ВОИНОВ Лев. Перевел с фр. сборник Ш. Перро «Сказки о волшебницах с нравоучениями» (1768; посв. Н. Л. Нарышкиной — дочери *Л. А. Нарышкина*), включавший наиболее известные восемь сказок этого автора: «О девочке в красненькой шапочке», «Об вороженных девицах», «О некотором человеке с синею бородою», «О спящей в лесу красавице», «О батюшке котике в шпорах и сапогах», «О корчаге, в которой золу содержат», «Рикет в косе», «О маль-

чике с пальчик». В сборник входит также сказка М.-Ж. Лерите де Вилландон «От искусной принцессы письмо к графине Мурат», в XVIII в. приписывавшаяся Ш. Перро. Стихотворные нравоучения, приведенные Ш. Перро в кон. каждой сказки, переведены белым стихом построчно.

С. Н. Искюль

ВОЛКОВ Авраам Степанович [16 (27) X 1730—10 (22) III 1803, Москва, похоронен в Донском м-ре]. Родился в дворянской семье. Отец его служил в Морской академии (ЦГАДА, ф. 286, № 394, л. 44). В апр. 1744 В. поступил в Сухоп. шлях. корпус. В 1751 был произведен из кадетов в сержанты и оставлен в корпусе для преподавания рус. и нем. языков. В 1754 получил чин армейского поручика. Через два года перешел на службу в Сенат переводчиком (там же, № 453, л. 29—30; № 502, л. 223). Жил в 1750-х гг. в Петербурге «на Адмиралтейской стороне» (там же, № 451, л. 1074). В нач. 1760-х гг. в чине подполковника, а затем генеральс-адъютанта находился при главнокомандующем рус. армией П. С. Салтыкове (см.: Ежемес. соч., 1764, ч. 19, март, с. 267). В. имел 360 крепостных в Ярославском, Галицком, Романовском уездах. 28 мая 1795 он был утвержден опекуном над имением *Н. И. Новикова*. Впосл. получил чин д. ст. советника и был вице-президентом Мед. коллегии.

В. занимался переводами масонской литературы. В 1763 вышел в свет его перевод фр. романа Ф.-О. д'Арка «Дом молчания». Проблематика романа связана с масонским учением о «внутреннем человеке», которое предполагает нравственное возрождение личности путем очищения души, укрощения страстей, сосредоточения на внутреннем мире. Само назв. этого произведения является метафорической реализацией представлений масонов о том, что «мудрый всегда внутри себя скрывается. У него глаза отверсты, а рот запрет». Переведенный В. также с фр. языка англ. роман Э.-М. Рамзея «Новое Кироноставление, иль Путешествия Кировы с приложенными разговорами о богословии и баснотворстве древних» (1765; посв.

П. С. Салтыкову относился к жанру социально-политического романа-утопии, в котором отразилось учение масонов о «внешней натуре», т. е. о природе государства и общества. Сюжетная конструкция «романа-путешествия» давала возможность охарактеризовать разные общественные системы. Аллегорически путешествие Кира — это путь к пониманию того, что составляет общественное и государственное благо. Пафос романа — в утверждении идеала сильной государственной власти, функционирующей на основе таких строгих моральных принципов, как нравственное воспитание имущих классов, помощь бедным, бескорыстное исполнение служебных обязанностей, справедливое правосудие. Перевод В., вызвавший большой интерес в масонских кругах, был исправлен впосл. по англ. подлиннику *С. С. Бобровым* (1785). Уже на следующий год он был включен архиепископом *Платоном Левшиным* в реестр «сумнительных» книг; в 1787 в московских книжных лавках было изъято 177 экземпляров этого издания, а В. был обвинен в розенкрейцерстве (ЦГАДА, ф. 18, оп. 1, с. 28, № 194). С нем. языка он перевел сочинение И.-Г.-Г. Юсти «Существенное изображение естества народных обществ и всякого рода законов» (1770), служившее для масонов источником специальных юридических познаний.

В 1790-е гг. В. опубликовал несколько стихотворений. В стихотворении «Дух гражданина и верного подданного, в стихотворце никогда не упражнявшегося, на старости злодеяниями французских бунтовщиков возмятенный» (Новые ежемес. соч., 1794, ч. 94, апр., подп. — «А. В.»; отд.: 1794, подп. — «в А. В.») он откликнулся на террор Робеспьера и события термидора 1794 во Франции. В 1798 появились «Видение, бывшее мне в Москве в ночи на 16-е августа 1796 года» (принято из цензуры 7 дек. 1796 регистратором Федором Небаровым) и «Спасибо» (подано в цензуру 15 дек. 1798 издателем *А. Г. Решетниковым* под загл. «Воскресителю моему благодарение»; опубл. анонимно). Последнее обращено к безымянному благодетелю В. — «воскресителю моему, который возвратил мне все, что погибало, и бытие восстановил»: «Кому стихи сии воспеты, Тот сам узнает в них себя». Если автобиографизм этих стихов не является риторической фигурой, то по ним можно представить себе некоторые события жизни В.: вдовство, неудачный второй брак, лишения, восстановление В. в своих правах после двадцати лет гонений.

Лит.: Лонгинов. Новиков и мартинисты (1867); Вернадский. Рус. масонство (1917); Рогожин. Дела моск. цензуры, вып. 2 (1922).

Л. И. Сазонова

ВОЛКОВ Александр Андреевич [1736, с. Анисимлево Ярославского у. — 1788]. Родился в семье потомственного дворянина, получил хорошее образование. Благодаря отцу, служившему в Семеновском полку, был зачислен на службу в этот полк (1745) и за семь лет (1747—1754) продвинулся в чинах от капрала до капитана. В 1761 был послан курьером в Варшаву, Вену, Аугсбург и Париж. В 1762 включен в комиссию по коронации *Екатерины II*. В мае 1765 вышел в отставку в чине полковника и определился в статскую службу, сначала в Герольдмейстерскую контору, а позднее в Канцелярию строений гос. дорог. От канцелярии был выбран депутатом в Комиссию нового Уложения (1767).

В нач. 1770-х гг. В. выполнял правительственное поручение по искоренению «некоторой ереси» в Орле и Тамбове (формуляр 1781 г. — ЦГАДА, ф. 286, оп. 2, № 45, л. 147). С 1773 — ст. советник, директор императорского фарфорового завода. В 1778 исправлял должность герольдмейстера в деп. Герольдии при Сенате. Именным указом от 21 мая 1779 В. произведен в чин д. ст. советника (ЦГАДА, ф. 286, оп. 1, № 533, л. 207 об.).

Последние годы жизни В. жил в Петербурге. В год выхода в отставку (1783) совершил поездку в Царицын для лечения целебными водами (ГБЛ, ф. 41, карт. 66, № 1).

Сближение В. с театральными кругами столицы в 1750—1760-е гг. содействовало обращению его к переводу пьес европ. драматургов. В. принадлежали переводы комедий Ж.-Б. Мольера «Сицилианец, или Любовь-живописец» (пост. 24 сент. 1758; изд. 1766; 2-е изд. 1788) и «Мнимый больной» (не опубл.; пост. 6 февр. 1765); Ф.-К. Данкура «Опекун обманут, бит и доволен» (пост. 29 окт. 1758; изд. в 1778; 2-е изд. 1788); М.-А. Леграна «Новоприезжие» (пост. 25 мая 1759; изд. в 1759); Ж.-Б. Руссо «Оборожённый пояс» (пост. 18 сент. 1759; изд. в 1779; 2-е изд. 1788). Ряд пьес, переведенных В. и шедших на сцене, остались ненапечатанными при его жизни: «Река забвения» и «Опекун» М.-А. Леграна; «Арлекин, в любви вразумленный» П. Мариво (см.: Изв. Отд-ния рус. яз. и словесности, 1907, кн. 2). В. приписываются также переводы комедий «Взаимный опыт» Леграна (1779; 2-е изд. 1788), «Тимон-нелюдим» Л.-Ф. Делиля де ла Древетьера (1773), а также двух комедий А.-Р. Лесажа: «Криспин, слуга, драгун и нотариус» (не опубл.) и «Криспин, соперник своего господина» (1779).

Начиная с 1764—1765 на сцене придворного театра с успехом шли одноактные комедии В. «Неудачное упрямство» (пост. 3 нояб. 1764; изд. в 1779) и «Чадолюбие» (пост. до 1772; изд. в 1788), представлявшие собой контаминации мотивов из тех комедий, которые В. переводил на рус. язык. По свидетельству *Н. И. Новикова* (см.: Опыт словаря (1772)), В. принадлежала еще одна «малая комедия», не попавшая в печать. Вероятно, имелась в виду комедия (в 2-х д.) «Тщеславный, или Чего очень хочется, тому и верится», шедшая на сцене придворного театра с 1789 (см.: Арх. дирекции имп. театров. СПб., 1892, вып. 1, отд. 3, с. 175).

В кон. 1760-х гг. В. отошел от активной литературной деятельности. Осенью 1767—зимой 1768 он совершил поездку за границу, остановившись проездом в Лейпциге. В связи с этим некоторые исследователи атрибутируют В. анонимное лейпцигское «Известие о некоторых русских писателях...» — «Nachricht von einigen russischen Schriftstellern...», опубликованное в журнале Х.-Ф. Вейссе «Neue Bibliothek...» (1768, Bd 7, Th. 1—2) (приписывается также *И. А. Дмитревскому*, *С. Г. Домашневу*, *В. И. Лукину* и ряду др. писателей).

Лит.: Берков П. Н. 1) А. Волков, забытый писатель XVIII в.: (К истории формирования дворянской книги. — В кн.: Хроника Ленингр. о-ва библиофилов. Л., 1931; 2) Кто был автором лейпцигского «Известия о русских писателях». — Изв. АН СССР, Отд-ние обществ. наук, 1931, № 8; Берков. История комедии (1977).

Ю. В. Стенник

ВОЛКОВ Борис Афанасьевич [1732, Москва—3 (14) IX 1762, Петербург]. Сын церковного сторожа, учился в Славяно-греко-лат. академии, где дошел до класса пиитики. В 1748 был отобран *В. К. Тредиаковским* в Акад. ун-т. С 1751 начал заниматься преподаванием в Акад. гимназии. За отличные успехи в математике (его студенческая работа 1754 была одобрена Л. Эйлером) был рекомендован в адъюнкты, но Акад. канцелярия не довела этого решения до президента Академии наук, считая, что В. способен более к переводам, и 4 сент. 1758 определила его академическим переводчиком.

В 1758—1759 по поручению Академии наук В. перерабатывал учебное пособие нем. педагога Г. Кураса «Сокращенная универсальная история» (1747; пер. *С. С. Волчкова*), рекомендованное *М. В. Ломоносовым* для учащихся Акад. гимназии. Исправленный и дополненный историческими событиями вплоть до XVIII в. перевод вышел в 1762. При содействии, а возможно и по инициативе Ломоносова В. перевел с нем. сокращенную «Вольфианскую теоретическую физику» (1760). Ему также принадлежит перевод с лат. «Трех книг о должностях» (1761) Цицерона. В 1762 В. представил в Акад. канцелярию переведенную им с фр. «в свободное от положенной <...> должности время» книгу «Политические и нравоучительные басни Пильпая, философа индийского». Этот перевод фр. версии популярного сборника древнеиндийских басен был одобрен Ломоносовым, И. И. Таубертом и *Я. Я. Штелином* и напечатан в 1762 удвоенным против обычного тиражом. Вместе с *А. Я. Поленовым* и В. Г. Костыговым В. принимал участие в переводе с нем. книги С. Пуффендорфа «Введение в историю знатнейших европейских государств» (1767—1770), ранее переведенной с лат. *Гавриилом Бужинским* (1718).

Лит.: Кулябко. Замечательные питомцы (1977).

Е. С. Кулябко

ВОЛКОВ Дмитрий Васильевич [1727*, Москва—1785, с. Крест Велижского у. Витебской губ.]. Сын подьячего В. Б. Волкова, выслужившего личное дворянство в 1731 (ЦГАДА, ф. 248, кн. 8122, ч. 2, л. 444—445; *ИРЛИ, ф. 265, оп. 2, № 521). Первоначальное образование В. получил дома. В 1742 «определен в службу при Коллегии иностранных дел студентом», а с 1745, когда был «пожалован в Коллегии юнкеры в ранге прапорщика», стал дворянином (ЦГАДА, ф. 248, кн. 8122, ч. 2, л. 658). В 1747 служил там же переводчиком. Именным указом от 26 окт. 1749 назначен секретарем Коллегии иностр. дел. Ок. 1754 переехал в Петербург, где благодаря покровительству гр. П. И. Шувалова с 1756 занял должность секретаря Министерской конференции (см.: Моск. вед., 1756, 31 окт., № 57). С дек. 1761 по 28 июня 1762 был личным секретарем Петра III; деятельность В. связана прежде всего с Гос. Советом, учрежденным 22 мая 1762. В. приписывается составление манифеста от 18 февр. 1762 «О даровании вольности и свободы всему российскому дворянству», а также указа от 21 февр. того же года об уничтожении Тайной канцелярии. В. принадлежала ведущая роль в разработке мероприятий правительства Петра III в области таможенной политики, а также в принятии решения (указ от 21 марта 1762) о восстановлении Коллегии экономии синод. правления, ведавшей монастырскими вотчинами.

В момент переворота 28 июня 1762 и первое время после него В. по приказанию *Екатерины II* находился под арестом, но скоро был выпущен. В июле 1762 по именному указу назначен вице-губернатором в Оренбург (ЦГАДА, ф. 286, № 479, л. 844, 967). Служба В. на этом посту была одобрена императрицей, и в 1764 он был возвращен в столицу с назначением на должность президента Мануфактур-коллегии. С 1768 — т. советник, сенатор (ЦГАДА, ф. 286, № 549, л. 167, 169). В сент. 1771 В. вместе с Г. Г. Орловым был командирован в Москву для поддержания порядка и организации борьбы с эпидемией чумы, за что заслужил особое благоволение Екатерины II (ГПБ, ф. 73, № 144). В марте 1772 вместе с кн. М. Н. Волконским В. участвовал в организации подписки в пользу актеров Моск. театра, оставшихся в результате эпидемии без средств к существованию. В мае того же года подписал составленные *А. П. Сумароковым* проект и план возобновления Моск. театра.

В 1776 назначен на должность наместника в Смоленск, продолжая оставаться сенатором и президентом Мануфактур-коллегии. В 1778 вновь переведен в Петербург, где занял должность генерал-полицеймейстера (1778—1780). В 1782 вышел в отставку. Последние годы проживал в с. Крест, своем имении в Велижском у. Витебской губ.

Литературная деятельность В. носила эпизодический характер. В. оказался в числе лиц, привлеченных Екатериной II к совместному переводу романа Ж.-Ф. Мармонтеля «Велизарий» во время путешествия императрицы по Волге летом 1767. В 1774 В. напечатал комедию «Воспитание», представленную на Моск. театре в этом же году (см.: Драм. словарь (1787)). Не выходя за рамки критики отдельных представителей дворянства, официально допускавшейся Екатериной II, В. своей пьесой продолжал традиции учительной комедии и мещанской «слезной» драмы. Предисловие и текст комедии «Воспитание» содержат полемические выпады против А. П. Сумарокова и *Д. И. Фонвизина*. Существует мнение, что «Притча на несмысленных писцов» А. П. Сумарокова (1774) явилась сатирическим откликом на комедию В. Высказывалось также предположение о возможной принадлежности В. анонимной одноактной пьесы «Народное игрище», помещенной в журнале *Н. И. Новикова* «Кошелек» (1774).

Лит.: Описание моровой язвы, бывшей в столичном городе Москве с 1770 по 1772 год. М., 1775; [Письма Волкова к гр. Г. Г. Орлову (2) (1762)]. — Рус. арх., 1874, № 8; *Рудакова С.* Д. Д. В. Волков: Мат-лы к его биографии. — Рус. старина, 1874, № 1, 11; *Гельбиг Г.* Рус. избранники. Берлин, 1900; Берков.

Журналистика (1952); *Троицкий С. М.* Рус. абсолютизм и дворянство в XVIII в. М., 1974; Берков. История комедии (1977); Письма рус. писателей (1980).

Ю. В. Стенник

ВОЛКОВ Самсон Иванович [род. 1737]. Сын сержанта лейб-гвардии Преображенского полка. С 1748 учился в Акад. гимназии, в 1753 зачислен в университет студентом. С 1764 — переводчик Акад. канцелярии, с 1769 — переводчик Сената; с 1770 — назначенный от Академии наук цензор сатирического журнала *Н. И. Новикова* «Пустомеля»; с 4 марта 1776 — сенатский секретарь; с 5 окт. 1778 — надв. советник; с 23 дек. 1781 — председатель губернского магистрата Казанского наместничества. 24 февр. 1785 определен советником в Палату гражд. суда. 1 мая 1792 избран в судьи совестного суда. 1 янв. 1793 пожалован в кол. советники Казанского наместнического правления, где числился и в 1795. С открытия в Казани Гл. нар. уч-ща (1787) В. был его директором.

В. был женат на купеческой дочери, три его сына были унтер-офицерами Преображенского полка (формуляр 1791 г. — ЦГАДА, ф. 286, № 815, л. 603; № 871, л. 71).

Студентом В. сотрудничал в журнале «Ежемес. соч.». Переведенная им заметка «Каким образом древние на дорогих камнях вырезанные фигуры на цветных стеклах отпечатывать можно» (1758, ч. 7, июнь) подписана «С. В.». Возможно, он переводил и др. статьи из многочисленных неподписанных материалов журнала. Имя В. упоминается среди переводивших материалы для «СПб. вед.» в июле—дек. 1766, в 1769, 1773, 1774. В 1771, после увольнения редактора *А. Я. Поленова*, В. было поручено следить за исправностью переводов. В 1773 Собранием, старающимся о переводе иностр. книг была издана в переводе В. (при участии В. Г. Костыгова) ч. 1 сочинения П.-С. Палласа «Путешествие по разным провинциям Российской империи», охватывавшая путешествия Палласа в 1768 и 1769. В том же 1773 Собрание, старающееся о переводе иностр. книг предприняло попытку издать в рус. переводе «Dictionnaire de l'Académie Française» (4ᵉ éd. Paris, 1762). В. принадлежит перевод вып. 1 (буква «А») под загл. «Словарь, Французскою академиею сочиненный. . .». В издании И.-Я. Вейтбрехта «Полный французский и российский лексикон. . .» (1786) использован др. перевод.

Лит.: Семенников В. П. Рус. сатир. журналы 1769—1774 гг. СПб., 1914.

Е. Д. Кукушкина

ВОЛКОВ Федор Григорьевич [9 (20) II 1729, Кострома—5 (16) IV 1763, Москва, похоронен в Златоустовском м-ре]. Актер, создатель рус. профессионального драматического театра. Сын купца. В 1735 после смерти мужа мать В. с детьми переехала в Ярославль, где вышла замуж за купца, а впосл. заводчика Ф. Полушкина. Начальное образование В. получил у домашних учителей; по некоторым свидетельствам, он учился у нем. пастора, жившего в Ярославле при сосланном туда Бироне. В 1741—1749 В., по его собственным словам, «находился в Москве в науках», обучаясь заводскому и купеческому делу, ездил в Петербург, а при отлучках в Ярославль деятельно помогал отчиму в управлении заводами. В период пребывания в Москве развился его глубокий интерес к театру. В. познакомился с народными и церковно-школьными театрами, а также со спектаклями ит. труппы. Вернувшись в Ярославль, В. организовал домашний театр, который постепенно превратился в публичный. Поддержку В. оказал, в частности, И. С. Майков, отец *В. И. Майкова*. Из репертуара волковского театра в Ярославле известна пьеса Димитрия Ростовского «О покаянии грешного человека».

Первые сведения о театре В. сообщил в Петербург в 1751 сенатский экзекутор Игнатьев. В янв. 1752 по указу Елизаветы Петровны труппа В. была вызвана в Петербург; ок. двух недель ярославцы провели в Царском Селе, где императрица познакомилась с труппой; 3 февр. ярославцы были «объявлены» при дворе. Документально известно о первых спектаклях труппы В.

в Петербурге 6 и 9 февр. 1752. Возможно также, что ярославцы выступали и 4 февр. Эти спектакли проходили в помещении нем. театра на Большой Морской ул. (ныне ул. Герцена) и в Оперном доме. Согласно сообщениям *Н. И. Новикова* и *П. И. Сумарокова*, в репертуаре группы были трагедии *А. П. Сумарокова* «Хорев», «Синав и Трувор», «Гамлет», а также комедия Димитрия Ростовского «О покаянии грешного человека», представленная 18 марта. По распоряжению императрицы, В. вместе с *И. А. Дмитревским* и А. Ф. Поповым был оставлен в Петербурге. Спектакли, закрытые для широкой публики, продолжались в здании Головкинского дома. В. был в числе актеров, которых Елизавета Петровна взяла с собой в Москву (двор отбыл 16 дек. 1752; В. находился в Москве с этого времени до нач. 1754 и участвовал в спектаклях ит. труппы в качестве певчего).

8 февр. 1754 был дан указ об определении «российских комедиантов» В. и его брата Григория в Сухоп. шлях. корпус, где они учились нем., лат. и фр. языкам, рисованию, музыке, танцам, фехтованию. Судя по ведомостям успеваемости, В. с наибольшим успехом занимался нем. языком и музыкой. По сведениям на 1 янв. 1756 В. начал «переводить с российского на немецкий язык нарочито», «на клавикордах играет разные оперные арии и поет италианские арии». В корпусе В. совершенствует свое актерское мастерство, посещает представления частных трупп, покупает книги по театру и живописи, участвует в спектаклях, ставившихся кадетами. Одним из свидетельств дружеских и творческих контактов В. с А. П. Сумароковым в этот период служит книга, подаренная им актеру 31 июля 1754, как явствует из записи В. (см.: Театр и искусство, 1900, № 21, с. 393).

Указом 30 авг. 1756 на основе ярославской труппы был учрежден публичный рус. театр. В нояб. была сформирована его труппа, в которой В. стал «первым актером». Основной репертуар В. составляли пьесы А. П. Сумарокова, в которых он исполнял роли Марса («Новые лавры»), Американца («Прибежище добродетели», 1759), Оскольда («Семира»). По свидетельству *Я. Я. Штелина*, В. «с равною силою играл трагические и комические роли; настоящий его характер был бешеного».

В. принял участие в политических событиях 1762, поддерживая сторонников *Екатерины II*. П. А. Вяземский передал анекдот о том, как в день переворота В. импровизировал чтение манифеста, заранее никем не подготовленного. В. и его брат Григорий были в числе лиц, награжденных Екатериной II вскоре после восшествия на престол: им присваивалось дворянское звание и даровалось по 700 душ (см.: СПб. вед., 1762, 9 авг., № 64). По преданию, засвидетельствованному А. М. Тургеневым, В. «во время переворота ⟨...⟩ действовал умом»: он отказался от назначения кабинет-министром и просил обеспечить его только самым необходимым (см.: Рус. старина, 1887, т. 53, с. 83—84). 10 сент. 1765 семье В. и Григорию В. была пожалована грамота на потомственное дворянское достоинство и герб. *Д. И. Фонвизин* характеризовал В. как «мужа глубокого разума, наполненного достоинствами, который имел большие знания и **мог бы быть человеком государственным**».

В. выступил как режиссер, постановщик и оформитель грандиозного театрализованного зрелища-маскарада, связанного с коронацией и проходившего в Москве 30 янв., 1 и 2 февр. 1763. По преданию, В. простудился во время маскарада, и это послужило причиной его преждевременной смерти. На некоторую сомнительность версии о кратковременной болезни В. указал П. Н. Берков.

Сведения о литературном наследии В. во многом предположительны и спорны. В «Лейпцигском известии» (1768) В. назван автором «нескольких мелких стихотворений» и оды «Петр Великий»; «ода эта исполнена огня и была всегда поставляема вслед за одами Ломоносова». Об этом же свидетельствовал и Н. И. Новиков: «Сочинения его **весьма** много имеют остроты, а особливо ода Петру Первому великой достойна похвалы, и которая так же, как почти все прочие сочинения, по смерти его утратились». П. И. Сумароков характеризовал литературную деятельность В., во многом основываясь уже на предании: «Неоконченная его ода Петру Великому исполнена многих красот; его песни по легкости слога и остроте, по справедливости почитались примером сего рода стихотворства, а дидактические творения его снискали всеобщее одобрение». К настоящему времени из перечисленных произведений с известной достоверностью выявлены лишь отличающиеся лиризмом, простотой и безыскусственностью языка песни «Ты проходишь мимо кельи, дорогая...», «Станем, братцы, петь старую песню...», которые были очень популярны в кон. XVIII в., включались в рукописные и печатные песенники, и эпиграмма «Всадника хвалят...», построенная на остроте, которая варьировалась разными авторами XVIII в.: А. П. Сумароковым, *Г. Р. Державиным, Г. А. Хованским, И. И. Бахтиным*. Державин называл маскарад 1763 г. «сочинением знаменитого по уму своему актера Федора Григорьевича Волкова и прочих забавных стихотворцев, как-то гг. Сумарокова и Майкова». Вероятнее всего, В. участвовал в составлении либретто маскарада «Торжествующая Минерва...» (1763), где указано: «Изображение и распоряжение маскарада Ф. Волкова». «Стихи к маскараду» были сочинены *М. М. Херасковым*; об участии В. И. Майкова никаких др. сведений нет. Хоры для маскарада были включены Н. И. Новиковым в собрание сочинений А. П. Сумарокова. По предположению П. Н. Беркова, «Другой хор ко превратному свету» сочинен В. Г. А. Гуковский считал автором «Другого хора...» Сумарокова. Эта точка зрения подкрепляется заявлением Сумарокова в письме к Екатерине II от 3 мая 1764: «...все прожекты умершего Федора Волкова не его, но мои». По предположению Г. Н. Моисеевой, В. принадлежит стихотворение «На то ль рожден я в свет...» (см.: Искусство слова. М., 1973, с. 63—64).

Известия о переводческой деятельности В., который хорошо владел нем. языком, знал ит. и фр., еще более предположительны и неточны. Среди бытующих в литературе о В. атрибуций ошибочным является указание на принадлежность ему рукописных переводов Ж.-Б. Мольера, хранящихся в Нац. б-ке (Париж): пьеса Мольера «Сицилианец» была переведена однофамильцем В. — *А. А. Волковым*. С. Серебренников, упоминающий о том, что В. переводил с нем. и ит. языков, приписывает ему, в частности, либретто опер П.-А.-Д. Метастазио «Евдон и Берфа» и «Титово милосердие». Однако документальных подтверждений этому нет, а, по убедительному предположению И. Ф. Горбунова, при постановке спектакля «Титово милосердие» В. мог воспользоваться уже существовавшим рус. переводом *И. Меркурьева*.

В «Хронике рус. театра» И. Носова В. назван автором двух комедий в прозе: «Суд Шемякин» и «Всякий Еремей про себя разумей», «увертюры» (т. е. пролога) к пьесе Димитрия Ростовского «Кающийся грешник» и песен для праздничных представлений к Новому году и масленице, а также переводчиком следующих пьес: «Титово милосердие», «Орфей и Эвридика», «Евдон и Берфа» П.-А.-Д. Метастазио и «Дон Фалькон» анонима (с ит.); «Эсфирь» Ж. Расина, «Опекун обманут, бит и осмеян» Ф.-К. Данкура, «Магомет» Вольтера, «Оленья ловля» М.-А. Леграна, «Обвороженный великанов пояс» Ж.-Б. Руссо (с фр.); «Любовь и смелость» (с нем.). Однако достоверность всех этих сведений крайне сомнительна, как показал П. Н. Берков. В частности, известны переводы комедий Ж.-Б. Руссо и Ф.-К. Данкура под загл. «Обвороженный пояс» и «Опекун обманут, бит и доволен», осуществленные А. А. Волковым.

По своим литературно-театральным интересам В. был связан с широким кругом талантливых писателей и драматургов: А. П. Сумароковым, В. И. Майковым, И. А. Дмитревским, *М. И. Поповым, Н. Н. Мотонисом, Г. В. Козицким*. В «Стихах на смерть Ф. Г. Волкова» В. И. Майков упоминал, что В. ему «свои советы подавал». В стихотворении «К г. Дмитревскому на смерть Ф. Г. Волкова» Сумароков писал, что В. «потомство не забудет».

Лит.: *Штелин Я*. О театр. в

России представлениях от нач. их и до 1768 г. — СПб. вестн., 1779, № 8; *Сумароков П. И.* О рос. театре от нач. оного до кон. царствования Екатерины II. — Отеч. зап., 1822, № 32, 35; *Серебренников С. Ф. Г.* Волков, первый основатель нар. рус. театра в Ярославле. — В кн.: Ярославский лит. сб. 1850 г. Ярославль, 1851; Ефремов. Мат-лы (1867); Державин. Соч. (1868—1878), т. 6 (1871); *Каллаш В. В.* Мат-лы и заметки по истории рус. лит.: (Песни Ф. Г. Волкова). — Изв. Отд-ния рус. яз. и словесности, 1901, № 3; *Горбунов И. Ф.* Соч. СПб., 1910, т. 3, ч. 5; *Филиппов В. А.* Факты и легенды в биографии Ф. Г. Волкова. — Голос минувшего, 1913, № 6; *Гуковский Г. А.* О рус. классицизме. — В кн.: Поэтика. Л., 1929, вып. 5; *Берков П. Н.* «Хор ко превратному свету» и его автор. — В кн.: XVIII век. М.; Л., 1935, [сб. 1]; *Гуковский Г. А.* О «Хоре ко превратному свету». — Там же; *Берков П. Н.* 1) «Хроника русского театра» Ив. Носова: (Страница из истории рус. театроведения). — Учен. зап. Ленингр. пед. ин-та им. А. И. Герцена, 1948, т. 67; 2) К 200-летию нового рус. театра: (Театр. дебюты Ф. Г. Волкова в Петербурге). — Вестн. ЛГУ, 1950, № 10; Ф. Г. Волков и рус. театр его времени / Сб. мат-лов. М., 1953 (с портретом); *Гусев В. Е.* Примеч. — В кн.: Песни и романсы рус. поэтов. М.; Л., 1965; История драм. театра, т. 1 (1977); Письма рус. писателей (1980); *Старикова Л. М.* Новые документы о первых рус. актерах братьях Ф. и Г. Волковых. — В кн.: Памятники культуры: Новые открытия / Ежегодн. 1981. Л., 1982.

Н. Д. Кочеткова

ВОЛКОНСКАЯ Анна Михайловна [1776 (?)—15 (27) VI 1827, Москва]. Княжна (в замуж. Грессер), дочь бригадира кн. М. П. Волконского. Получила хорошее домашнее образование. Фрейлина императрицы Марии Федоровны. Совместно с сестрой Екатериной (в замуж. Кожиной) перевела с фр. компилятивное сочинение «Рассуждения о разных предметах природы, художеств и наук» (1792, ч. 1—2; посв. родителям В.). Эта книга для чтения (или своего рода учебное пособие) включала небольшие отрывки, касающиеся естественных наук, астрономии, политических и моральных наук, письма и книгопечатания. Перевод вызвал похвальный отзыв *Н. Я. Озерецковского*, одобрившего не только выбор сочинения, но и умение справиться с ученой терминологией, в то время еще не выработанной. Через свою покровительницу *Е. Р. Дашкову* сестры В. были представлены *Екатерине II*, также похвалившей перевод. По преданию, *Д. И. Фонвизин* незадолго до смерти одобрительно отозвался об учености и серьезности сестер, сравнив их с Софьей, героиней «Недоросля».

Лит.: Дамский журн., 1830, ч. 29, № 13; ч. 30, № 21; *Мордовцев Д. Л.* Рус. женщины нового времени. СПб., 1874 (перепеч.: *Мордовцев Д. Л.* Собр. соч. СПб., 1902, т. 39); Рус. арх., 1877, кн. 2; Голицын. Словарь (1889); Моск. некрополь, т. 1 (1907); Пб. некрополь, т. 2 (1912); Биогр. очерк генерал-фельдмаршала светлейшего кн. П. М. Волконского. СПб., 1914.

М. В. Разумовская

ВОЛЧКОВ Сергей Саввич [1707—1773]. Сын небогатого дворянина. Начал службу юнкером в Сенате (1723). Благодаря хорошему знанию нем. и фр. языков в 1725 отправлен «для мануфактурных дел» в Силезию; по возвращении (1728) зачислен в Коллегию иностр. дел переводчиком. С 1730 по 1735 находился в Берлине в должности секретаря посольства. В связи с прошением Академии наук («Волчков все оные свойства имеет, которые к доброму переводчику требуются») В. поступает секретарем в Академию, где переводит с нем. языка для «СПб. вед.» (с 1735 по 1739) и в особенности для «Примеч. к Вед.» (с 1736 по 1741) сочинения академических профессоров И.-Я. Вейтбрехта, Х.-Н. Винсгейма, Г.-В. Крафта, Г.-В. Рихмана, *Я. Я. Штелина*, адъюнкта Ф. Брема (с 1738 переводы подписывались буквой «В.»). Кроме того, он переводит «партикулярные книги, для народной и своей пользы, в праздничные и шабашные дни и часы, с французского и немецкого на российский диалект и с российского на оба означенные языка». С 1748 — штатный переводчик. В 1759—1773 — директор Сенатской типографии, в которой ему было разрешено печатать свои книги. С 1759 по 1763 В. вел переписку с Академией о вознаграждении за переводы, сделанные сверх служебных обязанностей, в связи с чем часть рукописей была ему возвращена (позднее напечатаны в той же типографии). Неопубликованными остались следующие переводы: «О должностях» Цицерона, «Универсальная история» (ч. 1—4) Ж.-Б. Боссюэ, «О военном и мирном праве» Г. Гроция, «Истинный друг, или Житие Давида Спасителя» и некоторые др.

Со времени перехода в Академию наук В. почти безвыездно жил в Петербурге; в 1747 в связи с ухудшением здоровья получил четырехгодичный отпуск «без вычету жалованья», во время которого находился в Москве и в деревне, продолжая заниматься переводами.

В. опубликовал более двадцати переводных книг. Среди них нравоучительно-воспитательные сочинения — «Придворный человек» Б. Грасиан-и-Моралеса (1741), «Совершенное воспитание детей» Ж.-Б. Бельгарда (1747), «Книга язык» Л. Борделона (1761), «Светская школа» Э. Ленобля (1761); книги исторического содержания — «Житие и дела Марка Аврелия Антонина» (1740), «Военная история» Полибия (1756—1765, ч. 1—2); учебные пособия по истории — «Введение в генеральную историю» Г. Кураса (1747), «Шляхетных детей истории да отчасти генеалогии обучающий гофмейстер» Ш.-Л. Лоне (1763); кроме того, руководство по экономике и ведению хозяйства — «Флоринова экономия» (1739). В 1743 В. по поручению Б. Г. Юсупова начал переводить (в извлеч.) «Универсальный словарь коммерции» Ж. Савари, вышедший в 1747 под загл. «Экстракт Савариева лексикона о коммерции». С 1760-х гг. заметен интерес В. к произведениям духовно-нравственного содержания. Он переводит «Истинного христианина и честного человека» Ж.-Б. Бельгарда (1762), «О спокойствии и удовольствии человеческом» И.-А. Гофмана (1762—1763, ч. 1—2), «Христианина во уединении» М. Крюго (1769), «Христианскую школу» Ж.-Э. Рока (1770). Эти книги были особенно распространены в масонской среде; две последние были переизданы Н. И. *Новиковым*. У широкого читателя получил известность перевод «Эзоповых басен с нравоучениями и примечаниями Рожера Летранжа» (1747).

Словарный труд В. — «Новый лексикон на французском, немецком, латинском и российских языках», т. 1. «Вояжиров лексикон» (1755—1764, ч. 1—2; источник перевода: Nouveau dictionnaire de voyageur. Genève, 1703), сохранял свое значение до нач. XIX в.

Для языка переводов В. характерны иноязычные заимствования, широкое использование калькированных оборотов; заметно также сильное влияние синтаксиса оригинала. Оценка переводов В. не была единодушной. *В. Е. Адодуров* дал положительный отзыв о «Флориновой экономии», *В. К. Тредиаковский* одобрил перевод «Савариева лексикона», однако «Вояжиров лексикон» и «История славных мужей» Плутарха подверглись резкой критике *М. В. Ломоносова*, Тредиаковского, *С. П. Крашенинникова*, *Н. И. Попова*. Забракованный перевод Плутарха не был напечатан, «Вояжиров лексикон» исправлялся во время печатания др. лицами (ААН, ф. 3, оп. 1, № 247). Сам В., признавая некоторые свои погрешности в передаче смысла отдельных слов, решительно возражал против критики своего стиля в целом, ссылаясь при этом на то, что многие переводят хуже его.

Лит.: Мат-лы для истории имп. Академии наук, т. 2—10 (1885—1900).

Е. Э. Биржакова

ВОНЛЯРСКИЙ (Вонлярлярский) Николай [род. 1718]. Происходил из нем. дворянского рода, осевшего в Польше и принявшего рус. подданство после покорения Смоленска. В 1734 В. определился в канцелярию кн. Ю. Н. Репнина, командовавшего корпусом в Польше, «для переводу латинских и прочих писменных дел». В 1736 В. находился в действующей армии при взятии Перекопа. В 1737 пожалован Б.-Х. Минихом в прапорщики и определен в Петербургский пехотный полк адъютантом; затем служил в Шлотенбургском пехотном (1743) и Астраханском драгунском полках. В 1754 оставил военную службу «за болезнями» и перешел в статскую с чином асессора, получив назначение воеводой в Тверь (9 авг. 1755) (формуляр 1754 г. — ЦГАДА, ф. 286, № 423, л. 25); с 1764 — прокурор по 2-м деп. Гл. провиантской канцелярии.

В 1769 Унив. типография выпустила перевод В. «О блаженной или благополучной жизни, с прибавлением рассуждений о приятной и общежительной жизни из философии здравого рассуждения господина маркиза Д'Аржанса» (выполнен не с фр. оригинала, а с его перевода на нем. язык).

А. Н. Севастьянов

ВОРОБЛЕВСКИЙ Василий Григорьевич [1730—1797]. Крепостной Шереметевых, одной из вотчин которых управлял отец В.; обучался в частном пансионе в Петербурге, затем стал дворецким П. Б. Шереметева, участвовал в спектаклях крепостного театра. В 1769 В. поместил в журнале «Смесь» корреспонденцию, направленную против «знатных господ», за подписью «Votre très affectionné serviteur В. W.». В 1769—1770 сопровождал Н. П. Шереметева в заграничном путешествии, которое сыграло большую роль в формировании В. как переводчика и будущего режиссера крепостного театра. В 1771 он перевел с фр. отрывки из «Сокращенного описания жизни Петра Великого...» А. Алеца; в 1787 издал «Сказание о рождении ⟨...⟩ Петра Первого», в которое вошли материалы *П. Н. Крекшина*. В. перевел также несколько сочинений, адресованных «третьесословному» читателю: «Заря — новая французская игра» (1774) Ж.-Ф. Кулона де Тевено, «Повести Вильгельма, извозчика парижского» А.-К.-Ф. Келюса (1785; посв. «славному московскому извозчику Алексею Чистякову»). В 1775 В. перевел с фр. «Жизнь Лазариля Тормского» («Ласарильо с Тормеса»), роман, пронизанный критикой феодального общества, а в 1785 (тоже с фр.) — **анонимный роман «Ангола, индийская повесть...»**, обличавший развращенность нравов феодальной верхушки. В 1793 В. перевел книгу «Яшина история, нравоучительное сочинение для малолетних детей», в которой, вслед за Ж.-Ж. Руссо, утверждал мысль о том, что благородным человека делает не рождение и не богатство, а труд. В 1794 В. переводит «Собрание любовных повестей, или Разные сочинения нынешнего света» — весьма посредственные рассказы второстепенных авторов, эпигонов Ж.-Ж. Руссо.

Для театра Шереметевых В. переводил с фр. комедии и комические оперы. Из них были напечатаны «Пателен-стряпчий» (1776) и «Важный» (1777) Д.-О. де Брюйэса, «Башмаки Мордоре, или Немецкая башмачница» (1778) де Ферьера «Опыт дружбы» (1779) на темы «Нравоучительных сказок» Ж.-Ф. Мармонтеля, «Две сестры, или Хорошая приятельница» (1779) де Ла Рибардьера, «Живописец, влюбленный в свою модель» (1779) Л. Ансома, «Колония, или Новое селение» Н.-Э. Фрамери (1780), «Беглый солдат» (1781) М.-Ж. Седена, «Клементина и Дезорм» (1782), «Три откупщика» (1784) Ж.-М. Буте де Монвеля и русифицированное продолжение последней пьесы «Степан и Танюша» (1785; изд. не обнаруж.). Переведенные В. комедии «Жнецы» и «Лоретта» напечатаны не были (ЦГИА, ф. 1088, оп. 17, № 65). Некоторые переведенные В. пьесы шли на сценах различных рус. театров XVIII в.

Из «Наставления Василию Вороблевскому» известно, что Н. П. Шереметев поручил своему крепостному надзор за театром и подготовкой актеров. В. написал своеобразный «путеводитель» по дворцу и парку подмосковной вотчины Шереметевых — Кускову: «Краткое описание села Спасского, Кускова тож...» (1787), напечатанное также в его переводах на фр. и нем. языки. В 1796 В. составил «Описание золотым медалям, жетонам и монетам, которые хранятся в кабинете ⟨...⟩ П. Б. Шереметева», сохранившееся в рукописи с параллельным переводом на фр. язык (ЦГИА, ф. 1088, оп. 3, № 1298).

Лит.: *Елизарова Н. А.* Театры Шереметевых. М., 1944; *Кузьмин А. И.* 1) В. Г. Вороблевский — переводчик «Анголы». — В кн.: Из истории рус. лит. отношений XVIII—

XX вв. М.; Л., 1959; 2) Крепостной литератор В. Г. Вороблевский. — В кн.: XVIII век. М.; Л., 1959, сб. 4; 3) К истории переводного плутовского романа в России XVIII в. — В кн.: XVIII век. М.; Л., 1966, сб. 7; *Курмачева М. Д.* Крепостная интеллигенция России. М., 1983.

А. И. Кузьмин

ВОРОНОВ Сергей. С 1764 — студент Моск. ун-та (см.: Моск. вед., 1764, 2 июля, № 53, Приб.). В. перевел книги 1—8 «Каия Юлия Кесаря записок о походах его в Галлию» (1774). Это первое на рус. языке издание «Записок» Цезаря. Перевод точный и почти дословный; синтаксис значительно латинизирован. Переводчик снабдил текст кратким реальным комментарием (в сносках). По предположению X. Кайперта, В. принадлежит также перевод с лат. цикла статей «Жизни философов» Диогена Лаэртского (Утр. свет, 1779, ч. 3, май; ч. 4, окт.; ч. 5, янв.—март; ч. 6, май).

Лит.: *Keipert H.* Neue Quellen zu Novikovs «Utrennij svet». — Zeitschrift für slavische Philologie, 1984, Bd 44, H. 2.

А. Б. Шишкин

ВОРОНЦОВ Александр Романович [4 (15) IX 1741, Петербург— 2 (14) XII 1805, с. Андреевское Владимирской губ.]. В 1760 получил графское достоинство. Дипломат, государственный деятель, воспитывался в доме отца, Романа Илларионовича, крупного чиновника и известного масона, и в доме дяди, Михаила Илларионовича, государственного канцлера; брат *Е. Р. Дашковой*. С 5 лет В. свободно читал по-французски, 12 лет по настоянию дяди был отправлен в версальскую рейтарскую школу; в Париже получил в 1753—1760 разностороннее образование, которое завершила поездка по Португалии, Испании и Италии. В. был лично знаком со мн. деятелями фр. Просвещения, в т. ч. с Вольтером, с которым поддерживал переписку (1760—1769). Был поверенным в делах при венском дворе (1761), полномочным министром в Англии (1762—1764) и Голландии (1764—1768). После возвращения в Россию (1768) В. — президент Коммерц-коллегии (1773—1794), сенатор (с 1773); после отставки (1794—1801) — член Непременного совета (1801), государственный канцлер (1802—1804). В. связывали близкие отношения с *А. Н. Радищевым*; в 1774—1775 оба они посещали масонскую ложу «Урания». С 1777 Радищев служил под началом В. в Коммерц-коллегии и таможне. В. материально поддерживал Радищева в годы ссылки, ходатайствовал о его возвращении в Петербург. Радищев писал В. 6 февр. 1792: «...только ваши неизменные доброта и сострадание могли привести человека почти обезумевшего в чувство, вернуть его детям и близким». В 1784—1788 В. оказывал служебное покровительство *Г. Р. Державину*. В имении В. в 1792—1805 существовал крепостной театр, основной репертуар которого составляли отечественные и переводные комедии и комические оперы.

В журнале «Ежемес. соч.» в 1756 печатались переводы В. с фр. (некоторые за подп. «А. В.»). В «Рассуждении о приятностях сообщества» (ч. 1, февр.) говорится об «избрании доброго сообщества, свойствах, ему приличных и противных», роли в нем женщин. В «Разговоре между рассуждением и воображением» (ч. 2, июль) решается вопрос об их пользе и предпочтение отдается рассуждению. В «Содержании письма другому в ответ, может ли честь сравниться с славою» (ч. 2, авг.) делается вывод, что честь — дочь добродетели, а слава — самолюбия. Перевод, вероятно, является своеобразным ответом на анонимное «Письмо к г. В...» (ч. 1, февр.), приписываемое *А. И. Дубровскому* или *М. В. Ломоносову*. Цикл моралистических сентенций представляют собой «Мысли» (авг.). В. перевел сочинение Вольтера «Мемнон, желающий быть совершенно разумным» (ч. 1, апр.). На основании анализа стиля П. Р. Заборов сближает этот перевод и анонимные переводы из Вольтера «Микромегас» и «Задиг» (Ежемес. соч., 1756, ч. 1, янв.— июнь). Возможно, что и они также принадлежат В.

Интересным памятником исторической мысли является поданная

В. Александру I в 1801 докладная записка «Примечания на некоторые статьи, касающиеся до России» (Чтения в О-ве истории и древностей рос., 1859, кн. 1). В ней содержится серьезная критика царствований *Екатерины II* и Павла I, мерилом оценки того или иного правления становится верность петровским преобразованиям. В. также принадлежат «Примечания о правах и преимуществах Сената» (там же). В 1805 В. работал над «Записками о моей жизни» («Notice sur ma vie»), но не завершил их (Арх. кн. Воронцова. М., 1872, т. 5; рус. пер.: Рус. арх., 1883, № 2, с. 227—289).

Современники подчеркивали его качества государственного деятеля: «Граф Воронцов, человек способный, но предприимчивый и упрямый, держал себя строго и восставал против роскоши. Он, кажется, хотел бы, чтобы русские пили только мед и одевались бы в платье домашнего изделья. Потемкин его ненавидел, другие министры его боялись. Императрица не слишком любила его, но уважала и почти безусловно предоставила на его волю торговые дела» (*Сегюр Л.-Ф.* Пять лет в России при Екатерине Великой. СПб., 1865, с. 111—112); «В России В. считался самым опытным государственным человеком. Он и граф Завадовский были друзьями графа Безбородко. ‹...› Рассказывают, что будто после их ухода Безбородко приказывал растворить двери и окна, пыхтел, обмахивался, бегал по комнатам и восклицал: „Слава богу, педагоги ушли". Он называл их так потому, что они всегда читали нравоучения и корили за леность, чрезвычайную беспечность и малый интерес к делам...» (Мемуары кн. А. Чарторижского. М., 1912, т. 1, с. 264).

В. посвящены анонимная «Ода ‹...› А. Р. Воронцову» (1785; изд. не обнаруж.) и «Стихи г. А. Р. Воронцову», напечатанные в альманахе «Утр. звезда» за 1808 с подписью «П. Ф. Б.».

В течение всей жизни В. поддерживал обширную личную и служебную переписку на рус. и фр. языках, касавшуюся вопросов политики, экономики, культуры. Его корреспондентами были А. Н. Радищев, Г. Р. Державин, *Н. А. Львов*, Екатерина II, императрица Мария Федоровна, Александр I, М. И., Р. И. и С. Р. Воронцовы, *Е. Р. Дашкова*, А. А. Безбородко, А. И. Марков, *И. П. Елагин*, А. Я. Протасов, И. В. Страхов, Д. П. Трощинский, *А. В. Храповицкий*, А. А. Вяземский, П. В. Завадовский и др. (см.: Арх. кн. Воронцова. М., 1871—1888, т. 1—40; [Письма В. к Вольтеру]. — Рус. арх., 1886, № 6; *Бартенев П. И.* Роспись сорока книгам арх. кн. Воронцова. М., 1897).

Архив В. находится в ЛОИИ АН СССР, ААН, ЦГАДА (см.: *Петров В. А.* Обзор собрания Воронцовых. — В кн.: Проблемы источниковедения. М., 1956, с. 104).

Лит.: *Терещенко А.* Опыт обозр. жизни сановников, управлявших иностр. делами в России. СПб., 1830, т. 2; Бантыш-Каменский. Словарь, ч. 1 (1836); Державин. Соч. (1864—1883), т. 5—9 (1869—1883); Рус. арх., 1886, № 6; *Пыпин А. Н.* Исслед. и ст. по эпохе Александра I. Пг., 1918, т. 3; *Семенников В. П.* А. Н. Радищев / (Очерки и исслед.). М.; Пг., 1923; *Щеглова С. А.* Воронцовский крепостной театр. — В кн.: Яз. и лит. Л., 1926, т. 1; *Троицкий И.* 1) Арх. Воронцовых. — В кн.: Лит. насл. М., 1933, т. 9—10; 2) Из истории сибирской ссылки А. Н. Радищева. — Там же; Материалы к изучению «Путешествия из Петербурга в Москву» А. Н. Радищева. М.; Л., 1935; *Заозерский И. А.* А. Р. Воронцов: К истории быта и нравов XVIII в. — В кн.: Ист. зап., 1947, т. 23; *Бабкин Д. С.* Процесс А. Н. Радищева. М.; Л., 1952; Письма Вольтера. М.; Л., 1956; *Шмаков А. А.* Из разысканий о Радищеве. — Учен. зап. Челяб. пед. ин-та, 1956, т. 2; *Люблинский В. С.* Новое в рус. связях Вольтера. — В кн.: XVIII век. М.; Л., 1958, сб. 3; *Осетров Е.* Портрет Радищева. — В кн.: Поиски, находки, тайны. М., 1964; *Zimmerman J. S.* Alexander Romanovich Vorontsov, Eighteenth-Century Enlightened Russian Statesman. 1741—1805. New York, 1975; Заборов (1978); *Cross A.-G.* «By the Banks of the Thames»: Russians in Eighteenth-Century Britain. Newtonville, 1980.

К. Ю. Лаппо-Данилевский

ВОРОНЦОВ Артемий Иванович [1748—1813, Петербург]. Двоюродный брат *А. Р. Воронцова* и *Е. Р. Дашковой*; был восприемником при крещении А. С. Пушкина; камергер, сенатор. Вероятно, учился в Моск. ун-те. В. принадлежит перевод с фр. из «Зрителя» («Spectateur françois») П. Мариво, опубликованный в журнале «Собр. лучших соч.» (1762, ч. 1), где передается разговор Мариво в книжной лавке о том, что достоинство и нравоучительность книги не зависят от ее объема. В том же журнале опубликованы в 1762 переводы В. с лат.: «О способе поправления овечьей шерсти» (ч. 3) нем. экономиста И.-А. Шлетвейна и «Диссертация о вернейшем способе, каким в Северной Америке первые жители поселились» (ч. 4), где доказывается происхождение их от викингов. Переводы В. вместе со всем журналом были переизданы в 1787. Несмотря на подпись «Артемий Воронцов», они в некоторых исследованиях приписывались А. Р. Воронцову. В 1780-1790-х гг. дружил с *В. В. Капнистом* (письма В. к нему — ЦНБ АН УССР, III, № 23 806—23 811, 23 598—23 599), *Н. А. Львовым* и *П. Л. Вельяминовым*.

Лит.: *Бартенев П. И*. Роспись сорока книгам арх. кн. Воронцова. М., 1897; Рус. портреты XVIII и XIX столетий. СПб., 1909, т. 5; *Черейский Л. А*. А. С. Пушкин и его окружение. Л., 1975.

К. Ю. Лаппо-Данилевский

ВОРОНЦОВ Семен. Переводчик книги Евтропия «Сокращение римской истории до времен кесаря Валента и Валентиниана» (в Унив. типографии, 1759; 2-е изд. 1779). Перевод сделан с издания, подготовленного нем. филологом Х. Целларием; переведены 10 книг Евтропия с примечаниями Целлария (ок. 50), объясняющими собственные имена, исторические события и географические названия. В посвящении куратору Моск. ун-та *И. И. Шувалову* В. упоминает о своих «младенческих летах» и о том, что это его первый труд. В «Предисловии» В. писал: «Но как нам ныне ведомо, что мы еще не имеем ни сочинений, ни переведенной истории особенно о римском народе: то я принял сей малой труд ⟨...⟩ как для собственной моей пользы, так и для пользы тех, которые за незнанием других языков малое о Римлянах имеют понятие».

Возможно, подпись «Семен Воронцов» принадлежит Семену Романовичу Воронцову (1744—1832), брату *А. Р. Воронцова*, позднее государственному деятелю и дипломату.

Лит.: *Черняев П*. Следы знакомства рус. о-ва с древнеклас. лит. в век Екатерины II. — Филол. зап., 1904, вып. 5—6.

К. Ю. Лаппо-Данилевский

ВОРОНЦОВА Е. Р. см. Дашкова Е. Р.

ВОСКРЕСЕНСКИЙ Иван. Студент Моск. ун-та, в списках которого его фамилия упоминается в кон. 1770—нач. 1780-х гг. Служить начал, возможно, в 1782 в Туле; в 1784-1788 числился в «Адрес-календарях» секретарем Верхн. зем. суда Тульского наместничества в чине кол. регистратора а затем кол. секретаря, а в 1794—1795 в чине губернского секретаря служил при генерал-губернаторе Владимирского и Костромского наместничества И. А. Заборовском, который в годы службы В. в Туле был тамошним гражданским губернатором (1782—1787).

В. принадлежат четыре оды, восхваляющие царствование *Екатерины II*. Первая была написана в 1782, вторая — в 1787 для поднесения Заборовским Екатерине II во время ее посещения Тулы (текст не сохр.), две остальные — в 1793. Кроме оды 1787, все посвящены Заборовскому.

Поскольку В. все время служил при Заборовском, он мог его сопровождать в поездке в Италию с дипломатической миссией (1788—1789) по случаю рус.-тур. войны. Предположение М. Н. Лонгинова о принадлежности В. к «обществу», сочинившему в 1788 «Исследование книги „О заблуждениях и истине"» (Тула, 1790) ошибочно (вероятный единоличный автор — *П. С. Батурин*).

Лит.: Моск. вед., 1777, 7 июля, № 54; 1780, 8 июля, № 55, Приб.; *Андреев В. Н*. Пребывание имп. Екатерины II в Туле. — Москв., 1842, ч. 1, № 2; *Лонгинов М. Н*. Соч. М., 1915, т. 1.

В. Д. Рак

ВОСКРЕСЕНСКИЙ Тимофей Михайлович [1766—после 1815]. Сын дьякона Воскресенской приходской церкви при Троице-Сергиевой лавре; в 1776 поступил в Троицкую дух. семинарию, где обучался фр., лат. и нем. языкам, грамматике, поэзии, риторике и истории. 16 нояб. 1786 был направлен в Синод, а оттуда 26 нояб. — в Петербургскую учит. семинарию, где изучал математические науки. 24 дек. 1788 В. был назначен учителем четвертого («высшего») класса в Тобольское гл. нар. уч-ще, в котором со дня открытия 11 марта 1789 преподавал рус. и лат. языки, арифметику, геометрию, гражданскую архитектуру, механику и физику.

В. был активным сотрудником издававшегося при Тобольском уч-ще журнала «Иртыш» (1789—1791). Он выступал с программными оригинальными и переводными статьями и художественными произведениями, в которых пропагандировал просвещение и идею справедливого и добродетельного просвещенного монарха, покровителя подданных и «друга притесненных» («Речь ⟨...⟩ 1789 года июля 3 дня», «Речь, говоренная г. маркизом де Кондорсе ⟨...⟩ 5 июня [1782]», «Речь ⟨...⟩ 1791 года июня 30 дня», «Ардостан», «Письмо одного пехотного майора, прежде бывшего кадетом Королевской военной школы, к молодым воспитанникам того ж училища»). Аллегорическая статья В. «Сновидение» (1789, окт.) была откликом на развернувшуюся в журнале полемику вокруг вопроса о призвании поэта; В. утверждал, что писать стихи имеют право лишь немногие особо талантливые люди (сам он, в соответствии с этим тезисом, писал и переводил только прозою). Вопросам нравственного воспитания были посвящены переводные статьи «Собрание древних писателей нравоучения» (1789, нояб.) и «Нравственное уложение» (1791, нояб.). В. перевел также два «исторических анекдота» фр. писателя Ф.-Т.-М. де Бакюляра д'Арно: «Антонио и Рожер» (1790, июль), в котором изображалась героическая добродетель простых людей, и «Салли, или Английская любовь» (1790, март), представлявший «плачевные следствия сей страсти, когда она не поправляема была разумом или должностью». Кроме того, В. принадлежали следующие переводы: анонимный рассказ «Акмон и Солина» (1791, янв.), проповедовавший мысль о нравственных и духовных преимуществах патриархальной сельской жизни перед городской цивилизацией; «Полное описание лечения одного молодого человека, которого укусила бешеная собака» Ж.-К. Пенжерона (1790, янв.); «Несчастный отец, повесть» Дартуа (1790, апр.—май); «Анекдоты» (1790, май); «Ода одного мужа на смерть своей супруги» А. фон Галлера (1790, авг.); «Выписка из записок, читанных во французской Королевской академии о воздушных явлениях 17 июля 1771 года» (1791, май); «Анекдот» (1791, дек.). Все переводы были выполнены из фр. журналов «Mercure de France» (1770—1772) и «Journal encyclopédique ou universel» (1782—1783). В журнале «Б-ка ученая» (1794, ч. 8) было напечатано сочиненное В. «Слово о пользе физики, говоренное ⟨...⟩ 1793 года июля 12 дня» (отд. изд.: Тобольск, 1794).

В 1794 В. заболел, уехал в Москву, пробыл там ок. года и 5 марта 1795 был уволен от должности. По выздоровлении он явился в Комиссию нар. уч-щ, которая 11 апр. 1796 определила его учителем четвертого класса в Тульское гл. нар. уч-ще, где он приступил к работе 16 мая того же года. С открытием Тульской гимназии он был назначен в ней 7 авг. 1804 учителем физико-математических наук, а 15 нояб. 1805 произведен доктором философии. 9 дек. 1810 В. был переведен в Калужскую гимназию, где преподавал математику и физику, имея с 20 дек. 1813 чин надв. советника. В сент. 1815 вышел на пенсию (ЦГИА, ф. 730, оп. 1, № 48, л. 691; № 142, л. 22—23; № 156, л. 2—3; № 191, л. 8, 10, 13, 22—23, 320—321, 381; ф. 733, оп. 18, № 218; ф. 796, оп. 67, № 483, л. 30; ф. 1349, оп. 4, 1813 г., № 55, л. 105—107).

Лит.: Замахаев С. Н., Цветаев Г. А. Ист. зап. о Тобольской гимназии. Тобольск, 1889.

В. Д. Рак

ВТОРОВ Иван Алексеевич [1 (12) VI 1772, д. Ласкаревка Бузулукского у.—14 (26) II 1844, Казап[ь]). Происходил из «приказнослужительских детей». Шести лет был определен фиктивно учителем рус. грамоты в татар. школу для заработка; в 1781—1791 служил в Самарском у. суде (с 1784 — подканцелярист, с 1787 — канцелярист); в 1792—1793 — губернский регистратор Симбирского губ. правления; в 1793—1795 — городовой секретарь Самарского у. суда; в 1795—1797 — уездный стряпчий в Ставрополе; с 1797 — дворянский заседатель Самарского нижн. зем. суда (формуляр 1825 г. — ЦГИА, ф. 1349, оп. 4, № 80). Упорно занимался самообразованием, несмотря на резкое противодействие семьи. Под влиянием масонской и моралистической литературы начал вести дневник; писание дневника (продолжалось с перерывами почти до самой смерти В.) было для него школой самоанализа и самосовершенствования, где он учился «размышлять и сочинять». Среди своих наставников В. называл учителя Симбирского нар. уч-ща Н. М. Веревкина, с помощью которого он обучался риторике, стихотворству, фр. языку и пр.; в круг чтения В. входили «Познание себя самого...» И. Масона, исторические, естественнонаучные и философские сочинения и, в особенности, издания *Н. М. Карамзина* («Моск. журн.» и др.), в котором В. видел безусловный литературный и нравственный авторитет. Сильное влияние оказал на него «Вертер» Гете.

В нач. 1790-х гг. В. начинает писать стихи. Литературные интересы В. приводят его к конфликту с провинциальной чиновничьей средой и, с др. стороны, расширяют круг его литературных знакомств в Симбирске и Казани, куда он совершил путешествие (М. П. Баратаев, *С. А. Москотильников*). По личным склонностям и служебным обязанностям В. постоянно предпринимал поездки, иной раз дальние; так, в 1801—1802 он был в Москве, где посещал семейство Тургеневых, познакомился с *И. В. Лопухиным*, *М. И. Невзоровым*, В. В. Измайловым, *И. И. Дмитриевым* и нанес визит Карамзину. «Путешествие в Москву» принадлежит к числу особенно ценных и литературно обработанных частей его дневника, содержащих важные детали литературного и социального быта; описание переезда из Москвы в Петербург композиционно сходно с книгой Радищева.

В 1789—1800 В. публикует несколько стихотворений и прозаических статей в «Приятном и полезном» («Прости, май» — 1798, ч. 19) и «Иппокрене» («Царев курган», стихотворения «Перемена участи», «Время» — 1799, ч. 3, «Моя прогулка», «Здравствуй, май!» — 1800, ч. 6) под псевд. «И...Д.», «8. В.», «Ив...2» и др. (иногда с указанием Самары и Самарского у.); в мемуарных записях он говорит и о своих переводах с фр. (по-видимому, напеч. анонимно; список соч. см.: Рус. вестн., 1875, № 6, с. 483; список в статье Е. А. Боброва включает произвольные атрибуции). Он упоминает также о своем переводе книги А. Коцебу «L'Année la plus remarquable de ma vie», сделанном «только для себя» (о ссылке Коцебу в Тобольск).

В 1805—1816 В. избирался на должность судьи в Самаре; в 1812—1814 был одновременно и городничим. В качестве общественного деятеля В. стремился проводить идеи практической филантропии и бороться с судебными и помещичьими злоупотреблениями; в его мировоззрении обнаруживались черты умеренного просветительства; он с осуждением относится к крепостничеству, засилью клерикалов, официальному шовинизму. В 1818, вступив в члены Рус. библейского о-ва, он отмечает все развивающиеся в нем обскурантные тенденции, выражающиеся в призывах уничтожить книги Вольтера, Руссо, «Послание к слугам моим...» *Д. И. Фонвизина* и пр.; в 1820 В. подвергает критике «ужасный разврат и несправедливость гражданского управления» в империи в целом.

После 1800 в печати В. не выступает, однако внимательно следит за литературой, в т. ч. оппозиционной; в его архиве сохранились многочисленные выписки из произведений «вольной поэзии» нач. XIX в.—1820-х гг. В 1822—1823 и 1827—1828 он вновь посещает Москву и Петербург и завязывает знакомство почти со всеми крупными столичными литераторами (А. С. Пушкин, *И. А. Крылов*, А. А. Дельвиг,

Н. И. Греч, Ф. В. Булгарин, А. Е. Измайлов, К. Ф. Рылеев, П. П. Свиньин и др.); особенно близко он сходится с *Н. И. Страховым* и *И. А. Кованько*, с которым, по-видимому, обсуждает и современные политические вопросы. С 1816 и до 1830-х гг. В. служит в Деп. горных и соляных дел, бывает в Уральске и Илецкой защите, а с нач. 1830-х гг. систематически наезжает в Казань, где учится его сын, Н. И. Второв, и устанавливает тесные связи с казанскими культурными кругами (В. И. Панаев, Ф. М. Рындовский, семейство Фуксов). В 1835 он окончательно переселяется в Казань. Казанской культурной жизни нач. XIX в. посвящены и неоконченные воспоминания В., содержащие, в частности, портрет одного из примечательных рус. «вольтерьянцев» XVIII в. В. И. Полянского (см.: Казанские губ. вед., 1843, 11 дек., № 50, Приб.). Казани В. завещал и свою богатую библиотеку (1908 томов).

Личные фонды В. хранятся в ЦГАЛИ (ф. 93) и ГПБ (ф. 163).

Лит.: *Де-Пуле М.* Отец и сын: Опыт культ.-биогр. хроники. — Рус. вестн., 1875, № 4—9; *Второв И. А.* Казань в нач. XIX в. — Рус. старина, 1891, № 4; *Бобров Е. А.* А. А. Фукс и казанские литераторы в 30—40-х гг. — Рус. старина, 1904, № 7.

В. Э. Вацуро

ВЫНДОМСКИЙ (Вымдонский) Александр Максимович [ум. 12 (24) II 1813, с. Тригорское Псковской губ. Опочецкого у.]. Сын генерал-майора, шлиссельбургского коменданта, осуществлявшего надзор за Анной Леопольдовной и императором Иоанном Антоновичем и получившего за это в 1762 с. Тригорское, известное впосл. в биографии Пушкина. Служил в Семеновском полку (с 1756; в 1778 — капитан-поручик); в 1780 вышел в отставку в чине полковника и поселился в Тригорском.

В 1789 в «Беседующем гражданине» (ч. 2, май) напечатал «Молитву грешника кающегося» — единственное свое напечатанное стихотворение; близок к нему по содержанию «Сонет», сохранившийся в альбоме дочери В., П. А. Осиповой — приятельницы Пушкина). Им издана также брошюра по сельскохозяйственной технологии (Записка, каким образом сделать из простого горячего вина самую лучшую французскую водку... СПб., 1800; 2-е изд. СПб., 1802).

По семейному преданию, В. был связан с *Н. И. Новиковым* и принадлежал к казанской масонской ложе; отличался широкими литературными интересами, хорошо рисовал; после него осталась обширная библиотека в Тригорском (ею пользовался Пушкин) и альбом с выписками из «Моск. журн.», «Приятного и полезного» и др. изданий (стихи В. Л. Пушкина, *И. И. Дмитриева*, *Г. А. Хованского*, *Е. П. Люценко*).

Рукописные материалы о В. хранятся в ИРЛИ, ф. 304 (в составе фонда П. А. Осиповой).

Лит.: *Семевский М. И.* Прогулка в Тригорское. — СПб. вед., 1866, 24 мая, № 139; 31 мая, № 146; *Модзалевский Б. Л.* Поездка в с. Тригорское в 1902 г. — В кн.: Пушкин и его совр. СПб., 1906, вып. 1.

В. Э. Вацуро

ВЫРОДОВ Андрей. В кон. 1780-х гг. учился в Моск. благор. пансионе. В изданном пансионом сборнике «Полезное упражнение юношества» (1789) был напечатан в его переводе нравоучительный анекдот «Помни совет родителей». Через несколько месяцев вышел сборник переводов В., выполненных в стенах пансиона, по-видимому, в качестве упражнений по нем. языку (1789, ч. 1—2 (озагл.: «И весело и полезно, или Собрание кратких и нравоучительных повестей» и «Собрание кратких, веселых и нравоучительных басен и других сочинений»); с единой паг.). В. принадлежит, очевидно, и перевод этнографической работы дат. ученого К. Лема «Новые и достоверные известия о лапландцах в Финмархии...» (1792). На титульном листе этой книги указано, что В. имел в то время чин сержанта.

В. Д. Рак

ВЫРОДОВ Иван По-видимому, брат *А. Выродова*. Учился в Моск. благор. пансионе. Участвовал в сборнике «Полезное упражнение юношества» (1789) двумя небольшими переводами: «Благодеяние, восточная повесть» и «Опыт сыновней любви». Ему принадлежит перевод книги «Новейшие известия о Турецком государстве, по случаю войны между Россией, Австрией и Портою собранные» (1789).

В. Д. Рак

ВЫРУБОВ Павел Петрович. Перевел с фр. прозой одноактную стихотворную комедию Ш. Палиссо де Монтенуа «Багдадский цирюльник» (1787). Герой комедии — ловкий багдадский цирюльник, устраивающий дела влюбленного Альмазора, напоминает более позднего героя комедии Бомарше. Из оригинальных сочинений В. известны две комедии: «Лондонские нравы, или Англичане большого света. Подражание Шекспиру П. В.» (СПб., 1811; ценз. рукопись, датированная 1809, — ЛГТБ, шифр: I.XV.4.31; пьеса представлена в первый раз на придворном театре в нояб. 1810) и «Женщина в сорок лет, или Женщины в истерике» (СПб., 1812). Первая пьеса обнаруживает отдаленное сюжетное сходство с «Комедией ошибок» Шекспира (см.: Шекспир и рус. культура. М.; Л., 1965, с. 118). Во второй высмеиваются причуды барыни Грустиловой с ее модной «городской болезнею истерикой» и рассказывается о том, как ловкие и преданные слуги помогают соединиться влюбленным — племяннице Грустиловой Прияте и Милону.

В 1786 В. получил из цензуры рукопись комедии П. Мариво «Остров невольников», которая «переведена с французского языка М. Г.» (см.: Осмнадцатый век. М., 1868, кн. 1, с. 431), однако причастность В. к переводу не выяснена.

Р. М. Горохова

ВЫШЕСЛАВЦЕВ Михаил Михайлович [1757 или 1758—1830-е гг.]. Тесть В. Л. Пушкина. Происходил из дворян. Приписанный к Преображенскому полку, затем служил в лейб-гвардии Конном полку вахмистром. Свой «первый опыт упражнения ⟨...⟩ во французском языке» — перевод речи ит. историка и литератора аббата К. Денины «Ответ на вопрос, чем мы одолжены Гишпании?» (1786) — издал уже в зрелом возрасте. Это полемическое сочинение, в котором утверждалось, что Испания внесла более существенный вклад, нежели Франция, в развитие европ. культуры, государственности, литературы, науки и ремесел, приобретало в России, очевидно, смысл выступления против фр. влияния и воспринималось как очень актуальное, если судить по быстроте появления перевода (речь была произнесена 26 янв. 1786). В возрасте 29 лет В. вышел в отставку и с 13 марта 1787 преподавал фр. и нем. языки в Троицкой дух. семинарии, сначала в должности помощника учителя, а впосл. учителя. Одновременно он сам проходил курс обучения в семинарии. Возможно, он намеревался готовиться к принятию духовного сана, т. к. при поступлении просил определить его в богословский класс; однако его подготовка была сочтена, по-видимому, недостаточной, и его направили в класс риторики. В 1788 он занимался лат. риторикой, в 1790 — философией.

В этот период он перевел составленный фр. компиляторами Л.-П. Беранже и П.-Э. Гибо сборник «Нравоучение, представленное на самом деле, или Собрание достопамятных деяний и правоучительных анекдотов, могущих внушить любовь к добродетели и усовершенствовать молодых людей в искусстве повествования» (1790, ч. 1—2). Работая над ч. 2, он опирался на переводы из этой книги, ранее выполненные и опубликованные *И. Н. Виноградским*, подвергая их в основном незначительной стилистической правке. Из оригинальных сочинений В. этого периода известна лишь подносная новогодняя «Ода ⟨...⟩ М. М. Измайлову» (1789). В 1793 выбыл из семинарии (ЦГИА, ф. 796, оп. 71, № 418, л. 885 об.—886).

Следующее десятилетие было периодом активной литературной деятельности В. Более тридцати его переводов (в т. ч. с англ. языка, который он, очевидно, начал изучать в эти годы) были напечатаны в журналах «Чтение для вкуса» (1793, ч. 11—12), «Приятное и полезное» (1794—1795, ч. 1, 6—8). Среди них одиннадцать или двенадцать рассказов Ф.-Т.-М. де Бакюляра д'Арно, повести Ж.-П. Флориана, А.-Г. Мейснера, Х.-Л. Гейне, отрывок из «Времен года» Дж. Томсона, «драматический отрывок» Л.-Ф.-Э. Рамона де Карбоньера «Молодой

Ольбан» (отд. изд. 1798) и др. Мн. из этих сочинений, прежде всего рассказы де Бакюляра д'Арно, имеют отчетливо выраженный нравоучительный характер; большинство проникнуто идеями и настроениями сентиментализма. Эту линию продолжили «Флориановы повести, изданные Вышеславцевым» (1798—1800, ч. 1—2) и перевод апокрифических «Писем Фонтенеля и Юнга» (М., 1801), в которых чувствительный человек противопоставлялся бесстрастному, руководствующемуся исключительно велением разума.

В последние годы века В. выступал на поэтическом поприще. Большой популярностью пользовался его стихотворный перевод «Минвана, отрывок из поэмы Оссиановой» (Аониды, 1799, ч. 3; перепеч.: Нов., 1799, кн. 2, июнь). Остальные стихотворения В. — духовного содержания; они печатались в альманахе «Аониды» (1799, ч. 3) и в составленной им антологии духовной лирики рус. поэтов «Приношение религии» (1798—1801, кн. 1—2), включавшей произведения М. В. Ломоносова, Г. Р. Державина, М. М. Хераскова, И. И. Дмитриева, Я. Б. Княжнина, Е. И. Кострова, Н. М. Карамзина, В. Л. Пушкина, Ф. П. Ключарева и анонимных авторов. Эта хрестоматия свидетельствует об устойчивости религиозных настроений В., влиянии которых проявилось в выборе им книг для перевода: «Фенелоновы Краткие размышления, почерпнутые из Священного писания» (Смоленск, 1798), «Доказательство против врагов веры» (М., 1802) Ж.-Б. Массильона, «Достопамятные и трогательнейшие исторические повествования. (Возмущение антиохийцев и Избиение фессалоникийцев)» Ф.-Т.-М. де Бакюляра д'Арно (М., 1803).

После 1803 В. отошел от литературы и опубликовал лишь несколько случайных стихотворений в сентиментальных журналах (Патриот, 1804, № 2; Журн. для пользы, 1805, № 9; Вестн. Европы, 1809, № 11; 1812, № 13). Некоторые его стихотворения перепечатывались в различных антологиях и сборниках лучших произведений рус. поэтов: Собрание русских стихотворений, изданное В. Жуковским. М., 1811, ч. 5; Муза новейших российских стихотворцев. М., 1814; Собрание русских стихотворений... Дополнение к изданию г. Жуковского. М., 1815, ч. 6; Собрание образцовых русских сочинений и переводов в стихах. СПб., 1816, ч. 5; 2-е изд. СПб., 1822; Избранные места из русских сочинений и переводов в стихах и прозе, изданные А. Вербицким. Харьков, 1823, ч. 2.

Лит.: Смирнов. Троицкая семинария (1867).

В. Д. Рак

ВЯЗЕМСКИЙ Василий Семенович [ум. 16 (28) I 1823, с. Ременное Кинешемского у. Костромской губ., похоронен в Ипатьевском м-ре]. Сын костромского помещика; имел княжеский титул. С 1792 — владелец нескольких деревень в Костромской губ. В. была написана драма в прозе «Пустынник» (М., 1800) на популярную в кон. XVIII в. исп. тему, представлявшая собой подражание «Гонимым» М. М. Хераскова (1775); «Пустынник» довольно точно повторяет сюжет «Гонимых» вплоть до имен персонажей и отдельных реплик.

М. П. Лепехин

ВЯЗМИТИНОВ (В я з ь м и т и н о в) Сергей Кузьмич (Козмич) [1749 или 1744—15 (27) X 1819, Петербург]. Военный и государственный деятель; происходил из небогатых дворян Рыльского у. Курской губ., племянник Я. И. Булгакова; с 1818 — обладатель графского титула. В 1759 был зачислен в унтер-офицеры Обсервационного корпуса, в 1761 — прапорщик Ландмилицкого укр. корпуса, в 1762 переведен в Манежную роту. С 1768 флигель-адъютант при гр. З. Г. Чернышеве, после 1770 — генерал-адъютант; заведовал делами его походной канцелярии. Позднее командовал Астраханским полком (1786), Белорус. егерским (1790) и Оренбургским (1795) корпусами, Моск. мушкетерским полком (1795); участник сражений под Хотином, Бендерами и Аккерманом. Занимал мн. военно-административные посты: правитель Могилевского наместничества (1790), генерал-губернатор симбирский и уфимский (1794), военный губернатор в Оренбурге (1795), Каменец-Подольске (1795), Малороссии (1796), комендант Петербургской крепости (1797) и управляющий Комиссариатским деп. (1797). После короткой отставки (1799) был назначен первым в России министром военно-сухопутных сил (1802—1808); в 1805—1808, 1812—1818 также генерал-губернатор (главнокомандующий) Петербурга. В 1812—1816 в отсутствие А. Д. Балашева управлял М-вом полиции.

Современники сдержанно оценивали административные способности В. Признавая его ум, честность, трудолюбие, Ф. Ф. Вигель в «Записках» отметил, что долгая служба В. «в малых чинах при лицах не весьма вежливых начальников оставила в нем какое-то раболепство, не согласное с достоинством, которое необходимо для человека, поставленного на высокую степе́нь», породила «старинного, честного, верного и преданного русского холопа». Возвышение В. при Александре I вызвало нападки в анонимной сатире «Бостон» («А ты, холоп виновой масти»), где вспоминалась опала В. при Павле I, и в столь же резком стихотворении «К Вязмитинову» (из серии пародийно-сатирических переложений 1-го псалма «Блажен муж...»), одна из строф которого посвящена семейным неурядицам В. (роман его жены с генерал-прокурором П. В. Лопухиным). С др. стороны, весьма положительно оценивали спокойные действия В. в Петербурге (по сравнению со шпиономанией в Москве при Ф. В. Ростопчине). Откликаясь на смерть В., Александр И. Тургенев в письме к П. А. Вяземскому писал: «Сколько бесполезных жертв подозрения пало бы в Петербурге, если бы человеколюбие и опытность его не спасали легкомыслия и болтовни нашего юношества». В частности, в 1794 В. в Симбирске взял под покровительство семейство сосланного по делу *Н. И. Новикова И. П. Тургенева*, своего приятеля и сослуживца.

Не столько рвение, сколько служебная осторожность отличали и цензурные мероприятия В., ответственного в качестве министра полиции за контроль над цензурой, типографиями и книготорговлей. В этой области кроме изъятия из продажи ряда книг (в т. ч. «Российского Жилблаза» В. Т. Нарежного, 1814) общественный резонанс получили его запрещение публиковать критические рецензии на игру актеров императорских театров (1814), замечания по адресу лиц, находящихся на государственной службе, а также преследование «Духа журналов» (с 1814) Г. М. Яценкова. Известны также проекты В. о передаче цензуры из М-ва нар. просв. в ведомство полиции (1815—1817) и введении единообразного надзора за книготорговлей через гражданских губернаторов (1814), впрочем не получившие утверждения.

Не пройдя в юности никакой школы, В. приобрел культурные навыки с помощью усердного самообразования. По свидетельству Л. Н. Энгельгардта, он хорошо знал фр. язык, много читал (библиотека В. в 1820 поступила в Публ. б-ку — ЦГИА, ф. 733, оп. 87, № 105; Арх. ГПБ, ф. 1, оп. 1, № 14), был дилетантом-виолончелистом. Большой театр, В., по крайней мере в петербургский период жизни, являлся постоянным посетителем театров (он скончался, собираясь на бенефис Е. И. Колосовой). О литературной чуткости В. говорит его обращение в 1781 к приобретавшему популярность жанру комической оперы. Его опера «Новое семейство» (муз. Фрейлиха), впервые сыгранная любителями в окт. 1781 при проезде наследника Павла Петровича с женой через Могилев (в имении З. Г. Чернышева Чечерске) и тогда же опубликованная, несколько сезонов ставилась в Москве; в 1800-х гг. шла на петербургской сцене, позднее — в провинции (перепеч.: Рос. феатр, 1788, ч. 24). Хотя пьеса осталась единственным сочинением В. (атрибуция ему оперы «Кузнец» на муз. А. Буландта, ставившейся с 1784, весьма сомнительна), интерес к литературным занятиям он сохранил до кон. жизни. Ф. В. Ростопчин в записках о 1812 г. характеризует В. как любителя изящных искусств, сочинителя приятной музыки, человека, хорошо владевшего рус. языком. С 1790-х гг. В. близок с *Г. Р. Державиным*. В нач. XIX в. он бывал на литературных вечерах у будущих организаторов Беседы любителей рус. слова (*А. С. Шишков, И. С. Захаров* и др.). С. П. Жихарев, служивший при В., в 1807 отмечал, несколько восторженно, что хотя успех «Нового семейства» был случаен и не дает

В. права на звание литератора, «чего, конечно, он и не добивается, но любовь его к словесности, желание следить за ее успехами и уважение к трудам литераторов заслуживают того, чтобы пред ним отворились двери и самой Академии». Стихи В. И. Соца на смерть В. были напечатаны в «Сыне отеч.» (1819, № 42).

Лит.: *Энгельгардт Л. Н.* Зап. М., 1867; *Вигель Ф. Ф.* Зап. М., 1892, ч. 2; *Светлов С. Ф.* Рус. опера в XVIII столетии. — Ежегодн. имп. театров. Сезон 1897/1898, Прил., кн. 2; *Затворницкий Н. М.* Указатель биогр. сведений ⟨...⟩ по канцелярии Военного м-ва... СПб., 1909; Жихарев. Зап. (1955).

В. П. Степанов

ВЯЗЬМИН Алексей Петрович [1763—21 IV (3 V) 1804, Петербург]. Из дворян; в службу вступил в 1776 капралом в Преображенский полк, а в 1785 выпущен в армию капитаном; с 1786 — секунд-майор. В 1787 был принят на должность младшего кассира в Гос. заемный банк с чином кол. асессора; с 1793 — младший советник, а с 1796 — старший кассир 1-й экспедиции банка. В 1796 В. был назначен правителем канцелярии, а в 1798 — одним из директоров банка (формуляры 1802—1803 гг. — ЦГИА, ф. 1349, оп. 4, № 30, л. 61; оп. 6, № 507, л. 46 об.—48). В 1803 В. был произведен в ст. советники. Указание Г. Н. Геннади на то, что В. был правителем канцелярии гр. Н. П. Румянцева, не подтверждается данными послужных списков.

В. перевел с нем. комедию А. Коцебу «Добрый Мориц» (1799; посв. *Я. И. Булгакову*). Перевод В. вполне передает дух оригинала и отличается гладкостью слога и нейтральностью лексики.

М. П. Лепехин

Г

ГАВРИИЛ (Петров) см. Шапошников П. П.

ГАВРИЛОВ Матвей Гаврилович [1759, слобода Дмитровка Севского у. Орловской губ. — 1829, Москва]. Сын казачьего сотника; в 1771 принят на казенный счет в Унив. гимназию, в 1777 переведен в студенты. Успехами в иностранных языках (особенно в нем.) и рус. словесности обратил на себя внимание *А. А. Барсова* и *И. И. Мелиссино* и по окончании университета был оставлен помощником учителя в нем. классе гимназии. С преобразованием ее в Моск. благор. пансион служил там репетитором и надзирателем классов; с 1796 — в звании адъюнкта философии — возглавил классы синтаксиса и красноречия. Педагогическая деятельность Г. определила и род его литературных занятий: он составляет «Новый лексикон на немецком, французском, латинском, итальянском и российском языках» (1781; 2-е изд. 1789). «Грамматики немецкой краткие правила, с вопросами и ответами» (1782), «Начальные основания немецкого языка, для употребления российскому юношеству в гимназиях Московского университета» (1790), «Немецкую хрестоматию» (1792) — лучшие для своего времени учебники (позднее на них опирались *Я. М. Родде* и *И. А. Гейм*). По рекомендации Мелиссино Г. делает сокращенный перевод «Начальных оснований полиции или благочиния» нем. юриста И. Зонненфельса (1787), популярного руководства при изучении политических наук; в 1788 переводит работу Х. Вольфа «Критическая история философии, служащая руководством к прямому познанию ученой истории», представ- лявшую собой краткое изложение «Истории философии» И.-Я. Бруккера. Др. переводы Г. свидетельствуют о хорошем знакомстве с нем. литературой. Он публикует в 1790 перевод нем. повести «Эрвина фон Штейнгейм», сюжет которой заимствован из средневековой хроники; первым знакомит рус. читателя с романом К.-М. Виланда «История абдеритов» (1793—1795, ч. 1—2).

Литературные и политические взгляды Г. сформировались в кругу Собрания унив. питомцев, активным членом и председателем которого он был с 1782. С 1790 по поручению Мелиссино Г. вместе с *В. С. Подшиваловым* и *П. А. Сохацким* издает «Полит. журн.» (назв. его менялось: с 1807 — «Полит., стат. и геогр. журн.», или Современная история света», с авг. 1809 — «Ист., стат. и геогр. журн. . . .»), который Г. единолично редактировал в 1800—1803 и 1804—1829. Журнал в основном являлся перепечаткой гамбургского «Politischer Journal» Г.-Б. фон Шираха, но в нем публиковались также материалы из журналов, издаваемых И.-В. Архенгольцем, Э.-Л. Поссельтом, статьи Г., П. А. Сохацкого и др. До Отечественной войны 1812 журнал пользовался некоторым успехом как источник информации о важнейших событиях, а затем потерял свое значение и стал политическим анахронизмом.

С учреждением М-ва нар. просв. (1802) Г. принимает активное участие в его многочисленных комиссиях. Будучи членом Училищного комитета Г. в 1804 открывает гимназию в Тверской, а в 1806 инспектирует училища в Тверской и Смоленской губерниях.

С 1804 Г. читал лекции по рус.

словесности и изящным наукам в Моск. ун-те. Он подготовил и опубликовал «Рассуждение эстетико-моральное о добродетели в виде красоты душевной, нравственной» (в кн.: Эфемериды, или Разные сочинения, касающиеся древней литературы. М., 1804, ч. 1). В 1810 в торжественном собрании университета Г. произнес «Слово о начале и успехах искусств, особливо наук изящных», публикация которого вызвала значительный общественный резонанс. В 1811 Г. становится ординарным профессором кафедры слав. словесности, избирается членом О-ва любителей рос. словесности при Моск. ун-те (его статьи «Разбор и объяснения псалма XLI, с краткими примечаниями о характере Давида как творца псалмов», «Изъяснение первой песни Моисеевой, по прохождении израильтян чрез Чермное море», «Рассуждение о словесности вообще» см. в изд.: Тр. О-ва любителей рос. словесности, 1812, ч. 3; 1816, ч. 4—6).

В 1812 Г. вместе с *А. М. Брянцевым* и *П. И. Страховым* выехал в Нижний Новгород. С возобновлением занятий в университете вернулся к чтению своего курса, дополненного археологией и эстетикой. К 1816 он декан отделения словесности, секретарь О-ва истории и древностей рос. С его деятельностью в рамках общества связан перевод и объяснение «Бессудной Мстиславовой грамоты ⟨...⟩ 1229 года» (см.: Рус. достопамятности. М., 1843, ч. 2).

Лит.: *Шаликов П. И.* Воспоминания о первом изд. сего журн. — Ист., стат. и геогр. журн., или Современная история света, 1829, ч. 1, № 1; Биогр. словарь Моск. ун-та, ч. 1 (1855); Шевырев. Моск. ун-т (1855); Сушков. Моск. благор. пансион (1858); *Снегирев И. М.* Воспоминания. — Рус. арх., 1866, № 4—5, с. 527, 742.

В. А. Теплова

ГАГАРИН Гавриил Петрович [9 (20) I 1745—19 (31) I 1808, с. Богословское (Могильцы) Дмитровского у., похоронен в церкви с. Могильцы]. Происходил из знатного княжеского рода. «В молодости моей, — писал Г., — учился я прилежно и понятно и почерпнул просвещения, какие только имел случай почерпнуть». Г. пользовался расположением Елизаветы Петровны, цесаревича Павла, *Н. И. Панина* и его брата. Хорошо был знаком с *Е. Р. Дашковой* и ее семьей. Рус. посол в Варшаве К. Сальдерн рекомендовал Г. летом 1771 А. Б. Куракину как своего друга и «друга великого князя», человека, «имеющего честь и чувства». П. И. Панин писал о Г. А. Б. Куракину 7 мая 1772: «Он хотя имением не богат, но чувствием истинных добродетелей и прилежанием к познаниям изобилен». Под фамилией Пензин Г. участвовал в заграничном путешествии, предпринятом А. Б. Куракиным и Н. П. Шереметевым в сопровождении гувернера Куракина К.-Г. Сальдерна. Проехав через Варшаву, Г. присоединился к ним в сент. 1771 в Лейдене, отсюда вместе они отправились через Антверпен, Брюссель и Кале в Лондон, а затем в Париж. В янв. 1773 Г. выехал из Парижа в Россию. А. Б. Куракин очень сдружился с Г., впосл. вел с ним многолетнюю переписку, привлек его к масонской деятельности. С нач. 1770-х гг. Г. стал активным членом масонских лож швед. системы. В июле 1773 Г. в качестве волонтера принял участие в рус.-тур. войне. По представлению П. А. Румянцева произведен в премьер-майоры. В 1774 пожалован камер-юнкером. От брака с П. Ф. Воейковой (1757—1801) имел пять дочерей и сына Павла, впосл. литератора.

Во второй пол. 1770-х гг. Г. занял руководящее положение среди петербургских масонов. В 1775—1777 был «мастером стула» в ложе «Равенство», сведения о деятельности которой содержатся в дневнике А. Я. Ильина за 1775—1776. После поездки с А. Б. Куракиным в Швецию в 1776—1777, укрепившей рус.-швед. масонские связи, получил высшие степени швед. системы. С речью, восхвалявшей достоинства этой системы, Г. выступал 22 дек. 1778 на открытии в Петербурге ложи «Феникс»; 25 мая 1779 председательствовал на торжественном открытии Вел. нац. ложи; 7 июля 1779 стал ее гроссмейстером, в подчинение которого переходили мн. рус. масонские ложи, находившиеся в Петербурге, Москве, Кронштадте, Пензе, Ревеле, Кинбурне. Некоторые ложи в

Ревеле, Риге и Дерпте, бывшие под управлением И. П. *Елагина*, отказались подчиняться Г. В 1780 Г. был «мастером стула» в ложе «Апис», в члены которой принял *М. И. Багрянского*. В том же году назначен председателем Вел. нац. ложи и префектом Капитула «Феникса» (у М. Н. Лонгинова ошибочно имя И. С. Гагарин). В речи, произнесенной в Провинц. ложе в Москве в 1780, по предположению Г. В. Вернадского, И. Росляковым, Г. был назван «высокопросвещенным братом», великим мастером и уподоблялся архангелу Гавриилу. Пользуясь доверием вел. кн. Павла Петровича, Г. служил посредником в его переписке с П. И. Паниным. В 1781 в связи с усилившимися подозрениями *Екатерины II* относительно масонских связей со Швецией и влияния масонов на Павла Г. приостановил свою деятельность в Петербурге и 10 нояб. 1781 переехал в Москву. С 26 нояб. 1781 он служил обер-прокурором 6-го Деп. Сената в Москве. Стал почетным членом ложи «Гармония», основанной *Н. И. Новиковым*, и членом Дружеского учен. о-ва. В 1783 он присоединился к рус. независимой масонской «провинции» и возглавил ложу «Сфинкс». Ездил в Петербург, пытаясь способствовать объединению московских и петербургских лож, но безуспешно. Пользовался авторитетом в среде духовенства, как свидетельствует посвящение ему перевода сочинения *Феофилакта Лопатинского* «Зерцало горячайшего ко господу богу духа» (1787), сделанного *Гавриилом Щеголевым* с лат. на рус. язык. Вместе с Ф. А. Апраксиным и А. Б. Куракиным назначен опекуном Н. П. Панина после смерти П. И. Панина (1789). Просветительской деятельности новиковского кружка остался чужд. В 1786, когда деятельность новиковского кружка стала вызывать правительственные подозрения, по «конфиденции» рассказал о нем А. А. Прозоровскому, использовавшему эти сведения в одном из донесений Екатерине II в 1790.

Г. успешно продвигался по служебной лестнице: в 1783 пожалован в камергеры; 2 сент. 1793 назначен сенатором. Вел весьма широкий образ жизни, имел долги до 300 тысяч р. Для умножения доходов занимался небезупречными финансовыми операциями. Со своих винокуренных заводов он стал поставлять в казну вино «с дурным запахом и подозрительною пеною». Когда об этом сообщили Екатерине II, она запретила Г. являться «ко двору и в публику». Однако ему удалось замять это дело. С восшествием на престол Павла I положение Г. еще более упрочилось, в частности благодаря дружбе с П. В. Лопухиным, отцом фаворитки Павла. Г. стал членом Гос. совета. 5 апр. 1797 был награжден Александровской лентой; 2 янв. 1799 - орденом св. Иоанна Иерусалимской (ГПБ, ф. 169, № 1, л. 2—3 об.). При Александре I Г. принял участие в работе Комиссии законов. Он выразил свое скептическое отношение к этому, по его словам, «бесполезному труду», заявив однажды, как вспоминал *Н. С. Ильинский*: «В самодержавном правлении, где государь делает, что хочет, трудно утвердить законы. <...>. Сегодня мы поднесем государю, он утвердит, а завтра то же самое отменит». Н. С. Ильинский называл Г. «умным и веселым человеком». В 1799 Г. был главным директором Гос. заемного банка, затем до конца 1801 — президентом Коммерц-коллегии. С 1800 – д. т. советник. Обладавший, по словам современников, «разумными взглядами» и «действительными познаниями» (Рус. старина, 1899, № 9, с. 548), Г. занимался такими вопросами, как заселение южной Сибири, шелковичное дело в России (совм. с П. Х. Обольяниновым 22 февр. 1800 им составлена «Записка о распространении и усовершении шелковичного производства в полуденных губерниях Российской империи»), тариф Кяхтинской таможни и др. При участии Г. 1 марта 1801 был заключен торговый договор со Швецией. Г. входил в состав Непременного совета, состоявшего из 12 членов.

В нач. XIX в. Г. возобновил масонскую деятельность в ложе *А. Ф. Лабзина* «Умирающий сфинкс», где выступал с речами. В марте 1802 А. Я. Булгаков из Петербурга сообщал *Я. И. Булгакову*, что дочь Г. ушла с «каким-то Сикуновым, служащим` в Капитуле мальтийском», что отец «ее простил и позволил ей за него замуж выйти» (Рус. арх.,

1898, № 8, с. 610). Последние годы жизни, находясь в отставке, Г. провел в Москве и в своем имении Богословском (Могильцах) Дмитровского у. О перемене своего положения, которое становилось «день от дня теснее», Г. писал: «Был я здоров, теперь дряхл и болен; жил я с довольством, теперь в недостатке; был от всех почитаем и уважаем, теперь в презрении и уничижении; был восхваляем и ласкаем одами и похвалами, теперь злословим». Г. признавался, что уже не может жить в городе «по недостатку способов» и даже в деревне «не знает, как пробавляться».

Литературная деятельность Г. в основном связана с его интересом к богословию и философии. Исключение составляют приписываемый Г. перевод с фр. комедии Ж.-Ф. Сен-Фуа «Арлекин в серале» (1769; подп. — «К. Г. Г.»), стихотворная эпитафия «Прохожий! Ты идешь, но ляжешь так, как я» и четверостишие-подпись на фр. языке под своим силуэтом в альбоме Антинга. Знакомства Г. с литераторами (*Ип. Ф. Богдановичем*, А. И. Мусиным-Пушкиным) носили более или менее случайный характер. Посвящение Г. имеет конволют из сочинений *Ювеналия Воейкова* (два стихотворения и дворянские родословия, изд. в 1792). Г. выпустил несколько книг духовного содержания: «Акафист св. апостолу и евангелисту Иоанну Богослову» (1798), «Акафист со службою, житием и чудесами св. Дмитрию, митрополиту и чудотворцу Ростовскому» (1798), «Служба преподобному Феодосию Тотемскому с житием и чудесами» (1798; 2-е изд. М., 1806). Несомненен автобиографический интерес сборника прозаических сочинений Г. «Забавы уединения моего в селе Богословском» (СПб., 1813), посмертно изданного его сыном. Сборник, очевидно, составлен самим автором, писавшим в предисловии: «Сие марание прежде моей смерти света видеть не долженствует». Здесь же Г. указал: «Кроме моих собственных мыслей иногда повстречаются тут и мысли авторов, которые согласуют с моими или кажутся мне подтверждающими мои мнения». Включенные в сборник произведения представляют собой этюды на нравственно-философские темы. Открывающие книгу «Размышления» носят исповедальный **характер** («О мне самом», «О самом себе»). В разделе «Письмы» помещено **шесть** писем с указанием дат их отправления: с 6 нояб. 1805 по 4 июня 1806 (адресат не назван). Здесь обсуждаются преимущественно вопросы богословские, причем во втором письме Г. предупреждает: «В последующих номерах много будет латинских цитаций: сие вам докажет, что не я автор сообщаемых вам мною мыслей, ибо я латинского языка не знаю». Очевидно, самому Г. принадлежат следующие за письмами «Отрывок. Изъяснение картин аллегорических в пустынниковом доме» и «Сновидение неспящего человека», назидательное повествование о грехопадении человека и его спасении через покаяние. В предисловии «От издателя» сын Г. писал: «Предполагаю, что не все еще произведения ума его и сердца в моих руках».

Лит.: Евгений. Словарь, ч. 1 (1845); Лонгинов. Новиков и мартинисты (1867); *Попов А. Н.* Новые документы по делу Новикова. — В кн.: Сб. Рус. ист. о-ва. СПб., 1868, т. 2; *Пекарский П. П.* Дополнения к истории масонства в России XVIII столетия. СПб., 1869; *Ильинский Н. С.* Зап. — Рус. арх., 1879, № 12; Арх. кн. Ф. А. Куракина. Саратов; Астрахань, 1894—1901, кн. 5—9; Чтения в О-ве истории и древностей рос., 1908, кн. 4, отд. 4; *Корсаков В.* Гагарин Г. П. — В кн.: Рус. биогр. словарь, т. «Гааг—Гербель» (1914); Пыпин. Рус. масонство (1916); *Соколовская Т.* Капитул Феникса. Пг., 1916; Вернадский. Рус. масонство (1917); Bakounine. Le répertoire (1940); *Cross A.-G.* «By the Banks of the Thames»: Russians in Eighteenth-Century Britain. Newtonville, 1980.

Н. Д. Кочеткова

ГАГАРИН Григорий Иванович [17 (28) III 1782, Москва—12 (24) II 1837, Мюнхен]. Принадлежал к княжескому роду. Учился в Моск. благор. пансионе одновременно с В. А. Жуковским и Александром И. Тургеневым; Жуковский вспоминает в 1847, что и после пансиона Г. был его «добрый приятель» (Рус. старина, 1902, № 6, с. 511). В пансионе начались литературные занятия Г. Он сотрудничал в «Приятном и полезном» (1798, ч. 19) и в «Утр. заре» (1800, кн. 1), куда вошли «лучшие» труды учеников пансиона. Г. публиковал здесь прозаические переводы с фр. сочинений, посвященных воспеванию красот природы («Зима», «Песнь в честь зимы» Ж.-Б. Руссо) и патриотических добродетелей («Речь Помпея к воинству пред Фарсальским сражением» Ж.-Ф. Мармонтеля). Вместе с др. пансионером, П. Лихачевым, под руководством учителя рус. класса *М. Н. Баккаревича* перевел с фр. книгу англ. проповедника Х. Блэра «О начале и постепенном приращении языка и изобретении письма» (1799; посв. *И. П. Тургеневу*), снабдив перевод примечаниями, в которых излагались наблюдения над особенностями рус. языка и в качестве примеров использовались стихи современных рус. поэтов, в частности «Водопад» *Г. Р. Державина*. Имя Г. было в числе «отличных воспитанников» пансиона, «за благонравие и успехи в науках получивших золотые медали и одобрительные листы». Свидетельство Н. В. Сушкова о том, что Г. «смолоду писал стихи», не подтверждается др. известиями: сборник «Эротические стихотворения» (СПб., 1811) обычно ошибочно приписывается Г. (автор — *П. Г. Гагарин*).

После окончания пансиона Г. отошел от литературных занятий, посвятив себя преимущественно дипломатической деятельности. Еще 9 июня 1797 г. был записан на службу в Коллегию иностр. дел, в 1798 назначен переводчиком в Моск. арх.; в 1802 определен при миссии в Вене, в 1805 переведен в Константинополь. В кампанию 1806—1807 состоял при генерале Л. Л. Беннигсене. В 1807—1808 Г. служил в посольстве в Париже сперва секретарем, затем поверенным в делах; в 1810 перешел на службу в М-во финансов; в 1816 вышел в отставку в чине д. ст. советника и уехал за границу (жил в Германии, Италии, Швейцарии, Франции). Общался с К. Н. Батюшковым, А. Я. Булгаковым, с литературным кругом С. П. Свечиной (своячиницы Г.). С 1822 Г. вернулся на дипломатическую службу, став советником миссии в Риме, а с 1827 посланником. С 1832 до смерти занимал пост посланника в Мюнхене. С 1828 имел чин т. советника. Неоднократно получал награды и ордена (формуляр 1836 г. — ЦГИА, ф. 1349, оп. 3, № 477).

В эти годы Г. поддерживал дружеские контакты с Александром И. Тургеневым, П. А. Вяземским, В. А. Жуковским, А. Н. Олениным и др.; живо интересовался литературной и художественной жизнью России; оказал поддержку Ф. И. Тютчеву, находившемуся в Мюнхене (см.: Рус. арх., 1903, № 12, с. 487—488). Покровительствовал рус. художникам, в частности С. Ф. Щедрину. В нояб. 1826 Щедрин сообщал о постановке «Недоросля» на домашнем театре у Г., игравшего в спектакле вместе с членами его семьи и пенсионерами Академии художеств. Письма Г. к А. Н. Оленину (1817—1829) посвящены вопросам искусства (ГБЛ, 3620, 5а/1—5; ГПБ, ф. 542, № 190). Существовала многолетняя переписка между Г. и Александром И. Тургеневым, до сих пор не обнаруженная. Некоторое представление о ее характере дает замечание Тургенева в письме к Вяземскому (19 февр. 1818): «Я восхищаюсь его письмами, в которых вижу благотворное влияние <...> великих воспоминаний на воображение; умственных занятий, чуждых всего мелочного, на ум; произведений искусств на вкус его и даже на самый слог». Г. был почетным членом «Арзамаса». В 1827 Г. избран почетным членом Академии художеств. Г. Г. Гагарин, один из пяти сыновей Г., — известный художник, впосл. вице-президент Академии художеств.

Портрет Г. работы К. Брюллова: Рус. портреты. СПб., 1907, т. 3, вып. 4, № 134.

Архив Г. — ИРЛИ, ф. 66, № 1025, 1039. Отдельные документы — ГБЛ, ГПБ, ГИМ (письма к С. Ф. Щедрину и др.).

Лит.: Сушков. Моск. благор. пансион (1858); Остафьевский арх. князей Вяземских. СПб., 1899, т. 1—2; [Без подписи]. Гагарин Г. И. — В кн.: Рус. биогр. словарь, т. «Гааг-Гербель» (1914); *Лонгинов М. Н.* Соч. М., 1915, т. 1; Арх. братьев Тургеневых. Пг., 1921, вып. 6; *Щедрин С.* Письма / Сост. и автор вступ. ст. Э. Н. Ацаркина. М., 1978.

Н. Д. Кочеткова

ГАГАРИН Павел Гаврилович [8 (19) I 1777—2 (14) I 1850, Петербург, похоронен в Лазаревской церкви Александро-Невской лавры]. Сын *Г. П. Гагарина*. С 1780 был записан в военную службу. 28 июня 1793 Г. назначен флигель-адъютантом в штаб Н. В. Репнина; в 1794 отправился за ним в Литву; в 1795 послан к пол. королю Станиславу-Августу, при котором находился до подписания акта отречения (14 нояб. 1795), после чего был отправлен в распоряжение П. А. Зубова (см.: Осмнадцатый век. М., 1869, кн. 4, с. 202). Первым печатным выступлением Г. был перевод книги Дж. Литтлтона «Опыт чувствительности, или Письмо одного персиянина из Лондона к другому» (1790; посв. Г. П. Гагарину), сделанный с фр. перевода Ж.-П. Флориана (более ранний анонимный пер. этой книги под загл. «Пример взаимного великодушия. Азиатская повесть» относится к 1782). Сочинение представляет собой подражание «Персидским письмам» Ш.-Л. Монтескье. В 1793—1796 стихи Г. за подписью «К. П. Г.» и «Кн. Па. Га.» печатались в журналах «Чтение для вкуса» и «Приятное и полезное». Атрибутировать их Г. (приписывались ранее *П. С. Гагарину* или *Г. И. Гагарину*) позволяют указания на даты и места написания стихотворений: «Гродно, 9 дек., 1794» («Тоска по родине»), «Гродно. 13 мая 1795» («Литовский трубадур»), «На берегу Вислы, ноября 2» («Грациям»), а также автобиографические мотивы, нашедшие отражение в некоторых из них («Неман», «Мои мысли в мой день» и др.). Очевидно, Г. было посвящено стихотворение «К К. П. Г. Г.» (Нов., 1799, кн. 3, июль; подп. — «А.»), в котором восхвалялся «поэт любезный, храбрый воин».

В 1799 Г. участвовал в Ит. походе, служил адъютантом у А. В. Суворова, отзывавшегося о нем с похвалой. В июне 1799 по поручению Суворова Г. ездил курьером к Павлу I в Петербург (ГПБ, ф. 755, собр. Суворова, т. 3, л. 43; т. 4, л. 139; т. 20, л. 12 об.). В том же году был произведен во флигель-адъютанты, а затем в генерал-адъютанты. В февр. 1800 Г. женился на фаворитке Павла I А. П. Лопухиной (1777—1805), что сильно способствовало возвышению Г. При Александре I Г. был посланником при сардинском дворе.

Из Неаполя ездил вместе с женой в Рим, Флоренцию, Салерно и др. города, был на Везувии. В нач. 1803 через Вену совершил поездку в Москву и Петербург. В 1802—1803 в Неаполе встречался с А. Я. Булгаковым. Сопровождал императора в походах и дипломатических поездках: в 1805 был в главной ставке Наполеона, в 1808 ездил на Эрфуртский конгресс, в 1809 — в Финляндию. Последняя поездка описана в книге «Les treize journées, ou la Finlande» (St-Pbg., 1809; рус. пер.: Тринадцать дней, или Финляндия. М., 1809), которую Александр И. Тургенев назвал «пустой книжкой» (Арх. бр. Тургеневых. СПб., 1911, вып. 2, с. 393). Оба издания вышли анонимно; отрывки помещены в «Рус. вестн.» (1809, ч. 8, № 12). По словам П. А. Вяземского, Г. печатал стихи в «Вестн. Европы» в период редакторства В. А. Жуковского (1808—1809); «вероятно, писал он и французские стихи». Сборник Г. «Эротические стихотворения» (СПб., 1811) по характеру и стилю выдержан в традициях поэзии сентиментализма. Г. включил в сборник много стихов, публиковавшихся в 1790-е гг., подвергнув некоторые значительной переработке, в ряде случаев изменив заглавия. В 1811 Г. стал директором Инспекторского деп. В 1813 издал сборник сочинений своего отца «Забавы уединения моего в селе Богословском».

В дек. 1814 Г. вышел в отставку в чине генерал-майора, жил в Петербурге. Принимал большое участие в деятельности масонских лож «Астрея» и «Орел Российский», был почетным членом мн. др. лож, посещал ложу «Умирающий сфинкс». Г. удивлял современников странным образом жизни: его дом был населен птицами и собаками. В 1831 Г. женился на балерине М. И. Спиридоновой. Г. был обладателем большой библиотеки, ему доставляли все новые рус. и зарубежные издания. Один из офицеров, посещавший Г., вспоминал о беседах с ним: «...рассказы исторические, мешаясь с рассуждениями, передавались красивой речью, пересыпанною веселою остротою». Этот же собеседник Г. свидетельствует, что Г. вел интересный дневник, из которого читал ему отрывки. Н. И. Греч отзывался о Г. как о «человеке тихом, добром».

Лит.: Двадцать пять лет лейб-гвардии в Егерском полку: (Из зап. старого егеря). 1824—1828. — Военный сб., 1877, т. 113, № 1; *Рибопьер А. И.* Зап. — Рус. арх., 1877, № 4; Арх. кн. Воронцова. М., 1879—1884, кн. 14, 30; *Вяземский П. А.* Полн. собр. соч. СПб., 1883, т. 8; Греч. Зап. (1886); Письма А. Я. Булгакова. — Рус. арх., 1898, № 8—12; *Пыляев М. И.* Замечательные чудаки и оригиналы. СПб., 1898; Пб. некрополь, т. 1 (1912); [Без подписи]. Гагарин П. Г. — В кн.: Рус. биогр. словарь, т. «Гааг—Гербель» (1914); Bakounine. Le répertoire (1940).

Н. Д. Кочеткова

ГАГАРИН Павел Сергеевич [30 VI (11 VII) 1747—2 (13) XII 1789, Москва]. Сын камергера, а затем сенатора кн. С. В. Гагарина (1713—1782), известного вольтерьянца. Был записан в военную службу с 1757. В чине полковника участвовал в рус.-тур. войне 1768—1774 и был награжден орденом св. Георгия 4-й степени за храбрость, проявленную в сражении при Гирсове 3 сент. 1773. С 1788 — генерал-поручик. В 1789— московский обер-комендант.

Произведения Г. (преимущественно стихи, а также несколько прозаических этюдов) появились посмертно в московских изданиях 1790-х гг.: «Чтение для вкуса» (1792—1793), «Приятное и полезное» (1794—1796), «Аониды» (1798—1799). С наибольшей вероятностью Г. можно считать автором произведений за подписью «К. П. Г.» и «Кн. Па. Га.», которые не вошли в сборник «Эротические стихотворения» (СПб., 1811), принадлежавший *П. Г. Гагарину*. Возможно, Г. автор нескольких писем, обращенных к Лизе, стихотворений «Ода к моему времени», «К мыслям», переводов из Горация, К.-Ж. Дора и др. Эти стихи в основном идилличны, их темы, мотивы и образы характерны для поэзии сентиментализма. Ошибочно Г. приписывались мн. стихи П. Г. Гагарина, а также сделанный им перевод книги Дж. Литтлтона «Опыт чувствительности. . .» (1790). Литературные интересы связывали Г. с *Д. П. Горчаковым*, служившим в 1770-е гг. его адъютантом, и *Н. П. Николевым*, который откликнулся стихотворным «Письмом к П. С. Гагарину» на полученное от него «послание».

По поводу смерти Г. в печати выступили лечившие его врачи Ф. Г. Политковский и Э. Вихельгаузен. Известны стихи, написанные на кончину Г. *Ю. А. Нелединским-Мелецким*, *И. Виноградским* и анонимом (см.: Моск. вед., 1789, 5 дек., № 97, Приб.). К. Г. Разумовский писал из Москвы А. К. Разумовскому 3 дек. 1789: «Вчера здесь скончался князь Г., оставя в прежалком состоянии молодую жену и детей в превеличайших долгах; он всеми любим был и сожалеем; они вам очень знакомы и в Петровском часто бывали» (*Васильчиков А. А.* Семейство Разумовских. СПб., 1880, т. 1, с. 410).

Лит.: *Политковский Ф. Г.* Письмо от кол. асессора и доктора Политковского к Г***. [М., 1789]; *Wichelhausen E.* Sur la maladie de feu le prince Paul de Gagarin... Moscou, 1790 (в пер. Евгения Болховитинова: О болезни покойного князя Павла Гагарина. М., 1790); Библиограф, 1888, № 1; [Без подписи]. Гагарин П. С. — В кн.: Рус. биогр. словарь т. «Гааг—Гербель» (1914); *Персиц М. М.* Рус. атеистический рукоп. сб. кон. XVIII—нач. XIX в. — В кн.: Вопр. истории, религии и атеизма / Сб. ст. VII. М., 1959.

Н. Д. Кочеткова

ГАЛЕНКИН (Г о л е н к и н) Василий. В 1780—1782 учился в арифметическом, геометрическом и алгебраическом классах Унив. гимназии, числился как «казенный разночинец», награждался книгами за успехи в учебе (см.: Моск. вед., 1782, 3—7 дек., № 97—98, Приб.). Член Собрания унив. питомцев.

В журнале «Веч. заря» (1782, ч. 2, июль) опубликованы в переводе Г. (с нем.) два назидательных восточных анекдота: «Три друга» и «Ревностный читатель Алкорана».

В. И. Юдичева

ГАЛИНКОВСКИЙ Яков (Иаков) Андреевич [6 (17) X 1777, Прилуцкий у. Полтавской губ.— 16 (28) VI 1815, Петербург]. Принадлежал к старинному казацкому роду. Получил домашнее образование, в 1785—1787 обучался в Киево-Могилянской академии, затем в пансионах в Прилуках и Переяславле, закончил образование в Моск. благор. пансионе, откуда вынес прекрасное знание древних и новых языков. После кратковременной службы в лейб-гвардии Конном полку (с 1790; служба была фиктивной) и реального полуторагодового (с апр. 1797) пребывания в кавалергардах был по собственному прошению в окт. 1798 отставлен от службы. Не имея др. источников существования, занимал различные чиновничьи должности. В марте 1799 в чине губернского регистратора определен в Межевую канцелярию, затем в Гл. соляную контору секретарем (1800). В авг. 1801 переехал в Петербург и поступил в канцелярию главного директора почт Д. П. Трощинского. С 1804 — кол. асессор, с 1805 — письмоводитель в канцелярии Гос. совета, с 1808 — смотритель училищ Лужского у. В 1813 определился в Провиантский деп. Военного м-ва, где занимал должность столоначальника (формуляр 1813 г. — ЦГИА, ф. 1349, оп. 4, № 7, л. 19 об.—21 об.).

Начал литературную деятельность как поклонник Л. Стерна и *Н. М. Карамзина*. В 1797 написал роман «Глафира, или Прекрасная валдайка», который, по признанию автора, был «огромен», «в больших частях, из коих каждая делится на 2 тома; писан во вкусе аглицких некоторых романов в письмах». То, что героиней романа была избрана «валдайка», позволяет предположить возможность плутовского сюжета в духе «Молль Флендерс» Д. Дефо. Однако не исключено, что сюжет был связан с известной легендой о влюбленном монахе Иверского монастыря, утонувшем в Валдайском озере. Роман не увидел света. Г. опубликовал в изданном им сборнике «Утренник прекрасного пола» (СПб., 1807) лишь отрывок из него — «Сидония, или Невинное вероломство», представлявший собой вставную повесть в духе массовой сентиментальной прозы. В романе Г. «Часы задумчивости» (1799, ч. 1—2) подробно описываются переживания героя — «второго злополучного Вертера». Решающим для Г. оказалось сближение с Дружеским лит. о-вом — *Андреем И. Тургеневым*, В. А. Жуковским, А. Ф. Мерзляковым, А. С. Кайсаровым и др. Его отношение к Карамзину сделалось резко критическим и, издавая «Красоты Стерна» (М., 1801) — антологию из произведений англ. автора, — он снабдил ее предисловием, содержащим прозрачные выпады против тех, «которые слишком пристрастились проповедовать свою *чувствительность* при всяком кусочке, при всяком ручейке в окружностях нашего города», желая, чтобы они «поучились у Стерна чувствовать с большею подлинностию». В марте 1801 Г. выступил с «Одой ⟨. . .⟩ Александру I» (рукоп. подносной экз. — БАН, шифр: 1801/23). В Петербурге Г. начал издавать журнал «Корифей, или Ключ литературы» (1802—1807), заполнявшийся им единолично. Журнал фактически представлял собой энциклопедию по теории литературы. Каждый выпуск был посвящен отдельному жанру и носил имя соответствующей музы. Резко нападая на карамзинизм, «Корифей» не был, однако, защитником литературных догм XVIII в., а ориентировался на предромантическую поэтику в ее «штюрмерском» варианте; он пропагандировал Шекспира, отдавая предпочтение фольклорно-фантастическим его пьесам — «Буре» и «Сну в летнюю ночь». В статье «Мнение о характере русских» (1802, кн. 1) проводилась параллель между рус. национальным характером и общественными добродетелями древних греков и римлян. Не только к Карамзину, но и к *А. П. Сумарокову*, *М. М. Хераскову*, *Я. Б. Княжнину* «Корифей» относился критически. Зато *В. К. Тредиаковского*, *Н. И. Новикова*, *Ф. А. Эмина*, *В. И. Майкова* он оценивал сочувственно. Бесспорно высоко ценилась им литература нем. и англ. предромантизма, чему противостояли сухие отзывы о фр. литературе. Статьи «Корифея» вызвали резкие и насмешливые оценки прокарамзинистских журналов — «Моск. Меркурия» *П. И. Макарова* (1803) и «Russische Miszellen» И. Рихтера. Нападки карамзинистов (напр., Н. И. Греча) сопровождали Г. до могилы, утвердив за ним славу бездарного писателя. «Корифей» нашел поддержку в «Сев. вестн.» *И. И. Мартынова*. Здесь Г. опубликовал три статьи: письмо редактору журнала — «Рецензия на книги у нас совсем замолкла...», рецензию на «Russische Miszellen» и обширный сравнительный разбор книг по славянской мифологии Г. А. Глинки и Кайсарова (1805, № 6, 8, 10, 11). Эти выступления по значению в истории критики равны статьям Макарова в защиту карамзинистов.

С 1804 г. сближается с *Г. Р. Державиным*, родственником которого он делается, женившись на Марии Бастидон. Он становится активным сотрудником литературно-теоретических трудов позднего Державина и участником Беседы любителей рус. слова, должность «непременного секретаря» которой занимает до смерти. В «Чтениях в Беседе любителей рус. слова» (1813, ч. 10—11) Г. поместил «Перевод первой Виргилиевой эклоги», сделанный им в 1804 (пер. осуществлен гекзаметром; в предисл. высоко оценен опыт Тредиаковского), и статью «Рассмотрение Овидия». В 1814 г. опубликовал стихотворный перевод с фр. «Песни дифирамбической победоносному Александру на вшествие в Париж 19 марта 1814 г.».

Лит.: *Белозерская Н. А.* В. Т. Нарежный. 2-е изд. СПб., 1896; *Панчулидзев С. А.* Сб. биографий кавалергардов. 1762—1801. СПб., 1904; *Модзалевский В. Л.* Малороссийский родословник. Киев, 1908, т. 1; *Гарский В.* Галенковский Я. А. — В кн.: Рус. биогр. словарь, т. «Гааг—Гербель» (1914); *Лотман Ю. М.* Писатель, критик и переводчик А. Я. Галинковский. — В кн.: XVIII век. М.; Л., 1959, сб. 4; *Brang P.* Studien zu Theorie und Praxis der russischen Erzählung 1770—1811. Wiesbaden, 1960; *Städtke K.* Entwicklung der russischen Erzählung (1800—1825). Berlin, 1971; *Левин.* Оссиан (1980).

Ю. М. Лотман

ГАЛЧЕНКОВ Федор Андреевич [1757 или 1758—кон. 1780-х гг.]. Родился в бедной дворянской семье на Украине. В 1763 взят ко двору певчим; с 1771 учился в Акад. гимназии, где в совершенстве овладел фр., нем. и лат. языками и выполнял по поручению профессоров переводы научных текстов («иные уже отпечатанные, а другие еще в печати находящиеся», как указано в аттестате, данном Г. Академией наук в авг. 1782). С 1779 г. — студент Акад. ун-та, а затем служащий Переводческой экспедиции Академии наук. В 1781 сопровождал *С. Г. Домашнева* в поездке на Украину. 22 июля 1782 определен переводчиком в Коллегию иностр. дел (ААН, ф. 3, оп. 1, № 327, л. 12, 45). 3 окт. 1785 г. получил чин кол. асессора и потомственное дворянство (ЦГАДА, ф. 286, № 712, л. 628—632). Немалую роль в его успешной карьере сыграло, по-видимому, покровительство кн. Голицыной.

Летом 1780 г. перевел на рус. язык «Страдания юного Вертера» И.-В. Гете (см.: СПб. вед., 1780, 18 сент., № 75, Приб., с. 941), а в 1781 его тесть, академический книготорговец Е. К. Вильковский, напечатал перевод «своим иждивением». Литературные способности Г. оказались весьма посредственными. Переводчик, как отмечалось в рецензии *Г. Л. Брайко*, «мало успел» в попытке «изобразить мысли сочинителя и сохранить красоту его выражений» и попросту пропустил в тексте романа цитаты из поэм Макферсона—Оссиана, «в рассуждении трудности» (СПб. вестн., 1781, № 2, с. 133—147). Роман был холодно встречен читателями и плохо расходился.

Получив 22 авг. 1782 разрешение Сената на заведение «вольной» типографии, Г. выпустил в свет сперва сам, а затем «на паях» с Вильковским несколько десятков книг, проявив себя не слишком разборчивым в средствах издателем. Умер сравнительно молодым, оставив вдове и двум сыновьям неплохое состояние (ЛГИА, ф. 268, оп. 1, № 2526, л. 1—4; *Аллер С.* Указатель жилищ и зданий в Санкт-Петербурге, или Адресная книга ⟨...⟩ на 1823 год. СПб., 1822, с. 163, 170).

Лит.: Сб. ст. и мат-лов по книговедению Б-ки Академии наук. Л., 1977, вып. 6; *Жирмунский В. М.* Гете в рус. лит. Л., 1981.

И. Ф. Мартынов

ГАМАЛЕЯ Семен Иванович [31 VII (11 VIII) 1743, Петербург—10 (22) V 1822, с. Авдотьино Бронницкого у. Московской губ.]. Сын священника. До 12 нояб. 1763 учился в Киево-Могилянской академии, с 10 июня 1764 — в Акад. ун-те.

С 15 марта 1769 — учитель лат. языка Сухоп. шлях. корпуса. В 1770 Г. перешел на службу в Сенат. С 26 июня 1774 стал правителем канцелярии наместника Полоцкой и Могилевской губерний гр. З. Г. Чернышева. В связи с назначением Чернышева в 1782 московским генерал-губернатором Г. уехал в Москву, где поступил на службу в канцелярию своего начальника. В 1784 Г. вышел в отставку. В Москве он сблизился с *Н. И. Новиковым*, стал одним из основателей Дружеского учен. о-ва. В кон. 1780-х гг. Г. переехал в имение Новикова Авдотьино, где и жил безвыездно до кон. жизни. В новиковском масонском кружке Г. пользовался большим влиянием, представляя его мистическое крыло. В масонских кругах репутация Г. была чрезвычайно высока. Он был мастером стула масонской ложи «Девкалион», вел аскетический образ жизни, слыл бессребреником. Г. поддерживал некоторые из просветительских начинаний Новикова, был в числе учредителей Типогр. комп.

Г. выступал преимущественно как переводчик. Дебютировал он переводом с лат. сочинения Л. Вивеса «Путеводитель к премудрости» (1768), сопровожденным биографическим «предуведомлением» об авторе. Фр. сочинение Э. Флеше, епископа Нимского, «История о императоре Феодосии Великом» привлекло внимание Г. темой утверждения ортодоксального христианства и рассказом о ранних преследованиях ересей и борьбе с язычеством (1769). В 1772 Г. перевел для Собрания, старающегося о переводе иностр. книг анонимное «Житие Густава, короля шведского» (не изд.). Перевод «Легчайшего способа привития оспы, преподанного самим матерям от Иоанна Георгия Ейзена в 1773 году» (1776, с нем.) был выполнен Г. в 1774 по заказу гр. А. Р. Чернышевой в связи с начатой *Екатериной II* пропагандой оспопрививания в России. Совместно с *А. М. Кутузовым*, *М. И. Багрянским* и *И. П. Тургеневым* Г. перевел с фр. масонское сочинение Дузетана «Таинство креста...» (1784). Посмертно друзьями Г. была издана книга «Письма С. И. Г.» (М., 1832—1839, ч. 1—3). Среди адресатов Г. (в книге обозначены инициалами) — Н. И. Новиков, И. П. Тургенев, *И. В. Лопухин*, *Ф. П. Ключарев*, *Н. Н. Трубецкой*, *Д. П. Трощинский*, *Н. М. Карамзин* и др. Содержание писем — размышления о боге, о человеке, о т. н. сокровенном знании.

Отдельные документы о учебе и служебной деятельности Г. имеются в ААН (ф. 3, оп. 11, № 826).

Лит.: *Рябов Н.* Еще несколько сведений о Н. И. Новикове и С. И. Гамалее: (Письмо к редактору «Моск. вед.»). — Моск. вед., 1859, 21 янв., № 18 (перепеч.: Библиогр. зап., 1859, № 3); *Незеленов А. И.* Лит. направления в екатерининскую эпоху. СПб., 1889; *Шляпкин И. А.* Из масонской переписки (1802—1821).— Библиограф, 1889, № 3, 12; *Николаев Ю.* Новиков и его друзья. — Моск. вед., 1895, 9 февр., № 40; Масонство в его прошлом и настоящем. М., 1915, т. 2; *Кулябко Е. С.* М. В. Ломоносов и учебная деятельность Петербургской Академии наук. М.; Л., 1962; *Смирнов-Сокольский Н.* Моя б-ка. М., 1969, т. 1.

Г. А. Лихоткин

ГЕДЕОН (Криновский) см. Криновский Г. А.

ГЕНШ (Hensch) Федор Вениаминович [род. 1764]. Происходил «из учительских детей». Учился в Унив. гимназии; с 1782 — студент Моск. ун-та. В 1786 «по одобрительному от университета аттестату» произведен губернским секретарем Гос. ассигн. банка. Приступил к службе в авг. 1787. С 1788 по 1791 — секретарь Ассигн. экспедиции (формуляр 1791 г. — ЦГАДА, ф. 286, № 808, л. 430).

Переводы Г. издавались у *Н. И. Новикова*. Опера (в 1-м д.) «Нетрусов, или Вор в саду» (Б. д.; 3-е изд. 1795; посв. Б. В. Пестелю; с нем.), «первый плод ⟨...⟩ учения», была представлена впервые на Нижегородском театре. Двухактная комическая опера Ш.-Ж. Фенуйо де Фальбера «Двое скупых» в переводе Г. (1783; с стихотв. посв. гр. А. Р. Чернышевой) о влюбленных, счастье которых устраивает ловкая служанка, впервые была сыграна (с муз. Э.-М. Гретри) на Моск. театре 22 февр. 1783. В списке исполнителей указаны А. Г. Ожогин и А. А. Померанцева. Одноактную комическую оперу Н.-М. Одино и Ф.-А. Кетана «Бочар» (1784; с фр.), представленную в театре М. Е. Медокса 6 авг. 1783, Г. посвятил Г. И. Бибикову, брату *В. И. Бибикова*. Действие оперы происходит в крестьянской среде; сюжет близок к «Мельнику» *А. О. Аблесимова* (свадьба героев устраивается стараниями находчивого мельника Трофима). Последняя известная работа Г. — перевод с нем. комедии (в 1-м д.) «Девка слугою» (1787), в которой героиня хитростью устраивает свое счастье.

Лит.: Драм. словарь (1787); *Плавильщиков В.* Роспись книгам для чтения. СПб., 1820.

Е. Д. Кукушкина

ГЕОРГИЙ (Конисский) см. Конисский Г. О.

ГИНОВСКИЙ Алексей (очевидно, Алексей Павлович; в монашестве — А м в р о с и й) [ум. 21 IV (3 V) 1800, Курск]. Обучался в Киево-Могилянской академии, по ее окончании (1741) был протопопом в Конотопе. Овдовев, вернулся в сент. 1765 в Киево-Могилянскую академию, вскоре принял монашеский постриг и преподавал лат. язык в разных классах, а с 1773 — пиитику; в 1772 исполнял обязанности супер-интенданта Сиротского дома. В июле 1774 по указу Синода был переведен в Александро-Невскую дух. семинарию (ЦГИА, ф. 796, оп. 55, № 249), в которой, по доношению *Гавриила Петрова*, не хватало учителей; в сент. того же года назначен наместником Александро-Невской лавры (ЦГИА, ф. 815, оп. 6, 1774 г., № 28); читал проповеди в придворной церкви. В июле 1781 по рекомендации Гавриила Петрова определен архимандритом Курского Знаменского монастыря (ЦГИА, ф. 796, оп. 62, № 285).

В 1786 Г. написал и позднее анонимно издал «Историю о городе Курске ⟨...⟩ о Курском Знаменском монастыре и его настоятелях» (Курск, 1792), в которой по монастырским документам (царские и патриаршие грамоты, летописи и пр.) изложил историю города и в основном Знаменского монастыря, доведя изложение до 1780. Свою библиотеку, состоявшую из 267 томов (197 на рус. и 70 на лат.), он завещал в местную семинарию. Кроме богослужебной и богословской литературы у Г. были сочинения *М. М. Щербатова* по истории России, комплект «Древней российской вивлиофики», издания Э. Тезауро, Плутарха, Геродота, Э. Юнга и др. (опись б-ки: ЦГИА, ф. 796, оп. 81, № 292, л. 15—36).

Лит.: *Иоанн Истомин*. Ист. описание Курского Знаменского монастыря. Курск, 1857; Акты и документы, относящиеся к истории Киевской академии. Киев, 1906—1907, отд. 2, т. 3—4; Семенников. Книги, напеч. в провинции (1912).

С. И. Николаев

ГЛЕБОВ Александр. Переводчик с фр. языка книги Ж.-Б.-К. Делиля де ла Саля «Путь мыслить о бессмертии души. О любомудрии природы» (1786; без указания имени автора). В этом деистическом сочинении утверждается, что нравственный довод доказательства бессмертия души сильнее доводов метафизических. Это иллюстрирует и занимающая основное место в книге анонимная «Повесть Иеннии Лилли», где на примере трагической истории двух влюбленных во время подавления мятежа герцога Джеймса Монмутского (1685) «подтверждается основное доказательство бессмертия души», состоящее в том, что «добродетельный человек, будучи угнетаем, стенает на земли; но, умирая, делается свободным; один гонитель его достоин только вечного ничтожества». Перевод изобилует архаизмами и отличается тяжеловесным слогом; Г. не стремился точно следовать оригиналу — в авторский текст введены собственные размышления переводчика. В предисловии Г. сознавался в невысоком качестве своего перевода, предпринятого, по его словам, «единственно чтоб обнаружить только чувствительность моего признания к ⟨...⟩ благодетелю» бригадиру И. Д. Шепелеву, которому и был посвящен перевод.

М. П. Лепехин

ГЛЕБОВ Сергей Иванович [13 (24) III 1736—24 V (4 VI) 1786]. Принадлежал к древнему дворянскому роду. В службе состоял с 1742; в 1754—1756 был инженерным офицером при постройке крепости св. Елизаветы (позднее — Елизаветград); участник Прус. похода (1760—1761) и первой рус.-тур. войны (1770). В 1768—1769 являлся депутатом от дворянства Алексинского у. Московской губ. в Комиссии нового Уложения. В 1772 Г. был произведен в полковники; уволен от службы «по слабости здоровья» с чином генерал-майора в 1774.

Литературная деятельность Г. — он выступал только как переводчик с фр. — была недолгой, но интенсивной. В 1759 в журнале *А. П. Сумарокова* «Трудолюбивая пчела» (июль) появился в его переводе прозаический фрагмент «О лести» из «Мыслей» швед. философа А. Оксеншерны. В нач. 1760-х гг. Г. сблизился с кружком *Е. Р. Дашковой* и был ею привлечен к сотрудничеству в журнале «Невинное упражнение», первую книжку которого открывал его перевод из Вольтера «О равенстве состояний» (первая «Речь в стихах о человеке»). Здесь же была напечатана эпистола «Кто гордость роскоши ногами попирает» — перевод «Послания о независимости» кардинала Ф.-Ж. де Берниса. Не устаревшие стилистически и не утратившие актуальности, оба эти перевода были перепечатаны Е. Р. Дашковой в «Новых ежемес. соч.» (1788, ч. 21, март, ч. 22, апр.; при письме за подписью «***»). Рекомендуя издателям журнала первый из них, она высоко отозвалась о «знаниях и просвещении» недавно скончавшегося «своего приятеля», оценила перевод как «столь удачный, что мало подобных на нашем языке найтить можно», и дала характеристику Г. как писателю: «Он любил словесные науки и много в них упражнялся».

В 1764 Сухоп. шлях. корпусом были изданы переведенные Г. «Военные правила Вегециевы» — компилятивный трактат древнеримского писателя IV в. Флавия Вегеция о военном искусстве. Издание было предпринято по совету П. И. Панина и ему посвящено. В 1765 увидел свет наиболее значительный труд Г. — перевод с фр. перевода А. Дасье первых восьми «параллельных жизнеописаний» Плутарха. К переводу «сей полезной книги, которой важное содержание, толь приятно Плутархом повествуемое, каждому читателю понравиться удобно, а справедливые его заключении и живо представленные примеры пользу в общежитии человеков причинить способны», Г. был «подвигнут» Дашковой, которой этот труд и «приписан». Книга снабжена примечаниями, имеющими фактический характер, но в ряде случаев представляющими интерес и для понимания переводческих принципов Г., который старался по возможности «приблизить» текст к рус. читателю. Известно, что у Г. было намерение завершить перевод (см.: Лейпцигское известие (1767), Новиков. Опыт словаря (1772)), однако никаких следов этой работы не сохранилось. В том же году появилась в переводе Г. пьеса «Чадолюбивый отец» («Отец семейства») Д. Дидро, одно из первых свидетельств интереса к «буржуазной драме» в России. В предисловии-посвящении С. С. Зиновьеву Г. говорил об опасности «подвергнуться критике некоторых писателей»: по-видимому, речь шла о *В. И. Лукине* и др. участниках кружка И. П. Елагина, а основным пунктом расхождений служил выдвинутый ими принцип «склонения» иностранных драматических сочинений «на русские нравы», которым Г. совершенно пренебрег. В аналогичной манере выполнил Г. перевод комедии Дидро «Побочный сын» (1766) под загл. «Побочный сын, или Опыт добродетели»; посв. *А. В. Нарышкину*). Не исключено, что он явился ответом на анонимный перевод этой комедии, опубликованный несколько ранее под загл. «Побочный сын, или Искушении добродетели», где присутствовали элементы «склонения» (можно допустить, что его автором был единомышленник Лукина — *Б. Е. Ельчанинов*). Однако от открытой полемики со своим предшественником Г. отказался, тем более что тот отзывался о нем весьма уважительно.

Лит.: Ефремов. Мат-лы (1867); Венгеров. Словарь, т. 5 (1897); Летопись Ист.-родосл. о-ва в Москве. М., 1911, вып. 1—2; *Чернышева Т. П.* Малоизв. моск. журналы 1760—

1764 гг. («Невинное упражнение», 1763 г.). — Учен. зап. Моск. пед. ин-та им. В. П. Потемкина, 1959, т. 94, вып. 8; *Zaborov P.* Le théâtre de Diderot en Russie au XVIIIe siècle. — In: Colloque international: Diderot. Paris, 1985.

П. Р. Заборов

ГЛЕБОВСКИЙ Иван Елизарович [1734—1796 или 1797]. Из мелкопоместных дворян, сын придворного стряпчего. 14 мая 1745 вступил в Сухоп. шлях. корпус; в 1752 был оставлен при корпусе «ко обучению кадет»; с 1762 — майор (ЦГВИА, ф. 314, № 3196, л. 1 об.—2; № 3375, л. 19 об.—20). Во время службы в корпусе Г. преподавал рус. и нем. языки, механику и математику, а с 25 февр. 1765 числился «главным инспектором над всеми классами».

В июле 1768 он подал челобитную с просьбой о переводе в армию полковником и 18 нояб. 1768 был направлен в распоряжение Г. Г. Орлова (ЦГВИА, ф. 314, № 3375, л. 1—1 об.; ЦГАДА, ф. 286, № 585, л. 123). 31 марта 1774 он награждается чином кол. советника и переводится в Берг-коллегию (ЦГАДА, ф. 286, № 585, л. 123—127), а 10 апр. становится ст. советником и вице-президентом Канцелярии опекунства иностранных. С янв. по сент. 1775 Г. совершает инспекционную поездку для ревизии казенных и частных заводов в Казани, на Урале и в Поволжье, разоренных войсками Пугачева (ЦГАДА, ф. 271, № 2023, 2024). С 27 нояб. 1775 — председатель Смоленской угол. палаты (ЦГАДА, ф. 248, оп. 93, № 6308, л. 257—257 об.), с 7 окт. 1779 — председатель Петербургской угол. палаты (ЦГАДА, ф. 248, оп. 94, № 6326, л. 216 об.). 28 июля 1781 был назначен вице-губернатором («поручиком правителя») Петербургской губ. С 24 мая 1782 в отставке. По мнению П. Н. Берковой, Г. принадлежал к партии Паниных и вышел в отставку в знак протеста против политики правительства. 4 февр. 1797 Павел I утвердил завещание Г. (см.: Сенатский арх. СПб., 1886, II, с. 98). Во время службы в Сухоп. шлях. корпусе Г. напечатал на свой счет перевод ч. 4 «Англинского философа, или Жития Клевеланда» А.-Ф. Прево (1765; прошение о публ. объявления в «СПб. вед.» — ЦГВИА, ф. 314, № 3258, л. 150—151; № 3295, л. 80 об.). В 1766 в типографии Сухоп. шлях. корпуса был издан «Новый курс математический для артиллеристов и инженеров» Б.-Ф. де Белидора, ч. 1 которого перевел Г., а ч. 2 — ротмистр А. Голостенов (ЦГВИА, ф. 314, № 3375, л. 1). *Н. И. Новиков* в «СПб. учен. вед.» (1777, № 19), извещая читателей о появлении в продаже «Древнего летописца» (1774), сообщил, что ч. 1 (нач. Остермановского лицевого свода) подготовил к печати Г.

С. А. Порошин, близкий друг Г., дававший ему читать свои «Записки», приводит отзыв *А. П. Сумарокова* о нем: «Хвалил он очень друга моего Ивана Елизарьевича Глебовского, что в кадетском корпусе маиором и директором учений. Говорил он про него, „что таких людей у нас на Руси немного, что это человек прямо дельный; что хотя и не имеет в себе много блистательного, однако когда его хорошенько рассмотришь и узнаешь, то окажется, что он истинно человек почтенный"».

Лит.: *Порошин С. А.* Зап. СПб., 1881; *Иконников В. С.* Опыт рус. историографии. Киев, 1908, т. 2, кн. 2; *Чулков Н.* Глебовский И. Е. — В кн.: Рус. биогр. словарь, т. «Герберский — Гогенлоэ» (1916); Берков. Журналистика (1952).

С. Н. Травников

ГЛЮК Эрнст [ок. 1652, г. Веттин близ Магдебурга (Саксония)—ок. 1705, Москва]. Пастор; образование получил в Альтенбурге, Виттенберге и Лейпциге; занимался богословием и преимущественно вост. языками. В 1673 прибыл в Лифляндию для проповеднической деятельности. С этого времени изучает латыш. и рус. языки. Общение со старообрядцами позволило Г. более ясно представить себе специфику рус. церковно-богослужебных книг. С 1680 он начинает работать над переводом Библии на рус. язык. Много времени отдает устройству в Лифляндии рус. школ и переводу учебников.

В 1702 при взятии Мариенбурга рус. войсками был привезен в Москву с семьей. П. П. Пекарский полагает, что Г. спас рукопись переведенной им Библии. Однако рукопись этого перевода до настоящего времени не найдена.

В 1703 Г. назначен директором школы, открытой в Москве на Покровке, в доме В. Ф. Нарышкина. Программа, составленная Г. для «обучения российских юношей», включала географию, философию, ифику (этику), политику, риторику, арифметику, танцы, верховую езду. Отдавая много времени вновь учрежденной школе, Г. в то же время составил славяно-греко-лат. словарь, несколько рус. учебников и рус. грамматику, перевел лютеранский катехизис. Его наследие включает и стихотворные опыты, в которых он стремился приспособить нем. тоническую систему к рус. стиху. В. Н. Перетц считал, что эти стихи, темы которых взяты из богословских текстов, интереснее всех др. сочинений Г.

Г. перевел на рус. язык целую серию наиболее употребительных молитв, гимнов и псалмов лютеранской церкви, стремясь при этом сохранить ритмический рисунок и рифму (в основном — глагольную) оригинала, но не считая необходимым добиться точного перевода. Характерной чертой переводов Г. является близость к разговорному стилю рус. речи. По словам В. Н. Перетца, Г. обращался к стихотворным переводам «как к наиболее удобному средству заинтересовать русских и привлечь их в свое исповедание». Это мнение, по-видимому, имеет основание. Но вместе с тем одними миссионерскими намерениями трудно объяснить ту громадную работу, которую проделал Г. для перевода нем. стихотворных текстов на рус. язык.

Г.-переводчик оказал значительное воздействие на формирование творчества *И.-В. Паузе*, который сохранил часть рукописного наследия Г., систематизировал его, внес в переводы псалмов ряд исправлений, рассчитывая, по-видимому, опубликовать их. После смерти Г. И.-В. Паузе написал «Диалог в похвалу умершего», содержавший некоторые факты биографии Г.

Лит.: Пекарский. Наука и лит., т. 1 (1862); *Перетц В. Н.* 1) «Dies irae» в рус. пер. XVIII в. — Лит. вестн., 1901, № 8; 2) Ист.-лит. исслед. и мат-лы. Т. 3. Из истории развития рус. поэзии XVIII в. СПб., 1902; *Белокуров С. А., Зерцалов А. Н.* О нем. школах в Москве в первой четверти XVIII в.: (Документы Моск. арх. 1701—1715). — Чтения в О-ве истории и древностей рос., 1907, кн. 1, отд. 1; отд. изд.: М., 1907; *Берков П. Н.* Из истории рус. поэзии первой трети XVIII в.: (К проблеме тонического стиха). — В кн.: XVIII век. М.; Л., 1935, [сб. 1].

Г. Н. Моисеева

ГОЛЕНЕВСКИЙ Иван Кондратьевич [1723, Киев(?) — после 1786]. Происходил из «польского шляхетства». Учился в Киево-Могилянской академии, за превосходный голос был принят в училищный хор. Гр. А. Г. Разумовский выписал Г. в Петербург в придворную капеллу (1744), где он прослужил певчим 26 лет «в закоснении без всякого производства» с годовым жалованьем в 70 р. Г. неоднократно порывался уехать из Петербурга, но его не отпускали от двора. В янв. 1764 Г. в прошении на высочайшее имя, заручившись поддержкой духовника Ф. М. Дубянского, писал, что так как обещанного места при новоучрежденных архиерейских семинариях он не получил, то желает быть определен смотрителем при театре (ЦГАДА, ф. 10, оп. 1, № 467, л. 40). 1 июля 1769 он вновь обратился к *Екатерине II* с просьбой определить его директорским товарищем в Типогр. контору, секретарем в Мед. коллегию или почтмейстером в Моск. ямскую контору (ЦГАДА, ф. 10, оп. 1, № 550, л. 141). 16 дек. 1769, ссылаясь на долголетнюю службу, на оды, поднесенные Екатерине, Г. уже просил вообще отставить его от службы с чином придворного мундшенка (ЦГАДА, ф. 10, оп. 1, № 584, л. 321). Лишь после этого, в 1770, он, числясь уставщиком придворного хора, был уволен с награждением 300 р. (ЦГИА, ф. 468, оп. 1, № 3885, л. 209) в ранге прапорщика и определен в Псковскую губ. канцелярию кол. переводчиком (с лат. и пол.). Жалованья ему было определено 350 р., однако выплачивалось только 225 р. Г. страдал болезнью глаз и в 1773 был уволен без награждения. В прошении 1775 Г. объяснял это так: «...не мог я по моему иностранству яко беспомощный получить себе авантажнейшего места» (ЦГАДА, ф. 286, № 607, л. 40 об.). Можно, однако, полагать, что Г. пользовался покровительством М. Н. Кречетникова, в то время псковского генерал-губернатора, которому Г. в 1779 поднес конволют своих опубликованных произведений вместе с посвятительным стихотворением. В 1779 Г. был определен переводчиком в Курское наместничество; с 1780 — титул. советник. С 1785 исправлял должность судьи Тульской нижн. расправы. В 1786 наместник М. Н. Кречетников ходатайствовал о производстве Г. (к тому времени овдовевшего) в чин кол. асессора (формуляр 1786 г. — ЦГАДА, ф. 286, № 749, л. 20).

Г. известен как автор нескольких од (первая написана в 1745), посвященных, за исключением оды А. Г. Разумовскому (1751), царствующим особам: Елизавете Петровне (1751, 1754, 1762), Екатерине II (1762, 1772), вел. кн. Павлу Петровичу (1765) и др. Основная тема одического творчества Г. — «благоденствующая Россия» — сложилась под сильным влиянием *М. В. Ломоносова* с прямыми заимствованиями из него. Сохранился положительный отзыв Ломоносова об оде Г. на смерть Елизаветы Петровны (1762). Вместе с тем в поэтике Г. заметно сильное влияние барочной стилистики, усвоенной им еще в Киево-Могилянской академии. Живя в Петербурге, Г. эпизодически участвовал в «Ежемес. соч.», где опубликовал стихотворение «Смертный грех всегдашним есть мучением человеку» (1758, ч. 8, июль), и в «Трутне», где напечатал перевод лат. надгробной надписи на памятнике Ломоносову в Александро-Невской лавре (1770, л. 10).

С переводом Г. в Полоцк (1770) в его сочинениях появляется тема бедствий «единоверных народов» Белоруссии и Украины, напр. в «Оде на день коронации Екатерины» (1772), где Г. с пафосом обвиняет пол. конфедератов в народных бедствиях. В 1774 он переводит с пол. речь *Георгия Конисского* к королю Станиславу-Августу Понятовскому (по случаю его избрания на престол в 1765) о положении православных в Польше. Тогда же Г. переводит с лат. речь иезуитского проповедника в Полоцке Иосифа Катенбринга на день коронации Екатерины II (1774).

В 1777 Г. издал «Собрание сочинений с переводами», куда вошли его похвальные оды, прославляющие «златые дни» царствования Екатерины II. При подготовке издания тексты од были пересмотрены автором: исключены одни строфы и написаны другие, немного славянизирован язык. В сборник «Дар обществу» (1779) вошли ранее не публиковавшиеся переложения псалмов, духовные надписи, эпитафии, среди них почтительные эпитафии в стихах и прозе М. В. Ломоносову и *А. П. Сумарокову*, которых Г. равно высоко ценил.

Произведения Г., в т. ч. неизданная «Ода на день открытия Курского наместничества» 27 дек. 1779 (ГБЛ, ф. 255, 5.21), встречаются в рукописных сборниках XVIII— нач. XIX вв.

Лит.: Семенников. Мат-лы для словаря (1914); *Тонкова Р. М.* Из мат-лов Арх. Академии наук по лит. и журналистике XVIII в. — В кн.: XVIII век. М.; Л., 1935, [сб. 1]; *Карпова Е. Е.* 1) И. К. Голеневский — поэт ломоносовской школы сер. XVIII в. — Учен. зап. Ленингр. пед. ин-та им. А. И. Герцена, 1971, № 414; 2) Творчество поэтов ломоносовской школы 50-х— нач. 70-х гг. XVIII в.: Автореф. дис. ... канд. филол. наук. Л., 1974; *Степанов В. П.* Новиков и его современники: (Биогр. уточнения). — В кн.: XVIII век. Л., 1976, сб. 11.

С. И. Николаев

ГОЛЕНИЩЕВ-КУТУЗОВ Иван Логгинович [31 VIII (11 IX) 1729, с. Шеино Торопецкого у. Новгородской губ. —12 (24) IV 1802, Петербург, похоронен в Александро-Невской лавре]. Происходил из старинного новгородского дворянства. Сын мичмана флота. Рано оставшись сиротой, Г.-К. провел детство в родовом имении Шеино; в марте 1742 был определен в Сухоп. шлях. корпус, откуда в 1743 был переведен в Морской. После произведения в гардемарины (1743) в 1744—1750 Г.-К. ежегодно находился в кампаниях в Балтийском море; в 1753—1754 он командовал пинком «Кильдюин», совершив на нем переход из Кронштадта в Архангельск и обратно. В 1757—1760 — адъютант адмирала З. Д. Мишукова.

1 сент. 1762 в чине капитана 2-го ранга назначен директором Морского кадет. корпуса, прослужив в этой должности вплоть до кончины. При Г.-К. корпус сделался одним из лучших военно-морских училищ Европы того времени. С 11 нояб. 1764 — генерал-интендант флота, член Адмиралтейств-коллегии и наставник по морской части вел. кн. Павла Петровича. Будучи делегатом от дворянства Торопецкого и Холмского уездов Новгородской губ., с 19 сент. 1767 Г.-К. принимал участие в деятельности Комиссии нового Уложения вплоть до ее закрытия в 1769. На одном из заседаний произнес составленную им «Речь от лица Морского кадетского корпуса...», обращенную к *Екатерине II*. В 1772—1792 — генерал-казначей; с 28 июня 1782 — адмирал.

По восшествии на престол Павла I Г.-К. 10 нояб. 1796 был награжден орденом св. Андрея Первозванного, 20 июня 1797 «за деятельность и расторопность в снабжении и экипировании флота» был назначен вице-президентом Адмиралтейств-коллегии, а 31 окт. 1798 — президентом, «которому, однако, не быть генерал-адмиралом»; несмотря на это, высочайшим указом было разъяснено, что Г.-К. пользуется всеми правами 1-го класса. В нач. 1799 Г.-К. впал в немилость у императора; по одной версии, он воспрепятствовал назначению Павлом I *М. И.* Антоновского главным инспектором Морского кадет. корпуса (см.: *Антоновский М. И.* Зап. — Рус. арх., 1885, № 1, с. 162—163); по др. — Павлу I показалось, что Г.-К. был огорчен наказанием его племянника гр. А. И. Рибопьера за дуэль (см.: *Рибопьер А. И.* Зап. — Рус. арх., 1877, № 4, с. 494). Тем не менее в 1799 Павел I наградил Г.-К. орденом св. Иоанна Иерусалимского большого креста. 3 мая 1800 Павел I посетил Адмиралтейств-коллегию и благодарил Г.-К. за прекрасное состояние дел в ней. На похоронах Г.-К. в Александро-Невской лавре присутствовал Александр I, лично утвердивший их церемониал.

По отзыву современника, «сей почтенный престарелый муж соединял в себе остатки Петра I, Елизаветы и был века Екатерины. К обширнейшим познаниям присовокуплял он твердость Петра, доброту Елизаветы и вельможничество Екатерины. Императору Павлу он давно был известен и был им любим и уважаем» (*Де Санглен Я. И.* Зап. — Рус. старина, 1882, № 12, с. 481). Женат Г.-К. был на Е. И. Бибиковой, сестре *В. И. Бибикова*. В доме Г.-К. воспитывался его дальний родственник М. И. Голенищев-Кутузов, будущий фельдмаршал.

Первым печатным трудом Г.-К. был перевод с фр. известного руководства по морскому делу П. Госта «Искусство военных флотов, или Сочинение о морских еволюциях...» (1764). Вопрос о переводе этого труда, высоко ценившегося Петром I, поднимался Адмиралтейств-коллегией неоднократно. В 1747 его поручено было выполнить *С. С. Волчкову*, а в 1762 Г.-К. было предложено исправить этот рукописный перевод и упорядочить в нем терминологию. Найдя «исправление гораздо труднейшим самого вновь перевода», Г.-К. предпочел сделать новый перевод, дополнив его по книге «Tactique navale» (Paris, 1783) С.-Ф. де Морога. Перевод Г.-К. (1764), заслужив похвальные отзывы критики (см.: Ежемес. соч., 1764, ч. 19, июнь, с. 554—556), долгое время служил основным пособием по морскому делу (2-е изд. 1789; 3-е изд. 1796). Перу Г.-К. принадлежит и первый отечественный справочник по военно-морской истории «Собрание списков, содержащее имена всех служивших в российском флоте с начала оного флагманов, обер-сарваеров и корабельных мастеров...» (1764), явившийся образцом, в частности, для «Общего морского списка» (СПб., 1885—1907). Кроме того, довольно значителен был вклад Г.-К. и в морскую картографию: под руководством А. И. Нагаева он занимался в 1747—1749 гидрографическими съемками в Балтийском море; по инициативе Г.-К. был составлен подробный атлас Греческого архипелага (1788; 2-е изд. 1798). Г.-К. был инициатором посылки *М. Г. Коковцева* с разведывательной миссией в Средиземноморье.

В доме Г.-К. можно было встретить почти всех петербургских сановников, ученых, художников и писателей; со мн. из последних Г.-К. был хорошо знаком и часто привлекал их к преподаванию в корпусе или печатал их переводы в корпусной типографии, игравшей заметную роль в культурной жизни России и впервые выпустившей переводы произведений П. Бомарше, Ж. Боссюэ, Ж. Верне, Вольтера, Х. Вольфа, С. Геснера, Ж.-Ф. Мармонтеля, Л.-С. Мерсье, Ж.-Б. Мольера, Ж.-Ф. Реньяра, Л. Гольберга, Ф. Фенелона, Ж.-П. Флориана, Н.-С. де Шамфора, А.-Л. Шлецера, Д. Юма, Э. Юнга. Здесь же были изданы «Начала» Евклида и переиздана «Книга Марсова» (1766). Типография была предметом постоянных забот Г.-К.,— так, сохранилось письмо *В. К. Тредиаковского* к Г.-К. от 22 апр. 1768 с благодарностью за тщательное оформление его перевода «Опыта исторического и критического о разногласьях церквей в Польше» (ЦГАВМФ, ф. 1473, оп. 1, № 25, л. 41). Характер переводимых книг, довольно высокий уровень полиграфического исполнения и низкая цена приводили к быстрой распродаже большинства из них.

Г.-К. принадлежит перевод «Задига» Вольтера (Ежемес. соч., 1759, ч. 9—10, янв.—июнь); впосл. (не ранее 1766) этот перевод вновь увидел свет в составе издательского конволюта вместе с переводом Г.-К. (с фр. перевода-посредника) «Элегии Клеоны к Цинею» (1766) И.-Я. Душа. Конволют был весьма популярен на рубеже XVIII—XIX вв. в среде провинциальных читателей (переизд. — 1788, 1795) и имел также значительное распространение в списках. Перевод «Задига» отличался верностью оригиналу (правда, «ссылка в Сибирь» была заменена просто «ссылкой»), однако содержал некоторые стилистические и смысловые неточности; в переработанном виде он был включен в т. 5 «Полного собрания всех сочинений г. Вольтера» (М., 1805). Утверждение о первой публикации переведенного Г.-К. «Видения Бабука» в «Свободных часах» 1763 (см.: Журн. М-ва нар. просв., 1898, № 1, с. 88—89) ошибочно, т. к. помещенный там текст не совпадает с текстом издания 1766. Г.-К. переведены также «Вольный философ, или Похвала четверодневной лихорадке» Г.-И. Менапиуса (Ярославль, 1785; с фр.) и изданные *Н. И. Новиковым* «Нравоучительные письма для образования сердца» И.-Я. Душа (1788, т. 1—2; с нем.). Г.-К. приписывался перевод с лат. стихотворения «Смертный грех всегдашним есть мучением человеку...» (Ежемес. соч., 1758, ч. 8, июль) (автор — *И. К. Голеневский*).

Г.-К. был членом Академии художеств, Вольного экон. о-ва и Рос. Академии со дня их основания. В деятельности последней он принял активное участие: им поставлены вопросы о необходимости выработки орфоэпических и орфографических норм, предложено произвести выборку слов для «Словаря Академии Российской» из ряда древнерус. памятников и произведений петровской эпохи, составлен словник на букву «Г», выбранный, как он писал *И. И. Лепехину*, «отовсюду, откуда мог». Несмотря на отсутствие документального подтверждения, ряд признаков указывает на принадлежность Г.-К. к масонству.

Одновременно с Г.-К. во флоте служили еще два Ивана Голенищева-Кутузова, причем биография одного из них, Ивана Тимофеевича, в 1741—1759 почти полностью повторяет жизненный путь Г.-К. Имея в виду своих тезок-однофамильцев, приходившихся ему отдаленными родственниками (сведения о том, что они были родные братья, — см.: Рус. арх., 1885, № 1, с. 162 — ошибочны), в официальных бумагах Г.-К. именовал себя либо старшим, либо средним.

Архивные материалы о Г.-К. хранятся в ГПБ (ф. 204) и ЦГАВМФ (ф. 1431).

Лит.: Евгений. Словарь, ч. 1 (1845); Рус. морская б-ка. III. Царствование Екатерины II и Павла I. — Зап. Гидрограф. деп., 1849, ч. 7; *Веселаго Ф. Ф.* Очерк истории Морского кадет. корпуса. СПб., 1852; *Хмыров М. Д.* И. Л. Голенищев-Кутузов. — В кн.: Портретная галерея рус. деятелей. СПб., 1865, т. 1; Общий морской список. СПб., 1885, ч. 2; Сухомлинов. Рос. Академия, вып. 7 (1885); Вернадский. Рус.

масонство (1917); *Лемус Н. В.* Рус. геогр. атласы XVIII в. Л., 1961; Заборов (1978).

М. П. Лепехин

ГОЛЕНИЩЕВ-КУТУЗОВ Логгин Иванович [13 (24) I 1769, Петербург—22 III (3 IV) 1846, там же]. Сын *И. Л. Голенищева-Кутузова*. Получил домашнее образование. С детства записанный в военную службу и 10 февр. 1783 произведенный в капитаны Острогожского легкоконного полка, Г.-К. с 1785 по прошению отца числился волонтером в эскадре вице-адмирала А. И. Круза, так как «по особливой охоте и склонности приобрел нарочитые успехи в математике, также и довольную часть в навигации обучил, а потому намерен себя посвятить морской службе». 6 февр. 1788 Г.-К. был определен в Морской кадет. корпус. Участвовал в сражениях при Гогланде, Фридрихсгаме и Роченсальме, был награжден орденом св. Георгия 4-й степени. В 1790 как отличившийся в Выборгском сражении Г.-К. получил чин подполковника, а 15 февр. 1793 был переведен обратно в Морской кадет. корпус со званием старшего майора. С 13 нояб. 1793 Г.-К. — капитан 1-го ранга (формуляр 1821 г. — ЦГИА, ф. 1349, оп. 4, № 90).

Пользуясь, как и его отец, расположением Павла I, 13 нояб. 1796 Г.-К. был произведен в полковники. Числясь по должности помощником своего отца, президента Адмиралтейств-коллегии, Г.-К. фактически принял на себя руководство Морским кадет. корпусом. Посетив корпус 10 февр. 1798, Павел I остался доволен и произвел Г.-К. в генерал-майоры, а через день был восприемником его сына. В 1797 Г.-К. возглавил экспедицию по описанию Белого моря. 22 марта 1801 Г.-К. получил чин генерал-лейтенанта с назначением генерал-казначеем и членом Адмиралтейств-коллегии. С 1804 на Г.-К. было возложено управление Казначейской экспедицией Адмиралтейств-коллегии. В 1805 Г.-К. закончил составление «Атласа Белого моря» (1827), а в 1807 — «Атласа Каспийского моря»; оба труда долгое время «почитались наилучшими» и составили новый этап в развитии отечественной морской картографии.

Свой первый перевод, комедию Ж.-П. Флориана «Добрый отец» (1790), Г.-К. посвятил отцу; по его же советам он в 1790—1810-х гг. переводил много книг по морскому делу. С англ. Г.-К. перевел «Описание извержения горы Везувия» (1799). Ему принадлежат также переводы (посв. Павлу I и Г. Г. Кушелеву) ряда обстоятельных описаний крупнейших географических открытий XVIII в.: «Путешествие в южной половине земного шара и вокруг оного, учиненное в продолжение 1772, 1773, 1774 и 1775 годов английскими королевскими судами Резолюциею и Адвентюром под начальством капитана Иакова Кука» (1796—1800, ч. 1—6), «Путешествие капитана Мирса к северо-западным берегам Америки в продолжение 1786, 1787, 1788 и 1789 годов» (1796, ч. 1), «Путешествие Лаперуза в Южном и Северном Тихом океане в продолжение 1785, 1786, 1787 и 1788 годов» (СПб., 1800, ч. 1) и «Путешествие в Северный Тихий океан под начальством капитанов Кука, Клерка и Гора в продолжение 1776, 1777, 1778, 1779 и 1780 гг.» (СПб., 1805), осуществленные с языка подлинника, за исключением первого, когда Г.-К. обратился к фр. изданию, включавшему также путевые записки Г. Форстера. Дж. Кука Г.-К. высоко ценил за его гуманное отношение к «диким народам». Все свои переводы Г.-К. выполнял, пользуясь советами А. С. Шишкова.

Будучи с 24 авг. 1827 и до кон. жизни председателем Учен. комитета при Морском м-ве, Г.-К. много времени уделял систематизации материалов по истории рус. флота (в частности, предварительной разбору архива Адмиралтейств-коллегии) и изредка выступал в печати с отдельными критическими замечаниями на труды др. лиц на эту тему (см.: Сев. пчела, 1834, 21 авг. № 187; СПб. вед., 1840, 16 июня, № 133). В полемической брошюре «Предприятие императрицы Екатерины II для путешествия вокруг света в 1786 году» (СПб., 1840) Г.-К. доказал приоритет Г. И. Муловского перед И. Ф. Крузенштерном в вопросе о замысле кругосветной экспедиции (рец. П. И. Рикорда ср.: Сын отеч., 1840, № 2, с. 843—844).

Дружеские отношения связывали Г.-К. с *Г. Р. Державиным* (в 1810-х гг. он был частым гостем на его литературных вечерах), Д. И. Хвостовым, М. И. Голенищевым-Кутузовым, П. И. Багратионом, М. Ф. Каменским, В. Л. Пушкиным, *В. С. Поповым, Ю. А. Нелединским-Мелецким* и особенно А. С. Шишковым; племянник Г.-К., И. М. Бакунин, воспел его в сборнике своих стихотворений «На всё и время и пора...» (СПб., 1838). 8 дек. 1800 по предложению своего отца или И. Г. Долинского Г.-К. был избран в члены Рос. Академии; 18 февр. 1818 — почетным членом Вольного о-ва любителей словесности, наук и художеств (вместе с Александром И. Тургеневым).

Свидетель четырех царствований, Г.-К. педантично вел на фр. языке дневники, сохранившиеся за 1806—1820, 1823—1828, 1831—1843 (ГПБ, ф. 201, № 4—37) и содержащие любопытные сведения по истории рус. литературы 1810—1830-х гг. В дневнике много упоминаний об А. С. Пушкине, с которым Г.-К. часто встречался в петербургских литературных кругах, на заседаниях Рос. Академии и у своей троюродной сестры Е. М. Хитрово. Г.-К. одобрил «Пир Петра Великого», но стихотворение «Полководец» вызвало его крайнее негодование. В 1836 он выступил с критическими замечаниями на него (см. брошюру-вкладыш при № 256 «СПб. вед.» от 8 февр.; перепеч. в кн.: *Пушкин А. С.* Соч. СПб., 1905, т. 8). Пушкин в «Совр.» (1836, т. 4) в своих «Объяснениях» опроверг приписываемое ему Г.-К. умаление заслуг М. И. Голенищева-Кутузова. Несмотря на эту размолвку, Г.-К. всегда относился к Пушкину с большим участием и искренне скорбел о его гибели.

Причиной скоропостижной смерти Г.-К., возможно, послужило полученное им известие о мотовстве и сумасшествии его сына в Киссингене.

Лит.: Моск. вед., 1846, 2 апр., № 40; *Веселаго Ф. Ф.* Очерк истории Морского кадет. корпуса с прил. списка воспитанников за сто лет. СПб., 1852; Описание документов и дел. арх. Морского м-ва. СПб., 1883—1903, т. 3, 5, 6, 9; Общий морской список. СПб., 1886, т. 3, 5; Из бумаг статс-секретаря А. Д. Комовского. — Рус. старина, 1897, № 7; *Мануйлов В. А., Модзалевский Л. Б.* «Полководец» Пушкина. — В кн.: Пушкин. Временник. М.; Л., 1939, т. 4—5; Жихарев. Зап. (1955); *Смирнов-Сокольский Н. П.* Рассказы о книгах. М., 1960; *Лемус Н. В.* Рус. геогр. атласы XVIII в. Л., 1961; *Базанов В. Г.* Учен. республика. М.; Л., 1964; *Гиллельсон М. И.* Отзыв современника о «Пире Петра Великого» Пушкина. — В кн.: Временник Пушкинской комис. 1962. М.; Л., 1964; *Черейский Л. А.* К стихотворению Пушкина «Полководец». — В кн.: Временник Пушкинской комис. 1963. М.; Л., 1965.

М. П. Лепехин

ГОЛЕНИЩЕВ-КУТУЗОВ Павел Иванович [1 (12) XI 1767—13 (25) IX, по др. данным — 29 IX (11 X) 1829, Тверь*]. Сын *И. Л. Голенищева-Кутузова* и Е. И. Бибиковой, племянник М. И. Голенищева-Кутузова. В янв. 1776 записан кадетом в Днепровский пикинерский полк, в 1780 произведен в поручики, в 1783 в чине капитана определен адъютантом Г. А. Потемкина, в янв. 1785 перешел во флот адъютантом адмирала С. К. Грейга. В Гогландском сражении в июле 1788 Г.-К. на корабле «Ростислав» «командовал на верхнем деке пушками весьма расторопно с мужественною храбростию и неустрашимостию» (Море, 1907, № 8, с. 244) и был отправлен с донесением о победе в Петербург. В июле 1786 Г.-К. был награжден чином подполковника и переведен в Павловский драгунский полк, с которым участвовал в действиях против шведов в Финляндии.

Литературная деятельность Г.-К. началась в первой пол. 1780-х гг. Своим литературным учителем он называл *Ип. Ф. Богдановича*, по рекомендации которого в 1783 опубликовал стихотворение «Письмо к моему другу» (Собеседник, ч. 5). Официальная торжественная ода на взятие Очакова (Новые ежемес. соч., 1789, ч. 33, март), по словам Г.-К., «имела лестное счастие быть одобренною» *Екатериной II*. Г.-К. принадлежат оды на восшествие Павла I (1796), на рус. победы в Италии (1799—1800), на отдельные события антинаполеоновских войн нач. XIX в., похвальные стихотворения А. В. Суворову (1789), М. И. Голенищеву-Кутузову («Эпистола ⟨...⟩ воину Храброду», 1802); «Кантату» П. И. Багратиону Л. Н. Толстой цитирует в «Войне и мире» (т. 2, ч. 1) как характерное произведение эпохи. *Евгений Болховитинов* считал патриотические оды Г.-К. «образцовыми» в своем роде. С сер. 1790-х гг. Г.-К. находился в близком дружеском и литературном общении с А. А. Мусиным-Пушкиным: они вместе писали сатиры и эпиграммы, переводили Э. Грея и Дж. Мильтона.

Во время службы на флоте Г.-К. вступил в масонскую ложу швед. системы «Нептун», руководимую Грейгом. Масонскими связями могут быть объяснены многие последующие эпизоды жизни Г.-К.: ученик розенкрейцера О. А. Поздеева, он в 1798 через посредство влиятельных масонов был назначен куратором Моск. ун-та. В 1803 в Москве открыл тайную ложу «Нептун» и руководил ею, был мастером и членом ряда др. лож (известна ода Г.-К. 1809, сочиненная на масонский праздник Иоаннова дня,— Море, 1906, № 23—24, с. 854—858). В нач. XIX в. поддерживал масонские связи с *Н. И. Новиковым*. В 1790-е гг. Г.-К. примкнул к масонской кампании по дискредитации *Н. М. Карамзина* как писателя и опубликовал стихотворение «Похвала моему другу» (Иппокрена, 1799, ч. 4), в котором обвинял его в безбожии и безнравственности.

С нач. 1800-х гг. творчество Г.-К. выдвигается на передний край литературной борьбы. А. С. Шишков, Д. И. Хвостов, Евгений Болховитинов пытались утвердить авторитет Г.-К. как писателя в противовес литераторам карамзинского лагеря. В янв. 1803 Г.-К. избран в Рос. Академию. После ухода в отставку *М. М. Хераскова* ожидалось, что его место займет Г.-К., однако 20 нояб. 1803 он был удален от Моск. ун-та, после чего активно занялся изданием своих сочинений.

В 1803—1804 Г.-К. издал три книги «Стихотворений», куда вошли его оригинальные сочинения (наиболее ранние датированы 1785) и переводы. Кроме переложений псалмов и одических произведений здесь напечатаны дружеские послания («Эпистолы», обращенные к Н. П. Румянцову, А. А. Мусину-Пушкину, *Е. С. Урусовой*, Г. С. Салтыкову, *П. П. Бекетову, А. С. Хвостову,* Н. Н. Новосильцову, членам обширного семейства Голенищевых-Кутузовых), стихи на смерть Н. А. Херасковой и Е. А. Долгорукой, очерчивающие дружеский и литературный круг Г.-К. В разделе «Песни» собраны стихотворения, относящиеся к нач. поэтической деятельности Г.-К. (1780-е гг.). Стихотворения Г.-К. в «легком» жанре, среди которых имеются разнообразные стилизации, экспромты, стихотворные шутки «на случай», во многом следовали поэтике сентиментализма. Ряд стихотворений представляют собой дань эксперименту (стихи без глагольных рифм, «стихи, написанные мерой старинных русских стихов», палиндромы (перевертыши) и т. п.). Переводы Г.-К. свидетельствуют о его широкой литературной начитанности. Среди них отрывки из поэтов древних — Вергилия, Лукана, Ювенала; ит.— Б. Гварини, Ф. Берниса, П.-А.-Д. Метастазио; фр. — Ж. Делиля, Ш.-Ф. Панара, Ж. Расина; нем.— Г.-А. Бюргера.

В сборник «Стихотворения Грея» (М., 1803) Г.-К. включил почти все известные стихотворные произведения англ. поэта, сопроводив их примечаниями и статьей «О жизни и творениях Грея». Перевод делался с англ. подлинника в 1795—1796 при одобрении А. А. Мусина-Пушкина; в предисловии Г.-К. особенно подчеркнул свое первенство в обращении к поэзии англ. сентиментализма, «производящей тихие, приятные чувствования». Труд Г.-К. с неодобрением встретил А. Ф. Мерзляков (см.: Рус. арх., 1871, № 2, с. 0143).

В следующем году Г.-К., откликаясь на призыв Рос. Академии осуществить перевод на рус. язык всех классических авторов, издал полный перевод олимпийских и пифийских од Пиндара (Творения Пиндара. М., 1804, т. 1—2), выступив в предисловии пропагандистом творчества писателей древности: без познания античных образцов «не может человек назваться основательно ученым и получить вкус, нужный для приобретения способностей писателя вития и стихотворства». Предисловие было полемически направлено против младшего поколения писателей карамзинской школы, которые никогда не читывали ни Гомера, ни Горация: «...от сего неведения о классических авторах ежедневно разливается наводнение дурных сочинений и в стихах и в прозе, строк с рифмами, не только пустых и никаких мыслей не заключающих, но даже противу правил грамматических писанных».

Хвостов посвятил переводу Пиндара несколько похвальных посланий (см.: Друг просв., 1805, № 9; 1806, № 3), в то время как П. И. Шаликов напечатал язвительный разбор «О творениях Пиндара, переведенных Павлом Голенищевым-Кутузовым» (см.: Моск. зритель, 1806, июнь), за которым последовал ряд едких эпиграмм В. А. Жуковского и П. А. Вяземского.

В 1805 Г.-К. выпустил «Стихотворения Сафы», а в 1807 (также в Моск. типографии П. П. Бекетова) — «Творения Гезиода». Как явствует из предисловия к последнему изданию, Г.-К. не знал греч. и в своих переводах опирался на англ., фр. и нем. издания классиков, поверяя их близость к подлиннику советами «знающих» людей. Он не соблюдал размеры подлинника, пользовался рифмованным стихом, а строфику и стиль переводов ориентировал на современную жанровую систему (ода, любовная лирика, эпическая поэма). В 1804 Г.-К. представил в Рос. Академию также перевод Феокрита, но он не появился в печати.

В 1804—1806 Г.-К. вместе с Хвостовым и Г. С. Салтыковым издавал журнал «Друг просв.», ставший оплотом сторонников Шишкова.

С определением Г.-К. в авг. 1805 сенатором в 6-й кассационный Деп. Сената связана его деятельность по М-ву юстиции.

В 1810 он выпустил еще один том своих «Стихотворений», куда включил переводы из Гомера, Овидия, Горация, Катулла, Тибулла. В «Эпистоле к Д. И. Х‹востову›» он признавал неудачу своей литературной деятельности в области «высокой» поэзии: «Пиндар, Гомер и Ломоносов мне не дали своих огней».

В мае 1810 по протекции И. В. Гудовича Г.-К. был определен попечителем Моск. ун-та. При нем были учреждены кафедра слав. языка и О-во любителей рос. словесности при университете.

В 1811 в Москве Г.-К. анонимно издал сборник своих стихотворений на фр. языке «Poésies d'un Russe», в котором объединил свои ранние произведения в основном камерного жанра и переводы из Г. Р. Державина (ода «Бог»), Ю. А. Нелединского-Мелецкого, Д. И. Хвостова и др. рус. поэтов. В том же году Г.-К. избран почетным членом Беседы любителей рус. слова.

Свое новое служебное положение Г.-К. использовал для продолжения нападок на Карамзина, в преддверии войны 1812 приобретавших политический характер. Сообщая министру народного просвещения А. К. Разумовскому о состоянии умов в Москве, он, в частности, писал 2 дек. 1810: «Нужно необходимо его демаскировать как человека вредного обществу и коего писания тем опаснее, что под видом приятности преисполнены безбожия, материализма и самых пагубных и возмутительных правил». Когда Карамзин привез в Петербург для печатания первые тома «Истории государства Российского», Г.-К. представил Разумовскому и А. А. Аракчееву для доказательства своих обвинений выписку из сочинений Карамзина.

В 1816 он был отставлен от должности попечителя Моск. ун-та, в 1821 отрешен от Сената. Г.-К. объяснял отставку от службы своей принадлежностью к масонам и контактами с прус. министром гр. Шеплером в 1813—1817 (см. письмо к А. С. Шишкову 1824 г. — ГПБ, ф. 862, № 10, л. 1 об.). В последние годы жизни Г.-К. занимался «писательством для себя». Известно, что после его смерти в рукописи остались принадлежащие ему переводы «Цинны» П. Корнеля, «Баязета» Ж. Расина, «Тартюфа» Ж.-Б. Мольера, «Севильского цирюльника» П. Бомарше.

Лит.: Библиогр. зап., 1859, № 20; Державин. Соч. (1864—1883), т. 7 (1872); Сухомлинов. Рос. Академия, вып. 8 (1887); *Ельчанинов И. Н.* Мат-лы по генеалогии ярославского дворянства. Ярославль, 1913, т. 2; *Лонгинов М. Н.* Соч. М., 1915, т. 1; Поэты 1790—1810-х гг. Л., 1971; *Алексеев М. П.* Англ. поэзия в рус. лит. — В кн.: Англ. поэзия и в рус. пер. XIV—XIX вв. М., 1981.

А. Б. Шишкин

ГОЛИКОВ Иван Иванович [ок. 1734, Курск—12 (24) III 1801, с. Анашкино Московской губ.]. Принадлежал к разветвленному курскому купеческому роду. Дядя Г. Иван Илларионович (см.: Минерва, 1806, ч. 1) и двоюродный брат Михаил Сергеевич Голиковы были крупнейшими винными откупщиками; с 1780-х гг. вместе со своим родственником Г. И. Шелеховым участвовали в основании Рос.-Амер. комп. Автобиография Г. в общих чертах сообщена в предисловии к «Деяниям Петра Великого...»; главная мысль ее — показать, что сама судьба предназначила Г. прославить имя Петра. Уточняющих биографию Г. документальных материалов сохранилось мало.

Г. учился чтению у дьячка. Подростком был отправлен в Москву к купцам Журавлевым отрабатывать отцовский долг. По делам Журавлевых несколько лет жил в Оренбурге, где познакомился с И. И. Неплюевым, П. И. Рычковым и записал их рассказы о Петре I. Переезд в Петербург и, в особенности, избрание в 1761 в Комиссию нового Уложения (от Белгородской провинции) доставили Г. новые знакомства с петровскими сподвижниками. К тому времени Г. добился финансовой независимости и получил возможность расширять свое собрание материалов о Петре I.

С 1779 Г. и М. С. Голиков взяли на себя питейные откупа Петербурга, Москвы и Архангельска с губерниями. В нач. 1781 в связи с делом о беспошлинном ввозе «французской водки» Г. был арестован и попал под следствие. Его спасло покровительство президента Коммерц-коллегии *А. Р. Воронцова*, и по манифесту 7 авг. 1782, изданному в память открытия памятника Петру I, Г. был помилован, но с запрещением заниматься предпринимательством (прошение о помиловании — ЦГАДА, ф. 10, оп. 1, № 606, прошение 141). Позднейшие биографы превратили этот факт биографии Г. в легенду о его коленопреклоненной клятве перед «Медным всадником» написать историю Петра.

Г., действительно, больше не возвращался к коммерции, хотя не потерял к ней интереса, составив «Рассуждение о причинах упадка российского курса...» (вошло в «Дополнения к Деяниям...», т. 10).

С 1782 до смерти Г. жил у своей дочери в с. Анашкине и выезжал только по делам, связанным с работой над историей Петра I.

В 1799 Павел I даровал Г. чин надв. советника (ЦГИА, ф. 938, оп. 1, № 117, 417).

Работу по истории Петра I Г. начал с собирания преданий о Петре I, «носящихся в народе ⟨...⟩ и из манускриптов ⟨...⟩ и на московских площадях». Часть рассказов сообщили Г. сподвижники Петра: И. И. Неплюев, С. И. Мордвинов, А. И. Нагаев, И. Л. Талызин и др. Анекдоты, обработку которых Г. начал уже в 1781—1782 в тюрьме, составили предпоследний том «Дополнений к Деяниям...» (1796, т. 17; 2-е изд., отд. 1799). В письме к Павлу I от 11 окт. 1798 о дозволении посвятить ему т. 17, Г. определил их как «драгоценные остатки ⟨...⟩ которые ⟨...⟩ в приватных общежительных чертах столь же ясно изображают ⟨...⟩ монаршие добродетели», как и государственные его дела (ЦГАДА, ф. 1239, оп. 3, ч. 111, № 54 587).

Стимулом к систематической работе над историей Петра послужил попавший к Г. из библиотеки *И. И. Шувалова* рукописный перевод Ф.-И. Страленберга «Historie der Reisen in Russland, Siberien und der grossen Tartarey» (Leipzig, 1730). «Опровержение Страленберговых нареканий» стало вводной частью «Деяний...». В т. 9 Г. поместил и др. опровержения «иностранных клевет»; особенно подробно Г. критикует книгу «Об изучении истории» («De l'étude de l'histoire». Paris, 1778) аббата Г. Мабли, сомневавшегося в пользе реформ для страны, в которой отсутствуют законы и дух гражданства.

Свою роль в создании истории Петра Г. понимал прежде всего

как миссию собирателя. Из государственных собраний Г. в начальный период работы были доступны лишь Разрядный и Воронежский архивы. У частных лиц ему удалось получить более двух тысяч писем и бумаг самого Петра и ок. полутора тысяч книг и рукописей о нем (см.: Деяния..., т. 1, с. XI—XIII). Иностранных языков Г. не знал и нанимал переводчиков, которые готовили для него переводы важнейших сочинений. Свидетельством постоянных сношений Г. с переводчиками могут служить дружеские посвящения ему некоторых переводных книг (напр., *С. С. Башиловым* и *И. Крюковым*). В т. 10—12 публиковались письма, записки и инструкции Петра I.

В 1787 Г. закончил «Деяния Петра Великого, мудрого преобразителя России, собранные из достоверных источников и расположенные по годам» и, не имея средств для издания, передал свой труд *Н. И. Новикову*, который и выпустил его в свет (1788—1789, т. 1—12). Финансовую поддержку при издании «Деяний...» оказал Шелехов, который также намеревался распространить сочинения Г. о Петре I в американской Славянороссии (ГПБ, ф. 588, № 201). Г. остался недоволен качеством издания, отношениями с издателем и впредь старался выпускать свои сочинения на средства подписчиков (список подписавшихся см.: Дополнения к Деяниям..., т. 18, с. 573—582). Первые тома «Деяний...» были одобрены императрицей, и Г. получил широкий доступ к государственным архивохранилищам. Помимо того, от читателей «Деяний...» к Г. стали поступать документы со всех концов России. Это дало возможность Г. вместо предполагавшегося переиздания «Деяний...» с дополнениями подготовить обширные «Дополнения к Деяниям...» (1790—1797, т. 1—18). Сюда вошло «Изображение предшествовавших времен Петру Великому» — история России начиная со «смутного времени», изложенная по хронографам, «Ядру Российской истории» *А. И. Манкиева* (приписывалось *А. Я. Хилкову*), «Сказанию» Авраамия Палицына, материалам *М. В. Ломоносова*, *В. Н. Татищева*, *Г.-Ф. Миллера* и пр. В т. 3 описывались государственное устройство и нравы допетровской России со ссылками гл. о. на труды *И. Н. Болтина*. Т. 15—16 «Дополнений к Деяниям...» заняла большая работа об измене Мазепы; в т. 16 вошли «Реестр бумагам Кабинета Петра Великого» и многочисленные панегирические рассуждения о Петре I.

Дополнительной задачей Г. было создание отдельных историй «слуг Петровых». В 1800 он выпустил «Историческое изображение всех дел славного женевца Франца Яковлевича Лефорта ⟨...⟩ и сослужебника его ⟨...⟩ Патрика Гордона». Др. подобных «историй» Г. создать не успел. Возможно, этому препятствовал и недостаток материала, на который он жаловался еще в 1795 (письмо к Г. П. Карабанову — ГПБ, ф. 334, № 22).

Последним сочинением Г. о Петре I стало панегирическое «Сравнение свойств и дел Константина Великого с Петром Великим», изданное *П. П. Бекетовым* по рукописи, полученной от наследников Г. (М., 1810, т. 1—2). Согласно предисловию, в книге использованы сведения, собранные *П. А. Алексеевым* для аналогичного труда и предоставленные им Г.

В своих трудах Г. избегал самостоятельных умозаключений и оценок; Петр для Г. был творцом новой России и о нем можно было говорить только в панегирическом тоне. Современники усмотрели в «Деяниях...» попытку обожествить Петра. В последнем томе «Дополнений к Деяниям...» Г. довольно неуверенно возражал против такой интерпретации его исторических взглядов.

Приемами критики источников Г. не пользовался вообще и с необыкновенной доверчивостью относился к рукописным материалам, особенно если они были выдержаны в панегирическом по отношению к Петру I тоне. Так, в основу т. I «Деяний...» легли преимущественно рукописные труды *П. Н. Крекшина* (весьма недостоверные описания юности Петра), несмотря на то что они уже были опровергнуты Г.-Ф. Миллером.

Восторженность и простодушие — два свойства, определяющие историографический стиль Г. Конспектируя «Деяния...», Пушкин насмешливо обыгрывал некоторые особо наивные выражения Г., а в письме к А. Бестужеву (от 30 нояб. 1825) сурово отозвался о слоге Г. Тем не менее труды Г. послужили основным источником для «Истории Петра» Пушкина.

До второй пол. XIX в. ничего равного труду Г. по богатству материалов о Петре Великом не появилось ни в России, ни в Европе. В 1837—1847 «Деяния...» и «Дополнения к Деяниям...» были переизданы, и В. Г. Белинский приветствовал их выход. Полностью принимая представление Г. о Петре как титане, разбудившем Россию от мертвого сна, критик одновременно отметил несоответствие историографической манеры Г. запросам сер. XIX в.

На «Деяниях...» Г. воспитывалось несколько поколений рус. людей. А. Т. Болотов назвал «Деяния...» крайне любопытной книгой, «которую ни одному Россиянину читать устать не можно».

Собрание книг и рукописей Г. перешло к мужу внучки Г. — В. Н. Каразину и составило основу его собственной библиотеки.

Лит.: Контракт ⟨...⟩ о содержании в Санкт-Петербурге и Москве с подсудственными местами нижеписанных сборов курским купцам Ивану и Михаилу Голиковым... СПб., 1778; Разные бумаги из собр. В. Н. Каразина. М., 1861; *Болотов А. Т.* Зап. СПб., 1873, т. 4; [Письма Г. к А. Р. Воронцову]. — В кн.: Арх. кн. Воронцова. М., 1880, т. 24; *Мальшинский А. П.* Лит. гонорар в XVIII в. — Ист. вестн., 1886, № 12; Соч., письма и бумаги В. Н. Каразина. Харьков, 1910; *Шмурло Е. В.* Петр Великий в оценке современников и потомства. СПб., 1912, вып. 1; *Попов П.* Пушкин в работе над историей Петра I. — В кн.: Лит. насл. М., 1934, т. 16—18; *Белинский В. Г.* Полн. собр. соч. М., 1954, т. 5; *Черепнин Л. В.* Рус. историография до 19 в. М., 1957; *Былов В. М.* «Деяния Петра Великого» И. И. Голикова как мат-л для изучения фольклора XVIII в. — В кн.: Рус. фольклор. М., 1959, т. 4; *Листов В. С., Тархова Н. А.* Труд И. И. Голикова «Деяния Петра Великого...» в кругу источников трагедии «Борис Годунов». — В кн.: Временник Пушкинской комис. 1980. Л., 1983.

М. Б. Плюханова

ГОЛИЦЫН Алексей Иванович [11 (22) V 1765—1807]. Князь; с 1779 служил в Измайловском полку, участвовал во второй рус.-тур. войне, вышел в отставку подполковником.

Первый литературный опыт Г. — «Картина глупостей нынешнего века или страстей различного возраста» (1782) — перевод четырех моралистических повестей П.-Ж.-Б. Нугаре. В последующие годы Г. трудился над переводом в стихах «Генриады» Вольтера (к которому вообще относился с большим пиететом). Перевод его (изд. в 1790) оказался весьма приблизительным. По мнению *Н. М. Карамзина*, Г. удалось лишь «выразить мысли поэтовы»; между тем их необходимо было выразить «с такою же точностию, с такою же чистотою и приятностию, как и в подлиннике» (Моск. журн., 1791, ч. 2, февр., с. 207—208). В 1791 появился «первоначальный» (по его собственному свидетельству) «драматический труд» Г. — перевод трагедии Вольтера «Эдип», выполненный вполне добросовестно, но лишенный каких-либо художественных достоинств.

На протяжении 1790-х гг. Г. выступал как драматический писатель. Ему принадлежит несколько комедий — оригинальных («Новые чудаки, или Прожектер» и «Отец-невидимка, или Сватался на матери, женился на дочери») и переведенных с фр. («Глухой, или Полный трактир» П.-Ж.-Б. Шудар-Дефоржа и «Светское обращение, или Нравы века» Д. Гаррика, к которой Г. добавил третий акт); наиболее значителен «Прожектер», относящийся к жанру «высокой» (стихотворной) комедии. Показательно, что одним из своих учителей Г. называл Ж.-Б. Мольера (см. стихотворение Г. «Посвящение мое Талии, музе комедий»).

Одновременно из-под пера Г. вышло более десятка од (из них несколько было вдохновлено победами А. В. Суворова); множество сочинений дидактического характера; посланий, подписей к портретам, эпиграмм, эпитафий, всевозможных стихов «на случай» (об одном его экспромте «К‹нязю› Я. А. Г‹олицыну›, который смеялся, что я ношу очки» впосл. вспоминал П. А. Вяземский); немало образцов поэзии анакреонтической, медитативной, буколической. Г. переводил также фр. поэтов; в частности, им было сделано два перевода (белым и рифмованным стихом) знаменитой идиллии Ш.-Ф. Панара «Ручей Шампиньи».

Преобладающая часть творческой продукции Г. вошла в его «Собрание сочинений и переводов» (1798—1800, т. 1—3). Единственный большой труд Г., появившийся в последующие годы, — «Кораблекрушение и похождения в Северной Америке капитана Петра Виода» (СПб., 1802), перевод из Ж.-Г. Дюбуа-Фонтанеля.

Г. был знаком с *М. М. Херасковым, Ю. А. Нелединским-Мелецким, Я. И. Булгаковым, Е. Ф. Болтиной*, находился в дружеских отношениях с *И. М.* и *Е. М. Долгоруковыми*. Хотя Г. живо откликался на мн. общественно-политические события, пробовал силы в разных — традиционных и новых — жанрах и вообще трудился с большой энергией и упорством, у современников репутация его была весьма невысокой: в их представлении он был писателем трудолюбивым, но бесталанным.

Лит.: Серчевский Е. Зап. о роде князей Голицыных. СПб., 1853; Державин. Соч. (1864—1883), т. 2 (1865); Голицын Н. Н. Род князей Голицыных: Мат-лы родословные. СПб., 1892, т. 1; Из писем А. Я. Булгакова... — Рус. арх., 1898, № 5; Заборов (1978).

П. Р. Заборов

ГОЛИЦЫН Алексей Петрович [26 I (6 II) 1754—после 1811, Москва]. Князь; с 1758 служил в Измайловском полку; в 1768 — прапорщик, в 1773 — капитан-поручик, в 1778 — полковник; тогда же уволен «для определения к статским делам» и назначен советником Палаты угол. суда Владимирского наместничества; в том же году получил чин ст. советника. В 1781—1788 — председатель этой палаты; в 1793 — д. ст. советник.

На литературном поприще Г. выступал как переводчик и компилятор. В 1775 он выпустил перевод «Английского сироты» Ш.-А. де Лонгейля, характерного образца фр. «буржуазной» драмы. В посвящении Г. сообщал, что эта драма есть «лучшее изобретение, которым владеет ныне французский театр», и утверждал, что она «опровергает совсем нравы нашего века», предвидя в этой связи недовольство «петиметров и новомодных супруг». Пьеса игралась на московском театре (см.: Драм. словарь (1787)). По-видимому, Г. принадлежал также перевод одноактной фр. комедии «Фанни» Давида (по мотивам рассказа Р. Стиля об Инкле и Ярико), поставленной там же 18 апр. 1789 («Фанния»; опубл. не позднее 1792). По свидетельству *Евгения Болховитинова*, несколько комедий Г. осталось в рукописи. В 1802—1803 в переводе Г. увидела свет чувствительная повесть А.-Ж.-Н. де Рони об «ужасах» якобинского террора «Les Infortunes de Mr de la Galetierre pendant le régime décemviral» (1797; у Г. — «Аделаида, или Несчастия Де ла Галетиерра во время децемвирского правления ‹...›. Истинная повесть»).

Кроме того, Г. подготовил два обширных свода — «Таблицу хронологическую государей европейских» (М., 1801) и «Ядро хронологическое всемирной от начала света до кончины Екатерины II» (М., 1804), составил «Дорожный календарь, или Указатель главных дорог империи» (М., 1805), а также познакомил рус. читателей с некоторыми иностранными сочинениями о путешествиях в разные страны и на разные континенты: «Путешествие в Индию и Персию ‹...› писанное чиновниками, находившимися в службе английской Восточной компании» (М., 1803; 2-е изд. М., 1809), «Путешествие в Ботани-Бай, с описанием страны, нравов, обычаев и религии природных жителей, славного Георгия Баррингтона» (М., 1803; 2-е изд. М., 1809), «Путешествие господина Сонниния в Верхний и Нижний Египет, с описанием страны, нравов, обычаев и религии природных жителей» (М., 1803 (?); 2-е изд. М., 1809). В 1816 все эти сочинения были переизданы под общим назв. «Собрание любопытных путешествий в разные страны света, на российском языке неизвестных, служащих продолжением Истории о странствованиях вообще и Всемирному путешественнику» (ч. 1—2).

Лит.: Евгений. Словарь, ч. 1 (1845); *Серчевский Е.* Зап. о роде князей Голицыных. СПб., 1853; *Туркестанов Н.* Губ. служебник. СПб., 1869; *Голицын Н.-Н.* Род князей Голицыных: Мат-лы родословные. СПб., 1892, т. 1; *Чаянова О.* Театр Маддокса в Москве. М., 1927; *Дмитриев В. Г.* Скрывшие свое имя. М., 1977.

П. Р. Заборов

ГОЛИЦЫН Борис Владимирович [6 (17) I 1769, Москва—6 (18) I 1813, Вильно, похоронен в с. Большие Вяземы Московской губ.]. Князь; получил домашнее воспитание под руководством гувернера-француза Оливье. В 1775 г. был записан в Преображенский полк, в 1781 переведен в Семеновский. В 1782 вместе с младшим братом Дмитрием был отправлен в Страсбург, где обучался иностранным языкам, различным военным дисциплинам, музыке и танцам (за успехи в этом последнем занятии получил прозвище «Борис-Вестрис»). Позднее Г. обосновался в Париже и прожил там — с небольшими перерывами — до осени 1790, оказавшись свидетелем предреволюционных и революционных событий. Из Франции, которую Г. покинул, следуя указаниям рус. правительства, опасавшегося «революционной заразы», он направился в Италию, а в дек. 1791 возвратился в Россию. Вскоре Г. вступил в военную службу и в 1794 принял участие в пол. кампании; в 1796 произведен в полковники, в 1798 — в генерал-майоры и тогда же ему в команду дан С.-Петербургский гренадерский полк. В 1799 Г. — генерал-лейтенант, в 1802 — шеф Павловского гренадерского полка; в 1803 назначен генерал-инспектором по инфантерии в Смоленске; в 1806 вышел в отставку «за болезнию» и возобновил службу лишь с нач. Отечественной войны 1812; участвовал в сражении под Смоленском и в Бородинской битве, где был ранен; от последствий этого ранения он и умер.

Все известные сочинения Г. написаны по-французски и в большинстве своем относятся к парижскому периоду его жизни. В 1787—1788 он частично перевел на фр. «Опыты» О. Голдсмита и опубликовал их в журналах «Année littéraire», «Journal encyclopédique» и «Mercure de France». В «Mercure de France» увидели свет и его мысли об этом англ. романисте и эссеисте («Idées sur Goldsmith»), которого он настойчиво рекомендовал читателям (отд. изд. «Опытов» Голдсмита в пер. Г. появилось позднее, по-видимому в нач. XIX в.). В 1788 в «Mercure de France» была напечатана заметка Г. о нем. писателе и публицисте И.-К. Рисбеке; в ней получили отчетливое выражение его нем. симпатии, а также редкое для тех лет представление о «литературном мире» как о «единой семье», которую «каждый из ее членов обогащает плодами своего воображения» (Mercure de France, 1788, 12 juillet, p. 97—102). Нем. интересы Г. проявились также в небольшом фрагменте «L'Aurore» («Аврора»), навеянном идиллиями С. Геснера, и в повести «Diogène et Glycère» («Диоген и Гликерия»), представлявшей собой более или менее точный перевод из «Разговоров Диогена Синопского» К.-М. Виланда (Almanach littéraire, ou Etrennes d'Apollon, 1788, p. IV, 1—6; Mercure de France, 1790, 27 mai, p. 102—113, а также: Journal encyclopédique, 1790, t. 3, p. 493—504). Г. пробовал даже сочинять на нем. языке: какие-то свои опыты он предлагал в письме от 14 дек. 1786 из Парижа Ф. Шиллеру для его журнала «Rheinische Thalia», о котором одобрительно отзывался и на который выражал желание подписаться (Арх. Гете и Шиллера в Веймаре).

В 1788 в «Almanach des Muses» (p. 216) Г. опубликовал «Epitaphe d'un moucheron» («Эпитафия комару») — «вольное подражание» двустишию из юношеской поэмы Вергилия «Комар». По мнению П. А. Вяземского, именно это сочинение вызвало ироническое суждение А. Ривароля. В 1789—1790 на страницах фр. периодических изданий увидело свет несколько оригинальных стихотворений Г. — мадригал, песня и эклога под назв. «Doris» («Дорида»), весьма типичный образец буколической поэзии (Mercure de France, 1790, 20 février, p. 85—89). Это обширное (св. 100 строк) произведение представлялось на конкурс Франц. Академии, но награды не удостоилось. Тогда же появился и еще один перевод Г. с англ. «Essai sur la faveur populaire» («Опыт о любви народной») (Mercure de France, 1790, **7** août, p. 41—48).

Во фр. литературных кругах Г. пользовался некоторой известностью. Среди его парижских знакомых — Ж.-Ф. *Лагарп* (которому он показывал свои сочинения), Ф.-М. *Гримм*, Ж.-Ф. *Мармонтель*, А.-Ф. де *Сент-Анж*, *Жермена де Сталь* (с нею он встречался и во время ее пребывания в Москве в июле 1812 г.).

По возвращении на родину Г. отошел от литературной деятельности и вернулся к ней лишь после выхода в отставку. В этот период им был создан трактат «Réflexions sur les traducteurs et particulièrement sur ceux des „Maximes" de la Rochefoucauld» («Размышления о русских переводчиках, и в частности о переводчиках „Максим" Ларошфуко»), первоначально опубликованный с некоторыми сокращениями как «Предисловие от издателя» к «Нравственным рассуждениям герцога де Ля Рошфуко» (М., 1809; пер. Д. И. Пименова; посв. Г.), а два года спустя напечатанный полностью во фр. оригинале отдельной книгой (St-Pbg., 1811). В нем Г., обнаруживая эстетический, а также языковой консерватизм и полемизируя с «нововводителями», к которым относил *Н. М. Карамзина* (впрочем, не названного) и его приверженцев, высказал тем не менее ряд интересных и важных суждений о значении переводной литературы и «долге» переводчика, которому, по его мнению, надлежало в совершенстве знать оба языка, глубоко изучать переводимого автора, верно воспроизводить на родном языке его стиль, причем переводить непременно с подлинника. Суждения эти он подтверждал различными примерами, прежде всего из истории рус. переводов *Гомера* и *Тассо*. Большое место в книге было отведено критике осуществленных ранее (*Е. Татищевой* и И. Барышниковым) переводов «Максим» Ларошфуко, роль которого в истории фр. литературы и формировании фр. языка Г., вслед за Вольтером, оценивал очень высоко.

Во второй пол. 1800-х гг. Г. все более сближается с рус. писателями:

в его московском доме бывали В. А. Жуковский, Н. И. Гнедич, *И. И. Дмитриев*, М. Н. Макаров; в 1812 А. Ф. Мерзляков читал там «общедоступный» курс словесности. Г. явился также одним из основателей и ревностных сторонников Беседы любителей рус. слова. К кон. жизни Г. — убежденный «старообрядец». По свидетельству С. Н. Глинки, на «русских вечерах» у Г. «читали все русское», и хозяин «настоятельно просил, чтоб останавливали его, когда к русскому примешает французского». Однако эта довольно искусственная общественная и эстетическая переориентация на фоне патриотического возбуждения 1800-х гг. не получила какого-либо отражения в творчестве Г.: по сообщению В. Л. Пушкина, весной 1812 он составлял фр. пояснения к сочинениям Карамзина (см.: Рус. арх., 1899, № 7, с. 459—460).

По-французски написаны и все дошедшие до нас письма Г., среди которых наибольшую историческую ценность представляют письма из Франции к матери, знаменитой в великосветских кругах кн. Н. П. Голицыной. Архив Г. хранится в ГБЛ (ф. 64).

Лит.: *Глинка С. Н.* Зап. о 1812 г. СПб., 1836; *Серчевский Е.* Зап. о роде князей Голицыных. СПб., 1853; *Дмитриев М. А.* Мелочи из запаса моей памяти. М., 1869; *Батюшков К. Н.* Соч. СПб., 1886, т. 3; *Голицын Н. Н.* Род князей Голицыных: Мат-лы родословные. СПб., 1892, т. 1; Письма В. А. Жуковского к Александру Ивановичу Тургеневу. М., 1895; *Трубников А.* Кн. Голицына в Марьине и Городне. — Старые годы, 1910, июль—сент.; Арх. братьев Тургеневых. СПб., 1911, вып. 2; *Шереметев П. С.* Вяземы. Пг., 1916; *Barbier C.-P.* Goldsmith en France au XVIIIe siècle: Les «Essays» et le «Vicar of Wakefield». — Revue de littérature comparée, 1951, N 4; *Шлихтер Б. А., Майкова К. А.* Арх. имения Вяземы. — В кн.: Зап. Отд. рукописей ГБЛ. М., 1955, вып. 17; *Егунов А. Н.* Гомер в рус. пер. XVIII—XIX вв. М.; Л., 1964; *Данилевский Р. Ю.* Шиллер и становление рус. романтизма. — В кн.: Ранние романтические веяния. Л., 1972; *Заборов П. Р.* Жермена де

Сталь и рус. лит. первой трети XIX в. — Там же.

П. Р. Заборов, М. В. Разумовская

ГОЛИЦЫН Василий Дмитриевич [9 (20) I 1752—8 (20) II 1822, Москва, похоронен в Донском м-ре]. Принадлежал к одной из малоизвестных ветвей княжеского рода Голицыных; по матери, Екатерине Кирилловне, семья была связана с родом Матюшкиных. Ребенком (в 1759) Г. был записан в сержанты Семеновского полка; на службу он явился в 1771 уже подпоручиком и, хотя не участвовал в военных действиях, быстро продвигался в чинах: поручик (1773), капитан-поручик (1775), капитан (1778). В отставку вышел армии бригадиром (1782), а на статской службе поднялся до д. ст. советника. Свой век доживал в Москве холостяком. На надгробии Г. была высечена эпитафия, сообщавшая о его щедрой благотворительности.

Г. служил в гвардии, когда в офицерской среде еще были живы литературные традиции 1760-х гг., но в печати выступил лишь в кон. века, выпустив почти одновременно три небольших книжки: сделанный с фр. прозаический перевод трагедии Софокла «Филоктет» (1799; подан в цензуру студентом Сергеем Бажановым между 31 мая и 11 июня 1798), «Разные стихотворения» (1798; поданы в цензуру прапорщиком Петром Троепольским между 21 и 27 сент. 1798) и «Продолжение разных стихотворений» (1799).

Для истории литературы более всего интересны резкие, как правило, рукописные эпиграммы Г., которые дают возможность судить о прижизненных репутациях писателей кон. XVIII в. Среди них есть эпиграмма на деятельность *Н. И. Новикова*-издателя, подтверждающая предположения, что тот был автором ряда анонимных стихотворений в «Трутне»; на комедию *М. И. Прокудина-Горского* «Самохвал» (1773), на *Е. И. Кострова* и *Аполлоса Байбакова*. Др. эпиграммы содержат насмешки над «Ильей Муромцем» *Н. М. Карамзина* (1795), одой *Г. Р. Державина* «Мой истукан» (1798), резкое осуждение «Кандида» и «Орлеанской девственницы» Вольтера. Кроме эпиграмм,

рукописный сборник произведений Г. «Разные стихотворения» (90 л. в 4°), составленный ок. 1812, включал мадригалы, стансы, сонеты, сказки и басни, оды, песни, «Две эпистолы к Петрушке» (возможно, подражание *Д. И. Фонвизину*), «Стишки из трагедии Шекеспировой Царь Леар», перевод из «Эсфири» Ж. Расина и др. мелкие произведения; некоторые из них ранее уже были опубликованы автором. Г. А. Гуковский, последний владелец сборника, происходившего из библиотеки В. А. Бильбасова, отмечал архаичную литературную манеру Г., относя его к эпигонам сумароковской школы поэтов. В настоящее время сборник утрачен.

Лит.: *Серчевский Е.* Зап. о роде князей Голицыных. СПб., 1853; Дирин. Семеновский полк, т. 2 (1883), Прил.; *Голицын Н. Н.* Род князей Голицыных: Мат-лы родословные. СПб., 1892; т. 1; *Гуковский Г. А.* Сиятельный злопыхатель XVIII столетия. — В кн.: XVIII век. Л., 1983, сб. 14.

В. П. Степанов

ГОЛИЦЫН Сергей Иванович [31 VII (11 авг.) 1767—20 VI (2 VII) 1831, Петербург, похоронен в с. Тентелеве под Петербургом]. Брат *А. И. Голицына*. Принадлежал к старинному княжескому роду. В малолетстве остался сиротой и воспитывался в доме своего дяди кн. П. А. Голицына, обер-егермейстера *Екатерины II*. В 1791 женился на Е. В. Приклонской.

В службу был записан в Измайловский полк. Был участником рус.-швед. войны 1788—1790. В 1799 вышел в отставку армии бригадиром. В 1833 вновь вступил в службу членом Моск. гоф-интендантской конторы. Бо́льшую часть жизни прожил в Москве.

Первый его литературный опыт — сборник переводов из различных фр. источников «Бог — мститель за невинно убиенных» (1782) — включает несколько правоучительных «примеров», содержание которых «склонено на русский лад». В 1783 Г. опубликовал сделанный им совместно с братом Алексеем перевод с фр. романа «Новое торжество прекрасного полу, или Подлинные записки де-

213

вицы Дютернель» (Гор. и дер. б-ка, ч. 7). Г. — автор слабых лирических стихов «Досада» в альманахе «Подснежник» (СПб., 1829).

А. Я. Булгаков, находившийся в родстве с ним, в «Письмах к отцу, брату и детям», опубликованных в «Рус. арх.» (1898—1903), оставил любопытные замечания о личности Г. Письма Г. к А. Я. и К. Я. Булгаковым хранятся в ГБЛ (ф. 41.73.25—33).

Лит.: *Серчевский Е.* Зап. о роде князей Голицыных. СПб., 1853; *Голицын Н. Н.* Мат-лы для полной родословной росписи князей Голицыных. Киев, 1880; *Сиповский В. В.* Из истории рус. романа и повести. СПб., 1903.

Л. Ф. Капралова

ГОЛИЦЫН Федор Николаевич [7 (18) IV 1751—5 (17) XII 1827, Москва, похоронен в с. Покровском Звенигородского у. Московской губ.]. Старший сын генерал-майора кн. Н. Ф. Голицына, племянник *И. И. Шувалова*. В юности принимал участие в его заграничных поездках, побывал во Франции и Швейцарии, встречался там с представителями рус. дипломатических кругов. Воспитанный в традициях «века философии» (примат разума над чувством, спокойное и разумное отношение к происходящему), Г. в особенности восхищался Швейцарией, о которой он писал Л. К. Разумовскому из Парижа 29 апр. 1774: «Сюда приехал, оставив Женеву с великим сожалением ‹…›. Может быть, нет в Европе места, которое толь сходствовало бы с моими философическими мыслями. Представь же, сколь горько такое покинуть, может быть, и навсегда». Из Женевы Г. последовал в Париж, где, по его словам, слушал «множество публичных курсов, чем приумножил свое знание».

Числясь в службе с 1755, Г. фактически начал служить с кон. 1780-х гг. Он вспоминал позднее, что до 1777 (т. е. до пожалования ему чина камер-юнкера) «был около восьми лет в чужих краях», а «по возвращении ‹…› почти был все в отпуску по конной гвардии». В кон. 1780-х гг. Г. «хотел войти в дипломатический корпус», но неожиданно был назначен в Сенат и в 1779 числился в 1-м Деп. Сената за обер-прокурорским столом. В дальнейшем весьма успешно продвигался по службе в Сенате, но часто бывал в длительных отпусках, так, напр., 25 марта 1790 взял «отпуск в дом на два года» (ЦГАДА, ф. 286, № 299, л. 10). С 1786 — камергер; в 1780—1790-х гг. совмещал службу в Сенате с выполнением отдельных дипломатических поручений в европ. столицах; за ним закрепилось прозвище «cavalier gentil», данное ему швед. королевой. Во время своих заграничных поездок Г., по свидетельству современников, во Франции был принят Марией-Антуанеттой, Людовиком XVI и его братом герцогом д'Артуа, в Италии — «папою и многими учеными». Как писал Н. Д. Иванчин-Писарев, «среди двора пышной Версалии, где необузданная роскошь и все неповолительные, лишь прикрытое цветами остроумия и наружной пристойности, готовили Францию к плачевнейшей эпохе ее бытия, он пребыл недосягаем всеобщею заразою…». Г. два раза гостил у «фернейского старца». По свидетельству современников, Г. сумел внушить Вольтеру уважение к своим религиозным принципам, и Вольтер в его присутствии удерживался от обычных атеистических выпадов.

Г. принимал участие в жизни двора (в 1787, напр., участвовал в постановке на придворном театре оперы Д. С. Бортнянского «Дон Карлос» — см.: *Долгорукий И. М.* Зап. Пг., 1916, с. 129), но, по его словам, «не быв никогда через меру честолюб ‹…› ничем у двора не ослеплялся и был спокойным зрителем». Он был близко знаком с *Н. И. Паниным* и, очевидно, сочувствовал дворянской оппозиции.

Павел I по просьбе И. И. Шувалова назначил Г. куратором Моск. ун-та в чине т. советника (дек. 1796—нояб. 1803). Г. переехал в Москву, жил на Покровке или в с. Петровском (возле Звенигорода). В эти годы Г. состоял в переписке с *Г. Р. Державиным* по поводу подготовки первого собрания сочинений Державина, которое печаталось в Унив. типографии. В 1801 из-за болезни жены вышел в отставку (его сменил *М. Н. Муравьев*) и отправился в очередное заграничное путешествие.

В 1812 уехал в деревню Мыть (в 130 км от Владимира). Дом его в Москве был разграблен фр. солдатами.

В 1779 Г. «впервые взялся за лиру», опубликовав в «Акад. изв.» (т. 2) «Песнь на рождение ⟨...⟩ Константина Павловича, сочиненную в Сарском Селе, апр. 27 дня, 1779 года». «Песнь» написана в традициях *М. В. Ломоносова*. Сам Г. упоминает также свои «стихи французские в похвалу государю Павлу I», которые были поднесены последнему кн. А. Б. Куракиным. Кроме того, Г. перевел из Ш.-Л. Монтескье «Разговор Силлы с Эвкратом», посвященный проблеме власти. «Разговор» он читал в Вольном Рос. собрании при Моск. ун-те, членом которого был с 7 нояб. 1780 (опубл.: Опыт тр. Вольного Рос. собрания, 1783, ч. 6). Перу Г. принадлежит также биографическая заметка «Жизнь обер-камергера И. И. Шувалова, написанная племянником его» (1798; опубл.: Москв., 1853, ч. 2, № 6). Наибольший интерес представляют «Записки» Г., над которыми он работал в 1809 (содержат ряд приписок 1812) и которые являются попыткой показать жизнь двора последней трети XVIII в. «Записки» интересны также тем, что в них упомянут *А. Н. Радищев* (опубл.: Рус. арх., 1874, № 5 — по рукописи, полученной от сына Г., Михаила).

По свидетельству Иванчина-Писарева, Г. всегда интересовался литературой; в 1782 *Ф. И. Сапожников* посвятил ему свой перевод из К.-М. Виланда «Новый Дон Кишот». Литературной деятельностью Г. занимался до старости; незадолго до смерти он подарил одному из почитателей «собственноручный список сочиненных им в 1820 году стихов», в которых возносится хвала творцу за то, что тот продлил жизнь Г. «до поздних уже дней».

Деловые бумаги и имущественные документы Г. хранятся в ИРЛИ (ф. 81); здесь же находится сборник писем к нему разных лиц (А. Б. Куракин, Н. П. Румянцов, М. Ф. Сойманов, Г. Р. Державин, П. В. Лопухин, *Н. А. Львов*, Ф. М. Колокольцев и др.) за 1797—1803 (Р. III, оп. 2, № 386).

Лит.: *Н. И. П.* [*Иванчин-Писарев Н. Д.* Некролог Г.] — Моск. вед., 1827, 10 дек., № 99; Шевырев. Моск. ун-т, т. 1 (1855); *Долгорукий И.* Путешествие в Нижний в 1813 г. М., 1870; *Васильчиков А. А.* Семейство Разумовских. СПб., 1880, т. 2; *Голицын Н. Н.* Род князей Голицыных: Мат-лы родословные. СПб., 1892, т. 1; *Бантыш-Каменский Н. Н.* Обзор внешних сношений России. М., 1902, т. 1.

И. Ю. Фоменко

ГОЛИЦЫНА (урожд. Энгельгардт) Варвара Васильевна [12 (23) III 1752, Белая Церковь—2 (14) V 1815, Тарнополь]. Княгиня; племянница Г. А. Потемкина (фрагменты их переписки, рисующие их личные отношения в 1777—1779, см.: Рус. старина, 1875, № 3). Замужем за генералом С. Ф. Голицыным (1748—1810), участником рус.-тур. войны 1787—1791 и взятия Очакова (1788).

Г. была близко знакома с *Г. Р. Державиным* в бытность его тамбовским губернатором (родовое имение Голицыных — Зубриловка — находилось в Балашовском у. Саратовской губ., в 150 верстах от Тамбова). Известная своей красотой, она не раз была воспета Державиным, бывавшим в ее имении (напр., стихотворение «Осень во время осады Очакова», 1788). Державин пользовался посредничеством Г. в своих обращениях к Потемкину.

С 1797 *И. А. Крылов*, поступивший секретарем к С. Ф. Голицыну, жил в Казацком, укр. имении Голицыных, обучая детей Г. С Г. был знаком К. Ф. Рылеев; в письме к матери от 6 марта 1815, видимо собираясь обратиться к Г. с просьбой материального характера, он писал: «Хотя это и будет лишнее, однако я хочу написать письмо к княгине Варваре Васильевне!» (*Рылеев К. Ф.* Соч. и переписка. СПб., 1872, с. 262).

Г. принадлежит перевод романа фр. писателя Б. Эмбера «Заблуждения от любви, или Письма от Фанели и Мильфорта» (Тамбов, 1790; посв. С. Ф. Голицыну). В сравнении с более ранним анонимным переводом (1788), перевод Г. выполнен менее тщательно: он кажется в достаточной степени архаичным (сама переводчица критически относилась к своему переводу, — ср. извинительный тон посвящения). Однако, по свидетельству М. Н. Макарова, Державин, гордившийся успехами тамбовских литераторов, препровождая экземпляр перевода *М. М. Хераскову*, писал: «Прочтите наш новый роман; да послужит он многим из ваших указкою и по выбору, и по слогу. В столицах не все так переводят...». Письмо Державина не сохранилось, однако др. упоминание о деятельности Г. имеется в его переписке с Херасковым, относящейся к 1786. В одном из писем Херасков благодарил Державина за «посылку, сообщенную от нововозникающих тамбовских муз...».

Лит.: Макаров М. Н. Мат-лы для истории рус. женщин-авторов. — Дамский журн., 1839, ч. 39, № 193; *Лонгинов М. Н.* Библиогр. заметки (IV). — Совр., 1856, № 6; *Грот Я. К.* Записка ⟨...⟩ о дополнительных мат-лах к биографии Державина. — Зап. имп. Академии наук, 1862, т. 2, кн. 1; *Вигель Ф. Ф.* Воспоминания. М., 1866, т. 1; Державин. Соч. (1864—1883), т. 5 (1869); *Мордовцев Д. Л.* Рус. женщины нового времени. СПб., 1874 (перепеч.: *Мордовцев Д. Л.* Собр. соч. СПб., 1902, т. 39); Голицын. Словарь (1889); И. А. Крылов в воспоминаниях современников. М., 1982.

С. Н. Искюль

ГОЛИЦЫНА Екатерина Михайловна [1763—1823, Москва, похоронена в Донском м-ре]. Дочь генерал-поручика М. М. Голицына. В «Покоящемся трудолюбце» (1785, ч. 4) под криптонимом «Кн. Ек. Г.» опубликовала в переводе с нем. исторический анекдот англ. писателя-просветителя Р. Стиля «Наказанная наглость» о справедливом суде герцога бургундского над одним из своих вассалов. Перевод тематически связан с двумя др. переводами (возможно, учебного характера), долженствующими иллюстрировать мудрость государей и помещенными в разделе «Анекдоты»: «Рудольф I» и «Король, судящий, как отец» (подп. — «Кн. Т. Г.» и «Кн. Ел. Г.»). Они выполнены Татьяной и Еленой Голицыными, сестрами Г. *Н. И. Новиков* сопроводил публикацию примечанием: «Сии три анекдота помещены здесь в доказательство признательности издателей за сообщение им оных от таких особ, коим сии упражнения делают особое предпочтение, тем более, чем реже приходится видеть занимающимся сим знатного рода девиц».

Лит.: Голицын Н. Н. Род князей Голицыных: Мат-лы родословные. СПб., 1892, т. 1; Левин. Англ. журналистика (1967).

И. В. Немировский

ГОЛИЦЫНА Е. Ф. см. Болтина Е. Ф.

ГОЛОВИН Михаил Евсеевич [1756, с. Матигоры Архангельской губ. — 8 (19) VI 1790, Петербург]. Ученый в области физико-математических наук; сын государственного крестьянина, племянник *М. В. Ломоносова*. В 1756 поступил в Акад. гимназию; с 1770 был допущен к слушанию лекций на лат. и нем. языках в Акад. ун-те; с 1773 совершенствовался в физике у Л.-Ю. Крафта и в математике у Л. Эйлера. 15 янв. 1776 был избран адъюнктом экспериментальной физики, с 1786 — почетный академик. Из-за конфликта с *Е. Р. Дашковой* (в связи с допущенными при издании месяцеслова на 1786 ошибками) подал в отставку. Г. преподавал математику в Петербургском гл. нар. уч-ще, в Пажеском корпусе и Смольном ин-те. Переводчик научных трудов с нем. языка и составитель учебников, Г. известен как один из первых физиков-методистов в России. Вопрос об участии Г. в редактировании журнала «Акад. изв.» (1779—1781) является спорным. Г. был причастен к изданию академического собрания сочинений Ломоносова; 26 авг. 1784 ему было поручено просматривать корректуру издания (ААН, ф. 3, оп. 1, № 342, л. 143—144).

Литературное творчество Г. ограничивается прозаическим переводом комедии Теренция «Евнух», напечатанным в полном издании «Комедий» Теренция (1773—1774). Перевод, начатый в 1768 под руководством *Л. И. Бакмейстера* в качестве учебного к лат. курсу, выполнен весьма плохо, с некоторой тенденцией к буквализму, хотя Г. был известен по рукописи стихотворный перевод *В. К. Тредиаковского* (1752). В 1771 Г.

и его соученики (*А. С. Хвостов, Ф. П. Моисеенков* и др.) выправили свои переводы из Теренция по новейшему фр. изданию Ла Монне, снабдили компилятивными примечаниями и предложили для издания Собранию, старающемуся о переводе иностр. книг. Возможно, что Г. совместно с др. переводчиками принимал участие в переработке сделанного Ф. Синским перевода «Формиона». Редактором переводов, очевидно, был тот же Л. И. Бакмейстер, державший корректуру параллельного лат. текста. Текстом «Евнуха» в переводе Г., по-видимому, пользовалась *Екатерина II* при сочинении комедии «Невеста-невидимка», «склоняя» Теренция на рус. нравы.

Лит.: Предуведомление от трудившихся в переводе. — В кн.: *Теренций*. Комедии. СПб., 1773, т. 1; *Бобынин* В. М. Е. Головин. — Мат. обозр., 1912, № 4—7; Семенников. Собрание, старающееся о переводе книг (1913); Берков. Журналистика (1952); *Соболевский С. И.* Теренций в России. — В кн.: Теренций. Адельфы. М., 1954; Кулябко. Ломоносов (1962); *Лукина Т. А.* Неизв. документы о сестре Ломоносова М. В. Головиной и его племянниках М. Е. и П. Е. Головиных. — В кн.: Лит. творчество Ломоносова. М.; Л., 1962.

А. Б. Шишкин

ГОЛУБЦОВ Иван Иванович [1715, Москва—25 V (5 VI) 1759]. Сын типографщика. Учился в Славяно-греко-лат. академии. 23 дек. 1735 по указу Сената в числе 12 лучших учеников (среди них — *М. В. Ломоносов*) в сопровождении служителя Чудова монастыря *В. С. Попова* был направлен в Петербург (ААН, ф. 3, оп. 1, № 791, л. 341) и зачислен в Акад. ун-т «на академический кошт». Вместе с др. прибывшими из Москвы учениками Славяно-греко-лат. академии поселился в доме «двора новгородского семи монастырей» на Васильевском острове под надзором адъюнкта *В. Е. Ададурова*. Присланных семинаристов обучали по программе Акад. гимназии — математике, риторике, истории, географии, лат. и нем. языкам. В рапорте в Сенат об их успехах 31 мая 1738 сообщалось, что Г. и *В. И. Лебедев* «великую способность к изучению языков имеют, того ради принято намерение их латинскому и немецкому и российскому языку так совершенно обучать, дабы они при переводе книг, к чему особливой остроты потребно, или учителями с пользою употреблены быть могли» (ААН, ф. 3, оп. 2. № 34).

1 сент. 1740 Г. по резолюции Кабинета е. и. в. был определен переводчиком при Акад. конференции (см.: Мат-лы для истории Академии наук, т. 4 (1887)). Кроме того, Г. было поручено обучать арифметике и географии учеников Акад. гимназии. В 1758 Ломоносов предполагал ввести Г. в штат ее преподавателей.

Для Акад. гимназии Г. перевел с нем. учебники, составленные академиком Г.-В. Крафтом: «Краткое руководство к математической и физической географии с употреблением земного глобуса и ландкарт» (1739) и «Краткое руководство к теоретической геометрии» (1748). Отзыв о последнем переводе давал Ломоносов, который внес в текст некоторые поправки (см.: Протоколы заседаний Конференции Академии наук. СПб., 1899, т. 2, с. 89—90; рукопись Г. — ААН, Р. II, оп. 1, № 102).

Редакционной обработке Ломоносова подвергся и совместный перевод Г. и В. И. Лебедева «Минерального каталога...» (рукопись, т. н. голубцовская, — ААН, ф. 20, оп. 3, № 62).

Назначенный в 1742 в Ведомственную экспедицию, Г. вместе с Лебедевым, *Н. И. Поповым* и Г.-К. Фрейгангом переводил статьи и правил корректуры для «СПб. вед.». Имя Г. упоминается в числе сотрудников «СПб. вед.» в 1744, 1745 и 1755. Он переводил также составленные академиком Х.-Н. Винсгеймом академические календари.

В 1743 Г. было поручено срочно перевести с нем. рукописи первые четыре главы «Истории Сибири» *Г.-Ф. Миллера*, работу над которыми он закончил к 3 нояб. С этого времени Г. стал постоянным переводчиком работ Миллера, хотя не был освобожден и от др. переводческих обязанностей. Так, в 1746 он был прикомандирован к Г.-Ф. Юнкеру, изучавшему дела соляных заводов. Однако в основном занятия Г. были связаны с публикацией «Истории Сибири» на рус. языке. В его переводе (кроме гл. 1 и § 1—64 гл. 2, заново переведенных В. И. Лебедевым) появилось 1-е рус. издание «Истории Сибирского царства...» (1750). Подготовленные Г. переводы глав 6—17 под загл. «Сибирская история» были опубликованы в «Ежемес. соч.» уже после его смерти (1763, ч. 18, окт., 1764, ч. 19—20, янв.— июнь).

Будучи с 6 янв. 1755 штатным переводчиком при журнале «Ежемес. соч.» (ААН, ф. 21, оп. 1, № 25), редактировавшемся Миллером, Г. перевел для него большое число статей последнего о Сибири, в т. ч. «Известие о торгах сибирских», «Первые российские путешествия и посольства в Китай», «Историю о странах, при Амуре лежащих...», «Описание морских путешествий по Ледовитому океану...», а также ряд научно-популярных статей др. авторов. Им составлен указатель к ч. 5 журнала за 1757 (опубл. в июньском номере). *С. А. Порошин* в «Записках» отозвался о Г. как об одном из лучших переводчиков своего времени.

Еще в 1740-х гг. Г. был привлечен к работе над первым академическим толковым словарем, которую сначала возглавлял *А. И. Богданов*, а затем И. И. Тауберт, и вел ее вместе с Лебедевым, *В. Е. Тепловым* и Фрейгангом.

Е. С. Кулябко

ГОРДИН Ермоген Федорович [ум. после 1819, Петербург]. Сын обер-секретаря Сената. 1 авг. 1774 поступил солдатом в Измайловский полк; дослужился до сержанта; 1 авг. 1786 вышел из гвардии с чином поручика и 16 дек. 1788 определился протоколистом в Придворную контору, где с 1789 исполнял также обязанности переводчика; с 19 июня 1794 — секретарь по 2-й экспедиции в чине кол. секретаря (ЦГИА, ф. 469, оп. 4, № 2057). 16 июня 1797 был уволен из службы по именному указу до определения на свободную вакансию. В эти годы он уезжает домашним учителем к саратовскому помещику Устинову, у которого проводит несколько лет. Возвратившись в Петербург, Г. поступает учителем в Военно-сиротский дом (25 мая 1805), где служит до 27 окт. 1810 (аттестат 1810 г. — ЦГИА, ф. 39, оп. 1, № 137, л. 10). По-видимому, не найдя более подходящей службы, он возвращается под Саратов в семью Устиновых. Однако после гибели двух своих воспитанников (под Аустерлицем и Бауценом) и заключения их отца в сумасшедший дом Г. оказался без всяких средств к существованию. В 1819 брат покровителя Г., генерал-лейтенант А. Я. Устинов, привез его в Петербург и попытался как-то устроить его судьбу. В прошениях на имя императрицы Елизаветы Алексеевны и Н. М. Лонгинова 15 окт. и 1—2 нояб. 1819 (от имени Г. и от себя лично) он характеризовал Г. как «человека преученого», 24 года прослужившего при дворе и в свои 80 лет (возраст явно преувеличенный) бедного и больного («худо почти встает с постели»). Г. было пожаловано 100 руб. единовременного вспомоществования (ЦГИА, ф. 535, оп. 1, № 14, л. 250, 336).

Ко времени учебы Г. в дворянской школе Измайловского полка относится его перевод одноактной драмы Ш.-Ж. Гарнье «Кровопускание» (1783), «еще незрелый и первый плод учения», посвященный директору училища *Н. В. Леонтьеву*. Пьеса Гарнье принадлежит к числу принесших фр. автору известность «Новых драматических пословиц» и по жанру является сентиментальной мелодрамой; назв. пьесе дано по центральной сцене, в которой сын бедного художника, чтобы спасти родных от голодной смерти, нанимается за гроши моделью к цирюльнику, обучающему на нем «отворять кровь». Пьеса заканчивается благополучной развязкой: страдания несчастного семейства вознаграждаются благодаря вмешательству доброго вельможи. Небольшая «сатирическая и нравоучительная сказка» «Умеренное состояние благополучнее прочих», которую Г. издал в Петербурге в 1806, как можно предположить, была плодом его деятельности в качестве наставника юношества. Ее герой тщетно ищет счастья в богатстве и знатности; он обретает его в семейных радостях частного человека. Судя по именам героев (Мирон, Амалия, Равелино), упоминанию парламента и пр. рецидивам иностранного текста, она представляет собой переделку или перевод.

В. П. Степанов

ГОРКА Андрей (в монашестве — Лаврентий) [1671, м. Лавров, близ Львова—10 (21) IV 1737, Хлынов]. Учился в Киево-Могилянской академии, где затем преподавал пиитику (с 1706) и риторику (1708—1710). В академии написал учебники «Idea artis poeseos» (1707) и «Rhetorica» (1708), а также «трагедокомедию» «Иосиф, патриарха...» (1708) на традиционный для школьной драмы библейский сюжет, которая по сатирической остроте уступает «трагедокомедии» *Феофана Прокоповича*.

«Idea artis poeseos», использующая поэтики Иеронима Виды, Скалигера, Якова Понтана и Феофана Прокоповича, разделена на четыре книги. В кн. 1 излагаются взгляды на поэзию, дается понятие о поэтическом вымысле, основных поэтических средствах; к ней приложен историко-мифологический словарь. Кн. 2—4 посвящены описанию конкретных родов поэзии с указанием метров, которые надлежит использовать в том или ином роде. Пиитические правила поясняются разнообразными примерами, чаще всего из лат. авторов; др. источником примеров для Г. был «Освобожденный Иерусалим» Т. Тассо. В последнем случае переводы сделаны как в привычных сафических строфах, так и в необычных для тогдашней укр. поэзии октавах и восходят к пол. переводу «Освобожденного Иерусалима» П. Кохановского. Учебник Г. стал практическим руководством для Киево-Могилянской академии, а затем послужил образцом для создания новых «поэтик» (напр., *М. Е. Финицким*).

В 1710—1720 Г. — игумен Выдубицкого монастыря в Киеве; с 1722 — архимандрит Воскресенского монастыря на Истре. По рекомендации Феофана Прокоповича, Г. был призван в Петербург для участия в Перс. походе Петра I и назначен обер-иеромонахом армии и флота; по существу на него возлагались обязанности историографа. Феофан Прокопович, рекомендуя Г. императору, писал, что он сможет описать поход «с надлежащими обстоятельствами», «без всякого украшения, простым стилем». Образованность и литературная одаренность Г. были замечены Петром: в сент. 1723 именным указом Г. был произведен в епископы астраханские, а в окт. того же года по личному распоряжению Петра ему поручается сочинение стихир в честь св. великомученицы Екатерины (ЦГИА, ф. 796, оп. 4, № 526). В Астрахани Г. выступает с поучениями и проповедями (одобрительный отзыв о них см. в изд.: Новиков. Опыт словаря (1772)). После смерти Петра отношения Г. с Синодом ухудшаются из-за доноса некоего лейб-гвардии солдата Матвея Ивина о том, что Г. не принял своевременно присяги на верность императрице Екатерине I. В ответ Г. заверял, что это произошло «не от какой противности, но от недоумения моего ⟨...⟩ а еще от тяжкой скорби моей».

В сент. 1727 Г. был переведен в Устюг, с 1731 по 1733 был епископом в Рязани. Г. проявляет большую заботу о рязанской архиерейской школе, но обстоятельства складываются для него неблагоприятно. В авг. 1733 Г. была поставлена в вину «суетная корреспонденция» по делу об убийстве попами Тимофеем Николаевским и Михаилом Михайловым своих близких, а 26 сент. 1733, обвиненный в «известных продерзостях», он был по именному указу переведен в Вятскую епархию, где и провел последние годы жизни (ЦГИА, ф. 796, оп. 14, № 310, л. 3).

В Вятке (Хлынове) Г. продолжал свою просветительскую деятельность. В 1734 им была создана славяно-лат. школа для детей не только духовного, но и светского звания. Для преподавания в ней Г. пригласил из Киево-Могилянской академии М. Е. Финицкого, Василия Лещинского и других. Г. почти ежедневно посещал школу, учащиеся которой в зимнее время «разыгрывали действа». В делах Синода сохранились документы, свидетельствующие о том, что в Вятке Г. не только «насаждал науки», но и решительно боролся со всякого рода злоупотреблениями, напр. потребовал возвращения Трифонову монастырю государственных грамот и писцовых книг, тайно похищенных одним из архимандритов монастыря в 1734. Подобная деятельность вызвала ряд доносов на Г., которым не был дан ход только благодаря содействию Феофана Прокоповича. Это еще более озлобило врагов Г. В отместку они учинили разгром школы, что было для Г. тяжелейшим ударом. Этого второго после известия о смерти Феофана Прокоповича тяжелого потрясения Г. не смог перенести: парализованный в янв. 1736, он через несколько месяцев скончался (ГАКО, ф. 237, оп. 76, № 22, л. 3).

После смерти Г. осталась библиотека из 355 книг, которую он собирал с 1711 (реестр — ЦГИА, ф. 796, оп. 18, № 142, л. 4). Основная часть книг была Синодом передана в Славяно-греко-лат. академию; 42 книги оставались в Хлынове «при основанных Лаврентием школах». Среди собранных Г. авторов — Гомер, Гораций, Вергилий, Сенека, Марциал, Цицерон, Петроний, Л. Гранда, Григорий Назианзин, Т. Кампанелла, Данте, Г. Гроций и др.; две книги имеют автографы П. Могилы, на нескольких книгах — автографы Феофана Прокоповича. В настоящее время пять книг из библиотеки Г. хранятся в Отделе редкой книги Кировской обл. б-ки им. А. И. Герцена.

Опубликованная переписка Г. с *Феофилом Кроликом* относится к 1730—1731.

Лит.: *Любарский П.* Иерархия вятская и астраханская. — Чтения в О-ве истории и древностей рос., 1848, кн. 7; *Никитников Г.* Иерархия Вятской епархии... Вятка, 1863; *А. В. [Верещагин А. С.]* Вятские стихотворцы. — В кн.: Календарь и памятная книжка Вятской губ. на 1897 год. Вятка, 1896; Описание документов и дел, хранящихся в арх. Синода. СПб., 1897, 1901, 1912, т. 5, 10, 12; *Буевский А. [Верещагин А. С.]* 1) Эпизоды из жизни основателя Вятской семинарии. Вятка, 1898—1902, вып. 1—2; 2) Первые «проповедники» на Вятке. — Тр. Вятской учен. арх. комис., 1905, вып. 3, отд. 2; *Петров Н. И.* Очерки из истории укр. лит. XVII и XVIII вв. Киев, 1911; *Харлампович К. В.* Малорос. влияние на великорус. церковную жизнь. Казань, 1913, т. 1; *Никольский А.* Лаврентий Горка. — В кн.: Рус. биогр. словарь, т. «Лабзина — Лященко» (1914); *Лужный Р.* «Поэтика» Феофана Прокоповича и теория поэзии в Киево-Могилянской академии. — В кн.: XVIII век. М.; Л., 1966, сб. 7; *Lewin P.* Wykłady poetyki w uczelniach rosyjskich XVIII w. (1722—1774). Wrocław, 1972; *Пресненцов Р.* «...Который первый здесь науки насадил». — В кн.: Вятка / Краевед. сб. Киров, 1975; *Изергина Н. П.* Писатели в Вятке. Киров, 1979.

Н. П. Изергина, Л. Н. Лузянина

ГОРЛИЦКИЙ (Горлецкий) Иван Семенович [1690, Краков — 10 (21) I 1777, Петербург]. Оказался в России еще в детском возрасте. В 1703—1717 обучался в Славяно-греко-лат. академии, в февр. 1717 по указу Петра I отправлен учиться в Амстердам, а затем в Париж, где окончил полный курс философии; изучал также математику, юриспруденцию и богословие. Возвратился в Петербург в сент. 1722, оставлен при Синоде. Указом от 30 окт. 1724 назначен на должность переводчика в Академию наук; переводил с фр. и лат. служебную документацию, труды по математике, астрономии, географии. С сент. 1725 по янв. 1727 — учитель лат. языка в Акад. гимназии. Составил фр. грамматику, которую посвятил Екатерине I (не изд.), перевел фр. грамматику М.-А. Декомбля (1730). Сохранились положительные отзывы *М. В. Ломоносова* и *В. К. Тредиаковского* о переводе Г. этих фр. грамматик. Участвовал в переводе «Лексикона» Э. Вейсмана (1731). В 1739 перевел на лат. «Степенную книгу», а в 1740 с лат. «Предисловие на псалмы» (оба пер. сохр. в рукописи).

В июле 1744 принимал активное участие в конфликте академиков с И.-Д. Шумахером; был уволен из Академии наук и даже приговорен к смертной казни, но вскоре восстановлен (1748; автобиография 1754 г. — ААН, ф. 3, оп. 1, № 2332, л. 78—78 об.).

В 1750 Г. был поручен вместо В. К. Тредиаковского перевод с фр. сочиненного Д. Бонекки либретто оперы Ф. Арайи «Беллерофонт» для постановки 26 нояб. 1750 (ААН, ф. 3, оп. 1, № 147, л. 171—172; состоялась 28 нояб.). Рус. сокращенный вариант либретто был напечатан к представлению параллельно с фр. переводом Д. Бонекки (ранее рус. пер. либретто приписывался *А. В. Олсуфьеву*).

В Академии наук Г. служил до кон. жизни, последние годы на половинном жалованье. Сохранились автографы его богословских сочинений и переводов 1760—1770-х гг.: «Гисториографическое и словное объяснение псалмов», «Уподобительные псалмы царя Давида», «Богословие мистическое или таинственное» и др. (ГПБ, собр. Вяземского, F. II).

Лит.: Пекарский. Наука и лит., т. 1 (1862); Пекарский. История Академии наук, т. 1—2 (1870—1873); Описание документов и дел, хранящихся в арх. Синода. СПб., 1878—1879, т. 2, ч. 1—2; Мат-лы для истории Академии наук, т. 1—10 (1885—1900); *Кашкин И. А.* Род Вындомских. — Старина и новизна, 1909, кн. 13; *Вомперский В. П.* Неизв. грамматика рус. яз. И. С. Горлицкого 1730 г. — Вопр. языкознания, 1969, № 3.

С. И. Николаев, В. И. Осипов

ГОРОДЧАНИНОВ Григорий Николаевич [1771 или 1772, Балахна — 22 XII 1852 (3 I 1853), Казань]. Сын купца, учился в Нижегородской семинарии и Моск. ун-те, который окончил в 1796. Литературную деятельность начал с публикации перевода «Жизнь и приключения одного молодого из знатнейших турков, или Фортуна, играющая человеком» (1788; с фр.) и оригинальной повести «Добродетельный богач» (1791). В 1792 перевел с фр. «Благоговейного созерцателя природы» Дж. Гервея (рукопись — ГПБ, O.XV, № 177). Позднее в русле этой же моралистической традиции Г. обратился к переводу фр. повести Ж. Они «Отец и дочь, или Следствие неповиновения родителю» (СПб., 1803). В «Новых ежемес. соч.» Г. поместил «Акростихи к творениям <...> Ломоносова» (1794, ч. 100, окт.) и «Послание к Овидию <...> подражание элегии его о славе стихотворцев» (1795, ч. 108, июнь). В 1799 Г. переделал в волшебно-рыцарский роман героическую поэму Ж.-Э. Меню де Шаморсо «Ренальд» (ч. 1—3). В эти же годы он пишет ряд од: на смерть П. А. Румянцева-Задунайского (Приятное и полезное, 1798, ч. 17), Павлу I на Новый год (1799; изд. не обнаруж.), на восшествие Александра I на престол (СПб., 1801). Из драматических сочинений Г. принадлежат «детская драма» «Кукла **Лизанька**, или Награжденное прилежание» (1799) и комедия «Митрофанушка в отставке» (М., 1800) — подражание «Недорослю» *Д. И. Фонвизина*.

Литературные труды Г. обратили на него внимание Д. П. Трощинского, и 18 дек. 1797 он был принят на службу в Гл. упр. почт. дел. С 6 мая 1801 Г. — переводчик при директоре почт. Ему поручили перевести с фр. труд Г.-Т.-Ф. Рейналя «Философическая и политическая история о заведениях и коммерции европейцев в обеих Индиях» (СПб., 1805—1811, ч. 1—6, анонимно; ч. 4 или 6, возможно, переведена В. Г. Анастасевичем). При этом книга была сокращена почти вдвое, опущены «неудобные» места (в т. ч. — полностью — раздел о России); такие доминирующие для Рейналя слова, как «республика» и «конституция», не употребляются вовсе. Книга превратилась в описательно-этнографический очерк. Перевод получил отрицательную оценку в Вольном о-ве любителей словесности, наук и художеств; однако *И. И. Мартынов* одобрил «благоразумие цензуры и <...> переводчика» (Лицей, 1806, ч. 3, кн. 1, с. 55).

Ок. 1804 Г. сблизился с *Евгением Болховитиновым*, Анастасевичем и Д. И. Хвостовым (в 1818 он снабдил комментариями «Науку о стихотворстве» Н. Буало в пер. Хвостова) и занялся историей словесности. В 1806 он подал прошение о зачислении на службу в Казанский ун-т и был 1 сент. 1806 утвержден адъюнктом красноречия, стихотворства и языка рос., а 17 дек. избран членом Казанского о-ва любителей отеч. словесности (с 1826 — его председатель). Не получив профессуры, Г. уволился 3 марта 1808; был библиотекарем в Моск. мед.-хирургической академии. 31 дек. 1810 Г. вновь определен в Казанский ун-т экстраординарным профессором (с 26 марта 1814 — ординарным), занимая ряд важных административных должностей (несколько раз избирался проректором и деканом словесного и нравственно-политического отделений). В 1811—1813 Г., сменив *Д. Н. Зиновьева*, редактировал еженедельные «Казанские изв.». С подписью Г. были напечатаны «гласы», «оды», «кантаты», «надписи» и «стихи» на события Отечественной войны 1812 и на казанские происшествия (почти все они были затем изд. отд. отт.). Предполагается, что Г. принадлежат и все неподписанные статьи.

В 1810-х гг. Г. постоянно выступал со стихами и речами «на случай» на университетских актах, различных заседаниях и торжествах. Эти стихи и речи вошли в посвященные Трощинскому «Сочинения в стихах и прозе» Г. (Казань, 1816). *Г. Р. Державин* отнесся к ним с одобрением: «Стихи Ваши поистине весьма живы, имеют в себе столь много огня и благозвучия, что везде Вам честь приобресть могут» (Державин. Соч. (1868—1878), т. 6 (1871), с. 324). Литературные воззрения Г. были весьма консервативны. Высшим авторитетом для него оставался *М. В. Ломоносов*, *Н. М. Карамзина* он считал опасным новатором, в Пушкине видел рядового литератора, члена Казанского о-ва любителей отеч. словесности. Впрочем, при личном знакомстве в 1833 Пушкин доброжелательно отнесся к Г., похвалив его стихотворение «Мысли при взгляде на мельницу».

Любимыми жанрами Г. были стихотворные переложения псалмов и религиозно-назидательная проза, написанные высоким слогом. Особняком стоит сцена «Матросское горе» (1824) «в простонародном вкусе», которая вызвала гнев покровителя Г. *М. Л. Магницкого*. Вообще же Магницкий ставил Г. в пример профессорам «развращенных нравов» как «некоего гения», мнение которого о естественном праве «должно составить важнейшую эпоху <...> во всем ученом свете» (Рус. старина, 1893, № 5, с. 336). В университетском разгроме 1819 Г. не принял участия; его речи «О разрушительной системе воспитания...» (Казанский вестн., 1821, ч. 3) и «О заблуждениях разума» (там же, 1825, ч. 17) не содержали каких-либо личных нападок.

Г. был первым редактором «Казанского вестн.» (1821—1829), в котором печатал свои переводы из визант. (Иоанн Златоуст, Флавиан) и фр. (Ф. Фенелон, Ж. Боссюэ, К. Флери, Н.-Ш.-Ж. Трюбле) проповедников. После ухода Магницкого 9 марта 1829 Г. вынудили подать в отставку. Читатели не проявляли интереса к творчеству Г.; 2-е издание «Сочинений и переводов в прозе и стихах»,

посвященное Евгению Болховитинову (Казань, 1831; рец.: Моск. телеграф, 1831, ч. 42, № 22), практически не расходилось. Литературные связи Г. ограничивались салоном К. Ф. Фукса. Г. сотрудничал лишь в журналах «Заволжский муравей» (1833—1834; ряд пер. из «Первобытного законодательства» А. Бональда) и «Маяк» (1842—1844). В последние годы жизни Г. переводил с фр. роман «Камин голландца».

Архаический характер воззрений и творчества Г. вызывал насмешки большинства его современников. Почти все воспоминания рисуют Г. «добрым старичком, в иссохшей голове и сердце которого не было и чутья поэзии» (*Лажечников И. И.* Соч. СПб.; М., 1884, т. 12, с. 372); крайне резкий отзыв оставил о нем Н. П. Загоскин: «Интриган и иезуит в жизни, клеврет и приспешник Магницкого на службе, сикофант и жалкий панегирист — в литературе, самонадеятельная бездарность на кафедре».

Лит.: Фукс А. А. С. Пушкин в Казани. — Казанские губ. вед., 1844, 10 янв., № 2; Письма Евгения Болховитинова к Г. Н. Городчанинову. — Журн. М-ва нар. просв., 1857, ч. 94; Письма Г. Н. Городчанинова к Евгению Болховитинову. — Сб. Отд-ния рус. яз. и словесности, 1868, т. 5, вып. 1; *Лихачев Н. П.* 1) Г. Н. Городчанинов и его сочинения. Казань, 1886 (рец. с доп.: Ист. вестн., 1886, № 9); 2) К библиографии соч. Г. Н. Городчанинова. — Книговедение, 1894, № 1; *Булич Н. Н.* Из первых лет Казанского ун-та. Казань, 1887—1891, т. 1—2; *Агафонов Б. Н.* Казанские поэты. — Ист. вестн., 1900, № 8; *Загоскин Н. П.* История имп. Казанского ун-та за первые сто лет его существования. Казань, 1902—1904, т. 1—4; *Бобров Е. А.* А. А. Фукс и казанские литераторы 30—40-х гг. — Рус. старина, 1904, № 7; *Модзалевский Л. Б.* Мат-лы для биографии Н. И. Лобачевского. М.; Л., 1948; *Моряков В. И.* 1) Рус. пер. «Истории обеих Индий» Рейналя. — Вестн. МГУ. История. 1972, № 1; 2) Из истории эволюции обществ.-полит. взглядов просветителей кон. XVIII в. М., 1981.

М. П. Лепехин

ГОРЧАКОВ Дмитрий Петрович [1 (12) I 1758, Костромская губ. — 29 XI (11 XII) 1824, Москва]. Принадлежал к небогатой костромской ветви старинного княжеского рода. В службу Г. был записан с 8 дек. 1768 вахмистром в Вятский карабинерный полк и уже в апр. 1769 участвовал во взятии Хотина в качестве адъютанта при *П. С. Гагарине*; 15 авг. 1769 получил первый офицерский чин прапорщика. Он был также в Валахии (сражение под Силистрией, 1774) и при атаке Перекопской линии (1776); в 1776—1780 корпус Г. под командованием А. В. Суворова, его двоюродного дяди, находился на Кубани и в Крыму. 2 нояб. 1782 Г. в чине секунд-майора вышел в отставку и жил то в Москве, то в тульском и костромском имениях, где начал заниматься рационализацией хозяйства по примеру Вязем, имения своего друга Н. М. Голицына. Поставляя полотно в войска и оказавшись в дек. 1790 под Измаилом, Г. волонтером принял участие в штурме крепости, получил ранение и был награжден боевым знаком ордена св. Владимира 4-й степени. Это событие отражено в стихотворном «Послании к князю Д. П. Г., находившемуся при взятии града Измаила» *Н. П. Николева*, появившемся в «Новых ежемес. соч.» (1791, ч. 60, июнь). В 1793 Г. служил председателем Тульской верхн. расправы, но на постоянную службу он возвращается лишь при Александре I, сменив за короткое время несколько мест: псковский губернский прокурор (с 4 марта 1807), прокурор в Таврической губ. (июль 1807—22 сент. 1810; с 13 нояб. 1807 также исполнял должность смотрителя Симферопольского у. уч-ща). 1 мая 1811 Г. определяется в штат М-ва нар. просв. в Петербурге, но уже 27 авг., возобновив старые военные связи, переходит правителем канцелярии М. И. Голенищева-Кутузова в Дунайскую армию (ЦГИА, ф. 733, оп. 86, № 296). При расформировании канцелярии Г. оставался причисленным к Военному м-ву до назначения вице-губернатором в Кострому (8 апр. 1813); с 1815 исполнял обязанности губернатора. В 1816 Г. окончательно уходит в отставку и поселяется в Москве (формуляр 1814 г. — ЦГИА, ф. 1349, оп. 4, № 109, л. 18; дата рождения по формуляру — 1760 или 1761, — видимо, ошибочна).

Г. получил хорошее домашнее образование, свободно владел фр. и нем. языками. О позднейшем интересе Г. к естественным наукам говорят восторженные и точные по существу характеристики Ж. Бюффона, Б. Франклина, К.-А. Гельвеция, Л. Эйлера, И. Ньютона, разбросанные по его произведениям. Это, однако, лишь подтверждает семейное предание о Г. как человеке увлекающемся, но не обладавшем «ни терпением, ни выносливостью», что отразилось и на его литературной биографии.

Г. был по преимуществу поэтом-сатириком, и сочинения помогают обозначить его литературную среду. Дружеские послания Г. обращены к Д. И. Хвостову, Н. П. Николеву, Г. Н. Шипову, *А. С. Хвостову*; как участник дружеского кружка упоминается *Ф. Г. Карин*; в нач. века, когда Г. сближается с А. С. Шишковым, к этим единомышленникам добавляются П. А. Кикин и *П. М. Карабанов*. Связь с николевским кружком определила литературные симпатии и антипатии Г. Из западных авторов он с особой симпатией упоминает Ж. Расина, Н. Буало, Вольтера; к числу лучших национальных поэтов Г. относит *М. В. Ломоносова* как автора од, *М. М. Хераскова*-эпика («Гомер российский»), *Г. Р. Державина*-лирика, Н. П. Николева как драматурга и в легкой поэзии *Ю. А. Нелединского-Мелецкого* («Шольо и Буфлер наших стран»). Г. принимал деятельное участие в кружковых полемиках. Первые его эпиграммы свидетельствуют об интересе к театру и направлены против *Д. И. Фонвизина* («Недоросль», 1783), *Я. Б. Княжнина* («Дидона», 1785, и «Титово милосердие», 1786); особенно резко Г. выступил против комической оперы «Мельник — колдун, обманщик и сват» *А. О. Аблесимова*, соперника Николева в этом жанре. Кроме резкой эпиграммы на Аблесимова есть основание считать Г. автором «Оды похвальной автору „Мельника"» (1780; приписывалась *В. И. Лукину*), осмеивавшей простонародность пьесы. Первые «Святки» (нач. 1780-х гг.) Г. (сатирический род фр. ноэля) содержали нападки на Фонвизина и, кроме того, на *В. В. Капниста*, *В. П. Колычева* и одописца *Н. Микулина*. Др. «Святки» (кон. 1780-х гг.), в которых выведены С. И. Шешковский, собирающийся арестовать Христа, Г. А. Потемкин с сонмом племянниц, А. А. Безбородко и др., явно отражают недовольство Г. фаворитизмом и полицейскими преследованиями последних лет царствования *Екатерины II*.

В печати Г. впервые выступил в качестве автора комических опер, сочиненных для московской сцены: «Калиф на час» (пост. 21 мая 1784; изд. 1786), «Счастливая тоня» (пост. 14 янв. 1786) и «Баба-яга» (пост. 2 дек. 1786); сюжет двух первых заимствован из сказок «Тысячи и одной ночи». Основной, любовный сюжет Г. сочетает с сатирическими сценками, в которых участвуют подьячие, мещане, петиметры; бытовую интригу — со сказочной фантастикой. Музыку к операм писал М. Стабингер, и они долго не сходили со сцены. Известно также, что в сер. 1780-х гг. Г. работал над какой-то трагедией. Но из др. драматических опытов Г. на сцену попала только пятиактная комедия в стихах «Беспечный» (одобрена моск. цензурой 22 янв. 1798; пост. в Петербурге 22 нояб. 1799, рукопись — ЛГТБ), из которой лишь в 1828 был опубликован небольшой отрывок.

Сотрудничество Г. в журналах XVIII в. было незначительным и случайным. Для первой книжки альманаха *Н. М Карамзина* «Аониды» (1796) он предоставил пять стихотворений «легкого» содержания, в т. ч. шутливую «Оду к Г. И. Шипову»» (перепечатывалась под загл. «Подагра»). Подобно Н. П. Николеву благожелательно относясь к *И. А. Крылову* и *А. И. Клушину*, Г. принял участие в «СПб. Меркурии» (1793, № 8—9), где под загл. «Сатира» поместил отрывок из обращенной к Николеву «Беседы 2-й» (ранее — Новые ежемес. соч., 1790, ч. 48, июнь); два стихотворения «К Темире» он скрыл под псевдонимом «20.4.3» (т. е. «К. Д. Г.»).

Классическая сатира претерпела у Г. чисто внешние изменения, контаминировавшись с близкими жанрами сатирической «эпистолы» и дружеского послания. Г. более свободно использовал стихотворные размеры, отказываясь иногда от александрийского стиха в пользу разностопного ямба и даже хорея. В основе его творчества продолжала оставаться сатира «на порок», хотя временами Г. вводил в произведение даже автобиографические мотивы: жалобы на несправедливости по службе и пр. Современники, впрочем, склонны были видеть за значащими именами его персонажей намеки на конкретных лиц, что сам Г. неоднократно отрицал в примечаниях к своим стихотворениям. Независимо от этого, круг повторяющихся тем Г. не абстрактен, а довольно современен. Это падение семейственных нравов, продажность чиновников, пренебрежение дворян гражданскими обязанностями; резкие замечания Г. делал по адресу монахов и духовенства.

Наиболее значительной из ранних сатир Г. был «Разговор. Он и Я» (ок. 1790; отрывки опубл. в 1827), в которой обличение общественных пороков завершается типичными горацианскими мотивами умеренности, поисков счастья в дружбе и уединении, характерными для истинного мудреца. Широкой известностью пользовалась сатира «Беспристрастный зритель нынешнего века» (ок. 1794; приписывалась также В. В. Капнисту, Д. И. Фонвизину, *И. И. Дмитриеву*, *Д. В. Ефимьеву*), в краткой редакции появившись, видимо без ведома автора, в журнале «Минерва» (1806, ч. 2; подп. — «Вологда, Б-нъ»). В ней Г. касается, в частности, введенного Екатериной II дворянского самоуправления и, шире, вопроса о взаимосвязи между просвещением и нравами общества, приходя к пессимистическому выводу о невозможности переменить их ни законами, ни сатирой.

К нач. XIX в., в эпоху упадка сатирических жанров, Г. оказался самым заметным из поэтов-сатириков, с репутацией «русского Ювенала», к литературным суждениям которого прислушивались в Москве. С. П. Жихарев вспоминал, что московский переводчик Ф. Н. Карцов отдавал на суд Ф. Г. Карина и Г. свои переводы из Буало и Вольтера. Вместе с друзьями по кружку Николева он оказался в числе противников Н. М. Карамзина и сентиментализма, хотя и сам отдал дань приглушенным вертерианским мотивам в повести «Пламир и Раида» (1796; имеются экз. с предсмертным посланием Пламира в стихах). Карамзина под именем Мирлифлоркина он несколько раз высмеивал в сатирах. К 1810 относятся два его эпиграмматических ответа на послание В. Л. Пушкина «К В. А. Жуковскому». Из них ясно, что Г. отрицал какое-либо серьезное значение по крайней мере поэзии Карамзина: «Ужли писатели столь нищие есть в свете, Что позавидовать могли Карамзину». Зато он активно сотрудничает в предшествовавшем созданию шишковской Беседы журнале «Друг просв.» (1804—1806), поместив в нем отзыв говорящие о кружковой принадлежности автора дружеские послания к Н. П. Николеву, Д. И. Хвостову, М. А. Шишкову, С. Н. Долгорукому. С 1807 он участвует в организованных А. С. Шишковым дружеских литературных чтениях. 3 февр. 1807 здесь читалось его послание «К Честону. О клевете» (изв. лишь в отрывке), 1 мая 1808 — мелкие стихотворения, 28 нояб. 1810 — «Дифирамб о бессмертии души». 10 авг. 1807 Г. был избран в члены Рос. Академии на место покойного *М. Н. Муравьева*. В эти годы он, видимо, состоял членом масонской ложи *А. Ф. Лабзина* «Умирающий сфинкс» (1800—1815). При официальной организации Беседы любителей рус. слова (2 дек. 1810) он становится ее д. членом и в 1811—1812 присутствует на восьми заседаниях. Это не исключало некоторой доли иронии, с которой он относился к широким замыслам создателей «Беседы»: при обсуждении возможного назв. будущего литературного общества Г. заметил, что «Атеней» подошел бы, но если будут писать «Афиней», то выговаривать станут «ахинея». На заседаниях «Беседы» 28 февр. и 14 марта 1811 обсуждалось его стихотворение «Бессмертие», а 23 февр. 1812 в публичном заседании была прочитана «Беседа о суетности. К А. С. Хвостову» (опубл.: Чтения в Беседе любителей рус. слова, 1812, ч. 7). Там же появилась «Беседа об уединении. К А. С. Таранову» (1813, ч. 11).

Стихотворение 1807 (с постскриптумом 1810) «Русский у подошвы Чатырдага» свидетельствует о сочувствии Г. консервативной оппозиции Александру I. Он поэтизирует здесь победоносные времена Екатерины II и мрачно предрекает конец «непрочному зданию» реформ, проводимых неопытными честолюбцами и наемными иностранцами. Сохранился анекдот о том, что стихотворение было запрещено к печати по личному настоянию министра полиции А. Д. Балашова. В наиболее известной из сатир, «Послании к князю С. Н. Долгорукову» (ок. 1807; отрывок опубл. в журн. «Улей» за 1841, ч. 2, № 7; в списках изв. также под загл. «Невероятные»), Г. затронул широко обсуждавшуюся тему воспитания, резко высказавшись против «полупросвещения», засилья иностранной моды в нравах и литературе, против пренебрежения ко всему русскому. Одновременно Г. проявил большую тревогу по поводу распространявшегося вместе с западными идеями вольномыслия: «Когда бы в юношах свободы вредна страсть К презренью не вела у них священну власть...». Ряд сентенций Г. — о «кофебятине» на театральной сцене, об измельчании литературы: «...в стране моей родной Журналов тысячи, а книги — ни одной» — прочно вошли в литературный обиход нач. века. Реминисценции из сатиры имеются в «Горе от ума» А. С. Грибоедова, в монологах Чацкого.

На Отечественную войну Г. откликнулся «Стихами на изгнание неприятеля из России», посвященными М. И. Голенищеву-Кутузову (Сын отеч., 1813, № 15). В следующем году там же он поместил опровержение по поводу приписанной ему «Военной песни на баталию при Кульме у Теплица». Позднее имя Г. появляется в печати уже посмертно, когда в альманахе «Памятник отечественных муз» на 1827 и 1828 гг. Б. М. Федоров печатает ряд его стихотворений по спискам, полученным от Д. И. Хвостова.

Преклонение перед Вольтером, антиклерикальные мотивы в сатирах и гедонистические — в «легких» стихотворениях, вольные «ноэли» еще при жизни создали Г. репутацию вольнодумца и атеиста, побуждавшую современников приписывать ему наиболее резкие из произведений «вольной» поэзии. Неопределенность авторства в произведениях рукописной традиции позволила А. С. Пушкину, когда в 1828 он пытался отречься от «Гавриилиады», объявить поэму сочинением Г., к тому времени только что скончавшегося. Из эротических интерпретаций религиозных сюжетов в настоящее время Г. приписывается стихотворение «Вирсавия».

Общее значение Г.-сатирика выходило за рамки кружка литературных консерваторов. Известны похвальные отзывы о нем «арзамасцев». А. С. Пушкин в «Городке» (1815) отнес Г. к лучшим авторам, «презревшим печать». В «Парнасском адрес-календаре» А. Ф. Воейкова (1818—1822) Г. был пожалован «в петличку лавровый лист с надписью „За сатиры"», хотя их классическая форма воспринималась уже как устаревшая. Это подчеркнул в своих мемуарах С. П. Жихарев: «Немножко длинновато, и стихи идут попарно, вереницею, бьют в такт, как два молота о наковальню, но в них местами довольно силы и есть мысли — читать можно».

Корпус произведений Г., не попавших при жизни в печать и распространявшихся в рукописи или напечатанных анонимно, до сих пор не установлен окончательно. Часть их — повести, поэмы — несомненно утрачена, т. к. автографы Г. сгорели при пожаре в имении; др., уцелевшая в списках под именем Г., нуждается в критической атрибуции. С достаточной убедительностью Г. приписывается перевод стихотворной сказки Ж. Лафонтена «Соловей» («Жила девица Катерина...»), некоторое время считавшейся одним из ранних пушкинских сочинений; более произвольно — значительное количество произведений из сборников сатирического содержания, в т. ч. «Бостон» (ок. 1804), сатира на учреждение министерств (авторство относили также к Г. Р. Державину, С. Н. Марину). В современную, наиболее авторитетную подборку стихотворений Г. попали принадлежащие П. А. Вяземскому «Святки» на Гос. совет и членов Беседы, а также эпиграммы О. П. Беляева. Спорные вопросы существуют и в отношении датировки произведений Г.

Издание сочинений Г. (1890) научного значения не имеет.

Лит.: Евгений — Снегирев. Словарь, т. 1 (1845); *Горчакова Е. С.* Предисл. — В кн.: Горчаков Д. П. Соч. М., 1890; *Пиксанов Н. К.* Кн. Д. П. Горчаков. — В кн.: Пушкин А. С. Полн. собр. соч. СПб., 1907, т. 1; *Западов А. В.* Д. И. Хвостов и его «Зап.». — В кн.: Лит. арх. М.; Л., 1955, т. 1; *Ермакова-Битнер Г. В.* Д. П. Горчаков. — В кн.: Поэты-сатирики (1959); *Персиц М. М.* Рус. атеистический рукоп. сб. кон. XVIII—нач. XIX в. — В кн.: Вопр. истории религии и атеизма. М., 1959, вып. 7.

В. П. Степанов

ГОРЮШКИН Захарий Аникеевич [5 (16) IX 1748—24 IX (6 X) 1821, Москва, похоронен на Лазаревском кладбище]. Родился в бедной дворянской семье; службу начал копиистом Сыскного приказа с 5 нояб. 1763; с 29 июля 1764 перешел в Судный приказ (затем Юстиц-коллегия). Занимаясь самообразованием, Г. одновременно посещал лекции по юриспруденции в Моск. ун-те и испытал сильное влияние идей *С. Е. Десницкого*. Попытки Г. применить общие юридические идеи к конкретной казуистической практике обратили внимание *П. И. Фонвизина*, пригласившего Г. с 1 янв. 1786 преподавать в университете практическое законоведение; с 1790 курс был распространен также на Моск. благор. пансион. Попутно Г. продолжал служить в Моск. угол. палате (1792—1795), в Казен. палате (1795—1797), был членом Комитета о восп. домах (1796). Уволен в отставку с чином ст. советника 10 февр. 1811 (формуляр 1811 г. — ЦГИА, ф. 733, оп. 28, № 146). Поборник процессуальной законности, Г., несмотря на прямые угрозы со стороны генерал-губернатора А. А. Прозоровского, добился резкого смягчения приговора московским книгопродавцам, обвинявшимся по делу *Н. И. Новикова*.

Итоги своей судейской практики и преподавательской деятельности Г. подвел в «Руководстве к познанию российского законоискусства» (М., 1811—1816, т. 1—4; дело о поднесении книги императору Александру I — ЦГИА, ф. 733, оп. 118, № 396), явившемся первой попыткой обобщения принципов рус. законодательства. В теоретической части труда прослеживаются ссылки на Ш.-Л. Монтескьё, Ч. Беккариа, И.-Г.-Г. Юсти, на «Наказ» *Екатерины II*; использованы материалы рус. летописей; Г. также часто ссылается на устные предания и современные обычаи. Университетские лекции Г. вышли под загл. «Описание судебных действий» (М., 1805—1808, т. 1—3; 2-е изд., 1809). Они представляют собой драматизированное изложение примерных заседаний суда по наиболее типичным делам, которые разыгрывались учащимися непосредственно в аудитории. Образцовое судопроизводство Г. базируется на законодательстве кон. царствования Екатерины II; в целом сочинение Г. принадлежит к жанру юридической публицистики (*Н. Н. Сандунов*, *В. В. Новиков*). Г. в основном пропагандировал идеальные нормы поведения судейских чиновников; однако по ходу действия вводятся сатирические эпизоды, обличающие реальное крючкотворство. Диалоги тяжущихся и чиновников литературно обработаны и во многом напоминают сцены из сатирических комедий XVIII в.

Труды Г. оказали влияние на многочисленный слой интеллигенции, получившей воспитание в университете и пансионе, в т. ч. и на участников тайных обществ нач. XIX в. По мемуарным свидетельствам, в доме Г. имелся любительский театр. *Н. М. Карамзин* в «Истории государства Российского» использовал ряд летописных списков из собрания Г.

Лит.: Биогр. словарь Моск. ун-та, ч. 1 (1855); *Коркунов Н. М.* Горюшкин, рос. законоискусник. СПб., 1895; *Ермакова-Битнер Г. В.* Горюшкин — воспитатель рос. юношества. — В кн.: XVIII век. М.; Л., 1959, сб. 3.

В. П. Степанов

ГРЕССЕР А. М. см. Волконская А. М.

ГРЕШИЩЕВ Алексей. Получил образование в Тверской дух. семинарии, откуда из класса философии в 1777 был направлен для завершения учебы в Троицкую дух. семинарию. В 1782—1783 был учителем риторики Тверской дух. семинарии; уволен после восстановления новым ректором семинарии *Иоасафом Заболотским* преподавания на лат. языке. Из произведений Г. известны написанные им совместно со своим соучеником *М. Я. Завьяловым* «Стихи великому господину преосвященнейшему Арсению, епископу тверскому и кашинскому», помещенные в сборнике речей и стихотворений в честь посещения *Арсением Верещагиным* Тверской дух. семинарии (1779) и по своим художественным достоинствам не выходящие за рамки традиционной семинарской поэзии.

Лит.: *Колосов В. Е.* История Тверской дух. семинарии. Тверь, 1889; *Венгеров*. Рус. поэзия, т. 1, вып. 5 (1895).

М. П. Лепехин

ГРЕШИЩЕВ Иван. Получил первоначальное образование в Тверской дух. семинарии. В 1768 перешел в Троицкую дух. семинарию, где преподавал греч. язык со студенческих лет до 1776. По окончании семинарии в 1772 был определен учителем низших классов, а в 1773 — высших. В сент. 1776 назначен преподавателем риторики и пиитики; курс риторики Г. читал по «Руководству к оратории Российской» *Амвросия Серебренникова*. В 1778 Г. стал священником церкви Николая Чудотворца в Хамовниках (Москва).

Литературную известность Г. приобрел в качестве одописца (см.: Новиков. Опыт словаря (1772)). Напечатаны «Ода <...> на преславную победу <...> при Чесме» (1771) и две оды в честь посещения *Платоном Левшиным* Троицкой дух. семинарии (1771, 1772). Оды Г. отличает простота построения, умеренное использование аллегорий и строгое соблюдение стихотворного размера.

Г. пробовал свои силы и в переводах. О прозаическом переводе «Возвращенного рая» Дж. Мильтона (1778; 2-е изд. 1785), выполненном Г. с фр. перевода-посредника, *Е. П. Люценко* писал в предисловии к собственному переводу поэмы (1824): «Перевод <...> наполнен каким-то схоластическим смешением важных первобытных славянских слов с языком последующих веков и с простонародными выражениями. <...> Но этого еще мало: то, что у сочинителя говорит архангел Гавриил, у переводчика говорит Сатана...». Перевод Г. действительно представляет собой сокращенный пересказ; в своем комментарии Г. выявляет библейские цитаты у Мильтона и объясняет античные реалии (как правило, со ссылкой на Плутарха). По всей видимости, Г. пользовался покровительством А. Г. Орлова-Чесменского, которому посвятил переведенный также с фр. труд Т.-Ж. Пишона «Физика истории, или Всеобщие рассуждения о первоначальных причинах телесного сложения и природного характера народов» (1794). Г. перевел текст без каких-либо изменений, раскрыв в сносках несколько анонимных намеков автора и осудив его за то, что тот, «будучи природным французом ⟨...⟩ воздерживается от хуления своих соотчичей». Перевод явился первым на рус. языке руководством по этнической психологии. Новизна темы вызвала похвальный отзыв в «Моск. вед.» (1795, 10 янв., № 3, с. 49).

Лит.: Смирнов. Троицкая семинария (1867); Венгеров. Рус. поэзия, т. 1, вып. 5 (1895).

М. П. Лепехин

ГРЕШИЩЕВ Илья Яковлевич [1771, с. Троицкое Старицкого у. Тверской губ.—1822, Москва]. Сын священника. Учился сначала в Тверской дух. семинарии; в 1778 был принят в Славяно-греко-лат. академию и по окончании ее (по др. сведениям — из класса философии) поступил в Моск. ун-т. По окончании курса стал секретарем при кураторе *М. М. Хераскове*, а после выхода его в отставку был определен помощником инспектора; в дальнейшем состоял «при разных экономических препоручениях» там же. В 1808 имел чин кол. асессора.

Известен ряд переводов Г. с фр., напечатанных им в Унив. типографии: компилятивный труд об Исландии «Любопытные известия, или Сокращенная история об острове Исланде» И. де ла Перера (1789), «История о кораблекрушении и порабощении г. Бриссона, бывшего офицером при управлении сенегальских колоний, с описанием африканских степей от Сенегала до Марокка» (1795), «Основания всеобщего нравоучения, или Картина должностей человека, рассматриваемого во всех его отношениях» Э. Бертрана (1796). Последний из указанных переводов выполнен по распоряжению кураторов университета и представляет собой «руководство по нравственному любомудрию», один из первых на рус. языке учебников этики. Темой переведенных Г. моралистических романов «Негр, или Черный, каких мало бывает белых» Ж. Лавалле (1797—1798, ч. 1—3; посв. *Е. С. Урусовой*) и «Лангедокская путешественница...» (М., 1801, ч. 1—2) является продажа свободного человека в рабство. Право человека на свободу Г. трактует с позиций христианской этики, не преминув при этом осудить «голоколенцев» (т. е. санкюлотов), которые проповедуют идеи равенства и свободы, но в то же время жестоко угнетают рабов в колониях. Роман «Лангедокская путешественница...» Г. пополнил обширными примечаниями географического характера, по всей видимости заимствованными из каких-то географических или энциклопедических словарей.

Лит.: Смирнов. Моск. академия (1855); *Колосов В.* История Тверской дух. семинарии. Тверь, 1889.

М. П. Лепехин

ГРИБОВСКИЙ Адриан Моисеевич [26 VIII (6 IX) 1767, г. Дубны Полтавской губ.—27 I (8 II) 1834, с. Щурово Коломенского у. Московской губ., похоронен в Старо-Голутвинском м-ре близ Коломны]. Сын есаула напольного полка Малороссийского казачьего войска, украинец. Мать Г., овдовев, постриглась в монастырь. В 1772 Г. привезли в Москву, где с 1778 по 1782 он учился в Унив. гимназии «на собственном иждивении». В 1782 Г. был произведен в студенты (см.: Моск. вед., 1778, 11 июля, № 55; 1781, 2 окт., № 79; 1782, 3 дек., № 97, Приб.). В 1783 Г. оставил университет «для определения к статским делам». В 1784 в чине губернского секретаря определен в Комиссию нового Уложения. В дек. 1784 перешел на службу под начало *Г. Р. Державина* в качестве секретаря Олонецкого приказа обществ. призрения; 10 янв. 1785 Сенат утвердил его в этой должности (ЦГАДА, ф. 286, № 729, л. 5—7). С 19 июля по 13 сент. 1785 с Державиным объезжал Олонецкую губ., посетив водопад Кивач, Кемь, Каргополь и мн. др. селения края; вместе с др. секретарем *Н. Ф. Эмином* вел «поденную записку». Исполняя обязанности казначея Приказа обществ. призрения, Г. проиграл в карты большую сумму казенных денег. Эту растрату возместил Державин, но репутация Г. серьезно пострадала. Г. уволился со службы, получив, однако, при этом чин кол. секретаря (ЦГАДА, ф. 286, № 748, л. 25—28).

В июне 1786 Г. приехал в Петербург и поселился в доме *О. П. Козодавлева*. Попытки Г. устроиться на службу в Коммерц-коллегию (через *А. Р. Воронцова*), а затем в Тамбовское наместничество в качестве директора и преподавателя народных училищ или секретаря наместничества (через Державина) оказались безуспешными. Лишь в кон. 1786 Г. был определен в штат Кабинета е. и. в., а с 1787 стал служить в канцелярии Г. А. Потемкина под началом В. С. Попова. Во время рус.-тур. войны 1787—1791 г. находился при походной канцелярии. Зимой 1789 Г. сопровождал Потемкина в Петербург. Г. вел «журнал военных действий», по которому составлялись донесения Потемкина *Екатерине II* (см.: Собрание разных ⟨...⟩ донесений, 1789—1791, ч. 1—2; 2-е изд. 1791—1796). При заключении мира с Турцией в Яссах (дек. 1791) Г. исполнял должность конференц-секретаря. Письмо Г. к Державину о смерти Потемкина (5 окт. 1791) явилось, очевидно, одним из первых известий об этом событии, дошедших до Петербурга.

14 янв. 1792 Г. прибыл в Петербург. Ему пожаловали чин надв. советника и др. награды. 15 янв. он явился к новому фавориту Екатерины II П. А. Зубову с рекомендательным письмом от А. А. Безбородко и через несколько дней был сделан правителем канцелярии П. А. Зубова с производством в подполковники Изюмского легкоконного полка. Г. стал доверенным лицом Зубова, а вскоре и императрицы. Он весьма успешно продвигался по службе: 27 июля 1793 произведен в полковники; 11 авг. 1795 по указу Екатерины стал ее секретарем «у принятия прошений». Кроме того, Г., по заданию императрицы, изучал гражданские законы и церковные уставы для составления нового устава Сената, а также работал над замечаниями на Генеральный регламент Петра I. Г. принимал участие в решении ряда политических вопросов (устроение губерний в бывших пол. областях; составление штатов запасных батальонов и эскадронов; размещение поселенцев в южных губерниях и т. п.). Ему, в частности, принадлежит указ об основании Одессы. Нередко Г. злоупотреблял своим положением. С его помощью М. И. Коваленский (брат приятеля Г.), уволенный со службы «за воровство и грабеж», был назначен губернатором (см.: Арх. кн. Воронцова. М., 1876, т. 8, с. 133). Командующий черноморским флотом Н. С. Мордвинов жаловался, что Г. «вредит» ему (там же, с. 153). Г. вел широкий образ жизни: у него был «великолепный экипаж», несколько четверок лошадей, гусары, егеря; устраивались концерты, стол на 40 персон и т. д.

После воцарения Павла I Г. оказался в немилости. 14 янв. 1797 он был выслан из Петербурга в свое имение Вишневчин Подольской губ. Отсюда он совершал поездки в Одессу, Белгород, Киев. В мае 1798 Г. был арестован, доставлен в Петербург и заключен в Петропавловскую крепость. Ему были предъявлены обвинения в утрате эстампов, картин и антиков из коллекции Таврического дворца и в переселении на свои земли казенных крестьян. С Г. было взыскано 31 780 рублей, и в февр. 1799 он был вновь выслан в Подольскую губ. В 1800 против Г. было возбуждено новое дело о присвоении казенной земли в Новороссийской губ. Г. заключили в Шлиссельбургскую крепость, откуда он был освобожден 14 февр. 1801 благодаря хлопотам его жены. Он вернулся в Подольскую губ., но до смерти Павла I находился под надзором полиции.

По свидетельству правнука Г., В. Н. Губерти, на предложение Г. служить при Александре I он ответил: «Стану я, слуга Екатерины, служить этому мальчику» — и этим «испортил дело». В 1802 Г. продал Вишневчин и в февр. приехал в Москву, где по-прежнему не стеснял себя тратами, в частности устраивал концерты, одаривая капельмейстеров золотыми табакерками. Г. любил музыку и сам играл на скрипке (имел скрипку работы Страдивари). Пытаясь поправить расстроенное состояние, Г. продал свои московские дома и перебрался в Зарайск (Рязанской губ.), занявшись откупом и винокурением, но это еще больше его разорило. С 1814 Г. поселился в Коломне в связи с тем, что его дочь вышла замуж за В. Я. Губерти, коломенского городничего. По свидетельству Н. В. Губерти, «в домашнем быту он был деспот». В дек. 1817 Г. вынужден был объявить себя несостоятельным должником. Сенат обвинил Г. в умышленном банкротстве, из-за чего возникла длительная тяжба, заставлявшая Г. неоднократно бывать в Москве и Петербурге. Находясь в Петербурге с 1829 по 1833, Г. посещал театры, книжные лавки, занимался чтением и даже взялся за изучение нем. языка. В янв. 1833 тяжба Г. завершилась благоприятно для него.

В имении Щурово под Коломной у Г. осталась богатая библиотека, состоявшая из книг на рус., фр. и нем. языках и перешедшая впосл. к Н. В. Губерти.

Первым выступлением Г. в печати явился перевод повести Ф.-Т.-М. де Бакюляра д'Арно «Макин» (1782; подп. — «А. Г.»; посв. кн. В. В. Долгорукову). Повесть, затрагивавшая проблему «естественного человека» (жизнь героев на необитаемом острове), вызвала интерес рус. читателей. Перевод Г. перепечатан в «Гор. и дер. б-ке» *Н. И. Новикова* (1782, ч. 1), а затем без изменений, но без посвящения вошел в сборник сочинений фр. автора «Успокоение чувствительного человека...», 1789, ч. 2). Здесь же (ч. 1) помещен перевод Г. др. повести де Бакюляра д'Арно — «Эрманса» (впервые: Гор. и дер. б-ка, 1782, ч. 3). Не включенной в сборник осталась переведенная Г. повесть этого писателя «Pauline et Suzette» — «Опасность городской жизни» (1784, посв. княгине Е. П. Барятинской; 2-е изд., под загл. «Городской житель в искушении», 1788, без посв.). Переводы Г. довольно гладки по слогу, в них немного галлицизмов, но встречаются не очень удачные обороты и слова: «шел скоропостижно», «особство» (т. е. эгоизм) и т. п.

Служебная карьера отвлекла Г. от литературных занятий. Он так и не завершил предпринятый им перевод романа Т. Смоллетта «Приключения Перигрина Пикля», источником которого служил, очевидно, фр. перевод (1753); ч. 1 перевода была опубликована под назв. «Веселая книга, или Шалости человеческие» (1788). В июне 1788 принималась подписка на ч. 2—4 «Веселой книги...»; в февр. 1792 объявлялось, что эти части «вступили в печать» (СПб. вед., 1792, 27 февр., № 17), однако они так и не появились (необнаруж. изд. 1792, по-видимому, являлось перепечаткой ч. 1).

О литературных вкусах Г. можно судить по статье «Благодарение г. Фелдингу за „Томаса Ионеса"» (Зеркало света, 1786, ч. 2, июль), в которой он называет Г. Филдинга «верным истолкователем человеческих сердец» и признается, что писал статью «в восторге и умилении сердца». Здесь же Г. искусно льстил Державину, уподобляя его Альворти (Олворти) — одному из героев Филдинга. В переписке с Державиным 1786 Г. нередко затрагивал литературные темы: говорил о комедиях Екатерины II и *Е. Р. Дашковой*, характеризовал петербургские журналы, посылал копии некоторых произведений. Из литераторов Г. был, очевидно, ближе всего знаком с О. П. Козодавлевым и Н. Ф. Эминым. Впосл. крайне заносчивое поведение Г. Державин осмеял в стихотворной сатире «Быль в-очью совершается».

В кон. жизни Г. работал над своими «Записками». Вначале он составил краткие заметки конспективного характера, а с 19 дек. 1830 начал писать «Некоторые заметки из жизни Екатерины II» и «Записки о службе статс-секретаря Грибовского и прочих лиц». Записки, охватывавшие период с 1783 по 1802, передают интересные черты придворного быта и включают характеристики (достаточно пристрастные) видных политических деятелей (А. А. Безбородко, И. А. Остерман, И. И. Салтыков, А. И. Марков, Д. П. Трощинский и др.). В текст записок Г. включил «Мысли Екатерины II о французской революции» и «Изображение Екатерины II» — вольный перевод (с фр.) из Ш.-Ж. де Линя, завершенный в марте 1831. «Дневники» Г. за 1825—1833 содержат отклики на события общественной и культурной жизни того времени (казнь декабристов, крестьянские восстания, гибель А. С. Грибоедова, холерный бунт в Петербурге 1831 и др.), причем оценки Г., осуждающего всех бунтовщиков, весьма реакционны. Особый интерес представляют дневниковые записи Г. (преимущественно критического характера) о прочитанных им книгах, журналах и газетах. Среди них «Вестн. Европы», «Моск. телеграф», «История русского народа» Н. А. Полевого, «Досуги крымского судьи» *П. И. Сумарокова*, «Вечера на хуторе близ Диканьки» Н. В. Гоголя, «Ликей» Ж.-Ф. Лагарпа, сочинения Ф. Шиллера, И.-Г. Гердера и ряд др. произведений на рус. и фр. языках. Одним из последних выступлений Г. в печати была заметка о пребывании в Коломне митрополита Филарета (Моск. вед., 1828, 11 авг., № 64). В целом по своим литературным интересам и вкусам Г. принадлежал XVIII в.

Лит.: Державин. Соч., т. 1—9 (1864—1883); *Бильбасов В. А.* Адриан Грибовский, составитель зап. о Екатерине II. — Рус. старина, 1892, № 1 (перепеч. в кн.: *Бильбасов В. А.* Ист. монографии. СПб., 1901, т. 2); *Губерти Н.* Статс-секретарь А. М. Грибовский. — Ист. вестн., 1895, № 4; *Грибовский А. М.* Воспоминания и дневники. М., 1899 (с портретом); Рус. арх., 1907, № 5; *Шубинский С. Н.* Имп. Екатерина II и ее два секретаря. — В кн.: Шубинский С. Н. Ист. очерки и рассказы. 6-е изд. СПб., 1911 (с портретом); Провинц. некрополь, т. 1 (1914); *Гуковский Г., Орлов В.* Подпольная поэзия 1770—1800-х гг. — В кн.: Лит. насл. М., 1933, т. 9—10.

Н. Д. Кочеткова

ГРИГОРОВИЧ-БАРСКИЙ Василий Григорьевич [1 (12) I 1701, Киев—7 (18) X 1747, там же]. Родился в семье купца, учился в Киево-Могилянской академии, куда поступил благодаря помощи ее ректора *Феофана Прокоповича*. «Не силен в науке был, — говорил о себе Г.-Б., — обаче прошел малыя школы даже до риторики» и достиг «начал философии». В сер. 1723 болезнь заставила Г.-Б. прекратить учение и отправиться для лечения во Львов. Там Г.-Б. и его товарищ Иустин Леницкий поступили в класс риторики иезуитской академии под именем униатов братьев Барских. Вскоре обман раскрылся, и Г.-Б. оставил Львовскую академию.

С детства Г.-Б. «имел охоту видеть чужие страны» и в апр. 1724 в одежде римского пилигрима отправляется в путешествие, которое продлилось ок. 24 лет. Посетив Кашау (Кошице), Пешт, Вену, Бари (город в Италии, где находились мощи Николая Мирликийского) и, наконец, Рим и Венецию, Г.-Б. отправляется на остров Корфу и через Кефалонию, Зант достигает острова Хиос, а затем — Солуня и горы Афон. 10 сент. 1726 Г.-Б. отплыл из Солуня в Палестину, побывал в Иерусалиме, на Синайской горе, посетил остров Кипр; восемь месяцев прожил в Египте, на подворье александрийского патриарха Козмы в Каире (1727—1728). Вслед за этим Г.-Б. снова отправляется на Синай и в Палестину. Всюду путешественник глубоко интересуется жизнью и историей народов Балкан и Ближнего Востока. «Идеже бо учение, — утверждает Г.-Б., — тамо просвещение ума, а идеже просвещение ума, тамо познание истины».

В 1729—1731 Г.-Б. живет в Триполи (Сирия), где в местном училище изучает греч. под руководством иеромонаха Иакова. В Дамаске Г.-Б. был пострижен в монахи антиохийским патриархом Сильвестром (1734) под именем Василия. Шесть лет Г.-Б. провел на острове Патмос, где изучал греч. язык и литературу. В 1741 Г.-Б. получил письмо из Киева с известием о кончине отца и захотел вернуться на родину. Он написал письмо в Киев своему бывшему товарищу *Симону Тодорскому*, учителю новооткрытого греч. училища в Киеве, и просил должности учителя. В мае 1743 по указу императрицы Елизаветы Петровны рус. посол в Константинополе А. А. Вешняков вызвал Г.-Б. к себе и предложил ему место священника посольства. Г.-Б. прожил в Константинополе один год, а в мае 1744 направился на Афон, где получил доступ во все греко-православные монастыри и их библиотеки. Вернувшись через Эпир и Македонию в Константинополь в сер. 1746, Г.-Б. застал уже нового рус. посла А. И. Неплюева, который хотел было его арестовать и отправить на родину. Через Болгарию, Румынию и Польшу Г.-Б. вернулся в Киев (2 сент. 1747). Еще в Бухаресте он получил от префекта киевоподольских школ *Варлаама Лащевского* письмо с приглашением занять кафедру греч. языка в Киево-Могилянской академии. Однако Г.-Б. тяжело заболел: трудности и лишения долгих странствований не прошли бесследно.

Главный труд Г.-Б. — путевые записки, в которых он называет себя то Барским, то Беляевым-Плаки-Альбовым, то Василием Киевским. После смерти записки Г.-Б. хранились вместе с многочисленными рисунками в доме его матери (до 1774), которая давала переписывать рукопись всем желающим. «В Малой России и в окружающих оную губерниях, — писал *В. Г. Рубан*, — нет ни одного места и дома, где бы не было ее списка. Почти во всех российских семинариях для епархиальных архиереев по нескольку раз ее переписывали, благочестивые же люди из духовных и мирских состояний за великие деньги доставали оную». Симон Тодорский хотел, разобрав рисунки и вклеив их в подлинник, издать записки отдельной книгой, но в 1754 умер, не успев совершить задуманное. Отрывок из книги Г.-Б. — «Описание города Солуня» — впервые появился в печати на страницах журнала «Парнасский щепетильник» (1770, июль). Первое полное издание текста книги было осуществлено В. Г. Рубаном по указанию Г. А. Потемкина в 1778 с некоторыми поправками и дополнениями под загл. «Пешеходца Василия Григоровича-Барского Плаки Албова, уроженца киевского, монаха антиохийского, путешествие к святым местам в Европе, Азии и Африке находящимся, предпринятое в 1723 и оконченное в 1747 г., им самим писанное» (переизд.: СПб., 1785; Клинцы, 1788; СПб., 1793, 1800, 1819; М., 1847). Первое научное издание записок по автографу Г.-Б. (ГИМ, собр. А. С. Уварова, № 1760—1762) с учетом мн. др. списков подготовил Н. П. Барсуков (1885); в это издание вошли подлинные рисунки Г.-Б. (в количестве 137) — виды, планы, фасады замечательных зданий Востока, сохранившиеся в Уваровской рукописи; 11 рисунков, известных В. Г. Рубану, в настоящее время утрачены; кроме того, существует альбом рисунков Г.-Б. в рукописи из фонда Одесского о-ва истории и древностей рос., который включает рисунки, не вошедшие в издание Барсукова (ЦНБ АН УССР).

Путевые записки Г.-Б. продолжают известный в рус. литературе с XII в. жанр паломнических хождений ко «святым местам». В записках Г.-Б. содержится богатый и разнообразный географический, историко-археологический и искусствоведческий материал по странам юго-вост. Средиземноморья и Ближнего Востока. Особенно подробно описана гора Афон с ее монастырями и книжными сокровищами. В «Записках» отразилась яркая личность их автора, пытливого исследователя, внимательного наблюдателя, знатока языков и истории культур балканских и ближневост. народов.

Лит.: *Барсуков Н. П.* Жизнь и тр. В. Г. Барского. СПб., 1885; *Греков Ф.* Жизнь и странствования Василия Григоровича-Барского. СПб., 1892; Українські письменники: Біобібліографічний словник. Т. 1. Давня українська література (XI—XVIII ст. ст.). Київ, 1960; *Родаченко І.* Мандрівки Василя Барського: Документальна повість. Київ, 1967.

Ю. К. Бегунов

ГРОДНИЦКИЙ Павел. Переводил для Типогр. комп. *Н. И. Новикова*. Г. принадлежит перевод с нем. двух фр. дидактических повестей, объединенных в издании «Неудачный опыт матерней строгости и несчастные следствия оной» (1788, ч. 1—2; посв. А. М. Щербатовой). Повесть «Неудачный опыт матерней строгости» (ч. 1) посвящена судьбе девушки, отданной против воли в монастырь. Она влюбляется, бежит из монастыря, но после гибели любовника возвращается туда и умирает. Это типичная «монастырская повесть», близкая по тематике к «Жизни Марианны» А. Мариво и «Монахине» Д. Дидро. Второй перевод Г. — повесть «Несчастные следствия матерней строгости» (ч. 2) — описывает трагические последствия брака по настоянию родителей, завершающегося гибелью героев. Подобно героине Ж.-Ж. Руссо, Юлии, героиня повести, Аделаида, во имя супружеского долга рвет со своим любовником, после чего он кончает жизнь самоубийством. В целом произведение отчетливо ориентировано на «вертеровский» тип сентиментальной повести, нашедший богатое продолжение в рус. литературной традиции. Г. также перевел с лат. два религиозно-нравоучительных трактата Пальма Блазиуса (гол. проповедника XVII в.) «Святейшее рассмотрение божественных свойств, сочиненное для произведения добродетельных чувствований» и «Способ соединить себя тесно с высочайшим существом» (оба изд. — 1787); в 1787 вместе с др. изданиями Типогр. комп. в московских книжных лавках было конфисковано 200 экз. второго трактата.

Лит.: *Семенников В. П.* Книгоиздательская деятельность Н. И. Новикова и Типогр. комп. Пб., 1921.

И. В. Немировский

ГРОМОВ Глеб Иванович [1762 или 1763—до 22 VII (3 VIII) 1830]. Сын священника. 25 нояб. 1781 поступил в Моск. ун-т, окончил его 1 июля 1784. В апр. 1785 Г. был определен в Комиссию нового Уложения, где прослужил семь лет; в мае 1792 был из Комиссии уволен и назначен в Адмиралтейств-коллегию на должность секретаря. Здесь, поднимаясь по служебной лестнице, он получил чин майора (1 янв. 1796), а 19 сент. 1798 был по прошению в связи с болезнью уволен с чином надв. советника и несколько лет находился не у дел; 24 февр. 1802 был назначен обер-форштмейстером (главным лесничим) Нижегородской губ.; 21 окт. 1803 переведен на ту же должность в Пензенскую губ., где служил до кон. жизни, получив 20 дек. 1821 чин кол. советника (ЦГИА, ф. 379, оп. 8, № 124, л. 1—2, 9—10, 19—20, 26—27, 35—36, 42—43, 50—51; ф. 1343, оп. 19, № 4900, л. 19—20, 43).

Литературная деятельность Г. была кратковременной: из семи изданных им книг пять вышли в 1796—1798. Главными темами книг Г. были брак и любовь. Разнообразный материал, к ним относящийся, составил три сборника (по рус. и иностранным источникам): «Позорище странных и смешных обрядов при бракосочетаниях разных чужеземных и в России обитающих народов: и при том Нечто для холостых и женатых» (1797), «Любовь, книжка золотая» (1798), «Любовники и супруги, или Мужчины и женщины (некоторые). И то, и сио. Читай, смекай, и, может быть, слюбится» (1798). Описание «чужеземных» свадебных обрядов, переведенное с иностранного языка, включало статьи о древних и «диких» народах; этнографические сведения о народах Российской империи Г. заимствовал из трудов *С. П. Крашенинникова*, *И. И. Лепехина*, И.-Г. Георги; переводное приложение «Нечто для холостых и женатых» представляло собой увещевание к браку и его апологию. Основным разделом второго сборника был сатирический «Новый любовный и супружеский словарь, по азбучному порядку расположенный», одним из источников которого (хотя не главным) был «Письмовник» *Н. Г. Курганова*. В сборник также входили «Карта почтовой дороги по землице любви» (типичный жанр «галантной» литературы), балагурные «Домашние средства от разных неприятностей в любви и браке», «Сокращенный супружеский календарь» и пр. «Любовь, книжка золотая» выполняет важную сюжетную функцию в комедии А. Н. Толстого «Любовь — книга золотая» (1922) и служит ведущим исторически стилизующим компонентом в ее языковой ткани. Самым пестрым по составу был третий сборник, куда Г. включил «Потешные повестцы и мудрые ответы» (подборка афоризмов и остроумных изречений), «Пословицы и поговорки простонародные, большая часть в иносказательном смысле», «Песни, выражающие разные чувствования и деяния страстных любовников», «Забавное баснословие древних греков и римлян с толкованием», «Сантиппы-философа басни с нравоучением» и др. Как и в предыдущем случае, большие заимствования Г. сделал из «Письмовника». Все три сборника были развлекательными изданиями, рассчитанными на невзыскательного читателя, причем два последние несли отчетливый налет балагурности и местами фривольности. Важным назначением сборников было снабдить читателей разнообразным занимательным материалом, который можно было бы использовать в остроумной светской беседе. Г. нигде не опускается до порнографии; напротив, в известном смысле он преследует нравоучительные цели.

Моралистическую установку — побуждение людей к браку и отвращение их от адюльтера — имела переведенная Г. с нем. языка книга И.-Х. Зиде «Нежные объятия в браке и потехи с любовницами (продажными) изображены и сравнены правдолюбом» (1798). Описания отличаются большой откровенностью, но преобладает в книге нравоучительный элемент, который постепенно усиливается; в последнем разделе, посвященном изображению и разъяснению радостей отцовства и материнства, смелые картины, характерные для начальных страниц книги, полностью отсутствуют. Подобная композиция была, во-первых, тактическим приемом завлечения читателя и постепенного подведения его к серьезным материям, а во-вторых, отражала тезис о мимолетности плотских утех и превосходстве над ними отношений, основанных на любви к детям и общих семейных заботах.

Еще одним переводом Г. из этой серии был сборник нравоучительных советов молодым девушкам, оформленный в виде гадательной книги на каждый день года: «Календарь на 1799 год старого цыгана, ворожеи, угадчика. В пользу и увеселение молодых молодушек и красных девушек» (1799).

Книги Г. подверглись суровой критике в «СПб. журн.» (1798, ч. 4, окт.—дек.). Анонимный рецензент «из Торжка» увидел в них низкопробные издания, «довольно изрядную кучу сору». Эта точка зрения определила односторонность оценки сборников Г. историками литературы, которые говорят о нем лишь как о «бульварном писаке» и «литературном дельце».

Г. также перевел с нем. языка две популярные книги: «Картина всемогущества, премудрости и благости божиея, созерцаемая в природе...»

(1796; 2-е изд., испр. и увелич. 1798) и «Величество бога во всех царствах природы, или Лествица от тварей к творцу, от земли на небо...» (СПб., 1801). Обе они относятся к «естественному» богословию, т. е. к той его отрасли, которая, опираясь на открытия естественных наук, интерпретировала демонстрируемую ими гармонию, целесообразность и взаимосвязанность различных явлений в природе и мироздании как доказательство существования творца Вселенной. При всем религиозно-поучительном характере этих книг, направленных против религиозного свободомыслия, они имели определенное образовательное значение, т. к. сообщали много положительных сведений из области естественных наук. Оба перевода снабжены обширными примечаниями и дополнениями самого Г., свидетельствовавшими о широте его интересов и значительной эрудиции.

Лит.: *Пнин И.* Соч. М., 1934; Берков. Журналистика (1952); *Орлов В. Н.* Рус. просветители 1790—1800-х гг. 2-е изд. М., 1953; *Мамаев Г. А.* 1) Из творческой истории комедии А. Н. Толстого «Любовь — книга золотая». — Рус. лит., 1967, № 2; 2) «Любовь — книжка золотая» Гл. Громова как один из источников одноименной комедии А. Н. Толстого. — Учен. зап. Астраханского пед. ин-та, 1967, т. 11, вып. 4.

В. Д. Рак

ГУМИЛЕВСКИЙ Михаил (в монашестве — М о и с е й) [1747, Владимир—5 (16) X 1792, Феодосия]. С 1770 учился во Владимирской дух. семинарии, с 1774 — в Славяно-греко-лат. академии, по окончании которой оставлен в ней учителем древнеевр. и греч. языков (1777). Г. покровительствовал ректор академии митрополит *Платон Левшин*. 15 дек. 1779 Г. принял постриг, в 1781 назначен учителем риторики, в 1783 — проповедником, в 1785 — учителем философии, в 1786 — префектом академии. Г. был также проповедником (с 1781) и игуменом (с 1784) Московского Знаменского монастыря. В 1786—1788 он исполняет обязанности цензора московской духовной цензуры.

В нач. 1788 Г. А. Потемкин вызвал Г. в Молдавию, назначив его обер-иеромонахом в действующую армию. С 1790 г. был архимандритом-проповедником Екатеринославского Спасо-Николаевского монастыря. В 1791 Г. возводится в сан епископа феодосийского и мариупольского. Был убит своими слугами. *В. Г. Рубан* написал стихотворное «надгробие» Г. (1794), а *Августин Виноградский* — «Елегию на Моисея, епископа, смертию насильственною убитого» (1795; на лат. яз.).

Г. принадлежат переводы с греч. следующих сочинений: «Беседы о совершенстве» (1782) Макария Египетского, «О небесной иерархии...» (1786) и «О церковном священноначалии» (1787) Псевдо-Дионисия Ареопагита, «Беседы» (1788) патриарха иерусалимского Хрисанфа. Г. приписывался прозаический перевод «Одиссеи» (1788; переводчик — *П. Е. Екимов*). Им же, видимо, была составлена «Еллиногреческая грамматика на русском языке», завершенная и подготовленная к печати С. Протасовым (1788). Г. начал, но не окончил перевод с фр. многотомного труда аббата К. Флери «Церковная история».

Г. писал много стихов на рус., лат. и греч. языках. Среди них ода Иннокентию Нечаеву, архиепископу псковскому и рижскому, известному меценату (1775), приветствие Платону Левшину (1777), «надпись» и ода *Екатерине II* (1788) в честь дня рождения внука Александра.

Г.-проповедник оставил две краткие надгробные речи Потемкину (1792), «российскому Ахиллесу», «искусному создателю флотов», «удивлению Европы». Как проповедник, Г. примыкал к «нравственно-практической» школе Платона Левшина, которая требовала ясности и строгости стиля, призывала избегать церковнославянизмов и варваризмов.

Лит.: Евгений. Словарь исторический, т. 1 (1827); Смирнов. Моск. академия (1855); *Сергий, архим.* Ист. описание Моск. Знаменского м-ря. М., 1866; Филарет. Обзор, кн. 2 (1884).

Ю. К. Бегунов

ГУРЧИН Даниил Алексеевич [вторая пол. XVII в. — **нач. XVIII в.**].
По-видимому, родился в Польше, получил там образование и приехал в Россию в числе лекарей-иностранцев, призванных Петром I на рус. службу. Г. жил в Москве и служил в Царской аптеке, о чем свидетельствует запись на рецепте 1699: «На прошение преосвященного Афанасия ⟨...⟩ сей рецепт с лекарствы прислал государевы аптеки дохтор Даниил Алексиев сын Гурчин» (ГБЛ, ф. 310, № 698, л. 85 об.). В 1699 г. была дарована на Мясницкой улице земля под здание аптеки, которую он построил на свои средства, после чего обратился к Петру I с челобитной, прося выдать жалованную грамоту. 28 дек. 1701 Г. получил ее и стал владельцем второй частной аптеки в Москве. С тех пор он называл себя «аптекарем его царского величества». Г. занимался естественнонаучной деятельностью и сам пробовал изготовлять лекарства (см.: Указ о запрещении продажи и составлении гранокермеса аптекарем Даниилом Гурчиным. 23 марта 1703. — ЦГАДА, Аптекарский приказ, оп. 2, № 1622). Заимствуя сведения из разных медицинских сочинений, он составил руководства для домашнего лечения: «Аптечка обозовая или служилого чина людей и их коней...» (1708; ГПБ, собр. Погодина, № 1561, л. 110—118 об.) и «Аптека домовая большая, которою всяк человек, егда лекаря нет, может помощь дать не токмо себе, но и всякой скотине во всяких немощах...» (1708; посв. царевичу Алексею Петровичу).

Известно, что Г. «писал стихи» (см.: Новиков. Опыт словаря (1772)). Из них к настоящему времени сохранилось лишь одно сочинение — «Триумф польской музы по одержании над шведами и их союзниками под Калишем победы» (1706). Этот панегирик с характерным для данного жанра использованием образов античной мифологии, фигурой уподобления, «пиитическим» гиперболизмом относится к литературе барокко. Открывающее «Триумф» посвящение Петру I прославляет царя за ратные подвиги; благодарная Петру за оборону Польши «польская муза повергает к его стопам лавры и триумф». Далее автор восхваляет А. Д. Меншикова, под руководством которого 18 окт. 1706 был разбит в Калишском сражении корпус генерала Мардерфельта. Г. уподобляет Петра Александру Македонскому, а Меншикова — верному советнику Александра Гефестиону. Завершающее панегирик обращение: «Ты мой благодетель, я же твой вечный слуга» — содержит намек на покровительство автору со стороны Меншикова, имевшего дом рядом с аптекой Г. В целом выбор темы для панегирика и его адресатов определен, по-видимому, национально-патриотическими настроениями Г., его сочувствием политике Петра I, а также желанием обратить на себя внимание высоких покровителей и выразить благодарность за оказанные милости.

Цельногравированное издание «Триумфа...» вышло из московской типографии 24 нояб. 1706; пол. текст транслитерирован кириллицей; существует предположение, что Г., возможно, был и гравером данного издания. Широкого распространения «Триумф», однако, не получил, поскольку в кон. года в Москве стало известно об измене Августа II, отказавшегося от союза с Россией накануне Калишского сражения и одновременно от пол. короны; в «Триумфе» же он назван «наияснейшим». Г. необоснованно атрибутировались рукописные «Вирши мальтийскому кавалеру ⟨...⟩ Борису Петровичу Шереметеву» по случаю победы над шведами (1701—1705).

Лит.: Пекарский. Наука и лит., т. 2 (1862); *Флоринский В. М.* Собр. мед. рукописей XVI и XVII вв. Казань, 1880; *Змеев Л. Ф.* Рус. врачебники. СПб., 1896; *Орешников А. В.* Д. Гурчин, моск. аптекарь нач. XVIII столетия. — В кн.: Сб. ст. в честь графини П. С. Уваровой. М., 1916; *Шляпкин И. А.* Библиогр. разыскания в рус. и заграничных б-ках по славянорус. письменности. — В кн.: Библиогр. летопись О-ва любителей древней письменности. СПб., 1917, вып. 3; Быкова, Гуревич. Описание (1958).

Л. И. Сазонова

ГУРЬЕВ Иван. Переводчик романа «Оптимизм, то есть наилучший свет, состоящий в продолжении истории Кандида. Часть вторая сочинения г. Вольтера...» (1779; в типогр. Арт. и инж. корпуса), псевдовольтеровского сочинения (приписывалось Ш.-К. Торелю де Шампиньелю), известного только в нем. издании. Книга неоднократно привлекала внимание рус. читателей; в 1784 ее, по-видимому, собирался переводить *Н. М. Карамзин*. Перевод Г. по времени совпадает с перепечаткой «Кандида» в переводе *С. С. Башилова*; иногда оба перевода встречаются в одном конволюте.

Из завершающего перевод четверостишия, обращенного к читателям, можно понять, что перевод делался с учебными целями, а переводчик принадлежит к мелким чиновникам («Простите в том, когда в ней слог не очень чист, Затем, что перевел, учась, канцелярист»). В романе описываются приключения Кандида во время его путешествия в Персию, Лапландию и Данию. В отличие от философских повестей Вольтера, имеющих сложную проблематику, роман «Оптимизм» — чисто сюжетное произведение, несмотря на то что его автор продолжает полемику с Лейбницем, начатую Вольтером (формула Лейбница «Все прекрасно в этом лучшем из миров» опровергается описанием злоключений Кандида и его друзей).

Лит.: *Quérard J.-M.* La France littéraire. Paris, 1839, v. 10; Заборов (1978).

И. В. Немировский

Д

ДАВЫДОВСКИЙ Лаврентий Яковлевич. Учился в Моск. ун-те, был членом литературно-переводческого студенческого общества Собрание унив. питомцев; позднее — розенкрейцер. Сотрудничал в издававшейся при университете газете «Моск. вед.» в качестве переводчика иностранных материалов. Участник масонских благотворительных журналов *Н. И. Новикова*, где Д. принадлежат переводы из древних авторов: «Повесть о Геркулесе» из Ксенофонта (Утр. свет, 1780, ч. 9, авг.) и «О краткости жизни» из Сенеки (Моск. ежемес. изд., 1781, ч. 1, март). Высказывалось предположение, что Д. вместе с *М. И. Антоновским* и *Л. М. Максимовичем* помогал И. Е. Шварцу в редактировании журнала «Веч. заря». Здесь появилась оригинальная работа Д. «Рассуждение об истинном человеческом благе» (1782, ч. 1, март, анонимно; в том же году — отд., с указанием автора, посв. П. А. Татищеву). В этом масонском трактате о путях совершенствования человеческого духа рассматривается роль разума в постижении человеком божественного откровения. Доля Д. в числе анонимных публикаций не установлена.

Лит.: Лонгинов. Новиков и мартинисты (1867); *Рудаков В.* Студ. научн. о-ва. — Ист. вестн., 1899, № 12; Вернадский. Рус. масонство (1917).

М. Б. Плюханова

ДАМАСКИН (Семенов-Руднев) см. Семенов-Руднев Д. Е.

ДАМСКИЙ Киприан (Куприян) Федорович. С 1768 — питомец Восп. дома в Петербурге, в 1798 получил «вечноувольнительное свидетельство» (ЦГИА, ф. 758, оп. 10, л. 23). Состоял суфлером в труппе «вольного Российского театра» на Царицыном лугу и 1 сент. 1783 определился на службу в театральную дирекцию. 6 авг. 1784 уволился.

В 1800 Д. содержал книжную лавку за Аничковым мостом по Невскому проспекту (СПб. вед., 1800, 30 марта, № 26, с. 1044).

В 1794 в типографии Е. К. Вильковского Д. напечатал компилятивное сочинение для детей «Путь к добродетели и любомудрию...» (кн. 1—2). Кн. 1 содержала «умные наставления», кн. 2 — ряд начальных сведений о мире, боге, науках и художествах, грамматике, рус. истории — в форме вопросов и ответов.

Комическая опера Д. (в 2-х д.) «Винетта, или Тарас в улье» (Петрополь, 1799; муз. А. Бюллана), возможно, ставилась в театре при Восп. доме. В основе оперы — стереотипный для того времени сюжет: счастью влюбленных препятствует их сословное неравенство. В финале выясняется, что героиня, пастушка Винетта, так же как и ее жених Мирволь, — дворянского происхождения. В опере заметны отголоски комической оперы *А. О. Аблесимова* «Мельник — колдун, обманщик и сват».

Лит.: Арх. Дирекции имп. театров. СПб., 1892, вып. 1, отд. 3; *Всеволодский-Гернгросс В. Н.* История театр. образования в России. СПб., 1913, т. 1; *Кукушкина Е. Д.* Комическая опера XVIII в. — В кн.: История рус. драматургии. Л., 1982.

Е. Д. Кукушкина

ДАМСКИЙ Киприан Яковлевич [род. 1772]. Воспитанник Моск. восп. дома. В 1786 был определен к письменным делам в Астраханскую винную и соляную контору; в 1795 вступил с чином вахмистра в Кинбурнский драгунский полк. К 1800 уволился с военной службы и перебрался в Петербург, где поступил канцеляристом в Гос. ассигн. банк, а 16 дек. 1800 перешел секретарем в правление Александровской мануфактуры и руководил там возведением казарм для армейских инвалидов. В 1804 подал министру внутренних дел В. П. Кочубею доношение об открытом им «российском хлопчатоподобном произрастании», за что получил вознаграждение. В нач. 1809 Д., уже в чине титул. советника, перевелся в Петербургскую казен. палату; 25 авг. этого же года поступил на службу во 2-й Деп. Сената без жалованья (до выяснения его усердия и способностей). Однако в течение года штатное место для Д. так и не нашлось, и он, обремененный большим семейством, увольнялся по собственному прошению к др. делам с 22 нояб. 1810 (ЦГИА, ф. 1346, оп. 58, ч. I, № 26, л. 356).

В 1795 Д. издал в Петербурге «Любопытный словарь удивительных естеств и свойств животных...» (подп. — «К. Я. Д...»; с посв. Е. П. Кашкину; вышел повторно в 1801 в Петербурге, по-видимому, как тит. изд.), составленный им по различным естественнонаучным, историческим и географическим сочинениям (Аристотель, Плиний, Ш. Бюффон и др.). Наряду со статьями о реал но существующих животных в книгу попали, в основном из античных авторов, описания фантастических и мифологических существ (кентавры, безголовые люди и т. п.).

В. П. Степанов

ДАНДОЛО Георгий Филиппович [ум. после 1780]. Родился в Венеции, в России — с 1738. С 1740 — переводчик при Коллегии иностр. дел. Подготовил к изданию рус.-лат.-фр.-ит. «Лексикон», включавший около 10 000 слов и грамматический очерк рус. языка. «Лексикон» вместе с промеморией канцлера М. И. Воронцова был направлен 3 дек. 1748 на рассмотрение Академии наук в Петербург и передан на обсуждение Исторического собрания (ААН, ф. 3, оп. 1, № 517, л. 632). В «Мнении», составленном *М. В. Ломоносовым* и подписанном исполнявшим обязанности секретаря собрания *В. К. Тредиаковским* от имени «всех господ профессоров», «Лексикон» был признан «недостаточным» для печатания на государственный счет: указывалось на большие погрешности в рус. грамматике, неточность переводов мн. рус. слов, значительные пропуски и слова «нововымышленные, в российском языке неупотребительные» (к ним Ломоносов относил, напр., слова «решительно», «раболепность», «определительно» — ААН, ф. 3, оп. 1, № 818, л. 125—127). В 1749 Д., считавший «Мнение» частным отзывом Тредиаковского,

вновь направил свой будто бы значительно исправленный и дополненный словарь в Академию. Оправдывая несовершенство и неполноту, неизбежные в подобного рода первоначальных трудах, Д. писал: «Лучше из готовой ржаной муки хлебы печь и алчным подавать, нежели до будущей пшеничной отказывать» (ААН, ф. 3, оп. 1, № 124, л. 71). Новое официальное заключение Исторического собрания от 1750, подписанное Ломоносовым и др., было столь же категоричным, как и первое: «Оная тетрадь наполнена весьма великими погрешностями против грамматики, против российского и латинского языка, как в знаменовании, так и в чистоте речей, и напечатания отнюдь не достойна». Затем последовал также «репорт» группы иностранных членов Академии с отрицательным отзывом на «Лексикон» Д. (ААН, ф. 3, оп. 1, № 124, л. 91, 92). Автор продолжал работать над словарем до 1780 (не изд.).

Из переводов Д. с ит. (совм. с *С. И. Писаревым*) была напечатана «Философия правоучительная» Э. Тезауро (1764—1765). Др. переводы Д., в частности отрывок из апологетического сочинения в защиту иезуитского ордена, уничтоженного папой Климентом XIV, а также рукопись «Лексикона», хранятся в библиотеке Казанского гос. ун-та им. В. И. Ульянова-Ленина (№ 4.479; 4.480).

Лит.: *Попов Н.* Георгий Дандоло, рус. лексикограф и переводчик прошлого столетия. — Библиогр. зап. 1859, № 7; Пекарский. История Академии наук, т. 1—2 (1870—1873); *Артемьев А. И.* Описание рукописей Казанского ун-та. СПб., 1882; *Ломоносов М. В.* Полн. собр. соч. М.; Л., 1955, т. 9.

Р. М. Горохова

ДАНИЛОВ Александр. По-видимому, студент Моск. ун-та, дворянин, учившийся там в 1780—нач. 1790-х гг. на казенном содержании (см.: Моск. вед., 1783, 12 июля, № 55; 1791, 9 июля, № 55, Приб.).

Под этим именем вышли переведенные с нем. языка книги: «Разные анекдоты, содержащие в себе мудрые деяния, великодушные и добродетельные поступки, остроумные ответы, любопытные, приятные и плачевные происшествия, — и служащие к пользе, забаве, удовольствию и образованию всякого состояния людей» (1792) и «Превратность счастия, или Удивительные приключения графа Константина Турвиля» (1793, ч. 1—2). Посвящение второй книги М. В. Волынскому, председателю 1-го деп. Верхн. надв. суда Московской губ., позволяет предположить родство переводчика с Александром Ивановичем Даниловым (1750 или 1751—после 1815), губернским стряпчим уголовных дел (с 1788), советником 1-го деп. Моск. угол. палаты (с 1794), а позднее ее председателем (ЦГИА, ф. 1349, оп. 4, 1815 г., № 39, л. 10 об.—14).

Выбор книг для перевода был продиктован, по-видимому, учебными целями. Основная часть анекдотов была переведена, очевидно, в процессе занятий нем. языком, а более 20 анекдотов почти без изменений были перепечатаны из журнала «Детское чтение». Второй переведенной Д. книгой не случайно стал авантюрный роман «Превратность счастия...»: занимательное и написанное относительно легким языком произведение могло быть использовано для закрепления и углубления языковых навыков, полученных на первом этапе обучения. Примечательно, что в ч. 1 романа дважды (с. 22, 135) говорится о пользе и необходимости изучения иностранных языков. Злободневный интерес могла иметь в годы рус.-тур. войны ч. 2 романа, в которой описывались похождения героя в Турции.

В. Д. Рак

ДАНИЛОВ Василий. Опубликовал в переводе с нем. «Разговор об определении к смерти», «Письмо Юния к Децию, писанное по окончании сражения» (Утр. свет, 1780, ч. 9, авг.), «Письмо Стратона к сыну», «Письмо Эпихарма к дочери своей Эвхарии» (Моск. ежемес. изд., 1781, ч. 3, нояб.). Первое и последнее сочинения носят религиозно-морализаторский характер; тема «Письма Юния к Децию...» — скорбь о гибели друга, переходящая в обличение войны как таковой; «Письмо Стратона к сыну» — наставление в патриотическом долге. Варьируя стиль переводов «Писем» в зависимости от темы, Д. избегает архаической лексики, тяготея к «среднему» стилю. В переводе «Разговора об определении к смерти» прост и синтаксис.

Лит.: *Макогоненко Г.* Новиков и рус. просвещение. Л., 1952.

Н. Н. Зубков

ДАНИЛОВ Михаил Васильевич [1722, с. Харино Тульского у. и губ.—после 1790]. Происходил из старинного, но обедневшего дворянского рода; сын отставного капрала Преображенского полка. Грамоте учился у деревенского пономаря Ф. Брудастого, весьма похожего на Кутейкина из «Недоросля» Д. И. *Фонвизина*. Ок. 1737 был записан в Арт. школу в Москве, где поселился у своего свойственника Милославского. В 1740 переведен в петербургскую Чертежную школу, которую окончил в 1743. Незадолго до выпуска его откомандировали на Сестрорецкий оружейный завод «для рисования вензелей и литер на тесаках», а затем в Герольдию для рисования гербов Лейб-Компанской роты (см.: *Тройницкий С. Н.* Гербы Лейб-компании... Пг., 1915, с. IX—X); в кон. 1743 Д. был произведен в фурьеры и оставлен при Чертежной школе «для рисования планов». В 1744 он был вызван в Москву для пиротехнических работ, а в нач. 1750 переведен в Ригу, где «заведовал тремя комиссарствами при полку». По ходатайству своего друга М. Г. Мартынова в 1751 Д. был возвращен в Петербург для устройства фейерверков и иллюминаций на придворных праздниках. В 1752 Д. готовил в Москве иллюминацию по случаю приезда императрицы, за что был пожалован в подпоручики. Дальнейшая служба Д. связана с учебной лабораторией при Арт. школе, в частности с работой по созданию знаменитых единорогов, изобретение которых позднее присвоено П. И. Шуваловым. В мае 1758 Шувалов за «дерзкий и самовольный поступок» (женитьба Д. 26 сент. 1757 на Нечаевой, вдове двоюродного брата Шувалова) лишил его должности обер-фейерверкера. В 1759 Д. счел за лучшее выйти в отставку. Некоторое время Д. проживал в Москве; по восшествии на престол *Екатерины II* 3 июня 1765 получил следовавший ему при отставке чин майора артиллерии.

В 1762 он напечатал в Унив. типографии книгу «Начальное знание теории и практики в артиллерии...», явившуюся первым отечественным печатным пособием по артиллерийскому делу; принимал участие в деятельности Вольного экон. о-ва (его ст. «О глиняных овинах» опубл. в изд.: Тр. Вольного экон. о-ва, 1766, т. 4, с. 65—71).

В апр. 1771, спасаясь от эпидемии чумы, Д. с семьей уехал в с. Семенково Рузского у. Московской губ.; там он приступил к написанию своих автобиографических «Записок», пользуясь при этом копией Бархатной книги из Герольдмейстерской конторы. Изложенные в форме генеалогии рода Даниловых «Записки» рисуют яркую картину быта и нравов рус. малоимущего провинциального дворянства первой пол. XVIII в.; они отличаются необыкновенной живостью изложения; размышления Д. о своей жизни подчеркнуто простодушны и наивны. Небезынтересны «Записки» Д. и для истории рус. интеллигенции: они содержат биографические сведения о М. П. Грецове, *Н. И. Попове*, Д. М. Лодыгине, М. В. Приклонском. «Записки», опубликованные П. М. Строевым (М., 1842; переизд.: Казань, 1913), вызвали многочисленные отклики (перечень их см.: Венгеров. Источники, т. 2 (1910)).

В 1777 Д. написана также одна из первых рус. книг по пиротехнике «Довольное и ясное показание, по которому всякий сам собою может приготовлять и делать всякие фейерверки и разные иллюминации» (1779), трижды переиздававшаяся.

Параллельно Д. пробует силы в жанре религиозно-философских рассуждений и пять из них издает в 1783 под загл. «Письма к приятелю». Они любопытны в качестве попытки совместить чисто религиозные представления о душе, ее бессмертии с натурфилософскими представлениями о мире. Так, напр., для обоснования своих выводов Д. широко использовал «Опыты» М. Монтеня и «Описание земли Камчатки» *С. П. Крашенинникова*, «Новую Элоизу» Ж.-Ж. Руссо и «Знания, касающиеся вообще до философии» *Г. Н. Теплова*, «Похождения Телемака» Ф. Фенелона и «Сенеки христианствующего нравственные лекарства», «Наставления политические» Я.-Ф. Бильфельда и «Опыт о человеке» А. Попа, произведения *М. В. Ломоносова*, Декарта, Вольтера и мн. др. писателей и философов. «Письма...» Д. были под инициалами «М. Д.» переизданы в 1792. Письмо 3 «О совести» было издано отдельно в 1804 сыном Д. с подзаг. «Из сочинения рязанского дворянина М. Д.» и посвящением московскому губернатору Н. И. Баранову.

Лит.: Евгений — Снегирев. Словарь, ч. 1 (1845); Венгеров. Словарь, т. 1 (1889); *Модзалевский Б. Л.* Данилов М. В. — В кн.: Рус. биогр. словарь, т. «Дабелов — Дядьковский» (1905); *Позднев А.* Творцы отеч. оружия. М., 1955; История отеч. артиллерии. М., 1960, т. 1, кн. 2; *Лукьянов П. М.* История хим. промышленности России до кон. XIX в. М., 1961, т. 5.

М. П. Лепехин

ДАНИЛОВСКИЙ (Д а н и л е в с к и й) Николай Иванович [род. 1744]. Сын секретаря Белгородской дух. консистории. 17 февр. 1758 поступил в дворянское отделение гимназии при Моск. ун-те, где в это время учились *Д. И.* и *П. И. Фонвизины*. За успехи неоднократно награждался книгами (см.: Моск. вед., 1758, 12 мая, № 38; 1760, 28 апр., № 34; 1761, 27 апр., № 34, Приб.). 30 июня 1762 Д. произведен в студенты Моск. ун-та. В 1765 посещал лекции по гражданской архитектуре и фортификации. Слушая лекции, он одновременно преподавал в гимназии и работал в университетской библиотеке. 17 марта 1767 Д. был смещен с этой должности «по причине частого отсутствия» на службе. По поручению Унив. конференции он перевел ряд документов с лат. на рус. язык.

С 31 дек. 1767 Д. был определен на должность регистратора в Канцелярию московского главнокомандующего П. С. Салтыкова. Д. перевел с фр. развлекательную «восточную повесть» «Даира» Ж. Ле Риша де Ла Поплиньера (1766—1767, ч. 1—2; 2-е изд. 1794). Переводу предпослано «Письмо от трудившегося в переводе к его другу А. Г. Толс‹тому›» с пометой «Маия 25 дня 1766 года. Из Москвы» и с подписью «Н. Дан...». Посвящая свой труд другу детства, Д. упоминал о «великодушных поступках», «оказанных» ему Толстым. Здесь же Д. назвал свой перевод «первым опытом своего знания во французском языке». Эта книга была в числе изданий, составлявших в детстве круг чтения *Н. М. Карамзина*. Можно полагать, что Д. принадлежат и переводы с фр. двух сентиментально-нравоучительных романов (оба — за подп. «Н. Д»), напечатанных, как и «Даира», при Моск. ун-те: «Невинное страдание, или Бедственная верность Леоноры де***» (1769) и «Злосчастное замужество девицы Гарви» (1770). Добродетель противопоставляется в них «пустой знатности». В. С. Сопиков называет также Д. автором, а А. Ф. Смирдин переводчиком книги «Беседа дружеская, или Разговоры между Карины и Танелии, родными сестрами» (1791; подп. — «Н. Д.»).

В 1770-е гг. Д., видимо, жил в Петербурге и вместе с Д. И. Фонвизиным занимался переводом фр. лексикона. 18 сент. 1777 Фонвизин писал из Франции *Я. И. Булгакову*: «Не оставьте Даниловского. Прошу бога, чтоб сохранил в душе его неутомимость в подвигах для блага лексикона». Задержка в работе вызвала сетования Фонвизина в письме от 1778: «Я вижу, что и лексикон наш умирает при самом своем рождении. Повивальная бабушка, то есть Даниловский, плохо его принимает. Я считал его за половину, а он еще около первых литер шатается». Судя по письму от 3 апр. 1778, причиной замедления были финансовые затруднения. В февр. 1778 в «СПб. вестн.» появилось «Известие о словаре французском с русским...», печатающемся «иждивением» И.-Я. Вейтбрехта. Оно, очевидно, относится к «Полному французскому и российскому лексикону, с последнего издания лексикона французской Академии на российский язык переизданному собранием ученых людей» (1786, ч. 1—2; 2-е изд. 1798).

По предположению И. К. Луппола, Д. сотрудничал в журнале «Зеркало света» (1786), где за той же подписью «Н. Д.» появилось семь статей, представляющих собой частично изложение, частично перевод отрывков из книги П. Гольбаха «Социальная система» (отд. изд. (СПб., 1805) вышло под загл. «Ручная книжка человека и гражданина, или Рассуждение о должностях общежития»). Последовательно исключая антицерковные высказывания Гольбаха, переводчик популяризировал просветительское учение о нравственности. В оригинальном заключении к книге он подробно говорил о «твердости духа» как об одной из важнейших гражданских добродетелей, развивая идеи, близкие *Н. И. Новикову* и Фонвизину. В целом же просветительская позиция Д. оставалась достаточно умеренной.

Лит.: Галахов А. Д. Карамзин: (Мат-лы для определения его лит. деятельности). — Совр., 1853, № 1; *Луппол И. К.* Ист.-филос. этюды. М., 1935; *Макогоненко Г. П.* Радищев и его время. М., 1956; *Фонвизин Д. И.* Собр. соч. М.; Л., 1959, т. 2; Пенчко. Документы, т. 1—3 (1960—1963); *Макогоненко Г. П.* Фонвизин: Творческий путь. М.; Л., 1961; Штранге. Демокр. интеллигенция (1965); *Пенчко Н. А.* История б-ки Моск. ун-та. 1755—1967. М., 1969; *Шарков О. П.* Н. Д. — «союзник» Радищева или реакционер? (К обществ. позиции журн. «Зеркало света»). — Вестн. ЛГУ, 1969, № 8. Сер. истории, яз. и лит., вып. 2.

Н. Д. Кочеткова

ДАНКОВ Гавриил Семенович [ум. 1 (13) VIII 1805, Казань]. По происхождению, очевидно, принадлежал к духовному сословию. Вместе со своими братьями (один из них, Василий, в 1792 был избран в члены Рос. Академии) обучался в Александро-Невской дух. семинарии. В 1782 митрополит *Гавриил Петров* рекомендовал Д., в то время слушателя класса богословия, на место священника при рус. посольстве в Берлине, куда Д. выехал в кон. того же года (ЦГИА, ф. 796, оп. 63, № 314). В 1799 переведен в Дрезден, в 1800 — в Мекленбург-Шверин, где был определен духовником вел. княжны Елены Павловны (в 1802 награжден золотым крестом — ЦГИА, ф. 796, оп. 83, № 774). После ее смерти в 1803 Д. возвратился в Петербург и безуспешно пытался там обосноваться (см. прошение 1804 г. — ЦГИА, ф. 466, оп. 1, № 209), затем нашел место преподавателя нем. языка в казанской гимназии. Попечитель создававшегося в Казани университета С. Я. Румовский, принимая его, рассчитывал, что Д. будет также профессором богословия. В февр. 1805 Д. с семьей переехал в Казань и активно включился в работу по созданию университета. На первом университетском акте 9 июля 1805 Д. произнес речь на нем. языке «Об усовершенствованиях гимназического учения» (не сохр.). До официального открытия университета Д. не дожил нескольких дней.

Д. переводил с лат. учебные пособия по словесности. Первый перевод был издан еще до отъезда Д. за границу в 1781 под наблюдением *В. Г. Рубана* — «Гимназический или семинарский ⟨...⟩ наставник учащегося юношества» Г. Милса, в котором подробно говорится о возникновении и назначении поэзии. Второй перевод был сделан уже в Берлине — «Созерцание превосходнейших писателей латинского языка» (1783) У. Борка. Книга содержит не только характеристики, но и библиографические указания на лучшие издания произведений, а также имеющиеся или готовящиеся рус. переводы.

В 1794 принимал эпизодическое участие в «Новых ежемес. соч.», опубликовав там «Стихи на Новый год» (ч. 92, февр.).

Лит.: *Чистович И.* История С.-Петербургской дух. семинарии. СПб., 1857; *Булич Н.* Из первых лет Казанского ун-та. Казань, 1887, ч. 1; *Загоскин Н. П.* История имп. Казанского ун-та за первые сто лет его существования. 1804—1904. Казань, 1902, т. 1, ч. 1 (1804—1814); *Здр. Данков Г. С.* — В кн.: Рус. биогр. словарь, т. «Дабелов — Дядьковский» (1905; с ошибочными инициалами: «Г. В.»); *Мальцев А. П.* Православные церкви и рус. учреждения за границей. СПб., 1906.

С. И. Николаев

ДАРАГАН Козьма Иванович [1767 или 1770—1825]. Родился в бедной дворянской семье. Службу начал в 1786 вахмистром Ямбургского карабинерного полка; 11 июня 1789 уволен с чином прапорщика для определения в статскую службу, 6 сент. поступил в петербургскую таможню, сблизился с *А. Н. Радищевым*, вероятно на почве литературных интересов, и получил от него экземпляр «Путешествия из Петербурга в Москву». Продолжал службу при таможне (ЛГИА, ф. 636, оп. 1, № 2, л. 74; ЦГИА, ф. 1349, оп. 1, № 13, л. 45 об.—49). В 1801 был избран членом Вольного экон. о-ва; принимал активное участие в его деятельности (ЦГИА, ф. 91, оп. 1, № 61, 65, 273, 363). Последние годы жизни Д., вероятно, провел в с. Никольском-Размыслове Звенигородского у. Московской губ., где еще в 1950-х гг. хранился его архив, ныне утраченный.

Литературная деятельность Д. началась в 1788 переводом с фр. «справедливой повести» «Демиза и Евгений». Д. также откликнулся «Стансами...» на смерть графини М. А. Румянцевой; на титульном листе этого издания (1788) *Г. Р. Державин* написал эпиграмму «Престань писать стихи, любезный Дараган, а бей ты лучше в барабан», имея в виду, в частности, одические опыты Д., вроде «Оды ⟨...⟩ Екатерине» (1790), прославлявшей дарованный ею подданным «рай цветущий на земли». Наиболее примечателен выполненный Д. перевод фр. романа «Несчастный любовник, или Приключения Вильгельма фон М., дворянина из Нижней Саксонии» (1791). Предисловие к нему характеризует Д. как убежденного поборника «пристойного» семейного воспитания. Изображаемые в романе пороки и распутная жизнь героев никак не связываются с социально-политическими и морально-этическими устоями и нормами жизни дворянского общества. Труд Д. отличают намерение переводить близко к оригиналу (ср. приводимые им фр. параллели к рус. тексту) и стремление к «элегантности» стиля, в духе раннего сентиментализма. Существует предположение, что роман является оригинальным сочинением Д.

Лит.: *Ходнев А. И.* История имп. Вольного экон. о-ва с 1765 по 1865. СПб., 1865; Державин. Соч. (1868—1878), т. 5 (1876).

А. Г. Татаринцев

ДАШКОВ Яков. Происходил из дворян; в 1756 поступил в Унив. гимназию, где учился на собственном содержании, а затем в Моск. ун-т. Упражнялся в переводах с фр. и нем. под руководством *А. А. Барсова*. С 1763, продолжая учебу, одновременно исполнял должность переводчика в Мануфактур-коллегии, на которую и был определен после окончания университета в 1765. С 13 авг. 1767 по 7 янв. 1768 Д. служил в Комиссии нового Уложения, а затем снова в Мануфактур-коллегии. В свободное от должности время Д. под руководством *И. А. Третьякова* самостоятельно прошел за два года курс юриспруденции и 6 февр. 1770 прочел в Унив. собрании свою диссертацию «О рабстве». Исполнял экзекуторскую должность с 5 мая 1770 и был представлен к награждению чином титул. советника с оставлением на прежней должности переводчика. В 1770 по требованию генерал-фельдмаршала гр. П. С. Салтыкова Д. был переведен секретарем в его штат. Вместо Д. в Мануфактур-коллегию был назначен *Н. И. Евреинов* (формуляр Д. 1771 г. — ЦГАДА, ф. 286. № 579, л. 304, 305, 311).

В студенческие годы Д. участвовал в издававшемся при Моск. ун-те журнале «Собр. лучших соч.» (1762, ч. 1), где были напечатаны его переводы (с какого яз. — неизв.): «Опыт, каким образом всех родов плоды долгое время так сохранять, чтоб они нимало своего свойства не потеряли» и «Изображение Мануфактур-коллегии (описание работы этого учреждения и его роли в государстве). Ему принадлежит также перевод книги с нем. эстетика и философа-идеалиста Г.-Ф. Мейера «Опыт о лунатиках...» (1764), представляющий собой попытку медицинского объяснения этого явления с любопытными примерами. В том же году Д. перевел с нем. комедию Ж.-Ф. Сен-Фуа «Государственный откупщик» — сентиментальную драму об утесненной, но торжествующей в финале добродетели.

Е. Д. Кукушкина

ДАШКОВА (урожд. Воронцова) Екатерина Романовна [17 (28) III 1743 или 1744, Петербург—4 (16) I 1810, с. Троицкое Калужской губ.]. Дочь гр. Р. И. Воронцова, сестра *А. Р. Воронцова*; крестница императрицы Елизаветы Петровны и вел. кн. Петра Федоровича. Воспитывалась в семье государственного канцлера М. И. Воронцова. Англофильская и либеральная традиции семьи Воронцовых оказали существенное влияние на формирование мировоззрения Д. Получив хорошее домашнее образование (она знала три языка), Д. рано пристрастилась к чтению фр. просветительской литературы. Знакомство в 1758 с будущей императрицей *Екатериной II* внушило ей мысль, что именно в вел. княгине воплощены те черты, какие она желала бы видеть «в государе своего отечества» (к этому периоду относится ее «Надпись к портрету Екатерины II» — Собеседник, 1783, ч. 1). В 1758 Д. вышла замуж за кн. М. И. Дашкова, который ввел ее в круг *Н. И. Панина*, убежденного сторонника ограниченной монархии. Общение с ним имело важное значение для окончательного оформления политических взглядов Д.

Д. приняла деятельное участие в подготовке переворота 28 июня 1762, который привел к власти Екатерину II. «Революция без капли крови» — так Д. характеризовала этот переворот; однако она открыто возмущалась убийством Петра III, которое запятнало «славную реформу». Дальнейшее разочарование Д. в результате переворота, скептицизм Екатерины II в оценке роли самой Д. привели их ко взаимному отчуждению.

После смерти мужа (1764) Д. 1765—1767 провела в Москве. В 1768 она предприняла трехмесячную поездку по России, а в кон. 1769 уехала за границу. В 1770—1771, 1775—1782 Д. путешествует по Германии, Англии, Голландии, Франции, Италии и Швейцарии, где встречается с Д. Дидро, Вольтером, Г.-Т.-Ф. Рейналем, У. Робертсоном, А. Смитом и др. видными западноевропейскими мыслителями и государственными деятелями. Одной из целей ее поездки было желание лично руководить воспитанием и образованием своих детей за границей. Взгляды Д. по этим вопросам, в которых отразилось влияние передовых педагогических теорий XVIII в., изложены ею в статье «О смысле слова „воспитание"» (Собеседник, 1783, ч. 2), в письмах к У. Робертсону, опубликованных в ее «Записках» (1907), и к М. Вильмот (Друг просв., 1806, № 12) и др.

Д. по-прежнему волновали злободневные для России проблемы крепостного права и государственного устройства; вместе с тем она отдает себе отчет в невозможности решить эти важнейшие вопросы в тогдашних условиях. Д. считала, что существует прямая зависимость между крестьянским вопросом и вопросом о правах рус. дворянства. В «Записках» Д. писала: «Если б государь, разбив цепи, приковывающие крепостных к их помещикам, в то же время ослабил кандалы, наложенные его деспотической волей на дворянское сословие, я первая бы подписала этот договор своею собственною кровью». Убежденная в том, что «помещики образуют переходную власть между престолом и крепостным сословием», Д. считала, что если над крестьянином прекращается власть помещика, то «начинается произвол правительства, или, лучше, самоуправство мелкого чиновника». Д. казалась совершенно естественной заинтересованность владельцев в улучшении благосостояния своих крестьян, так как «богатство и счастье крепостных людей» является единственным источником «материальной прибыли» помещика. Она ратовала за сословное крестьянское образование, которое должно было, по ее мнению, явиться отправной точкой последующего урегулирования отношений крестьян со своими владельцами. Известный спор Д. с Дидро (1770) о невозможности немедленной отмены крепостничества в России отразился в творчестве А. С. Пушкина (см.: *Оксман Ю. Г.* От «Капитанской дочки» А. С. Пушкина к «Запискам охотника» И. С. Тургенева. Саратов, 1959, с. 70—74), П. А. Вяземского (при работе над книгой о Фонвизине (1848)), в теоретических спорах декабристов.

Для России идеалом общественного устройства Д. считала монархию типа англ. или швед., «где государь подчиняется законам и в некотором роде отвечает перед судом общественного мнения». Она резко отрицательно оценивала реформаторскую деятельность Петра I, который расчищал дорогу «военному деспотизму». В возможность введения в России представительной системы правления Д. не верила. В юности, возмущаясь рус. деспотизмом, она даже собиралась переселиться в Голландию, восхваляя гражданскую свободу и религиозную терпимость в этой стране. Личная независимость Д., ее критическое отношение к существующему в стране абсолютизму были сочувственно отмечены впосл. А. И. Герценом.

Поклонница политических идей Ш.-Л. Монтескье, Д. признавала одинаково незаконными действия и тирана, и «разбушевавшейся толпы». В событиях фр. революции Д. видела лишь «озлобление, борьбу партий и цинизма», приведших к крушению идеалов просветителей XVIII в. Отсюда мысли о бесполезности революционного преобразования общества и обращение Д. к «просвещению» — единственному средству, которое может привести Россию к «всеобщему благоденствию».

Имя Д. связано с созданием нескольких научных учреждений XVIII в. В 1771 она явилась одним из инициаторов основания при Моск. ун-те Вольного Рос. собрания, в печатном органе которого («Опыт тр. Вольного Рос. собрания») опубликовала (1774) несколько статей, в т. ч. «Общество должно делать благополучие своих членов» и «О собщественном устройстве». В 1783 Д. назначается директором Академии наук, которую она возглавляла до 1794. Д. заметно оживляет научно-просветительскую, издательскую и административно-хозяйственную деятельность академии. По ее инициативе издается полное собрание сочинений *М. В. Ломоносова*, переиздается «Описание земли Камчатки» *С. П. Крашенинникова*, продолжается публикация «Дневных записок» *И. И. Лепехина*.

С созданием в окт. 1783 Рос. Академии, идея организации которой принадлежала Д., она становится ее президентом. Д. написала устав этого учреждения, определив основные задачи, стоящие перед ним. Академии «надлежало возвеличить российское слово», упорядочить грамматику, стилистику и произносительную норму рус. языка. Наиболее значительным научным достижением явился выпуск «Словаря Академии Российской», осуществленный в 1789—1794. Для словаря Д. подбирает слова на буквы «Ц», «Ш», «Щ», вносит дополнения в материалы, относящиеся к др. литерам, и объясняет ряд понятий из области нравственности, политики и управления государством.

Литературная деятельность Д. весьма разнообразна: стихи на рус. и фр. языках, пьесы, написанные в нравоучительно-назидательной манере, переводы сочинений западноевропейских просветителей, публицистические статьи, многочисленные академические речи, в которых заметно влияние аналогичных речей М. В. Ломоносова, обширное эпистолярное наследство на рус. и фр. языках (бо́льшая часть опубл. посмертно: Арх. кн. Воронцова. М., 1872—1881, т. 5, 12, 21, 24). Наиболее ярко литературное дарование Д. проявилось в «Записках», которые по существу и сделали ее известной как писательницу. Нач. литературной деятельности Д. относится к 1763, когда она публикует обширные переводы из К.-А. Гельвеция («Об источнике страстей») и Вольтера («Об эпическом стихотворстве») в журнале «Невинное упражнение», издаваемом под ее покровительством и с ее участием группой молодых авторов при Моск. ун-те. В 1783—1784 Д. становится руководителем журнала «Собеседник любителей российского слова», который издавался «иждивением Академии наук». Журнал открывался одой Г. Р. Держа́вина «Фелица», публикация которой определила его основное направление — прославление монархии и самой Екатерины II и в то же время острые сатирические выпады против двора, отдельных вельмож и неустройства общественного быта. Самым заметным общественно-политическим выступлением журнала явилась публикация «Вопросов» *Д. И. Фонвизина* и «Ответов» на них Екатерины II. Свидетельством того, что Д. отчасти разделяла точку зрения Фонвизина, является ее «Послание к слову „Так"» (1783, ч. 1), посвященное теме всеобщего угодничества при дворе. Сотрудничество Екатерины II в «Собеседнике» не означало полного единодушия императрицы и Д. В некоторых сочинениях Екатерины II 1780-х гг. проявилось ее недовольство Д. Так, в «Собеседнике» была опубликована ее статья «Общества незнающих ежедневная записка» — пародия на заседания Рос. академии, а в пьесе «За мухой с обухом» императрица вывела Д. под именем Постреловой, особы, безудержно хвастающейся своими заграничными вояжами.

Как директор Академии наук Д. направляла издание журнала «Новые ежемес. соч.» (1786—1796), куда привлекла также бывших сотрудников «Собеседника». Основное место в журнале занимали обширные переводы из сочинений А. фон Галлера, Х.-Ф. Геллерта, Дж. Аддисона, Вольтера, Гельвеция и др. Наиболее значительными научными публикациями были статьи по рус. истории (*В. В. Крестинина* и А. Фомина), по вопросам языкознания, по экономическому и географическому изучению Севера, а также материалы из архива *Г.-Ф. Миллера*. Публикации самой Д. непосредственно связаны с событиями фр. революции. В дек. 1792 Д. печатает письмо «К господам издателям „Новых ежемес. соч."» (ч. 78, дек.) с резкими выпадами против революционной Франции. Возможно, Д. принадлежат опубликованные там же в февр. и марте 1793 стихотворения «Мнение некоего россиянина о единоначалии» (ч. 80, февр.) и «Правило россиянина» (ч. 81, март) (с бо́льшим основанием приписываются *И. И. Завалишину*) — одни из первых откликов на казнь Людовика XVI.

Под наблюдением Д. выходил и сборник «Российский феатр, или Полное собрание всех российских феатральных сочинений» (1786—1794; официальный редактор — *В. А. Ушаков*). Хотя инициатором издания была Екатерина II, Д. оказывала влияние на подбор публикуемых пьес. Здесь были помещены тираноборческие трагедии «Сорена и Замир» *Н. П. Николева*, «Вадим Новгородский» *Я. Б. Княжнина*, сатирические комедии *И. А. Крылова*, *А. И. Клушина* и др.

По своему положению и занимаемым должностям Д. имела широкий круг литературных знакомств. Через А. Р. Воронцова она была знакома с *А. Н. Радищевым* и читала его «Житие Ф. В. Ушакова». Воспитанником Д. был Н. П. Николев, посвятивший ей свое «лиро-дидактическое послание» о поэзии. Д. поддерживала Я. Б. Княжнина, *Г. Р. Державина*, хотя с последним у нее были достаточно сложные отношения.

Д. — автор нескольких драматических произведений: комедии «Тоисиоков, или Человек бесхарактерный» (1786) для Эрмитажного театра (прототипом главного героя послужил *И. И. Шувалов*), пьесы «Свадьба Фабиана, или Алчность к богатству наказанная» (1799), написанной в продолжение драмы А. Коцебу «Бедность и благородство души», либретто оперы «Земир и Азор» (1783). Ее роман «Новая Евфимия» вышел в 1788.

«Записки» Д. (написаны в 1805—1806 в Троицком) — одно из наиболее значительных произведений рус. мемуарной литературы, ценный источник для изучения политической, общественной и культурной жизни России 1750—1803. Цель их, по словам Д., «воссоздать откровенную историю моей жизни», но они далеко выходят за рамки автобиографии и содержат множество важных фактических данных, характеристик и оценок (переворот 1762, характеристики Петра III, Екатерины II, Павла I, братьев Орловых, А. Р. Воронцова, Руссо, Дидро, Вольтера, Эйлера, Кауница и др.). Впрочем, о ряде событий и фактов Д. намеренно умалчивает. В этом проявилась довольно отчетливая политическая тенденция, которая особенно заметна при освещении Д. собственной роли в перевороте 1762.

Воспоминания посвящены компаньонке, ирландке М. Вильмот (в замуж. Брэдфорд), с предоставлением ей права публикации «Записок» после смерти Д. С фр. оригинала рукописи М. Вильмот и ее сестра сняли две собственноручные копии, а оригинал рукописи в 1808, перед отъездом в Англию М. Вильмот, был сожжен. Одна из копий была переправлена в 1807 в Англию, вторая осталась у Д.

Публикации «Записок» в Англии первоначально воспрепятствовал С. Р. Воронцов. Англ. перевод появился лишь в 1840. На его основе А. И. Герцен опубликовал в «Полярной звезде» исторический очерк «Княгиня Екатерина Романовна Дашкова» (1857, кн. 3); в 1857 «Записки» Д. в нем. переводе М.-А. фон Мейзенбуг и с предисловием Герцена выходят в Гамбурге. В 1859 в Лондоне Герцен печатает «Записки» Д. в рус. переводе Г. Е. Благосветлова (с англ. изд.). Этот перевод затем трижды переиздается Э. Л. Касперовичем: Лейпциг, 1876. Отдельные отрывки из «Записок» Д. публиковались после 1840 в рус. периодике (Москв., 1842, ч. 1, № 1—2; Совр., 1845, № 1; Отеч. зап., 1859, № 9—12; Рус. старина, 1873, № 9, 11). Вторая авторизованная копия была обнаружена *Ю. А. Нелединским-Мелецким*, который разбирал бумаги Д. после ее смерти (с этого текста после 1814 был изготовлен список П. А. Вяземского (ЦГАЛИ, ф. 195, оп. 1, № 1196), который читал А. С. Пушкин, когда работал над статьями о Радищеве). Эта копия, сохранившаяся в бумагах Воронцовых, была напечатана П. И. Бартеневым в составе «Арх. кн. Воронцова» (СПб., 1882, т. 21); ее рус. перевод «с приложением разных документов, писем и указателя» вышел под ред. Н. Д. Чечулина (СПб., 1907; переизд. под ред. Г. Н. Моисеевой: Л., 1984). В настоящее время наиболее авторитетным можно считать издание под ред. С. С. Дмитриева (М., 1987).

В 1794 Д. был предоставлен отпуск, — по существу вежливая форма отставки. Последние 15 лет жизни Д. прошли в подмосковном имении Троицком и в новгородской деревне Кротово (Коротово), куда она была выслана с воцарением Павла I; опала кончилась при Александре I. В эти годы Д. занималась хозяйственной деятельностью, вела обширную переписку, интересовалась театром, литературой и политикой. К этому времени она — член Вольного экон. о-ва, Филадельфийского филос. о-ва, Стокгольмской Академии наук; в 1801 члены Рос. Академии письменно пригласили Д. вновь занять председательское место, но она, не желая возвращаться к служебной деятельности, отказалась. Однако связи ее с литераторами не прерывались. Она участвует в «Друге просв.» (1804—1806), где публикует заметки сугубо просветительного характера («Нечто из записной моей книжки», «О старинных пословицах»), ведет полемику с «Сев. вестн.» о преимуществах использования вольного труда в помещичьем хозяйстве. Произведения последних лет жизни Д. нуждаются в атрибуции: в 1808 она печаталась под разными псевдонимами в «Вестн. Европы», «Рус. вестн.», а возможно, и в др. журналах.

Лит.: *Иловайский Д. И.* Е. Р. Дашкова. — Отеч. зап., 1859, № 9—12; *Афанасьев А.* Лит. тр. княгини Е. Р. Дашковой. — Отеч. зап., 1860, № 3; *Мордовцев Д. Л.* Княгиня Е. Р. Дашкова, урожд. графиня Воронцова. — В кн.: Мордовцев Д. Л. Рус. женщины нового времени. СПб., 1874 (перепеч.: *Мордовцев Д. Л.* Собр. соч., СПб., 1902, т. 39); *Семевский В. И.* Княгиня Е. Р. Дашкова. — Рус. старина, 1874, № 3; *Сухомлинов М. И.* Е. Р. Дашкова. — В кн.: Сухомлинов М. И. История Рос. академии. СПб., 1874, т. 1; Мат-лы для биографии княгини Е. Р. Дашковой. Лейпциг, 1876; *Суворин А. А.* Княгиня Е. Р. Дашкова. СПб., 1888, ч. 1; *Огарков В. В.* Е. Р. Дашкова. СПб., 1893; [Бумаги Е. Р. Дашковой]. — В кн.: Сб. старинных бумаг, хранящихся в музее П. И. Щукина. М., 1901, т. 9; *Чечулин Н. Е.* Дашкова. — В кн.: Рус. биогр. словарь, т. «Дабелов — Дядьковский» (1905); *Добролюбов Н. А.* Собр. соч. М.; Л., 1961, т. 1; *Кравнобаев Б. И.* Глава двух академий. — Вопр. истории, 1971, № 12; *Гиллельсон М. И.* Пушкин и «Зап.» Е. Р. Дашковой. — В кн.: Прометей. М., 1974, т. 10; *Лозинская Л. Я.* Во главе двух академий. М., 1978 (2-е изд. М., 1983); *Cross A.-G.* «By the Banks of the Thames»: Russians in Eighteenth-Century Britain. Newtonville, 1980.

В. А. Теплова

ДВОРЯШЕВ Степан Андреевич [между 1768 и I 1770—после 1814]. Происходил из дворянской семьи; образование получил в Моск. ун-те, где «обучался с похвальным прилежанием и успехами языкам латинскому и немецкому, красноречию на латинском и российском языках, практической философии, чистой математике и некоторым частям смешанной, экспериментальной физике, римским и российским правам и российскому практическому законоискусству» (ЦГИА, ф. 1349, оп. 4, 1809 г., № 3, л. 7 об.—8 об.). По окончании университета Д. был определен в Лифляндское губ. правление, где служил с 1 мая 1791 переводчиком, а с 23 марта 1796 — секретарем. 30 янв. 1803 он был назначен товарищем главного судьи Саратовской конторы опекунства иностранных (ЦГИА, ф. 1349, оп. 4, 1803 г., № 61, л. 72 об.—73; 1809 г., № 3, л. 7 об.—11). Эту должность в чине надв. советника со старшинством от 31 дек. 1806 он занимал до 1814; в следующем году согласно «Адрес-календарю» его место числилось вакантным.

Переводами художественных произведений с нем. языка Д. занимался в студенческие годы. Анонимная повесть «Награжденная потеря, или Приключения господина Салбурга» (1788; предст. в цензуру в дек. 1787) была переведена им, очевидно, в сотрудничестве с Тимофеем Александровским, чья подпись в некоторых экземплярах стоит под посвящением. В этой повести, затрагивавшей проблему взаимоотношений между родителями и детьми, были показаны губительные последствия суровой отцовской власти и утверждалось, что, когда решается вопрос об «избрании рода жизни», отец должен «всю строгость отбросить и принять в помощь только одну нежность и ласковость»; «в сем случае он не может уже предписывать никаких повелений своим детям, но только имеет право им советовать и увещевать».

Вторым переводом Д. была «истинная американская повесть» фр. писателя М.-Р. Гильяра д’Обертёя «Приключения девицы Мак Реа» (1788; предст. в цензуру в янв. 1788). В этом произведении трагическая судьба американской девушки, полюбившей во время Войны за независимость англичанина, офицера вражеской армии, иллюстрирует «злополучные следствия, происходящие от любви»; мн. страницы посвящены изображению бедствий «междуусобной войны». За тем Д. издал сборник «Веселая книжка для путешествующих людей, или Собрание разных новейших исторических анекдотов, остроумных шуток, ответов и кратких нравоучительных повестей, служащих как для препровождения праздного времени, так и для исправления сердца» (1790). Согласно указанию на титульном листе, входящие в этот сборник 187 анекдотов были переведены «из разных немецких сочинений».

В. Д. Рак

ДЕБОЛЬЦЕВ Илья Николаевич [род. 1747]. Из приказных детей; «своекоштный» воспитанник Унив. гимназии для разночинцев. В 1767 произведен в студенты и в том же году по собственному желанию выбыл в Комиссию нового Уложения, где в 1769 получил чин кол. регистратора; с 1776 — аудитор, с 1778 — обер-аудитор в Комиссии. В 1783 — надв. советник. В 1786 был назначен на должность председателя 2-го деп. Воронежского губ. магистрата (формуляр 1786 г. — ЦГАДА, ф. 286, № 743, л. 556 об.—557).

Литературные занятия Д. совпали с нач. его служебной деятельности. В журнале «Ни то ни сио» (1769), издававшемся *В. Г. Рубаном*, Д. опубликовал два переведенных с фр. анекдота: «Зависть одной женщины ⟨...⟩ открывает простому народу путь к консульству» и «Позволение, данное от мужа своей жене...» (об императоре Константине Великом).

Свой перевод с фр. «Детская книжка, или Начальные понятия и описания вещей, о которых дети должны иметь сведения» (1770) Д. посвятил А. А. Бибикову. В предисловии Д. указывает, что его перевод «вольный»: «Я иные места переменял, а иные и совсем оставлял, сообразуясь с законами, мнениями и обрядами нашими». Книга состоит из «уроков» о человеке, небе, земле, растениях, науках, чинах и званиях и т. д., составленных в форме вопросов и ответов. Она адресовалась тем, кто «летами или умом младенцы», т. е. детям и людям малообразованным.

Д. издал также сделанный *С. С. Башиловым* перевод т. 1 книги Ж. Ак-кариа де Серионна «Пользы европейских народов, изъясненные со стороны торговли...» (1771). В посвящении кн. А. А. Вяземскому Д. называет Башилова своим «братом».

Другом Д. был *И. И. Голиков* (на одном из экз. «Деяний Петра Великого...» (ГПБ) — дарственная надпись: «Любящему другу Илье Николаевичу Дебольцеву...»).

Лит.: Пенчко. Документы, т. 3 (1963).

Е. Д. Кукушкина

ДЕМИДОВА (в замуж. Чичерина) Елизавета Петровна [род. 1767]. Дочь П. Г. Демидова и Е. А. Жеребцовой, внучатая племянница П. А. Демидова; занималась переводами с нем.; посвящения к ее литературным работам нач. 1780-х гг. свидетельствуют, что работы эти принадлежат юной девушке. Жила, очевидно, в Петербурге.

Д. впервые выступила в печати анонимно как переводчица сборника «Духовные оды и песни» Х.-Ф. Геллерта (1782). В посвящении Д. говорит, что подносит книгу родителям как «новый и первый плод» своего воспитания. 2-е издание сборника, значительно дополненное, с измененной композицией и указанием имени и фамилии переводчицы, было посвящено вел. кн. Павлу Петровичу и его супруге Марии Федоровне в благодарность за «высочайшее присутствие» их в доме родителей Д. (1785); в это издание было также включено предисловие Геллерта к собранию его од и песен. Перевод Д. представлял собой довольно точный и гладкий прозаический подстрочник, без всяких попыток поэтической ритмизации.

В 1787 у петербургского издателя И.-К. Шнора (печатавшего все книги Д.) вышел сборник Д. «Время, непраздно препровожденное в чтении, или Собрание полезных повествований разных писателей. Тетрадь 1» (продолж. не последовало). 2-е издание (1797) имело загл. «Время, непраздно провожденное в чтении, или Полезные повествования разных писателей» (возможно, впрочем, что с этим титулом печаталась и часть тиража 1787). Книга посвящалась «дражайшим родителям». В сборник вошли прозаические переложения басен Геллерта, переводы исторических анекдотов, аллегорических и чувствительных повестей, построчный прозаический перевод «Истории о патриархе Иосифе», а также одноактная драма (чувствительная комедия) «Паж». Источником материала для переводов служили, по-видимому, популярные нем. издания, одно из которых — журнал Х.-Ф. Вейсе «Kinderfreund» («Друг детей», 1775—1782) — упоминается в книге. В слоге Д. (гладкий книжный «средний» стиль) ощутимо влияние прозы *М. М. Хераскова* и журнальных публикаций второй пол. 1770-х гг. («СПб. вестн.», «Утр. свет»).

Эта же Д., вероятно, являлась автором романа в письмах на фр. языке «Zelmire, ou La Prisonnière turque», поданного в окт. 1797 в московскую цензуру «девицей Демидовой» и запрещенного за «разные неприличные о последней нашей войне с турками рассуждения».

Лит.: Репинский Г. К. Цензура в России при имп. Павле (1797—1799). — Рус. старина, 1875, № 11; *Головщиков К.* Род дворян Демидовых. Ярославль, 1881; *Голицын.* Словарь (1889); *А. Ч.* Демидова Е. П. — В кн.: Рус. биогр. словарь, т. «Дабелов — Дядьковский» (1905).

Р. Ю. Данилевский

ДЕНБОВЦЕВ (Д е м б о в с к и й) Павел К. Происходил, очевидно, из бедных дворян Смоленской губ. «Чтобы хотя малою какою пользою услужить отечеству», Д. «уклонился в наук пристанище» и 25 февр. 1770 был зачислен казеннокоштным студентом Моск. ун-та, который окончил не ранее 1774; отзыв об его успехах гласил: «Посредственного понятия и прилежания. Поступок честных» (ЦГАДА, ф. 10, оп. 3, № 216, л. 3). Д. пользовался материальной поддержкой *Ф. И. Дмитриева-Мамонова* и в честь этого «добродетелью украшенного мужа» сочинил прозаическую «Эпистолу» (1770). По словам самого Д. (в предисл. к «Эпистоле»), он «с самого малолетства не имел никаких сродственников, благодетелей и покровителей». В «Эпистоле» он благодарит своего адресата («Мамонов мне тогда блаженство даровал, Когда под бременем я бедности стонал; Ничто не повредит души моей покою, Когда сень крыл твоих прострется надо мною») и пытается обосновать пользу меценатства для общества («Все по свойству, влиянному человеку от натуры, обязаны друг другу взаимное спомоществование делать»). «Эпистола» была первой из ряда произведений разных авторов (*М. Угрюмов*, П. Попов, В. И. Соловей), обращенных к Дмитриеву-Мамонову.

Лит.: Лепехин. М. П. «Дворянин-философ» в кругу почитателей: (Новонайденные мат-лы о лит.-худ. окружении Ф. И. Дмитриева-Мамонова). — В кн.: XVIII век. Л., 1983, сб. 14.

М. П. Лепехин

ДЕРЖАВИН Гаврила Романович [3 (14) VII 1743, Казань, по др. данным — дер. Кармачи или Сокуры под Казанью *—8 (20) VII 1816, с. Званка Новгородской губ.; погребен в церкви Хутынского м-ря; в 1959 прах Д. перевезен в Новгородский кремль и захоронен у зап. стены Софийского собора]. Принадлежал к мелкопоместному, но старинному дворянскому роду, который вел свое происхождение от татар. мурзы Багрима (поэтому Д. в стихах в шутку иногда именовал себя «мурзой», «потомком Багрима», а свои произведения называл «татарскими песнями»). Отец Д. Роман Николаевич был секунд-майором Казанского гарнизона, потом служил в Ставрополе, на Волге, в Оренбурге. Начаткам рус. грамоты братьев Державиных, Гаврилу и Андрея, обучила мать Фекла Андреевна (урожд. Козлова). Затем Д. учился у дьячка, а нем. языку — у сосланного в каторгу немца Розе.

В янв. 1754 отец Д. за получением отставки ездил в Москву. Он взял с собой старшего сына, чтобы отвезти его учиться в один из Петербургских корпусов — Сухоп. шлях. или Артиллерийский. Однако поездка в Петербург из-за безденежья была отложена, а в нояб. отец Д. умер. Семья осталась без средств, соседи-помещики захватили часть земель. Мать Д. с малолетними сыновьями часами безрезультатно простаивала в судейских передних. По словам Д. в автобиографических «Записках», «таковое страдание матери от неправосудия вечно осталось запечатленным на его сердце, и он, будучи потом в высоких достоинствах, не мог сносить равнодушно неправды и притеснения вдов и сирот».

Тем не менее мать сумела нанять детям учителей математики (сначала ученика гарнизонной школы, затем артиллерийского штык-юнкера) и не оставляла надежд на учебу сыновей в Петербурге. Между тем в янв. 1759 в Казани открылась находившаяся в ведении Моск. ун-та гимназия, в дворянское отделение которой были определены Д. и его брат. Д. учился с охотой и отличался в рисовании, музыке, поэзии, т. е. в «предметах, касающихся воображения». Уже после первого полугодия учебы его имя попало в список лучших гимназистов. Через полгода директор гимназии *М. И. Веревкин* представил куратору геометрические чертежи и карты Казанской губ., скопированные лучшими учениками и украшенные «разными фигурами и ландшафтами». В награду тот приказал записать гимназистов по их желанию солдатами лейб-гвардейских полков, а Д. — кондуктором Артиллерийского корпуса; после этого Д. во время торжеств, бывших в гимназии, «отправлял должность артиллериста, быв при артиллерии и при представлении фейерверков». Летом 1760 Д. ездил с Веревкиным в Чебоксары в качестве инженера-геодезиста для изготовления плана города. В 1761 Веревкин, по приказанию *И. И. Шувалова*, снарядил экспедицию для раскопок и описания развалин Великого Булгара; работы на месте фактически возглавил Д.

В февр. 1762 неожиданно выяснилось, что Д. по ошибке канцеляристов был записан солдатом в Преображенский полк и что отпуск для «окончания наук» уже истек. Не завершив гимназический курс, Д. уехал в столицу, был определен рядовым 3-й роты и помещен в казарму вместе с солдатами из крестьян.

Вскоре он отнес остававшиеся у него экспедиционные планы и рисунки находившемуся в Петербурге Веревкину. Тот представил Д. Шувалову, который направил его в Академию художеств к граверу Е. П. Чемесову. Но ни заниматься с одобрившим рисунки Чемесовым, ни посещать Шувалова Д. из-за непрестанных при Петре III фрунтовых учений не смог. Не удалась, уже после свержения Петра III, и попытка пополнить образование в Европе. Когда в Москве совершалась коронация *Екатерины II*, Шувалов собрался в заграничное путешествие, и Д. просился вместе с ним. Дело расстроилось из-за вмешательства тетки Д. Ф. С. Блудовой, считавшей такие поездки источником ереси и разврата, а Шувалова — масоном и богохульником.

Д. занимался самостоятельно. В казарме не было условий для рисования и игры на скрипке, зато Д. много читал по-русски и по-немецки, в частности произведения Х.-Ф. Геллерта и Ф. Хагедорна, и начал писать любовные и шуточные стихи.

Д., не имевшего покровителя, обходили производством. Он просил о помощи майора своего полка А. Г. Орлова и 15 мая 1763 был произведен в капралы. Получив годовой отпуск, Д. отправился в Казань, затем по поручению матери ездил в Шацк и Оренбург. По возвращении в полк он поселился в казарме с дворянами. В это время Д. занимается поэзией более серьезно, руководствуясь в теории «Новым и кратким способом к сложению российских стихов» *В. К. Тредиаковского* в издании 1752, а на практике — произведениями *М. В. Ломоносова, А. П. Сумарокова, Ф. А. Козловского*. Одно из его сатирических стихотворений обидело полкового секретаря, и он почти четыре года подряд вычеркивал Д. из списков назначенных к производству в следующий чин.

По сообщению *И. И. Дмитриева*, Д. начал перелагать с рус. прозаического перевода роман Ф. Фенелона «Приключения Телемака» стихами. В то время у И. П. Осокина, сына казанского купца-фабриканта, Д. встречался с *К. А. Кондратовичем*, Тредиаковским и «их учениками». Есть некоторая вероятность, что именно это переложение (а не перевод *А. И. Дубровского*) было одобрено Тредиаковским.

В 1766 полковым секретарем стал П. В. Неклюдов, покровительствовавший Д., и его служебная карьера пошла быстрее. 22 сент. 1766 он был назначен фурьером и командирован на ямскую подставу в Яжелбицы для надзора за приготовлением лошадей к проезду императрицы и двора в Москву; 1 янв. 1767 произведен в каптенармусы. В марте, вслед за двором, в Москву прибыл и Д., получивший вскоре отпуск в Казань. Здесь и в оренбургском имении он пробыл до осени. 1 янв. 1768 Д. был произведен в сержанты; в июле—дек. прикомандирован к Комиссии нового Уложения в качестве «сочинителя» (секретаря) одной из частных комиссий — «о разных установлениях, касающихся до лиц, находящихся в оной при должностях».

10 февр. 1769 Д. получил трехмесячный отпуск для поездки к матери. На обратном пути он задержался в Москве (надлежало выправить купчую на имение в 30 душ на Вятке), а младшего брата отправил в Петербург с письмом к Неклюдову. Д. просил об определении брата в полк и о двукратном продлении отпуска, но к новому сроку не явился, увлекшись, по безденежью, карточной игрой. Впрочем, Неклюдов спас его от служебных неприятностей, устроив еще две отсрочки. В марте 1770 Д. порвал с игроками и вернулся в Петербург. На Тосненской карантинной заставе, устроенной по случаю начавшейся чумы, Д., чтобы не задерживаться в пути, сжег сундук, в котором находились рукописи всех его ранних сочинений и переводов. Брата, больного чахоткой, Д. отправил в Казань, где тот вскоре умер.

В 1771 Д. был переведен на фельдфебельскую должность; 1 янв. 1772 произведен в прапорщики; 1 янв. 1773 — в подпоручики. В ч. 2 «Старины и новизны» *В. Г. Рубана* за 1773 был напечатан без подписи перевод Д. с нем. «Ироида, или Письмо Вивлиды к Кавну» — первое его литературное выступление, состоявшееся, по словам Д., без его ведома. 31 окт. 1773 Д. отдал в Акад. типографию свое оригинальное стихотворение, посвященное свадьбе Павла Петровича. Оно было отпечатано 13 нояб. тиражом в 50 экземпляров под назв. «Ода на всерадостное бракосочетание их императорских высочеств. Сочиненная потомком Аттилы, жителем реки Ра» (ААН, ф. 3, оп. 4, № 31/7).

Откомандированный в секретную следственную комиссию при А. И. Бибикове — командующем войсками против Пугачева, Д. выполнял его поручения по борьбе с мятежниками, причем сумел понять, что причина восстания — «грабительство», «лихоимство» властей, «беспрестанное взяточничество, которое совершенно истощает людей», «производит в жителях наиболее ропота».

21 апр. 1774 Д. был произведен в поручики. С нач. марта до сер. июля он находился то в Малыковке (впосл. Вольск), то в заволжских нем. колониях выше Саратова — Шафгаузене и др. В это время были написаны стихотворения «На великость», «На знатность», «На смерть генерал-аншефа Бибикова», «На день рождения ее величества» (т. е. на 21 апр.), переведены с нем. прозой четыре оды Фридриха II.

Видимо, в июне 1775 Д. вернулся в полк, который находился в Москве. Обойденный новым полковым начальством в чинах и наградах, он трижды безрезультатно обращался к новому подполковнику Г. А. Потемкину, а в июле 1776 подал прошение на имя императрицы. В февр. 1776 из печати вышел первый сборник стихотворений и переводов Д. «Оды, переведенные и сочиненные при горе Читалагае 1774 года» (Читалагай — гора недалеко от Шафгаузена и Малыковки), изданный анонимно, без обозначения года и места. В стихотворениях 1776 «Пикники», «Остроумие» (опубл. в 1783 в новой ред. под загл. «На модное остроумие 1780 года») и др. отразилось сближение Д. с «довольно знатными господами, ведущими жизнь веселую и даже роскошную»,— А. П. Мельгуновым, *С. В. Перфильевым*, А. И. Мещерским. Вскоре Д. начал также переводить «Мессиаду» Ф.-Г. Клопштока, но перевел только две песни.

Наконец прошение было рассмотрено. 1 янв. 1777 Д. был произведен в капитан-поручики, а 15 февр. переведен в статскую службу с чином кол. советника, но без определенного места; одновременно ему было пожаловано имение в 300 душ в Белоруссии. 15 авг. 1777 он назначен экзекутором 1-го Деп. Сената.

В этом году Д. написал эпистолу И. И. Шувалову и оду на рождение вел. кн. Александра Павловича — наиболее значительные и типичные произведения первого этапа его творчества. В нач. 1778 они вышли отдельными изданиями. В соответствии с классицистическим принципом «подражания образцам» в ранних стихах Д. заметно сильное влияние песен Сумарокова, его лирических и сатирических сочинений, однако прямых заимствований из Сумарокова у Д. мало. Воспроизводя гражданственный стиль образца, его публицистическую направленность, Д. в ряде случаев создал оригинальные по форме сочинения («На знатность», эпистола Шувалову и др.). В некоторых своих одах Д. старательно воспроизводил не только программную учительность, но и форму од Ломоносова, вводил огромное число заимствований и прямых цитат из его сочинений («На день рождения ее величества», ода Александру и др.). Различный подход к проблеме подражания, поставленный в зависимость от того, как решал эту проблему поэт, на которого в данном произведении ориентировался Д., свидетельствует об осмысленности и осознанности его поисков, о его осведомленности в сущности литературно-теоретических споров эпохи. Равное внимание к двум разным направлениям в рус. классицизме говорит о неудовлетворенности поэта и тем и другим. Вместе с тем в стихах раннего периода уже присутствуют характерные для зрелого Д. живописность и красочность (особенно в оде 1777), содержательность стиховой формы, отдельные проявления автобиографизма.

В 1778 Д. женился на Е. Я. Бастидон (вошедшей в его поэзию под именем «Пленира»), в связи с чем написаны «Стансы» (опубл. 1808 под загл. «Невесте» в новой ред.). По возвращении новобрачных из поездки в Казань в нач. 1779 Д. попал в дом А. А. Дьякова через посредство жены, подруги М. А. Дьяковой. Здесь он познакомился с поэтами львовского кружка — *Н. А. Львовым*, *В. В. Капнистом*, *И. И. Хемницером*, *П. Л. Вельяминовым* и др. (с *М. Н. Муравьевым*, которого не было в это время в Петербурге, Д. подружился позднее). Сближение с львовским кружком стало переломным моментом в поэтическом развитии Д.: Львов познакомил его с учением об оригинальном творчестве Юнга, Руссо, Гердера; стихи Муравьева убеждали в практической возможности индивидуальной реализации художественного дарования.

Уже со второй пол. 1779 начали появляться такие принципиально новаторские стихотворения Д., как «На смерть князя Мещерского», «Ключ», «Стихи на рождение в Севере порфирородного отрока», «К первому соседу» и т. д., знаменовавшие вступление поэта на «совсем особый путь», переход на позиции предромантизма. В поэзии Д. на первый план выдвигается человеческая индивидуальность в соотношении с окружающим ее объективно-реальным, конкретно-чувственным миром. Отказываясь от теории «подражания образцам», Д. развивает романтическую концепцию гениальности, вдохновения как источника поэтического творчества. Из этих основополагающих принципов вытекало новое художественное ви́дение мира; идея ценности личности, внимание к этическим проблемам, вопросам морали частного человека и общества. С изображением частной жизни частного человека связана полнейшая ломка сложившихся жанровой и образной систем (Муравьев эту ломку в творчестве Д. назвал «перепутажем»): отказ от нормативности как классицистской, так и сентиментальной вообще и «правил» в частности; образ автора, органически входящий в произведения; попытки создания индивидуальных характеристик людей; обилие конкретных намеков; внимание к бытовым деталям, воплощение реальности в живописно-пластических образах (причем в крупных стихотворениях Д. чаще прибегает к живописности, в анакреонтике — к пластичности); смелое сочетание прозаизмов и просторечия с высокой архаизированной лексикой (стилистический «перепута̀ж»); поиски индивидуальной формы произведения и идущие в этом направлении эксперименты в области метрики, строфики, рифмовки; пристальный интерес к проблеме национального содержания и национальной формы, т. е. признание того, что в разные эпохи и у разных народов существовали различные «вкусы» (иначе говоря, отказ от критерия единого и вечного «изящного вкуса»), и признание исторической и национальной обусловленности человека, общества в целом, литературы.

В 1779 Д. было поручено наблюдение за переделками в здании Сената. Для барельефов и медальонов залы общего собрания Львов предложил сюжеты, Д. составил их словесные «программы», по которым работали затем художник Г. И. Козлов и скульптор Ж.-Д. Рашетт. Требование генерал-прокурора Сената кн. А. А. Вяземского «прикрыть» изображенную на барельефе «нагую Истину», видимо, дало Д. первоначальный импульс к созданию гневно-обличительной оды «Властителям и судиям». Напечатанное в ранней редакции в журнале «СПб. вестн.» (1780, № 11) под загл. «Ода. Преложение 81-го псалма» стихотворение из части тиража было вырезано (в новой ред. опубл. в 1787).

7 дек. 1780 Д. был переведен в новоучрежденную Экспедицию о гос. доходах, для которой он составил инструкцию («начертание должности»), определяющую ее деятельность. С 28 июня 1782 Д. — ст. советник.

Написанная в 1782 ода «Фелица» год пролежала в рукописи: автор, по совету Львова и Капниста, не печатал ее, опасаясь гнева осмеянных вельмож. *О. П. Козодавлев* снял с нее копию без разрешения автора. Ода стала широко известной, а 19 мая 1783 увидела свет в ч. 1 «Собеседника любителей российского слова», основанного при Академии наук Козодавлевым и *Е. Р. Дашковой*. Публикация оды мгновенно сделала Д. знаменитым, он сразу вошел в число крупнейших литераторов эпохи. 21 окт. 1783, в день открытия Рос. Академии, Д. был избран ее членом.

«Фелица» понравилась и Екатерине; вскоре автор получил золотую табакерку с 500 червонных в пакете с надписью: «Из Оренбурга от киргизской царевны мурзе Державину». Но испортились отношения Д. с А. А. Вяземским, в доме которого он был совсем еще недавно своим человеком и который увидел в оде сатиру на себя. Придирки Вяземского вынудили Д. подать в отставку. 15 февр. 1784 он был уволен с награждением чином д. ст. советника. На отставку Д. сатирической «Челобитной российской Минерве от российских писателей», где содержится просьба к императрице защитить писателей от притеснений «знаменитых невежд», откликнулся *Д. И. Фонвизин*.

Ок. недели Д. пробыл в Нарве, где завершил начатые ранее оды «Бог» («Собеседник», 1784, ч. 13) и «Видение мурзы» (Моск. журн., 1791, № 1). По возвращении в Петербург Д. узнал, что императрица намерена назначить его олонецким губернатором. Дав согласие, Д. получает отпуск для поездки в Казань к матери, но не застает ее в живых.

В нач. окт. 1784 Д. приехал в Петрозаводск, а 9 дек. Олонецкая губ. была официально «открыта». Вскоре начались постоянные столкновения между Д. и наместником олонецким и архангельским Т. И. Тутолминым. По-видимому, благодаря поддержке, оказанной Д. А. А. Безбородко и *А. Р. Воронцовым*, жалобы Тутолмина на Д. последствий не имели, но императрица решила перевести Д. в другое место. 15 дек. 1785 последовал указ о назначении его тамбовским губернатором.

Представившись в Петербурге наместнику рязанскому и тамбовскому И. В. Гудовичу, Д. прибыл в Тамбов в марте 1786. Первые действия его в качестве губернатора были направлены на улучшение судопроизводства, содержания заключенных, на строительство общественных зданий (народное училище, богадельня, сиротский дом, театр). Особое внимание Д. уделял просвещению тамбовского общества. В своем доме он устроил «классы» для юношей, а его жена организовала занятия для молодых дворянок. По воскресным вечерам еженедельно бывали небольшие балы, по четвергам — концерты, по праздникам — любительские спектакли. Ко дню восшествия Екатерины на престол (28 июня 1786) Д. составил сценарий публичного празднества; к открытию Гл. нар. уч-ща 22 сент. написал речь, которую произнес однодворец *П. М. Захарьин*; к 24 нояб. сочинил в духе «школьной драмы» «Пролог ⟨...⟩ на открытие в Тамбове театра и народного училища» и т. д. Театр открылся в доме Д. представлением его «Пролога...» и комедии М. И. Веревкина «Так и должно».

В янв. 1787 усилиями Д. начались занятия в народных школах таких городов, как Козлов, Лебедянь, Елатьма, затем Шацк, Моршанск, Липецк, Спасск, Темников (после отъезда Д. из Тамбова большинство этих школ закрылось).

В нояб. 1787 открылась тамбовская типография (примерную смету расходов на ее заведение прислал Д. по его просьбе *Н. И. Новиков*), где печатались первые рус. губернские ведомости, сенатские указы, предписания губернского правления и пр. По инициативе Д. вокруг типографии, которую возглавил А. М. Нилов, образовался кружок переводчиков-любителей (*М. Г. Орлова, Е. К. Нилова*, В. В. Голицына, А. М. Нилов, К. А. Нилов, *Д. П. Цицианов* и др.). Наряду с переводами сочинений европ. литераторов здесь печатались и оригинальные произведения, в т. ч. «Ямщики на подставе» Н. А. Львова, «Осень в селе Зубриловке» Д. (впосл. названа «Осень во время осады Очакова»), его же «Речь, говоренная ⟨...⟩ Захарьиным...» и др.

Проведенная в янв. 1787 по повелению императрицы сенатская ревизия (А. Р. Воронцов и А. В. Нарышкин) отметила успехи, достигнутые губернатором, и он получил награду. Однако вскоре начались столкновения Д. с Гудовичем, который усмотрел в его действиях (дело откупщика М. Бородина, выдача денег на закупку хлеба для армии вопреки сопротивлению чиновников и пр.) покушение на власть наместника. Уже с апр. 1788 он требовал удаления Д. 22 сент. 1788 Сенат, руководимый Вяземским, подготовил доклад об отдаче Д. под суд 6-го (московского) Деп. Сената. В свою очередь Д. в нояб. написал для императрицы доклад о своих действиях, который через С. М. Лунина переслал М. Н. Муравьеву. Тот передал «экстракт» дела фавориту императрицы *А. М. Дмитриеву-Мамонову*. Екатерина II 29 нояб. по докладу Сената приказала отдать Д. под суд, но благоприятные отзывы Мамонова и Гарновского, управляющего Потемкина, задержали окончательное решение на три недели. Однако 18 дек. воспоследовал именной указ, согласно которому Д. должен был явиться «для ответа».

В первой пол. янв. 1789 Д. приехал в Москву, а 4 июня, после многочисленных проволочек, был подписан доклад по его делу, в котором Сенат виновным его ни в чем не нашел. Во 2-й пол. июня Д. прибыл в Петербург. Императрица утвердила доклад Сената, дала Д. аудиенцию 16 июля, но нового назначения он не получил. Поэтому он вновь обратился к Екатерине, прося о выдаче задержанного жалованья и о новой аудиенции (полный текст доклада Д. — ЦГИА, ф. 938, оп. 1, № 256; отрывок см.: XVIII век. М.; Л., 1966, сб. 7, с. 251). После аудиенции 1 авг. *А. В. Храповицкий* записал слова императрицы: «Я ему сказала, что чин чина почитает. В третьем месте не мог ужиться, надобно искать причину в себе самом. Он горячился и при мне. Пусть пишет стихи ⟨...⟩. Велено выдать не полученное им жалование, а граф Безбородко прибавил в указе, чтобы и впредь производить до определения к месту» (Дневник А. В. Храповицкого. М., 1901, с. 175).

Попытки Д. обратиться к новому фавориту Екатерины П. А. Зубову оказались безрезультатными. По словам Д., «не осталось другого средства, как прибегнуть к своему таланту». К 22 сент. 1789, дню коронации, он передал во дворец оду «Изображение Фелицы». Ода разочаровала императрицу: она ждала стихов в духе «Фелицы», а получила «программную» оду-рекомендацию, каким должен быть идеальный монарх. В первой редакции примечаний к своим стихотворениям Д. объединил оды 1789 «На счастие» (написана в Москве во время сенатского разбирательства), «На коварство» и «Изображение Фелицы» в один программно-сатирический цикл.

Дом Д. становится одним из центров культурной жизни Петербурга. Постоянно бывали здесь Львов, Муравьев, Вельяминов, А. Н. Оленин, а также Козодавлев, Капнист, *Ип. Ф. Богданович*, регулярно приезжал тяжко больной Фонвизин (накануне смерти сатирика в кабинете Д. состоялось чтение его новой комедии). К лету 1790 относится знакомство Д. с И. И. Дмитриевым и *Н. М. Карамзиным*. *А. Н. Радищев*, не знакомый с Д. близко, в июне этого же года через Козодавлева передал ему «Путешествие из Петербурга в Москву» (экз. отобран у Д. полицией во время следствия над Радищевым). Когда Радищев был приговорен к смертной казни, Д. сделал попытку вмешаться в его судьбу. Воспользовавшись заключением мирного договора со Швецией, он 15—17 авг. написал программную оду «На шведский мир». 18 авг., в воскресенье, ода была срочно отпечатана, и утром 19 авг. весь тираж ее по распоряжению Д. был отправлен во дворец: здесь в этот день должно было состояться заседание Гос. совета, на котором решалась судьба Радищева. Д. выражал надежду, что в связи с заключением мира императрица простит «незлобных виныых» (защитная формулировка Радищева на секретном следствии, известная Д. от Львова или Муравьева).

К кон. 1790 относятся такие крупные произведения Д., как «Песнь лирическая Россу по взятии Измаила» (опубл. тремя отд. изд. в 1791 в Петербурге, Москве, Тамбове) и «Новый год, песнь дому, любящему науки и художества» (отд. изд. 1791; более позднее назв. — «Любителю художеств»). К последнему произведению, написанному в форме кантаты, создал музыку Д. С. Бортнянский, и оно в нач. 1791 исполнялось на празднике у А. С. Строганова, которому было посвящено.

В следующем году Д. написал по просьбе Потемкина хоры к празднеству по случаю взятия Измаила и обширное, в прозе и стихах, «Описание празднества, бывшего по случаю взятия Измаила у ⟨...⟩ кн. Г. А. Потемкина-Таврического ⟨...⟩ 1791 г. апреля 28 дня» (отд. изд. 1792). Тогда же Д. создал ряд анакреонтических стихов: «Анакреон в собрании», «Скромность» и др. В кон. года, пораженный известием о внезапной смерти Потемкина, Д. начал «Водопад» (оконч. в 1794).

Активно сотрудничал он в журнале «Новые ежемес. соч.», где были опубликованы «Изображение Фелицы» (1789), «На шведский мир» (1790) и др., и в «Моск. журн.» Карамзина, где в 1791 появились «Видение мурзы», «Ода на смерть графини Румянцевой», «К Эвтерпе», «Прогулка в Сарском Селе», а в 1792 — «Философы пьяный и трезвый» и др. (оду «На коварство» Карамзин не напечатал).

12 дек. 1791 Д. назначен статс-секретарем императрицы, причем ему поручено было наблюдать за законностью решений Сената. Из крупных дел, которыми пришлось заниматься Д., он особо отмечал дело иркутского наместника И. В. Якоби, который будто бы хотел развязать войну между Россией и Китаем (Д. удалось добиться оправдания невинного), дело придворного банкира Сутерланда, связанное со взяточничеством крупнейших вельмож, и др. Скоро оказалось, что дела у Д. для императрицы вообще «были все роду неприятного, то есть прошения на неправосудие, награды за заслуги и милости по бедности», и она «стала его редко призывать». Д. понял, что был приближен лишь для того, чтобы он писал для Екатерины стихи «в роде оды „Фелице"». Однако, ближе узнав императрицу, «не мог он воспламенить так своего духа, чтоб поддерживать свой высокий прежний идеал, когда вблизи увидел подлинник человеческий с великими слабостями». О положении своем при Екатерине Д. иронически говорил в надписи «На птичку» (1792 или 1793); резким посланием «Храповицкому» («Товарищ давний, вновь сосед...», 1793) ответил он на стихи Храповицкого с советом писать хвалы императрице. Автобиографический характер имеют также стихотворение «На умеренность», «К Н. А. Львову» (оба — 1792), «Горелки» (1793).

2 сент. 1793 Д. произведен в чин т. советника и назначен сенатором, причем 5 сент. было уточнено, что «присутствовать» ему надо и в общем собрании, и во вновь открытой Ме-

жевой экспедиции. Д. и здесь проявлял свойственную ему горячность в отстаивании справедливости; сенаторы жаловались, что с ним «присутствовать не можно». В янв. 1794 Д. был назначен президентом Коммерц-коллегии и присутствующим в Комиссии о коммерции. Он развернул было борьбу со злоупотреблениями, попытался пресечь ввоз контрабанды, начал расследование мошенничеств таможенных чиновников и иностранных купцов. Однако в личных приемах императрица ему отказывала, доклады оставались без ответа, и вскоре генерал-прокурор А. Н. Самойлов передал ему приказ Екатерины: никакими делами впредь не заниматься, а считаться президентом Коммерц-коллегии, «ни во что не мешаясь». Поэтическим итогом этих эпизодов жизни Д. стала одна из лучших его сатирических од «Вельможа» (лето 1794).

15 июля 1794 Д. овдовел. Этому событию он посвятил доработанное стихотворение «Ласточка», а также стихи «На смерть Катерины Яковлевны...» и др. 31 янв. 1795 Д. женился вторично — на Дарье Алексеевне Дьяковой (став, таким образом, свояком Львова и Капниста).

В 1795 Д. решился просить императрицу о разрешении издать собрание своих стихотворений (разрешение нужно было потому, что мн. произведения вызывали нарекания со стороны влиятельных при дворе лиц, цензуры, церкви, самой Екатерины). Рукописный том стихотворений с рисунками А. Н. Оленина был поднесен императрице, однако подборка произведений вызвала ее гнев. Разнесся даже слух, что поэта велено допросить С. И. Шешковскому. Политические обвинения Д. отвел, но разрешения на публикацию не получил.

При воцарении Павла I Д. был назначен правителем канцелярии Гос. совета, но 22 нояб. 1796 император специальным указом известил Сенат, что Д. «за непристойный ответ, им пред нами учиненный, отсылается к прежнему его месту», т. е. оставлен только сенатором. В эти годы Д. писал много стихов (причем особенно интенсивно разрабатывал анакреонтические жанры), активно печатался в журналах «Приятное и полезное» (1795 —

«Флот», «Соловей», «Павлин», «Памятник» и др.; 1796 — «Анакреон», впосл. названный «Анакреон у печки», и т. д.), «Муза» (1796 — «Хариты», «Потопление» и др.), в альманахе «Аониды» (1796 — «Спящий Эрот», «На покорение Дербента» и др.; 1797 — «Ода на Новый 1797 год», «Призывание и явление Плениры», «Мечта», «Пчелка» и т. д.).

В сер. 1797 И. И. Шувалов предложил Д. издать его сочинения в Унив. типографии. Поэт поручил надзор за изданием Карамзину. Ч. 1 «Сочинений» была отпечатана в 1798. Поэт хотел было уничтожить весь тираж из-за цензурных пропусков и громадного количества опечаток, но потом решился все же выпустить книгу в свет, отказавшись от издания ч. 2.

Широко известные справедливость, честность, бескорыстие Д. привели к тому, что его часто стали приглашать в качестве третейского судьи. За короткий срок он уладил около ста сложных дел по разделу имущества и наследств, по земельным и денежным спорам и пр. Д. был опекуном и попечителем мн. знатных лиц и семейств (позднее в связи с этими занятиями ему пришлось даже завести при своем доме особую контору).

2 апр. 1800 Д. был назначен присутствующим в Комиссию законов. Выполнял он и ряд отдельных поручений императора Павла I. Так, 16 июня 1800 Д. было предписано ехать для предотвращения начавшегося голода в Белоруссию. Пробыв там до сер. окт., Д. успешно справился с делом и 14 июля был награжден чином д. т. советника и почетным командорским крестом Мальтийского ордена. Затем одну за другой Д. получает следующие должности: 30 авг. — президент возобновленной Коммерц-коллегии; 20 нояб. — присутствующий в советах Восп. о-ва благор. девиц и Уч-ща ордена св. Екатерины; 21 нояб. — второй министр при Гос. казначействе и управляющий делами вместе с государственным казначеем; 22 нояб. — государственный казначей; 23 нояб. — член Гос. совета; 25 нояб. — член 1-го Деп. Сената.

После убийства Павла I Д. «написал бумагу», в которой потребовал хотя бы для вида произвести расследование обстоятельств его смерти. 12 марта 1801 новый император уволил Д. от всех должностей, оставив только в Сенате. За оду «На восшествие на престол императора Александра I», в которой усматривались намеки на тиранию Павла, Александр пожаловал Д. перстень, но выразил пожелание, чтобы ода осталась неопубликованной, и она была запрещена генерал-прокурором.

25 нояб. Д. был послан в Калугу для расследования злоупотреблений губернатора; 8 сент. 1802, при учреждении министерств, назначен министром юстиции и членом Гос. совета, но 7 окт. 1803 уволен в отставку за «слишком ревностную службу». Так закончилась сорокалетняя деятельность Д. на военном и гражданском поприще.

С этого времени Д. начал усиленно заниматься изданием своих сочинений. Зиму он обычно проводил в Петербурге, лето — в Званке, имении на берегу Волхова, купленном в 1797. Будучи бездетным, Д. воспитывал трех дочерей умершего Н. А. Львова, постоянно жили у него сыновья и дочери Капниста, три сестры Бакунины и др. родственники второй жены.

В 1804 вышел из печати сборник «Анакреонтические песни», содержавший как публиковавшиеся уже стихи, так и новые, неизвестные. В 1808 появились первые четыре части задуманного многотомного собрания сочинений Д. В сер. 1800-х гг. он работал над сборником афоризмов «Мысли мои» (не опубл.), затем сочинил и перевел ряд мелких статей и больших философско-политических трудов: «Разговор короля с философом», сокращенное изложение учения Ф. Бэкона и пр. (не опубл.).

Занимаясь поэзией и прозой, Д. обратился и к драме. После 1303 написано подавляющее большинство его драматических произведений: «театральное представление с музыкою» «Добрыня» (1804), «героическое представление с хорами и речитативами» «Пожарский, или Освобождение Москвы» (1806), трагедии «Ирод и Мариамна» (1807), «Евпраксия» и «Темный» (обе — 1808), «комическая народная опера» «Дурочка умнее умных», опера «Рудокопы» (обе — до 1812), оперы «Грозный, или Покорение Казани» и «Эсфирь» (обе — 1814; посл. не опубл.). Кроме того, Д. перевел трагедии Ж. Расина «Федра», П.-Л. Бюирета де Беллуа «Зельмира», оперы П.-А.-Д. Метастазио «Тит» и «Фемистокл» и т. д. (все — не опубл.).

В 1805 поэт начал работу над «Примечаниями на сочинения Державина». Необходимость подобного труда обоснована им так: «Будучи поэт по вдохновению, я должен был говорить правду; политик, или царедворец по служению моему при дворе, я принужден был закрывать истину иносказанием и намеками, из чего само по себе вышло, что в некоторых моих произведениях и поныне многие, что читают, того не понимают совершенно». «Примечания», однако, автор до конца не довел (напеч.: Вопр. рус. лит. Львов, 1973, вып. 2 (22); 1974, вып. 1 (23); 1975, вып. 1 (25)). В 1809—1810 Д. продиктовал жившим в его семье Е. Н. Львовой и С. В. Капнисту «Объяснения на сочинения Державина» (на основе издания 1808), которые по существу представляют собой автобиографию поэта. В 1812-1813 он написал «Записки из известных всем происшествиев и подлинных дел, заключающие в себе жизнь Гаврилы Романовича Державина», где речь идет о его службе и государственной деятельности.

Стихи этого периода Д. публиковал в журналах «Вестн. Европы» (1802 — «Утро»; 1805 — «Память друга», «Лето», «Цыганская пляска», «Осень»; 1806 — «Дева за клавесином»; 1807 — «Евгению. Жизнь Званская» и др.), «Друг просв.» (1804 — «Фонарь», «Колесница»; 1805 — «Скопихину» и др.), «Сев. вестн.» (1805 — «На маневры 1804 года», «Монумент милосердию»), «Сын отеч.» и др. Стихотворения, написанные после 1808, Д. объединил в ч. 5 «Сочинений» (1816).

Примерно с 1804 вокруг Д. складывается новый литературный кружок, в который первоначально входили Муравьев, *А. С. Хвостов*, А. С. Шишков и др. Со 2 февр. 1807 по субботам начались регулярные литературные вечера, которые поочередно бывали у Шишкова, Д., *И. С. Захарова*, *Д. И. Хвостова*, *А. С. Хвостова*. Затем участники этих вечеров и др. лица образовали литературное общество Беседа любителей рус. слова. Для заседаний Беседы Д. предоставил свой дом, взяв на себя все расходы по обществу, но занимал в нем особую позицию. Произведения членов общества публиковались в «Чтениях в Беседе любителей рус. слова».

С кружком, а затем с Беседой связан первоначальный замысел итогового литературно-теоретического труда Д. «Рассуждение о лирической поэзии», который в завершенном виде представлял собой и пособие для «молодых наших сочинителей», и обобщение собственного творческого опыта поэта. Сначала Д. собирался изложить свой взгляд на поэзию в стихотворном «Послании к великой княгине Екатерине Павловне о покровительстве отечественного слова» (1807; не оконч.), но затем его замысел разросся. В собирании материалов для обобщающего труда по рус. и мировой поэзии Д. воспользовался помощью *Евгения Болховитинова*, с которым установил тесные контакты, прибегая к его советам и критике. Материалы Д. получал также от *П. Ю. Львова*, *Я. А. Галинковского*, книги — из Публ. б-ки и Б-ки Академии наук, рукописные раритеты — от собирателей (П. Ц. Дубровского и др.). За сведениями о зарубежных литературах Д. обращался к дипломатам, а также к чиновникам М-ва иностр. дел. Осенью 1809 он приступил к работе над текстом трактата и не позднее нояб. 1810 завершил ч. 1 — «Рассуждение о лирической поэзии, или Об оде», которая была прочитана на заседании Беседы 22 апр. 1811 и вышла из печати в июле (Чтения в Беседе любителей рус. слова, 1811, ч. 2, вып. 1). В 1811 Д. написал ч. 2 и 3 «Продолжения о лирической поэзии». Ч. 2 прочитана 26 янв. 1812 (напеч.: Чтения в Беседе любителей рус. слова, 1812, ч. 6). Так как первые две части в ходе обсуждения подверглись резким нападкам со стороны «староверов», составлявших в обществе большинство, Д. в 1815 читал здесь лишь две небольшие главки из ч. 3 (напеч.: Чтения в Беседе любителей рус. слова, 1815, ч. 14). После длительного перерыва, в сер. 1814, Д. начал работу над ч. 4, последней, «Продолжения о лирической поэзии» и закончил ее летом 1815 (ч. 3—4 напеч.: XVIII век. Л., 1986, сб. 15; Л., 1988, сб. 16).

8 янв. 1815 Д. присутствовал на переводных экзаменах в Лицее, где пришел в восторг, когда А. С. Пушкин прочел «Воспоминания в Царском Селе».

Летом 1816 на Званке Д. взялся за окончательную доработку своего «Рассуждения», но смерть помешала поэту завершить подготовку к изданию его отдельной книгой.

В 1864—1883 Академия наук выпустила «роскошное» издание «Сочинений Державина с объяснительными примечаниями Я. Грота» (т. 1—9). Т. 1—3 его составляют стихотворения и «Объяснения на сочинения Державина», т. 4 — драматические сочинения, т. 5—6 — переписка и «Записки», т. 7 — сочинения в прозе, т. 8 — биография Д., написанная Я. К. Гротом, т. 9 — примечания и приложения к биографии Д., дополнения к т. 1—6, труд Грота «Язык Державина», библиография, иконография, указатели. В 1868—1878 выходило «общедоступное» академическое издание (т. 1—7), соответствующее по содержанию аналогичным томам издания «роскошного», но отличающееся набором. Основными советскими изданиями стихотворений Д. являются издания в Большой серии «Библиотеки поэта» (1-е изд. Л., 1933 (под ред. Г. А. Гуковского); 2-е изд. Л., 1957 (под ред. Д. Д. Благого, с примеч. В. А. Западова)) и «Анакреонтические песни» в серии «Литературные памятники» (М., 1986 (под ред. Г. П. Макогоненко, с примеч. Г. Н. Ионина и Е. П. Петровой)).

Рукописи Д. хранятся в ГПБ (ф. 247; состоит из 40 томов), ИРЛИ (ф. 88 (архив Я. К. Грота), 96), ЦГАЛИ (ф. 180) и др. собраниях. Документы, связанные со служебной деятельностью Д., имеются во мн. архивах СССР.

Лит.: Грот Я. К. 1) Жизнь Державина. СПб., 1880 (*Державин Г. Р.* Соч. / С объяснит. примеч. Я. Грота, т. 8); 2) Примечания и приложения к «Жизни Державина». — В кн.: Державин Г. Р. Соч. / С объяснит. примеч. Я. Грота. СПб., 1883, т. 9; *Дмитриев И. И.* Взгляд на мою жизнь. — Соч. СПб., 1893, т. 2; *Западов А. В.* Из архива Хвостова. —

В кн.: Лит. арх. М.; Л., 1938, вып. 1; *Дальний Б., Богданов Д.* Державин в Тамбове. Тамбов, 1947; *Аксаков С. Т.* Знакомство с Державиным. — Собр. соч. М., 1955, т. 2; *Жихарев С. П.* Зап. современника. М.; Л., 1955; *Западов А. В.* Державин. М., 1958; *Западов В. А.* 1) Г. Р. Державин: (Биография). М.; Л., 1965; 2) Державин и Пнин. — Рус. лит., 1965, № 1; 3) Державин и Радищев: (К истории одной легенды). — Изв. АН СССР. Сер. лит. и яз., 1965, № 6; 4) Державин и Муравьев. — В кн.: XVIII век. М.; Л., 1966, сб. 7; *Кулакова Л. И.* Очерки истории русской эстетической мысли XVIII века. Л., 1968; *Татаринцев А. Г.* Вокруг Державина. — Рус. лит., 1976, № 4; *Прянишников Н. Е.* Писатели-классики в Оренбургском крае. 4-е изд. Челябинск, 1977; *Западов А. В.* Поэты XVIII века. М., 1979; *Глинка Н. И.* Державин в Петербурге. Л., 1985; *Западов В. А.* Работа Г. Р. Державина над «Рассуждением о лирической поэзии». — В кн.: XVIII век. Л., 1986, сб. 15; *Эпштейн Е. М.* Державин в Карелии. Петрозаводск, 1987.

В. А. Западов

ДЕРЛИ Кирилл Петрович. Барон. Переводчик трагедии Э.-Х. Клейста «Сенека» (1789; посв. В. С. Векселю). В предисловии к переводу Д. просил у читателей извинения за возможные ошибки в «несвойственном ему» рус. языке. Однако художественный уровень перевода достаточно высок, что позволяет предположить хорошее знакомство Д., по-видимому иностранца, с рус. языком.

В литературе XVIII в. изображение личности и мировоззрения Сенеки имело несколько аспектов. Чаще всего подчеркивался предхристианский характер его философии, причем сам Сенека был показан как великомученик. В рус. литературе эта тенденция представлена рядом вольных переводов из Сенеки (напр.: «Сенеки христианствующего нравственные лекарства», 1783; «Хвала всевышнему. Подражание Сенеке» — Утр. свет, 1779, ч. 7, сент.). В интерпретации образа Сенеки имел место и гражданский аспект, когда основной акцент делался на биографии. Здесь особое значение приобретала сцена смерти Сенеки, которая изображалась как последний акт его героического противостояния тирану — императору Нерону. Именно в таком ключе и написана трагедия Клейста, в основу которой положен эпизод из книги XIII «Анналов» Корнелия Тацита; правда, речь, с которой, по Тациту, Сенека обращается к Нерону, у Клейста Сенека адресует своему другу Полибию.

Появление перевода Д. (второго после перевода *И. И. Акимова*), возможно, было связано с возросшим интересом к личности Сенеки в 1780-е гг., после выхода в свет книги Д. Дидро «Опыт о жизни и произведениях Сенеки» (1782).

И. В. Немировский

ДЕСНИЦКИЙ Матвей Михайлович (в монашестве — М и х а и л) [8 (19) XI 1761, с. Топорково Богородицкого у. Московской губ. — 24 IV (6 V) 1821, Петербург, похоронен в Александро-Невской лавре]. Сын пономаря. С 1773 учился в Троицкой дух. семинарии, пользовался покровительством московского митрополита *Платона Левшина*. В 1782 поступил в Филол. семинарию при Дружеском лит. о-ве, связанном с *Н. И. Новиковым*, и одновременно посещал занятия в Моск. ун-те. С 1785 Д. — священник московской церкви Иоанна Воина близ Калужских ворот, где часто выступал с проповедями. По словам современников, вся Москва стекалась в эту церковь, когда там проповедовал Д. В 1790 Д. произнес в Московском Успенском соборе «Слово по случаю заключения мира России со Швециею», обратив на себя внимание *Екатерины II* и генерал-губернатора кн. А. А. Прозоровского. С 1796 Д. — пресвитер придворной церкви в Гатчине, где в 1799 был пострижен в монахи. С 1799 Д. — архимандрит Новгородского Юрьева монастыря, член Синода, законоучитель в Сухоп. шлях. корпусе, с 1800 — епископ старорусский и викарий новгородский, с 1804 — архиепископ черниговский. В 1813 Д. был вызван в Петербург для участия в заседаниях Синода. В 1814 ему была присуждена степень доктора богословия. В 1815—1816 Д. управлял псковской епархией, а в 1818 назначен митрополитом петербургским и новгородским и архимандритом Александро-Невской лавры; был членом Моск. и Казанского о-в любителей рос. словесности.

Как богослов, Д. был склонен к мистицизму. Он стремился отыскать таинственный, сокровенный смысл в явлениях природы и делах человеческих. Его проповеди, с явным отзвуком масонских идей, были популярны благодаря ясному, легкому языку и глубокому нравственному содержанию. Большинство его проповедей (их насчитывается несколько сотен) написаны в форме нравоучительной и катехизической бесед. Наиболее известны из них следующие: «Плач человека-христианина над духовным пленением Израиля, над разорением внутреннего Иерусалима, над опустошением живого храма божия» (5 бесед, 1798), «Беседы о покаянии, или Изъяснение 50-го псалма» (6 бесед, 1798), «Изображение ветхого, внешнего, плотского и нового, внутреннего, духовного человека» (32 беседы, 1798), «Беседы о воскресении мертвых» (6 бесед, 1798), «Труд, пища и покой духа человеческого» (175 бесед, 1799—1801). Д. были также произнесены слова на освящение храмов — Греко-российского исповедания в доме Капитула ордена св. Иоанна Иерусалимского (1801) и Исаакиевского собора (1802).

Д. приписывается перевод с нем. сочинения «О вреде, происходящем от непотребных домов» (М., 1807).

Лит.: Евгений. Словарь исторический, т. 2 (1827); Очерк жизни Михаила, митрополита санктпетербургского, новгородского, эстляндского и финляндского. М., 1857; *Сушков Н.* Три митрополита: Амвросий, Михаил и Серафим. — Чтения в О-ве истории и древности рос., 1867, кн. 1, отд. 5; Филарет. Обзор, кн. 2 (1884); *Чистович И. А.* Руководящие деятели дух. просв. в России в первой пол. текущего столетия. СПб., 1894.

Ю. К. Бегунов

ДЕСНИЦКИЙ Семен Ефимович [ок. 1740, Нежин—15 (26) VI 1789, Москва]. Происходил из мещанского сословия. Первоначальное образование получил в Троицкой дух. семинарии, с 1759 обучался в гимназии при Моск. ун-те, с 1760 — студент. С 1761 по 1767 вместе с *И. А. Третья́ковым* изучал в университете Глазго математику, медицину и с особым старанием и интересом юриспруденцию. Особое влияние на мировоззрение Д. оказали лекции А. Смита по «нравственной философии», благодаря которым Д. усвоил зачатки историко-сравнительного метода в юриспруденции. В 1765 Д. получил звание магистра, а в 1767 был удостоен степени доктора гражданского и церковного права.

По возвращении в Россию Д. начал читать в Моск. ун-те римское право применительно к рус. праву, вначале на лат., а с 1768 на рус. языке. С 1768 по 1787 Д. занимал пост профессора юриспруденции; кроме того, в 1783—1786 он преподавал англ. язык. Использование рус. языка в университетском преподавании является большой заслугой Д. В отставку вышел по болезни.

Д. как писатель известен гл. о. речами, написанными для торжественных университетских актов. Всего им было произнесено в период с 1768 по 1781 восемь речей (изд. отд.; переизд. в кн.: Речи, произнесенные в торжественных собраниях имп. Моск. ун-та рус. профессорами оного. М., 1819, ч. 1), в которых особенно интересны попытки построить историческую концепцию развития человечества. Согласно Д., человечество прошло четыре стадии («состояния»): «первоначальное», когда люди жили «ловлею зверей» и питались «плодами саморождающимися», т. е. теми, которые доставляли им охота и собирательство; «пастушеское», или «скотоводческое»; «хлебопашественное», т. е. земледельческое, и «коммерческое» (современное). Этим четырем стадиям соответствуют различные формы собственности, брака, различное сословное деление общества и различные религиозные и юридические представления. Основа собственности — труд, который сам претерпевает некоторые изменения в ходе социально-исторического развития; так, на коммерческой стадии появляется разделение труда. Эти ранние проявления историзма у Д. еще не нарушают цельную концепцию естественного права, хотя безусловно подготавливают ее отмену. Они замечательны прежде всего как первое в России отражение теории А. Смита. Для уяснения просветительской позиции Д. интересны также его предисловие к «Наставнику земледельческому» Т. Боудена (1780) и примечания к переведенным им «Истолкованиям аглинских законов» У. Блэкстона (1780—1782, т. 1—3). Перевод сочинения У. Блэкстона положительно оценен *А. Н. Радищевым* в «Путешествии из Петербурга в Москву» (гл. «Подберезье»): «Не худо бы было заставлять судей наших иметь сию книгу вместо святцев...». Составленное Д. «Представление об учреждении законодательной, судительной и наказательной власти в Российской империи» (1768; опубл. в 1905) получило отражение в «Наказе» *Екатерины II* (прил. 2). Ораторские речи Д. представляют собою дальнейшее развитие традиций духовной проповеди 1740-х гг. с учетом достижений *М. В. Ломоносова* и академического красноречия. Языковая церковнослав. архаика является у Д. основным средством выразительности; слав. и высокой книжной лексикой особенно насыщены вступления и заключения его речей. Вместе с тем речи Д. не тяжеловесны и даже не лишены гармонии и изящества. Они положили нач. целой стилистической традиции, отразившейся в конечном счете в языке Радищева.

С 1783 Д. — один из первых членов Рос. Академии; делал выборки из древнерус. юридических памятников для академического «Словаря».

Лит.: *Калмыков В. С. Е. Десницкий*. — В кн.: Рус. биогр. словарь, т. «Дабелов — Дядьковский» (1905); Пенчко. Документы, т. 1 (1960); *Браун А. С. Е. Десницкий и И. А. Третьяков в Глазговском ун-те*. — Вестн. МГУ. Сер. 8, История, 1969, № 4; *Gross A. G.* «By the Banks of the Thames»: Russians in Eighteenth-Century Britain. Newtonville, 1980.

А. А. Алексеев

ДЖУНКОВСКИЙ (Джунковский) Василий Яковлевич [1767, г. Лебедин Киевской губ. — 9 (21) IX 1826]. Родился в семье священника из дворян. По окончании Харьковского коллегиума поступил в 1788 волонтером в школу при одном из петербургских военных госпиталей. В 1789 перешел в Калинкинский мед.-хирургический ин-т, где в 1790—1797 числился преподавателем рус., лат. и греч. языков и исполнял обязанности надзирателя. Директору института, П. В. Завадовскому, посвящена «Ода» (1791) Д., единственный известный его поэтический опыт, свидетельствующий о свободном усвоении начинающим автором поэтических особенностей и стилистических приемов одического жанра. В оде нашло отражение просветительское представление о том, что «польза частных» является целью государственного правления; состояние науки (в данном случае, медицины) рассматривается Д. как показатель общего уровня развития государства.

В должности переводчика Мед. коллегии (с 1795) и Мед. совета М-ва внутр. дел (с 1804) Д. ввел в рус. медицинскую литературу более 20 трудов нем. и фр. авторов. Материалы архива Гос. мед. управы, начальником которого он являлся с 1804, послужили ему основой для работ по истории отечественной медицины. Очерки Д. о практиковавших в России врачах анонимно публиковались в выходившем при его участии «Всеобщ. журн. врачеб. науки» (1811—1813, 1816). Вероятно, Д. принадлежит помещенное там же обозрение «Имп. Медико-хирургическая академия в нынешнем ее состоянии». Д. участвовал в комиссии по составлению устава академии, где с 1802 служил библиотекарем, а в 1808—1818 управлял библиотекой. Несколько заметок Д. поместил в «Тр. Вольного экон. о-ва» (1818, т. 69; 1821, т. 72).

Отсутствие ученой степени не помешало Д. быть избранным ординарным профессором греч. языка (1818), проректором (1820), ректором Харьковского ун-та (1821). Доверие и покровительство со стороны вице-президента Рос. библейского о-ва и попечителя учебного округа З. Я. Карнеева, возможно, позволили Д. смягчить в Харькове правительственные репрессии против университетов. Д. читал различные курсы, в т. ч. историю греч. литературы с использованием собственных переводов из «Илиады». В освещении истории античного искусства он в значительной степени следовал за И. Винкельманом, уделяя особое внимание религиозно-нравственному предназначению «художеств». Единственная специальная работа Д. — эстетический трактат «Об изящных художествах у греков и влиянии их на нравственность» (Укр. вестн., 1819, ч. 16; отд.: Харьков, 1819; перепеч. в кн.: Речи, произнесенные в торжественном собрании имп. Харьковского университета. Харьков, 1819). Историки Харьковского ун-та весьма скептически оценивали деятельность Д.: «посредственный профессор и слабый ректор».

Д. принадлежала инициатива издания «Укр. журн.» (1824—1825), в котором он выступал в качестве переводчика; с его именем связывают некоторое оживление университетского О-ва наук, председателем которого он был с 1823 и в рамках деятельности которого подготовил и опубликовал «Каталог книгам библиотеки имп. Харьковского университета» (1824). Ранее он напечатал каталоги библиотек Мед. коллегии (1799) и Петербургской мед.-хирургической Академии (1809, 1816). В отставку с должности ректора Д. вышел незадолго до смерти, в 1826.

Лит.: Змеев. Врачи-писатели, вып. 1 (1886); *Багалей Д. И.* Опыт истории Харьковского ун-та. Харьков, 1904, т. 2; Ист.-филол. фак. Харьковского ун-та за первые 100 лет его существования (1805—1905). Харьков, 1908.

Б. Н. Равдин, А. Б. Рогинский

ДЖУНКОВСКИЙ (Д ж у н ь к о в с к и й) Степан Семенович [25 XII 1762 (5 I 1763), г. Лебедин Киевской губ.—3 (15) IV 1839, Петербург]. Родился в семье священника из дворян. Первоначальное образование получил дома, два года обучался в местной школе, с 1772 — в Харьковском коллегиуме. В жизни Д. значительную роль сыграл друг его отца протоиерей А. А. Самборский, духовник Павла I и законоучитель вел. князей, назначенный священником при посольстве в Лондоне. В мае 1784 Д. уехал в Англию в качестве наставника младшего из сыновей Самборского. Первые годы он провел в Хартфорде; позднее изучал агрономию в Лондоне, одновременно помогая своему покровителю по делам посольской церкви. Летом 1788 Д. для совершенствования в агрономии посетил Францию, затем побывал в Голландии, вернувшись в Лондон весной 1789. В Англии он близко познакомился с В. Ф. Малиновским; *Н. М. Карамзин* упомянул Д. (под инициалом «Ж.») в «Письмах русского путешественника» в числе лондонских знакомых.

По возвращении в Россию в 1792 Д. был назначен учителем англ. языка у вел. княжон, одновременно числясь в штате Преображенского, а с 1795 Лейб-Кирасирского полков в звании капитана. Уволившись из армии в марте 1800, Д. определился в Экспедицию гос. хоз-ва, опекунства иностр. колонистов и сел. домоводства. В 1806 ему была поручена систематизация и унификация рос. мер и весов, а с 1811 по 1828 он занимал должность директора Деп. гос. хоз-ва и публ. зданий. Выйдя в отставку, Д. оставался управляющим канцелярии по осушению окрестностей Петербурга. Д. состоял корреспондентом и непременным секретарем Вольного экон. о-ва, был редактором его печатного органа «Тр. Вольного экон. о-ва» и принимал активное участие в составлении пособий «Круг хозяйственных сведений» (1805) и «Новая и полная система практического сельского домоводства» (1807). В изданиях общества Д. принадлежит большое количество статей по вопросам развития сельского хозяйства (подписанных и анонимных). Один из ранних рус. смитианцев, Д. защищал тезис о свободе предпринимательства как одном из основных факторов увеличения богатства нации. Проблема крепостного права интересовала его в первую очередь с экономической (а не политико-юридической или моральной) точки зрения, как преграда интенсификации сельскохозяйственного производства. «Земледельцы, — писал Д., — там только с надлежащей рачительностью возделывают свои бразды, где никто у них по произволу не отъемлет плодов их» (Тр. Вольного экон. о-ва, 1804, т. 56). Поэтому Д. предлагал перевести крестьян с барщины на оброк и пропагандировал рациональные методы ведения хозяйства, прежде всего обращаясь к дворянам-землевладельцам.

Литературное творчество Д. началось описательной поэмой «Александрова, увеселительный сад...» (1793; тит. изд. 1794; 2-е изд. Харьков, 1810). Одновременно поэма появилась во фр. переводе Ш.-Ф.-Ф. Массона (автора «Mémoires secretes»), в то время секретаря вел. кн. Александра Павловича («Alexandrova, ou Ses jardins de Son Altesse...», 1793; 2e éd. 1794; 3e éd. Vienne, 1804). Описанная в ней Александрова дача была выстроена в 1780-х гг. Екатериной II под Павловском для вел. кн. Александра Павловича; сад ее представлял декорацию к сочиненной императрицей для внука притче «Сказка о царевиче Хлоре» (1781); автором проекта планировки ландшафта был Самборский; он же, видимо, подал Д. идею поэмы. Поэма Д. является единственным подробным описанием несохранившегося оригинального садово-паркового ансамбля. В отступлениях Д., сопровождающих описательную часть, подчеркнута преемственность идей Петра I в царствование *Екатерины II*, которая предстает образцом просвещенного монарха (не без влияния образа, созданного *Г. Р. Державиным*). Поэма написана весьма редким в поэзии XVIII в. размером, пятистопным ямбом.

Для характеристики политических взглядов Д. представляет интерес ода на день коронации Екатерины II (1794), отразившая антифр. настроения рус. дворянства после событий 1793. Однако практика фр. революции не отождествляется Д. с деятельностью просветителей XVIII в., чьи эгалитарные идеи присутствуют в его произведениях. В борьбе с идеями фр. революции он возлагает надежды не на военную коалицию, а на внутренние политические реформы. Одновременно Д. обращается к дворянству, которое должно пожертвовать частью своих привилегий в целях предотвращения крестьянской революции. Последняя мысль разделялась достаточно широким кругом рус. деятелей (*Д. И. Фонвизин*, *И. В. Лопухин* и др.).

Д. известен также как переводчик «Плача, или Ночных мыслей» Э. Юнга (1799; в прозе) и очерка жизни англ. поэта. Компилятивное «Предуведомление» Д. к изданию знакомило читателя с основными идеями творчества Юнга. Д. учитывал несовершенство своего труда, но оправдывал его появление потребностью в точном переводе с языка оригинала, в отличие от перевода *А. М. Кутузова*, сделанного с нем. языка.

Д. являлся членом Моск. о-ва испытателей природы, Финского Абовского агрономического о-ва, Геттингенского учен. о-ва, одним из директоров Рос. библейского о-ва и др.

После смерти Д. осталась библиотека в несколько тысяч томов.

Лит.: *Приклонский Д.* Биография С. С. Джунковского. СПб., 1840; *Ходнев А. И.* История имп. Вольного экон. о-ва с 1765 по 1865. СПб., 1865; *Семевский В. И.* Крестьянский вопрос в России в XVIII и первой пол. XIX в. СПб., 1888, т. 1; *Шубинский С. Н.* Ист. очерки и рассказы. СПб., 1893; *Заборов П. Р.* «Ночные размышления» Юнга в ранних рус. переводах.— В кн.: XVIII век. Л., 1964, сб. 6; *Cross A.-G.* 1) Dzhunkovski's «Alexandrova»: putting Samborskii in the picture.— Study Group on Eighteenth-Century Russia (Newsletter), 1975, N 3; 2) Whose initials? Unidentified persons in Karamzin's Letters from England.— Ibid., 1978, N 6; 3) «By the Banks of the Thames»: Russians in Eighteenth-Century Britain. Newtonville, 1980.

Б. Н. Равдин, А. Б. Рогинский

ДИВОВ Павел Гаврилович [8 (19) I 1765, Москва—9 (21) IX 1841, Петербург]. Принадлежал к дворянскому роду, который вел свое происхождение от выходца из Франции. Отец Д. служил в Моск. гоф-интендатской конторе и приобрел состояние, женившись на дочери откупщика. Д. учился в Сухоп. шлях. корпусе (до 26 февр. 1785). Первым печатным произведением Д. была «Речь, говоренная перед Советом в публичном собрании при выпуске кадетов из Корпуса» (1785). В апр. 1785 поступил переводчиком в Коллегию иностр. дел. Во время рус.-швед. войны (1789—1791) был прикомандирован к Балтийскому флоту; в 1790—1794 в звании «кавалера посольства» неоднократно ездил в Швецию. Назначенный в 1794 советником посольства в Варшаву, Д. был захвачен в плен повстанцами Т. Костюшко и провел в заключении

9 месяцев. После взятия Варшавы А. В. Суворовым Д. выполнял его поручения по конфискации архивов «республики Польской» и библиотеки И. А. Залусского (1795); позднее как дипломат принимал участие в оформлении 3-го раздела Польши. С 1805 Д. управлял архивами М-ва иностр. дел. С 1819 по 1838 он, т. советник и сенатор, неоднократно возглавлял М-во в отсутствие К. В. Нессельроде; был награжден мн. орденами (формуляр 1839 г. — ЦГИА, ф. 1349, оп. 3, № 680, сп. 26).

Интерес к литературе возник у Д., по-видимому, в корпусе. В 1785 в его стихотворном переводе, с посвящением П. В. Бакунину, вышла поэма фр. писателя Ф.-Ф. де Лорана де Рейрака «На сотворение мира». Как писал Д. в предисловии, она привлекла его внимание «высокостью мыслей о Создателе» и «красноречивыми выражениями». При переводе он стремился к точной передаче «священных чувствований, коими сия поэма наполнена». Стиль перевода, ряд образов позволяют предположить, что значительное влияние на Д. оказала рус. одическая традиция *Г. Р. Державина* («Бог», «Успокоенное неверие»).

После смерти Д. осталось «большое собрание бумаг крайне разнообразных и весьма важных по содержанию» (Рус. старина, 1897, № 3, с. 458). В их числе — «Сочинение об улучшении финансов империи», «Краткое руководство к сбережению и поправлению лесов в России» (1809), «Повествование о царствовании императора Александра I, для него одного писанное», а также написанный по-французски «Дневник», охватывающий период с 1807 по 1841 и посвященный обзору политических событий. Политические взгляды Д., пространно изложенные в «Дневнике», на протяжении всей его жизни отличались крайним консерватизмом. Идейно он принадлежал к антиалександровской оппозиции 1800-х гг. и до последних дней порицал «опасные нововведения» Александра I, считая его главным виновником «заговора» 14 дек. Д. был членом Следственной комиссии по делу декабристов, в числе которых оказался его племянник. В «Дневнике» есть упоминания о гибели А. С. Грибоедова и А. С. Пушкина, о высылке М. Ю. Лермонтова из Петербурга в 1838.

Упоминания о Д. в мемуарах и в письмах его современников (Александр И. Тургенев, Г. И. Вилламов и др.) не дают никаких сведений о его литературных занятиях в XIX в. Наиболее интересную характеристику Д. оставил С. П. Жихарев: «П. Г. Дивов — умный, образованный и обходительный человек ‹...› не угрюм, а имеет все приемы настоящего дипломата и большой охотник поговорить. ‹...› Он не без сведений, и разговор его всегда à la hauteur des éléments du jour ‹на уровне последних событий›, да, сверх того, иногда в нем проскакивают довольно счастливые мысли» (Жихарев. Зап. (1955), с. 337).

Лит.: Бороздин К. М. Опыт ист. родословия Дивовых. СПб., 1841; Дневник П. Г. Дивова. — Рус. старина, 1897, № 3; 1898, № 1, 3, 12; 1899, № 9, 12; 1900, № 1, 4, 7, 11; № 6, 9, 11; 1903, № 5, 7.

А. М. Рабинович

ДМИТРЕВСКИЙ Дмитрий Иванович [1758 или 1763, с. Дмитриевское Рязанской губ. — 30 VIII (11 IX) 1848, Владимир]. Родился в семье сельского священника. Учился в Рязанской дух. семинарии. Первое печатное сочинение Д. — «Ода», появилось в книге «Великому господину Симону, епископу рязанскому...» (1781), поднесенной адресату учениками семинарии.

Из семинарии Д. перешел в Моск. ун-т. Студенческие годы Д. относятся ко времени расцвета деятельности *Н. И. Новикова* и И. Е. Шварца, когда масоны заняли ведущее положение в университете. Д. входил в число студентов, обучавшихся на средства Дружеского учен. о-ва, и вместе с *Н. М. Карамзиным*, *А. А. Петровым* и др. участвовал в деятельности Филол. семинарии. Окончив университет, Д. осенью 1785 был определен переводчиком с нем. и фр. языков в Унив. типографию.

Переводческой деятельности Д. была присуща религиозно-нравственная направленность, характерная для литераторов новиковского кружка. Особо привлекали его сочинения, посвященные изучению природы как средства познания бога. Д. вместе с Карамзиным участвовал в переводе и издании сочинений нем. пиетистов К.-Х. Штурма и И.-Ф. Тиде, печатавшихся в виде периодических выпусков: «Беседы с богом, или Размышления в утренние часы...», «Размышления о делах божиих...», «Беседы с богом, или Размышления в вечерние часы...» (1787—1789). Д. перевел также аллегорию англ. пуританского проповедника Д. Беньяна «Небесный скоротечец» (1787). К ранним переводам Д. принадлежит и собрание анекдотов «Дух Генриха IV» (1789).

Д. был настолько тесно связан с новиковским кружком, что знакомые беспокоились за его судьбу после ареста Новикова (см.: Рус. арх., 1866, № 11—12, с. 1762). Он, видимо, не подвергся репрессиям, но вынужден был уйти из Унив. типографии и в янв. 1793 был принят на Моск. почтамт, где под эгидой *Ф. П. Ключарева* нашли прибежище некоторые участники новиковского кружка. Здесь он служил до 1808, сперва в должности секретаря, а с 1798 — экспедитора текущих дел, и дослужился до чина надв. советника.

Период наибольшей творческой активности Д. относится к 1790-м гг. В 1792 он поместил в «Моск. журн.» Карамзина два гимна («Настало торжество природы»; «Вся натура возвещает»), воспевающие природу как проявление божественного откровения. В 1795 в Унив. типографии вышли «Чувствования любителя нравственной поэзии» — сборник оригинальных стихов Д. (с включением двух переводных) в религиозно-сентиментальном духе. Идею сборника Д. выразил в предисловии: «Рассматривать дела великого художника Натуры ‹...› разливаться в чувствованиях хвалы и благоговения ко вседействующему Промыслу — какое занятие может быть блаженнее для сердца человеческого и какая тема возвышеннее для Поэзии». Впрочем, стихам Д. присущи и социальные мотивы (см. в «Отрывке из первой песни поэмы „Майское утро"» обличение гордеца, попирающего права окружающих ради собственного возвышения). Среди многочисленных переводов Д. 1790-х гг. — трактат нем. астронома И.-Э. Боде, сочинения нем. мистиков И. Таулера и К. Эккартсгаузена, моралистические «Творения» Ф. Фенелона (1799), педагогическое сочинение И.-Э. Кейля «Зеркало добродетели и благонравия для детей» (1794). Особо следует отметить прозаический перевод знаменитой поэмы англ. поэта-сентименталиста Дж. Томсона «Четыре времени года» (1798), выполненный с нем. перевода швейц. знакомого Карамзина пастора И. Тоблера. В предисловии Д. подчеркивал религиозную идею, выражая надежду, что поэма послужит «руководством к просвещенному чтению великого творения божия».

В 1808 Д. был назначен директором училищ Владимирской губ. и занимал этот пост до 1828, настойчиво добиваясь увеличения числа школ. В 1821 он протестовал против введения платы за обучение, считая ее препятствием к распространению образования. Особое внимание Д. уделял преподаванию рус. языка и словесности, а также религиозно-нравственному воспитанию и эстетическому развитию учащихся. Продолжая переводческую деятельность в прежнем духе, Д. в то же время занялся изучением местных говоров. В 1820 он представил О-ву любителей рос. словесности при Моск. ун-те «Сборник местных провинциальных наречий Владимирской губернии» и был принят в д. члены общества. Д. был также соревнователем О-ва истории и древностей рос. В 1828 Д. вышел в отставку в чине ст. советника, он продолжал заниматься переводами. С момента основания «Владимирских губ. ведомостей» в 1838 он сотрудничал в них, помещая статьи о достопамятностях Владимира.

Лит.: *Тихонравов К.* Воспоминания о г. Дмитревском; *Дмитревский Н.* Дополнения к биографии Д. И. Дмитревского. — Владимирские губ. вед., 1854, 6 марта, № 10; 13 марта, № 11, «Часть неофиц.»; Шевырев. Моск. ун-т (1855); *Страхов П.* Ист. очерк Владимирской губ. гимназии. Владимир, 1898, вып. 1; Словарь членов О-ва любителей рос. словесности при Моск. ун-те. М., 1911; *Виноградов В. В.* Проблема авторства и теория стилей. М., 1961; *Левин Ю. Д.* Англ. поэзия и лит. рус. сентиментализма. —

В кн.: От классицизма к романтизму. Л., 1970.

Ю. Д. Левин

ДМИТРЕВСКИЙ Иван Афанасьевич [20 II (3 III) 1736, Ярославль — 27 X (8 XI) 1821, Петербург, похоронен на Волковом кладбище]. Родился в семье дьякона Афанасия Филипповича (родовое прозвище — Нарыковы), состоявшего при церкви Димитрия Селунского (отсюда фамильные прозвища Д.: Дмитревский и Дьяконов). Обучался в Ростовской дух. семинарии (Ярославская губ.), после окончания которой в кон. 1751 был прислан в Ярославскую провинц. канцелярию для определения на службу. В 1749—1751 участвовал в спектаклях ярославской труппы под руководством *Ф. Г. Волкова* и в нач. 1752 вместе с нею по указу императрицы Елизаветы был привезен в Петербург. В числе самых талантливых членов этой труппы Д. был оставлен в столице (май 1752) и отдан в Сухоп. шлях. корпус (сент. 1752) для продолжения общего и театрального образования под руководством драматурга *А. П. Сумарокова*. 1 нояб. 1756 Д. был определен в труппу вновь учрежденного Рос. театра. После смерти Ф. Г. Волкова (1763) Д. становится «первым придворного российского театра актером».

Как о ведущем актере рус. классицизма писал о нем А. П. Сумароков («Явил Петрополю красы котурна он»), в пьесах которого Д. играл первые трагические роли — Хорева, Синава (1757), Оскольда в «Семире» (после 1763), Вышеслава (1768), Димитрия Самозванца (1771), Мстислава (1774). В 1760-е гг. Д. первым представлял отечественный театр за границей, куда выезжал дважды: с авг. 1765 по нояб. 1766 («смотреть английского и французского театру») и с февр. 1767 до нач. сент. 1768 (выписывать фр. актеров для петербургской сцены). После возвращения «из чужих краев», где Д. близко познакомился с исполнительским искусством лучших тогдашних актеров (А.-Л. Лекена, М.-Ф. Дюмениль, И. Клерон, Ф.-Р. Моле, Д. Гаррика и др.), им была «декламация вычищена, исправлена и приведена в совершенство» (*А. Ф. Малиновский*), а «в любовной страсти» Д. даже «превосходил Лекена» («Смесь», 1769). Д. много играет и в комедии, удостаиваясь самых высоких похвал современников («Любимец Талии, любимец Мельпомены» — *Н. Е. Струйский*); некоторые из них считали, что он даже «лучше играл в комедии» (*П. И. Сумароков*). Д. одинаково удавались как национальные комедийные характеры, так и образы героев переводных пьес: Дорант («Ревнивый, из заблуждения выведенный» (1764) Ж. Кампистрона), Альцест («Мизантроп» (1764) Ж.-Б. Мольера), роли в пьесах *В. И. Лукина* (Добросудов — «Мот, любовью исправленный» (1765), Неумолков — «Пустомеля» (1765)) и *Б. Е. Ельчанинова* (граф — «Наказанная вертопрашка» (1767)), а также главные роли в «Менехмах» Ж.-Ф. Реньяра (1763) и «Корионе» («Сидни») Ж.-Б.-Л. Грессе (1764). У него было тонкое чувство стиля: «Как обманешься, если хочешь рассудить о Дмитревском в шлеме — по Дмитревскому в колпаке! Это не простой человек: какой голос, как он гибок в его гортани» (*М. Н. Муравьев* в письмах к родным).

В 1770-е гг., чутко откликаясь на веяния времени, Д. выступает в «мещанских драмах» и «слезных комедиях», вызывавших яростные нападки классицистов: граф Кларандон («Евгения» (1770) П.-О.-К. Бомарше], заглавные роли в «Честном преступнике...» (1771) Ш.-Ж. Фенуйи де Фальбера де Кенже и «Беверлее» (1772) Б.-Ж. Сорена; эти роли Д. сыграл впервые в Москве, где время от времени гастролировал. Особенностью Д.-актера во всех ролях было неразрывное слияние природного дарования и отточенного мастерства.

По свидетельству А. П. Сумарокова, Д. имел обязательство ежегодно приезжать в Москву на четыре месяца, чтобы играть самому и учить актеров; в частности, он выступал там в 1770, зимой 1778—1779 и в 1782. 30 апр. 1786 Д. играл в «Синаве и Труворе» на домашнем театре А. П. Мельгунова в Ярославле; летом 1791 он также гастролировал в Ярославле (комедии «Лжеученый» Ж. Дювора (не изд.; рукопись — ЛГТБ) и «Школа злословия» Р. Шеридана).

Став зрелым мастером, Д. пытался организовать свой театр: в

1773—1774 он сделал попытку возглавить антрепризу в Москве после смерти И. Бельмонти, а с окт. 1782 (до 16 авг. 1783) сменил на некоторое время К. Книппера в качестве содержателя Петербургского Вольного театра, в котором Д. осуществлял художественное руководство и был театральным педагогом (авг. 1780 — 16 авг. 1783). Здесь в свой бенефис (24 сент. 1782) он впервые поставил «Недоросля» *Д. И. Фонвизина*, в котором сыграл роль Стародума. 5 янв. 1787 Д. получил отставку от актерской службы, однако до 1799 периодически продолжал выступать на сцене. 1 дек. 1797 он вместе с *А. С. Яковлевым* играл в «Димитрии Самозванце» Сумарокова на Эрмитажном театре в присутствии императора Павла. Последнее выступление Д. состоялось 30 авг. 1812 в пьесе С. И. Висковатова «Всеобщее ополчение» (роль Усердова).

С кон. 1770-х гг. Д. вел активную педагогическую деятельность: преподавал сценическое искусство питомцам Моск. восп. дома, составлявшим основу труппы Вольного театра; являлся некоторое время учителем рос. языка и театрального искусства в Смольном ин-те; наставлял актеров частных домашних театров (Н. П. Шереметев, П. П. Есипов); проходил отдельные роли с московскими актерами (В. П. Померанцев, Я. Е. Шушерин и др.); с 7 марта 1784 обучал «декламации и действованию» воспитанников театральной школы (среди его учениц — Е. С. Семенова). 16 авг. 1783 он был назначен инспектором рус. труппы (с перерывами — до 5 янв. 1787), а 27 окт. 1791 занял вновь учрежденную должность «главного режиссера над всеми российскими зрелищами», в обязанность которого входило обучение «всех тех, кои достаточного еще искусства в представлениях не имеют», учреждение «второй российской драматической труппы» и «надзирание порядочного учреждения школы». В 1802 он писал *А. А. Майкову*: «Не было, да и нет, ни единого актера или актрисы, который бы не пользовался, более или менее, моим учением и наставлениями ‹...› не появлялась во время моего правления на театре никакая пьеса, в которой бы я советом или поправкою не участвовал».

Д. пользовался большим авторитетом у литераторов. По его замечаниям Сумароков внес изменения в роль Синава («Синав и Трувор»); *Г. Р. Державиным* были приняты его поправки к трагедии «Ирод и Мариамна», усиливающие ее сценичность; *И. А. Крылову* Д. помогал в работе над трагедией «Клеопатра» (не сохр.).

Литературная деятельность Д. началась в 1759, когда он напечатал элегию «Предвестия для нас плачевные свершились» и переводы с фр. трех «Речей» из журнала Р. Стиля и Дж. Аддисона «Зритель», сделанные по выбору Сумарокова (Трудолюбивая пчела, 1759, март, июнь, авг.). Д. — автор мн. переводных сочинений; среди них: «Добрая девка» — перевод оперы К. Гольдони «Добродетельная девушка» (сохранив сюжет, Д. внес изменения в характеры и расстановку действующих лиц; пьеса была представлена 2 июля 1782 в Кусковском театре гр. Шереметева с П. Жемчуговой в главной роли), а также др. пьесы — драма «Антигона» (1772) и опера «Армида» (1774) М. Кольтеллини, комедия Ш.-Ж. Фенуйо де Фальбера де Кенже «Честный преступник...» (1772), драма Б.-Ж. Сорена «Беверлей» (1773), комедии Ф.-Н. Детуша «Раздумчивый» (1775), Д.-А. Федерико «Служанка-госпожа» (1781), чувствительная драма А. Ле Блана де Гийе «Алберт Первый...» (1788), комические оперы Лоренцо да Понте «Дианино древо...» и «Редкая вещь» (обе — 1792), Д.-М. Фоппа «Трубочист-князь и князь-трубочист» (1795). Д. написаны аллегорический пролог на выздоровление вел. кн. Павла Петровича «Непостижимость судьбы» (1772) и статья о *Я. Б. Княжнине* (в изд.: Евгений — Снегирев. Словарь). Д. перевел также одну часть «Путешествия молодого Анахарсиса в Грецию» Ж.-Ж. Бартелеми, хотел переводить «Век Людовика XIV» Вольтера. Мн. сочинения Д. не сохранились. По свидетельству С. П. Жихарева, Д. с первых дней своей сценической деятельности собирал материалы, относящиеся к истории рус. театра, и в 1804 намеревался писать историю рус. театра, однако следы этой работы неизвестны.

Спорным является вопрос о принадлежности Д. анонимного лейпцигского «Известия о некоторых русских писателях...» (**1768**), в числе возможных авторов которого называли также *А. А. Волкова, С. Г. Домашнева, В. И. Лукина*, П. Я. Штелина и др.

Д. состоял членом ряда научных и литературных обществ, в т. ч. Беседы любителей рус. слова; в 1802 был избран в члены Рос. Академии (21 июня читал свою вступительную речь) и принимал активное участие в ее работе: писал отзывы о драматических сочинениях и лингвистических трудах, напр. о «Российской грамматике» (1808) И.-С. Фатера и «Обозрении малороссийского наречия» (1818) А. П. Павловского. 17 дек. 1807 в торжественном собрании Рос. Академии Д. прочел «Слово похвальное А. П. Сумарокову» (СПб., 1807).

В дек. 1791 Д., *А. И. Клушин, П. А. Плавильщиков* и И. А. Крылов организовали издательство «Типография И. Крылова с товарыщи», но Д. постепенно отошел от дела.

Женой Д. (с 1758) была А. М. Мусина-Пушкина (1740—1782), одна из первых рус. актрис.

10 июня 1822 в Петербургском Большом театре состоялся спектакль, сбор от которого пошел на сооружение памятника Д.

Лит.: Кони Ф. А. И. А. Дмитревский. — Пантеон рус. и всех европ. театров, 1840, ч. 1, № 3; Геннади. Словарь, т. 1 (1876); Сухомлинов. Рос. Академия, вып. 7 (1885); *Сухомлинов М. И.* Исслед. и ст. по рус. лит. и просв. СПб., 1889, т. 2; *Руднев Я.* Дмитревский И. А. — В кн.: Рус. биогр. словарь, т. «Дабелов — Дядьковский» (1905); *Горбунов И. Ф.* Соч. СПб., 1910, т. 3, ч. 5; *Всеволодский-Гернгросс В. Н.* И. А. Дмитревский: Очерк истории рус. театра. Берлин, 1925; *Бабинцев С. М.* И. А. Крылов: Очерк его издат. и библ. деятельности. М., 1955; Жихарев. Зап. (1955); Левин. Англ. журналистика (1967); *Сперанская В. В.* Г. Р. Державин и И. А. Дмитревский: (К творческой истории трагедии Г. Р. Державина «Ирод и Мариамна»). — В кн.: Вопр. рус. и зарубеж. лит. Тула, 1971; *Динерштейн Е. А.* Лейпцигское «Известие о некоторых русских писателях» и его автор. — В кн.: Журналистика и лит. М., 1972;

Берков. История комедии (1977); История драм. театра, т. 1 (1977); *Любомудров М. Н.* Века и годы старейшей сцены. М., 1981; *Старикова Л. М.* Два письма актера Ивана Афанасьевича Дмитревского. — В кн.: Памятники культуры: Новые открытия / Ежегодн. 1982. Л., 1984.

Е. Д. Кукушкина, Л. М. Старикова

ДМИТРИЕВ Александр Иванович [1759, с. Богородское Симбирской губ.—1798]. Происходил из старинной дворянской семьи, брат *И. И. Дмитриева*. Первоначальное образование получил дома; в 1767 Д. отправили в Казань к деду по матери А. А. Бекетову и определили в пансион Манже (Манженя), куда вскоре прислали и И. И. Дмитриева. В 1772 дед переехал в Симбирск, где братья поступили в пансион Кабрита. Здесь Д. изучал фр., нем. и рус. языки, историю, географию и математику. Но вскоре отец забрал сыновей домой, чтобы самому руководить их образованием. Детям прививали интерес к литературе и театру, с которым были связаны первые представления о комедиях *Д. И. Фонвизина*. Вслух читались произведения *М. В. Ломоносова, В. К. Тредиаковского, А. П Сумарокова*. Под влиянием крепостного дядьки Дорофея Серебрякова дети пристрастились к чтению рус. книг. Круг чтения был достаточно обширен — «Велизарий» Ж.-Ф. Мармонтеля, «Деяния церковные и гражданские» Цезаря Барония, Остpожская библия и др. С особенным интересом Д. занимался фр. языком и историей.

В 1772 Д. был записан солдатом в Семеновский полк; в 1774 определен в полковую школу. По ходатайству влиятельных родственников через короткое время он был произведен в сержанты; с 1 янв. 1788 — подпоручик; 15 мая 1789 выпущен в армию премьер-майором; в том же году произведен в подполковники и определен в Суздальский мушкетерский полк, стоявший в Казани. В 1790 Д. участвовал в швед. кампании, где отличился: приняв батальон после убитого командира, он прошел по горящему мосту и отогнал неприятеля от переправы. По окончании войны вновь служил в Казани; к сент. 1798 — полковник. Скончался скоропостижно во время служебной командировки в Екатеринодар. Безвременной кончине брата посвящены стихи И. И. Дмитриева — элегия, романс и надгробие (Аониды, 1798—1799, ч. 3). *Н. М. Карамзин*, бывший с Д. в дружеских отношениях, неоднократно вспоминал о нем в своих произведениях («Письма русского путешественника», «Цветок на гроб моего Агатона») и письмах.

Д. перевел с фр. «Собрание писем Абельярда и Элоизы, с присовокуплением описания жизни сих несчастных любовников» (в типогр. *Н. И. Новикова*, 1783); сочинение Э.-К. Фрерона и П.-Э. Кольбера д'Эстувиля «Адонид, с присовокуплением некоторых любовных стихотворений Кастриотта Албанского» (1783; прозой и стихами); драму К.-И. Мюллера фон Фридберга «Взятие Св. Лукии, Антильского американского острова» (1786). Прозаический перевод Д. с фр. «Поэмы древних бардов» Дж. Макферсона (1788) осуществлен по фр. сборнику «Избранные эрзийские сказки и стихотворения». Д. первый в России наметил путь сентиментально-чувствительной трактовки поэмы Макферсона, отчасти следуя за фр. переводчиком, особо выделившим в песнях Оссиана лирические отрывки. По переводу Д. знакомился с Оссианом *Г. Р. Державин*. Прозаический перевод Д. «Лузиады» Л. Камоэнса (1788), осуществленный с фр. перевода Ж.-Ф. Лагарпа (с сокр.), впервые познакомил рус. читателя с крупнейшим представителем португальского Возрождения. Д. перевел также предисловие Лагарпа, содержавшее высокую оценку творчества Камоэнса, и снабдил каждую песнь краткими примечаниями историко-географического и историко-культурного характера.

Впечатления от швед. кампании отразились в повести Д. «Слава русских и горе шведов» (1790), восхвалявшей мужество рус. воинов. Стихи Д. «Разлука» и «К Темире» появились в «Моск. журн.» (1792, ч. 8, дек.) Карамзина за подписью «—въ» (приписывались *А. А. Петрову*).

Лит.: Державин. Соч. (1864—1883), т. 1 (1864); Письма Н. М. Карамзина к И. И. Дмитриеву. СПб., 1866; Сб. ист. и стат. мат-лов о Симбирской губ. Симбирск, 1866; *Дмитриев М. А.* Мелочи из запаса моей памяти. М., 1869; *Дмитриев И. И.* Взгляд на мою жизнь. — Собр. соч. СПб., 1893, т. 2; *Модзалевский Б. Л.* Дмитриев А. И. — В кн.: Рус. биогр. словарь, т. «Дабелов — Дядьковский» (1905); Левин. Оссиан (1980).

Ф. З. Канунова

ДМИТРИЕВ Иван Иванович [10 (21) IX 1760, с. Богородское, Симбирской губ.—3 (15) X 1837, Москва]. Начальное образование получил в родовом поместье Богородском и в частных пансионах Казани и Симбирска. Еще в казанском пансионе Д. пристрастился к романам. Особое влияние на него оказали «Приключения маркиза Г...» А.-Ф. Прево, откуда Д. почерпнул сведения о творчестве Мольера, Ж. Расина, Н. Буало. Роман помог Д. овладеть фр. языком (первые четыре тома он читал в переводе *И. П. Елагина* и *В. И. Лукина*, но томов пятого и шестого в Симбирске не нашлось, и Д. раздобыл окончание в оригинале). Тогда же началось знакомство Д. с сочинениями *А. П. Сумарокова*, *М. В. Ломоносова*, *М. М. Хераскова*, *В. И. Майкова*.

Восстание Пугачева заставило семью Д. переехать в Москву; в мае 1774 Д. отправили в Петербург, в полковую школу Семеновского полка, в который Д. с братом были записаны солдатами еще в 1772. В нач. 1775 двор праздновал в Москве победы над Турцией и над Пугачевым. На торжества прибыли гвардейские полки. Так ученик полковой школы Д. оказался очевидцем казни Пугачева (воспоминаниями Д. воспользовался в «Капитанской дочке» Пушкин). Родители выхлопотали Д. чин фурьера и годовой отпуск; в Петербург он вернулся только в 1776.

К 1777 относятся первые стихотворные опыты Д., большей частью сатирические (впосл. автор их сжег), навеянные сюжетами и идеями журналистики *Н. И. Новикова*. Именно ему Д. обязан первым выступлением в печати: в своем журнале «СПб. учен. вед.» (1777) Новиков поместил стихотворение Д. «Надпись к портрету князя А. Д. Кантемира», сопроводив его пожеланием успехов юному поэту. После этого Д. стал усердно заниматься литературой. Он перечитывал и брал «в образец» стихи Ломоносова, Сумарокова, Хераскова, изучал «Риторику» Ломоносова, «Пиитику» *Аполлоса Байбакова* и др. теоретические пособия.

Д. сочинял много, но успеха не добился. Три его стихотворения, появившиеся без подписи в журнале *П. А. Плавильщикова* «Утра» (1782), были, по словам Д., оценены читателями как «глупые стихи». Такая реакция побудила его уничтожить многое из написанного и отказаться от попыток печатать стихи. Несколько лет он занимается переводами фр. прозаических сочинений. Известно, что они появлялись в разных журналах и печатались отдельными изданиями у книгопродавца Миллера, но анонимно и поэтому остаются неизвестными до сих пор.

Причиной неудач был общественный и эстетический инфантилизм молодого Д. Его позиция — позиция наблюдателя, не извлекшего уроков из крестьянской войны, чуждого и социальной критике просветителей, и нравственным исканиям масонства, которое в 1780-х гг. получило в России широкое распространение. Д., по его признанию, долго «бродил ощупью, как слепец»; он прилежно изучал рус. и фр. авторов, выражавших различные, часто враждебные друг другу взгляды, но не выработал для себя сколько-нибудь четкой идейной и художественной программы.

Вехой для Д. стал 1783, когда состоялось его знакомство с *Н. М. Карамзиным* (Д. находился с ним в дальнем родстве). Под его влиянием Д. принялся за «усовершенствование в себе человека», обратился к книгам фр. просветителей, в частности сочинениям Л.-С. Мерсье, который опирался на Ж.-Ж. Руссо и Д. Дидро, осуждал социальное неравенство и защищал бедняков. В 1786 Д. принял участие в журнале *Ф. О. Туманского* «Зеркало света», напечатав здесь перевод статьи Мерсье «Философ, живущий у Хлебного рынка», в которой излагалось учение о просвещенном монархе. В теориях просветителей Д. привлекал не столько социальный, сколько нравственный аспект — идеи о воспитании личности, о «сострадании всем страждущим», о «соединении их слез со

своими в нежном чувствительном сердце». На этом этическом основании и начали складываться представления Д. о роли поэта и задачах поэзии.

Особую роль в становлении Д.-поэта сыграл *Г. Р. Державин.* В 1790, во время швед. кампании, Д. ездил на финл. границу и в поездке написал стихотворное обращение к Державину, в котором «называл его единственным у нас живописцем природы». Через *П. Ю. Львова* обращение стало известно Державину. Он захотел познакомиться с Д., и вскоре они сблизились. Д. получил возможность узнать еще не напечатанные произведения поэта; в беседах с ним о том, что делает поэзию самобытной, способной «живописать страсти» и «наблюдать изгибы сердца», окончательно сформировались эстетические воззрения Д.

К осени 1790 у Д. накопилось множество новых стихов. Поэту нужен был журнал, который предоставил бы ему свои страницы. Поначалу надежды возлагались на «Утренние часы» *И. Г. Рахманинова*: здесь Д. опубликовал несколько стихотворений (в т. ч. две первые свои басни). Два из них были подписаны инициалами «И. Д.». Это означало, что период «приуготовления» кончился и Д. осознал себя поэтом.

Однако «Утренние часы» были закрыты, и Д. стал печататься в «Моск. журн.», только что заведенном вернувшимся из-за границы Карамзиным. Известность Д. принесли стихотворные сказки и песни. Хорошо знавший фр. «сказки» Ж. Лафонтена, А. Флориана, Вольтера, Д. видоизменил этот жанр шутливых, несколько фривольных сюжетных рассказов с условно-фантастическими элементами; задавшись целью создать сатирические картины из жизни Петербурга, он отказался от фантастики. Его «сказку» «Модная жена», в которой Д. заявил о себе как о мастере диалога, В. Г. Белинский считал родоначальницей «повести в стихах» (в этом жанре позднее были написаны «Граф Нулин» и «Домик в Коломне» А. С. Пушкина, «Помещик» И. С. Тургенева и др.).

Новый этап в рус. лирике открыли песни Д. Его предшественники в этом жанре, и прежде всего Сумароков, еще не порвали с идущей от московского барокко кантовой культурой и ее «хоровой», трехголосной установкой. Д., опиравшийся на традицию народной городской песни, избрал «сольный» принцип, соответствовавший эстетике сентиментализма, который провозгласил примат «чувствительного человека». Напечатанные в 1792 песни Д. «Стонет сизый голубочек» и «Ах, когда б я прежде знала» пролагали путь к русскому романсу. Демократизм эстетических установок Д. очевиден в подготовленном им «Карманном песеннике» (1796), собрании «светских и простонародных песен», где фольклорные тексты равноправно соседствовали с песнями Державина, Хераскова, *В. В. Капниста, Ип. Ф. Богдановича, Ю. А. Нелединского-Мелецкого,* Карамзина, *Н. П. Николева, П. М. Карабанова* и др.

Дарование Д. полнее всего выразилось в басне, его любимом жанре. Д. отказался от канонизированного классицизмом противопоставления басни высоким жанрам, от нарочитой грубости ее языка, от натуралистически-бытовых зарисовок, впрочем как и от прямой социальной критики. Цели Д.-баснописца — пропаганда определенного нравственного идеала, его герой — «добрый человек», который отвергает расхожие представления о счастье как успехе, карьере, деньгах и выше всего ценит благородство чувств.

Став сотрудником «Моск. журн.», Д. включился в литературную полемику. В кон. 1792 он пишет пародию на современных одописцев («Гимн восторгу»), в эпиграмме следующего года высмеивает оду *А. И. Клушина* «Человек». Самым значительным полемическим выступлением Д. была его сатира «Чужой толк» (1794), направленная против сервильной поэзии эпигонов классицизма. Это не значит, что Д. вообще отвергал жанр оды: учитывая опыт Державина, Д. понимал, что ода может и должна утверждать долг и ответственность человека перед обществом. Такова, например, ода Д. «Ермак» (1794), где гиперболам и аллегориям классиков противопоставлены динамизм и живописность. Здесь, как и в оде «Освобождение Москвы» (1795), героем которой стал Пожарский, Д. на практике показал, что героическое и высокое не чуждо эстетике «объективного» сентиментализма.

В том же 1795 Д., подводя итоги своей поэтической работы, издал сборник стихотворений «И мои безделки», который, так же как и сборник Карамзина «Мои безделки», даже своим назв. полемически, демонстративно противостоял громоздким и пышным изданиям эпигонов классицизма.

1 янв. 1796 Д. получил чин капитана гвардии и взял годовой отпуск с намерением выйти в отставку, но смерть *Екатерины II* заставила его вернуться в столицу. Здесь Д. неожиданно арестовали по обвинению в подготовке покушения на Павла I. Недоразумение быстро выяснилось, на пострадавшего Д. посыпались милости императора: в 1797 его назначают товарищем министра уделов, а затем обер-прокурором Сената. Только в кон. дек. 1799 Д. добился отставки.

Поселившись в Москве, он целиком отдается литературной работе. В эту пору он возвращается к сатире. Еще в 1798 Д. перевел «Послание от английского стихотворца Попа к доктору Арбутноту». Объекты сатиры А. Попа и Д. оказались общими. «Стиховралям» противопоставлялся истинный поэт, главное достоинство которого — независимость от властей и знати. Позиция Д. была близка позиции Державина, который в послании *А. В. Храповицкому* (1795) также писал о высокой миссии поэта. В переведенной Д. сатире Ювенала «О благородстве» отвергается сословный принцип оценки человека. В баснях этого периода он также критикует пороки самодержавного государства, хотя и остается далеким от радикальных выводов.

В 1803—1805 в Москве Д. издал три тома стихотворений и басен («Сочинения и переводы...»), подведя итоги своей литературной деятельности.

В 1806 Д. вновь вернулся на службу, первое время исполняя свои сенаторские обязанности в Москве. Успешное выполнение некоторых личных поручений Александра I привело к назначению Д. в 1810 членом Гос. совета и министром юстиции. Постепенно Д. убедился в «невозможности быть вполне полезным» на своем посту. Сразу по окончании

Отечественной войны, летом 1814, он попросил об отставке, и царь с оскорбительной поспешностью удовлетворил его просьбу. Д. окончательно переселился в Москву. Живя на покое, он мало занимался литературными делами, написал лишь несколько басен и литературных мелочей, больше правил старые стихотворения, готовя новые переиздания своего трехтомного собрания сочинений (2-е и 4-е изд. М., 1810, 1814 и 1818). В 1826 Д. издал «Апологи в четверостишиях».

Хотя Д. более не вмешивался в бурную литературную жизнь, он внимательно наблюдал за нею, сохраняя «живое чутье к изящному». В 1800—1810 он в письмах друзьям резко судит и эпигонов классицизма («невские поэты»), и эпигонов сентиментализма («московская словесность»). С иронией отзывается он о творчестве «лирика нашего или протодиакона Хвостова», называя направление, представленное поэтами подобного типа, «хвостовщиной». Читая сочинения сентименталистов — П. И. Шаликова, В. Л. Пушкина, М. В. Милонова, С. Г. Саларева и др., он признавался, что «ни до слез, ни до сладкого не охотник». Из потока книг и журналов Д. умел выделять произведения талантливых поэтов — В. А. Жуковского, П. А. Вяземского, К. Н. Батюшкова. В 1823 в «Полярной звезде» А. А. Бестужев поставил имя Д. рядом с Державиным. Историко-патриотические стихотворения Д. высоко ценились декабристами. Благожелательные отзывы критики побудили Д. строго отобрать из написанного только те произведения, которые имели существенное значение для развития отечественной литературы, и издать итоговое, «исправленное и уменьшенное», собрание «Стихотворения И. И. Дмитриева» (СПб., 1823, ч. 1—2). Оно было подготовлено по инициативе Вольного о-ва любителей рос. словесности, по представлению Н. И. Гнедича и при поддержке А. А. Бестужева и К. Ф. Рылеева.

В научной литературе продолжает существовать легенда о резко отрицательном отношении Пушкина к Д. Действительно, Пушкин считал, что Д. отозвался неодобрительно о «Руслане и Людмиле» в 1820. Пушкин также был раздражен суждением П. А. Вяземского, который в 1823 басни Д. оценил выше басен И. А. Крылова. Но в кон. 1820-х гг. Пушкин начал судить о поэзии Д. объективно и беспристрастно. Он переписывался с Д., встречался с престарелым поэтом, записывал его рассказы о прошлом веке, расспрашивал о восстании Пугачева. В 1836 Пушкин написал для «Современника» статью о шутливой поэме Д. «Путешествие N. N. в Париж и Лондон» (1806). Героем «Путешествия» был приятель Д. и дядя Пушкина — В. Л. Пушкин. Д. со своей стороны высоко отозвался о пушкинских произведениях — «Борисе Годунове», «Евгении Онегине», «Моцарте и Сальери» и др. Д. из своих современников на первое место ставил Державина и Карамзина; из писателей XIX в. — «поэта Протея» Пушкина. В 1823—1825 Д. работал над записками «Взгляд на мою жизнь» (Соч. СПб., 1893, т. 2), представляющими значительный историко-литературный интерес.

Лит.: Письма Н. М. Карамзина к И. И. Дмитриеву. СПб., 1866; *Дмитриев М. А.* Мелочи из запаса моей памяти. М., 1869; *Купреянова Е. Н.* Дмитриев и поэты карамзинской школы. — В кн.: История рус. лит. М.; Л., 1941, т. 5, ч. 1; *Виноградов В. В.* Из наблюдений над языком и стилем И. И. Дмитриева. — В кн.: Мат-лы и исслед. по истории рус. лит. яз. М.; Л., 1949, т. 1; *Благой Д. Д.* Поэзия Дмитриева. — В кн.: История рус. лит. XVIII в. 4-е изд. М., 1960; *Макогоненко Г. П.* 1) Пушкин и Дмитриев. — Рус. лит., 1966, № 4; 2) «Рядовой на Пинде воин»: (Поэзия И. Дмитриева). — В кн.: Дмитриев И. И. Полн. собр. стихотворений. 2-е изд. Л., 1967; *Cross A.-G.* Dmitriev and Gesner. — In: Study Group on Eighteenth-Century Russia, 1974, № 2; Письма рус. писателей (1980).

Г. П. Макогоненко

ДМИТРИЕВ-МАМОНОВ Александр Матвеевич [19 (30) IX 1758, Петербург—29 IX (11 X) 1803, Москва, похоронен в Донском м-ре]. Сын правителя Смоленского наместничества; по матери — двоюродный брат *Д. И. Фонвизина*. Первоначальное образование получил у иезуита Совере. С младенчества Д.-М. был записан в гвардию; в 1784 он был уже поручиком и адъютантом Г. А. Потемкина. К этому времени относится отзыв о Д.-М. Ф. Г. Головкина: «Высокий и хорошо сложенный, с калмыцким лицом, полным, однако же, ума; элегантность, слегка похожая на чопорность, блеск того, что называется салонной эрудицией, выделяли его в толпе молодых людей его возраста и происхождения» (Рус. старина, 1896, № 11, с. 374). В июле 1786 Д.-М. стал фаворитом императрицы. В 1787 совершил совместное путешествие с *Екатериной II* на юг России; 9 мая 1788 был императором Иосифом II возведен в графы Священной Римской империи; с 5 апр. 1797 род Д.-М. внесен в число рус. графских родов.

Пользуясь неограниченным доверием императрицы, при содействии М. А. Гарновского и *А. В. Храповицкого* Д.-М. знакомился с государственными делами. По воспоминаниям Г. Гельбига, Д.-М. «был очень умен, проницателен и обладал такими познаниями, что в некоторых научных областях, особенно же во французской и итальянской литературе, его можно было назвать ученым. Он понимал несколько живых языков; на французском же говорил и писал в совершенстве. Одною из незначительных его заслуг было составление комедий во вкусе Аристофана, со злобно-насмешливою, легко понимаемою остротою. Острота, за которою он всегда гонялся, редко бывала естественною, и потому часто неудачною. Обыкновенно она покоилась на обманчивом обезьянничанье морального поведения того лица, которое он хотел осмеять». С 1787 Д.-М. стал принимать участие в деятельности придворного литературного кружка, куда кроме Екатерины II входили также *А. С. Строганов*, *И. И. Шувалов*, Л. фон Кобенцль, Л.-Ф. Сегюр, Ш.-Ж. де Линь и др. Некоторые из его собраний происходили на ужинах у Д.-М., где собиралось не более 20 человек из ближайшего окружения императрицы. Д.-М. принимал участие в работе Екатерины II над комедиями «Расстроенная семья осторожками и подозрениями», «Фуфлыга», «Сказка о горе-богатыре Косометовиче». Первой самостоятельной пьесой Д.-М. была написанная им по-русски драматическая пословица «За мухой с обухом» (1788), осмеивавшая ссору между *Е. Р. Дашковой* и Л. А. Нарышкиным (окончание дописано Екатериной II). Не будучи напечатанной и не попав на сцену, пьеса послужила основой для комедии Екатерины II «За мухой с обухом». Текст обеих пьес не сохранился; о их существовании известно из дневника А. В. Храповицкого (записи от 23 окт. и 17 нояб. 1788). Екатериной II был подсказан и сюжет комедии Д.-М. «L'insouciant» («Беззаботный»), осмеивавшей Нарышкина (пост. 26 дек. 1788 в Эрмитажном театре). Пьеса «Беззаботный» впервые анонимно напечатана в сборнике пьес, написанных в окружении Екатерины II для Эрмитажного театра: Recueil des pièces de l'Hermitage. St-Pbg, 1789, t. 2; автор был назван в переиздании сборника: Théâtre particulier de l'Impératrice, appelé l'Hermitage... Paris, 1799, t. 1; на рус. языке пьеса впервые была издана в переводе *П. А. Пельского*: Эрмитажный театр... М., 1802, т. 1.

Причиной разрыва Д.-М. с императрицей послужила его любовь к фрейлине Д. Ф. Щербатовой. Их бракосочетание состоялось 1 июня 1789; вскоре супруги уехали в Москву с условием никогда не появляться при дворе. Брак Д.-М. оказался неудачным. В 1796 Д.-М. вышел в отставку и безвыездно жил в Москве или имении Дубровицы, всецело посвятив себя воспитанию сына Матвея, известного своей трагической судьбой в 1820—1850-х гг. (см.: *Лотман Ю. М.* М. А. Дмитриев-Мамонов — поэт, публицист и обществ. деятель. — Учен. зап. Тарт. ун-та, 1959, № 78).

Лит.: *Гарновский М. А.* Зап. — Рус. старина, 1876, № 1—7; Гр. А. М. Дмитриев-Мамонов. — Рус. старина, 1877, № 2; *Рибопьер А. И.* Зап. — Рус. арх., 1877, № 4; *Карнович Е. П.* Замечательные богатства частных лиц в России. СПб., 1885; *Гельбиг Г.* Рус. избранники. Берлин, 1900; *Храповицкий А. В.* Дневник. М., 1901; *Панчулидзева Н.* Гр. А. М. Дмитриев-Мамонов. — В кн.: Панчулидзев С. А. Сб. биографий кавалергардов. 1762—1801. СПб., 1904; *Шубинский С. Н.* Дмитриев-

Мамонов А. М. — В кн.: Рус. биогр. словарь, т. «Дабелов—Дядьковский» (1905); *Сегюр Л.-Ф.* Пять лет в России при Екатерине Великой. — Рус. арх., 1907, № 9—11; *Дмитриев-Мамонов А. И.*, *Дмитриев-Мамонов В. А.* Дмитриевы-Мамоновы. [СПб., 1911].

М. П. Лепехин

ДМИТРИЕВ-МАМОНОВ Федор Иванович [10 (21) II 1727—27 IV (9 V) 1805]. Происходил из старинного рода князей Смоленских, был единственным сыном гвардии капитана Ивана Ильича-младшего Д.-М. Дядя Д.-М., Иван Ильич-старший, был женат на вел. княжне Прасковье Иоанновне, сестре императрицы Анны Иоанновны. Получил начальное домашнее образование; 21 янв. 1737 был записан в Арт. школу, но сразу же «отлучился самовольно». В это время за Д.-М. числилось 664 души крестьян (ЦГАДА, ф. 286, № 269, л. 1022). В 1739 Д.-М. был зачислен в Семеновский полк; с 26 марта 1741 — капрал, с 29 июня 1744 — каптенармус, с 25 апр. 1747 — сержант, с янв. 1751 — прапорщик (см.: Дирин. Семеновский полк, т. 2 (1883), Прил., с. 73). В этом чине 19 апр. 1753 Д.-М. вышел в отставку (ЦГВИА, ф. 24, оп. 1, № 181, л. 7, 9 об., 185, 220), а затем продолжал службу в Нарвском пехотном полку: с 1753 — подпоручик, с 1755 — поручик, с 1758 — капитан-поручик; в 1761 «выпущен в заграничную армию подполковником». В 1762 он был полковником, с 1769 до окончательной отставки в 1770-е гг. — бригадиром. В 1756 состоял в масонском обществе, в которое входили также *А. П. Сумароков*, *М. М. Щербатов*, *И. Н. Болтин* и др. литераторы.

В 1771 Д.-М. участвовал в усмирении чумного бунта в Москве, явившись 16 сент. «по усердию своему» к Чудову монастырю, где находились мятежники, и едва не был ими убит (см.: Рус. арх., 1863, № 12, с. 911—912; *Болотов А. Т.* Жизнь и приключения... СПб., 1872, т. 3, с. 23).

Д.-М. проявлял интерес к истории, астрономии, философии и литературе. Он собирал старинные рукописи, монеты, оружие, устроил нечто вроде музея в своем доме в Москве на Мясницкой улице. В 1773 Д.-М. напечатал на свой счет в «СПб. вед.» (23 апр., № 33, Приб.) ряд документов из своего собрания под загл. «Для известия от бригадира Дмитриева-Мамонова». Сообщая подробные сведения о своей родословной, Д.-М. привел здесь текст письма Анны Иоанновны от 6 окт. 1724 к Ивану Ильичу-старшему Д.-М. «Желающие видеть оригинальное оное письмо, — писал он, — могут оное видеть невозбранно в доме моем». Аналогичная публикация в Унив. типографии была запрещена Моск. Сенатом. По этому поводу Д.-М. обратился к *Екатерине II* с жалобой на московского генерал-губернатора М. Н. Волконского. В письме к Волконскому от 31 окт. 1773 Екатерина II указала на «непристойности» в запрещенном «приветствии к публике» (по-видимому, предварявшем публикацию Д.-М.) и просила более подробно сообщить о его поведении, «ибо здесь многие рассказывают об нем такие дела, которые мало ему похвалы приносят». Рассказывая о чудачествах Д.-М., А. А. Куракина писала 18 окт. 1773: «...дом его, против всего города, был больше всех иллюминован, где была собрана довольная часть народа, которому он из окошка сам бросал серебряные деньги, а на улице его два гайдука из мешков — медные, и они с хозяином всем кричали: виват!» (Арх. кн. Ф. А. Куракина. Саратов, 1898, в. 7, с. 241). Дело о Д.-М. вновь возникло в 1778 по жалобе его жены, которая свидетельствовала, что муж, «лишася разума, расточил до того имение, что из 2 тысяч душ, от предков к нему дошедших, осталось только 500». В письме Екатерины к Волконскому от 1 июля 1778 упоминалось о «жестокостях и мучительствах» Д.-М. над «его людьми», а также о том, что «все поступки его являют повреждения в уме». В результате расследования, произведенного Юстиц-коллегией, Д.-М. был признан «человеком вне здравого рассудка». 4 марта 1779 Екатерина предписала определить опекунов для управления имениями Д.-М., находившимися в Московской и Смоленской губерниях.

В печати Д.-М. начал выступать с 1769. Анонимно он выпустил перевод книги Ж. Лафонтена «Любовь Псиши и Купидона» (1769), с приобщением своего оригинального сочинения «Дворянин-философ. Аллегория». В предисловии он объяснял: «...я великую охоту имею сочинять и писать, но не желаю слыть ни стихотворцем, ни писателем, ни переводчиком». Здесь же в качестве образцов Д.-М. привел «некоторые преизрядные мысли российских стихотворцев» — стихи *М. В. Ломоносова, В. К. Тредиаковского*, Сумарокова, *М. М. Хераскова, В. И. Майкова.* Перевод осуществлен (соответственно оригиналу) прозой со стихотворными вставками. Критикуя «низкий стиль» Ж. Лафонтена, Д.-М. заявлял: «...мне и шутливость приятнее благородная, нежели самая низкая». Стиль Д.-М. затруднен и тяжеловесен. «Дворянин-философ» — натурфилософское произведение, развивающее теорию множественности миров и содержащее описание своеобразного макета «системы мира» (острова-планеты расположены вокруг замка-солнца), вероятно реально созданного в его смоленском имении Бараново. В духе Вольтера («Микромегас») и отчасти Свифта («Путешествие Гулливера») Д.-М. изобразил фантастические картины жизни на др. планетах. В аллегорической форме он высказал ряд смелых антиклерикальных идей, в частности иронически отозвался о святых угодниках. Свое представление о структуре Вселенной Д.-М. изложил также в «Системе Федора Иоанновича Дмитриева-Мамонова Дворянина-философа ⟨...⟩ изданной в 1779 году в Баранове» (1779). Гравюра, приложенная к изданию, представляла системы Птоломея, Тихо Браге, Декарта, Коперника и собственную систему Д.-М. (земля то приближается, то удаляется от солнца, отчего возникают ветры и происходит смена времен года). При переиздании книги «Дворянин-философ» (Смоленск, 1796) Д.-М. поместил оттиск медали в свою честь (портрет с текстом: «Осветил свет родом, разумом, честию и великолепием» — и подписью: «Плоды уединенной жизни в Баранове. Издал новую обстоятельную систему сложения света в 1779 году в честь нашему веку, сим ученый свет одолжается ему»). Издание было изъято из продажи. О книге «Дворянин-философ» упомянул И. А. Бунин в рассказе «Антоновские яблоки».

Заказав гравюры с медалей, хранившихся в его коллекции, Д.-М. издал альбом «Слава России, или Собрание медалей дел Петра Великого и еще некоторые 1770 года июня 4 дня» (1770; 2-е изд. 1783). Здесь помещены семь стихотворных «надписей» Д.-М. к изображению Петра I.

Под именем «Сочинитель аллегории Дворянина-философа» вышла «Эпистола от генерала к его подчиненным» (1770), представляющая собой своеобразную воинскую инструкцию, изложенную шестистопным ямбом с парными рифмами. В «Правилах, по которым всякий офицер следуя военную службу с полным удовольствием продолжать может» (1771; 2-е изд. 1788), написанных Д.-М. в прозе, говорилось преимущественно о необходимости для офицера образования и знания светских правил. Советуя больше читать, Д.-М. на первое место ставит книги по истории, географии и, наконец, по математике, считает полезными и романы, которые «дают знание в хорошем штиле». Он рекомендует читателю также «моральные писания, хорошие об человеческих суетах сатиры и наилучшие театральные представления».

Наиболее интересна в литературном отношении состоящая из семи песен поэма Д.-М. «Любовь» (1771; 2-е изд. Смоленск, 1796), во многом близкая любовной лирике сумароковской школы, но более архаичная и тяжеловесная по языку. Посвящением к книге служит стихотворная «Эпистола к красавицам»; в кон. помещены «Ода красавице», «Мадригал» и «Эпиграмма к попугаю».

В «Моск. вед.» (1772, 10 авг., № 64, Приб.) Д.-М. поместил «Известие», в котором сообщалось о «философических книгах», «сочиненных на российском языке» и находящихся в доме Д.-М. Приводимый далее перечень представляет собой собрание 17 сатирико-нравоучительных изречений, имитирующих названия книг. «Хронология для учения придворным, военным и статским знатным особам» (1782, ч. 1—2) является сводом исторических сведений, составленным Д.-М. в виде вопросов и ответов по сочинениям фр. историков (история Европы и Китая), а также по Несторовой летописи, трудам Ломоносова и *Ф. А. Эмина*. Прозаический перевод Д.-М. с фр. «Овидиевы превращения» (текст неизв.) упомянут в издании: Новиков. Опыт Словаря (1772). Ненапечатанными остались сделанные Д.-М. в 1777 переложения псалмов (ГПБ, F.XIV, 4; рукопись иллюстрирована рисунками и заставками) и поэма «Слава России» (ЦГАДА, ф. 181, оп. 3, № 237/416), состоящая из четырех песен и посвященная рус. истории (завершается описанием времен Киевской Руси). В предисловии Д.-М. упоминал, что причиной сочинения поэмы была его «охота философствовать» и «истинная любовь к отечеству». Д.-М. принадлежит перевод книги Ж. Кастийона «История о славном рыцаре Златых ключей Петре Прованском...» (1780; 2-е изд. Смоленск, 1796).

Д.-М. щедро покровительствовал бедным литераторам, как свидетельствуют обращенные к нему хвалебные произведения: прозаическая «Епистола» *П. К. Денбовцева* (1770), «Ода» М. Угрюмова и «Панегирик» В. И. Соловья, изданные в 1773. Соловей писал о Д.-М.: «Он может писать и говорить на разных диалектах проворно, ясно и безогрешительно; в натуральной истории искусен, в нем можно найтить хорошего математика и изрядного философа. География и историография у него всегда пред очами; ему и химические правилы и опыты не неизвестны; знает вкус и силу в живописи; но при всех превосходнейших оных его знаниях в нем еще высокий дух поэзии обитает».

Лит.: Переписка Екатерины II с моск. главнокомандующим кн. М. Н. Волконским. — В кн.: Осмнадцатый век. М., 1868, кн. 1; *Лонгинов М. Н.* Ф. И. Дмитриев-Мамонов. — Рус. старина, 1870, № 5; Ровинский. Словарь портретов, т. 1—2 (1886); *Сиповский В. В.* Филос. настроения в рус. романе XVIII в. — Журн. М-ва нар. просв., 1905, № 5; *Дмитриев-Мамонов А. И., Дмитриев-Мамонов В. А.* Дмитриевы-Мамоновы. [СПб., 1911] (с портретом); Пыпин. Рус. масонство (1916); Bakounine. Le répertoire (1940); *Светлов Л. Б.* Рус. антиклерикальный памфлет XVIII в. — В кн.: Вопр. истории религии и атеизма. М., 1956, т. 4; *Кузьмина В. Д.* Фр. рыцарский роман на Руси, Украине и в Белоруссии. — В кн.: Слав. филология. II. М., 1958; Поэты XVIII в. Л., 1972, т. 1; *Лепехин М. П.* «Дворянин-философ» в кругу почитателей: (Новонайденные мат-лы о лит.-худож. окружении Ф. И. Дмитриева-Мамонова). — В кн.: XVIII век. Л., 1983, сб. 14.

Н. Д. Кочеткова

ДМИТРИЕВСКИЙ (Дмитревский) Иван Иванович [1754, Михайлов Рязанской губ.—между 1822 и 1828, Рязань]. Сын протоиерея И. Т. Дмитриевского. С 1764 по 1766 учился в Рязанской дух. семинарии, где удостаивался права выступать на публичных актах. Затем в течение двух семестров слушал курс богословия при Славяно-греколат. академии, где одновременно состоял певчим в архиерейском хоре и сочинял духовную музыку. С 1778 был определен учителем греч. и евр. языков, а позднее риторики и философии в Рязанскую дух. семинарию; также обучал священников, читавших проповеди на архиерейской кафедре, и исполнял обязанности регента архиерейского хора. В 1779 Д. поступил на службу канцеляристом в Рязанскую дух. консисторию; 22 дек. 1783 в чине губернского секретаря получил там штатную секретарскую вакансию; 18 окт. 1788 взят переводчиком в Синод (автобиография 1806 г. — ГПБ, ф. 588, № 227; ЦГИА, ф. 796, оп. 64, № 195). В Рязани в 1780 Д. перевел с греч. «Послание к коринфянам», приписываемое папе Клименту I. Этот свой первый перевод Д. напечатал в Москве у *Н. И. Новикова* (1781; остатки тиража конфискованы в 1787 вместе с др. неортодоксальной духовной литературой). В Петербурге Д. 13 авг. 1780 обратился к *Е. Р. Дашковой* с просьбой опубликовать подготовленный им перевод трех «речей» Исократа Афинского параллельно с греч. оригиналом, чтобы издание могло служить учебным пособием. К переводу Д. приложил компилятивное «Краткое начертание жизни Исократа»; в качестве комментария использовал «Рассуждения» филолога XVI в. Иеронима Вольфа. Книга «Исократа Афинейского, оратора и философа, политические речи» (1789) была напечатана Академией наук в пользу переводчика (за вычетом суммы на печатание) и позднее продавалась самим Д. в Тамбовской и Рязанской губерниях.

8 мая 1790 Д. перевелся секретарем в Тамбовскую дух. консисторию. В июне 1795 он просился секретарем в Моск. синод. контору (ЦГИА, ф. 796, оп. 76, № 243), однако это ходатайство не имело результата; 15 июня 1799 был вовсе уволен из ведомства Синода по подозрению во взятках (ЦГИА, ф. 796, оп. 79, № 146).

До марта 1800 Д. служил экспедитором при Тамбовском почтамте; 28 марта поступил учителем рос. этимологического класса в Моск. благор. пансион и Унив. гимназию; с 25 авг. ему поручают также преподавание лат. синтаксиса (дело о дворянстве рода Дмитриевских — ЦГИА, ф. 1343, оп. 20, № 1944). И. М. Снегирев в воспоминаниях о гимназии характеризовал Д. как сведущего богослова, археолога (ценителя древностей) и знатока греч. языка, переводившего с учениками Корнелия Непота и басни Федра, а в бытовом отношении — как тип «старинного семинариста»: «...среднего роста, с старомодною прическою и длинною косой, он носил тафтяной кафтан, весь масляный от блинов, которые любил есть, штаны с медными шлифными пуговицами, неуклюжие башмаки с заплатами... По простоте и доброте был ребенок». Др. ученик Д., Е. Ф. Тимковский, отметил, что по литературным симпатиям он был «заржавленный греко-славянин» (т. е. сторонник А. С. Шишкова). 19 марта 1804 Д. уволился из университета с чином титул. советника (аттестат — ИРЛИ, Р. III, оп. 1, № 1044) и, хотя оставался «за штатом», 12 авг. 1805 был произведен в кол. асессоры, по-видимому в связи с успехом своего историко-богословского труда «Историческое, догматическое и таинственное изъяснение на литургию...» (М., 1803), поднесенного Александру I и удостоенного денежной награды (13 июля 1803). В 1791 сочинение это, как и аналогичный труд *Аполлоса Байбакова*, не был рекомендован Синодом к печати (ЦГИА, ф. 796, оп. 72, № 96), но в нач. XIX в. исследования и толкования Д. были с интересом приняты духовенством и даже старообрядцами; *М. И. Невзоров* откликнулся на него рецензией в своем журнале «Сионский вестн.» (1806, № 5). К 1812 Д., внеся поправки и проверив тексты отцов церкви, подготовил расширенное 5-е издание книги, которое затем неоднократно перепечатывалось (изв. изд. 1828). Труд Д. использовал Н. В. Гоголь при работе над «Размышлениями о божественной литургии» (в авт. примеч. ошибочно — «Дмитриев»). К 1803 Д. завершил также «Историческое и юридическое разыскание о браках...», оставшееся неизданным, хотя он и обращался за цензурным разрешением на публикацию в Деп. нар. просв. Через московскую цензуру проходило, кроме того, «Краткое начертание жизни И. И. Дмитревского», — видимо, вариант автобиографии (ЦГИА, ф. 733, оп. 95, № 182, л. 31 — ценз. вед. за сент. 1807 г.; в печати неизв.].

С 1807 Д. находился в отставке и с огромным семейством жил в приобретенной им деревеньке Гололобово Коломенского у. Московской губ.; к 1820-м гг. Дмитриевские переехали в Рязань.

Лит.: Евгений. Словарь, ч. 1 (1845); *Снегирев И. М.* Воспоминания. — Рус. арх., 1866, № 5; *Тимковский Е. Ф.* Воспоминания. — Киевская старина, 1894, № 3; Семенников. Мат-лы для словаря (1914); Описание дел Арх. М-ва нар. просв. Пг., 1921, т. 2.

В. П. Степанов

ДОБРОГОРСКИЙ Михаил Семенович [ум. после 1794]. Происходил из духовного сословия; есть сведения, что отец Д. достиг сана архимандрита. С 21 янв. 1781 Д. обучался в Унив. гимназии и изучал лат., фр. и греч. языки; 23 сент. 1781 произведен в студенты. Слушал лекции по красноречию, философии, истории и др. предметам. В сент. 1784 по своему прошению уволен из университета. В мае 1787 Д. определен секретарем в Судогорскую нижн. расправу Владимирского наместничества (ЦГАДА, ф. 286, № 852, л. 64—66), где служил до отставки в 1790, состоявшейся «по причине головной и грудной болезни» (ЦГАДА, ф. 286, № 787, л. 424—424 об.). 1 сент. 1795 Д. назначен секретарем Александровского у. суда, однако эта должность его не устроила, и, приехав в Петербург, он просил Сенат об отставке по болезни и получил ее (ЦГАДА, ф. 286, № 863, л. 266—266 об.).

В 1784 Д. напечатал в журнале «Покоящийся трудолюбец» (ч. 2) оду «Время» (время несет гибель цивилизациям и вещному миру, бессильно оно лишь перед добродетелью). В назидательной оде «О непостоянстве мира сего» (Беседующий гражданин, 1789, ч. 2, июль) развивается мысль о тщете человеческих желаний и устремлений. В стихотворении «Злоба» (там же) Д. предостерегает и обличает тех, кто ищет свое благо в несчастье ближнего.

А. Б. Шишкин

ДОБРЫНИН Гаврила Иванович [20 (31) III 1752, с. Радогож Севского у.—10 (22) VII 1824, Витебск]. Родился в семье священника, причислявшего себя к малорос. дворянам. В пять лет потеряв отца, Д. воспитывался у деда по матери, также священника. Учение Д. ограничивалось чтением церковных книг и писанием исповедных росписей. В 1763 Д. определили чтецом и певчим в Радогожскую пустынь; с мая 1763 он жил в доме епископа севского Тихона Якубовского в качестве певчего, в авг. 1770 стал келейником нового епископа, Кирилла Флоринского, и им же в окт. 1773 был официально зачислен канцеляристом Севской дух. консистории. Летом 1777 Д., уволившись «с аттестатом», получает место в провинциальной канцелярии г. Рогачева. В дек. 1777, по протекции *С. К. Вязмитинова*, Д. производится в чин провинциального канцеляриста, дававший права личного дворянства; с апр. 1778 он губернский секретарь в новооткрытом Могилевском наместничестве. В 1787—1788 по делам генерал-губернатора П. Б. Пассека Д. ездил в Москву, Таганрог, Тамбовскую и Пензенскую губернии и благодаря ему получил чин кол. асессора и место помощника прокурора в Могилевском верхн. зем. суде. В 1793—1795 он занимался присоединением униатов Сеннинского у. к синодальной церкви, в 1795 определен стряпчим по казенным делам. После реформы земских штатов (1797) Д. был назначен земским комиссаром в Витебске, но в 1800 белорус. губернатор П. И. Северин отрешил его от места. Лишь после жалобы в Сенат Д. возвратился на службу советником Гл. суда Витебской губ. Он оставался в Витебске во время оккупации города французами в июле—окт. 1812. Это время описано Д. в мемуарной статье «Отрывок из записок витебского жителя» (Сын отеч., 1813, № 10); более полный текст включен в воспоминания Д. в форме «письма к приятелю». 10 сент. 1814 Д. занял должность губернского прокурора, которую исправлял до кон. жизни.

Подобно др. самоучкам, Д. расширял свои познания несистематическим, но разнообразным чтением. В этот круг кроме церковных книг (проповеди *Гедеона Криновского* и Ильи Минятия в пер. *С. И. Писарева*) и рукописной литературы, начиная с «Бовы-королевича», постепенно вошла новая светская литература. Особенно высоко Д. оценивает исторические переводы *В. К. Тредиаковского*, как с познавательной точки зрения, так и за то, что в них «славянские слова придают много важности и силы историческому смыслу». Из др. рус. авторов ему нравился *А. П. Сумароков*, стихи которого он научился распознавать даже «без надписи». Иностранную литературу, не зная языков, Д. читал в переводах (напр., Квинта Курция); А.-Р. Лесажа, Вольтера и Ш.-Л. Монтескье он называет писателями, «отверзающими умственный глаз подобных им человеков и оживотворяющими ощутительно душу мыслящего существа». О рано проявившейся склонности Д. к писательству свидетельствует его пристальный интерес к людям, причастным к литературе, знакомство с которыми он очень ценил. Среди них проповедники Кирилл Флоринский, Гавриил Кременецкий, Анатолий Мелес, *Иакинф Карпинский, И. В. Леванда, Георгий Конисский*, историк *И. Н. Болтин*, писатели *Д. В. Волков, И. К. Голеневский*,

Г. Р. Державин, Ф. П. Ключарев, Я. П. Козельский, П. И. Сумароков, И. С. Захаров; со слов старожилов он записывает рассказы о *Г. Н. Теплове*. В Могилеве Д. под влиянием *Г. А. Шпынева*, учившегося у *М. В. Ломоносова*, пробовал силы в сочинении на местных чиновников стихотворных сатир, которые распространялись в рукописях.

Основной литературный труд Д., его воспоминания «Истинное повествование, или Жизнь Гавриила Добрынина, им самим описанная в Могилеве и Витебске (1752—1823)», был начат в сер. 1780-х гг. (один из отрывков датирован 1787), ч. 2 завершена в 1810; обе части неоднократно стилистически дорабатывались автором (последняя редактура относится к 1818); окончание краткой ч. 3 помечено 23 апр. 1823. Рукопись воспоминаний была обнаружена лишь в сер. XIX в. А. Н. Стороженко, перешла затем к Л. Н. Антропову и была впервые опубликована М. И. Семевским (Рус. старина, 1871, № 2—10; отд. изд.: СПб., 1872).

В отличие от семейных записок XVIII в. «Истинное повествование...» является попыткой создать произведение биографического жанра. Ориентация Д.-писателя на литературные образцы проявляется в цитациях, частых иронических сопоставлениях житейских ситуаций с литературными стереотипами и в бурлескном применении последних. Во второй части записок Д. полемизирует с «Исповедью» Ж.-Ж. Руссо, обвиняя его в «соблазнительном празднословии», и с «Чистосердечным признанием...» *Д. И. Фонвизина*, «исповедь» которого называет «хвастовством». Д. объективирует повествование, вводя в качестве фона собственной биографии большое количество действующих лиц, используя диалогическую форму рассказа, обособляя некоторые сюжеты в виде вставных новелл (фигура П. Б. Пассека; превратности судьбы вольтерьянца В. И. Полянского — повесть о «неважном человеке», который мог бы быть «великим человеком»). По содержанию записки Д. — пример сатирического бытописательного сочинения с яркими и документально точными картинами жизни высших и низших слоев провинциального духовенства, губернского дворянства и чиновничества последней трети XVIII в. По словам Д., целью написания мемуаров было найти ответ на вопрос: «Кто я?». Повествование Д. строится как ретроспективная ироническая саморефлексия. Установка Д. — чистосердечно рассказать обо всех событиях своей жизни, вплоть до признания во взятках и сокрытии крупного казенного воровства. Подчеркнутая «чувствительность», внимание к перипетиям жизни сердца, ощущение самоценности собственного индивидуального бытия позволяют видеть в Д. культурный тип эпохи сентиментализма.

Лит.: *Гюбиева Г. Е.* 1) Этапы развития рус. мемуарно-автобиогр. лит.: Автореф. дис. ... канд. филол. наук. М., 1968; 2) Проблема личности в мемуарно-автобиогр. лит. кон. XVIII в.: (Зап. Г. И. Добрынина). — Учен. зап. Моск. обл. пед. ин-та, 1969, т. 239, вып. 13.

В. П. Степанов, А. Б. Шишкин

ДОБРЫНИН Яков. В 1769—1770 книжная лавка Д. в Москве находилась на Спасском мосту (ср. его объявления о продаже книг — Моск. вед., 1769, 27 февр., № 24; СПб. вед., 1770, 14 мая, № 39). Д. издал и, возможно, составил сборник «Духовные и торжественные псальмы» (1799). В сборнике перепечатаны (без указания авторства) 96 стихотворных текстов: переложения псалмов (в т. ч. Симеона Полоцкого, *М. В. Ломоносова*), церковные песнопения, «песни торжественные», посвященные императрице Елизавете Петровне, ранние стихи *В. К. Тредиаковского* и ряд др. произведений XVIII в.

А. Б. Шишкин

ДОЛГОРУКОВ (Д о л г о р у к и й) Иван Михайлович [7 (18) IV 1764, Москва—4 (16) XII 1823, там же]. Принадлежал к одному из боярских родов, слава которых закатилась в XVIII в. Он был внуком И. А. Долгорукова, наперсника Петра II, и Н. Б. Шереметевой (в иночестве Нектарии), воспетой И. И. Козловым и К. Ф. Рылеевым; отец его родился в березовской ссылке. Несмотря на пошатнувшееся благосостояние семьи Д. получил хорошее домашнее образование с ориентацией на дипломатическую карьеру. К 1777, когда планы семьи изменились, он знал лат. язык настолько хорошо, чтобы поступить слушателем в Моск. ун-т; в июле 1778 после произнесения на торжественном акте речи по случаю рождения вел. кн. Александра Павловича получил звание студента. Литературная деятельность Д. началась в Вольном Рос. собрании, куда он был принят осенью 1779 за перевод «Философских снов» Л.-С. Мерсье (1780—1781), посвященный *И. И. Шувалову*; предварительно перевод был отредактирован наставником Д., иезуитом Совере.

Не закончив университетского курса, Д. вступил прапорщиком в 1-й Моск. пехотный полк (3 июня 1780) и был прикомандирован ординарцем в штат В. М. Долгорукова-Крымского, а в 1782 перевелся тем же чином в Петербург, в Семеновский полк. Здесь в качестве офицера гвардии и актера-любителя он ок. 1786 получает доступ в приватный кружок вел. кн. и женится на покровительствуемой Марией Федоровной смолянке Е. С. Смирной (31 дек. 1787). Не отличавшийся красотой (за форму подбородка он носил прозвище «Д.-балкон»), но обладавший общительностью, светскостью, Д. сделался завсегдатаем гостиных Петербурга и Москвы, которую часто посещал. В «Моск. вед.» (1788) и отдельно (1789) он впервые печатает оригинальные «Стихи на кончину» погибшего под Очаковом наездника Горича. 29 дек. 1788 в Моск. театре ставится в его переводе комедия А. Пуансине «Вечеринка по моде» (рукопись — ЛГТБ). После похода гвардии в Финляндию (1789—1790) Д. выходит в отставку с чином бригадира, а 19 сент. 1791 добивается назначения на должность вице-губернатора в Пензу.

Участие Д. в культурной жизни Пензы выразилось в организации театра «благородных любителей», прекратившего существование сразу после его отъезда. Поэтическая известность приходит к Д. также в пензенский период жизни. В 1793 начало расходиться по рукам его стихотворение «К швейцару», сатира на провинциальное общество, в которой был задет А. Б. Куракин и которая послужила образцом для др. авторов в сочинении шутливых «приказов привратнику». Еще больший успех имел «Камин в Пензе» (окт. 1795) — размышление о житейской суете с горацианским мотивом «золотой умеренности», вызвавшее массу подражаний, что заставило Д. написать затем «Камин в Москве» и «Войну каминов» (кон. 1790-х гг.). «Камин» вначале был напечатан только для знакомых в типографии *Н. Е. Струйского* (1795; изд. не обнаруж.); издание для продажи появилось лишь в 1799 с параллельным фр. переводом К. Авиа де Ватай, обратившим на себя внимание Ж. Делиля.

Интерес читателей к стихам Д. обострил подстроенный сослуживцами скандал вокруг его любовной переписки с Е. А. Улыбышевой (к ней обращено послание «Людмиле», 1794), распространившиеся в рукописных копиях. Судебное дело, возникшее в этой связи, к сер. 1795 дошло до Екатерины II, и при вступлении на престол Павла I Д. был отрешен от должности. Только обращение жены к императрице Марии Федоровне позволило ему вернуться на службу в Моск. соляную контору (1797).

Стихи Д. изредка начинают появляться в московских журналах — «Аониды» (1798—1799), «Приятное и полезное» (1797—1798), «Иппокрена» (1799—1801), но литературные знакомства Д. остаются чисто салонными. К *И. И. Дмитриеву* было обращено его дружеское послание «Сослуживцу» (по Семеновскому полку); два послания адресованы П. И. Шаликову, однако в них не затрагивается литературная проблематика и споры тех лет. Д. встречается с *Н. М. Карамзиным* у П. Ю. Гагариной, бывает в доме Херасковых, у Трубецких в Очакове, но не сближается ни с одним из мн. литературных кружков. Большинство стихотворений Д. этого времени обращено к женщинам московского света. Еще в 1791 Д. напечатал стихи «На защиту дам противу сатиры „Умы дамские вскружились"», появившейся по случаю пребывания в Москве пленного швед. адмирала Вахтмейстера. Теперь распространяются его стихотворения «За женщин» и «Против женщин», а также серия из трех посланий к «Глафире» (обращенных к В. П. Волконской), стихи, посвященные В. Н. Долгоруковой, переписка с В. А. Трубецкой (в т. ч. популярные стансы «Спор о луне и солнце»). Стихотворение «Параше», в котором иронически изображены П. Ю. Гагарина и Волконская, Д. решается напечатать в альманахе Карамзина «Аониды» (1798—1799, ч. 3). Д. публикует и самую известную из своих сатир на рус. характер — стихотворение «Авось» (1798); позднее подобным образом он обыграл выражения «Везет» (1813) и «Живет» (ок. 1818).

В нач. царствования Александра I Д. неожиданно легко получает место губернатора во Владимире (8 февр. 1802), где он прослужил до окончательной отставки (23 марта 1812) по малообоснованному обвинению в «явных» злоупотреблениях. Наездами он часто бывал в Москве и дважды (в 1808 и 1812) посещал Петербург. Мн. его сочинения этих лет связаны с официальными губернскими событиями — «Мемориал о Суздальском монастыре» (1808; не опубл.), оды по случаю открытия здания для «ботика» Петра I (1803) и Владимирской гимназии (1804), ода П. Пожарскому в связи с объявлением ополчения (1807) и др. В 1805 он был выбран в почетные члены Моск. ун-та. В знак признательности университету и в память умершей жены (1804) Д. основывает гимназическую библиотеку (1806), завещая на ее пополнение доходы с переиздания собрания своих сочинений, которое он выпустил в 1802 под загл. «Бытие моего сердца». Сборник, включивший также ранее не печатавшиеся произведения, представлял итог раннего творчества Д. Значительное место в нем занимала любовная лирика, цикл песен, посвященный С. Н. Рубецкой, стихотворения, развивающие темы лицемерия и суеты светской жизни, превратности судьбы, умеренности и сельского уединения. Однако стихотворения Д. лишь отчасти, гл. о. тематически, были созвучны сентиментальной литературе. Стиль Д. далек от «чувствительности» и «гладкости», которые скорее служат предметом его насмешек (напр., стихотворение «Пир», где юмористически описан бытовой сентиментализм Шаликова); он часто обращается к сатире и шутке. Сборник открывало стихотворение «Я» (в форме послания к другу); заключало столь же шутливое «Завещание». Сборник в целом, как собрание лирических произведений, демонстративно посвящался женщинам-читательницам. В предисловии Д. сформулировал свое кредо непрофессионального поэта, пишущего для друзей и себя самого и, т. о., стоящего как бы вне оценок критики. В 1808 издание было повторено; одновременно Д. выпустил собрание стихотворений в память покойной жены «Сумерки моей жизни» (предисл. датировано 20 дек. 1806).

После 1808 произведения Д. вновь появляются в периодике: в журналах П. И. Шаликова («Аглая», 1808—1810), М. Т. Каченовского («Вестн. Европы», 1810—1811), М. И. Невзорова («Друг юношества», 1812). Война 1812 застала Д. в Москве, откуда он с семейством, а также забрав с собою актеров С. Ф. Мочалова и Е. А. Насову, уезжает в Шую; он проводит там 1812—1813, необычайно плодотворные в поэтическом отношении. Кроме отклика на московский пожар — «Плач над Москвою», и ряда посланий (М. Н. Макарову, Н. М. Загоскиной и др.) Д. создает в это время три самые наиболее резких сатиры: «Черты свободного писателя», «Торжество совести» и «Нечто для весельчаков». В 1815 выходит за его подписью перевод романа А. Коцебу «Филибер, или Отношения общественные» (подозревали, что на деле он переведен одной из дочерей Д.), вызвавший насмешки П. М. Строева за многочисленные галлицизмы (см.: «Совр. набл. рос. словесности», 1815, № 2).

С 1814 Д. прочно оседает в Москве, отдаваясь литературным занятиям и своей страсти к любительскому театру. В 1816 в его доме сооружается зал на 100 мест и начинаются зимние спектакли, в которых участвуют Ф. Ф. Кокошкин, А. М. Пушкин и др. талантливые дилетанты (открытию театра посвящено стихотворение Д. «Мой театр»). Этот домашний театр, материально поддержанный Ю. В. Долгоруковым, просуществовал до нач. 1820-х гг. Для него в 1820—1821 Д. написал шесть драматических пословиц; некоторые из них были сыграны. О представлениях др. его пьес известно мало. Комическая опера «Любовное волшебство» (1799, экз. с авт.

правкой — БАН, шифр: 13802 д) в течение ряда лет ставилась в Нижнем Новгороде; комедия в стихах «Отчаяние без печали» (1798) была разыграна домашними Д. во Владимире в 1808; ставилась ли комедия «Дурылом, или Выбор в старшины» (1816), написанная по владимирским впечатлениям (прототипом послужил некий Дуров), неизвестно. В 1820 Д. также перевел трагедию Вольтера «Агафоклес» и сочинил собственную трагедию «Султан-Фатьма», навеянную воспоминаниями о касимовских предках Долгоруковых (не опубл.).

Член О-ва любителей рос. словесности при Моск. ун-те (с 4 мая 1812), Д. принимал участие в его работе. В заседании 26 мая 1816 читалось стихотворение Д. «Невинность», написанное в связи с его оправданием по владимирскому делу и содержавшее резкие стихи по адресу И. И. Дмитриева, в качестве министра юстиции возбудившего следствие; др. намеки участник заседания *Н. Н. Сандунов* отнес на счет Александра I и в знак протеста вышел из общества; «Невинность» появилась в «Тр. О-ва любителей рос. словесности» (1817) лишь после одобрения ее петербургской цензурой. С петербургскими литераторами — Д. состоял почетным членом Вольного о-ва любителей рос. словесности (с 13 нояб. 1817) — у него не было прочных дружеских отношений. В Москве же в его домашних литературных чтениях в 1816, 1821 и, вероятно, в др. годы принимали участие С. Т. Аксаков, А. А. Волков, М. А. Дмитриев, М. Н. Загоскин (с его семьей Д. подружился в Пензе) и др. литераторы. Часть своих стихотворений, читавшихся на этих вечерах, Д. объединил в сочинениях под рубрикой «Мои субботы».

В последние годы жизни Д., известный деистическими взглядами (эти идеи изложены в его «Рассуждении о судьбе...», 1814) и шутками над церковью, написал несколько стихотворений, исполненных религиозного чувства («Моя отходная», «Чистый понедельник» и др.).

Наиболее полное представление о творчестве Д., начиная с юношеских стихотворений, давало читателям 3-е издание «Бытия моего сердца» (1817—1818, ч. 1—4; включает также драматургию). Опираясь на этот итоговый сборник, П. А. Вяземский назвал Д. «простонародным Державиным», оттенив в первую очередь жанровую и стилевую неупорядоченность его поэзии. Преобладающей формой у Д. оказалось «послание», понимаемое им широко и вмещавшее содержание лирических, сатирических, медитативно-философских и пр. жанров. Отказавшись от жестких жанровых ограничений, Д. вместе с тем сохранил рациональное мироощущение позднего классика, чуждого поэтическому самоанализу, мечтательности и меланхолии. Сентиментальная формула «бытие сердца» в его понимании отражала не жизнь «души», а историю отношений автора с людьми и его житейские впечатления.

Страсть фиксировать события своей жизни была присуща Д. не только в поэзии. С 1788 по 1818 он вел подробные автобиографические «Записки» (неполное изд. (СПб., 1916) вышло под загл. «Повесть о рождении моем, происхождении и всей жизни»; рукопись — ИРЛИ, Р. I, оп. 6, № 68). Перерыв в погодных записях с 1793 по 1812 заполнялся Д. дважды, в 1803 и 1813, общим обзором событий. Почти дневниковый характер имеют путевые записки Д. разных лет, которые включают и стихотворения, сочиненные им в это время: «Славны бубны за горами, или Путешествие мое кое-куда, 1810 года» (Чтения в О-ве истории и древностей рос., 1869, кн. 2—3, отд. 2), «Журнал путешествия из Москвы в Нижний, 1813 года» (М., 1870, перепеч. в кн.: *Долгоруков И.* Изборник. М., 1919), «Путешествие в Киев в 1817 г.» (М., 1870). Некоторые рукописи сходного характера до сих пор остаются неизвестными («Статский журнал» пензенского периода, возможно уничтоженный в 1809; «Записки шведского похода»). В 1818 он обобщил все мемуарные записи в виде подробного словаря своих близких и случайных знакомых под назв. «Капище моего сердца, или Словарь всех тех лиц, с коими я был в разных отношениях в течение моей жизни» (М., 1874).

Лит.: Дмитриев М. А. Кн. И. М. Долгоруков и его соч. 2-е изд. М., 1863; *Вяземский П. А.* Полн. собр. соч. СПб., 1883—1884, т. 8—9; *Батюшков К. Н.* Соч. СПб., 1885, т. 2;

Ермакова-Битнер Г. В. И. М. Долгорукий. — В кн.: Поэты-сатирики (1959); *Поздеева И. В.* Обзор арх. фондов личного происхождения Отд. редких книг и рукописей Науч. б-ки им. М. Горького МГУ. — В кн.: Вопр. библ. и библиогр. работы. М., 1964.

В. П. Степанов

ДОЛГОРУКОВА (в замуж. Селецкая) Елизавета Михайловна [род. 12 (23) XII 1766]. Сестра *И. М. Долгорукова*. Получила домашнее образование, о характере которого можно судить по рассказу ее брата: «...вместе со мной обучались всему, разумеется кроме латыни, и сестры мои, приходя в возраст. Мы воспитывались одинаково, тем же иждивением, с таким же попечением».

История замужества Д. так описана И. М. Долгоруковым: «...он, ⟨В. Л. Селецкий⟩, полюбя сестру мою уже в летах, но не имея возможности на ней жениться ⟨...⟩ вдруг скрылся из Москвы в свою родину, Малороссию, и там прожил лет двенадцать ⟨...⟩. С тою же скоропостижностью, с какой оставил он наш дом, написал из Чернигова к сестре моей письмо, которым уведомлял, что он получил свое имение, умножил его и может доставить ей спокойное состояние, возобновил искание руки ее. Сестре было почти сорок лет, раздулся прежний огонь. Он приехал немедленно в Москву, женился на ней и повез в свой край».

Несколько стихотворений Д. были опубликованы в журнале «Иппокрена» (1799, ч. 4). Они посвящены различным событиям ее жизни. «Элегия на кончину любезной сестры графини А. М. Ефимовской» и «Эпитафия» проникнуты размышлениями о бренности бытия.

Известно, что ряд произведений Д. остался в рукописи.

Лит.: Макаров М. Н. Мат-лы для истории рус. женщин-авторов. — Дамский журн., 1831, ч. 35, № 37; Сказания о роде князей Долгоруковых. СПб., 1842; *Долгоруков И. М.* Соч. СПб., 1849, т. 2; Голицын. Словарь (1889); *Долгоруков И. М.* Капище моего сердца... М., 1890.

М. В. Юровская

ДОМАШНЕВ Сергей Герасимович [24 IX (5 X) 1743, Москва — 29 VIII (9 IX) 1795, там же]. Сын выслужившего дворянство секретаря Гл. соляной конторы. В янв. 1759 Д. поступил в Унив. гимназию. 27 мая он затребовал аттестат для определения в службу; получив его 17 дек., был с 16 февр. 1760 зачислен солдатом в Измайловский полк, но остался в гимназии для продолжения образования. В эти годы он начинает литературную деятельность, активно печатаясь в издававшихся М. М. *Херасковым* при университете журналах «Полезное увеселение» (1761—1762) и «Свободные часы» (1763) за подписью «С. Д.». Первая публикация Д., статья «Сон», относится к июню 1761. Две первые ее части (сатирическое описание кокетки и петиметра) помечены как перевод; заключительная часть оригинальна и представляет собой уснащенное историческими параллелями рассуждение об истинной и ложной славе. Цезарю, Александру Македонскому Д. противопоставляет Октавиана Августа, Марка Аврелия и «истинного отца отечества» Петра I. Ряд переводов Д. принадлежит к моралистической традиции. «Разные рассуждения» (21 отрывок) посвящены таким темам, как «ласкательство», «гордость», «скромность» и т. п.; тот же характер имеют два «Сократовых разговора» (с Евагором и Микрофилом).

Некоторые из статей Д. затрагивают поднятый Ж.-Ж. Руссо вопрос о роли и значении наук, причем позиция Д. оказывается отчетливо антируссоистской. В «Рассуждении о пользе наук» он провозглашает гимн просвещению, которое одно является двигателем цивилизации, и заявляет, что науки не только не ведут к регрессу общества, но, позволяя отличить истинное от ложного, дают возможность основать общество на «исправных законах». Содержащийся в переводном «Рассуждении о пользе физики и математики» крайне скептический отзыв об исторических науках, которые бесполезны для общества, т. к. они «есть одно зрелище перемен в делах человеческих» и не содержат «ни примеров, ни правил поведения», Д. парирует в предисловии к «Опыту об историках», помещенному в «Свободных часах». Определяя историческое знание как хранилище успехов человеческого разума, он отводит истории место основы всех наук, особенно подчеркивая поучительный смысл, который можно извлечь из описанных историками причин и следствий событий. Очерки об отдельных историках, с характеристикой манеры и слога каждого, Д. предполагал печатать ежемесячно. Однако компилятивные статьи появились лишь о Геродоте, Фукидиде, Ксенофонте и Полибии; на майском номере публикации прекратились.

Для характеристики литературных представлений Д. важна статья «О стихотворстве» (Полезное увеселение, 1762, ч. 5, май—июнь; анонимно). В общей части Д. излагает распространенную религиозную теорию происхождения поэзии из естественного желания человека «воспеть Творца». При этом Д. вновь полемизирует с Руссо, утверждая, что вечной и главной темой поэзии было изображение добродетели, а задачей — исправление нравов. Иллюстрирующее этот тезис «Краткое описание стихотворства у всех народов», охватывающее литературы от древнегреч. до кит., составлено по фр. источникам. Из рус. поэтов Д. упоминает только самых известных: Симеона Полоцкого, *А. Д. Кантемира*, *М. В. Ломоносова*, *А. П. Сумарокова*, а также связанных с Моск. ун-том М. М. Хераскова и *Н. Н. Поповского*; имя *В. К. Тредиаковского* отсутствует, хотя статья свидетельствует о знакомстве Д. с его теоретическими работами. Несмотря на ученический характер раздела о рус. литературе и его неполноту, принятая в нем словарная форма послужила главным аргументом для атрибуции Д. анонимного лейпцигского «Известия о некоторых русских писателях...» (1768; приписывается также *А. А. Волкову*, *И. А. Дмитревскому*, *В. И. Лукину* и, с меньшим основанием, ряду др. писателей). Не в пользу авторства Д. свидетельствует отрицательный отзыв в «Известии» о сочинениях Хераскова; отсутствуют также достоверные данные о посещении Д. Лейпцига в июле 1768 и о знакомстве его с опубликовавшим «Известие» Х.-Ф. Вейссе. Более правдоподобным является предположение об участии Д. в издании фр. версии «Известия», выпущенной в Ливорно Д. Блэкфордом, когда там находился Д. (изд. 1771 и 1774). В этой брошюре были значительно дополнены и исправлены биографии самого Д., погибшего в Чесменском бою *Ф. А. Козловского* и посланника в Сардинии *А. В. Нарышкина*.

Д. принадлежит также несколько стихотворений. В июле 1762 он выступил с «Одой» в честь восшествия *Екатерины II* на престол, которая варьировала уже прозвучавшие в панегирической поэзии общие мотивы, связанные с этим событием. В «Полезном увеселении» появилась «Ода на любовь» (1762, т. 5, март), где, вопреки заглавию и жанру, речь идет о гибельности любовного чувства и об опасностях, подстерегающих влюбленного. Две др. «Оды» Д., обращенные к Екатерине II, посвящены взятию Хотина (сент. 1769) и победе при Чесме (июнь 1770; с указанием: «сочинена при Чесменских берегах»). О тесных связях Д. с херасковским литературным кружком убедительно свидетельствуют послание к нему *Ип. Ф. Богдановича* «Письмо к С. Д. о средстве, как человеку можно приблизиться к покою» (1761) и участие Д. в подготовленном по инициативе Хераскова сборнике «Переводы из Энциклопедии» (1767, ч. 1—2), где он перевел статьи «География» и «Рим».

По-видимому, ок. 1763 Д. начал службу в армии. В 1767 он был поручиком Новгородского полка, а также депутатом Комиссии нового Уложения от сумского дворянства (входил в частную комиссию, рассматривавшую вопросы «размножения народа, земледелия и домостроительства»); в февр.—сент. 1768 неоднократно выступал на ее заседаниях. В армию Д. возвратился, когда началась война с Турцией; как можно судить по переписке Орловых, он отбыл в Морею вместе с Ф. Г. Орловым в сер. 1770. Официально Д. числился унтер-шталмейстером артиллерийского фурштата в чине майора, но при штабе А. Г. Орлова руководил составлением и печатанием агитационной литературы для восставших греков и албанцев, а также ведал освещением рус. вост. политики в европ. странах. Кроме того, он занимался формированием легиона из алб. добровольцев; при канцелярии Д. в это время находился известный борец за освобождение Греции гр. А. Джика (Гика). В качестве посланца А. Г. Орлова Д. приезжал в Петербург в февр. 1772, в кон. 1773, когда он был отправлен ко двору Фридриха II с официальным известием о свадьбе вел. кн. Павла Петровича (тогда же получил придворное звание камер-юнкера), и после заключения мира с Турцией в июле 1774. Из письма Вольтера к Д. (6 июля 1776) известно, что в те годы он был принят в Фернее.

11 июля 1775, по возвращении флота в Россию, Д. распоряжением Екатерины II был назначен директором Академии наук вместо получившего отставку В. Г. Орлова и заменявшего его *А. А. Ржевского*; 28 июня 1778 Д. был пожалован в камергеры.

Д. попытался оживить популяризаторскую и литературную деятельность Академии наук. Уже в кон. 1775 он привлек к редактированию издававшейся Академией газеты «СПб. вед.» Ип. Ф. Богдановича, который расширил тематику газетных объявлений (сведения о выходящих книгах и пр.) и непериодических «прибавлений» к газете. 7 июля 1777 Д. также предложил объединить материалы печатавшихся Академией «географического», «исторического» и «экономического» календарей и «Месяцеслова с наставлениями. . .»; в результате стал издаваться более упорядоченный ежегодный «Исторический и географический месяцеслов» (с 1777). Др. постоянное издание «Календарь, или Месяцеслов. . .» с 1778 начало пополняться популярными статьями членов Академии и переводными материалами. 14 дек. 1778 Д. в заседании Акад. конференции объявил об издании «от лица некоторого общества при Санкт-Петербургской Академии» журнала «Акад. изв.» (1779—1781); редакция его была поручена *П. И. Богдановичу*. В программу журнала входили популяризация науки, описание открытий и изобретений, имеющих практическое применение. К сотрудничеству в литературном разделе Д. привлек *Г. Р. Державина, Я. Б. Княжнина, В. П. Петрова* и др. писателей. Державин дал ему на отзыв (а возможно, и для публ.) две первые песни своего перевода «Мессиады» Ф.-Г. Клопштока; Княжнин, благодарный за помощь в издании перевода «Генриады» Вольтера, обратился к Д. со стихами «Любимец чистых Муз, питомец Аполлона» (1778). При участии самого Д. в журнале составлялось «Показание трудов ⟨. . .⟩ разных ученых обществ и академий»; в 1781 (ч. 7—8) эта рубрика печаталась без употребления литеры «Ъ», которую Д. считал излишней.

Д. предпринял некоторые меры для распространения академических изданий в провинции; в частности, при посредничестве *Ф. О. Туманского* была открыта книжная лавка на Украине, в г. Глухове (1780).

В первые годы директорства Д. произнес три публичные академические речи, наполненные славословиями Екатерине II; кроме того, он изложил в них официозно-просветительский взгляд на роль Академии наук. Речь «Об обязанностях, которые имеют ученые общества присоединять к физическим наблюдениям нравственные. . .» (29 дек. 1776; изд. в 1777) была приурочена к пятидесятилетию Академии. Под «нравственными» науками Д. подразумевал в первую очередь историю, понимаемую как обозрение послуживших к общественной пользе дел «владетелей земных». В этом ряду Д. перечисляет «Наказ», законодательство о губерниях и др. мероприятия Екатерины II. Похвалами «просвещенным государям» наполнена речь перед швед. королем Густавом III при осмотре Готторпского глобуса (23 июня 1777). По мнению Д., благодаря их покровительству расцвела эпоха философии, сменившая времена фанатизма, соединяющая законодательство с нравственностью, сближающая интересы разных сословий. 18 окт. 1777 Д. выступил с широковещательным планом «Начертания общего топографического и физического описания Российской империи. . .» (1778). В многотомном труде, на основе материалов географических экспедиций, предполагалось зафиксировать успехи России в царствование Екатерины II и указать способы дальнейшего процветания государства. Панегирический характер намечалось придать и ученой и экономической истории Академии (янв. 1780).

Несмотря на крайне почтительшую по отношению к членам Академии вступительную речь (11 дек. 1775), административная деятельность Д. скоро свелась к бюрократизации академической жизни. Он перестал считаться с мнениями Акад. конференции и Акад. комиссии, ранее решавших внутренние дела Академии. Заинтересованный в краткосрочных и эффектных работах, Д. начал вмешиваться в планы ученых занятий академиков и потребовал от них ежегодных отчетов. Пренебрежение академическими свободами наиболее ярко проявилось в стремлении Д. лично, без баллотировки, назначать почетных и иностранных членов Академии и смещать с должностей ее д. членов (С. К. Котельников, Э. Лаксман). К 1780 конфликт академиков с Д. вылился в открытую борьбу. Прошение Н. П. Соколова и жалоба С. Я. Румовского «с товарищи», поданные на высочайшее имя во время поездки Д. в Крым (июнь—ноябрь 1781), рассматривались генерал-прокурором А. А. Вяземским, принявшим сторону академиков. Решающую роль сыграл «Рапорт Комиссии о непорядках г. директора...» (25 авг. 1782). Ему предшествовала скандальная публикация в «СПб. вед.» (1781, 20 июля, № 58) истории «лося домашнева», памфлета на Д., поданного Ип. Ф. Богдановичу под видом переводной статьи. В нем описывался ученый лось, который, будучи приведен в залу заседаний швед. Академии, сам поместился на «академическую ваканцию» и «маханием головы стал оценять и одобрять бывающие там чтения». Получили распространение рукописные сатиры на Д. — «Челобитная от ера» и «Служба»; в последней, пародировавшей устав церковной службы, осмеивалось славолюбие Д. (к 1778 Д. добился звания члена Берлинской и Стокгольмской академий, был кавалером ордена Вазы) и его служебные промахи. Екатерина II предпочла потушить компрометировавший Академию скандал. В кон. дек. 1782 Д. получил отпуск; в кон. янв. 1783 директором Академии была назначена *Е. Р. Дашкова*. При передаче дел выяснилось, что Д. произвольно расходовал средства Собрания, старающегося о переводе иностр. книг, поступившие в его распоряжение после отставки *Г. В. Козицкого* (1775). Были обнаружены расписки за несуществующие переводы, выплата высоких гонораров приближенным Д. (*И. И. Богаевский* и др.). Д. обвинили даже в том, что он будто бы специально выписывал для академической библиотеки романы и книги «непристойного и развратного» содержания. Вследствие обвинения Д. в присвоении денег и имущества Академии в его московском доме Н. П. Архаровым был произведен обыск (кон. июля 1783) и затем было наряжено следствие. 15 апр. 1785 Д. жаловался А. А. Безбородко по поводу несправедливого рассмотрения его дела в Сенате, намекая на происки Дашковой и *А. Р. Воронцова*. Результатом была высылка Д. из Петербурга (без права въезда в столицу) по личному распоряжению императрицы.

Остаток жизни Д., по-видимому, провел в Москве. На смерть его откликнулся лишь *Н. Е. Струйский* стихами «В память С. Г. Домашневу, усердливо посвящается супруге В. И. Домашневой, урожденной княжне Оболенской» (1795).

Д. приписывается составление цельногравированной прописи «Российский апофегмат» (1778), текст которой составляют выдержки из «Наказа». Из остающихся неизвестными сочинений Д. назывались перевод сказки Вольтера «Что может нравиться женщинам» и стихи на торжество открытия памятника Петру I («Медного всадника»). Ошибочно атрибутировался Д. принадлежащий *П. И. Фонвизину* перевод повестей Ж.-Ф. Мармонтеля.

Лит.: Мат-лы для истории Академии наук, извлеченные из Актов за 1777 г. — Учен. зап. по I и III Отдню Академии наук, 1855, т. 3; *Ламанский В. И.* Директор Академии наук С. Г. Домашнев. — Чтения в О-ве истории и древностей рос., 1866, кн. 4, отд. 5; *Лонгинов М. Н.* С. Г. Домашнев. — Рус. старина, 1871, № 2; «Сатира на бывшего в Академии наук директором г. Домашнева». — Рус. арх., 1872, № 10; *Орлов-Давыдов В.* Биографич. очерк В. Г. Орлова. СПб., 1878, т. 1; *Брайловский С.* Кто был автором «Службы на бывшего в Академии наук директором г. Домашнева» и «Челобитной от ера»? — Библиограф,

1894, № 1; *Веселовский К. С.* Борьба академиков с С. Г. Домашневым. — Рус. старина, 1896, № 9; Семенников. Собрание, старающееся о переводе книг (1913); Семенников. Мат-лы для словаря (1914); *Лященко А. И.* С. Г. Домашнев как автор «Известия о некоторых рус. писателях» (1768); *Шамрай Д. Д.* Домашнев и «Nachricht von einigen russischen Schriftstellern». — Изв. Академии наук, 1931, № 8; *Lozinsky Gr.* La première littérature russe: histoire d'un plagiat. — Revue des études slaves, 1936, v. 16; *Берков П. Н.* Доминик Блэкфорд и рус. лит. — Науч. бюл. ЛГУ, 1946, № 8; Пенчко. Документы, т. 1 (1960); *Venturi Fr.* Qui est le traducteur de «l'Essai sur la littérature russe»? — Revue des études slaves, 1961, v. 38; *Schlieter H.* Zu den Quellen der Abhandlung von S. G. Domašnev «О стихотворстве». — In: Ost und West. Wiesbaden, 1966; *Мартынов И. Ф.* «Опыт исторического словаря о российских писателях» Н. И. Новикова и лит. полемика 60—70 гг. XVIII в. — Рус. лит., 1968, № 3; *Achinger G.* Der französische Anteil an der russischen Litteraturkritik des 18. Jahrhunderts. Bad Homburg, 1970; Академия наук: Персональный состав. М., 1974; *Cross A.-G.* «Nachricht von einigen russischen Schriftstellern» (1768): a new document and a bibliography. — Study Group on Eighteenth-Century Russia (Newsletter), 1976, N 4.

В. П. Степанов

ДРУЖЕРУКОВ Алексей. В 1760—1770-х гг. — незначительный чиновник канцелярии московского генерал-губернатора П. М. Волконского. По воспоминаниям Д. И. Хвостова (в письме к В. П. Перевощикову от 2 июня 1822 — ИРЛИ, ф. 322, № 69, л. 189—193; др. вариант рассказа в письме к В. И. Панаеву — № 23, л. 129—130, со ссылкой на свидетельство *М. М. Хераскова*), печатался в журналах 1760-х гг., играл на домашнем театре Волконского. На основании близости Д. к московским властям *А. П. Сумароков* счел его автором стихов «На сороку в защищение кукушек», являвшихся сатирической перефразировкой притчи Сумарокова «Кукушки» (1770). Последняя была написана в ответ на распространяемый московским главнокомандующим П. С. Салтыковым слух о выговоре, который Сумароков получил от императрицы за театральный скандал на представлении «Синава и Трувора», назначенном Салтыковым вопреки воле автора. Стихи «На сороку...» принадлежали безвестному тогда в литературных кругах *Г. Р. Державину* (ИРЛИ, ф. 96, оп. 1, № 4, л. 156; № 9, л. 18). По свидетельству *И. И. Дмитриева*, под рукописными копиями «он выставил только буквы имени своего и прозванья. Сумароков хлопочет, как бы по ним добраться до сочинителя. Указывают ему на одного секретаря-рифмотворца: он скачет к неповинному незнакомцу и приводит его в трепет своим негодованием». К этому рассказу, очевидно, восходит замечание А. С. Пушкина: «Державин исподтишка писал сатиры на Сумарокова и приезжал как ни в чем не бывало наслаждаться его бешенством».

Хвостов изображает Д. как поклонника таланта Сумарокова, который после смерти скончавшегося в крайней бедности поэта «собрал значительную подписку на приличное ему погребение, склонил Н. П. Архарова сильно ему содействовать и, наконец, сочинил стихи в честь покойного, показывающие благородную и великую душу автора, к сожалению скончавшегося вскоре после еего похвального опыта его дарований. Стихи сии называются „Разговор в царстве мертвых. Ломоносов и Сумароков" и напечатаны на беглых листочках в сие время: в них похвала предкам нашей словесности, чистосердечная, справедливая, не обидная ни тому, ни другому». Рассказ Хвостова весьма сходно с рукописным текстом был воспроизведен в печати близким к нему в эти годы А. Ф. Рихтером в дополнениях к статье П. А. Вяземского о Сумарокове и *Екатерине II* (см.: Сын отеч., 1818, № 49).

«Разговор в царстве мертвых Ломоносова с Сумароковым» (1777; с прил. «надгробных стихов» *В. И. Майкова* и *Н. П. Николева* Сумарокову) был напечатан первоначально анонимно, без титульного листа, в Петербурге, в типографии Военной коллегии, где служил Майков (поступил в продажу до дек. 1777). Автор «А. Дружеруков» указан в московском издании В. И. Окорокова (1787); петербургская перепечатка (1789) вновь была анонимной.

В стихах Д. не затрагивается тема прижизненного соперничества двух писателей; напротив, их отношения изображаются как исконно дружеские, хотя судьбы их оказались совершенно различны: *М. В. Ломоносова* уважали при жизни и прославили по смерти; Сумароков, «пороков не любя, тщась злобу истребить, Всем к добродетели стараясь путь открыть», был гоним своими современниками и умер в безвестности и пренебрежении. Стихи Д. содержат первое в печати упоминание о погребении Сумарокова на средства Н. П. Архарова, И. И. Юшкова и московских актеров.

Имя «Алексей Д.» стоит также на книге «Песни» (1777), издании не обнаруженном, но известном по «Описи библиотеки ⟨. . .⟩ Д. Н. Шереметева» (СПб., 1883, № 3586).

Н. Е. Струйский в «Апологии к потомству. . .» (1784) и в стихотворном «Письме к Ф. Г. Карину» называет автором «Разговора» *Ф. Г. Карина*. На этом основании подпись «Алексей Дружеруков» иногда рассматривается как его псевдоним. Однако сообщаемые Струйским в его произведениях фактические сведения часто крайне неточны; в данном случае автор мог спутать «Разговор» с написанным Кариным «на случай преставления А. П. Сумарокова» «Письмом к Н. П. Николеву о преобразителях российского языка» (1778; анонимно). Д. И. Хвостов и С. Н. Глинка, хорошо знавшие Карина, о подобном псевдониме не сообщают.

Лит.: А. Р. [Рихтер А. Ф.] Анекдот о Сумарокове. — Соревнователь просв. и благотворения, 1819, ч. 6; Державин. Соч., т. 1—9 (1864—1883); *Дмитриев И. И.* Взгляд на мою жизнь. — Соч. СПб., 1893, т. 2; *Глинка С. Н.* Зап. СПб., 1895.

Н. П. Морозова

ДРУКОВЦЕВ Сергей Васильевич [1731—12 (23) II 1786, Москва]. Из дворян; сын тит. советника В. М. Друковцева. Начал службу в армии (1742); позднее состоял при артиллерийском ведомстве с чином ассесора артиллерии. 9 нояб. 1765 получил должность прокурора в 1-м деп. Гл. провиантской канцелярии в Москве, которую исполнял до 1773 (ЦГИА, ф. 1329, оп. 1, 1765 г., № 116, л. 259). С 22 нояб. 1772 — член Вольного экон. о-ва; автор статей по вопросам ведения помещичьего хозяйства в приложениях к газете «Моск. вед.» (1773, № 87, 94; 1775, № 6; 1777, № 30; 1779, № 15, 20; 1783, № 10) и нескольких компилятивных популярных пособий для начинающих хозяев, неоднократно переиздававшихся. В «Экономические наставления. . .» (1772; 5-е изд. 1788) Д. включил «Краткие экономические по деревни следующие записки» (1742) *В. Н. Татищева*; остальные материалы (в т. ч. «Краткие поваренные записки») были собраны или переведены, как указано на титуле, «в 1765 году» самим Д. «Краткие поваренные записки» вышли также отдельно (1779; с посв. Н. М. Хрущевой; 2-е изд. 1783). В 1780 Д. предпринял содержащее советы практическому хозяину о помесячных домашних работах издание «Экономического календаря. . .», намереваясь выпускать его ежегодно с дополнениями и исправлениями; однако второе издание (1786) точно повторяло первое.

Д. был связан приятельскими отношениями с П. А. Демидовым, которому посвятил и поднес два небольших беллетристических сборника: «Бабушкины сказки» (1778; посв. датировано 1 янв. 1778) и «Сава, ночная птица, повествующая русские сказки, из былей составленные» (1779; 2-е изд. 1781; посв. датировано 8 июля 1779, в Москве). «Бабушкины сказки» представляют собой собрание коротких рассказов (31 новелла) — бытовых анекдотов, темами которых служат «острые» ответы, мудрые решения, добрые и лживые поступки. Основная тема сборника — противопоставление мудрых стариков и современной молодежи, которую Д. порицает за мотовство, следование моде и т. п. Сборник, извлеченный, по словам Д., из «стародавних» его бумаг, не понравился Демидову и, по шутливому замечанию автора, он «принужден был отослать его на бумажную фабрику промыть, из чего вышла, как просушили листы, „Сава"». Этот второй сборник (25 новелл), отличаясь бо́льшим морализаторством, развивает те же темы, использует сходные сюжеты, которые Д., подобно *Н. Г. Курганову*, заимствовал из расхожей анекдотической литературы, всячески русифицируя их; ряд новелл обработан под раешник. Не исключено, что отдельные фацетиальные сюжеты уже в XVIII в. существовали в устном обиходе (встречаются в рус. бытовой сказке).

Д. принадлежит первое издание «Духовной...» В. Н. Татищева (1773) по списку, обнаруженному Д. в бумагах своего отца. Неточности списка Д. усугубил в издании собственными произвольными сокращениями и дополнениями. В подражание Татищеву он сам также сочинил «Духовную ⟨...⟩ в наставление детям обоего пола. 1780 года, генваря 1 дня» (1780). Она рисует Д. как человека весьма устарелых (иногда домостроевских) воззрений, но рачительного помещика, заботившегося о благосостоянии своих крестьян.

Лит.: *Модзалевский Б. Л.* Друковцев С. В. — В кн.: Рус. биогр. словарь, т. «Дабелов — Дядьковский» (1905); *Померанцева Э. В.* Судьба рус. сказки. М., 1965; *Новиков Н. В.* Рус. сказка в ранних записях и публикациях (XVI—XVIII вв.). Л., 1971.

В. В. Пухов

ДУБОВИЦКИЙ Николай Сергеевич. С 1837 — полковник в отставке. Перевел с фр. роман Ж. Дюре де Совуа «Маска, или Приключения графа Д...» (1792). Роман переведен полностью, за исключением предисловия. Перевод вполне профессионален и показывает хорошее знание языка.

С. Н. Искюль

ДУБРОВСКИЙ Андриан (Андреян) Илларионович (Ларионович) [1732, Москва—после 1779]. Сын священника, начинал учиться в Славяно-греко-лат. академии; в 1748 из класса пиитики вместе с др. семинаристами был отобран *В. К. Тредиаковским* в число студентов Акад. ун-та. Первоначально Д. был помещен в Акад. гимназию для изучения разговорного лат. языка, но в мае 1751 он уже сдал экзамены за второй курс университета, особо отличившись в философии и словесных науках. В 1755 его собирались назначить справщиком (корректором) в типографию Морского кадет. корпуса, но по прошению от 27 марта оставили при Академии (ААН, ф. 3, оп. 1, № 197, л. 405). Все еще оставаясь студентом, Д. в 1755—1756 вел старший лат. класс в гимназии, а в 1757 стал академическим переводчиком.

Литературную деятельность Д. начал, заменив переехавшего в Москву *Н. Н. Поповского*, в качестве переводчика официальных стихов *Я. Я. Штелина*. Штелин при этом в первое время жаловался на поэтическую беспомощность Д., которому из-за слабого знания нем. языка требовался подстрочник.

1 янв. 1755 датирован перевод Д. «Похождение Телемака, сына Улиссова» Ф. Фенелона, первый на рус. языке, выполненный александрийским рифмованным стихом. Сохранилось лишь нач. песни I. Три завершенные, но остающиеся неизвестными «книги» (песни) этого перевода упомянуты Тредиаковским в «Предъизъяснении» к «Тилемахиде»: «Сообщены мне были три первые книги сего рифмического преложения; похвалил я стремительству, еще и поострил ободрением трудоположника к продолжению дела».

В 1755—1756 Д. активно печатался в «Ежемес. соч.», помещая за подписью «А. Д.» переводы мелких стихотворений классических (Овидий) и новолат. (А.-Д. Мюре, Д. Оуэн) авторов; в трех своих баснях он перерабатывает сюжеты Ж. Лафонтена. Оригинальный характер имела поэма Д. «На ослепление страстями», посвященная этической проблематике «философии оптимизма»; этико-философская тема ее близка к письму 4 «Опыта о человеке» А. Попа и одновременно к натурфилософским стихам *М. В. Ломоносова*, напр. в связи с трактовкой идеи о множественности миров; высказывалось предположение, что поэма могла быть отредактирована Ломоносовым. Параллельно Д. переживает увлечение Вольтером. Он перевел его диалог «О славе. Разговор с китайцем» (1756), а к 16 июля 1759 завершил стихотворный перевод трагедии «Заира» (опубл. лишь в 1779 «иждивением Федора Заботнова» — купца Ф. Я. Заботина). Смысловые ошибки перевода и ставший архаическим ко времени появления издания в свет стиль вызвали резкие насмешки *Н. П. Николева* в стихотворном послании «Письмо к Ф. Г. Карину», обвинившего Д. в том, что он «Израпил, изъязвил Волтера переводом ⟨...⟩ Ни смыслу, ни стиха, ни жалостно, ни сладко». Более снисходительно оценен труд Д. несколькими годами ранее в издании: Новиков. Опыт словаря (1772); его автор, знавший перевод по рукописи, отметил, что Д. «перевел в российские стихи трагедию „Заира" весьма не худо; вообще стихотворство его похваляется довольно». На сцене «Заира» в переводе Д. не ставилась.

К нач. 1760-х гг. у Д. устанавливаются связи с семейством Воронцовых, к которым он обращается со стихотворным «Письмом к г. В...» (Ежемес. соч., 1756, ч. 3, янв.; анонимно), рассуждая в нем о способах образования молодого вельможи. Стихи Д. могут быть отнесены как к *А. Р. Воронцову*, только что поместившему несколько переводов в «Ежемес. соч.», так и к С. Р. Воронцову, с которым Д. в нач. 1760 отправился в качестве гувернера путешествовать по югу России, к Черному и Каспийскому морям. Стилистика письма, идея восхваления наук, а также противоречивые показания *Я. Я. Штелина* и *Г.-Ф. Миллера* о его авторе дали основания для атрибуции «Письма» Ломоносову.

Во время путешествия по России Д. согласно заданию Академии наук (акад. инструкции 1759 г. — ЦГАДА, ф. 199, оп. 2, п. 412, ч. 2, № 19; ААН, ф. 3, оп. 1, № 250, л. 58—95) вел «путевой журнал», посвященный «любопытному в натуральной истории» (не сохр.), и представлял регулярные отчеты; 23 марта 1760 он выслал в Академию из Казани рукопись «Разговора о пользе наук и училищ» *В. Н. Татищева*. 20 янв. 1761 Д. с воспитанником возвратился в Петербург. Сер. года, после того как С. Р. Воронцов получил назначение поверенным в делах в Вене, Д. провел в Богемии, где лечился «марциальными» водами. Прибыв в Петербург, он 16 окт. 1761 уволился из Академии наук, определившись в Коллегию иностр. дел (ААН, ф. 3, оп. 1, № 472, л. 205) и уехал в Вену. В 1766—1772 он занимал должность переводчика в рус. посольстве в Гааге при А. Р. Воронцове и Д. А. Голицыне. Переписка его с Воронцовыми за 1769—1771, дружески откровенная и шутливая, свидетельствует о его близких отношениях со своими покровителями. После 1779 новые произведения Д. в печати не появлялись; «загадки» в стихах из «Ежемес. соч.» были перепечатаны в кн. «Опыт Воронежской губернской типографии» (Воронеж, 1798, отд. 1).

Список ч. 1 «Похождения Телемака...» хранится в ЦГАДА; из ранних переводных пьес рус. театра Д. приписывается перевод «Богатства в тягость» Ж.-Ф. Реньяра.

Лит.: Арх. кн. Воронцова. М., 1880—1888, кн. 16, 31, 34; *Дуденкова А. И.* Поэма А. Дубровского «На ослепление страстями». — В кн.: XVIII век. М.; Л., 1958, сб. 3; *Берков П. Н.* «Письмо к г. В...» М. В. Ломоносова. — В кн.: Лит. творчество Ломоносова. М.; Л., 1962; Кулябко. Ломоносов (1962); Поэты XVIII в. Л., 1972, т. 1; Кулябко. Замечательные питомцы (1977); Заборов (1978); *Ломоносов М. В.* Полн. собр. соч. Л., 1983, т. 11, доп.

В. П. Степанов

ДЯГИЛЕВ Дмитрий Васильевич [род. ок. 1771]. Происходил из обер-офицерской семьи, видимо небогатой; крестьян не имел. С 1777 числился кадетом в Сибирском драгунском полку; в 1792 — подпрапорщиком Семеновского полка. 1 янв. 1793 с чином поручика вышел в отставку «за болезнями» (формуляр 1793 г. — ЦГАДА, ф. 286, № 844, л. 360). 7 нояб. 1793 пермский и тобольский генерал-губернатор А. А. Волков предложил Сенату определить Д. стряпчим Пермского губ. магистрата; 23 янв. 1794 Сенат назначил Д. на эту должность (ЦГАДА, ф. 286, № 844, л. 358—361; № 852, л. 10). В 1790—1791 Д. сотрудничал в журнале «Иртыш» («Баснь. Конь и бык», пять эпиграмм и стихотворная сказка «Клад»). В сказке автор упоминает о том, что «стихи еще недавно стал кропать» (Иртыш, 1791, ч.). По тематике и характеру стихи Д. близки сатирической традиции *А. П. Сумарокова* и *В. И. Майкова*.

Лит.: Стих. сказка (1969).

Н. Д. Кочеткова

Е

ЕВГЕНИЙ (Болховитинов) [см. Болховитинов Е. А.]

ЕВРЕИНОВ Николай Иванович [1743, Москва—ок. 1818, там же]. Происходил из дворянской семьи. С 1756 учился в Моск. арт. школе. С 1760 служил в Мануфактур-коллегии титул. юнкером; в 1762 был причислен к Комиссии по коронации; затем служил нотариусом; с 1764 определен секретарем А. Б. Бутурлина; в 1768 уволен со службы с награждением капитанским чином. В 1772 снова начал службу: сначала в Мануфактур-коллегии переводчиком, а с 1773 экзекутором в Сенате. С 1781 был членом Моск. судного приказа, в 1783 пожалован в кол. советники, а в 1784 «по прошению за болезнями» от службы уволен. С 1790 состоял советником при Новгородском наместническом правлении, одновременно являясь директором народных училищ. Вернувшись в Москву в чине ст. советника в 1805, Е., очевидно до кон. своих дней, служил в М-ве финансов (ЦГАДА, ф. 286, № 443, л. 111; № 785, л. 15, 18, 47—48; № 871, л. 283—284).

Е. перевел с фр. сентиментальную повесть Ф.-Т.-М. де Бакюляра д'Арно «Батильда, или Геройство любви» (1773).

Сохранилось стихотворное письмо Е. к *М. Н. Муравьеву* (8 нояб. 1806), в котором он благодарит за какую-то оказанную ему услугу (ГИМ, ф. 445, № 232, л. 169—170). Не исключено, что Е. упоминается в письме *Г. Р. Державина* к С. В. Капнисту (см.: Державин. Соч. (1868—1878), т. 6 (1876), с. 326) и в «Сатире на Тверской бульвар 1811 г.» (приписывалась П. Мяснову и камер-юнкеру Волконскому; см.: Рус. старина, 1897, № 4, с. 67—72).

А. С. Антонов

ЕКАТЕРИНА II (в девичестве София-Августа-Фридерика) [21 IV (2 V) 1729, Штеттин—5 (16) XI 1796, Петербург]. По происхождению принадлежала к дому нем. князей Ангальт-Цербстских.

3 февр. 1744 Е. прибыла в Петербург в качестве невесты наследника рус. престола вел. кн. Петра Федоровича (Карла-Петра-Ульриха Голштинского), который приходился ей двоюродным братом. Семейство Е. к этому времени уже не принадлежало к числу владетельных князей: отец ее находился на прус. службе и был губернатором Штеттина. Для рус. правительства это служило гарантией от династических притязаний и вмешательства семьи Е. в рус.-нем. политические отношения. Одновременно брак этот должен был способствовать укреплению рус.-прус. союза.

28 июля 1744 Е. приняла православие и крестилась под именем Екатерины Алексеевны; 25 авг. 1745 состоялось бракосочетание, давшее Е. титул вел. княгини. Последующие 20 лет жизни Е. были заняты приспособлением к быту, нравам и обычаям незнакомой страны, изучением сил, определявших придворную политику, и попытками найти опору в новой для нее среде.

Малый двор вел. кн. был отстранен от государственных дел и не имел никакого политического влияния. По мысли бездетной императрицы Елизаветы Петровны наследная чета была должна лишь гарантировать непрерывность рус. престолонаследия. Е. пришлось завоевывать репутацию будущей рус. государыни крайне осторожно, с помощью личных знакомств и связей. При этом она проявила недюжинный ум, осмотрительность, понимание людей, способность нравиться им, умение находить единомышленников и внушать им доверие. Получая незначительное содержание, она не боялась входить в долги, чтобы проявить внимание к полезным ей лицам. Она была лишена чувства мстительности, никогда без особой надобности не отрекалась от людей, ставших ее друзьями. Однажды завязавшиеся отношения обычно становились прочными и длительными.

Наставником Е. в православной вере был *Симон Тодорский*. В царствование набожной Елизаветы Е. отчетливо осознала силу рус. высшего духовенства и его влияние при дворе. Впосл. она провозглашала сплоченность народа вокруг идеи православия главной национальной особенностью России. Правилом ее поведения стало строгое соблюдение церковной обрядности, уважение религиозных обычаев народа; она гордилась, что знает порядок церковной службы не хуже священника.

Рус. языку Е. с большим прилежанием обучалась у *В. Е. Адодурова*. Впрочем, первые рус. письма на самом деле не принадлежат Е.; они переводились с фр. Адодуровым. Регулярные занятия языком прервались ок. 1746. Есть основание думать, что причиной было опасение императрицы Елизаветы Петровны, будто Е. слишком быстро сближается с русскоязычным кругом придворных.

В целом полученное Е. в 1730—1740-х гг. языковое образование было недостаточным. Она одинаково с ошибками писала и на родном нем. языке, и на фр., который был для нее языком литературным. Ее рус. правописание изобилует ошибками против грамматики, явно ориентируясь на живое произношение, с характерными для иностранки нарушениями рус. синтаксиса и согласований. Она никогда не пыталась впосл. восполнить этот пробел в своем образовании. Бумаги и сочинения ее правились секретарями и приближенными. Вместе с тем она обладала языковым чутьем и ориентировалась в произношении на петербургскую норму; позднее она вспоминала, что книжное малорос. произношение Тодорского при дворе казалось смешным. Современники засвидетельствовали, что устная речь Е. была вполне удовлетворительна и она знала много исконно рус. оборотов и выражений.

Образование Е., в отличие от вел. кн., обучение которого продолжалось под наблюдением *Я. Я. Штелина*, считалось завершенным. Между тем домашнее воспитание, полученное ею, было крайне скудным. В детстве ее в основном обучали светским манерам, фр. языку и лютеранскому катехизису. Ее литературные впечатления были достаточно случайными. Кроме заученных наизусть басен Ж. Лафонтена Е., благодаря гувернантке-театралке м-ль Кардель, читала комедии Ж.-Б. Мольера. По приезде в Россию чтением она старалась восполнить недостаток систематического образования. Первоначально чтение это развлекало Е., а к 1750-м гг. стало серьезным и целеустремленным. По отрывочным сведениям о круге чтения Е. можно отчасти представить постепенное расширение ее интересов.

Чтением Е. старалась прежде всего подкрепить непосредственное знакомство с Россией. Сохранилось несколько списков книг, которые выписывались для нее из Академии наук. В них перечисляются словари, разговорники, описания отдельных областей, городов, учреждений (ААН, ф. 3, оп. 1, кн. 93, л. 118—177; кн. 94, л. 235—240; ГПБ, ф. 871, № 929). Затем руководителями Е. в чтении стали образованные иностранцы при рус. дворе, в частности гр. К. Гилленборг, И.-И. Лесток, Станислав-Август Понятовский; в 1750-е гг. Е., очевидно, уже имела возможность пользоваться богатой библиотекой *И. И. Шувалова*. Среди упоминаемых Е. книг встречаются развлекательные прециозные романы; она была знакома также с «Историей Жиль Блаза...» А.-Р. Лесажа, «Дон-Кихотом» М. Сервантеса, «Комическим романом» П. Скаррона, «Гаргантюа» Ф. Рабле. Большое впечатление на нее произвели письма госпожи М. де Севинье — интимная хроника фр. двора эпохи Людовика XIV. Круг литературных впечатлений расширялся за счет оперного и драматического репертуара придворного театра, где иностранные труппы и рус. любители ставили наряду с пьесами повседневного репертуара и классику — Мольера, Ж. Расина, П. Корнеля и Вольтера.

Тяготение к более серьезному чтению явно определялось мыслями о будущем царствовании. Е. прочла по-русски «Деяния церковные и гражданские» Цезаря Барония; в оригинале она читала европ. мемуары предшествовавшей эпохи (напр., «Жизнеописания» П. Брантома), исторические сочинения — «Общую историю Германии» Ж. Барре, «Историю короля Генриха Великого» Ардуина де Перефикса, общеобразовательную «Всеобщую историю путешествий» А.-Ф. Прево; во фр. переводах — «Сравнительные жизнеописания» Плутарха и «Анналы» Тацита. Путеводителем по вопросам государственного управления служил также «Философский словарь» П. Бейля, который Е. штудировала в нач. 1750-х гг. Из новейших авторов она остановилась на находившихся в зените славы Вольтере и Ш.-Л. Монтескье: Вольтер как литератор, а Монтескье как мыслитель сопровождали ее всю жизнь, их сочинения она знала очень основательно. Напр., «Орлеанскую девственницу» Е. прочла одной из первых в Петербурге, получив ее от Станислава-Августа Понятовского, а сочинения Монтескье по ее просьбе специально выписывали из Франции. Позднее она неоднократно подчеркивала, что произведения Вольтера были для нее не только любимым чтением, но и мерилом литературного вкуса; «О духе законов» Монтескье она положила в основу «Наказа». Ее внимание привлекла и начавшая выходить в 1751 «Энциклопедия, или Толковый словарь наук, искусств и ремесел» Дидро — Д'Аламбера, первые тома которой она конспектировала.

Т. о., литературные и политические взгляды Е. сложились к 1760-м гг. на основе умеренно-просветительской литературы XVII—нач. XVIII в. После воцарения она читала сравнительно мало, знакомилась с современной литературой Европы в основном по «Литературной, философской и критической переписке» М. Гримма, а с рус. — по докладам секретарей, личному общению с писателями и по театральным постановкам. Субъективно она продолжала тяготеть к литературным впечатлениям юности. Из драматических жанров она более любила комедию, чем трагедию; в свою очередь из трагиков предпочитала Корнеля Расину: «...он мне всегда возвышал душу...»; рус. трагедии наводили на нее скуку. Лучшим комедиографом для нее на протяжении всей жизни оставался Мольер; из современных драматургов ей нравилась «серьезная» комедия М. Седена, по ее инициативе была переведена «Школа злословия» Р. Шеридана. Напротив, «Женитьбу Фигаро» П. Бомарше она считала произведением грубого вкуса и ставила ее в один ряд с «Историей Джонатана Уайльда Великого» Г. Филдинга: «Я никогда не находилась в таком дурном обществе, как на этой знаменитой свадьбе». Одобрив «Бригадира», она скептически оценила «Недоросля» Фонвизина. Вместе с тем она благосклонно отнеслась к ироикомическим поэмам М.-А. фон Тюммеля. Очевидно, что резкая, серьезная общественная сатира, с политическим и социальным оттенком, вызывала у нее раздражение. Более по вкусу ей были буффонада и фарс. Так, Е. любила ит. оперу-буфф и фр. комическую оперу, предпочитая их опере серьезной, поскольку не понимала серьезную музыку. Сентиментальный роман остался ей чужд, — она так и не смогла заставить себя дочитать «Клариссу» С. Ричардсона. Она была лишена чувства просодии и не написала за свою жизнь ни одного стихотворения, кроме фр. двустишия на смерть левретки. Е. совершенно не понимала живописи, хотя хорошо разбиралась в резных камнях, бывших ее увлечением. В архитектуре, видимо под влиянием германской старинной архитектуры, отдавала предпочтение строениям в готическом вкусе.

Точную характеристику Е. как натуры не художественной, рациональной дал достаточно тонкий фр. литератор принц Ш.-Ж. де Линь: «Она не любила ничего грустного, чувствительного и претендующего на остроумие ⟨...⟩ не любила и не знала новейшей литературы. Она обладала более логикою, чем риторикою. ⟨...⟩ В ее слоге больше ясности, чем легкости ⟨...⟩ оттенки, прелесть мелких подробностей, живость слога были чужды ей».

Личные вкусы Е. определяли не только собственную литературную деятельность императрицы, но сказывались на ее литературной политике, на театральном репертуаре Эрмитажа, на ангажементах иностранных артистов и музыкантов. Однако она умела подчинять свои личные пристрастия тому, что считала полезным и необходимым. Руководствуясь советами знатоков, она заложила основу великолепных картинных собраний Эрмитажа, приглашала в Россию лучших певцов, композиторов, балетмейстеров, поощряла постройки в самых различных стилях и гл. о. в стиле торжественного барокко.

Прямая враждебность мужа и подозрительность императрицы Елизаветы Петровны сделали брак Е. несчастливым и заставили ее искать иную опору при дворе. Она исподволь завязывала личные отношения с дипломатами и молодыми придворными, с новой прослойкой влиятельных людей, появившихся при дворе в 1750-х гг. и противостоявших старой бюрократии. Фаворитом к этому времени стал галломан И. И. Шувалов, интересовавшийся искусством и литературой; гвардейские полки пополняются выпускниками Сухоп. шлях. корпуса и Унив. гимназии. Наиболее тесные отношения у Е. завязываются именно с этой европеизированной прослойкой. Деловым соображениям подчиняются даже интимные симпатии. Ее первый избранник С. В. Салтыков служил связующим звеном между Е. и канцлером А. П. Бестужевым-Рюминым; на смену Салтыкову пришел сначала Станислав-Август Понятовский (1755), выступавший в качестве посредника между Е. и англ. послом Ч.-Г. Уильямсом; а затем, после высылки Понятовского в 1758, Г. Г. Орлов, более серьезный и надежный, чем Салтыков, представитель гвардейского офицерства.

Рождение Павла Петровича (20 сент. 1754) не упрочило статус «малого двора». У императрицы окрепло убеждение, что Петр Федорович не способен к государственным делам, и возник проект объявить родителей регентами при малолетнем цесаревиче. Придворные группировки в предвидении недалекой смерти Елизаветы Петровны начали вовлекать наследников в политическую игру. Е. сближается с оппозиционно настроенными вельможами — Бестужевым-Рюминым, Паниными, Разумовскими. При расследовании дела А. П. Бестужева-Рюмина (февр. 1758) выяснилось также, что Е. вела переписку с командующим рус. армией в Пруссии С. Ф. Апраксиным. Среди допрошенных по делу были Адодуров, *И. П. Елагин*, *А. П. Сумароков*, тесно связанные как с Сухоп. шлях. корпусом, так и с Лейб-Компанией, во главе которой стоял А. Г. Разумовский. Они представляли интеллектуальную дворянскую элиту, начинавшую печатно выступать с пропагандой своих взглядов. Ок. 1753 Елагин сатирой «На петиметра» бросил вызов литераторам круга Шувалова, открыв бурную рукописную полемику. Полемическим оказалось и участие связанных с Сумароковым литераторов в «Ежемес. соч.». Когда из-за разногласий с редакцией этого академического официального органа Сумароков организовал собственный журнал «Трудолюбивая пчела» (1759), он демонстративно посвятил его вел. княгине.

После смерти Елизаветы Петровны (24 дек. 1761) Петр III предполагал расторгнуть династический брак и заключить жену в крепость, монастырь или выслать за границу. Поэтому уже в кон. 1761 Е., убедившись в растущей непопулярности Петра III, решается на организацию придворного заговора. Слабо законспирированный, он едва не был раскрыт, и успех в общем плохо подготовленного переворота был обеспечен в значительной степени благодаря решительности и быстроте действий самой Е. Тайно бежав из Петергофа в Петербург (утром 28 июня 1762), она встала во главе гвардии и организовала присягу войск и чиновников. Не успевший обратиться к армии Петр III был арестован и подписал отречение. Смерть его в Ропше, в пьяной драке с А. Г. Орловым, отменила вопрос о возможном двоевластии.

Первые мероприятия Е. были весьма характерны для ее будущей политики «мягкой» власти. Основная цель — убедить европ. дворы, что ее восшествие на престол является результатом всенародного волеизъявления, — была достигнута через европ. прессу, по дипломатическим каналам и через частных лиц (напр., через Понятовского). В России смена власти не вызвала протеста, т. к. кандидатура Е. и программа «Пространного манифеста» (6 июля 1762) устраивали все слои дворянства. В неприкосновенности была оставлена старая бюрократическая машина, возвращены из ссылки пострадавшие при Елизавете Петровне, не было свойственных прежним переворотам массовых исключений из службы и судебных процессов. Вместе с тем на первые места выдвинулись активные сторонники Е. и непосредственные участники переворота — братья Орловы, И. П. Елагин, *Г. Н. Теплов*, Панины, Разумовские. 22 сент. 1762 была совершена поспешная, но торжественная коронация Е. в Москве. В сценарий приуроченного к ней маскарада «Торжествующая Минерва», подготовленный А. П. Сумароковым, *М. М. Херасковым* и *Ф. Г. Волковым*, были вставлены намеки на борьбу с пороками прежних царствований.

Однако победа оказалась не безусловной. Е. вынуждена была лавировать между требованиями поддержавших ее группировок. Продолжал обсуждаться проект о регентстве, *Н. И. Панин* лелеял мысль организацией Тайного совета ограничить самодержавие по образцу Швеции, сторонники Орловых настаивали на браке Е. с Г. Г. Орловым, некоторые опасались династического брака ее с Понятовским. Реальным претендентом на престол оставался провозглашенный в 1742 наследником и заключенный в Шлиссельбург принц Иоанн Антонович Брауншвейгский.

В лабиринте придворных интриг Е. удалось, используя придворные противоречия и благоприятные случайности, сохранить свободу действий. Принц Иоанн был убит охраной во время попытки В. Я. Мировича освободить его из крепости (5 июля 1764). Главари пропанинского заговора в пользу Павла I, братья Гурьевы и П. Хрущев, были пожизненно сосланы в Сибирь (окт. 1762); Ф. Хитрово отправлен безвыездно в свои поместья (июнь 1763). Воспользовавшись тем, что последний заговор был одновременно направлен против возвышения Орловых, Е. отклонила идею морганатического брака с Г. Г. Орловым, но вместе с тем, опираясь на Орловых, аннулировала проект Тайного совета. В 1772 (год совершеннолетия Павла) окончательно рухнули надежды панинской группировки хотя бы на частичное участие наследника в управлении страной. Восстание Пугачева (1773—1775) не только не поколебало единовластие Е., но сплотило вокруг нее все дворянство и купечество.

Проблема укрепления единоличной власти решалась Е. одновременно с др. внутриполитическими вопросами, по которым к 1762 она имела достаточно критический, но сугубо умозрительный взгляд. Секретарь фр. посольства Ж.-Л. Фавье в это время дал ей следующую характеристику: «Вместо того чтобы приобрести теоретические и практические познания в государственном управлении, она бросилась в метафизику и нравственные теории наших новейших философов. От них она научилась, что не должно отделять искусство образовывать людей от искусства ими управлять. Из всех этих правил ⟨...⟩ составила свод политических убеждений, весьма возвышенных, но не приложимых к делу».

Для знакомства со страной она предприняла путешествие в среднюю Россию (Ростов—Ярославль, май—июнь 1763), в Прибалтику (Митава, июнь—июль 1764), в Поволжье (от Твери до Симбирска, апр.—июль 1767); в 1787 во время путешествия в новоприобретенный Крым она посетила Украину и зап. губернии.

Ряд практических и идеологических мероприятий 1760-х гг. свидетельствует, что, не собираясь отказываться от самодержавия, закрепленного законодательством Петра I, Е. искала более рациональные формы управления государством. Первыми ее мерами были реорганизация и разделение на департаменты Сената (1763), повышение жалованья чиновникам и исключение из службы взяточников (1763), секуляризация монастырских владений и перевод монастырских крестьян в разряд государственных (1764). Ориентируясь еще в основном на образованное столичное дворянство, Е. приступила затем к поискам средств для повышения эффективности помещичьего хозяйства и, чтобы предотвратить волнения крестьян, поставила на обсуждение вопрос об ограничении произвола помещиков. В июне 1765 она утвердила устав Вольного экон. о-ва «для приращения земледелия», а в 1766 объявила конкурс на лучшее предложение по экономическому устройству крепостных. Откликом явились 160 сочинений рус. и иностранных авторов (А. П. Сумароков, *А. Я. Поленов*, Вольтер, Ж.-Ф. Мармонтель и др.). В 1765—1767, готовя созыв широкой Комиссии депутатов от всех сословий для обсуждения проекта нового Уложения законов, Е. работает над «Наказом» для нее. В основу проекта рус. законодательства она положила принципы, почерпнутые из трудов Монтескье, Ч. Беккариа, И.-Г.-Г. Юсти и др. произведений умеренно-просветительской литературы, причем по большей части просто компилировала чужие тексты. Перед публикацией рукописный, более либеральный, вариант т. н. «Большого Наказа» подвергся обсуждению и редактуре со стороны ее ближайших советников (Орловы, Панин и др.). Обсуждение «Наказа» в Комиссии нового Уложения (1767—1768) вылилось в жаркую полемику по сословным проблемам и гл. о. по вопросу о пределах власти помещиков над крестьянами, выявившую враждебность широкой дворянской массы каким бы то ни было реформам. Роспуск Комиссии стал одновременно и завершением преобразовательных замыслов Е. Ее дальнейшее законодательство пошло по чисто прагматическому пути; крестьянский вопрос решался полицейскими средствами: крепостные лишились права жаловаться на владельца (1767), а помещики получили право ссылать их на каторгу (1765).

Во время работы Комиссии дворянство познакомилось с императрицей, а она — с настроениями разных сословий; Комиссия создала Е. в России ореол «дворянской царицы».

За границей широковещательный «Наказ» способствовал укреплению репутации Е. как государственного деятеля, способного осуществить идеал «просвещенной монархии». Е. усиленно пропагандировала «Наказ» в Европе. Одновременно с рус. изданиями (1767, 1768, 1776 и 1796) «Наказ» был напечатан в России с параллельными переводами на нем. (1767), лат., нем., фр. (1770) и новогреч. (1771) языки. Во Франции «Наказ» подвергся запрещению как слишком «вольное» сочинение (1769). Либеральные идеи «Наказа» (хотя он не имел юридической силы и ссылки на него в судебной практике были запрещены) оказали значительное влияние на рус. публицистику.

Весьма важной задачей оставалось для Е. укрепление своего политического авторитета в Европе. Кроме дипломатических каналов, она удачно использовала в этих целях литераторов разной ориентации, группировавшихся вокруг «Энциклопедии» (Д. Дидро, Вольтер, Ж. Д'Аламбер, М. Гримм и др.) и оказывавших в эти годы сильное воздействие на общественное мнение, а также руководителей влиятельных политических салонов (М.-Т. Жоффрен, г-жа Бьельке). В 1760—нач. 1770-х гг. она завязывает с ними оживленную переписку и делает несколько широких, но ни к чему не обязывающих жестов в отношении «энциклопедистов», стремясь зарекомендовать себя защитницей свободы мысли и покровительницей новейшей философии. В 1762 она предложила перенести печатание запрещенной во Франции «Энциклопедии» в Петербург, выразила готовность предоставить изгнаннику Вольтеру убежище в России, пригласила Д'Аламбера в воспитатели вел. кн., купив библиотеку Дидро (1765), сделала его своим библиотекарем (в 1778 была куплена посмертно библиотека Вольтера) и, провозгласив себя ученицей философов, заявила о готовности применять на практике их теории. Вместе с придворными она переводит программный роман Ж.-Ф. Мармонтеля «Велизарий» об идеальном правителе (1767; изд. в 1768), по рекомендациям Дидро пригласила на рус. службу Э.-М. Фальконе, П.-П. Мерсье де ла Ривьера и др. лиц. В ответ Дидро берется консультировать ее художественные приобретения и иностранные антрепризы, а в 1768 оказывает ей серьезную услугу, приостановив публикацию рукописи К.-К. де Рюльера о перевороте 1762. В 1773—1774 по приглашению Е. он посещает Петербург. Публицистические выступления Вольтера в защиту равноправия католиков, протестантов и православных в Польше, а также против религиозного фанатизма мусульман, Е. ловко использовала для оправдания своей политики в отношении Польши и Турции. Рукописный журнал М. Гримма «Литературная, философская и политическая переписка» (он вел его до 1773), распространявшийся при европ. дворах, оплачивался Е. и служил неофициальным рупором ее политики. В отдельных случаях Е. с расчетом на перлюстрацию корреспонденции использовала свою частную переписку (напр., с И.-Г. Циммерманом) для прямой политической дезинформации противников.

С др. стороны, Е. сразу же принимает меры против распространения в России радикальных идей фр. Просвещения. Распоряжением 1763 она останавливает продажу «Эмиля» Ж.-Ж. Руссо, не допускает в печать перевод книги К.-А. Гельвеция «О человеке» (1773), с раздражением отзывается об «Истории обеих Индий» Г.-Т.-Ф. Рейналя. Она проницательно угадала антимонархический пафос этих произведений и позднее назвала Руссо человеком, подготовившим «безумства» фр. революции. В переписке с М. Гриммом она твердо и определенно сформулировала свое совсем не просветительское понимание отношений монарха и народа: «Мир никогда не обойдется без хозяина; все-таки лучше для него временное заблуждение *одного*, чем безумие множества, приводящее 20 млн. людей в ярость из-за слова *свобода*, которой они не находят и тени и за которой безумцы гонятся, никогда ее не достигая».

Важным публицистическим произведением Е., появившимся вслед за «Наказом», стал «Antidote» (1770; 2° éd. Amsterdam, 1772; рус. пер.: Осмнадцатый век. М., 1869, т. 4), опровержение на книгу аббата Ж. Шаппа д'Отроша «Voyage en Sibérie» (1768), напечатанное анонимно в Петербурге без указания места издания. Е. в первую очередь возражала на замечания Шаппа о деспотизме власти в России, рабстве народа, продажности чиновников. Одновременно она затронула вопрос о национальной самобытности русских, отрицая обвинения в грубости, невежестве, дурных природных качествах и т. д. Она противопоставила утверждениям Шаппа примеры успехов просвещения в России, назвав крупнейших писателей (Сумароков, *М. В. Ломоносов, В. П. Петров*) и указав на связь рус. быта и народного характера с историей страны. В этих суждениях содержался зародыш официального патриотизма, поощряемого Е. в литературе (в свои соч. она охотно включала пословицы, нар. песни, выбирала сюжеты из рус. истории) и быту (рус. покрой платья, праздники в нар. духе).

Публицистика Е. первого периода царствования преследовала создание благоприятных условий для действий правительства и была совершенно новым явлением по сравнению с прежними сугубо запретительными мерами. Литераторы восприняли выступление императрицы как разрешение обсуждать злободневные вопросы в печати. Комедия и сатира подняли темы воспитания, судопроизводства, взяточничества, общественного предназначения дворянства и крестьянский вопрос. Из числа сотрудников Комиссии нового Уложения вышли мн. издатели и участники сатирических журналов. Дворянская передовая литература стала требовать проведения в жизнь провозглашенных в «Наказе» принципов, вступив в прямой конфликт с Е.

Сохраняя видимость свободы мысли в России, Е. весьма искусно противодействовала общественному инакомыслию. Свою литературную политику она предпочитала проводить неофициальным путем. Специальное цензурное ведомство при Е. так и не было создано; лишь в 1796 была учреждена иностранная цензура при таможнях. Светская цензура продолжала оставаться в ведении учреждений, имевших типографии. Частные типографии (с 1771) были подчинены цензуре Академии наук и Моск. ун-та, а с 1783 — Управе благочиния. Отсутствие в ее царствование четких критериев запрета сделало возможным появление масонских изданий *Н. И. Новикова* (1780-е гг.), «Путешествия» *А. Н. Радищева* (1790), «Вадима Новгородского» *Я. Б. Княжнина* (1793) и др. произведений, вызвавших затем полицейское преследование не только авторов, но также издателей и книготорговцев. Решения по таким делам принимала сама Е., и они свидетельствуют о постепенном ужесточении режима к кон. царствования.

В целом, оставаясь «просвещенной государыней», Е. предпочитала не столько подавлять литературу, сколько, покровительствуя писателям, управлять ими. Напр., выбор книг для перевода на рус. язык она поручила Собранию, старающемуся о переводе иностр. книг (1768—1783), во главе которого стал *Г. В. Козицкий* и в котором предполагалось сосредоточить на весьма льготных условиях всю переводческую работу в России. Рукописи писателей, переводивших книги в соответствии с предлагаемым обществом списком, оплачивались из личных сумм Е. Позднее обсуждался проект создания Переводческого деп. при Академии наук (1790).

Широко практиковалось издание сочинений рус. авторов на счет Кабинета е. и. в.; часть тиража автор обычно получал в награду за свои сочинения. Так печатали свои произведения *М. И. Попов, М. Д. Чулков* и др. малоимущие литераторы. Е. поощрила переход Н. И. Новикова от сатирической журналистики к изданию исторических документов, субсидировав его «Древнюю российскую вивлиофику» (1773—1775) и открыв ему доступ к бумагам Гос. арх. Общеизвестными становились случаи, когда авторы произведений, прославлявших императрицу, щедро вознаграждались (*Г. Р. Державин*, В. П. Петров, *Ип. Ф. Богданович* и ряд др.).

По той же схеме развивались ее отношения с М. В. Ломоносовым и А. П. Сумароковым, авторитетнейшими и известными в Европе рус. писателями. Подписав в 1763 отставку Ломоносова, бывшего сторонника Шуваловых, из Академии наук и быстро почувствовав неблагоприятный резонанс этого увольнения, Е. погасила его царственным визитом к произведенному в ст. советники академику. В знак признания литературных заслуг Сумарокова Е. в 1762 приказала считать службой его литературную деятельность, а расходы по его изданиям взяла на себя. Несмотря на трения в отношениях с этим независимым и самолюбивым человеком, она до кон. его дней сохраняла его статус государственного пансионера.

Публицистические выступления Е. после роспуска Комиссии нового Уложения также ставили задачу дать выход оппозиционным настроениям в печати и направить общественное мнение в нужное русло. Организовав журнал «Всякая всячина» (1769), объединявший узкий кружок приближенных, она в предисловии предложила издавать подобные периодические листки и др. писателям. Как и пр. участники, Е. печаталась во «Всякой всячине» анонимно или под постоянно меняющимися псевдонимами (предполагается, что ей принадлежат подписи «Патрикей Правдомыслов», «Адам Адамов Варгейт» и др.), поэтому неясно, насколько точно современники угадывали ее авторство, хотя руководящая роль Е. им была известна так же, как ясна и правительственная программа журнала.

Лейтмотивом мн. статей во «Всякой всячине» была идея «сословного мира»: все состояния должны быть довольны своим положением, т. к. они члены одного тела — государства. Иносказательная «сказочка» о том, как мужичку шили кафтан, объясняла читателям, что законодательная Комиссия закончилась безрезультатно по вине не пришедших к согласию депутатов. Касаясь общественных недостатков, «Всякая всячина» настаивала, что они происходят от пороков, свойственных всем людям (приказные становятся взяточниками потому, что их соблазняют посулами просители), и главной задачей сатиры провозглашала исправление нравов: поскольку грубость свойственна необразованным людям, то, просветив помещиков, можно сделать их человечными по отношению к крепостным.

Из издателей шести сатирических журналов, которые стали выходить в качестве «потомства» «Всякой всячины», наиболее принципиальную борьбу с ее охранительным направлением начали Н. И. Новиков и *Ф. А. Эмин*, отстаивавшие право сатиры на обличение конкретных злоупотреблений и лиц, вплоть до самых знатных, чего Е. допускать не желала; прибегнув во «Всякой всячине» к прямым угрозам по адресу непокорных литераторов, она подвергла издаваемые ими журналы более строгому дополнительному контролю.

Из немногочисленных литературно-критических отзывов во «Всякой всячине» заслуживают внимания защита пьес *В. И. Лукина* от нападок современников, насмешки над «Тилемахидой» и «Аргенидой» *В. К. Тредиаковского*, похвалы А. П. Сумарокову.

В попытке подчинить себе независимое общественное мнение Е., однако, потерпела неудачу; впосл. она скрывала свою причастность к полемикам 1769.

Более значительным (хотя также анонимным) было участие Е. в «Собеседнике» (1783—1784), общую редактуру которого она осуществляла вместе с *Е. Р. Дашковой*. Бо́льшую часть журнала занимали ее «Записки касательно российской истории» (отд. изд. 1787—1794). Возникнув из замысла написать пособие для внуков, «Записки» вылились в научно-публицистическое сочинение, над которым Е. проработала до самой смерти. По материалу они представляют собой сопоставительный хронологический свод фактов рус. и европ. истории, с подробно разработанной генеалогией рус. князей (доведены до 1390). Вместе с тем, объявляя древнерус. князей первыми рус. государями, Е. развивает в «Записках» апологию монархической формы правления в России. По убеждению Е. (основная мысль «Записок», отмеченная еще Н. А. Добролюбовым), в России национальное просвещение и все общеполезные действия всегда исходили от правительства, в то время как причиной междоусобий и несправедливостей были бояре и советчики царей. Подобная проекция истории на современность была одним из проявлений борьбы Е. против аристократической группировки Н. И. Панина, др. резким выпадом против которой явились ее «ответы» на «Несколько вопросов...» *Д. И. Фонвизина*. «Вопросы» напоминали о неосуществленном своде законов, системе фаворитизма, гонениях на независимое дворянство. В «ответах» Е. обвинила своего оппонента в «свободоязычии» и подчеркнула, что рус. национальный характер должен состоять «в остром и скором понятии всего и в образцовом послушании». Е. пришлось также отвечать на критику своих исторических «Записок», содержавшуюся в статьях Любослова (псевд.) и *С. П. Румянцова*, появившихся в «Собеседнике». Некоторые насмешки над несогласными с нею вошли в печатавшиеся из номера в номер «Были и небылицы» (намеки на Фонвизина, И. И. Шувалова, которого Е. первоначально считала вдохновителем «вопросов», С. П. Румянцова); отразились здесь и какие-то придворные распри. В целом это сюжетно не связанное собрание рассказов «дедушки», с претензией на юмор, повторяет уже известные по «Всякой всячине» рассуждения о молодежи, не уважающей старших, о людях самолюбивых и умничающих, вестовщиках и пр.

В «Собеседнике» Е. напечатала также начало «Общества незнающих ежедневной записки», как предполагается, пародирующей заседания Рос. Академии во главе с Е. Р. Дашковой (учрежд. 30 сент. 1783); сохранившееся рукописное продолжение уже приобретает форму литературной игры, в которой приняли участие Ш.-Ж. де Линь, Л. фон Кобенцль, Л.-Ф. Сегюр, К.-Х. Нассау-Зиген, *А. М. Дмитриев-Мамонов*. В рамках этой игры тогда же были написаны «домашние» шутки над гофмаршалом Л. А. Нарышкиным — «Leoniana» и «Relation authentique...». Составившийся кружок литераторов-дилетантов был привлечен Е. к работе над пьесами специально для ограниченного числа посетителей Эрмитажа. Пьесы эти относились к модному жанру драматических пословиц и фарсов, гл. о. на фр. языке, содержавших отклики на придворные происшествия. Иногда работа над пьесами велась коллективно. Е. писала в соавторстве с де Линем («L'Amant ridicule», 1787) и А. М. Дмитриевым-Мамоновым («L'Insouciant» (1788) — о Л. А. Нарышкине). Ей самой принадлежат «проверби» (драматизированные пословицы) — «Un tiens vaut toujours mieux que deux tu l'auras» (др. назв. — «Le tracassier», 1787), «Le flatteur et les flattés» (пост. 23 апр. 1788), «Qui'l n'y a point de mal sans bien» и «Le voyage de M-r Bontemps» (пост. 19 сент. 1788), «Le râge aux proverbes» (1788). Будучи недовольна Е. Р. Дашковой, она выводит ее под именем Постреловой в пьесе «За мухой с обухом» (совм. с Дмитриевым-Мамоновым, 1788; текст не сохр.). Фр. пьесы Е. частично вошли в сборник «Recueil des pièces de l'Hermitage» (1789, т. 1—4), напечатанный только для его участников (сокр. переизд.: Théâtre de l'Hermitage de Catherine II ... Paris, 1792, t. 1— 2; два рус. перевода под одинаковым загл., напечатанные в Сенат. и Унив. типографиях: Эрмитажный театр... М., 1802, ч. 1—2).

Литературное наследие Е. велико по объему. Она писала быстро, мало занималась отделкой своих сочинений, часто пользовалась помощью секретарей и близких ко двору литераторов. Г. В. Козицкий и *А. П. Шувалов* делали выписки для «Наказа» и «Antidote», И. П. Елагин редактировал прозаические комедии, А. В. Храповицкий подбирал материалы и сочинял стихи для комических опер и исторических драм. Широкий круг ценителей истории Е. вовлекла в исторические разыскания: А. П. Шувалов, *Платон Левшин*, И. П. Елагин, А. И. Мусин-Пушкин, *И. Н. Болтин, А. А. Барсов, Х. А. Чеботарев*. В лингвистических трудах ей помогал П.-С. Паллас, который и осуществил издание «Сравнительных словарей всех языков и наречий» (1787—1789, т. 1—2).

Е. была невысокого мнения о художественных достоинствах собственных произведений и не напечатала ни одного сочинения под своим именем. Характерно ее предпочтение драматическим жанрам, литературные недостатки которых отчасти скрывало сценическое исполнение. Пьесы Е. циклизуются по времени создания и тематике, поскольку их проблематика всегда была привязана к злобе дня.

Первые комедии Е., написанные ок. 1772 и идейно связанные между собой, были представлены публике как «сочиненные в Ярославле», т. е. как труды провинциала. Комедия «О, время!» (пост. до апр. 1772) направлена против недовольных новым царствованием дворян, которые вину за любые непорядки возлагают на правительство. Три отрицательных персонажа — Ханжахина, Чудихина, Вестникова — ругают полицию, науки и просвещение, распускают слухи о голоде, небывалом наводнении в Петербурге, предъявляют несуразные претензии, вроде требований к правительству давать невестам приданое и пр. Грубость таких людей старого покроя, их вздохи по временам императрицы Елизаветы Петровны Е. осмеивает и в комедии «Госпожа Вестникова с семьею» (1774; пост. 25 нояб. 1780), куда вставляет также и насмешки над городскими слухами о каком-то «боярском» заговоре. В «Именинах госпожи Ворчалкиной» (пост. 27 апр. 1772) она расширяет выпады против «фрондеров», включая в их число и молодое поколение — петиметров, пустых прожектеров, дворян, чванящихся знатностью рода. В «Передней знатного боярина» (пост. 18 сент. 1772) перед зрителем проходят просители разных наций и состояний из числа таких дворян; боярин Хрисанф (выразитель мыслей автора) готов награждать достойных, но не тех, кто требует не по заслугам. К указанным пьесам примыкают не попавшие на сцену «Невеста-невидимка» и «Вопроситель» (последнюю П. Н. Берков относил к 1783, полагая, что она направлена против Фонвизина).

«Ярославские» комедии явились откликом на брожение в обществе в предвидении совершеннолетия вел. кн. Павла Петровича и ответом недовольным, которых Е. изображает в подчеркнуто карикатурном виде. Современники находили в этих карикатурах портретные соответствия, ныне забытые. С некоторой достоверностью можно говорить лишь о намеках на *С. Е. Десницкого*, Мерсье де ла Ривьера, принца Генриха Прусского.

С распространившимся к сер. 1780-х гг. масонством, представителей которого Е. подозревала в заговоре в пользу Павла Петровича и в сговоре с Фридрихом II, она также первоначально попыталась бороться литературными средствами. Избрав поводом пребывание в Петербурге гр. Калиостро, она пишет комедии «Обманщик» (пост. 4 янв. 1786), «Обольщенный» (пост. 2 февр. 1786) и «Шаман сибирский» (пост. 24 сент. 1786). Гр. Калиостро выведен в «Обманщике» под именем «Калифалкжерстон» как обирающий доверчивого Самблина шарлатан, притворяющийся, что умеет делать золото, брильянты и разговаривать с духами. В двух др. пьесах изображены проходимцы, действующие под покровом масонской ложи, и осмеяны доверчивые невежды, которые поддаются на толкования кабалистов, обещания чудесных исцелений и алхимические фокусы. Характерно, что слуги в комедиях Е. всегда противопоставлены своим господам как положительные персонажи; народ, наделенный здравым смыслом, ставится в пример вечно недовольному и сумасбродничающему дворянству. К бытовому материалу Е. обратилась еще дважды — в пьесах «Расстроенная семья осторожками и подозрениями» (пост. 29 дек. 1787) и «Недоумения» (пост. 3 сент. 1789).

К кон. 1780-х гг. она увлекается жанрами «без соблюдения обычных театральных правил» — комической оперой и историческими драмами. В комических операх Е. намеренно культивирует простонародный стиль, составляя их «из слов сказок и песен русских». Обращение к фольклору, само по себе примечательное как официозный пример для драматургов, не было, однако, глубоким и обычно прикрывало иносказательный смысл пьес. В «Февее» (пост. 19 апр. 1786), рассказе о злоключениях своевольного сына сибирского царя Тао-Ау, современники могли видеть урок Павлу. В опере «Новгородский богатырь Боеславич» (пост. 27 нояб. 1786), по назв. восходящей к былине, рассказывалось о том, как благородный наследник новгородского князя побеждает взбунтовавшихся посадников и возвращает себе престол. Сказочная опера «Храбрый и смелый витязь Ахридеич» (пост. 23 сент. 1787), по мотивам сказок об Иване-царевиче, была задумана и выполнена Е. в духе трюковой феерии. Особое политическое значение придавала Е. опере «Горе-богатырь Косометович» (пост. 29 янв. 1789), написанной после первых побед в напряженной войне со шведами и осмеивавшей неудачи короля Густава. Маленькая сценка «наподобие игрища» «Федул с детьми» (пост. 16 янв. 1791), почти целиком составленная из текстов народных песен, содержит намек на театральный скандал с Лизанькой Урановой (Сандуновой) и А. А. Безбородко.

В «исторических представлениях» Е. собиралась подражать хроникам Шекспира, известного ей по нем. переводам. Реально ее исторические драмы были направлены против аллюзионной интерпретации истории в тираноборческих трагедиях рус. писателей. Драма «Из жизни Рюрика» (1786; 3-е изд. 1792; с примеч. И. Н. Болтина), не сценичная и не попавшая на театр, интересна тем, что является первой обработкой темы Вадима Новгородского, решенной в чисто монархическом духе. Смутьян Вадим вынужден уступить трон просвещенному монарху Рюрику, прощен им и становится верным слугой государя. Сюжетом «Начального управления Олега» (пост. 22 окт. 1790) Е. избрала его визант. поход. Это давало возможность не только напомнить об исконной военной мощи России, но и выразить перед завершением рус.-тур. войны свои честолюбивые планы завоевания Константинополя. Третья пьеса, «Игорь», осталась незавершенной. О важном политическом значении, которое Е. придавала этой трилогии, свидетельствуют пометки Г. А. Потемкина на рукописях пьес. «Олег», поставленный с необычайной пышностью, с хорами В. А. Пашкевича и Дж. Сарти на тексты Ломоносова, стал апофеозом рус. самодержавия.

Музыку к операм и драмам Е. писали также Е. И. Фомин, В. Мартин-и-Солер, Э. Ванжура; над ними работали в Эрмитажном театре лучшие актеры, балетмейстеры и декораторы. На публичной сцене они ставились без особого успеха.

Исторически самым значительным произведением Е., над которым она трудилась всю жизнь, стали ее «Mémoires» («Записки»), написанные на фр. языке. Они создавались не для печати, и в них Е. достигает наивысшей откровенности, какая была доступна этой актерской натуре, рожденной для политической сцены. Первоначальные наброски биографии и описания своего характера Е. делает в 1754—1756, затем в 1760 записывает еще несколько эпизодов жизни в России, явно уже имея в голове план последовательных воспоминаний. Переворот 1762 и последующие события прерывают работу.

Новое обращение к мемуарам в собственном смысле слова датируется 21 апр. 1771. Первая редакция ч. 1 адресована близкой подруге Е., графине П. А. Брюс (урожд. Румянцевой), которой, как писала Е., «могу сказать все, не опасаясь последствий». Несмотря на посвящение, нет никаких доказательств, что рукопись действительно побывала в руках Брюс. К продолжению Е. приступила лишь после долгого перерыва; в 1791 Брюс умерла, и «Записки» адресуются теперь др. близкому лицу, принадлежащему также к ушедшему поколению, — барону А. Черкасову. По-видимому, в процессе работы у Е. возникает мысль придать мемуарам литературную форму и бо́льшую стройность. В 1794 она начинает их новую переработку и дополнение, доведя изложение до 1759. Текст разделяется на две части; к ч. 1 отнесены ранее написанные пределы, ч. 2 пишется заново; сохранилась также канва событий до 1760 и наброски отдельных эпизодов первых лет царствования. Появляется краткое предисловие, в котором Е. подчеркивает внутренний сюжет записок — сопоставление судеб своей и Петра III, и главную мысль — путь к престолу ей обеспечили личные достоинства и разумная политика. Последняя редакция в значительной степени ориентируется на мнение потомства; в соответствии с этим в прежний текст вносятся немногие, но важные изменения. Все тексты «Записок» переписывались Е. собственноручно, и современникам не было известно об их существовании. Рукопись имеет завещательную надпись Павлу I. Списки с автографа стали распространяться только после ее смерти.

Литературное творчество Е. насквозь публицистично и было всего лишь частью ее политической деятельности. Она поняла общественную силу литературы и постаралась использовать ее в государственных целях. В последние годы жизни, напуганная событиями фр. революции, она от полемики перешла к прямому уничтожению передовой литературы, закончив царствование процессом А. Н. Радищева и заточением Н. И. Новикова в Шлиссельбургскую крепость.

«Сочинения» Е. (СПб., 1901—1907, т. 1—12) наиболее авторитетно изданы А. Н. Пыпиным и Я. Л. Барсковым, частично по рукописям, всегда на языке подлинника и без перевода. Среди не напечатанных при жизни Е. и незавершенных произведений в этом собрании опубликованы несколько подражаний европ. драматургам: «Расточитель», переделка «Тимона Афинского» Шекспира (1786); отрывок из переложенной на рус. нравы «Школы злословия» Р. Шеридана (1787); «Чулан», переделка фр. версии пьесы П. Кальдерона. Из печати не вышел т. 6 с текстом «Наказа»; издание также не включает письма Е. и большое количество чисто политических сочинений. Основная часть рукописей литературных сочинений Е. находится в ЦГАДА (ф. 10, оп. 1).

Лит.: *Дирин П.* Вел. княгиня Екатерина Алексеевна. 1729—1761. СПб., 1884; *Брикнер А. Г.* История Екатерины II. СПб., 1885; Голицын. Словарь (1889); *Бильбасов В. А.* 1) История Екатерины II. 1725—1764. СПб., 1890—1891, т.1—2; Берлин, 1897, т. 12, ч. 1—2; 2-е изд. Берлин, 1900, т. 1—2; 2) Ист. монографии. СПб., 1901, т. 2—5; *Храповицкий А. В.* Памятные зап. ... М., 1901; *Екатерина II.* 1) Автобиогр. зап. [на фр. яз.]. — В кн.: Соч. СПб., 1907, т. 12, кн. 1; 2) Зап. / Пер. с подл.; изд. А. С. Суворина. СПб., 1907; Переворот 1762 года: Соч. и переписка участников и современников. М., 1908; 4-е изд. М., 1910; *Корнилович О. Е.* «Зап.» Екатерины II. — Журн. М-ва нар. просв., 1912, № 1; *Чечулин Н. Д.* Екатерина II в борьбе за престол. Л., 1924; Берков. Сатир. журналы Новикова (1951); Берков. Журналистика (1952); История рус. лит. XVIII в.: Библиогр. указ. Л., 1968; Берков. История комедии (1977).

В. П. Степанов

ЕКИМОВ (А к и м о в, Я к и м о в) Петр Екимович. Происходил, по-видимому, из духовного сословия. Ок. 1752 был определен в Новгородскую дух. семинарию; в 1757 явился в Петербург и лично *И. И. Шуваловым* был принят в Моск. ун-т, скорее всего в гимназию для разночинцев; затем студент университета, специализировался в греч. и лат. языках. В 1765 стал известен императрице *Екатерине II*, которая уже 8 янв. 1765 распорядилась определить Е. в статскую службу с обер-офицерским чином. Ссылаясь на это распоряжение, Е. 4 февр. обратился с просьбой на высочайшее имя зачислить его переводчиком в Синод, приложив аттестат от бывшего синодального переводчика *Г. А. Политики* (от 31 янв. 1765), свидетельствовавший, что Е. в греч. и лат. языках «хорошее знание имеет и с оных на российский язык изрядно переводить может». 10 авг. Е. по сенатскому указу был назначен в Синод «к переводческим делам» с чином губернского секретаря (ЦГИА, ф. 796, оп. 46, № 43). Осенью 1766 Е. был официально отчислен из Моск. ун-та.

К 1768 Е. подготовил и представил в Акад. типографию переведенный им, очевидно, с лат. языка «Храм древностей» (1771; 2-е изд. 1784) — толковый словарь персонажей античной мифологии, включающий также несколько библейских имен. Не исключено, что при переводе Е. пользовался не одним, а несколькими источниками.

14 окт. 1769 Е. подал вторичное прошение императрице об определении на оставшуюся вакантной должность синодального переводчика, с повышением в чине и жалованье. 13 авг. 1770 архимандрит *Платон Левшин* доложил Синоду, что он «опробовал» Е. в греч. переводах и тот «переводить может». Однако указав на то, что Е. не знает новейших языков, Синод 26 янв. 1771 отложил решение по его прошению (ЦГИА, ф. 796, оп. 47, № 288; оп. 50, № 368). Для Е. это, по-видимому, было тяжелым ударом, т. к. в 1771—1772 заимодавцы (в т. ч. В. Н. Каржавин) предъявили ко взысканию его векселя на сумму ок. 500 р. (ЦГИА, ф. 796, оп. 52, № 364). К 1775 Е. ушел из Синода в штат Гл. магистратской конторы Петербурга.

В это время Е. уже работал над переводом «Илиады»: в 1770 Екатерина II писала Вольтеру, что Гомер переводится на рус. язык. Перевод осуществлялся по программе изданий Собрания, старающегося о переводе иностр. книг, руководимого *Г. В. Козицким*, от которого Е. в 1773—1776 получал частями гонорар. Первые 12 песен «Илиады» были завершены к 1773 и напечатаны О-вом, старающимся о напечатании книг *Н. И. Новикова*, к которому перешли рукописи собрания. Поскольку Новиков не сумел оплатить тираж, издание осталось за Академией наук, которая постановила «уничтожить по некоторым обстоятельствам в ч. 1 предисловие и на его место напечатать другое», книгу же не выпускать в продажу до публикации ч. 2 и поднесения императрице. Перестав получать поддержку от собрания, Е. в завершении перевода был поощрен Г. А. Потемкиным, определившим его на службу во вновь образованное Екатеринославское наместничество переводчиком с греч. языка при губернской канцелярии Азовской (затем Екатеринославской) губ. (1778—1783). В 1775 *Ип. Ф. Богданович* сообщил в академическом журнале «Собр. нов.», что «„Илиада" назначена в печать» (нояб., с. 102), а в 1776 дал общую оценку перевода: «Перевод Омировых, или Гомеровых, стихотворений, ныне издаваемый, может служить некоторою эпохою российских словесных наук, кои преподают нам красоты славного греческого творца в их, так сказать, природном изображении и обещают нам своих собственных Гомеров» (дек., с. 44). Ч. 1 «Омировых творений» вышла с датой «1776» на титульном листе; ч. 2 датирована 1778; к февр. 1777 Екатерина II уже читала книгу и сообщала Вольтеру, что «все хвалят перевод».

Историческое значение перевода Е. состоит не только в ознакомлении рус. читателя с греч. классиком, впервые переведенным с языка оригинала. Несмотря на прозаическую форму перевода, Е. положил нач. традиции «возвышенной» интерпретации Гомера. Стилистически следуя за поздним *В. К. Тредиаков-*

ским (установка на церковнослав. язык, широкое использование двусоставных эпитетов и т. п.), Е. вместе с тем не просто воспроизводил «высокий стиль», но вводил в него элементы слога популярных произведений старинной письменности (переводы «Истории о разорении Трои», «воинские» повести). Как полный и весьма точный «русский Гомер», перевод Е. был долго и широко известен; о нем еще в 1808 упоминал журнал «Драм. вестн.» (ч. 5, с. 13). С др. стороны, после опыта стихотворного перевода *Е. И. Кострова* усилилось критическое отношение к нему. Язвительные строки посвятил Е. в своем трактате об искусстве перевода *Б. В. Голицын* (1809): «На заглавном листе сказано, что во ⟨Гомер⟩ переведен с греческого языка: вероятно, с какого-нибудь новейшего, которого мы не разумеем. Чтоб он переведен был с древнего греческого подлинника — быть не может! Здесь нет и тени Гомера!». Вместе с тем перевод Е., при всем его архаизме, внимательно читал и использовал Н. И. Гнедич, заимствовав из него ряд характерных словосочетаний и эпитетов.

Из «репорта» Е. (от 23 марта 1786 — ГПБ, ф. 609, № 10, л. 140—141) правителю наместничества И. М. Синельникову с жалобой на неуплату определенного ему Потемкиным жалованья известно, что в сент. 1779 Е. поднес Потемкину прозаический перевод «Одиссеи», а до этого трижды приезжал в Петербург для поднесения отдельных песен поэмы. Перевод был передан в Академию наук и упоминается в отчете *С. Г. Домашнева* при сдаче академических дел в 1783; сохранилась расписка Е. в получении от Академии денег в счет этого перевода. В 1802 *И. И. Лепехин*, проверявший после Домашнева наличие рукописей, передал манускрипт Е. (без песен 4—5) в Рос. Академию (совр. местонахождение неизв.). А. Н. Егунов привел убедительные стилистические аргументы в пользу атрибуции Е. издания «Одиссея, героическое творение Омира» (1788, ч. 1—2); обычно оно без особых оснований приписывалось *Моисею Гумилевскому* или *И. П. Соколову*, лишь отредактировавшему текст издания 1788 для переиздания 1815 (под загл. «Одиссея, или Странствования Улисса, героическое творение Гомера»; 2-е изд., вновь испр.).

В упомянутом «репорте» Е. сообщал также, что он трудится над переложением «Илиады» в стихи и начерно подготовил ч. 1, которая «состоит в большем против прозы количестве». Никаких следов этого начинания не сохранилось. Одновременно Е., обремененный семейством, жаловался на ослабевшее зрение и большую бедность, заставившую его распродать «самонужнейшие и малые вещи». С 1784 Е. служил секретарем уездного суда в г. Мирополье Харьковской губ., нисколько не повысившись в чине (упоминается то под фамилией Якимов, то Акимов). После 1795 имя Е. исчезает из «Адрес-календарей».

Лит.: Семенников. Собрание, старающееся о переводе книг (1913); Семенников. Мат-лы для словаря (1914); Пенчко. Документы, т. 1 (1960); *Егунов А. Н.* Гомер в рус. пер. XVIII—XIX вв. М.; Л., 1964.

С. И. Николаев, В. П. Степанов

ЕЛАГИН Иван Перфильевич [30 XI (11 XII) 1725—22 IX (3 X) 1793, Петербург]. Происходил из дворянской военной семьи. Начальное образование получил дома. С 1738 по 1743 учился в Сухоп. шлях. корпусе, который окончил в чине прапорщика армии, но числился капралом в Преображенском полку. Затем служил в Невском полку, а с 3 окт. 1748 определился писарем в канцелярию Лейб-Компанской роты, делами которой заведовал *А. П. Сумароков*. 17 марта 1751 Е. был назначен генеральс-адъютантом командира роты А. Г. Разумовского, а 4 дек. 1752 зачислен в штат Лейб-Компании.

В 1750-х гг. Е. был близок ко двору вел. княгини Екатерины Алексеевны. Его служебную карьеру (23 июня 1757 он был произведен в полковники) прервало дело канцлера *А. П. Бестужева-Рюмина*. В февр. 1758 Е. был арестован вместе с *В. Е. Адодуровым* и ювелиром Бернгарди; поскольку выяснилось, что он являлся посредником между Екатериной и Станиславом-Августом Понятовским, 5 апр. 1759 Е. был сослан в имение под Казань. Письма к нему за эти годы от Екатерины и

Понятовского свидетельствуют, что своим молчанием на допросах Е. помог будущей императрице остаться формально непричастной к делу о государственной измене.

После переворота 1762 Е. оказался в числе доверенных придворных. 27 июля 1762 он получил чин д. ст. советника, стал членом Дворцовой канцелярии и статс-секретарем у принятия прошений (до 24 июля 1768). На протяжении мн. лет Е. пользовался полным доверием императрицы, выполняя деликатные поручения в связи с аннулированием проекта *Н. И. Панина* о Гос. совете (1763), в делах В. Я. Мировича (1764), «Салтычихи» (1768) и Брауншвейгской фамилии; через него велась переписка о приглашении в Россию Ч. Беккариа (1767). На придворной службе Е. достиг высших чинов (с 22 сент. 1767 — т. советник) и должностей (с 28 июня 1782 — обер-гофмейстер), стал кавалером орденов пол. Белого орла (7 марта 1765) и Александра Невского (22 сент. 1773). В янв. 1766 Е. предложил проект устройства крестьян Дворцового ведомства. Это был первый отклик на конкурс по крестьянскому вопросу, объявленный Вольным экон. о-вом (1765). Он представлял собой крайне консервативный план полуполицейской организации деревни и предусматривал раздачу дворцовых земель с крестьянами в частную аренду потомственным дворянам, при резком увеличении суммы оброка. Проект свидетельствовал о полном незнакомстве Е. с реальной системой рус. землепользования.

Нач. литературной деятельности Е. связано с именем Сумарокова, которому он еще в 1748 помогал в издании его первых трагедий; Е. был также близким другом *Н. А. Бекетова* (песни того и другого — без указания авторства — вошли в сб. 1759 «Между делом безделье»). Особый резонанс имела елагинская «Эпистола к г. Сумарокову» (в списках известная также как «Сатира на петиметра и кокеток»), датируемая второй пол. 1753. Она вызвала широкую общественно-литературную полемику, в которую оказались вовлеченными почти все современные писатели. «Эпистола» была направлена против усиливавшейся в противовес нем. литературному влиянию ориентации на Францию, одновременно оттеснявшей на задний план национальную старорус. культурно-бытовую традицию. «Петиметрство» как бытовое явление было связано с окружением *И. И. Шувалова*; поэтому выступление Е. прозвучало как протест против фаворитизма и коррупции при дворе императрицы Елизаветы Петровны. С др. стороны, Е. дал в «Эпистоле» апологетическую характеристику Сумарокова: «Открытель таинства любовныя нам лиры, Творец преславныя и пышныя „Семиры“, Из мозгу рождшейся богини мудрый сын, Наперсник Боалов, российский наш Расин, Защитник истины, гонитель злых пороков»; этот отзыв он повторил в написанном тогда же стихотворении «К Сумарокову». Выступление Е. вызвало серию сатир и эпиграмм, иногда довольно грубого и личного свойства со стороны *М. В. Ломоносова, В. К. Тредиаковского* и их сторонников — *Н. Н. Поповского*, Ф. Г. Сукина, *М. М. Щербатова*; в полемике участвовали и литераторы, имена которых остаются неизвестными. К 1753 относится и сочиненная Е. афиша-пародия на трагедию Ломоносова «Тамира и Селим», где высмеивалась выспренняя патетика его драматургии. Борьбу за литературные принципы сумароковской школы Е. продолжил в журнале «Ежемес. соч.». Когда *Г. Н. Теплов* выступил со статьей «О качествах стихотворца рассуждение», в которой обвинил последователей Сумарокова в том, что они удалились от принципов серьезной, «учительной» поэзии, Е. ответил полупамфлетным рассуждением «Автор» (1755, № 7—12). Оно представляет собой свободный перевод из лейпцигского журнала «Belustigungen des Verstandes und der Witzes» (1743), в который Е. включил насмешки над Тепловым — автором книги «Знания, касающиеся вообще до философии» (1751), изображенным им в виде смешного педанта. Е. осмеивал его неспособность писать стихи и делать стихотворные переводы, а также позволил себе намеки на Тредиаковского и Ломоносова — былых союзников Теплова. Дальнейшее участие Е. в журнале свелось к двум полубеллетристическим этюдам — «Сказка» и «Аллегория о противоречиях в любви» (1756), т. к. в это время он предпринимает перевод обширного романа А.-Ф. Прево «Приключения маркиза Г. . . ., или Жизнь благородного человека, оставившего свет» (1756—1758, ч. 1—4). В предисловии к изданию Е. дал первую в рус. критике апологию жанра романа, утверждая, что подражание добродетельным героям наилучшим образом воспитывает читателя, и приравнял сочинение Прево к «Телемаку» Фенелона, признанному эталоном в литературе классицизма. Торжественный и синтаксически усложненный слог перевода долгое время считался образцовым и, благодаря чрезвычайной популярности романа (пять изданий в XVIII в.), оказал заметное влияние на повествовательную прозу: *Д. И. Фонвизин* подражал ему в своих ранних переводах; под его влиянием формировалась переводческая манера *И. С. Захарова* и братьев *А. В.* и *Е. В. Рознотовских*; *Н. М. Карамзин* считал, что «славяно-русские переводы» Е. составляют целую эпоху в развитии рус. прозы. В качестве признанного стилиста Е. играл главную роль в переводе «Велизария» Ж.-Ф. Мармонтеля, предпринятого *Екатериной II* совместно с придворными во время путешествия по Волге в апр.—июле 1767: он перевел вступление и первые две главы романа. Мн. произведения Е. (элегии, песни, «сатирические письма прозою и стихами», сочинения «о важных предметах как в стихах, так и в прозе, которые слишком скромный автор еще не отдавал в печать») распространялись в рукописи (см.: Лейпцигское известие (1767); Новиков. Опыт словаря (1772)).

Е. был тесно связан с Рос. театром с самого момента его организации и в 1757 перевел для него комедию Ж.-Б. Мольера «Мизантроп, или Нелюдим» (изд. в 1788). Страстный театрал и меломан (по шутливому замечанию Екатерины — «умрет от садна слуховой перепонки, произведенного театральной гармонией»), он всерьез обращается к драматургии, когда после отставки Сумарокова с должности директора театра практически начинает курировать деятельность придворной труппы. Вокруг него группируются молодые драматурги — *Ф. А. Козловский,*

С. В. Нарышкин, Д. И. Фонвизин, В. И. Лукин, Б. Е. Ельчанинов, возможно, *А. Г. Карин,* которых объединяло стремление вместо буквальных переводов пополнить репертуар приспособленными к национальным потребностям переделками иностранных пьес. В кружке Е. сложилась теория «преложения» иностранных сочинений «на наши нравы», которая была теоретически сформулирована Лукиным и оказала влияние на самые разные литературные жанры; участники его проявляли живой интерес к новейшим течениям в европ. драматургии, в частности к «мещанской» драме Д. Дидро. Вкладом самого Е. в литературу «преложений» явилась комедия «Русский француз» (по др. данным — «Жан де Моле»; пост. 12 янв. 1764; текст не сохр.), восходящая к «Jean de France» Л. Гольберга. По отзывам современников можно судить, что она представляла собой сатиру на галломанов и на дурное воспитание, причем автор имел в виду «подлинники», т. е. определенных реальных лиц. Пьеса пользовалась успехом и заслужила одобрительный отзыв Екатерины II, отметившей, что «она разве тем только может не понравиться, кои в ней себя тронутыми найдут; в ней все такие правды, коих оспорить не можно». По преданию, Е. также будто бы осуществил перевод всех комедий Ф.-Н. Детуша, оставшийся неизданным.

Кружок Е. прекратил существование к 1766, распавшись из-за разъезда части членов и внутренних трений. Несколько ранее появились направленная против кружка и лично против Е. сатира *Я. Б. Княжнина* «Бой стихотворцев» и приписываемое Д. И. Фонвизину ответное «Дружеское увещание Княжнину» (1765), свидетельствующие, что Е. вновь оказался в центре ожесточенной полемики. В частности, Княжнин упрекает Е. за введение на сцену «гнусной» (низкой) природы, в зависти и вражде к Сумарокову и Ломоносову; литературная беспомощность его соратников подтверждается сравнением с Тредиаковским. Причиной расхождения с Сумароковым явилось как покровительство Е. жанру «серьезной» комедии и Лукину, так и его театральная политика. После 1762 Е. осуществлял неофициальное наблюдение за деятельностью придворного драматического и музыкального театра, а 20 дек. 1766 был назначен директором театров, пробыв в этой должности до 21 мая 1779. Уже к нач. 1765 относится широкое распространение слухов о ссоре Сумарокова и Е. Ряд замечаний Е. на комедии Сумарокова «Лихоимец», «Ядовитый» и трагедию «Вышеслав» в 1768 привели к тому, что писатели обменялись резкими письмами; ссору пришлось улаживать самой императрице; позднее Сумароков обвинял Е. в противодействии своим проектам реорганизации Моск. театра. На произвол Е. — директора театров жаловался также *А. О. Аблесимов*, напечатавший во «Всякой всячине» (1769) письмо-жалобу по поводу отказа допустить на сцену его комедию (по-видимому, «Подъяческая пирушка»); известно о недовольстве актеров «деспотическими» распоряжениями Е. В целом же во время директорства Е. были осуществлены важные реформы в области театра: упорядочены финансовые дела, заведены Публ. театр в Петербурге (1774) и, по плану *В. И. Бибикова*, Театр. уч-ще (1779), построен Большой Петербургский театр в Коломенской части (1783). Литературная деятельность Е. в эти годы почти прекращается. Можно лишь указать, что 1 февр. 1771 была поставлена и тогда же напечатана в переводе Е. трагедия И.-В. Браве «Безбожный» (пер. посв. Г. Г. Орлову, по настоянию которого он и был осуществлен). Предполагается, что Е. был в числе придворных, издававших «Всякую всячину»; к Е. относят помещенный в предисловии к журналу шутливый словесный портрет одного из его сотрудников: «...приземист, часто запыхаюсь, широка рожа, заикаюсь, когда сердит, немного хром, отчасти кос, глух на одно ухо, руки длиннее колен, брюхо у меня остро, ношу кафтаны одного цвета по году, по два, а иногда и по три»; степень его конкретного участия в журнале не ясна. Имеются сведения о том, что Е. правил стиль рус. сочинений императрицы.

С нач. 1770-х гг. Е. становится во главе объединенных и реорганизованных им рус. масонских лож, создав т. н. елагинскую систему масонства. Сам он состоял в масонской ложе (видимо, фр. рыцарской системы) с 1750; затем перешел в англ. масонство и стал Великим наместным мастером Рус. провинц. ложи (диплом от 26 февр. 1772), руководя также ложей «Девять муз» в Петербурге, открытой 16 июня 1772. В 1776 Е. объединил свои ложи с ложами нем.-швед. системы «слабого наблюдения» барона Рейхеля; в 1784 деятельность лож по его приказу была прекращена, явно в связи с начинавшимся преследованием *Н. И. Новикова* и И. Е. Шварца. И хотя Екатерина II заверила Е. в «полном уважении» за то, что он «избегал всякого сношения с иностранными масонами при настоящих политических отношениях», но с этого времени он попадает в очевидную немилость при дворе. Тем не менее масонская деятельность Е. возобновляется в 1786; она связана с организацией т. н. «второго Елагина союза», принадлежавшего к англ. Йоркской системе; в 1787 Е. стал гроссмейстером «Высокого Капитула». Ложи елагинской системы, достаточно открытые для посетителей, были особенно известны музыкальными концертами и не подвергались гонениям даже во время дела Новикова.

Самому Е. масонство казалось средством избежать влияния на общество деистической фр. философии. В этом смысле характерно его завещание (утверждено 4 дек. 1787), которое запрещало внуку Е. учиться в Париже, оставляя ему на выбор университеты Генуи или Лейпцига. Е. верил в «тайную мудрость» масонства. Посетивший в 1780 Россию гр. Калиостро жил в его доме. Осмеивая доверчивых поклонников этого шарлатана в комедии «Обманщик» (1785) и «Обольщенный» (1786), Екатерина II метила также и в Е. Познакомившись после смерти Е. с его огромным масонским архивом, она так отозвалась в письме к М. Гримму о его масонских сочинениях: «Удивительная чепуха, из которой явствует, что он сходил с ума». Своеобразной масонской автобиографией Е. является «Повесть о себе самом» (ок. 1783; видимо, не оконч.), где он, в частности, кается в грехах молодости: «Душепагубным чтением спознался я со всеми афеистами и деистами; стихотворцы и басносплетатели стали моими учителями и проповедниками: Буланже, Даржанс, Вольтер, Руссо, Гельвеций и все словаря Бёлева как французские и английские, так латинские, немецкие и итальянские лжезаконники».

При организации Рос. Академии Е. был включен в число ее первых членов и внес основополагающие для ее дальнейшей деятельности предложения о создании словаря литературного языка и общего руководства по риторике и поэтике. Сам он, однако, последние годы жизни посвятил историческим разысканиям, начав в 1789 работу над «Опытом повествования о России» (частично изд.: М., 1803, ч. 1, кн. 1—3).

Для работы Е. собрал с помощью А. И. Мусина-Пушкина коллекцию оригинальных рукописей и копий с документов (см., напр., сб. «Смесь елагинская» — ГПБ, ф. 550, Q.IV. 217), но основной его задачей было переосмысление и стилистическая обработка уже обнародованных сведений (*В. Н. Татищев*, М. В. Ломоносов, *Г.-Ф. Миллер*, *Ф. А. Эмин*). Исторические взгляды Е. сложились под сильным влиянием *И. Н. Болтина*. «Опыт...» был направлен против приемов старой фактографической историографии, причем особенно резко Е. критиковал труды М. М. Щербатова. Аргументируя манеру связного беллетризованного изложения событий, Е. в качестве примера для подражания называл античных историков Плутарха и Тацита, а из новых явно ориентировался на опыт Вольтера; образцами повествовательного слога для Е. была проза Ломоносова, а также поэмы «Россияда» и «Владимир возрожденный» *М. М. Хераскова*; в предисловии дана подробная оценка творчества этих писателей. В понимании исторического процесса Е. исходил из представления о неизменности человеческой природы: «...сердце человеческое всегда одинаково; и то же ныне, каково было от самого века начала. Я ведаю, что те ж добродетели и те ж пороки и страсти присущи и ныне в Петербурге и в Москве, какие в Афинах и Риме существовали. Не изменение сердец, но больше и меньше просвещения и невежества творят нравов разновидность, а природа та ж всегда пребывает, Иоанн в Москве таков же тиран, каков и Нерон был в Риме. Следовательно, разность токмо в перемене одежд и явлений, кои иногда смех, иногда слезы в зрителях производят». Цель историка — «открывать добродетель ко подражанию и порок ко отвращению»; его легкий и приятный слог «заменяет тягостные долговременного учения труды и, услаждая читателя, впечатлевает в чувствования его нравственных строгость правил». Начав свой труд в год Великой фр. революции, Е. неоднократно выступал против просветительской философии, противопоставляя ей идеи Лейбница, Г. Гроция и С. Пуффендорфа, а одной из задач историка называл выяснение «источников дерзкого непостоянной черни возмущения и вредные самовластия оплошности». Представляет интерес попытка Е. ввести в исторический анализ такой компонент, как «обычай» славян (в основном по словарям *М. Д. Чулкова*), а также использовать былины в качестве исторического источника. Произвольные домыслы и фактические неточности вызвали резкую критику «Опыта...»; особенным насмешкам подверглась гипотеза Е. о том, что рассказ Нестора о «прении вер» и принятии христианства представляет испорченные куски драмы, сочиненной гречанкой, женой князя Владимира (см.: Вестн. Европы, 1805, № 10). В Германии на «Опыт...» появились отрицательные рецензии престарелого А.-Л. Шлецера («Göttinger Gelehrte Anzeiger», 1804) и анонима (Allgemeine Litteratur-Zeitung, 1804, № 56; возражение на последнюю Л. Н. Неваховича см.: Лицей, 1806, ч. 3, кн. 2; отд.: Примечания на рецензию касательно «Опыта российской истории» Елагина. СПб., 1806).

Стиль «Опыта...» вызвал неодобрительный отзыв Екатерины II, «Записки касательно российской истории» которой Е. использовал в качестве хронологической канвы своего труда: «Он изображал русскую историю в стиле восклицательном; он красноречив и скучен». «Опыт...» был доведен (с некоторыми пробелами) до 1574 г., включая эпоху Ивана Грозного (ч. 1—9, кн. 1—23). Авторизованная рукопись вместе с рукописным собранием

Е. была завещана А. И. Мусину-Пушкину; издание же 1803 осуществлено по одной из неисправных копий, распространившихся довольно широко. Попытка полностью издать труд Е. была сделана в 1819, когда А. В. Казадаев поднес его полный текст («руки автора») Александру I, рекомендуя его как «Историю государства Российского, начертанную рукою беспристрастного любомудра и искусного мужа государственного». Карамзин, которому сочинение было направлено на отзыв, дал уничтожающую оценку исторической основы работы Е.: «Она до времен Иоанна III выбрана почти из одного Татищева, наполнена бесконечными умствованиями и писана слогом надутым, отчасти неправильным». С др. стороны, он отметил ее значение как одного из памятников общественной мысли XVIII в.: «...г. Елагин в царствование Екатерины славился как искусный, красноречивый переводчик одного из романов аббата Прево и трагедии „Безбожный"; найдутся и теперь люди, коим слог, искусство и философия его полюбятся ⟨...⟩ любопытные станут читать ее как замечательное произведение минувшего столетия России» (ЦГИА, ф. 733, оп. 87, № 84). Тогда же рукопись поступила в Публ. б-ку (частично автограф, частично список с авт. правкой — ГПБ, ф. 550, F.IV.32/1—6). Сюда же в 1882 П. А. Казадаев передал первоначальную рукопись кн. 1—8 «Опыта...», с четырьмя вариантами предисловия (ГПБ, ф. 550, F.IV.651/1—5). Хранящийся там же экземпляр ч. 1 (кн. 1—2) согласно помете Н. Каразина читала Екатерина II (ГПБ, ф. 550, F.IV.767).

Современники оставили достаточно противоречивые отзывы о Е. Наряду с широкой образованностью и хлебосольством (он был тонкий гастроном) отмечали его высокомерие, чванство, корыстолюбие в сочетании с неумеренной лестью Екатерине II и заискиванием перед временщиками. Как придворный льстец Е. («барон Понто») изображен в памфлете на Г. А. Потемкина «Пансалвин, князь тьмы» (М., 1809; пер. с нем. *В. А. Левшина*). В 1789 Е. был забаллотирован в предводители петербургского дворянства.

Личный архив Е. не сохранился; деловые бумаги находятся в различных фондах ЦГАДА и ЦГИА.

Лит.: Новые мат-лы для истории масонства: (Зап. Елагина). — Рус. арх., 1864, № 1; *Пекарский П. П.* Доп. к истории масонства в России XVIII столетия. СПб., 1869; *Лонгинов М. Н.* Елагин. — Рус. старина, 1870, № 8; [Письма к Елагину]. — В кн.: Сб. Рус. ист. о-ва. СПб., 1871—1885, т. 7, 10, 13, 27, 42; *Семевский В. И.* Крестьяне Дворцового ведомства в XVIII в. — Вестн. Европы, 1878, № 5; *Дризен Н. В.* Елагин. — Рус. старина, 1893, № 10; *Круглый А. О.* И. П. Елагин. Биогр. очерк. — Ежегодн. имп. театров. Сезон 1893/1894, Прил., кн. 2; Вернадский. Рус. масонство (1917); Берков. Лит. полемика (1936); *Модзалевский Л. Б.* Ломоносов и «О качествах стихотворца рассуждение». — В кн.: Лит. творчество Ломоносова. М.; Л., 1962; Поэты XVIII века. Л., 1972, т. 2; Берков. История комедии (1977); Письма рус. писателей (1980); *Козлов В. П.* «Слово о полку Игореве» в «Опыте повествования о России» И. П. Елагина. — Вопр. истории, 1984, № 8.

В. П. Степанов

ЕЛОХОВСКИЙ Антон Петрович [1776—16 (28) I 1835, Смоленск]. Учился в Петербургском учит. семинарии. 1 янв. 1797 был назначен учителем в Смоленское гл. уч-ще, в 1803 стал старшим учителем Смоленской губ. гимназии (формуляр 1821 г. — ЦГИА, ф. 1349, оп. 4, № 68, л. 237, 714 об.). 30 июня 1805 получил степень доктора философии при Моск. ун-те (ЦГИА, ф. 733, оп. 28, № 259). С 1831 — кол. советник (выписка из формуляра 1831 г. — ИРЛИ, картотека Б. Л. Модзалевского). В 1834 вышел в отставку.

Литературная деятельность Е. началась в семинарии публикацией в журнале «Муза» (1796) песни «Что от тебя скрывать я тщился», которую издатель *И. И. Мартынов* сопроводил довольно язвительными примечаниями. Позднее интересы Е. переместились в область истории. Он перевел книгу нем. историка К. Гаммерсдерфера «Начальные основания всемирной истории» (1780), самостоятельно доведя изложение событий до 1799. Учительствуя в Смоленске,

Е. занялся составлением большого труда по истории города — «Статистическое и историческое описание Смоленской губернии», два отрывка из которого появились в журнале «Отеч. зап.» (1826, ч. 25—27, № 71, 72, 77) под загл. «Преданность к своим государям и отечеству жителей Смоленской губернии и примерные их деяния в достопамятную 1812 года войну» и «Взгляд на достопримечательные здания в городе Смоленске...». Полностью работа не была издана, список хранится в ГПБ (ф. 550, оп. 1, № 5432).

Е. В. Душечкина

ЕЛЬЧАНИНОВ Богдан Егорович [20 (31) X 1744—20 IX (1 X) 1770, Браилов]. Происходил из старинного дворянского рода. Учился в Киево-Могилянской академии и прослушал там курс философии; затем поступил на военную службу. Уже будучи капитаном, служил в Сухопьшл. корпусе. Участвовал в рус.-тур. войне 1769 в чине полковника (кавалер св. Георгия 4-й степени, убит под Браиловом).

Начал литературную деятельность прозаическим переводом с фр. книги М.-Ж. Риккобони «Письмы от мистрис Фанни Буртлед к милорду Карлу Алфреду де Кайтомбридж» (1765), но скоро обратился к драматургии, переводной и оригинальной. Е. перевел драмы Д. Дидро «Отец семейства» и «Побочный сын» (пер. сделан «на соревнование» с *С. И. Глебовым*; см.: Новиков. Опыт словаря (1772)) и его письма «О драматическом роде поэзии». Драмы в переводе Е., по-видимому, ставились на сцене, а письма распространялись в списках (все эти тексты не сохр.).

В 1764—1765 Е. входил в т. н. кружок *И. П. Елагина*. Члены кружка стремились превратить театр в национально-воспитательное учреждение, прививавшее зрителям «русские добродетели»; здесь же возникла практика «преложения» иностранных пьес на рус. нравы. Комедия Е. «Награжденная добродетель» является таким «преложением» комедии Вольтера «Шотландка, или Вольный дом» (возможно, Е. обработал прозаический пер. *А. Протасова*). Пьеса имела сценический успех (пост. осенью 1764); героиня комедии Е. — «сирота, благородная, очень добродетельная, но нежность ее слишком искусственна и часто впадает в слезливость. Остальные характеры хорошо схвачены и тщательно обработаны, так что Ельчанинов мог бы поспорить с подлинником Вольтера» (Лейпцигское известие (1768)). Оригинальная одноактная комедия Е. «Наказанная вертопрашка» (1767; пост. 17 февр. 1767) снискала блестящую известность. Она завершалась не раскаянием героини-кокетки, но осмеянием ее. Е. сделал также попытку создать образ положительного рус. героя (придворный Ераст).

Н. И. Новиков так отзывался о Е.: «Имел он довольно острый разум, немалое просвещение и приятный нрав; в дружбе был верен, скромен и постоянен, любил честь, добродетель и словесные науки» (Новиков. Опыт словаря (1772)).

Известен портрет Е. (по оригиналу Ф. Рокотова), гравированный Д. Герасимовым (1771).

Лит.: Лукин В. И., Ельчанинов Б. Е. Соч. и пер. СПб.; 1868; Лонгинов М. Н. Рус. театр в Петербурге и Москве (1749—1774). — Сб. Отднея рус. яз. и словесности, 1873, т. 11, № 1; Берков. История комедии (1977); Заборов (1978).

Е. Д. Кукушкина

ЕНГАЛЫЧЕВ Парфений Николаевич [30 I (10 II) 1769—6 (18) VI 1829, Петербург]. Принадлежал к княжескому роду. 1 янв. 1784 Е. был зачислен в гвардии Конный полк вахмистром, в 1786 был сержантом Преображенского полка, 1 янв. 1792 выпущен капитаном в армию, 20 апр. 1795 отставлен от военной службы. В кон. XVIII—нач. XIX в. — предводитель дворянства Шацкого у. Тамбовской губ. Был известен как даровитый скрипач-любитель. В 1812 участвовал в сборе пожертвований на нужды армии. В кон. жизни вернулся в Петербург и согласно «Адрес-календарю» на 1825 служил чиновником по особым поручениям при М-ве внутр. дел. В ряде справочников биография Е. сконтаминирована со сведениями о К. М. Енгалычеве, члене новиковского масонского кружка (см., напр.: Bakounine. Le répertoire (1940), p. 139).

Е. перевел с фр. повесть де Варжемона «История девицы де Марсан, или Благополучная оспа» (1786). Как повесть, так и предисловие Е. содержат антипросветительские выпады, в частности против «рода прельстителей», которые «под маскою философии проповедуют забвение добродетелей и своими ирониями изгоняют из сердца страх». В предисловии Е. подчеркнул, что лучше бы надлежало стараться об образовании сердца, нежели прилагать внешние попечения об обработании разума». Язык перевода довольно тяжеловесен; книга, очевидно, не пользовалась успехом: остатки тиража (321 экз.) в 1808 были проданы на вес.

Начиная с 1799 Е. издал несколько книг по медицине и гигиене, одновременно, как правило, затрагивавших проблемы воспитания. Первая из них, «Простонародный лечебник» (1799; 2-е изд. М., 1801; посв. Павлу I), учила «лечиться без лекаря» от самых распространенных болезней простыми средствами — травами, диетой и т. п. «С французского из разных авторов» Е. сконтаминировал книгу «О продолжении человеческой жизни, или Средство, как достигнуть можно здоровой, веселой и глубокой старости» (М., 1802). Книга пользовалась популярностью и неоднократно переиздавалась. На издание 1825 в «Сев. пчеле» (1825, 6 июля, № 68) появилась скептическая рецензия, предостерегавшая от самолечения и напоминавшая, что Е. не был врачом. Рецензент «Благонамеренного», напротив, счел книгу полезной и рекомендовал ее «добрым и небогатым помещикам, которые ⟨...⟩ имеют отеческое попечение о своих крестьянах», особенно в местностях, где нет «опытных и искусных врачей» (1825, № 22, с. 298). В книге «О физическом и нравственном воспитании с присовокуплением словаря добродетелей и пороков» (СПб., 1824; посв. кн. А. Н. Голицыну) многое восходит к идеям Ж.-Ж. Руссо (советы о воспитании детей), есть ссылки на Дж. Локка, М. Монтеня; к книге приложен словарь, касающийся тем нравственности (алчность, корысть и т. п.). Остальные книги Е. варьируют те же темы.

О широкой популярности медицинских сочинений Е. свидетельствуют неоднократные ссылки на них при описании провинциального быта у Н. А. Некрасова в романе «Три страны света» (1848) и в «Осенней скуке» (1856).

В книге Е. «Словарь физического и нравственного воспитания» (1827) помещен его портрет, гравированный К. Я. Афанасьевым.

Лит.: Тамбов в 1812—1813 гг. Тамбов, 1815; *Смирнов С.* Цензурная ведомость 1786—1788 гг. — В кн.: Осмнадцатый век. М., 1868, кн. 1.

И. Ю. Фоменко

ЕРШОВ Гавриил Петрович [12 (23) VII 1772—20 IV (2 V) 1839]. Служил в Межевой канцелярии прокурором и директором (1803) в чине кол. советника.

Е. принадлежит перевод с фр. исторической повести Ж.-П.-Г. Катто-Кальвиля «Просвещенная принцесса, или Жизнь Ренаты, герцогини Феррарской...» (1788; посв. отцу, надв. советнику П. И. Ершову). В соавторстве с братом Федором Е. перевел с фр. «Правила воспитания, приспособленные к понятию всякому...» (1790) — педагогическое сочинение А.-А. Шатлена о воспитании ребенка в семье. Перевод посвящен Н. Ф. Дубянской, вдове бригадира и унтер-егермейстера М. Ф. Дубянского. Оба перевода выполнены без отступлений от текста оригинала.

С. Н. Искюль

ЕФИМОВИЧ Александр Кондратьевич [1786, с. Каменка Тверского у. Тверской губ.—9 (21) XI 1855, там же]. Принадлежал к небогатому смоленскому семейству; его отец ст. советник К. Л. Ефимович выслужил потомственное дворянство. Первоначальное образование Е. получил дома; 19 февр. 1804 вступил во 2-й Кадет. корпус; с 7 сент. 1808 по 1819 служил в нем. После отставки в чине подполковника в 1824 он определяется в штат Гоф-интендантской конторы (формуляр 1834 г. — ЦГИА, ф. 1349, оп. 3, № 779, сп. 15). В 1848 вышел в отставку в чине кол. советника. В последние годы жизни был уездным предводителем дворянства.

Е. известен как автор созданной им в возрасте 13 лет «Оды великому государю императору Павлу Первому» (1799). Написанная четырехстопным ямбом (размер соблюден не везде) ода производит впечатление старательно исполненного упражнения на заданную тему.

Лит.: *Чернявский М.* Генеалогия господ дворян, внесенных в родословную книгу Тверской губ. с 1787 по 1869 год. Тверь, 1869; Провинц. некрополь, т. 1 (1914).

М. П. Лепехин

ЕФИМЬЕВ Дмитрий Владимирович [1768—1804]. Происходил из небогатой и многодетной семьи помещика Устюжского у. Новгородской губ., армейского офицера. Подростком был определен на казенный счет в Арт. и инж. корпус, из которого в 1789 выпущен в полевую артиллерию штык-юнкером.

Первую и самую удачную комедию Е. написал еще кадетом, вероятно при поощрении *Я. Б. Княжнина*, преподававшего в корпусе словесность. В «Послании к трем грациям» (1790) Княжнин приветствовал дебют Е., противопоставив его драматургам-профессионалам («Ефим, любезный новичок, Сбил мастера своею драмой с ног»). Сюжет «Преступника от игры, или Братом проданной сестры» (пост. 27 авг. 1788) сугубо мелодраматичен и имеет литературные параллели (ср. «Тамбовскую казначейшу» М. Ю. Лермонтова). Однако он мог напоминать рус. зрителям не менее невероятные факты реального судейского и крепостного произвола. В Петербурге широко знали разбиравшееся самой императрицей дело Кроткова, записанного сыновниками в крепостные и проданного вместе с принадлежавшей ему деревней (см.: *Благово Д.* Рассказы бабушки. СПб., 1885, с. 329). Злободневной была также критика азартных карточных игр, с которыми безуспешно боролось правительство. Некоторые бытовые сцены в пьесе Е. (уловки должника против неумолимых кредиторов, бегство от преследования магистратских чиновников и др.), опрощенные образы слуг-наперсников (Семен и Марина) открывали возможности для живой актерской игры. Поэтому, несмотря на авторский ригоризм (жесткое противопоставление Безрассуда и добродетельного Честана, влюбленного в Прелесту), несколько вялый диалог и ошибки в стихосложении, пьеса имела успех и длительную сценическую жизнь (ставилась вплоть до 1820-х гг. при участии таких известных актеров, как Я. Е. Шушерин, С. Н. Сандунов, К. П. Кавалеров; выдержала четыре издания — 1788, 1790, 1793 и 1821).

Литературная неопытность автора сильнее сказалась во второй пьесе — «Вояжер, или Воспитание без успеха» (пост. 29 апр. 1789; текст неизв.), которая, вероятно, была посвящена традиционной теме галломании. На эрмитажной сцене комедию постигло фиаско, и *А. В. Храповицкий* записал в дневнике (24 сент. 1789), что *Екатерина II* после представления порекомендовала автору изучить известное руководство «Pratique du théâtre» Ф. д'Обиньяка. По назв. известна еще одна пьеса Е. — «Следствие „Братом проданной сестры"», но сведений о ее постановке не сохранилось. Содержание стихотворной комедии Е. «Театральное предприятие», поставленной на домашнем театре А. С. Шишкова (между 1808 и 1811), пересказал С. Т. Аксаков в «Воспоминании об А. С. Шишкове».

Приступив к армейской службе, Е., очевидно, прекратил заниматься литературой. В 1792—1794 он имел чин подпоручика. Быстрому продвижению по службе помогли близкие отношения с директором Арт. экспедиции, а затем инспектором артиллерии А. И. Корсаковым и его секретарем А. В. Казадаевым, соучеником Е. по корпусу (письма Е. к Казадаеву — ГПБ, ф. 325, № 34). В 1800—1801 Е. в чине полковника командовал батальоном 3-го артиллерийского полка, расквартированного в Несвиже (Литва).

К последним годам жизни Е. современники относили оставшийся незавершенным стихотворный перевод «Орлеанской девственницы» (до сер. песни 11). Е. не стремился к точной передаче фр. оригинала, но, опираясь на стилевую традицию ироикомической поэмы, сумел передать непринужденную манеру повествования Вольтера. Списки перевода (известно более десяти) обращались до кон. XIX в. В 1850-х гг.

труд Е. был продолжен и завершен И. В. Стремоуховым.

Лит.: Евгений. Словарь, ч. 1 (1845); *Ломан Н. Л.* Ист. обозр. 2-го Кадет. корпуса. СПб., 1862; *Модзалевский Б. Л.* Ефимьев. — В кн.: Энцикл. словарь / Брокгауз и Ефрон, 1894, т. 22; Берков. История комедии (1977); Заборов (1978).

В. П. Степанов

ЕФРЕМОВ Филипп Сергеевич [1750, Вятка—после 1811, Казань (?)]. Сын секретаря Вятской дух. консистории. В 1763 добровольно вступил в Нижегородский пехотный полк (с 1769 — сержант). В июне 1774 при обороне заставы Донгуз от пугачевцев Е. был ими пленен; бежав, попал в плен к казахам и был продан бухарскому аталыку. Благодаря мужественному поведению (он отказался принять ислам несмотря на изощренные пытки) и военным знаниям Е. стал доверенным лицом аталыка и был произведен в юзбаши (сотники). Е. фактически командовал бухарским войском во время одного из походов на Мерв и Хиву. Несмотря на блестящее положение при бухарском дворе, после шести лет плена Е. через Тибет и Индию бежал в Россию; в июле 1782 явился в рус. посольство в Лондоне, откуда в свите И. П. Салтыкова был отправлен в Петербург. С 26 авг. 1782 Е. жил у А. А. Безбородко; им же 5 нояб. 1782 «в азийском платье» был представлен *Екатерине II*, пожаловавшей Е. 300 р. 1 мая 1783 Е. был произведен в прапорщики, зачислен переводчиком в Коллегию иностр. дел и в июле командирован для сопровождения бухарского посла в Оренбург. 31 мая 1785 Е. определился надзирателем в Петербургскую таможню, но уже 18 июня был назначен заседателем Верхн. зем. суда новоучрежденного Кавказского наместничества с чином кол. асессора. С 18 нояб. 1786 служил директором Астраханской таможни, 12 марта 1790 уволен по прошению и ок. полугода жил в Петербурге. 23 июня 1792 определен асессором в Вологодскую палату угол. суда, откуда 15 окт. 1793 был ввиду болезней по прошению уволен с чином надв. советника. По словам Е., «сия высочайшая милость побудила ко вступлению вновь в службу для изъявления ревности своей ко всему, что ни возложено будет от начальства», и 1 мая 1795 он был назначен председателем Вознесенского губ. магистрата. 29 дек. 1795 Е. был командирован в Одессу, где он открыл магистрат и при нем сиротский и словесный суды. 25 апр. 1796 был пожалован грамотой на дворянское достоинство. 1 мая 1797 по упразднении Вознесенской губ. и сдаче дел Е. был приписан к Герольдии. 15 февр. 1798 Е. получил должность директора Кизлярской таможни; по указу Коммерц-коллегии 27 мая 1799 Е. был командирован в Моздокскую таможенную заставу. Болезнь вынудила его оставить службу, и 27 марта 1800 он был уволен с пожизненной пенсией в 500 р. «Но ревность его служити и третьему государю не переставала бодрствовать»: 26 марта 1803 Е. вновь вступил в службу и был назначен директором Бухтарминской таможни. 1 мая 1805 Е. был уволен по прошению и переехал в Петербург; с нач. 1809 он жил в Саратове, а с сент. 1810 — в Казани (формуляр 1806 г.—ЦГИА, ф. 1289, оп. 19, № 14, л. 137).

Сознавая значимость виденного им (в ряде мест до Е. еще не бывали европейцы), сразу же по возвращении в Россию Е. принялся за описание своих странствий, и к 1784 работа над рукописью была окончена; по уверению Е., она была издана (в 1786) без его ведома. Книга Е. «Российского унтер-офицера Ефремова, ныне коллежского асессора, десятилетнее странствование и приключения в Бухарии, Хиве, Персии и Индии. . .» состояла из краткого «Описания самого странствователя и отчасти жизни путешествователя», где Е. лаконично рассказал о своих скитаниях, и пространных «Замечаний путешествователя об Азийских странах, в коих он находился», где каждой стране была посвящена особая глава «Чем оная земля изобильна, каков воздух и жители», включавшая подробный рассказ о виденном — об обычаях народов, о сельском хозяйстве, промыслах, о военной мощи и войнах, о климате; к книге были приложены таблицы расстояний и маршруты от Оренбурга до Бухары и от Бухары до Мангышлака, а также краткий словарь бухарских слов. Вся книга написана Е. исключительно по личным наблюдениям без привлечения какой-либо литературы, которой автор, несмотря на все старания, не мог найти ни на рус., ни на иностранных языках. Практическая значимость книги, по мнению Е., оправдывала ее появление, — он призывал к присоединению среднеазиатских пространств: «Кажется по всему, что России предоставлено утвердить и здесь верховное свое владычество», — однако читателей, по-видимому, более привлекала сюжетная занимательность, т. к. ч. 1 фабульно близка традиционному типу русской авантюрной лубочной прозы. Книга Е. заслужила похвальные отзывы критики (см.: Зеркало света, 1787, ч. 3, май, с. 366) и в 1794 была переиздана автором на средства *П. И. Богдановича*; «третье, вновь переделанное, исправленное и умноженное издание», где Е. сообщил сведения о своей судьбе с 1786 по 1811, было осуществлено в 1811 в Казани П. С. Кондыревым в пользу Е. М. И. Семевский перепечатал книгу Е. (Рус. старина, 1893, № 7, 8) по списку с издания 1786, ошибочно считая его автографом Е. (ИРЛИ, ф. 265, оп. 2, № 1020). Сводное комментированное издание под загл. «Десятилетнее странствование» появилось в советское время (М., 1950; 2-е изд. 1952).

Мемуары Е. использовал Н. А. Некрасов в романе «Три страны света» (1848).

Лит.: Мурзаев Э. М. Непротоpenными путями. М., 1950; *Кереева-Канафиева И.* Дореволюционная рус. печать о Казахстане. Алма-Ата, 1963.

М. П. Лепехин

Ж

ЖАРКОВ Николай Герасимович [1745 или 1746—после 1816]. Сын священника с. Назье; его брат Петр был живописцем по эмали. Учился в Александровской дух. семинарии, откуда вместе с братом в 1770 взят под «протекцию» в Академию художеств живописцем 8-го класса (ЦГИА, ф. 789, оп. 1, № 376; ЦГАВМФ, ф. 406, оп. 2, л. 7, 167). С 1785 в чине кол. секретаря служил корректором гравюр в типографии Морского кадет. корпуса и напечатал здесь в 1790 две оды, обращенные к *Екатерине II*: «Небесной матери россов...» и «На торжественное возутверждение тишины со Швецией». Последняя, по замечанию С. А. Венгерова, «безграмотна и нелепа». Известно также стихотворение Ж., адресованное видному живописцу М. М. Иванову и помещенное в переведенной *А. М. Ивановым* книге Р. де Пиля «Понятие о совершенном живописце...» (1789). Среди разыскиваемых сочинений Ж. — «Стихи к начертанию оплотов Очакова» (СПб., б. г.).

Лит.: Венгеров. Рус. поэзия, т. 1, вып. 7 (1901).

А. С. Антонов

ЖЕЛЕЗНИКОВ Петр Семенович [род. 1770]. Происходил из штаб-офицерских детей. В апр. 1777 был принят в Сухоп. шлях. корпус (ЦГВИА, ф. 269, оп. 1, № 1, л. 26—27), который окончил в июле 1790. Во время директорства Ф. Е. Ангальта Ж. участвовал в издании рукописных кадетских журналов. В них сохранились первые литературные опыты Ж.: эпитафии, стихи, рассуждения нравоучительного характера, свидетельствующие о знакомстве Ж. с произведениями Ж.-Ж. Руссо, Вольтера, Ш.-Л. Монтескье и современных отечественных литераторов — *М. В. Ломоносова, М. М. Хераскова, А. П. Сумарокова* и особенно *Я. Б. Княжнина*, преподававшего в корпусе рус. язык (ГПБ, ф. 1057, 1789 г., т. 2, с. 21, 32, 43, 55, 116). Ж. участвовал в спектаклях кадетского театра. За исполнение монолога из трагедии Вольтера «Магомет» он удостоился восторженной похвалы Ж. Офрена, известного фр. актера, преподававшего в корпусе декламацию и ставившего фр. пьесы.

Блестяще владея фр. и ит. языками, Ж. переводил из Ж. Расина, Ф. Фенелона, Т. Тассо, Ф. Петрарки. Наибольшую известность приобрел его перевод «Приключений Телемака» Фенелона (1788—1789, ч. 1—2), сделанный по предложению Ангальта и ему посвященный. Распоряжением *Екатерины II* перевод был отпечатан на казенный счет и введен как обязательная «классная книга» во всех учебных заведениях России. В 1804—1805 в Петербурге выходит новый, переработанный и улучшенный Ж. вариант перевода.

Окончив корпус, Ж. был назначен «при корпусе в учительской должности» и как преподаватель оставил о себе самые лучшие воспоминания. Ж. предпринял издание своеобразной литературно-политической хрестоматии «Сокращенная библиотека» (СПб., 1800—1807, ч. 1—4), которая имела большое нравственное влияние на некоторых его воспитанников. Основным источником хрестоматии явились произведения *Н. М. Карамзина*, литературные и политические воззрения которого оказали большое воздействие на Ж. В нее вошли статьи из «Пантеона иностранной словесности» (1798) и «Вестн. Европы» (1802—1803) о формах правления, о фр. революции и т. п. Несколько статей посвящены монархам-реформаторам — Петру I, Борису Годунову, Генриху IV. К ним примыкают сообщения об амер. деятелях — Дж. Вашингтоне, Т. Джефферсоне, Б. Франклине. Так же как и Карамзин, Ж. приветствует преобразования Наполеона. Ж. подобрал и явно тенденциозно изложил материалы о величии и вольности Греции и Рима во времена республиканского устройства. Анализ публикаций в «Сокращенной библиотеке» доказывает симпатии Ж. к «истинной» (т. е. не деспотической) монархии. Н. И. Греч считал, что либеральные идеи, заключенные в книге Ж., повлияли на возникновение свободолюбивых настроений будущих декабристов, особенно К. Ф. Рылеева.

В кон. 1807 Ж. вышел в отставку в чине майора и уехал в с. Воропаево Пензенской губ., приняв должность домашнего учителя в семье кн. Т. Л. Давлеткильдеева. Он по-прежнему интересовался поэзией и литературой, переписывался и встречался с А. Х. Востоковым. Последнее упоминание о встрече Ж. с Востоковым (март 1810) относится ко времени приезда Ж. в Петербург. Последующие сведения о Ж. и его жизни остаются по настоящее время неизвестными.

Лит.: *Булгарин Ф. В.* Воспоминания. СПб., 1846, ч. 1—2; Арапов. Летопись (1861); *Кропотов Д.* Несколько сведений о Рылееве по поводу зап. Греча. — Рус. вестн., 1869, № 2; *Востоков А. Х.* Переписка... СПб., 1873; *Жиркевич И. С.* Зап. — Рус. старина, 1874, № 2; *Глинка С. Н.* Зап. СПб., 1895; *Востоков А. Х.* Из воспоминаний. — Рус. старина, 1899, № 3; Остафьевский арх. князей Вяземских. СПб., 1899, т. 1; *Срезневский В. И.* Заметки А. Х. Востокова о его жизни. СПб., 1901; *Гарский Б.* Железников П. С. — В кн.: Рус. биогр. словарь, т. «Жабокритский — Зяловский» (1916); *Греч Н. И.* Зап. о моей жизни. М.; Л., 1930; *Орлов В.* Рус. просветители 1790—1800-х гг. 2-е изд. М., 1953; *Привалова Е.* О думе К. Ф. Рылеева «Борис Годунов». — Рус. лит., 1963, № 3; *Роткович Я. А.* Очерки по истории преподавания лит. в рус. школе. — В кн.: Тр. ин-та методов обучения в школе, 1963, вып. 50; *Теплова В. А.* «Сокращенная библиотека» П. С. Железникова. — Учен. зап. Горьковского ун-та. Сер. ист.-филол., 1966, вып. 78.

В. А. Теплова

ЖЕЛТОВ Андрей. В 1790 был актером в домашнем театре Н. Ф. Колычева. Автор комической оперы (в 2-х д.) «Три свадьбы вдруг, или Как аукнется, так и откликнется» (1794; муз. Ф.-И. Керцелли). Опера в том же году была представлена на сцене театра Н. Ф. Колычева; Ж. исполнил в ней роль скотника Пантелея. Драматургический сюжет оперы является контаминацией мотивов, традиционных для «комедии интриги». Сведений о др. постановках оперы не сохранилось.

Лит.: Берков. История комедии (1977).

Ю. В. Стенник

ЖУКОВ Василий Михайлович [1764—1799, Москва]. Из дворян Ардатовского у. Нижегородской губ.; муж *А. С. Жуковой*. В 1775 был записан солдатом в Измайловский полк, в 1776 произведен в сержанты гвардии, в 1782 переведен в Преображенский полк. 1 янв. 1783 уволился из гвардии с чином армии капитана и 20 марта, определившись в Коллегию иностр. дел, уехал в Лондон секретарем рус. посольства. С 1785 Ж. служил в Копенгагене, в 1786 вернулся в Россию и 27 июля по болезни ушел со службы, причислившись, в ожидании вакантного места, к Герольдии. В 1792—1797 он в течение двух сроков выбирался ардатовским предводителем дворянства и жил в имении Левашово, затем переехал в Москву (формуляр 1796 г. — ЦГИА, ф. 1343, оп. 21, № 2402, л. 88—89). Был знаком с *Я. П. Чаадаевым*, который в 1793 удостоверял потомственность дворянства Жуковых. Ж. скончался скоропостижно; за день до смерти он был в гостях у *И. М. Долгорукова*, беседовал с ним о словесности и читал свои стихи.

В журналах *В. С. Подшивалова* и *П. А. Сохацкого* «Приятное и полезное» (1797, ч. 14) и «Иппокрена» (1799, ч. 4—5) Ж. успел поместить 11 стихотворений, в двух подборках. Стихотворение «Молитва. В болезни» появилось уже с примечанием: «Автор скончался на другой же день после сообщения лично издателю ⟨П. А. Сохацкому⟩ этой и некоторых других своих пиес». Ж., очевидно, считал наиболее важными свои сочинения, посвященные духовной тематике («Обеты христианина», «Неисповедимость божиих дел», «Божество» и др.), подписывая их полным именем; главные мотивы этих произведений — правила христианской добродетели и предопределенность человеческой судьбы. В др. стихотворениях, написанных в жанре легкой сатиры («Сонет на Пройдохина», эпиграммы) и любовных, он скрывал свое авторство под криптонимами «В. Ж.», «В. Ж...ъ», «В. Жквъ», «Вслий Жквъ». Стихотворение «Письмо в огне», одно из первых в русской поэзии на тему «сожженного письма», свидетельствует о лирическом таланте Ж. и объясняет уважение к нему современников. И. М. Долгоруков, с которым Ж. поддерживал в Москве близкие отношения, вспоминал: «Отношения наши были очень приятны; я любил беседу его, прения, образ мыслей. Он умер еще молод и мог бы быть полезен обществу смертных в разном смысле». Памяти Ж. посвящены стихи Долгорукова «На смерть В. М. Жукова», из которых выясняется, что Ж. перед кончиной сочинил стихотворение памяти сестры Долгорукова, имел много замыслов на будущее и писал не только стихи, но и прозу («Поэзией твоей и прозою пленяясь, писателя в тебе приятного любил»); прозаические сочинения Ж. неизвестны. Увлечение Вольтером, раскрытый том сочинений которого остался по смерти Ж. на его столе, в известных произведениях Ж. отражения не нашло. В бумагах Яньковых (Благово) сохранился список неопубликованного стихотворения Ж. («Спеши, мой дух, вооружаться, Спеши пороки укрощать» — ИРЛИ, ф. 118, оп. 8, № 9). На исторические интересы Ж. указывает упоминание его имени в числе подписчиков на «Древнюю российскую вивлиофику» *Н. И. Новикова* и на «Деяния Петра Великого...» *И. И. Голикова*.

Лит.: *Долгоруков И. М.* Капище моего сердца... М., 1874; *Благово Д.* Рассказы бабушки. СПб., 1885.

В. П. Степанов

ЖУКОВ Михаил Михайлович [8 (19) XI 1728*—23 II (7 III) 1803, Петербург, похоронен в Александро-Невской лавре]. Принадлежал к известному дворянскому роду; по семейной традиции выбрал военную карьеру. После окончания Арт. школы был зачислен в артиллерию капралом (1747) и дослужился до чина подполковника (1773). Ж. занимал и различные статские должности: директор к построению и заведению казенных винокуренных заводов (1767), смоленский вице-губернатор (1777), астраханский губернатор (1781—1784), правитель Кавказского наместничества (1785—1786), сенатор (1787—1798). Как делегат от дворянства Арзамасского у. Нижегородской губ. в 1767 принимал участие в работе Комиссии нового Уложения. После первого брака с Е. Е. Озеровой во второй раз был женат на племяннице Г. А. Потемкина А. В. Энгельгардт.

В дек. 1769 в журнале «Всякая всячина» появилась статья (за № 141) в форме письма в редакцию за подписью «Алиахим Вокуж» (палиндром имени Ж.). В ней Ж. рекомендовал стихотворную «притчу» своего «приятеля, человека молодого и учиться великого охотника» (опубл. в тексте статьи за подписью «Иерогрип Велашук», т. е. Григорий Кушалев). Своим письмом Ж. вмешивался в полемику между сатирическими журналами, заявляя о своих симпатиях к моралистической позиции «Всякой всячины», которая «отворяет двери во храм учения ⟨...⟩ и от критики ⟨сатиры⟩ некоторым образом удалена». Это делает вероятной близость Ж. к кругу сотрудников-издателей журнала. Сообщая о себе, что он «тысячу раз принимался писать морали», но без успеха, Ж. предлагает к публикации «стишки своего сочинения». Однако следов дальнейшего сотрудничества Ж. в журнале нет, возможно в связи с прекращением «Всякой всячины». Неизвестно и об участии Ж. в др. изданиях 1769.

Предположение, что Ж. принадлежат переводы с нем., опубливанные за подписью «Михайло Жуков» в «Моск. ежемес. изд.» (1781, ч. 3, сент.—нояб.), не согласуется с хронологией жизни Ж. (в журнале сотрудничали учащиеся и преподаватели университета). Это же относится и к представленным в 1786 в цензуру переводам «Михайла Жукова» — сержанта Преображенского полка (см.: Осмнадцатый век. М., 1868, кн. 1, с. 496—497). Возможно, это сын Ж., Михаил, имевший в 1789 чин капитана.

Лит.: Именной список господам депутатам, находящимся в Комиссии о сочинении проекта нового Уложения. М., 1768; *Лобанов-Ростовский А. Б.* Рус. родосл. книга. СПб., 1895, т. 1; *История правительствующего Сената за 200 лет. 1711—1911. СПб., 1911, т. 5; Пб. некрополь, т. 2 (1912).

Р. М. Садовникова

ЖУКОВ Павел. Был одним из молодых сотрудников, группировавшихся вокруг журнала *М. М. Хераскова* «Полезное увеселение» (1760—1762). Здесь Ж. публикует свои стансы «Почто, мой дух, себя смущаешь?», проникнутые настроениями стоицизма (1760, ч. 2, сент.), и переводной (возможно, с лат.) моралистический опыт «Об уединении», также близкий к философии стоиков (1761, ч. 4, дек.).

В 1767 в типографии Моск. ун-та Ж. издал записки нем. искателя приключений и литератора (писавшего по-французски) барона К.-Л. фон Пёльница «Похождение барона де Польниц с примечаниями историческими и географическими...». Два тома рус. издания представляют собой сокращенный, но довольно точный перевод т. 3 амстердамского издания «Mémoires...» Пёльница (1737), содержащего описание двадцатисемилетних скитаний автора по странам Зап. Европы (Франция, Австрия, Германия, Италия, Швейцария, Испания, Голландия, Англия). Переводчик снабдил текст некоторыми, по-видимому, собственными добавлениями (напр., эпизод с медведем, напавшим на автора при выходе из трактира в Лионе). Перевод Ж. отвечал интересу рус. читателя 1760-х гг. к исторической и мемуарной литературе: книга Пёльница пользовалась в свое время большим успехом у европ. читателя (многочисленные переиздания, похвальные рецензии в периодике, напр. в журнале аббата А.-Ф. Прево «Le Pour et le Contre» (1757, t. 6, № 85)) благодаря обширным историческим, географическим, политическим сведениям, которые она в себе заключала.

М. В. Разумовская

ЖУКОВА (урожд. Бутурлина) Анна Сергеевна [ум. ок. 1799]. Жена *В. М. Жукова*. Биография Ж. частично восстанавливается по немногим стихотворениям, опубликованным в «Иппокрене» за 1799 (ч. 2, 4) и очень личным по содержанию. Лето 1799 Ж. с малолетними сыновьями провела в деревне Липня, где барский дом только еще строился («Чувства матери»), написав здесь послание «Супругу моему, с коим я в разлуке»; осенью ее навестили здесь брат и сестра. Зимой, после смерти мужа, Ж. совершила поездку (по-видимому, из Москвы) на могилу зятя, Неелова, во время которой простудилась и тяжело заболела (ср. «Элегию на смерть мужа и болезнь сестры» Е. С. Нееловой — Иппокрена, 1799, ч. 4); вероятно, эта болезнь была причиной смерти Ж. Среди произведений Ж. (в т. ч. переводов) есть песня «Чувства о Творце» — подражание «духовной оде», прозаический отрывок «Любовь», описательное стихотворение «Зимние явления». Все они принадлежат к образцам «дамской» сентиментальной поэзии, имевшей дилетантский характер.

Лит.: *Макаров М. Н.* Мат-лы для истории рус. женщин-авторов: (Сотрудницы Сохацкого). — Дамский журн., 1830, ч. 29, № 25; *Благово Д.* Рассказы бабушки. СПб., 1885; Голицын. Словарь (1889).

О. С. Муравьева

ЖУРАВЛЕВ Андрей Иванович (Иоаннович) [9 (20) VIII 1751, Москва—III 1813 Петербург (?)]. Первоначально был старообрядцем, принадлежал к беспоповскому толку федосеевцев. Время перехода Ж. от старообрядчества к официальной церкви неизвестно. В 1787 он уже был священником Большеохтинской церкви в Петербурге. В 1788—1791 Ж. участвовал в насаждении единоверия среди старообрядцев стародубских слобод на Черниговщине, был первым священником, направленным Синодом в Стародубье для основания единоверческих церквей. Основал единоверческие церкви в посадах Клинцовском, Злынском, Зыбковском и в Никодимовой пустыни. В 1791 Ж. вернулся в Петербург протоиереем.

Ж. принадлежит первая обстоятельная история раскола «Полное историческое известие о старообрядцах, их учении, делах и разгласиях, собранное из потаенных старообрядческих преданий, записок и писем» (1794, ч. 1—3). В 1795 книга была издана вторично при Академии наук с исправлениями и добавлениями под назв. «Полное историческое известие о древних стригольниках и новых раскольниках, так называемых старообрядцах, о их учении, делах и разгласиях, собранное из потаенных старообрядческих преданий, записок и писем» (ч. 1—4; в ч. 4 помещены документы и сведения, касающиеся старообрядцев Стародубья и их присоединения к единоверию). Книга неоднократно перепечатывалась (6-е изд. 1890). Ж. принадлежит также «Древний и новый исторический феатрон, содержащий хронологические известия о римских, греческих и всероссийских императорах, царях и великих князьях, также константинопольских патриархах, папах римских, всероссийских митрополитах и патриархах, московских и киевских митрополитах и архиепископах от Р. Х. до 1812 года» (СПб., 1814). По сведениям *Евгения Болховитинова*, Ж. составил также «Полный месяцеслов святых русской церкви с кратким описанием их житий», но этот труд не был издан.

В ряде работ Ж. ошибочно приписывалось «Историческое известие о раскольниках» *П. И. Богдановича* (1787).

Лит.: Евгений. Словарь исторический, т. 1 (1827); *Верховский Н.* «Согласные и несогласные» в черниговских посадах в кон. XVIII столетия... — Странник, 1863, № 4—5; *С-й М.* Ист. очерк единоверия. СПб., 1867; *Смирнов П. С.* История рус. раскола старообрядчества. Рязань, 1893.

Н. В. Понырко

З

ЗАБОЛОТСКИЙ Иван (в монашестве — И о а с а ф) [1744, с. Заболотье Владимирской губ.—13 (24) II 1788, Тверь]. Учился в Новгородской, затем в Троицкой дух. семинариях; учителями его были *Гавриил Петров* и *Платон Левшин*. С 1765 — учитель Новгородской дух. семинарии; в 1774 был пострижен в монахи и занял место проповедника в Славяно-греко-лат. академии. С 1775 З. — игумен Московского Крестовоздвиженского монастыря, с 1777 — законоучитель в Петербургской Академии художеств, с 1778 — архимандрит Троицкой Сергиевой пустыни (на Петергофской дороге), с 1780 — член Синода, с 1782 — епископ нижегородский и алатырский, с 1783 — епископ тверской и кашинский.

З. был выдающимся проповедником, принадлежавшим к школе Платона Левшина («Слово о том, что не надобно бояться смерти, сказанное в Заиконоспасском монастыре» (1775), «Слово на день тезоименитства великого князя Александра Павловича» (1775), «Слово в день тезоименитства его императорского высочества благоверного государя великого князя Александра Павловича и в кавалерский праздник святого благоверного великого князя Александра Невского» (1778), «Слово в день обретения мощей преподобного Сергия» (1778), «Речь на пришествие ее императорского величества в Троицкую Сергиеву пустынь» (1778), «Слово во вторую неделю Великого поста на новый 1779 год» (1779) и мн. др.; некоторые его речи, слова и поучения были объединены и изданы в составе больших сборников его сочинений — 1780, 1785, 1787). Он часто проповедовал при дворе, в церкви при Академии художеств; в Твери, Торжке, Вышнем Волочке, Нижнем Новгороде и др. городах. Панегирик был излюбленной жанровой формой проповедей З. Его ораторским произведениям присуща краткость, энергия, живость, выразительность, стройность построения, простота и чистота языка; риторические фигуры он употреблял умеренно, отдавая преимущество вопросу и восклицанию.

З. подготовил к печати и издал труд первого ректора Тверской дух. семинарии архимандрита *Макария Петровича* под назв. «Богословие» (1786).

З. приписываются некоторые стихи и речи, вошедшие в состав двух литературных сборников Тверской дух. семинарии: «Разные сочинения Тверской семинарии ⟨...⟩ 19 ноября 1785 г.» (1785) и «Разные сочинения Тверской семинарии ⟨...⟩ от 19 ноября 1786 г.» (1787).

Лит.: Евгений. Словарь исторический, т. 1 (1827); *Макарий*, архим. История нижегородской иерархии, содержащая в себе сказание о нижегородских иерархах с 1672 по 1850 г. СПб., 1857; *Чередеев К.* Биографии тверских иерархов. Тверь, 1859; Филарет. Обзор, кн. 2 (1884); [Без подписи]. Иоасаф (Заболотский И.). — В кн.: Рус. биогр. словарь, т. «Ибак — Ключарев» (1897).

Ю. К. Бегунов

ЗАВАЛИЕВСКИЙ (З а в а л ь е в с к и й) Степан Никитич [1768—18 (30) III 1831, Петербург]. Происходил из дворян. Служил секретарем в Адмиралтейств-коллегии; затем был петербургским губернским прокурором; в 1798 назначен вице-губернатором. С 1802 по 1810 — экспедитор М-ва финансов, д. ст. советник.

Вместе со своим сослуживцем М. И. Антоновским входил в число членов-учредителей О-ва друзей словесных наук. В журнале общества «Беседующий гражданин» в течение 1789 печатал «Политическое землеописание Европы вообще», информационную работу энциклопедического характера по экономической и политической географии европ. стран (народы, их языки, верования, образ правления и т. п.). Сугубо справочный характер статьи подчеркнут предметным и хронологическим указателем.

А. Н. Севастьянов

ЗАВАЛИШИН Иринарх Иванович [20 XI (1 XII) 1769 или III 1770—1821, Симбирск]. Происходил из дворян Тверской губ. Вступил в службу 20 июля 1781 каптенармусом лейб-гвардии Преображенского полка. 16 янв. 1783 перешел в армию подпоручиком Шлиссельбургского пехотного полка. С 4 июля 1785 до 10 дек. 1792 служил в Сухоп. шлях. корпусе (поступил прапорщиком, вышел капитаном). Был участником походов А. В. Суворова в составе Фанагорийского гренадерского полка. С 3 нояб. 1795 — подполковник. Пользовался доверием Суворова, стал одним из самых близких к нему лиц. В 1794—1795 находился с полком в Варшаве. В авг. 1795 участвовал в морском походе против швед. флота. Перейдя в Невский пехотный полк, 21 июля 1798 получил чин подполковника. 13 сент. 1799 З. был вызван к Павлу I в Гатчину, произведен в чин генерал-майора и назначен шефом гренадерского Таврического полка. Направившись с эскадрой в Голландию, З. добился восстановления чести этого полка, обвиненного в потере знамени; узнав об этом, Суворов прислал З. георгиевскую звезду со своего мундира. В связи с окончанием военных действий эскадра осталась на зиму на Нормандских островах, где З. пробыл до июня 1800. Он проявил хорошие дипломатические способности, установив дружеские отношения с наместником островов и их жителями (см.: *Завалишин Д.* Пребывание русских войск на Нормандских островах в 1799 и 1800 годах. — Древняя и новая Россия, 1876, № 12, с. 409—411). Заслуги «благоразумного и попечительного генерала» высоко оценил рус. посол в Англии С. Р. Воронцов. По возвращении в Россию З. в беседе с Павлом I неодобрительно высказался по поводу предпочтения, оказывавшегося «парадной выправке в сравнении с сущностью военного дела», а также относительно объявленной Англии войны. В результате он впал в немилость у императора, называвшего его «партизаном Суворова». При Александре I З. возобновил службу, получив назначение военным начальником в Астрахань и инспектором Кавказской линии от Каспийского до Черного моря, начальником Астраханского казачьего войска и главным начальником сухопутных и морских сил края. С 1803 жил в Астрахани. В 1805—1806 возглавил экспедицию в Каспийском море, осуществив ряд важных военных операций, но не сумев, вопреки предписаниям управлявшего Грузией П. Д. Цицианова, взять Бакинскую крепость. Во время экспедиции З. вел «Журнал военных действий в Персии» (ГПБ, ф. 289, № 35). Рапорты З. и др. участников экспедиции опубликованы в «Славянине» (1830, ч. 15, № 17; ч. 16, № 20; ч. 19, № 21). В июне 1807 руководил Астраханским гарнизонным полком при усмирении бунтов, возникших во время эпидемии чумы. 16 апр. 1808 был обвинен в ложном «показании» и отставлен от должности. З. тяжело переживал случившееся и в связи с этим серьезно заболел. В 1809 умерла его жена Мария Никитична (урожд. Черняева, воспитанница Смольного ин-та). От нее у З. было два сына: Дмитрий (род. 13 VI 1804) и Ипполит (род. 8 IX 1808), будущие декабристы. Доказав свою невиновность, с 20 дек. 1809 З. продолжал службу в чине инженер-генерал-майора членом Совета Ведомства путей сообщения. 13 марта 1810 был назначен генерал-инспектором путей сообщения. В 1815 по поручению Ф. Деволана осуществил осмотр Березинского и

Огинского каналов. После смерти Деволана некоторое время выполнял его функции генерал-директора путей сообщения, но не захотел утверждения в этой должности из-за разногласий с А. А. Аракчеевым (см.: Древняя и новая Россия, 1878, № 8, с. 345—346). С 1 марта 1820 окончательно вышел в отставку. Жил в Твери, исполняя ряд поручений по надзору за судоходством по Волге, Тверце и др. рекам и каналам. Умер во время поездки из своей деревни на Кавказские минеральные воды, находясь в Симбирске в доме своего приятеля и бывшего сослуживца генерала П. Н. Ивашева.

С нач. 1790-х гг. в типографии Сухоп. шлях. корпуса отдельными изданиями печатались стихи З., посвященные в основном прославлению военных побед («Стихи на покорение Измаила»; «Ода победителю на сражение при Мачине ⟨...⟩ одержанное Н. В. Репниным» (оба стихотворения — 1791)), а также хвалебные оды *Екатерине II* (1791—1792). З. ориентировался на традиции рус. одической поэзии, стремясь подражать *М. В. Ломоносову*, а иногда и перефразируя его оды. В «Стихах ⟨...⟩ Вологодского мушкатерского полку шефу Н. М. Рахманову» (между 1790 и мартом 1793) З. прославлял доброту Рахманова, очевидно стремясь высказать благодарность за какое-то оказанное ему содействие. За подписью «И...З...» он опубликовал акростих «Изображение победителя» и «Надгробную покорителю Очакова» (оба произведения — 1791), посвященные памяти Г. А. Потемкина. В «Новых ежемес. соч.» (1793, ч. 80, февр.; ч. 81, март) были анонимно опубликованы стихи «Мнение некоего россиянина о единочалии» (отд. изд.: СПб., 1792—1793; М., 1793) и «Правило россиянина» (отд. изд.: 1793), приписывавшиеся *Е. Р. Дашковой* (см.: Семенников. Мат-лы для словаря (1914)). Б. Л. Модзалевский атрибутировал эти произведения З., что представляется более убедительным: стихи, резко осуждающие фр. революцию, близки по содержанию позднейшему «Предуведомлению» З. к поэме «Сувороида».

Книга З. «Сокращенное землеописание Российского государства, сочиненное в стихах для пользы юношества» (1792) открывалась пространным посвящением начальнику Сухоп. шлях. корпуса Ф. Е. Ангальту. В 1793 книга была переиздана без этого посвящения. На экземпляре, хранящемся в БАН, от руки сделана надпись: «Российской Академии со всеглубочайшим высокопочитанием представляет сочинитель». В «Предуведомлении» З. говорил о необходимости соединения «научения» с «забавою» и в связи с этим объяснял цель своей книги: «...единое в виду моем имел намерение, чтоб чрез оное доставить юношеству способ скорее, легче и удобнее познать то, что многие части книг в себе содержат». Здесь же З. цитировал стихи Ломоносова о пользе наук. Самое «землеописание» состоит из нескольких разделов: «Положение и границы», «Пространство и разделение по полосам», «Моря, заливы, проливы, острова» и т. д. З. стремился вместить в свое сочинение как можно больше фактических сведений и названий. Перечисляя имена рус. мореплавателей, З. особо отмечал заслуги С. Дежнева.

В поэме «Героида» (1793; со стих. посв. Екатерине II; рец. А. И. Клушина — СПб. Меркурий, 1793, ч. 2, май) З. воспел победы в рус.-тур. войне 1787—1791: взявание Аккермана, взятие Измаила, Мачинское сражение и др. На экземпляре ГБЛ автограф — акростих И. В. Гудовичу. После каждой из пяти песен З. поместил «исторические примечания», весьма подробно комментирующие все имена и названия, упомянутые в тексте; в примечания включена и «Надгробная покорителю Очакова».

Следующую «героическую поэму» «Сувороида» (1796) З. написал в Варшаве в 1795. На экземпляре БАН автограф: «Российской Академии со всеглубочайшим высокопочитанием представляет сочинитель». Поэма открывается стихотворным посвящением Суворову, затем следует «Историческое предуведомление» в прозе. Здесь содержится решительное осуждение фр. революции и всякого вообще «буйства, от безначалия происшедшего». Говоря далее о победах Суворова, автор заявляет: «Творение мое основано на верности исторической без вымыслов и помощи баснословия». Поэма состоит из трех песен, сопровожденных «историческими примечаниями». З. подарил экземпляр поэмы *Г. Р. Державину*, который написал на нем эпиграмму «Вид автору Суворонды»: «Сей рифмотворческий, бессмысленный, глухой Геройский звук побед в потомство не промчится: По имени творца в пыль тотчас завалится, И вечно будет жить Суворов сам собой Или достойною его Гомеровой трубой, Вот вид на эту книгу мой».

Очевидно, З. представил «Суворонду» вместе с «Сокращенным землеописанием» Рос. академии, чтобы стать ее членом. В письме к президенту Академии *А. А. Нартову* З. писал: «Я упражнялся и люблю словесность». Он напоминал также, что, по предложению Нартова, избран в Вольное экон. о-во (1796). Академия предложила ему сочинить похвальное слово Суворову, но, видимо, была не удовлетворена представленными З. сочинениями: в состав Академии он избран не был.

З. занялся затем прозаическим переводом книги Г.-Р. Феша «Военная наука, состоящая в правилах и наставлениях знаменитейших воинских сочинителей» (1799, ч. 1). Свой перевод он посвятил Павлу I «с верноподданнейшим усердием». В предисловии З. писал: «Я переложил первую часть сей книги на отечественный язык ради пользы, каковую она душе, благородной честолюбием движимой, доставить может».

При всей своей неизменной ортодоксальности З., видимо, сумел воспитать гражданско-патриотические чувства у своих сыновей-декабристов, отзывавшихся об отце с большим уважением и теплотой.

Лит.: Дубровин Н. Ф. Закавказье от 1803—1806 гг. СПб., 1866; *Весин Л. П.* Ист. обзор учебников общей и рус. географии. СПб., 1876; *Завалишин Д.* 1) Деловые письма к генералу И. И. Завалишину и некоторые относящиеся к нему бумаги князя Цицианова. — Древняя и новая Россия, 1877, № 4; 2) Вселенский орден Восстановления и отношения мои к «Северному тайному обществу»: (Зап.). — Рус. старина, 1882, № 1; *Потто А.* В. Кавказская война в отдельных очерках, эпизодах, легендах и биографиях. СПб., 1887, т. 1, вып. 3; Военная энциклопедия. Пб., 1912, т. 10; *Модзалевский Б. Л.* Завалишин И. И. — В кн.: Рус. биогр. словарь, т. «Жабокритский — Зяловский» (1916).

Н. Д. Кочеткова

ЗАВЬЯЛОВ Михаил Яковлевич [род. 1754 или 1755]. Сын дьякона из с. Чагина Кашинского у. Тверского наместничества (до 1775 — Угличская провинция Московской губ.). В 1769 поступил в Кашинскую дух. школу, откуда был переведен в Тверскую дух. семинарию, где «постепенно обучался географии, поэзии, риторике, философии, богословию и греческому языку», а также в течение полутора лет «исправлял учительскую должность». В 1777 З. направили продолжать учебу в Москву. На философском факультете Моск. ун-та он слушал курсы всеобщей истории, экспериментальной физики, лат. и рус. красноречия, естественного и народного права, а также занимался «чистой» математикой, фр. и греч. языками. Параллельно он завершал духовное образование в Славяно-греко-лат. академии в классах философии и богословия. Указом Синода от 4 мая 1780 З. был определен в академию учителем высшего лат. класса; в 1783 ему было поручено преподавание поэтики; кроме того, он вел годичный курс «катехизического учения». С апр. 1783 по распоряжению архиепископа *Платона Левшина* он занимался подготовкой к изданию древних рус. летописей вместо ранее состоявшего в этой должности *М. И. Ильинского*. 12 авг. 1784 З. был уволен из академии в связи с желанием перейти на гражданскую службу. 4 окт. того же года был произведен в чин титул. советника; в нояб. он уже находился в Петербурге (ЦГИА, ф. 796, оп. 65, № 292). В дальнейшем З. служил в канцелярии Г. А. Потемкина.

Все стихотворения З., кроме одного перевода, были написаны на официальные торжества; основной темой большинства из них было прославление внутренней и внешней политики *Екатерины II*, которую автор восхвалял как продолжательницу дела Петра I: «Стихи ⟨...⟩ Арсению, епископу тверскому и кашинскому, изъявляющие отменную его преосвященства любовь и старание о науках...» (1779); «Ода на ⟨...⟩ открытие Московския губернии ⟨...⟩ октября 5 дня 1782 года» (1782); «Ода ⟨..⟩ Екатерине II ⟨...⟩ ноября 24 дня 1782 года» (1782); «Ода на ⟨...⟩ возвращение в Санкт-Петербург ⟨...⟩ великого князя Павла Петровича ⟨...⟩ ноября 26 дня 1782 года» (1782; перепеч.: Новые ежемес. соч., 1788, ч. 25, июль); «Ода на ⟨...⟩ день тезоименитства ⟨...⟩ Екатерины II ⟨...⟩ ноября 24 дня 1784 года» (1784); «Песнь ⟨...⟩ на крещение ⟨...⟩ великой княжны Елены Павловны ⟨...⟩ декабря 22 дня 1784 года» (1784); «Ода на ⟨...⟩ день рождения ⟨...⟩ императрицы Екатерины Алексеевны ⟨...⟩ апреля 21 дня 1785 года» (1785); «Ода на рождение великой княжны Марии Павловны» (Растущий виноград, 1786, март); «Песнь на ⟨...⟩ Екатерины Великия прибытие ⟨...⟩ в город Кременчуг апреля 29 дня 1787 года» (Новые ежемес. соч., 1788, ч. 24, июнь).

З. перевел религиозно-нравоучительное сочинение Эразма Роттердамского «Христианин воин Христов и победоносное его оружие» (1783; с лат.). Последовавший затем перевод трактата англ. богослова У. Дерема «Естественная богословия, или Доказательство бытия и свойств божиих» (1784; с. фр.; 3-е изд. М., 1820) интересен попыткою З. «переводить с подлинником сходно и вразумительными словами нашего языка, избегая слов иностранных». Первая книга была напечатана иждивением *И. И. Новикова* и Типогр. комп., вторая — в типографии *И. В. Лопухина*. В 1787 непроданные экземпляры обеих книг подверглись конфискации, но на следующий год были разрешены к распространению (см.: Лонгинов. Новиков и мартинисты (1867); *Западов В. А.* Краткий очерк истории рус. цензуры 60—90-х гг. XVIII в. — В кн.: Рус. лит. и обществ.-полит. борьба XVII—XIX вв. Л., 1971, с. 115 (Учен. зап. Ленингр. пед. ин-та им. А. И. Герцена; Т. 414)). Последним переводом З. были три переданных им стихами небольших отрывка из книги римского философа Боэция «Утешение философией» (Новые ежемес. соч., 1786, ч. 4, окт.).

В. Д. Рак

ЗАГОРОВСКИЙ Николай Иванович. Может быть идентифицирован скорее всего не с армейским капитаном З., в 1791—1796 находившимся при рус. миссии в Неаполе, а с учителем московской Троицкой дух. семинарии.

Перу З. принадлежат переводы «О духе и письме» Аврелия Августина (1787; с лат.); «Аристид, или Истинный патриот» Дюваля-Пиро (1785; с фр.), «Наставление от отца дочерям» Д. Грегори (1784; с фр.). Переводы З. печатались у *Н. И. Новикова* и в типографии *И. В. Лопухина*; их выбор соответствовал направлению деятельности новиковского кружка сер. 1780-х гг., к которому, возможно, был близок З. Кроме того, известно, что З. представил в цензуру при Славяно-греко-лат. академии книги «Христианская ручная книжка...», «Кабинет полезных нравоучений, ведущих к спокойной вечности», «Словарь юридический» Ф. Ланганса (все — 1787) и подготовленный к печати «Летописец Соловецкого монастыря» (1786—1788). Не вполне ясно, какие из этих работ принадлежит самому З.: также поданное З. в цензуру и приписанное ему в ряде библиографий «Топографическое описание Харьковского наместничества» (1788) на самом деле составлено И. А. Переверзевым.

А. Н. Севастьянов

ЗАГОРСКИЙ Федор Андреевич. Учился в Моск. ун-те, вероятно, на медицинском факультете. Во всяком случае выполненный З. перевод книги Н. Шамбона де Монто «О болезнях девиц» (Владимир, 1799) свидетельствует об основательном знании переводчиком медицины и свободном владении врачебной терминологией.

К моменту выхода книги Шамбона де Монто З. успел зарекомендовать себя как популяризатор произведений англ. литературы. В 1795 был анонимно опубликован его главный труд — перевод прозой «с английского подлинника» «Потерянного рая» Дж. Мильтона (4-е изд. М., 1828, ч. 1—4), хорошо встреченный публикой. Он более полон, чем перевод *В. П. Петрова*, но уступает ему по литературным достоинствам. Во многих местах перевод З. совпадает с более ранним переводом *Амвросия Серебренникова* (1780-е гг.).

В дальнейшем З. сотрудничал в журнале «Приятное и полезное», где опубликовал два перевода из журнала С. Джонсона «Скиталец». В первом из них, «Аллегория» (1795, ч. 8), изящном рассказе о распре и последующем примирении Ума и Учености, есть эпизод, когда герои, сосланные Юпитером на землю, претерпевают унижения и гонения от приспешников Богатства. Ожившая под пером рус. переводчика-разночинца, эта тема была актуальна в современных ему условиях. Второй отрывок — «Сновидение» (1796, ч. 9) — религиозно-моралистического направления; он обращен против Суеверия, старающегося «разорвать узы общественной любви, связующие счастие каждого человека ‹...› с благосостоянием целого общества».

В. С. Сопиков в «Опыте российской библиографии» приписывает З. также перевод «Опыта о человеке» А. Попа (1799; 2-е изд. М., 1801), но это предположение не подтверждено.

А. Н. Севастьянов

ЗАДУБСКИЙ Федор Лазаревич [1725—1780-е гг.]. Получил образование при Инж. ведомстве, вероятно при Комиссии от строений, где обучался «рисовальному делу». Будучи уже в чине подпоручика, З. в 1750—1760-е гг. преподавал рисование в Арт. и инж. корпусе; в 1768 временно заменял депутата от Уфимской губ. Я. Бекбетова в Комиссии нового Уложения.

З. приписывается первое литературно обработанное издание «Повести о суде Шемяки» (1780); его инициалами подписано предисловие «К читателю», ему же принадлежат гравированный титульный лист и картинка-заставка к изданию. З. сохранил идейную направленность и художественное своеобразие широко известной рукописной повести XVII в., но в сравнении со старинными списками подновил язык, приблизив его к современной норме. Ко 2-му изданию, вышедшему в Москве, видимо, уже после смерти З. (1794), приобщены басни и стихотворения разных авторов — *И. И. Дмитриева, А. П. Сумарокова, И. А. Крылова*, взятые из журналов «Утр. часы», «Полезное увеселение», «Веч. заря» и др.

Лит.: *Адрианова-Перетц В. П.* Рус. демокр. сатира XVII в. М., 1953; История рус. лит. М., 1953, т. 1; *Кузьмина В. Д.* Рус. демокр. театр XVIII в. М., 1958.

Е. М. Елизарова

ЗАПОЛЬСКИЙ Иван Ипатович [1773—20 XII 1810 (1 I 1811), Казань]. Происходил из семьи малорос. священника. Учился в Севской и Белгородской дух. семинариях, затем в Киево-Могилянской академии. С 1796 — студент Моск. ун-та. В 1799 назначен учителем физики и математики в Казанскую гимназию, где стал известен как изобретатель астрономических часов. После открытия Казанского ун-та (1804) — адъюнкт прикладной физики и математики, с янв. 1810 — экстраординарный профессор.

В студенческие годы З. интенсивно сотрудничал в журнале *В. С. Подшивалова* «Приятное и полезное» (1797—1799). Он дебютировал одой «Совесть» (1797, ч. 13) и стихотворением «Песнь божеству. Отрывок» (1798, ч. 17). В последнем он излагает концепцию «дурного натурфизма», рассматривая силы природы как главные атрибуты бога. В повести «Волшебник» (1798, ч. 17) З. утверждает, что истинная вера исключает суеверия, за которые он порицает все слои общества.

Социально-политические представления З. противоречивы. С одной стороны, он склонен к критике современных социальных порядков. В рассказе «Апреля первое число» (1798, ч. 18) он изображает судью, обманувшего доверчивого крестьянина. Рассказ заключается обобщением: «Опыты доказывают, что нет ни одного случая в общественных постановлениях и учреждениях, где бы не вкрадывалось злоупотребление». В повести «Желанная встреча» (Иппокрена, 1789, ч. 1) З. резко противопоставляет богатство разуму. С др. стороны, автор не является сторонником социальных перемен, возлагая все надежды на перемены нравственные. Так, в статье «Оптимизм мира» З. популяризировал основные положения моральной философии И. Канта, противопоставляя скептицизму современных вольнодумцев учение о чистой нравственности: «Добродетель одна есть верховная цель наша». Личную добродетель он провозглашал панацеей от общественных болезней также в повести «Обманутый мудрец» (1798, ч. 19), одновременно полемизируя с просветительскими концепциями «разумного эгоизма»: «Буйные вольнодумцы! ⟨...⟩ научитесь у него ⟨Канта⟩ не основывать своей нравственности на интересе. ⟨...⟩ Добродетель ваша возведет вас на верх благополучия...». Влияние кантианства чувствуется также в очерке «Извозчик» (1798, ч. 18): З. излагает в нем разговор с простым мужиком, который с помощью одной «натуральной грубой своей логики» составил себе «систему нравственности, основанную на самых тонких началах», и всем сердцем «прилеплен к добродетели». Однако при ближайшем рассмотрении «система нравственности» извозчика оказывается пропагандой смирения и «честной бедности».

Отношение к фр. революции З. выразил в переводе «Смерть Сократова» (1798, ч. 20); заключительные строки статьи (речь Алкивиада над телом Сократа) демонстрируют его политический консерватизм: «Деспотизм Ксерксовых потомков не столько меня ужасает, как республиканству, которого неистовству Сократ пожертвовал жизнию своею».

Попав в Казань, женившись на Н. П. Елагиной и занявшись устройством имения, З. отошел от беллетристики, но сохранил интерес к философии, или, как заметил С. Т. Аксаков, «имел претензию слыть философом». В 1804 З. представил в М-во нар. просв. свою диссертацию «De summo bono» («О высшем благе»), одобренную Дерптским ун-том. В 1808 он просил предоставить ему кафедру философии, но получил отказ. Тогда же он выдвигает проект еженедельника «Казанские изв.», который предполагал издавать вместе с *Д. Н. Зиновьевым* (начал выходить лишь с 1811). В «Тр. Казанского о-ва любителей отеч. слова» (1815, кн. 1, ч. 1) посмертно было опубликовано его «Рассуждение о самолюбии», своеобразное эссе в духе прикладной психологии.

Возможно также, что З. принадлежит статья «Памятник достопочтенному профессору Шадену» в «Приятном и полезном...» (1797, ч. 16), подписанная «П. Зпльск»: восторженный отзыв о И. М. Шадене есть в «Обманутом мудреце» З.

Лит.: *Булич Н. Н.* Из первых лет Казанского ун-та. Казань, 1887, т. 2; Биогр. словарь профессоров и преподавателей имп. Казанского ун-та за сто лет. Казань, 1904, т. 1; *Аксаков С. Т.* Собр. соч. СПб., 1909, т. 2—3; *Степ*. Запольский И. И. — В кн.: Рус. биогр. словарь, т. «Жабокритский — Зяловский» (1916).

А. Н. Севастьянов

ЗАРНИЦЫН Иван Кузьмич [ок. 1768—после 1816]. Из обер-офицерских детей. 28 янв. 1778 зачислен копиистом в Новгородскую дух. консисторию; одновременно обучался в Новгородской дух. семинарии лат., англ., нем. языкам, риторике и стихосложению. В 1786 направлен в Петербургскую учит. семинарию; в кон. года переведен в Водоходное уч-ще, где продолжал занятия иностранными языками и изучал бухгалтерию. Во время офицерской практики участвовал в боевых действиях в Финском заливе. Произведен в подпоручики (9 авг. 1790). В 1791 назначен в черноморские батальоны; 31 июля 1792 по экзамену произведен в мичманы. С 27 авг. 1793 служил в Херсонской береговой команде и состоял при адмирале Н. С. Мордвинове.

В 1795 по финансовым делам был командирован в Петербург, где в типографии Корпуса чужестранных единоверцев напечатал «Оду на высочайшее утверждение штатов Черноморского адмиралтейского правления...» (датировано 1794). Вопреки заглавию ода посвящена не флотским делам; в ней воспевается завершение рус.-тур. войны, присоединение Крыма и распространение просвещения в южных губерниях.

С июля 1796 руководил морской практикой гардемаринов в Черноморском кадет. корпусе в Николаеве. В 1799—1800 — адъютант главного командующего Черноморским флотом В. П. фон Дезина. В апр.

1800 переведен в Балтийский флот; в апр.—мае 1801 командовал в Финском заливе плавучей батареей. В мае 1803 переведен секретарем в Адмиралтейств-коллегию; 31 дек. 1806 назначен столоначальником при правителе канцелярии С. А. Игнатьеве; с авг. 1812 — начальник отделения в Аудиторском деп. 10 мая 1816 уволен в отставку (ЦГАВМФ, ф. 166, оп. 1, № 4755; ф. 132, оп. 1, № 2313, л. 224; ф. 406, оп. 1, № 54, л. 1385; оп. 7, № 62, л. 952—954). Дальнейшая судьба З. неизвестна.

Лит.: Общий морской список. СПб., 1890, ч. 3, с. 569 (с неточностями).

В. Н. Гудкин-Васильев, М. П. Лепехин

ЗАРУЦКИЙ Афанасий Алексеевич [ум. ок. 1720]. Родился в г. Глухове в семье священника. Возможно, обучался в Киево-Могилянской академии. С 1688 — священник в Нежине. В том же году З. написал «книжицу на похвалу ⟨...⟩ великих государей» и «на расширение славы всего их монаршего российского царствия». Эту книгу читал и исправлял архиепископ Лазарь Баранович и «велце хвалил» ее. З. просил И. Мазепу оказать содействие в ее издании, о чем последний писал кн. В. В. Голицыну. Надо полагать, это была историко-литературная компиляция, так как Мазепа просил Голицына разрешить З. навести справки в летописях, хранящихся в Москве. Приехав туда, З. откровенно предложил Голицыну свои литературные услуги, желая потрудиться «в начертании книжном к прославлению престола их царских величеств». Но вскоре Голицын был сослан, и сочинение З., в котором, очевидно, шла речь и о нем, стало явно неуместно. Возможно, по этой причине оно не сохранилось. Вскоре умер отец З., протопоп в Новгороде-Северском, и З. в янв. 1694 занял его место. 12 нояб. 1708 во время провозглашения анафемы Мазепе З. говорил проповедь в присутствии Петра I. Проповедь понравилась царю, и З. была выдана грамота на с. Белокопытово, принадлежавшее ранее его отцу. Ободренный этим, З. вернулся к литературным занятиям и в 1717 закончил огромный труд (ок. 800 л.) — толкование на Евангелие от Иоанна под загл. «Хлеб ангельский» (посв. Петру I; ГПБ, собр. С.-Петербургской дух. академии, № 57). Собственно толкование предваряют посвящения, предисловия и портреты Петра I, царевича Алексея, *Стефана Яворского* со стихотворными подписями З. В толкованиях З. обильно использовал сочинения не только отцов церкви, но и «внешних учителей»: Иосифа Флавия, Цезаря Барония, Эразма Роттердамского и др. Часто встречаются ссылки на книги московской и острожской печати, Симеона Полоцкого, Лазаря Барановича.

Окказиональный характер литературной деятельности З. выдает в нем типичного литератора петровского времени. После «Хлеба ангельского» в 1717 З. написал прозой и стихами обширные тексты для двух полотен. Первое, под назв. «Нагробок смутнопечалный ⟨...⟩ царевны Натальи Алексеевны» (ГРМ), являлось живописной эпитафией сестре Петра I, написанной «в облегчение и утоление скорби». Второе, т. н. «Тезис Афанасия Заруцкого» (Эрмитаж), гравировано известным гравером Г. П. Тепчегорским. За него 18 февр. 1718 гетман И. Скоропадский пожаловал З. село, а 21 марта 1718 З. получил от царя жалованную грамоту «за труды его в составлении печатной конклюзии на прославление имени нашего царского величества».

Лит.: *Родосский А.* Описание 432-х рукописей, принадлежащих С.-Петербургской дух. академии. СПб., 1893; *Левицкий О. А.* Заруцкий, малорус. панегирист кон. XVII и нач. XVIII столетия. — Киевская старина, 1896, № 3; *Маркевич А.* К биографии А. Заруцкого. — Там же, № 4; Портрет петровского времени: Каталог выставки. Л., 1973; *Алексеева М. А.* Жанр конклюзий в рус. искусстве кон. XVII—нач. XVIII в. — В кн.: Рус. искусство барокко. М., 1977.

С. И. Николаев

ЗАСЕЦКИЙ Алексей Александрович [ум. 1796 (?)]. Происходил из дворян. В 1769 принят в Коллегию иностр. дел студентом; в 1772 —

армейский поручик; в 1781 — секунд-майор; служил затем в Вологодской гражд. палате в чине кол. асессора; с 1782 — председатель Вологодского губ. магистрата; 13 февр. 1786 пожалован надв. советником (ЦГАДА, ф. 286, № 833, л. 544 об.; № 889, л. 155).

В 1773 З. напечатал 65 «Ответов на экономические вопросы, касающиеся до земледелия в Вологодском уезде» (Тр. Вольного экон. о-ва, ч. 23). Главный литературный труд З. — стихотворное переложение силлабическим тринадцатисложником «Книги премудрости Иисуса сына Сирахова», предпринятое, видимо, в 1770 и напечатанное в 1777 в Москве. Переложение сделано по тексту Елизаветинской Библии, в нем 3346 строк. В предисловии З. счел нужным объяснить, отчего он воспользовался столь архаическим размером: по его словам, он писал силлабикой «с ребячества», подражая стародавним писателям, для собственного увеселения.

З. принадлежат также «Исторические и топографические известия по древности о России и частно о городе Вологде и его уезде ‹...› собранные в 1777 году» (1780; 2-е изд., доп. 1782). Ч. 1 книги открывается извлечением о начале славян, затем следуют сведения о Вологде с кон. X в. до 1773 (во 2-м изд. — до 1780). По словам З., он пользовался рукописными источниками (в т. ч. местными вологодскими), историческими трудами *В. Н. Татищева*, *М. М. Щербатова*, житиями, разрядными книгами и материалами из «Древней российской вивлиофики». Ч. 2 книги посвящена экономическому описанию Вологды в XVIII в.

З. писал записки (фрагмент под загл. «Вологда в 80-х гг. XVIII столетия: Из зап. А. А. Засецкого» см.: Вологодские губ. вед., 1845, № 23).

Лит.: *А. И.* Засецкий А. А. — В кн.: Рус. биогр. словарь, т. «Жабокритский—Зяловский» (1916).

А. Б. Шишкин

ЗАХАРОВ Иван Семенович [1754—30 I (11 II) 1816, Петербург]. Дворянин, из обер-офицерских детей. Образование получил домашнее. 3 февр. 1766 был определен копиистом при Кабинете е. и. в. по канцелярии *И. П. Елагина* (ЦГИА, ф. 468, оп. 1, № 3878, л. 146); в 1774 с чином кол. секретаря перевелся в Гл. дворцовую канцелярию; затем был одним из директоров Гос. заемного банка (1787—1794). С 1794 начинается его административная карьера в качестве вице-губернатора Могилевского наместничества (с 1796 — Белорусской губ.); в 1798 З. — астраханский губернатор. В 1800 был отрешен от дел, отдан под суд Сената, но оправдан; с 1801 до кон. жизни — сенатор по 4-му и 5-му Департаментам.

Как литератор З. сформировался под сильным воздействием Елагина. Первые переводы З. принадлежали к кругу литературы, популярной в масонской среде. Так, «Авелева смерть» С. Геснера появилась в журнале *Н. И. Новикова* «Утр. свет» (1778, ч. 3, май; ч. 4, сент.; отд. изд., у Н. И. Новикова, 1780); исправленная редакция вышла у И.-К. Шнора (1780; 2-е изд., тит. 1781) с обращением З. к Елагину: «От лет младенчества моего под рукою Вашего превосходительства существующий, поучениями Вашими просвещаемый ‹...› поострите меня впредь показать отечеству лучшие и совершенные наставлений Ваших плоды». Говоря о достоинствах оригинала, он отметил, что у Геснера «добродетель представлена любезною, а порок изображен во всей гнусности», и подчеркнул особенности стиля, которые его привлекли и которые он пытался передать: «Средина между стихами и обыкновенною прозою, заключая в себе приятность первых и способность другой». За Геснером последовали сделанные также для типографии Новикова переводы «Опыта о свойстве, о нравах и разуме женщин в разных веках» (1781) А.-Л. Тома, прославленного автора «похвальных слов», и романа англ. писателя Д. Силли «Любимец фортуны» (1782; с фр. пер. Ж.-Б.-Р. Робине).

Основные переводческие принципы З. окончательно оформились в работе над «Странствованиями Телемака, сына Улиссова» Ф. Фенелона (1786). Перевод З. был полемичен не только по отношению к явно устаревшему переводу *А. Ф. Хрущева* (посл. изд. — 1782), по и к стихотворному переложению *В. К. Тре-*

диаковского. В предисловии З. выступил против «дерзновенных от подлинника уклонений» и за чистый рус. язык перевода, без варваризмов (в данном случае галлицизмов). Вместе с тем он принял развитую Тредиаковским трактовку романа Фенелона как эпической поэмы в прозе, требующей для передачи особого синтаксиса и «высокого слога», насыщенного славянизмами (в изд. было включено также известное «Рассуждение о эпическом стихотворении» Э.-М. Рамзея). Более подробно свою максималистскую программу в области перевода З. изложил в «Рассуждении о переводе книг» (Новые ежемес. соч., 1787, ч. 17, нояб.). Она направлена одновременно и против буквального («слово в слово и к чтению трудный»), и против русифицированного (приблизительного) перевода («неверный и несходный с подлинником, но коего сложение гладко и удобопонятно»). «Совершенный перевод», согласно З., «долженствует изобразить подлинник со всею верностию, то есть приять в себя точный смысл, а паче образ писания авторского», и соединить все это с «гладкостию слога». «Гладкость» он рассматривал как реализацию теории «трех штилей» *М. В. Ломоносова*, заслугу которого видел в том, что тот показал «обилие, силу, красоту, славенороссийского слова», дал наставления «о выборе и расположении слов» и «научил почерпать слова в самом их источнике, сиречь в книгах церковных».

18 авг. 1786 З. по рекомендации *Е. Р. Дашковой* был избран в члены Рос. Академии, ибо «его знание и упражнение в российском слове в преложении его Похождения Телемака доказано». Однако, несмотря на успех перевода, не вполне им довольный, он в 1788 осуществляет за свой счет 2-е, исправленное, издание «Телемака». Параллельно З. активно включается в работу над академическим словарем, представив 18 нояб. 1788 список слов на литеру «З» в словопроизводном порядке и с объяснениями, за что был 4 авг. 1789 награжден золотой медалью Академии.

В кон. дек. 1788 *А. В. Храповицкий* рекомендовал его *Екатерине II* для перевода романа Т.-Д. Смоллетта «Путешествие Гумфри Клинкера» (с нем. перевода, где роман был приписан Г. Филдингу; ошибка исправлена при рус. изд. т. 2). В янв. 1789 императрица уже знакомится с образцом перевода, в июне З. завершает т. 2; полностью издание выходит к кон. года (1789, т. 1—3).

В 1790-х гг. З. резко изменил тематику своих переводов; вступив в своего рода «позитивную» борьбу и соревнование с карамзинистами, он обратился к популярным у сентименталистов авторам: в «Новых ежемес. соч.» (1791, ч. 66, дек.) поместил идиллию А. Дезулье «Ручей»; после появления переводов *Н. М. Карамзина* и *В. С. Подшивалова* из Оссиана-Макферсона опубликовал свой перевод «малых» поэм «Дартула» и «Ойна-Моруль» (Зритель, 1792, июнь; по вольному переводу П.-П.-Ф. Летурнера); в «Моск. журн.» (1792, ч. 5, март) напечатал отрывок из «Сентиментального путешественника» Ф. Верна-сына. Ранее отдельным изданием он выпустил перевод романа Ф.-Т.-М. де Бакюляра д'Арно «Вальмье, истинное происшествие» (1790). Опыты З. в легких прозаических жанрах были неудачны, отличаясь стилевой какофонией. Характерен в этом отношении перевод знаменитого письма XI Юлии к Сен-Пре из «Новой Элоизы» Ж.-Ж. Руссо (Новые ежемес. соч., 1791, ч. 62, авг.), где З. явно злоупотребил инверсией эпитета и сочетанием славянизмов с просторечием («колико», «лепота», «девка молодая и без опытов» и т. п.). В тот момент попытка З. противопоставить живому развитию литературного языка искусственно сконструированный славяно-рус. слог не привлекла критического внимания, однако подготовила его последующую репутацию верного сторонника А. С. Шишкова в полемике о языке.

Служебные обязанности прервали литературные выступления З. вплоть до 1802, когда 22 марта он зачитывает в Рос. Академии свое «Похвальное слово Екатерине II», наполненное ссылками на официальные документы ее царствования (изд. (СПб., 1802) под загл. «Похвала Екатерине Великой»). А. С. Шишков включил отрывок из него как образец ораторского стиля в «Рассуждение о старом и новом слоге» (1803). Одновременно в «Стихах на сочиненные Карамзиным, Захаровым и Храповицким похвальные слова» А. П. Брежинского (приписывались также С. Н. Марину) был осмеян «нашпигованный славянщиною» язык «Похвалы...»: «Как буйвол в дебрях заревел; Тяжелым, грубым, древним тоном Тебе псалом свой прохрипел». Репутацию З. — бездарного стилиста закрепили сатира К. Н. Батюшкова «Певец в Беседе любителей русского слова» (1813; «...псаломщик наш, старик, Захаров-преложитель») и эпиграмма В. Л. Пушкина «Сравнение санкт-петербургской родимой словесности с иноземною» (после 1812; «Кто Фонтенель, Томас? — Захаров молодец»).

Связанный с *Г. Р. Державиным* (с 1790), Шишковым и всем кругом Рос. Академии, З. принял деятельное участие в сплочении сил архаистов. С. П. Жихарев рассказывает о литературных собраниях у Державина, Шишкова и З., на которых З. высказывался против московской школы поэтов, противопоставлял трагедиям В. А. Озерова трагедии *А. П. Сумарокова* и *Я. Б. Княжнина*, читал свой «напыщенный» перевод писем Фенелона о благочестии, хвалил третьестепенных писателей — Д. Пименова, Н. В. Неведомского, М. С. Щулепникова и др. Консерватизм эстетических требований З. хорошо демонстрирует его разбор (изложенный Жихаревым) стихов Ф. П. Львова «Пеночке» и Жихарева «К деревне».

В 1808 З., несмотря на занятость службой, «невзирая на немощи свои, с неимоверною поспешностью» переводит и издает роман М.-Ф. Жанлис «Велисарий», т. к., по его объяснению, в отличие от «Велизария» Ж.-Ф. Мармонтеля здесь, как и «во всех ее писаниях», торжествует святая вера и ее божественные внушения». Как следствие усиливающейся консервативности воззрений обостряется галлофобия З. В 1807 он издал анонимно комедию «Высылка французов» (авторство З. раскрыто в пародийной «надгробной речи» З., прочитанной Д. Н. Блудовым в «арзамасском собрании» 16 дек. 1815), где изобразил тайного фр. агента, который «искусен украшать богомерзкие правила свои пленительным языком истины, философия его есть полная система иллюминатов». Характерна и общая публицистическая установка З. в изображении национальных добродетелей: «Порочные здесь только французы; каждое русское лицо морально. Бесчестить соотечественников характерами подлыми оставляю другим на волю. В моем понятии российский дворянин сотворен играть повсюду роль благородную. ⟨...⟩ Не хотел я даже и слугу очернить подлостию поступок». Теми же тенденциями была вызвана новая радикальная переработка «Телемака» (СПб., 1812; ценз. разр. — 22 сент. 1811). В предисловии З. писал, что «многократным перечитыванием и исправлением перевода как в словах, так и в составлении периодов» ему хотелось приблизить это сочинение к рус. читателю, представив его к тому же не в виде романа, а как эпическую поэму в прозе (ср. интерпретацию романа Фенелона Тредиаковским). Еще откровеннее он изложил свои мотивы в письме к Г. Р. Державину от 7 июля 1812 при поднесении книги: «Француз не может говорить божественным языком. Высокие мысли, по скудости своей, одевает он в простонародный фрак. Мы имеем величественные тоги, и хитоны, и хламиды. ⟨...⟩ С пособиями учителей Веры и языка ⟨...⟩ исправляя сие издание, не имел уже я пред собою оригинала. Он заманил бы меня в галлицизмы...». Не исключено, что здесь З. косвенно откликался на резкую и остроумную критику перевода «Велизария» в рецензии А. П. Бенитцкого (Цветник, 1809, № 2), осмеявшего его «мудреное своеязычие» и вскрывшего под славянской оболочкой следование языковой структуре фр. оригинала.

В 1811 при организации Беседы любителей рус. слова З. был избран председателем ее IV Разряда (при попечителе *И. И. Дмитриеве*). В заседаниях 3 и 11 окт. *Г. Г. Политковский* читал свое сочинение З. «Похвала женам» (Чтения в Беседе любителей рус. слова, 1811, кн. 4), по замечанию Д. И. Хвостова, «на посмеяние здравого рассудка и вкуса». Составленное по «мыслям г. Томаса», оно было обращено к рус. историческим и современным примерам (упоминаются *Е. Р. Дашкова, Е. В. Хераскова, Е. С. Урусова, Е. А. Княжнина-Сумарокова*); апогея достигли в нем «библейский» слог и проповедь добродетелей по Домострою. М. В. Милонов в сатире «К Луказию» (1812) по свежим следам чтения вывел З. под именем Мидаса, который, «мстя женам в бессмыслии суровом, Недавно их морил своим похвальным словом».

На войну 1812 З. откликнулся стихами «Марш всеобщего ополчения России» (СПб., 1812) и «Песнь победителю Наполеона Александру I» (СПб., 1813; написана в кон. 1812; поднесена императрице Елизавете Алексеевне — ЦГИА, ф. 535, оп. 1, № 3, л. 179). Имея в виду необычный объем последней, П. А. Вяземский заметил в «Записной книжке»: «Захаров до старости не писывал стихов, а теперь вдруг написал оду, из которой можно сделать по крайней мере шесть».

15 янв. 1812 З. по причине должностных занятий попросил освободить его от обязанностей председателя Разряда и перевести в число почетных членов, однако голосованием был оставлен в числе д. членов. После этого оскорбленный З. практически не участвовал в работе Беседы. Однако для «арзамасцев» он остался колоритнейшей фигурой из числа «шишковистов» и «халдеев». В «Святках» Вяземского (1814) он «присяжный Славянин, Оратор наш надутый, Беседы исполин»; особо подчеркнут его религиозный обскурантизм: «Не занят я житейским, Пишу наитием благим, И все не языком людским, А самым уж библейским». В «арзамасской речи» Блудова, полной комических цитаций из «Похвалы женам», упомянуты также «писанная» (т. е. не напечатанная) пьеса З. «Приданое» (возможно, это та комедия, для которой Державин в 1807 написал романс «Луч») и «недорожденная трагедия». Судя по ироническому замечанию Блудова: «... а на ней сидел оживленный гением усопшего повар князя Глеба, к убийствам животных привыкший, с орудиями своего ремесла», сюжет трагедии был взят из летописного сказания о Борисе и Глебе. Последовавшая вскоре смерть З. отразилась в послании А. С. Пушкина к «Арзамасу» (полный текст не сохр.): «Где смерть Захарову пророчила Кассандра» (арзамасское прозвище Блудова).

Кроме литературных произведений З. принадлежат два хозяйственных сочинения: «Усадьбы, или Способ селить крестьян...» (СПб., 1801), где он пропагандирует опыты Е. И. Бланкеннагеля (зятя *И. И. Голикова*) по травосеянию и хуторскому расселению крестьян, и «Хозяин-винокур...» (1808), «плод усердия к пользе народной», основанный на практике могилевских поместий З.

Лит.: Державин. Соч., т. 1—9 (1864—1883); *Голубев П. И.* Зап. петербургского чиновника старого времени. — Рус. арх., 1896, № 3; [Без подписи]. Захаров И. С. — В кн.: Рус. биогр. словарь, т. «Жабокритский — Зяловский» (1916); «Арзамас» и арзамасские протоколы. Л., 1933; *Хвостов Д. И.* Зап. о словесности: Журн. 1808 г. — Лит. арх. Л., 1938, т. 1; Жихарев, Зап. (1955); *Десницкий В. А.* Избр. ст. по рус. лит. XVIII—XIX вв. М.; Л., 1958.

В. П. Степанов

ЗАХАРЬИН Петр Михайлович [ок. 1750, Козлов—1800 (?)]. Сын богатого торговца; впосл. однодворец с. Никольского, «что на Сурене», Козловского у. Тамбовской губ. Воспитывался в Саратове в семье крупного чиновника, обучался нем. языку, арифметике, правописанию; затем находился на военной службе и (по свидетельству лиц, слышавших его рассказы о ней) участвовал в рус.-тур. войне 1768—1774. «Получив развращение в своем поведении и сильное пристрастие к пьянству» (*Г. Р. Державин*); был уволен из армии. Наследство, доставшееся ему по смерти отца, он расточил, дошел до нищеты и зарабатывал на жизнь уроками нем. языка в небогатых дворянских домах. В то же время З. много читал, «имея натуральную способность к словесным наукам, упражнялся с самой своей молодости», писал стихи, гл. о. духовного содержания, в которых Державин находил «нарочитый природный дар», считая, однако, что их автор «ни тонкости мыслей, ни вкуса, ни познания не имел».

Литературную известность З. приобрел речью, которую произнес 22 сент. 1786 при открытии Гл. нар. уч-ща в Тамбове. Получившая широкий резонанс как выражение мыслей и чувств тянущегося к знанию простолюдина, «теперь только от сохи», она была напечатана в нескольких периодических изданиях («СПб. вед.», «Зеркало света», «Новые ежемес. соч.»), выпущена двумя отдельными изданиями (1788 и не ранее 1792), переведена на иностранные языки. Сразу после публикации речи возникли споры о ее авторстве. Державин утверждал, что представленные ему на просмотр черновики З. оказались «сущий вздор, ни складу, ни ладу не имеющий», и что всю речь сочинил он сам. Однако некоторые детали, вошедшие в речь и повторяющиеся в романе «Арфаксад», дают основания полагать, что текст З. был все же использован Державиным, чья роль состояла в его основательной обработке и режиссуре театральных эффектов декламации.

Речь обратила на З. внимание императрицы, но его положение не изменилось. За ним, по свидетельству Державина, присылали из Петербурга курьера, но он загулял и его не смогли разыскать. Сам З. рассказывал, что Тамбовский приказ обществ. призрения, не признавая его автором речи, отказался выплачивать назначенную ему пенсию и что с целью доказать свои литературные способности он написал роман «Арфаксад».

В «Предуведомлении» к «Арфаксаду» З. излагает собственную версию биографии, согласно которой его отец, пленный татарин, приняв православие, поселился в Козлове и нажил торговлею значительное состояние. После смерти отца наследство расхитили, и сыну достался лишь дубовый сундук, «заключавший в своих недрах разные ни к чему не удобные и без разбору набросанные бумаги». Сам З. якобы получил крайне ограниченное образование («российской грамоте обучался у сельского дьячка»). Сведения об отце, по всей вероятности, достоверны, но в остальном автобиография рассчитана на то, чтобы поддержать впечатление об авторе «Арфаксада» как о талантливом простолюдине-самоучке и создать внешне правдоподобную легенду об обстоятельствах появления на свет «древней халдейской повести».

Ок. 1790 З. переселился в Москву, где жил в крайней нищете. В 1797 по приглашению адмирала Н. С. Мордвинова, которому очень понравился «Арфаксад», он переехал в Николаев, где получил место школьного учителя и был произведен в офицерский чин. Обстоятельства последних лет его жизни неизвестны. Различные печатные источники называют разные даты смерти З.: 1798, 1800, 1810.

«Арфаксад» (1793—1796, ч. 1—6; 2-е изд. Николаев, 1798, ч. 1—4) — воспитательный, философско-политический роман. Образцом З. служил «Телемак» Ф. Фенелона, которому он в некоторых деталях непосредственно подражал (напр., цветистые «гомеровские» описания рассветов и закатов). Героические деяния и приключения персонажей, любовные коллизии, экзотический колорит древнего Востока служат развлекательным фоном, на котором читателю преподносятся серьезные уроки, имеющие целью воспитание его разума и сердца и касающиеся актуальных для XVIII в. проблем политики, философии, нравственности и религии.

Мн. эпизоды романа иллюстрируют теорию общественного договора, объясняя происхождение сообществ людей и власти, возникновение неравенства, насилия, войн, восстаний. З. пропагандирует идею абсолютной монархии. По его убеждению, «общественный совет без личного вождя ⟨т. е. демократическое правление⟩ есть не что иное, как толпа страстей и нелепое сборище разномыслящих наклонностей». В золотой век, когда «приятная независимость царствовала во вселенной» и «не знал род человеческий имени собственности», людьми управляли мудрые старейшины семейств, которые «все свои мысли и попечения полагали ⟨...⟩ в снискании общего блага». «Искренность равенства» разрушили люди от рождения властолюбивые, гордые и надменные, которых охота приучила к крови, сделала свирепыми и дикими; их насилия, беззакония и борьба за власть породили войны, убийства, кровопролитие, зависть, ненависть и т. п. Тогда для поддержания порядка и взаимной защиты люди приняли «первые условия общественного устройства» и стали избирать верховного правителя. Устанавливая верховную власть, люди обязуются ей повиноваться, «никаких не делать противоположений», но за ними сохраняется право вносить свои предложения «без малейшего надмения или претолкования народу в дурную сторону». Верховная власть должна бдительно следить за действиями назначаемых ею начальников и чиновников, т. к. в противном случае возникают злоупотребления, тяжело сказывающиеся на положении народа и вызывающие мятежи, к которым подстрекают люди, преследующие свои корыстные цели и обманывающие народное легковерие. Верховный правитель во всех случаях имеет право подавлять восстание, поскольку народ обязался ему повиноваться, а он дал клятву «защищать право своей власти, яко основательницы общего покоя и тишины, благоразумием и силою». Даже недостаточно ревностное исполнение властью своих обязанностей не может служить основанием для пересмотра договора: власть должна быть наследственной. Теория общественного договора сочетается у З. с провиденциализмом (насилие и прочее зло на земле — божья кара за грехи и беззакония людей). Одновременно З. полемизирует с руссоистской идеализацией патриархального сельского уклада, доказывая, что «между бедными хижинами ⟨...⟩ тож господствуют лесть, обман и насилие».

Ход событий, поступки персонажей в «Арфаксаде» служат автору поводом для пространных нравоучительных рассуждений на различные темы. В свете концепций т. н. «естественного богословия» разумность и рациональность мироздания рассматриваются как доказательство существования «всесильного и всеблагого, все устроившего и всем управляющего существа». В разных местах романа приводятся различные естественнонаучные и исторические сведения, свидетельствующие о том, что З. был знаком с трудами в этих областях знания. Он несомненно читал сочинения Ж. Бюффона, книги по истории Древнего Востока, в частности об Индии. В круг источников «Арфаксада» входили и Библия, и рукописные переводы, и какие-то сочинения на нем. языке.

Наиболее насыщены политической и моральной проблематикой т. 1—2 романа; в дальнейшем преобладает авантюрный элемент. Т. 5—6, по заявлению З. в предисловии ко 2-му изданию, были напечатаны против его воли. Переиздавая роман, З. произвел стилистическую правку, придав бо́льшую возвышенность стилю изложения, несколько сократил вступительные «аргументы» и внес незначительные композиционные изменения; заново, по словам З., были написаны последние два тома (в настоящее время не известно ни одного их экземпляра, так что, возможно, в изд. 1798 они не были напечатаны).

В «Арфаксаде» сказалось сильное влияние традиций барочного галантно-героического романа, продолжавшего пользоваться популярностью в рус. низовой, массовой литературе (рыхлая композиция, построенная по принципу многоступенчатого «рассказа в рассказе», многочисленные повторы и т. п.).

Кроме «Арфаксада» З. принадлежит книга «Путь к благонравию, или Сокращенное наставление обучающемуся юношеству, содержащее в себе полезные и нравоучительные правила для всякого звания и состояния людей» (1793; два переизд.). Этот сборник имел целью воспитание христианского благочестия, верноподданнических чувств, послушания родителям и прилежания. В февр. 1794 З. подал на рассмотрение духовной цензуры рукопись еще одного нравоучительного сочинения, «Мысли несчастного поселянина, или Нужное родительское наставление сыну», но рассмотрение ее затянулось, а 27 июля 1797 Синод определил возвратить ее автору для представления в светскую цензуру (ЦГИА, ф. 796, оп. 75, № 54; не изд.).

Последние две книги З. вышли в период его пребывания в Николаеве. Псевдоисторический роман «Приключение Клеандра, храброго царевича Лакедемонского, и Ниотильды, королевны Фракийской» (Николаев, 1798, ч. 1—2) представлял собой переработку «Верного Калоандра» Д.-А. Марини (1652), который был известен З. по рукописному переводу. Хорошо усвоив манеру письма авторов галантно-героических романов XVII в., З., по наблюдению В. В. Сиповского, возвратил, не зная подлинника, произведению те черты прециозности, которые оно утратило в грубоватом и сжатом пересказе рукописной повести. Основу исторического труда З. «Новый синопсис, или Краткое описание о происхождении славено-российского народа...» (Николаев, 1798) составил включенный в него почти целиком и подвергнутый стилистической модернизации «Синопсис» Иннокентия Гизеля (восемь изд. в XVIII в.). Материалы для дополнений и уточнений, а также для нескольких глав, излагавших историю России тех периодов, которые не были освещены Гизелем, З. черпал в трудах *Ф. А. Эмина*, *М. М. Щербатова*, *И. Н. Болтина*. Основная идея «Нового синопсиса...» — обоснование необходимости абсолютной монархической власти; ей, согласно З., Россия была обязана периодами своего возвышения и могущества; ее отсутствие и междоусобицы приводили к упадку и к установлению иноземного ига. Территориальная политика *Екатерины II* рассматривается как возвращение «в недра своего отечества» «древнего российского достояния», отнятого у России в эпохи ее слабости.

По свидетельству современника, в Николаеве З. написал также поэму в двенадцати песнях «Пожарский». Неосуществленным остался замысел произведения в жанре «философского путешествия», сюжетную канву которого должны были составить странствия Конфуция.

Лит.: *Житель сев. лесов*. Несколько слов об однодворце-писателе П. М. Захарьине. — Отеч. зап., 1823, № 33; *Кононов А*. Захарьин.— Моск. вед., 1859, 12 авг., № 190 (ср. там же заметки Н. Луженовского, В. Собчакова, М. Лонгинова: 14 авг., № 192; 16 авг., № 194; 18 авг., № 195); Державин. Соч. (1864—1883), т. 5—6 (1869—1871); *Салиас Е*. Державин — правитель наместничества (1785—1788).— Рус. вестн., 1876, № 10; *Никольский А*. Козловский однодворец П. М. Захарьин. — Рус. старина, 1896, № 4; Сиповский. Очерки, т. 1, вып. 1 (1909); *Шкловский В*. Чулков и Левшин. Л., 1933; *Капустина Е. Г*. Из истории рус. культуры эпохи Просвещения: П. М. Захарьин. — В кн.: Историогр. и ист. проблемы рус. культуры / Сб. ст. М., 1982.

В. Д. Рак

ЗАХАРЬИН Тимофей Тимофеевич [1752—после 1794]. Происходил из небогатой семьи, получившей дворянство в кон. XVII в. В 1762 поступил на казенный кошт в Унив. гимназию, в 1767 стал студентом Моск. ун-та. По-видимому, вся служебная деятельность З. протекала в Петербурге, где вышли из печати все его переводы. В посвящении Ф. Е. Ангальту перевода книги Д'Англези «Советы военного человека сыну своему...» (1787) З. упоминает, что являлся первым наставником графа в рус. языке. В 1783 З. в чине капитана артиллерии служил в Корпусе чужестранных единоверцев (т. н. Греч. гимназии при Арт. и инж. корпусе), где в 1779—1782 печатались его переводы. Там он продолжает числиться до 1794, когда получает чин майора, и со следующего года перестает упоминаться в «Адрес-календарях».

З. пробовал свои силы в переводах еще на студенческой скамье. Его перевод физики Крюгера, осуществленный под редакцией профессора П. Д. Вениаминова, не вышел в свет. В дальнейшем З. проявил незаурядное чутье литератора-профессионала, ориентируясь, с одной стороны, на развлекательную прозу различных жанров, а с др. — на литературу сентиментального направления. Переведенный З. роман К.-Л.-М. Саси «Друзья-соперники» (1779) по своему тону сентиментален: Руссо именуется в нем «наставником рода человеческого»; у главного героя «...природа превосходство души на лице изобразила ⟨...⟩ глаза казались всегда готовыми поразить ложь и испустить слезы, видя жребий несчастных...». Вместе с тем роман остросюжетен, развлекателен; в нем читатель находил экзотические путешествия, заговоры, бурю, бегства с переодеваниями, внезапные узнавания, дуэль с другом, воскресение из мнимоумерших, злодейские убийства и, наконец, двойное самоубийство. Целью автора было рассказать о действии необузданных страстей, «которых никакие препоны преодолеть не могут».

З. принадлежит также перевод сборника А. Рише «Театр света» (1782), состоящего из популярных в XVIII в. исторических анекдотов из жизни известных персон. Перевод книги Ш.-Э. Рекке «Описание пребывания в Митаве известного Калиостра на 1779 год» (1787) был книгой повышенного спроса, как показывает посвященная этому знаменитому авантюристу рус. литературная продукция XVIII в. Комментарии переводчика, в частности, связывают тему повествования с комедиями *Екатерины II* «Обманщик» и «Обольщенный». З. неоднократно подчеркивает прозорливость императрицы, раскусившей хитрости проходимца в отличие от др. европ. правителей. Т. о., была учтена как рыночная, так и политическая конъюнктура.

Книга Д'Англези «Советы военного человека сыну своему ...» (1787) является собранием моральных размышлений, иллюстрируемых историческими примерами из жизни и военной практики полководцев. Автор, в числе др. предметов, рассуждает о «человечестве, скромности и благоразумности», о «добродетелях, которые делают человека достойным почтения, и пороках, которые в презрение нас приводят», о страстях, которые «пагубны для всякого человека, а наипаче для молодого офицера». Занимательность примеров, живость изложения делали книгу привлекательной для разных слоев публики, наряду с др. собраниями аналогичных исторических анекдотов. В последней главе автор касался некоторых специальных знаний, «без которых офицеру никогда не можно достигнуть до тех степеней, которые должны быть предметом его честолюбия» (в том же году эта глава была выпущена отдельно под назв. «О действиях огнестрельного оружия из книги, именуемой Советы военного человека сыну своему»).

Лит.: Пенчко. Документы, т. 3 (1963).

А. Н. Севастьянов

ЗЕЛЬНИЦКИЙ Григорий Кириллович [1762, Киевская губ.—24 I (5 II) 1828, Калуга]. Принадлежал к духовному сословию, сын уманского протоиерея. Обучался в Киево-Могилянской академии, а затем в Петербургском гл. нар. уч-ще (см.: Калужские губ. вед., 1855, 21 мая, № 21). С дек. 1786 — учитель высших классов в Калужском гл. нар. уч-ще, а с 1804 — учитель в калужской гимназии, в которой преподавал естественную историю, географию, всеобщую и рус. историю и статистику. В 1805 произведен в доктора философии Моск. ун-та. В 1819 получил дворянство за выслугу; с 1820 — кол. советник. С 1827 исправлял должность директора училищ Калужской губ. (формуляры 1821 и 1827 гг. — ЦГИА, ф. 1349, оп. 4, № 67, л. 60, 172; ф. 733, оп. 29, № 156, л. 41—44).

В 1786 эпизодически сотрудничал в журнале «Растущий виноград» (сент.), где опубликовал переведенную с греч. статью «Нечто до воспитания касающееся». С 1794 был правителем и корректором калужской типографии. В формуляре отмечено, что З. был «издатель некоторых книг». Под его именем в Калуге вышло «Странствование неумирающего человека по знатнейшим государствам» (1794) — перевод (с пол.) сатирической повести «История, разделенная на две части» (1779) И. Красицкого, в которой отразились историософские взгляды пол. Просвещения. Перевод З. отметил В. Г. Анастасевич в статье «Биография Игнатия Красицкого» (см.: Сев. вестн., 1804, № 3, с. 322). Вероятно, З. принадлежит и изданное для учебных целей анонимное «Краткое начертание российской истории» (Калуга, 1794).

В 1804 З. издавал в Калуге журнал «Урания», в котором помещал статьи историко-географического и педагогического характера, переводы, басни, переложения псалмов, эпиграммы. Автором большей части материалов был сам З., а также преподаватели и ученики новоучрежденной гимназии. Издание прекратилось после выхода кн. 4, не получив широкого распространения (96 подписчиков). В качестве эпиграфа к журналу З. избрал искаженный стих из оды *Г. Р. Державина* «На счастье»: «Витийствуют Ураньи в школах» (вм. «уранги», т. е. орангутанги), что вызвало едкую насмешку П. А. Вяземского (см.: Вестн. Европы, 1810, № 13, с. 63). В 1815 *Евгений Болховитинов* сообщал В. Г. Анастасевичу об «Урании», что «в статьях о Калужской губернии премножество наврано и увеличено, как уверяли меня калужцы» (Рус. арх., 1889, № 5, с. 32).

В 1815 З. издал в Москве «Описание происшествий 1812 г., случившихся в пределах Калужской губернии», получившее одобрение современной критики (см.: Отеч. зап., 1820, № 6, с. 248—251). Совет Моск. ун-та в 1818 похвалил его сочинение «Краткое начертание археологии» (сведения формуляра). Продолжением краеведческих занятий З. явились «Начертание наблюдений, касающихся до статистики и сельской экономии по Калужской губернии» (ЦГИА, ф. 925, оп. 1, № 56; посв. *П. И. Голенищеву-Кутузову*) и составленная им в 1823—1825 «Топография губернского города Калуги» (ЛОИИ, кол. 115, № 351), включавшая также исторические сведения о городе. Одна из дочерей З., Елизавета, унаследовала краеведческие интересы отца и опубликовала в «Отеч. зап.» (1826) несколько статей о городах Калужской губ.

Лит.: [Без подписи]. Урания: Журн. — Калужские губ. вед., 1855, 20 авг., № 34; 27 авг., № 35; Список дворян, внесенных в дворянскую родосл. кн. Калуга, 1908; *Н. П. Зельницкий Г. К.* — В кн.: Рус. биогр. словарь, т. «Жабокритский— Зяловский» (1916); *Czernobajew W.* Ignacy Krasicki w literaturze rosyjskiej. — Pamiętnik literacki, 1936, N 1; *Łużny R.* «Historia» Ignacego Krasickiego po rosyjsku. — Slavia Orientalis, 1960, N 2.

С. И. Николаев, Л. И. Ровнякова

ЗЕРТИС-КАМЕНСКИЙ Андрей Степанович (в монашестве — А м в р о с и й) [17 (28) X 1708, Нежин—16 (27) IX 1771, Москва, похоронен в Донском м-ре]. Сын С. К. Зертис-Каменского, сподвижника Петра I, участника Полтавской битвы. Рано лишившись отца, остался на попечении своего дяди, постриженника Киево-Печерского монастыря. Закончил Киево-Могилянскую академию и был послан для продолжения образования в Львовскую дух. академию. В 1739 пострижен в монахи и в том же году принят учителем в Александро-Невскую дух. семинарию. В 1742 назначен префектом этой семинарии. В 1748 переведен архимандритом в подмосковный Ново-Иерусалимский монастырь. Здесь при участии З.-К., обладавшего большими познаниями в области архитектуры, были построены новые здания, удачно вписавшиеся в архитектурный ансамбль монастырских строений XVII в. В 1753 З.-К. был назначен епископом переяславским и дмитровским, а в 1764 возведен в сан архиепископа крутицкого, с 1768 — архиепископ московский.

Екатерина II поручила З.-К. реставрацию трех виднейших московских соборов: Успенского, Благовещенского и Архангельского. Описание истории Благовещенского собора, принадлежащее З.-К., было подготовлено *Н. И. Новиковым* для издания под назв. «Сокровище российских древностей» (изд. не состоялось). По корректурному экземпляру, найденному С. Р. Долговой, ею подготовлено факсимильное издание (М., 1986) этого сочинения З.-К.

З.-К. был цензором Синода и внес изменения (отмеченные шрифтом) в перевод *Н. Н. Поповского* «Опыта о человеке» А. Попа (1757).

З.-К. был превосходным знатоком лат., греч. и евр. языков. Он осуществил перевод Псалтыри и Ветхого завета с древнеевр. языка. Из оригинальных сочинений известна составленная им «Служба святому Димитрию Ростовскому».

В 1771 во время эпидемии чумы в Москве З.-К. запретил прикладываться к иконам, опасаясь распространения заболевания. Разъяренная толпа, подстрекаемая фанатиками, набросилась на архиепископа. З.-К. был убит.

Его библиотека, в которой хранились древнерус. рукописи и автографы сочинений А.-Б. Селлия, после трагической гибели З.-К. перешла к его племяннику — *Н. Н. Бантышу-Каменскому*.

Лит.: Переписка имп. Екатерины II с разными особами. СПб., 1807;

Пекарский П. П. Письмо И. И. Шувалова о дозволении издать в свет перевод Поповского «Опыт о человеке»; Отзыв и поправки этого перевода преосвящ. Амвросием. — Библиогр. зап., 1858, № 16; *Соловьев С. М.* Диспут в Моск. ун-те в 1769 г.: (Доношение Синоду Амвросия, архиеп. московского). — Рус. арх., 1875, № 11; *Долгова С. Р.* «Продолжать печатанием запрещено»: Неосуществленное изд. Н. И. Новикова. — Лит. газ., 1973, 28 февр., № 9.

Г. Н. Моисеева

ЗИНОВЬЕВ Василий Николаевич [30 XI (11 XII) 1755—7 (19) I 1827, с. Копорье Ямбургского у. Петербургской губ.]. Сын петербургского обер-коменданта, генерал-майора Н. И. Зиновьева; родственник Орловых и Воронцовых. В 1758 был зачислен солдатом в Измайловский полк. С 1766 по 1773 обучался в Лейпцигском ун-те вместе с *А. Н. Радищевым, Ф. В. Ушаковым, А. М. Кутузовым, П. И. Челищевым* и *О. П. Козодавлевым*. В 1772 получил армейский чин сержанта. В 1773 З. был назначен флигель-адъютантом в штаб Г. Г. Орлова и в 1774 отправлен курьером в Италию с известием о заключении Кючук-Кайнарджийского мира, за что получил чин генерал-адъютанта. В 1775—1778 он совершает путешествие по Англии и Германии, а после возвращения в Россию в 1778 получает придворный чин камер-юнкера. К 1783—1788 относится новое путешествие З. по Германии, Италии, Франции, Швейцарии, Англии и Шотландии. В 1794 З. был назначен президентом Мед. коллегии; с 1799 — сенатор; 1 февр. 1800 выходит в отставку и живет в Петербурге и своих имениях.

Во время второго заграничного путешествия З. начал вести путевые записки на фр. языке первоначально в форме дневника, а затем в форме писем к С. Р. Воронцову и В. И. Кошелевой (Рус. старина, 1878, № 10—12). З. изучает архитектуру, музыку, литературу и искусство Зап. Европы, ит. и англ. языки. Тонкий ценитель прекрасного, он со знанием дела пишет о драматическом театре и балете, игре актрисы Сары Кембль и музыке Г.-Ф. Генделя, скрипичных концертах Жардини и картинах Корреджо, скульптурах А. Кановы и ит. опере-буфф. З. восторгается изобретениями Д. Уатта и экономическими теориями А. Смита, близко сходится с герцогом Фердинандом Брауншвейгским и др. масонами. Записки З. исполнены юмора, переходящего в сатиру при описании ханжества папского двора, безделья и сплетен придворных, помещичьего и судебного произвола в Зап. Европе и России.

После возвращения З. продолжал вести дневник на рус. языке. От этой части сохранился лишь небольшой отрывок, относящийся к 1790 (жизнь петербургского «света» и двора *Екатерины II*).

В 1806 З. пишет на фр. языке воспоминания, в которых рассказывает о годах учения в Лейпциге, масонских увлечениях, путешествиях. Кроме того, как видно из дневников З. и писем П. Д. Цицианова к нему, он написал сочинение на нравственно-религиозную тему и сделал перевод с англ. какого-то нравоучительного произведения (оба труда до нас не дошли).

Лит.: СПб. вестн., 1778, № 7; Моск. вед., 1789, 24 февр., № 16; Рус. инвалид, 1814, 24 июня, № 50; *Барышников Н. П.* Из семейного арх. села Вытебити. — Рус. арх., 1870, № 4—5; Письма кн. П. Д. Цицианова к В. Н. Зиновьеву. — Рус. арх., 1872, № 11; *Барышников Н. П.* Журн. путешествия В. Н. Зиновьева по Германии, Италии, Франции и Англии в 1784—1788 гг. — Рус. старина, 1878, № 10—12; *Лобанов-Ростовский А. Б.* Рус. родосл. кн. СПб., 1895, т. 1; *Сивков К. В.* Путешествия рус. людей за границу в XVIII в. СПб., 1914; Барсков. Переписка масонов (1915); *А. Г.* Зиновьев В. Н. — В кн.: Рус. биогр. словарь, т. «Жабокритский — Зяловский» (1916); Вернадский. Рус. масонство (1917); Волнения рус. студентов в Лейпциге в 1767 году. — В кн.: Зап. Отд. рукописей ГБЛ. М., 1956, вып. 18; *Старцев А. И.* Университетские годы Радищева. М., 1956.

С. Н. Травников

ЗИНОВЬЕВ Дмитрий Николаевич. Сын. надв. советника Н. И. Зиновьева, помещика Казанской губ. Служил в армии и вышел в отставку в чине поручика. В 1786 поступил стряпчим в уголовную палату Казанской верхн. расправы (ЦГАДА, ф. 286, № 738, л. 193—194 об.), где прослужил до 1793, когда был «уволен от службы для излечения имеющейся в нем болезни и окончания тяжебных дел» (ЦГАДА, ф. 286, № 830, л. 205—210). В 1805 недолго служил заседателем в Казанской палате угол. суда. В 1806, во время войны с Францией, организовал в Казанской губ. полувоенное формирование и числился «пятисотенным тетюшской милиции». В 1807 содержал типографию губернского правления. В 1810 его избирают заседателем в Казанскую палату гражд. суда, где он прослужил до 1819. З. интересовался техникой, сельским хозяйством и был членом Финляндского, Вольного экон. и Харьковского филотехн. о-в.

В 1788 в Унив. типографии *Н. И. Новикова* была опубликована книга З. «Топографическое описание г. Казани и его уезда». Авантюрный роман З. «Торжествующая добродетель, или Жизнь и приключения гонимого фортуною Селима» (1789) был переиздан в 1791 в типографии *А. Г. Решетникова*. Вероятно, Решетников привлек З. к участию в издаваемом им журнале «Прохладные часы», в котором появилось принадлежащее З. «Похвальное слово ⟨...⟩ князю П. С. Мещерскому» (1793, ч. 2, нояб.), казанскому губернатору, вступившему на этот пост сразу после освобождения Казани от отрядов Пугачева. Книга З. «Михельсон в бывшее в Казани возмущение» (М., 1807), в которой использованы рассказы очевидцев, — один из первых неофициальных печатных источников по истории пугачевского движения; памфлет «Набат по случаю войны с французами» (1807) напечатан в Казани. С апр. 1811 З. стал выпускать первую в Казани газету «Казанские изв.». З. «приходилось трудиться одному без наималейшего пособия других»; он опубликовал в газете ряд своих статей и материалов: экономико-этнографический очерк «Весна», «Нечая ⟨нечто?⟩ о г. Свияжске, описывающая местоположение города и его окрестностей» и др. По выходе № 18 по проискам администрации Казанского ун-та он был отстранен от издания за ошибки «против слога и языка» и публикацию непочтительных отзывов о духовных особах. После передачи газеты в ведение Казанского ун-та З. продолжал сотрудничать в ней до 1817 (статьи о заводах, фабриках, промыслах, земледелии и т. п. Казани и Казанской губ., в т. ч. «Казанские записки (важность Казани, ее положение и легенды о происхождении, а также описание городища Иска-Казань, то есть Старая Казань)»).

Лит.: Из заседания О-ва археологии, истории и этнографии. — Волжский вестн., 1898, 22 апр., № 99; *Пономарев П. А.* Инициатор на казанской почве: (Памяти Д. Н. Зиновьева, первого издателя-редактора «Казанских изв.»). — Волжский вестн., 1898, 1 мая, № 106; *П-в.* Зиновьев Д. Н. — В кн.: Рус. биогр. словарь, т. «Жабокритский—Зяловский» (1916); *Семенников В. П.* Книгоиздательская деятельность Н. И. Новикова и Типогр. комп. Пг., 1921.

С. Н. Травников

ЗЛОБИН Константин Васильевич [1779, с. Малыковка (Вольск) Саратовской губ.—13 (25) IX 1813, там же]. Сын известного откупщика, купца-миллионера В. А. Злобина; получил образование в школе Евангелического о-ва Моравских братьев-гернгутеров в Сарепте, возглавлявшейся Д.-Г. Фиком. Здесь он познакомился с нем. религиозно-философской литературой (Ф.-Г. Клопшток, И.-Г. Гердер и др.), получил знание языков (в т. ч. был знаком с древними) и усвоил не совсем ортодоксальные религиозные взгляды. Знавший З. Ф. Ф. Вигель отмечал его «большую образованность, только не светскую». Саратовский протоиерей Н. Г. Скопин подозревал в нем вольнодумца, который, «подражая отцу, выдавал себя за старообрядца, но сам держался волтеровых правил».

Несмотря на слабое здоровье, З. вступил в гражданскую службу; обширные деловые связи отца со столичными вельможами (А. А. Вяземский, *О. П. Козодавлев*, В. П. Кочубей, *Г. Р. Державин*) помогли ему получить потомственное дворянство. С 1789 он был зачислен в канцелярию петербургского военного губернатора; в 1800 переведен в канцелярию генерал-прокурора; с 1801 служил сверхштатным чиновником по особым поручениям при Державине в М-ве юстиции (дело о дворянстве рода Злобиных — ЦГИА, ф. 1343, оп. 22, № 2096). В 1802 он, в частности, ездил на Волгу (письмо к Державину от 19 нояб. 1802 — ГПБ, ф. 247, № 28, л. 90—93); в 1803 сопровождал *Н. А. Львова* в его археологических поездках (письмо к Державину от 4 июля 1803 — там же, л. 128—131), присоединившись к нему в Константиногорской крепости (Пятигорск).

В Петербурге З. близко сходится с кругом знакомых молодого М. М. Сперанского. Некоторые из оставшихся неопубликованными стихотворений З. отражают господствовавшее там умонастроение высокой гражданственности (см. рукопись «Собрание сочинений К. В. Злобина» — ГПБ, Q.XIV.179, л. 1—132). В обращенном к *П. А. Словцову* послании «При подарении Рейналя» З. пророчит гонимому «царями и пастырями» другу «гражданский венец» из рук фр. просветителя. В посвященном В. Н. Каразину стихотворении «Райская птичка» (написано 23 сент. 1803 на сюжет одноименной повести *Н. М. Карамзина*) он восхищается его стремлением к общему благу. Сперанский является адресатом стихов «При посылке цепочки к Мальтийскому ордену» (ок. 1800). Обширное стихотворение «Долг царей» представляет собой отклик на первые либеральные реформы Александра I; в примечании к нему З. выражал намерение посвятить отечеству всю свою жизнь «с сладостнейшими своими надеждами и мечтами». Мысли о равенстве сословий З. выразил в послании к отцу, озаглавленном «В похвалу гражданских добродетелей моего отечества». Касаясь здесь опыта революции во Франции, для которой борьба за вольность обернулась самовластьем Наполеона, он одновременно восхваляет рус. крестьянина как «героя мира от сохи» и полезную благотворительность купечества. Те же идеи развиты в стихотворении З. «Древняя порода», призывающем монарха чтить не заслуги предков, но «славу в гражданине мирном, Кто поле класами покрыл, в торговлю новый дух пролил», т. е. «истинных сынов отечества, его подпору».

Дружеские встречи происходили как у Сперанского, так и в богатом петербургском доме Злобиных, где, по словам З., собирались «умы блестящие, острые», куда «и музы заходили Взглянуть на лиру во цветах» («Воспоминание. К П. А. Словцову»). К этому времени относится письмо Сперанского к З. с рассуждениями о счастье, намерении изменить правила своей жизни и пр. (ГПБ, ф. 731, № 1875; адресат устанавливается на основании пометы XIX в.). В нач. 1802 З. женится на сестре покойной жены Сперанского, англичанке Марианне Стивенс. Через полгода супруги разъехались, несмотря на противодействие В. А. Злобина, с симпатией относящегося к невестке. Современники считали, что причиной была влюбленность М. Стивенс в Сперанского, с которым З. тем не менее не порвал отношений. В тяжелое и неопределенное время ссылки (дек. 1812) он, по свидетельству Сперанского, «несмотря на все страхи», остановился проездом в Перми, снабдил ссыльных деньгами и помог им устроиться (ем.: Рус. арх., 1869, № 10, с. 1688).

19 февр. 1805 З. оставляет службу, уезжает в Вольск, где отец на его имя приобретает 2500 крепостных душ с землей, в 1806 женится «увозом» на бедной дворянке В. А. Трифоновой (церковный брак заключен 7 янв. 1810, после развода со Стивенс) и входит в управление откупными делами (ЦГИА, ф. 796, оп. 90, № 653).

В провинции З., по-видимому, намеревался отдаться серьезным литературным занятиям и продолжал поддерживать литературные контакты с Державиным. В 1806 он выслал ему на отзыв ряд стихотворений; в послании «К молодому Злобину» (20 мая 1810) Державин говорит о стоящем перед З. выборе между жизнью дельца и уделом поэта. З. восхищался высокой поэзией Державина (стихотворения «Державин», «К потомку Багримову», «Святой Ключ. Его превосходительству Г. Р. Державину» и др.). К непосредственным попыткам подражать Державину можно отнести переложения псалмов 40-го и 50-го и отчасти аллегорическую поэму «Сирены», которая по замыслу должна была быть посвящена четырем этапам идеальной человеческой жизни; написана только песнь 1 — «Утро. Молодость и наслаждение». В печати произведения З. не появлялись.

В Поволжье З. был известен благотворительностью; в 1809 он сделал щедрое пожертвование на приют для престарелых бурлаков; ок. 1810 открыл в Вольске на свой счет пансион «Пропилеи» для 20 учеников, в который привлек домашнего учителя Лажечниковых Болье и И.-А. Фесслера из Петербурга (с марта 1811). Пансион был закрыт в нач. 1813, когда дела Злобиных пошатнулись. После смерти В. А. Злобина (1814) имущество З., в т. ч. богатая библиотека, коллекция картин и предметов искусства, было обращено в уплату отцовских долгов. При конфискации в 1819 погибли также документы, частная переписка и рукописи. Длительная тяжба привела лишь к ничтожному возмещению убытков, в частности в пользу сына З., К. К. Злобина, директора Моск. Гл. арх. (ГПБ, ф. 1000, оп. 2, № 404; ф. 531, № 44).

Лит.: *Леопольдов А.* Биография волгского именитого гражданина В. А. Злобина. Саратов, 1871; *Корф М. А.* Письмо к П. И. Бартеневу от 2 февр. 1870. — Рус. арх., 1884, кн. 3, вып. 5; Дневник священника Н. Г. Скошина. — В кн.: Саратовский ист. сб. Саратов, 1891, т. 1; *Вигель Ф. Ф.* Зап. М., 1892, ч. 2; *С. Г.* [*Горяинов С. М.*] К. В. Злобин. — В кн.: Рус. биогр. словарь, т. «Жабокритский — Зяловский» (1916); Письма рус. писателей (1980).

В. П. Степанов

ЗОЛОТНИЦКИЙ Владимир Трофимович [1743, по др. данным — 1741*, Киевская губ.—после 1797]. Сын сельского священника. Знание начатков лат. языка получил от отца; затем учился в Киево-Могилянской академии, которую покинул в сер. 1750-х гг., и до 1762 слушал курс лекций в Моск. ун-те, в частности по философии. Из университета в июне 1762 был переведен учителем нем. языка в Сухоп. шлях. корпус. С 4 июня 1764 З. — переводчик в Моск. Камер-Коллегии, с 10 июня 1765 — секретарь в штате П. И. Панина, в 1767 — депутат Комиссии нового Уложения от шляхетства Киевского полка. 21 авг. 1768 выступил в ней с пространными замечаниями на «Проект правам благородных» (Сб. рус. ист. о-ва, 1882, т. 36); будучи членом частной Комиссии об уч-щах, 30 сент. 1768 представил план организации в России сети училищ и домов призрения. Тогда же перевел с пол. материалы сейма 1768, посвященного вопросу о диссидентах (список см. в бумагах К. М. Бороздина — Б-ка ЛГУ, № 210, л. 68).

Проделав Бендерскую кампанию (1769—1770), З. перевелся во 2-ю армию; в 1771—1772 был правителем канцелярии в Крыму и в качестве подполковника Днепровского пикинерского полка находился «при заключении с крымским правительством трактата»; в 1773—1776 состоял при Новороссийской губ. канцелярии. Дальнейшая служба З. (в 1777—1781 находился в отставке) протекала в присоединенных Новороссийских областях; он служил прокурором в Кременчуге (1781—1784) и Екатеринославе (1785—1795), председателем Палаты гражд. суда Екатеринославского наместничества (1795—1796). 12 мая 1796 З. вышел в отставку и вскоре скончался (свод данных из формуляров и месяцесловов — *ИРЛИ, ф. 320, № 725; формуляр 1791 г. — ЦГАДА, ф. 286, № 732, л. 452; № 878, л. 465).

Активная литературная деятельность З. практически ограничивается 1760-ми гг. Несколько его мелких сочинений и переводов появились в «Собр. лучших соч.» И.-Г. Рейхеля, «Полезном увеселении» *М. М. Хераскова* и журнале «Смесь» *Ф. А. Эмина*; он откликнулся стихами на въезд *Екатерины II* в Петербург после коронации (28 июня 1763), на день рождения Павла Петровича (20 сент. 1763), на смерть Б. А. Куракина (1764) и на получение П. И. Паниным титула графа (22 сент. 1767).

Основные труды З., принадлежащие к моралистической литературе, выходили отдельными книгами. Все они в той или иной степени являются компиляциями, составленными по разнообразным источникам. Философии общежития и правилам поведения человека в обществе, по мнению З., следовало отдать предпочтение перед пр. науками. Оно изложено в предисловии к сборнику «Состояние человеческой жизни...» (1763; посв. А. К. Разумовскому), который содержал наставления в добропорядочной жизни и в познании страстей человеческих. Таким же сборником рассуждений о свойствах человеческой натуры (основные темы — благочестие, притворство, неблагодарность, ласкательство и др.) являлось и «Общество разновидных лиц...» (1766; посв. П. И. Панину), в котором представлены также и новеллистические сюжеты, служившие иллюстрациями моралистических тезисов (в частности, из англ. «Зрителя», Эзопа и др.). Сюда же примыкает небольшой сборник нравственных изречений «Дух Сенеки...» (1765), переведенный, видимо, с лат., и «Новые нравоучительные басни...» в прозе (1763), не связанные с традиционной сюжетикой, но снабженные пространными толкованиями по типу сборника Р. Летранжа.

В своих представлениях о человеке З. исходил из его врожденных природных склонностей и внутренних побуждений к добру или злу, впрочем поддающихся влиянию воспитания. В основе воспитания должно лежать познание самого себя и своего места в обществе: «Всяк должен делать свое, к чему определен, и не приниматься за то, что ему не свойственно или по состоянию, чину и должности, или в рассуждении неспособности к тому его сил и разума». Большую роль в формировании добрых свойств натуры человека З. отводил благочестию — как размышлениям о боге, так и выполнению ортодоксальных церковных обрядов. Полемике с уклоняющимися от основ веры и доказательству существования бога посвящено его «Рассуждение о бессмертии человеческой души...» (1768), напечатанное дважды: при Моск. ун-те и в Акад. типографии (здесь с дополнением рассуждения «О исполнении своего назначения, или О последовании богу»). Наиболее яростно против деистических и механистических идей Вольтера и энциклопедистов З. выступил в «Доказательстве бессмертия души...» (1780), справедливо считая, что их идеи открывали путь к распространению «афеизма». Существенно, что З. хорошо понимал роль религии в смягчении общественных противоречий и прямо писал: «Опровергать веру есть вооружать одного на другого и вводить всеобщее бедствие. ⟨...⟩ Хотя бы вера была порождением политики, но однако оную ⟨...⟩ делать сумнительною с благоразумием никак не сходно. Что последует, когда ни бога признавать, ни будущего по делам воздаяния человеки ожидать не будут? Корыстолюбивый устыдится ли?». В своих богословских доказательствах З. использует некоторые научные аргументы: идею множественности миров, коперникианскую систему мироздания. В целом же религиозное умонастроение З., видимо, имело источником раннее религиозное воспитание. «По благости господней, — писал он, — удостоившись получить некоторое просвещение и будучи от природы склонен к уединению, нередко нахожу время упражняться в богомыслии, и оно-то составляет приятнейшие и сладкие часы моей жизни».

Изложению принципов, на которых зиждется любое гражданское общество, посвящен наиболее важный труд З. — «Сокращение сстественного права...» (1764; посв. А. Б. Куракину), «выбранный из разных авторов» и включающий первое систематическое изложение теории общественного договора в России. Книга компилировалась по умеренным нем. сочинениям и представляла собой свод идей, восходящих к С. Пуффендорфу и Д. Нетельбладту. Одной из основополагающих аксиом для З. является почитание божества. Свое понимание теории естественного права З. проиллюстрировал примерами из всемирной истории, обратившись к переводу «Историй разных героинь...» Л. Гольберга (1767—1768, ч. 1—2; посв. вел. кн. Павлу Петровичу), который он снабдил предисловием и многочисленными примечаниями на различные «деяния» царственных женщин. Из них явствует, что среди всех форм правления З. находил наивыгоднейшею монархию во главе с «премудрым монархом», власть которого, несмотря на «общественный договор», не может быть ограничена «наружным понуждением». С др. стороны, доверие народа правитель должен оправдать служением благу общества, являясь всегда образцом для своих подданных. З. не рассматривает специально вопрос о деспотии, но замечает, что «слабое правление» свойственно просвещенным народам, а «азиатские жители иначе управляемы быть не могут, как строгостию власти». Некоторые «примечания» З. посвящены вопросам о цензуре и о веротерпимости, весьма злободневным в первые годы екатерининского царствования.

В области перевода З. был сторонником вольного «преложения» оригинала применительно к рус. потребностям. Эти мысли высказаны им в предисловии к переводу сатирического романа Г. Филдинга «Путешествие в другой свет...» (1766). В отличие от научных сочинений, как полагал З., «филологические, романические и проч. содержания оставлены быть могут собственному знающего переводчика усмотрению: ибо бывает часто ненужным или иногда скучным, а особливо неблагопристойным для нас, что прежде казалось хорошим или было у других употребляемо свободно». Этими же соображениями он руководствовался и при переводе книги Гольберга. Литературный круг З. неизвестен. Письмо к Г. А. Потемкину от 20 февр. 1784 (автограф — ГПБ, ф. 45, № 588) имеет официальный характер. Последним печатным сочинением З. было его «Наставление сыну» (1796).

Лит.: Венгеров. Рус. поэзия, т. 1, вып. 6 (1897); *Рождественский С. В.* Мат-лы для истории учебных реформ... СПб., 1910; Сб. ст. по рус. истории, посв. С. Ф. Платонову. Пг., 1922.

В. П. Степанов

ЗОТОВ Иван Никитич [1687 (?) — до 1723]. Дворянин, сын Н. М. Зотова, первого учителя Петра I. С 1703 учился во Франции. В 1705 — переводчик при рус. после в Париже графе А. А. Матвееве; ему принадлежит описание Фонтенбло в тексте отчета Матвеева о посольстве во Францию. Затем З. был на дипломатической службе в Вене, а с 1707 — в Варшаве.

В 1708 осуществил перевод труда фр. инженера Ф. Блонделя «Новый способ укрепления городов» (1711). Сохранился лестный отзыв Петра I об этом переводе от 25 февр. 1709; Петр I собственноручно отредактировал перевод, помогая устранить трудности, неизбежно возникающие при передаче на рус. язык отсутствовавших в нем сложных технических терминов и понятий. В 1713 был издан перевод т. 1 труда фр. инженера и математика А.-М. Малле «Книга Марсова или воинских дел», выполненный З. также по указанию Петра; возможно, что З. при этом пользовался и нем. переводом книги Малле. Т. 1, переведенный З., посвящен построению крепостей и укреплений. В 1719 З. преподнес Петру I изготовленную им копию карты Каспийского моря голландца Яна Стрейса; З. принадлежит и перевод с гол. (а не с фр., как иногда считают) всех названий и надписей на карте (воспроизведена в кн.: *Берг Л. С.* Избр. тр. М., 1960, т. 3, с. 298, вкл.).

Лит.: *Ласковский Ф.* Мат-лы для истории инж. искусства в России. СПб., 1861, ч. 2; Пекарский. Наука и лит., т. 1 (1862); [Без подписи]. Зотов И. Н. — В кн.: Рус. биогр. словарь, т. «Жабокритский — Зяловский» (1916); Письма и бумаги императора Петра Великого. М.; Л., 1946—1951, т. 8—9; *Соловьев С. М.* История России... М., 1962, кн. 8; Рус. дипломат во Франции: (Зап. А. Матвеева). Л., 1972.

М. В. Разумовская

ЗУБОВА Мария Воиновна [1749 (?) — IX 1799, Петербург]. Дочь вице-адмирала В. Я. Римского-Корсакова, замужем за А. Н. Зубовым, с 1791 правителем Курского наместничества. 19 июня 1780 он приобрел поместье под Муромом (ИРЛИ, картотека Б. Л. Модзалевского).

З. сочинила «немало разных весьма изрядных стихотворений, а особливо песен» (Новиков. Опыт словаря (1772)). Биографы З. утверждают, что некоторые песни ее были опубликованы в ч. 2 «Собрания разных песен» *М. Д. Чулкова* (1770), а также приписывают ей широко известную в XVIII в. и на протяжении всего XIX в. песню «Я в пустыню удаляюсь...» (в ряде песенников, напр. в «Новейшем избранном песеннике» 1827, она обозначается как «народная»). По словам М. Н. Макарова, З. «была самая приятнейшая певица в начале царствования Екатерины II». Ею было сделано также несколько переводов с фр., оставшихся ненапечатанными.

Ф. В. Ростопчин в письме к С. Р. Воронцову от 9 окт. 1799, уведомляя последнего о внезапной смерти З. от апоплексического удара за бостоном у Н. К. Загряжской, называет З. «умной и любезной женщиной во вкусе г-на Мортеля», героя романа П.-А.-Ф. Шодерло де Лакло «Опасные связи» (Рус. арх., 1876, № 9, с. 93).

Лит.: *Макаров М. Н.* Мат-лы для истории рус. женщин-авторов. — Дамский журн., 1830, ч. 29, № 3; *Мордовцев Д. Л.* Рус. женщины второй пол. XVIII в. СПб., 1874; Голицын Словарь (1889); Список лиц рода Корсаковых, Римских-Корсаковых и князей Дундуковых-Корсаковых с краткими биогр. сведениями. СПб., 1893.

С. А. Кибальник

ЗУБРИЛОВ Николай. Перевел с нем. музыкальное пособие Д. Кельнера «Верное наставление в сочинении генерал-баса...» (1791). В том же году З. перевел и издал своим иждивением сентиментальную повесть фр. писателя, знатока вост. языков и путешественника К.-Э. Савари «Любовь Аназелугеда и Уардии, или Несчастные приключения двух судьбою гонимых страстных любовников...». Судя по посвящению Н. Д. Дурново, З. служил в это время у него в подчинении в 5-м Деп. Сената.

Е. Д. Кукушкина

ЗУЕВ Василий Федорович [1 (12) I 1752, Петербург — 7 (18) I 1794, там же]. Сын солдата Семеновского полка, родом из Тверской губ. 3 нояб. 1763 был принят «на пробу» в Акад. гимназию; 16 янв. 1764 зачислен на казенный кошт. Он остался в гимназии и после сокращения числа гимназистов в старших классах, а по окончании курса был выбран П.-С. Палласом для участия в сибирской экспедиции.

Экспедиция покинула Петербург 21 июня 1768 и провела в пути шесть лет, передвигаясь только в теплое время года; на зиму она останавливалась в городах (1768 — Симбирск, 1769 — Уфа, 1771 — Челябинск, 1772 — Красноярск, 1773 — Царицын). По поручению Палласа З. совершил поездки в устье Оби и Енисея, составив о них географические и этнографические отчеты (использованы в т. 3 «Путешествия...» Палласа). Оригинальный рукописный текст этих описаний показывает не только цепкую наблюдательность юноши, но и свободное владение словом, умение живо и не без остроумия описывать первобытную жизнь хантов и ненцев, не ориентируясь на литературные штампы изображения «естественного» человека. Наряду с этнографическими наблюдениями З. составил краткие словари остяцкого, самоедского (самодийских народностей) и вогульского языков.

30 июля 1774 экспедиция через Москву вернулась в Петербург. Благодаря отзывам Палласа и нескольким работам, представленным в Академию наук, З., еще во время путешествия произведенный в студенты Акад. ун-та, был командирован для учебы в Лейденский ун-т. 6 сент. он выехал из Петербурга, а 21 нояб. поступил на медицинский факультет университета, где было сосредоточено преподавание естественных наук; в июле 1776 для совершенствования в анатомии перевелся в Страсбургский ун-т, где попутно свободно овладел фр. языком (на фр. написаны некоторые письма и работы З.). У него были планы совершить образовательное путешествие по Швейцарии, Франции и Англии. Неизвестно, удалось ли ему проделать этот маршрут, но к нояб. 1778 он снова вернулся в Лейден, где прослушал последние университетские курсы. 15 мая 1779 З. прибыл в Петербург и 12 окт. 1779 за написанную в Голландии диссертацию о перелетах птиц получил звание адъюнкта физики.

После поездки на месяц в Тверь к родителям З. приступил к обработке и описанию зоологических коллекций Кунсткамеры; с 1782 его научные работы начали регулярно появляться в академической печати.

Наиболее значительным эпизодом в биографии З. была самостоятельная экспедиция для описания южнорус. губерний, продолжившая работы И.-А. Гильденштедта. Она была задумана по инициативе директора Академии наук *С. Г. Домашнева* для выяснения экономического потенциала недавно присоединенных территорий, но встретила противодействие академической администрации, пытавшейся в эти годы сместить Домашнева. Поэтому экспедицию З. нерегулярно финансировали; постоянно поднимался вопрос о целесообразности его исследований.

З. отбыл из Петербурга 25 мая 1781 в Москву, где он общался с *Г.-Ф. Миллером*, И.-Г. Стриттером и П. А. Демидовым, владельцем ботанического сада, и далее в Калугу, Тулу, Курск (здесь он познакомился с *П. С. Свистуновым*) и Харьков. Конечной целью был Херсон, куда З. приехал 7 окт. 1781. Отсюда при поддержке И. А. Ганнибала он совершил короткое плавание в Стамбул (20 нояб. 1781), а 9 марта 1782 на занятые у *Я. И. Булгакова* деньги вернулся сушей в Херсон, чтобы летом осмотреть Крым. Однако из-за антирус. волнений в ханстве Шагин-Гирея З. вынужден был через Приазовье бежать из Крыма. На обратном пути экспедиция задержалась в Москве (сент. 1782), чтобы занять денег у книгопродавца Никиты Водопьянова; 30 сент. З. был уже в Петербурге.

По возвращении З. стал невольной жертвой борьбы партий в Академии наук, завершившейся увольнением Домашнева и назначением нового директора — *Е. Р. Дашковой*. З. были причтены в вину ссора с харьковским губернатором Е. А. Щербининым (сватом Дашковой), денежные неувязки в его экспедиционном отчете, непредусмотренная программой поездка в Турцию; под предлогом контроля у него попытались отобрать дневники и др. научные документы экспедиции; 10 марта 1783 ему было отказано в производстве в академики. Из-за того что З. дал согласие преподавать в Гл. нар. уч-ще (9 дек. 1783) и писать для него учебник натуральной истории («Начертание естественной истории...», 1786), Дашкова обвинила его в пренебрежении непосредственными обязанностями и уволила из Академии (17 февр. 1784). Лишь после того как Палласу, связанному с императрицей работой по «Сравнительным словарям всех языков и наречий», удалось инспирировать высочайший указ, разрешавший всем служащим Академии участвовать в работе Комиссии нар. уч-щ, З. был восстановлен в должности. 27 сент. 1787 он получил по рекомендации Палласа звание академика.

Активная научная работа З. продолжалась до 1790. Позднее он тяжело заболел. Согласно некрологической статье В. М. Севергина (которую Академия наук напечатала лишь через 7 лет после смерти З.), его здоровье было подорвано в экспедициях; Дашкова в своих мемуарах намекает на психическое заболевание.

Самый важный труд З., «Путешественные записки от С.-Петербурга до Херсона в 1781—1782 гг.» (1787), остался незавершенным; ч. 2, о подготовке которой к печати говорится в предисловии к нем. переводу книги (Beschreibung seiner Reise... Dresden, 1789), не сохранилась. Отдельные относящиеся к ней статьи появились в «Месяцесловах», издававшихся Академией наук, а затем в «Собрании сочинений, выбранных из Месяцесловов» (1790, т. 5—6).

В составлении печатных отчетов об экспедициях по академической программе исследований у З. было несколько предшественников (*С. П. Крашенинников*, *И. И. Лепехин*, Паллас и др.), но его манера несколько отличается от сложившегося типа изложения. З. мало говорит о собранных гербариях, минералогических коллекциях и пр., более внимания уделяя путешествию как таковому и сосредоточиваясь на географическом и экономическом описании обследованных районов. Самые подробные очерки посвящены Калуге, Туле, Минску, Курску, с экскурсами в историческое прошлое старинных городов. Слог З. краток (может быть, под влиянием суховатой манеры Палласа); тем не менее записки дают объективную и разностороннюю картину жизни крестьянства и мещанства центра и юга страны. Исторический интерес представляют описание причерноморских курганов с зарисовками еще существовавших во времена З. каменных баб; первые сведения о «духоверцах» в окрестностях Козлова; словарь языка цыган, живущих в районе Белгорода.

В июне 1785 З. сменил *Е. Б. Сырейщикова* в качестве редактора издававшегося Гл. нар. уч-щем журнала «Растущий виноград» (с мая 1785 до прекращения издания в марте 1787), выходившего под наблюдением *О. П. Козодавлева*. Основными сотрудниками журнала были студенты и преподаватели училища, среди них и сам З., главное внимание уделявший научно-популярной тематике. Кроме работ по естествознанию он напечатал здесь большой историко-географический очерк «Политические рассуждения о китайцах» (1785—1786), составленный на основе книги Г.-Т.-Ф. Рейналя «Философская и политическая история <...> обеих Индий», в котором сохранена аллюзионная идеализация общественного устройства Китая, свойственная первоисточнику. Не препятствовал З. и появлению в журнале чисто литературных, иногда сатирических произведений.

З. много занимался переводами научных трудов, в т. ч. и этнографических (работы Г. Эггеда о Гренландии, К.-П. Тунберга о Японии). Из них общелитературный интерес представляет «Путешествие...» Палласа, которое З. начал переводить с печатного нем. издания еще за границей (1777—1779). Он единолично перевел т. 3 (ч. 1 и 2; изд. в 1788), включавший и материалы его собственных наблюдений, а в 1785 редактировал рус. текст т. 2.

После прекращения преподавательской деятельности в Петербургской учит. семинарии (1 марта 1789) З. был привлечен к переводу «Всеобщей и частной естественной истории» Ж. Бюффона, имевшей не только революционное научно-философское значение, но и чисто литературный успех. Ч. 3 этого многотомного издания, переведенная З. вместе с Н. П. Соколовым и С. К. Котельниковым, вышла уже после его смерти (1794).

Личные бумаги З. не сохранились; его научный архив разбирал И. И. Лепехин.

Лит.: *Севергин В. М.* Précis de la vie de Mr. Basile Zouyeff. — Nova Acta Academia Scientiarum Petropolitanae, 1801, v. 12; *Вербов Г. Д. В.* Зуев. — В кн.: Зуев В. Ф. Мат-лы по этнографии Сибири XVIII в. М.; Л., 1947; *Райков Б. Е.* 1) Академик В. Зуев, его жизнь и тр. М.; Л., 1956; 2) Науч.-пед. деятельность Зуева. — В кн.: Зуев В. Ф. Пед. тр. М., 1956; Кулябко. Ломоносов (1962); Кулябко. Замечательные питомцы (1977).

В. П. Степанов

ЗЫБЕЛИН Алексей Герасимович (в монашестве — А н т о н и й) [1730, Москва—27 IX (8 X) 1797, Макаров Нижегородской губ.]. Происходил из духовного сословия, брат *С. Г. Зыбелина*. Учился в Славяно-греко-лат. академии; по окончании ее был некоторое время дьяконом, в 1760 пострижен в монахи и определен учителем грамматики в Славяно-греко-лат. академию. Вскоре он был посвящен в иеромонахи и назначен учителем поэтики (1762). С 1763 З. — префект Славяно-греко-лат. академии и учитель философии; с 1768 по 1770 — ректор академии, учитель богословия, архимандрит Заиконоспасского монастыря; с 1770 по 1773 — епископ архангелогородский; с 1773 по 1782 — епископ нижегородский. Будучи архиепископом казанским с 1782 по 1785 З. в особенности заботился об устройстве духовных училищ и семинарий (они были открыты в Алатыре, Курмыше, Лыскове, Саранске и др.). В 1785-1797 З. — архимандрит Макарьевского Желтоводского монастыря, где и скончался.

В 1779 З. произнес приветственные «Слова при начале и окончании открытия Нижегородского наместничества» (1780), с одобрением отмеченные *Екатериной II*; в 1780 З. выступал в Симбирске со «Словами при начале и окончании открытия Синбирского наместничества декабря 16 и 27 дня 1780 г.» (1781); в 1781 — в Казани со «Словами при начале и окончании открытия Казанского наместничества декабря 15 и 23 дня

1781 г.» (1782). В «словах» З. светский панегирический элемент (прославление Екатерины II) преобладает над церковно-нравоучительным. З. часто приводит примеры из античной и рус. истории; язык его «слов» отличается редким употреблением славянизмов.

В 1774 З. писал наставление против Емельяна Пугачева, в котором уговаривал паству нижегородской епархии не верить внушениям и обещаниям его сторонников.

Известны четыре письма З. (1779—1789) к Екатерине II благодарственного характера (Рус. беседа, 1860, № 2). Их характерная особенность — витийственный, панегирический стиль в духе традиционного церковного красноречия кон. XVIII в.; в этих посланиях З. заверяет императрицу, что обязанности епископа исполняются им со всей ответственностью.

З. открыл рукопись «Летописца двинского...» и доставил ее Вольному Рос. собранию при Моск. ун-те (см.: Древняя рос. вивлиофика. 2-е изд. М., 1791, ч. 18).

Лит.: Макарий, архим. История Нижегородской иерархии, содержащая в себе сказания о нижегородских иерархах с 1672 до 1850 г. СПб., 1857; Филарет. Обзор (1884), кн. 2; [Без подписи]. Антоний Зыбелин. — В кн.: Рус. биогр. словарь, т. «Алексинский — Бестужев-Рюмин» (1900).

Ю. К. Бегунов

ЗЫБЕЛИН Семен Герасимович [25 VIII (5 IX) 1735, Москва—26 IV (8 V) 1802, там же, похоронен на Лазаревском кладбище]. Происходил из духовного сословия. Обучался вместе с братом Алексеем в Славяно-греко-лат. академии, по окончании которой в числе лучших слушателей по указу Синода был определен в Моск. ун-т первым (по сроку поступления — 25 мая 1755) его студентом. Превосходно владевший лат. и греч. языками, З. был определен учителем лат. языка в Унив. гимназию. По окончании философского факультета в 1758 З. был отправлен в Петербург заниматься в Акад. ун-те под руководством *М. В. Ломоносова*; под влиянием последнего, а также *Н. Н. Поповского* и *А. А. Барсова* определились материалистические воззрения и сформировался ясный слог З. В 1759—1765 З. обучался медицине в Кенигсбергском, Лейденском и Берлинском ун-тах; в Лейдене З. защитил в 1764 докторскую диссертацию на лат. языке «О естественных целебных мылах, добываемых из трех царств природы...». По возвращении в 1765 З. был назначен экстраординарным профессором по кафедре теоретической медицины Моск. ун-та; в 1767 получил право медицинской практики, а в 1768 был произведен в ординарные профессора и утвержден членом Унив. конференции. С 1770 возложил на себя обязанности врача при университетской больнице. До кон. жизни З. читал курсы анатомии, физиологии и патологии, а также в течение ряда лет — натуральной истории, химии, ботаники, врачебного веществословия (фармакологии), терапии и хирургии (с 1768 — на рус. языке); первым в России он начал сопровождать теоретические лекции демонстрациями.

З. принадлежит приоритет и в популяризации медицинских знаний в России. В изданном *М. М. Херасковым* сборнике «Переводы из Энциклопедии» (1767, ч. 1—3) З. перевел статьи медицинского содержания. Свои взгляды З. излагал в «словах», произносимых в торжественных университетских собраниях. Каждое «слово» являлось не только популярным санитарно-просветительным выступлением, но и научным трактатом. Решительный противник умозрительных натурфилософских концепций, З. определял человека как «разумно словесную тварь». Механистический материализм З. проявился в защищаемой им идее единства живой и неживой природы. Развивал З. и взгляды о единстве человека и среды; высказанные им мысли о взаимоотношении соматики и психики были передовыми для своего времени. З. уделял большое внимание работе по созданию отечественной медицинской терминологии. Д. Л. Крюков замечал по поводу работ З.: «Меня поразил Зыбелин ⟨...⟩. Какой изумительный язык был у этого человека в 70-х годах минувшего столетия. Педанты наши говорят — он мало сделал. Уже одно то, что он сделал для врачебной науки, создав правильный, точный и ясный изящный язык, делает его для нас незабвенным» (письмо к Ф. И. Буслаеву от 17 июля 1842). 1 июня 1784 З. был избран членом Рос. Академии, однако участия в ее работе не принимал. Все «слова» З. были изданы (по воле автора не было напечатано лишь «слово», посвященное *И. И. Шувалову*) и долгое время считались образцовыми (переизд. в 1819—1823 в антологии лучших университетских речей). В сер. 1760-х гг. З. было поручено наблюдение за изданием «Истории Российской» *В. Н. Татищева*; в чем именно заключалась деятельность З., неизвестно, так как по напечатании первых трех листов из-за затруднений З. в прочтении собственных имен эти обязанности были возложены на *Г.-Ф. Миллера*.

Библиотека и архив З., завещанные им Моск. ун-ту, погибли в пожаре 1812. По отзыву современников, З. был «роста ближе к среднему ⟨...⟩ широкоплеч и сух, лица большого, длинного, белокур» (Словарь профессоров Моск. ун-та, ч. 1 (1855), с. 344).

Лит.: *Рихтер Д.* История медицины в России. М., 1820, ч. 3; *Никитин А. Н.* Крат. обзор состояния медицины в России в царствование имп. Екатерины II. СПб., 1855; Шевырев. Моск. ун-т (1855); *Лонгинов М. Н.* Учен. предприятие в Москве (1767). — Совр., 1857, № 7; Сухомлинов. Рос. Академия, вып. 5 (1880); Чистович. Мед. школы (1889); *М-ов.* Зыбелин С. Г. — В кн.: Рус. биогр. словарь, т. «Жабокритский—Зяловский» (1916); *Громбах С. М.* Рус. мед. лит. XVIII в. М., 1953; *Пионтковский И. А.* С. Г. Зыбелин. — В кн.: Зыбелин С. Г. Избр. произведения. М., 1954; *Белявский М. Г.* М. В. Ломоносов и основание Моск. ун-та. М., 1955; *Штранге М. М.* «Энциклопедия» Дидро и ее рус. переводчики. — В кн.: Фр. ежегодник. 1959. М.; Л., 1961.

М. П. Лепехин

И

ИАКОВ (**Блонницкий**) — см. Блонницкий И.

ИВАНОВ Алексей (в монашестве — **Афанасий**) [1746, Москва—18 (30) VIII 1805, Екатеринослав, похоронен в церкви св. Николая близ Новомосковска]. Сын священника. Образование получил в Славяно-греко-лат. академии, по окончании которой был оставлен в ней учителем последовательно в классах аналогии (1774), грамматики (1775—1776), пиитики (1777) и риторики (1778); 13 мая 1778 принял монашество и в 1781 был назначен проповедником при академии. В 1782 возведен в сан игумена Московского Покровского монастыря; исполнял должность префекта бывшей при монастыре Крутицкой дух. семинарии. В 1784 И. возвратился в Славяно-греко-лат. академию на должность префекта и профессора философии; в 1785 он преподавал также богословие и древнеевр. язык; в 1786 был назначен ректором, а, по отъезде *Аполлоса Байбакова* в Петербург и архимандритом Заиконоспасского монастыря. С 12 нояб. 1788 — епископ коломенский; с 10 апр. 1799 — воронежский; с 1 окт. — новороссийский; в день коронации Александра I (15 сент. 1801) возведен в сан архиепископа; в 1804 штат, консистория и семинария переместились из Новомиргорода в Екатеринослав. 18 авг. 1805 И. был назначен архиепископом астраханским, но в этот самый день скончался.

Поучительные слова И. были изданы Типогр. комп. (1787). Они составлены под сильным влиянием проповедей *Платона Левшина*, принимая порой явные черты подражательности. У *Н. И. Новикова* вышел и предпринятый И. для Собрания, старающегося о переводе иностр. книг перевод с лат. книги Авла Геллия «Аттические ночи» под загл. «Афинских ночей записки» (1787), обнаруживший в И. тонкого ценителя античности. Перед текстом «Афинских ночей» напечатаны принадлежащая И. «Жизнь Авла Геллия», сплошь состоящая из восторженных похвал последнему, и «Предисловие»; в обеих частях помещено ок. 450 примечаний, относящихся к античной литературе, философии, мифологии, истории и т. п., а также к биографиям отдельных лиц и этимологии некоторых слов; приложен, кроме того, указатель ко всему изданию — «Оглавление достопамятных вещей». Язык перевода И. изобилует кальками.

По инициативе И. была составлена и издана «Греческая грамматика» (1788); им было переведено «Защищение христиан против язычников» (М., 1802) Тертуллиана. Остались неизданными заметки И. на Священное писание, где слав. перевод сверялся с греч. и евр. текстами. И. посвящены речи на его отбытие из Коломны учителей *В. М. Протопопова*, Иоанна Покровского и коломенского купца Ф. И. Суранова (1799), а также две оды В. М. Протопопова (1790, 1792).

Лит.: Смирнов. Моск. академия (1855); *Н. М.* [*Мурзакевич Н. Н.?*] Крат. биогр. сведения о екатеринославских архиереях 1775—1883 гг. — Тр. Киевской дух. академии, 1863, № 3; [Без подписи]. Афанасий (Иванов А.). — В кн.: Рус. биогр. словарь, т. «Алексинский — Бестужев-Рюмин» (1900).

М. П. Лепехин

ИВАНОВ Архип Матвеевич [1749—1821]. Академик скульптуры (с 1777). Был принят в число воспитанников Петербургской Академии художеств в 1762 вместе со своим старшим братом, впосл. известным художником М. М. Ивановым (1748—1823). В 1778 оставил Академию, поступил в Коллегию иностр. дел, по Азиатскому деп. переводчиком; достиг чина ст. советника.

И. перевел книгу Р. де Пиля «Понятие о совершенном живописце, служащее основанием судить о творениях живописцев; и примечания о портретах — переведены первое с итальянского, а второе с французского...» 1789; посв. *И. И. Бецкому*), представляющую собой одну из первых в России попыток систематического изложения основных понятий из области живописи. В приложениях к ней помещены стихотворение *Ип. Ф. Богдановича* «К Дмитрию Григорьевичу Левицкому», написанное в связи с завершением последним работы над портретом *Екатерины II* (впервые опубл.: Собеседник, 1783, ч. 4), и стихотворение *Н. Г. Жаркова* «Дань знатнейшим художествам. К талантам Михаила Матвеевича Иванова».

Среди лиц, подписавшихся на издание, наряду с именами деятелей рус. искусства (Д. Г. Левицкий, И. И. Бельский, Ф. И. Шубин, Д. С. Бортнянский), значатся имена и некоторых видных сановников екатерининского времени (А. С. Строганов, *А. П. Шувалов*, М. В. Долгоруков).

К. Н. Григорьян

ИВАНОВ Гур Иванович [1737, Петербург—после 1777]. Сын солдата Ингерманландского полка. 26 марта 1750 был принят «на пробу» в Акад. гимназию; 24 авг. по представлению *С. П. Крашенинникова* зачислен в «казеннокоштные» ученики; 19 янв. 1760 за успехи удостоен звания студента Акад. ун-та. 25 мая 1765 вместе с несколькими товарищами И. просил в связи с отсутствием «склонности более обучаться наукам» отчислить его из университета и тогда же был определен при Академии к переводам. С 1767 — д. переводчик, в мае 1769 пожалован в кол. переводчики с чином прапорщика; затем получил должность переводчика, «отправляющего при Типографии корректорскую должность». С 1775 вместе с В. Г. Костыговым помогал *Ип. Ф. Богдановичу* в переводе нем. материалов для «СПб. вед.».

В нояб. 1777 он подал прошение об увольнении из Академии наук. Три главные перевода И. сделаны по выбору И. И. Тауберта и вышли одновременно в Петербурге в 1766: «Жизнь и приключения малого Помпе, постельной собаки. Критическая история» (с нем. пер. англ. сатирического романа Ф. Ковентри о жизни англ. общества); авантюрная «Повесть о приключениях кавалера Р*** во время осады Брабандского города Дорника» Ш. Ла Морльера (с нем. пер.); роман «Бес-пустынник, или Приключения выгнанного из ада Астарота» П.-Л. Сомери (с нем. пер.), представляющий собой подражание «Хромому бесу» А.-Р. Лесажа. Переводя близко к тексту, И. сохранил некоторые либеральные высказывания о положении крестьян: «Я прошел всю почти Европу и везде находил то, что крестьяне либо настоящие невольники и рабы государевы, либо бедные подданные <...>. Где я теперь находился, там слово „крестьянин" имело совсем иной разум; оное значило людей столько же свободных, как и знатнейших в земли, кои с богатством своим поступали по своей воле и торги отправляли свободно. Я позавидовал их состоянию, вскричал: благополучен тот народ, таким государем управляемый, который сам по данным своим законам поступает».

Лит.: Семенников. Мат-лы для словаря (1914); Кулябко. Замечательные питомцы (1977).

М. В. Иванов

ИВАНОВ Леонтий М. [ум. до 1793]. Автор комической оперы «Сердцеплена» (1788), напечатанной в 1793, после смерти автора, его родным братом Г. М. Ивановым. Судя по посвящению *Г. П. Гагарину*, И. служил у него в подчинении в 6-м Деп. Сената и имел чин титул. советника. В опере воспевается счастливая сельская жизнь, вдали от городской суеты; сведений о постановке оперы на сцене нет.

Лит.: Mooser R.-A. L'Opéra comique française en Russie au XVIIIe siècle. Genève; Monaco, 1954; История драм. театра, т. 1 (1977).

Е. Д. Кукушкина

ИВАНОВ Николай. Как видно по титульным листам изданий его переводов с фр., в 1781—1782 был сержантом артиллерии. Анонимная повесть «Шевриерова тень, или Возвращение сего примечателя на землю» (1781; изд. *Н. И. Новикова*) написана в духе «Хромого беса» А.-Р. Лесажа: тень драматурга Ф.-А. Шеврие покидает царство мертвых и посещает европ. театры; даются отзывы об игре известных актеров 1770-х гг.: Д. Гаррика, М.-Ф. Дюмениль, И. Клерон и Мартине.

Второй перевод И., роман «Новый найденыш, или Счастливый голландец» (1782), — произведение, отчетливо ориентированное на популярный в то время роман Г. Филдинга «История Тома Джонса, найденыша». Подобно Тому Джонсу, его герой влюбляется в дочь своей приемной матери, что и является причиной его изгнания из семейства. Более поздний перевод И. — «персидская» повесть Ж.-П. Флориана «Батменди, или Картина человеческой суеты» (1788), имеет обычный для фр. просветительской повести «восточный» колорит. В форме философской притчи рассказывается о судьбе четырех братьев — воина, придворного, поэта и крестьянина, по-разному решивших достичь «батменди» (по-персидски — «благополучие»); достигает его только крестьянин, который предпочел приключениям на чужбине мирный труд на родной земле. Есть сведения, что эту же повесть переводил *Г. Р. Державин*; позднейшее издание — в переводе Н. Мамонтова (СПб., 1819).

Лит.: Державин. Соч. (1868—1878), т. 4 (1874).

И. В. Немировский

ИГНАТЬЕВ Семен (Симон) Егорович [род. 1746; по др. данным — 1743*]. Происходил из груз. дворян; вероятно, сын Е. Эгнаташвили, эмигрировавшего в Россию в свите царя Вахтанга VI (упоминается в списке грузин за 1737). Был записан в службу с 1753; с 1755 учился в Унив. гимназии, затем в Моск. ун-те, по окончании которого (1762) остался при гимназии информаторским помощником (подмастерьем в классах фортификации, черчения, рисования и гравирного дела); с 25 дек. 1766 — информатор старших классов; с 14 мая 1770 — преподаватель. В окт. 1772 уволен из университета «по слабости здоровья» с наградой обер-офицерским чином. 29 нояб. 1779 определился в штат строения Екатерининского дворца в Москве. С 1781 служил в Екатеринославе при Межевой экспедиции Азовской губ. (затем — Новороссийская губ., Таврическая обл., Екатеринославское наместничество); в 1785 — на короткое время судья Нижн. расправы в Павлограде. С 14 марта 1785 в чине кол. асессора (в 1790 переименован в премьер-майоры) занял должность губернского землемера. На самом деле, хорошо владея груз. языком, выполнял поручения Г. А. Потемкина по секретной Вост. комиссии, «был поверенным в делах ⟨...⟩ не токмо гласных, но и на проницании основывающихся». В 1783 И. был в свите П. С. Потемкина и В. С. Томары (друга *В. В. Капниста*), доставивших царю Картли-Кахетии Ираклию II проект Георгиевского трактата (заключен 24 июля); побывал в Имеретии, где в Кутаиси перевел (прозой) похвальную песнь *Екатерине II*, исполненную перед рус. гостями слепым певцом под аккомпанемент чонгури. В 1784 он как переводчик сопровождал в Петербург посольство Ираклия II во главе с Г. Чавчавадзе. С 1787 находился при ставке Г. А. Потемкина в Кременчуге, а когда туда в связи с начавшейся рус.-тур. войной прибыли посольство Чавчавадзе и имеретинское посольство, возглавлявшееся Б. Габашвили (Бесики), был назначен с рус. стороны «приставом» при груз. царевиче Мириане; одновременно был переводчиком «как словесных, так и письменных дел» при Потемкине. В 1789 ездил по делам службы в Москву, где встречался с имеретинским епископом Варлаамом и получил от него письмо к Габашвили в Яссы.

По-видимому, по своим политическим убеждениям И. был сторонником династии Багратиони и противником «незаконного» правления Ираклия II. На этом основании высказывались предположения, что он был причастен к изданию направленного против Ираклия политического памфлета А. Амилахвари «История георгианская...» (1779; с указанием: «Перевел И. С.») в качестве переводчика или обработчика рус. текста. В связи со своими служебными обязанностями И. занимался перлюстрацией дипломатической переписки Чавчавадзе и переводом ее для Потемкина. Как исполнитель определенных дипломатических поручений И. был также известен А. А. Безбородко, который в 1789 предполагал причислить его к Коллегии иностр. дел.

В 1796 в чине подполковника И. возглавлял во время холеры карантинную комиссию Екатеринославского наместничества и был представлен правителем Иосифом Хорватом к ордену св. Владимира 4-й степени. В 1797 была упразднена занимаемая И. должность советника таможенных дел Екатеринославской казен. палаты. 24 февр. 1797 он обратился с прошением о вспомоществовании к Павлу I (перед которым в 1784 произносил речь на рус. и груз. языках), жалуясь на то, что израсходовал на службе все свое состояние, вынужден был продать единственную деревню в Алексанопольском у. Новороссийской губ. с 70 душами крестьян, перенес «паралический» удар и не имеет средств к существованию (формуляр 1797 г. и прошение — ЦГИА, ф. 468, оп. 43, № 479, л. 19—26).

Наибольший интерес из литературных работ И. представляет его перевод груз. версии перс. дастана (нар. повести) «Барамгуландамиани», вышедший под назв. «Похождение новомодной красавицы Гуланданы и храброго принца Барама, сочиненное Дилартетом, секретарем тифлисским...» (1773; переизд.: Тбилиси, 1983). На груз. язык дастан был переведен прозой в нач. XVIII в. по приказанию Вахтанга VI и распространялся в рукописи (крат. и полн. ред.); переводчик неизвестен; современные груз. исследователи считают указание на Дилартета ошибкой или сознательной мистификацией И. Для перевода И. выбрал пространную редакцию и сильно переработал ее в духе популярных литературных переделок вост. сказок. Сюжет книги составляют поиски Барамом кит. принцессы, в которую он влюбляется по портрету; она наполнена описанием подвигов героя, фантастическими рассказами о волшебницах, чудесных превращениях и пр. Примечания И. содержат сведения по груз. (вост.) мифологии. По-видимому, И. полностью принадлежит заключительная глава — новелла Довлады, груз. служанки Гуланданы. Текст ее свидетельствует о хорошем знакомстве И. с груз. литературой, в частности с «Описанием царства Грузинского» Вахушти Багратиони, сказочными повестями «Караманиани» (с перс.), «Амирандареджаниани», «Русуданиани», груз. Библией и др. Вполне профессиональные стихотворные вставки в прозаический текст (десять любовных писем героев) заставляют предположить участие в работе над книгой кого-то из рус. знакомых И.

И. также занимался составлением рус.-груз. словаря, который позднее был доработан его сыном Николаем (род. 1781), служившим переписчиком в Коллегии иностр. дел (представлен в февр. 1809 на рассмотрение в М-во нар. просв. — ЦГИА, ф. 733, оп. 118, № 130; не изд.).

Лит.: *Цинцадзе Я. З.* Сведения о разведке самодержавной России и о деятельности ее агентов в Грузии во второй пол. XVIII столетия. — Тр. Кутаис. пед. ин-та, 1941, т. 2. На груз. яз.; *Рухадзе Т. О.* Из истории рус.-груз. лит. связей. Тбилиси, 1962. На груз. яз.; *Горгидзе М.* Грузины в Петербурге. Тбилиси, 1976; **Ахвердян Р. С.* Из истории рус.-груз. лит. взаимоотношений. Тбилиси, 1985.

В. П. Степанов

ИЕВЛЕВ Василий Трофимович. Принадлежал к старинному дворянскому роду. В 1770—1780-х гг. был капитаном артиллерии. Возможно, что именно его имел в виду М. Гарновский, сообщая о ссоре «на аглинском бале» в Петербурге 9 дек. 1787 между «гвардии офицером Иевлевым» и кн. П. М. Дашковым, намерение которых «разведаться на поединке» не было осуществлено лишь вследствие вмешательства самой императрицы (см.: Рус. старина, 1876, № 3, с. 489—492).

И. известен переводами в прозе трагедий Вольтера «Смерть Цезаря» и «Брут». Последовательное обращение к двум антитираническим произведениям позволяет отнести его к числу людей вольномыслящих, а точность и выразительность этих переводов — к числу людей образованных и одаренных. Показательно, что опыты И. привлекли к себе внимание *Н. И. Новикова*, который издал «Брута» (1783) и переиздал «Смерть Цесареву» (1787; 1-е изд. 1777, в типографии Морского кадет. корпуса). На последний перевод как на книгу, которая «весьма недостойна существовать», в период разгрома масонов указал московский главнокомандующий кн. А. А. Прозоровский, после чего она была запрещена. На рус. сцене названные трагедии в переводе И. никогда не ставились.

Лит.: *Тихонравов Н. С.* Соч. М., 1898, т. 3, ч. 2; *Чернопятов В. И.* Дворянское сословие Тульской губ.: Некрополь. М., 1912, т. 7; Заборов (1978).

П. Р. Заборов

ИЕРОНИМ (Фармаковский) см. Фармаковский И.

ИЗМАЙЛОВ Яков. Сотрудник «Ежемес. соч.». Перевел с нем. из «Нравоучительных рассуждений» Л. Гольберга «Толкование эпиграммы к Марцеллу о том, чтоб стараться не иметь у себя неприятелей» (1758, ч. 8, нояб.), а также две статьи из педагогического трактата нем. проповедника И.-И. Майена — «Об избирании учителей к детям на дом» (1758, ч. 7, февр.) и «О вреде, который происходит от того, когда детей вдруг много принуждают учиться» (1760, ч. 11, янв.). В этих статьях говорилось о высоких требованиях, которые необходимо предъявлять к домашним учителям, и одновременно предпринималась попытка защитить их достоинство и честь, внушить к ним необходимое уважение со стороны родителей («...последний раб имеет иногда лучшее почтение, нежели учитель»). Можно предположить, что И. сам был домашним учителем и потому его внимание привлекли высказанные Майеном идеи, весьма актуальные для рус. общественной жизни XVIII в.

Н. Д. Кочеткова

ИКОСОВ Павел Павлович [1760—12 (24) IV 1811, Петербург]. Происходил из разночинной, но, по-видимому, культурной и состоятельной семьи. Возможно, его отцом был П. С. Икосов, в сер. века управлявший пермскими имениями Строгановых, автор рукописной «Истории о родословии, богатстве и отечественных заслугах знаменитой фамилии Строгановых» (1761). В 1770-х гг. имена Павла Икосова и его сестры Марьи Икосовой, вышедшей замуж за подпоручика Дурново, упоминаются в дневнике москвича Васильева в связи с посещением им баронессы М. А. Строгановой и др. домов московского дворянства. И. учился в Унив. гимназии; 29 июня 1777 был произведен в студенты; одновременно «надзирал» за казенными пансионерами в гимназии. Окончив курс, получил по аттестату чин кол. регистратора (дек. 1780) и поступил на службу в Сенат (1781), где в 1797 был назначен на место штатного секретаря. В мае 1802 с чином титул. советника уволился «для определения к другим делам» и 31 дек. 1804 поступил в Комиссию законов, где дослужился до кол. советника и помощника начальника Отд-ния гражд. законов (формуляр 1810 г. — ЦГИА, ф. 1260, оп. 1, № 900, л. 225).

И. был связан с кругом студенческой молодежи, находившейся под влиянием масонских идей. Его первое произведение «Глас божий к человеку» появилось в журнале «Веч. заря» (1782, ч. 3, сент.), издававшемся *Н. И. Новиковым* под редакцией И. Е. Шварца. Ряд стихотворений И. обращен к детям вел. кн. Павла Петровича; вместе с тем в них присутствует обязательное восхваление *Екатерины II* как мудрой правительницы. Это «Ода...», написанная одновременно на день рождения Екатерины II и вел. кн. Александра (при письме в редакцию от 4 авг. 1783), и «Идиллия...» на то же событие в форме разговора Музы с «нимфой Сарского села»

(Собеседник, 1783, ч. 4—5). «Акростих...» на рождение вел. кн. Константина (датирован 27 апр.) был напечатан в «Покоящемся трудолюбце» (1785, ч. 4), который выпускало Собрание унив. питомцев во главе с председателем *М. И. Антоновским*. 7 дек. 1786 И. оказался в числе членов-учредителей промасонского О-ва друзей словесных наук, созданного в Петербурге тем же Антоновским, и начал сотрудничать в его журнале «Беседующий гражданин». Произведения И., здесь помещенные (1789, ч. 1, 3), несмотря на стремление автора писать в легком стиле и даже с некоторой ироничностью, несут в общем отпечаток дидактики. И. опубликовал две басни, аллегорию на тему супружеского счастья «Песнь. Элизин путь, или Мир Любви с Невинностью» и прозаическое «Странное путешествие, или Притчу», иллюстрирующее мысль, что следование добродетели возможно лишь благодаря советам мудрых наставников. В высоком жанре написан И. «Дифирамб, изображение ужасных деяний французской необузданности, или Плачевная кончина царственного мученика Людовика XVI» (1793).

В своем кругу И. имел репутацию человека увлеченного литературой, «боготворящего Муз», как писал *С. С. Бобров* в «Стихах на Новый год к П. П. И‹косову›» (Беседующий гражданин, 1789, ч. 1). По-видимому, Боброву И. адресовал «Письмо похвальное пуншу. К господину Н. . ., писанное от приятеля его в стихах» (1789). Сочиненное в форме шутливого подражания «Письму о пользе стекла» *М. В. Ломоносова*, оно содержит некоторые мотивы («И, словом, пунш есть то ж, что ток Кастальских вод» и др.), обыгранные впосл. в многочисленных эпиграммах на Боброва. Др. примером «шутливых» стихотворений И. является «Песня Масленице в Санкт-Петербурге», опубликованная вместе со второй (испр. и доп.) редакцией «Письма. . .» в виде брошюры под загл. «Игра стихотворческого воображения...» (1799).

С Бобровым И. остался близок до кон. его жизни. *М. И. Невзоров* в своем журнале «Друг юношества» (1810, № 5) вместо некролога напечатал отрывок из обращенного к нему частного письма И. о последних днях Боброва. В нем дана высокая оценка литературных заслуг и поэзии Боброва, «тело которого достойно быть положено близ гроба Ломоносова», и приведена принадлежащая И. стихотворная «надгробная надпись».

Лит.: Дневник поручика Васильева. СПб., 1896; XVIII век. М.; Л., 1964, сб. 6.

В. П. Степанов

ИЛЬИН Дмитрий. Студент Славяно-греко-лат. академии. Опубликовал подносные оды крутицкому епископу Самуилу и суздальскому епископу Геннадию (в Унив. типографии, 1772), а также архиепископу тверскому и кашинскому, архимандриту Троице-Сергиевой лавры *Платону Левшину* (в Акад. типографии, 1772). Вероятно, оба стихотворения И. имеют учебный характер. Можно предположить, что первая ода написана к одному из диспутов, которые проводились в стенах академии и открывались песнопением и чтением стихов, обращенных к Синоду, а вторая — ко дню тезоименитства Платона Левшина, проректора академии, и поднесена ему «в знак чувствительной радости по причине пресечения усиливавшейся в Москве заразительной болезни» (эпидемия чумы 1771).

Лит.: Смирнов. Моск. академия (1855).

И. В. Немировский

ИЛЬИНСКИЙ Иван Иванович (возможно, Иван Юрьевич) [ум. 20 (31) III 1737]. Родился в Ярославской губ. Учился в Славяно-греко-лат. академии. С 1711 был секретарем перешедшего на сторону Петра I молд. господаря Дмитрия Кантемира и воспитателем его сыновей. В 1716 Петр I был намерен послать И. как знатока лат. языка в Прагу для прохождения курса наук и перевода книг, но Кантемир воспротивился этому.

В доме Кантемира в 1720—1730-х гг. И. вел дневник «Notationes quotidionae» (опубл.: *Майков Л. Н.* Материалы для биографии кн. А. Д. Кантемира. СПб., 1903, Прил.). С лат. на рус. язык он перевел сочинение Кантемира «Книга Систима, или Состояние мухаммеданской религии» (1722), а также статьи профессора Г.-З. Байера, печатавшиеся в «Коммент. Академии наук».

Большую роль сыграл И. в формировании поэтического таланта младшего сына Кантемира — Антиоха, будущего рус. сатирика. Занимаясь рус. просодией, И. привил вкус к стихотворству *А. Кантемиру*, который при его поддержке рано начал писать стихи и песни.

Из собственных литературных трудов И. известна «Симфония, или Согласие на священное Четвероевангелие и Деяния св. апостолов» (1733; 2-е изд. М., 1821). При «Симфонии» напечатано восьмистишие, дающее представление о его поэтическом творчестве.

После смерти Д. Кантемира (1723) И. был назначен в Академию наук переводчиком.

Сочинения молд господаря и его деловая переписка хранились в архиве И. Об этих бумагах А. Кантемир запрашивал профессора Х.-Ф. Гросса после смерти И.

Лит.: Пекарский. Наука и лит. т. 1 (1862); Пекарский. История Академии наук, т. 2 (1870); *Белокуров С. А.* О посылке в 1716 г. из Москвы в Прагу для пер. книг двух учеников славяно-лат. шкл. — Чтения в О-ве истории и древностей рос., 1896, кн. 3, отд. 5; Венгеров. Рус. поэзия, т. 1, вып. 7 (1901).

Г. Н. Моисеева

ИЛЬИНСКИЙ Михаил Иванович [ум. 15 (26) V 1795]. Сын священника церкви Ильи-пророка в Сергиевом Посаде. С 1743 по 1759 учился в Троицкой дух. семинарии. В 1760 записан в лавру канцеляристом; преподавал пиитику, историю и географию в Ростовской дух. семинарии; в 1765—1776 — философию в Троицкой дух. семинарии. Лекции И. основывались на круге идей вольфианца Ф.-Х. Баумейстера. 4 сент. 1766 И. был определен префектом и библиотекарем семинарии. В этом же году он отверг предложение архимандрита *Платона Левшина* принять постриг, позднее перешел в светское звание и в 1771 получил чин титул. советника. В 1775 И. по собственному прошению отставлен от должности префекта и библиотекаря, а в 1776 совсем уволен из семинарии. Однако по распоряжению Платона Левшина И. выдавалось жалованье «за немаловажные его при семинарии труды ⟨...⟩ дабы, доколе он не приищет себе места, не оставаться без пропитания». Прослужив некоторое время секретарем Моск. дух. консистории, в 1779 И. определился протоколистом Моск. синод. конторы; с 13 янв. 1783 до кон. жизни — ее секретарь (ЦГИА, ф. 796, оп. 67, № 588, л. 1, 10; оп. 76, № 243, л. 1).

С 1778 по 1783 И. вместе с А. Пельским в соответствии с указом *Екатерины II* от 28 дек. 1778 занимался «рассматриванием и изданием в свет Древних российских летописцев» (ЦГИА, ф. 796, оп. 65, № 292, л. 3, 16).

И. впервые осуществил и напечатал перевод с лат. «Жизни двенадцати цезарей» Светония (1776, ч. 1—2). В переводе И. опущены три главы «для неблагопристойного ⟨...⟩ содержания».

В 1782 И. опубликовал «Творения» римского поэта IV—V вв. Клавдия Клавдиана. В издание вошли «Три книги о похищении Прозерпины», «Две книги на Руфина» и др. переводы, выполненные шестистопным ямбом. Издания Светония и Клавдиана снабжены реально-историческим, мифологическим и лингвистическим комментарием.

В 1795 И. напечатал «Опыт исторический описания города Москвы...» (автограф — ГИМ, собр. Забелина, ф. 440, № 616) — краткое извлечение из трудов *М. М. Щербатова*, А. И. Манкиева, Степенной книги и летописей, хранившихся в библиотеке Моск. синод. типографии. В этом же году выходят «Стихотворения, выбранные из сочинений Германа Гугона под названием Благочестивые желания» (имеется в виду бельгийский иезуит Г. Гуго, пользовавшийся в России XVIII в. известной популярностью). О задаче своего труда И. писал в предисловии, посвященном митрополиту Платону Левшину:

Когда печаль моим всем сердцем
  овладела,
Чтоб мысль занять, облек я песни
  в русский стих.

Прости мне днесь, моя что муза
устарела!
Я цели в старости и в скорби
часть достиг.

Лит.: Смирнов. Троицкая семинария (1867); [Без подписи]. Ильинский М. И. — В кн.: Рус. биогр. словарь, т. «Ибак — Ключарев» (1897).

А. Б. Шишкин

ИЛЬИНСКИЙ Николай Степанович [27 XI (8 XII) 1761, Вологда — 15 (27) VIII 1846, Петербург, похоронен на Смоленском кладбище]. Сын церковного певчего, в послужных списках называвший себя сыном губернского секретаря или «обер-офицерским сыном» (формуляры 1798 и 1800 гг. — ЦГИА, ф. 1349, оп. 3, № 921, сп. 21; ф. 1259, оп. 1, № 45, л. 81). Первоначальная фамилия его отца (Шафранов) в Вологодской дух. семинарии была заменена на Ильинский. Деды И. со стороны и отца, и матери были священниками. Бедствовавшую семью И. практически содержала прабабка Анна Ивановна, которая шила на продажу рукавицы и шапки. Благодаря ей и ее приятельницам И. с детства приобщился к миру народных сказаний и поверий, слушая рассказы о «разных старинных происшествиях и сказки о домовых, о привидениях, о богатырях, о колдунах, о кладах». О своем образовании И. писал: «В малолетстве учен я был старухою, женою дьячка, первоначально азбуке, потом часослову и псалтири. ‹...› Писать и читать учил меня сам родитель, и то тогда, когда ему удавалось».

В 1766 отец И. перебрался в Петербург на службу в Коммерц-коллегию. Примерно через год вся семья переехала в Петербург. 4 нояб. 1771 И. начал службу копиистом в Коммерц-коллегии, где служил в это время и *М. Д. Чулков*. 7 мая 1781 И. был произведен в губернские секретари и направлен в Псковское наместничество. Здесь в Казен. палате он прослужил около 12 лет, выполняя многие поручения «сверх должности» и заслужив репутацию добросовестного и хорошо знающего законы чиновника. 31 дек. 1791 получил чин асессора, 30 июня 1795 — кол. асессора (ЦГАДА, ф. 286, № 852, л. 362 об.; № 889, л. 239). В 1792 и 1794 И. ездил в Усть-Каму и Нижний Новгород для доставки соли в Псковскую губ. В 1796 вернулся в Петербург; с 1798 стал членом Конторы о запасных магазинах. 17 дек. 1798 И. был произведен в кол. советники (см.: Сенатский арх. СПб., 1888, т. 1, с. 477). Генерал-прокурор П. Х. Обольянинов предложил И. стать правителем его канцелярии, но И. отказался.

В Петербурге завязались отношения И. с рядом литераторов. Он был «весьма дружен» с жившим близко от него *А. Ф. Бестужевым*, подарившим И. экземпляр «СПб. журн.» (1798) «с надписью своей руки»: «В знак моего истинного почтения и преданности к Николаю Степановичу Ильинскому от участвовавшего в сем издании А. Бестужева труды сии ему посвящает» (ИРЛИ, Р. I, оп. 2, № 71). 6 июля 1800 И. был принят в Комиссию законов. 26 апр. 1803 получил чин ст. советника. И. служил под начальством П. В. Завадовского одновременно с *А. Н. Радищевым*. О его последних годах жизни И. оставил ценные свидетельства в своих «Записках». Человек консервативных взглядов, И. критически оценивал «философское свободомыслие» Радищева, но относился к нему с явным сочувствием. Причиной «заблуждений» Радищева И. считал его удаление от религии и желание «поставить один только свой разум прямым правилом вместо закона божия и гражданского». Через своего брата П. С. Ильинского И. познакомился с *Г. Р. Державиным*. «Он был человек добродушный, — сообщал И., — расположен был к обоим нам хорошо, а ко мне особенно — за то, что я писал свои глупые стихи. Он даже прислал при письме своем на рассмотрение мое свою трагедию, помещенную в его сочинениях». Впосл. из-за служебных недоразумений их отношения сделались более отчужденными. О последних двух десятилетиях жизни И. сведений почти не сохранилось; вероятно, он и по выходе в отставку жил в Петербурге.

И. стал выступать в печати в кон. 1780 — нач. 1790-х гг., подписывая свои публикации «И. Н.», «Н. И.», «Н. С. И.», «N. N.». Отдельными изданиями вышли стихи И.: «Ода.

Время» (Б. м.; б. г.), «На взятие Очакова» (Б. м., 1790), «Ода на счастие другу моему А. И. С‹околовскому›» (Б. м.; б. г.), стихотворение «Мысли о человеке» (Б. м.; б. г.), которое в экземпляре ГПБ сопровождено стихотворным посвящением М. А. Ладыженскому, имеющим автобиографический характер: «Писал те мысли, быв печалью угнетенный». Более поздняя редакция стихотворения отличается усилением религиозных мотивов. Стихотворения «Изображение человека» и «В память славному мужу нижегородскому купцу Козьме Минину», изданные в 1794 нижегородской типографией, были написаны во время поездки в Нижний Новгород. Последнее И. поднес *Екатерине II* вместе с прошением, в котором говорил о заслугах Минина перед отечеством и о необходимости поставить ему памятник. Эти стихи И. также поднес нижегородскому епископу Павлу (50 экз.), отправил в Нижегородскую думу (150 экз.) и в Гл. нар. уч-ще (50 экз.) для раздачи ученикам. Стихотворение перепечатано в книге И. «Описание жизни и бессмертного подвига ‹...› Козьмы Минина, выбранное из исторических преданий» (1799), представляющей компиляцию из «Дополнений к Деяниям Петра Великого» *И. И. Голикова* (1790—1797, т. 1—18). За время пребывания в Пскове И. собрал обширный рукописный и печатный материал по истории города и подготовил «Историческое описание города Пскова и его древних пригородов с самого их основания ‹...› составленное из многих древних летописцев, надписей, записок и российской истории» (1790—1795, ч. 1—6; ч. 1 издана в 1794 в Нижнем Новгороде). Очевидно, в 1790-е гг. И. написал большинство стихов, включенных им в книгу «Разные стихотворения, сочиненные во Пскове Н... И...», а напечатанные другом его В‹асилием› С‹опиковым›» (изд. не ранее 1800). В целом для поэзии И. характерна религиозно-философская тематика: раздумья над скоротечностью жизни и тленностью всего сущего, размышления над нравственными проблемами и т. д. В ряде произведений заметно влияние *М. М. Хераскова*; в текст стихотворения, посвященного Минину, включены большие цитаты из «Россияды». Язык И. сильно славянизирован, стиль довольно архаичен. С 1800-х гг. И., по-видимому, отошел от литературной деятельности и работал только над своими «Воспоминаниями» (доведены до 1810), представляющими значительный историко-культурный интерес. Мемуары написаны более простым и живым слогом, чем собственно литературные произведения И.

Лит.: *Ильинский* Н. С. Воспоминания моей жизни. — Рус. арх., 1879, № 12; *Круглый А.* Из зап. Н. С. Ильинского. — Там же; Пб. некрополь, т. 2 (1912).

Н. Д. Кочеткова

ИНОГРАДСКИЙ Василий Александрович [между 1771 и 1773, Москва—1813 (?)]. Происходил из духовного звания; учился в Славяно-греко-лат. академии, где занимался словесными науками и лат. языком; затем был переведен в Моск. гл. нар. уч-ще, здесь изучал арифметику. С 19 сент. или окт. 1793 (по др. данным — с 19 окт. 1791*) И. был определен учителем первого класса в частное Арбатское уч-ще (Москва), впосл. переведен учителем второго класса в «Вознесенскую, что на Гороховом поле», школу, а позднее в этой же должности возвращен в Арбатское уч-ще, где преподавал до 1813, дослужившись до чина титул. советника (ЦГИА, ф. 730, оп. 1, № 159, л. 43—44; *№ 191, л. 191—192; № 192, л. 165—166; ф. 1349, оп. 4, 1813 г., № 55, л. 228—229). В 1814 место учителя математических наук, которое он занимал в училище, было вакантным; с 26 дек. 1814 эту должность исполнял его брат Григорий (ЦГИА, ф. 1349, оп. 4, 1817 г., № 55, л. 19—20).

И. написал волшебно-рыцарский «восточный» роман «Низверженный Зелул, образец злобы, или Жизнь и редкие приключения восточного принца Клеоранда и принцессы Зефизы» (1794, ч. 1—2; 2-е изд., тит. 1795). В этом произведении низовой литературы повествуется о борьбе отважного и доброго царевича со злым, мстительным волшебником, бывшим королем, свергнутым за злодеяния с престола, который после него занимает добрый правитель, отец царевича. Роман представляет собой эклектическое нагромождение сюжетов и мотивов, типичных для галантно-героических и волшебных жанров (битвы с исполинами-людоедами, волшебные превращения, талисманы, чудесное оружие, похищения, видения и т. п.). Пройдя через тяжкие испытания, царь Добрад и царевич Клеоранд познают, «сколь любезна небесам добродетель и мерзок пред ними порок» (ч. 2, с. 254—255). Нравоучительно-аллегорический смысл всех злоключений героев разъясняет в кон. романа «истукан Перунов», объявляя, что бедствия на людей он насылает с «воспитательной» целью: «... я чрез них наставляю на стезю правды блудящих во тьме нечестия, изымаю погрязших в пучине зол, и закосневших во грехе исправляю, и показую прямый путь к небесам» (ч. 2, с. 268). Наряду с религиозной моралью, в романе проповедуется идеал просвещенного, справедливого государя, учреждающего «на правилах мудрости основанные законы», изгоняющего от престола лесть, лицемерие и корыстолюбие. Наслав на Добрада и Клеоранда несчастия, «истукан Перунов» преподает им урок, «что и цари равному с прочими подлежат жребию, а потому и не должны гнушаться подобными себе человеками» (там же).

Лит.: Сиповский. Очерки, т. 1, вып. 2 (1910).

В. Д. Рак

ИОАНН (Ал*е*ксеев) см. Алексеев И.

ИОАНН (Кременецк*и*й) см. Кременецкий И.

ИОАНН (Максимови*ч*) см. Максимович И.

ИОАСАФ (Заболотский) см. Заболотский И.

ИОИЛЬ (Быковский) см. Быковский И.

ИОНА (Павинский) см. Павинский И. Д.

ИОСИФ (Кречетовский) см. Кречетовский И.

ИСАЕВ Иван Исаевич [1751—после 1803]. Сын пономаря. С 1757 обучался в Александро-Невской дух. семинарии и в 1767 был назначен «инспектором» (помощником префекта из семинаристов) (ЦГВИА, ф. 314, оп. 1, № 4059, л. 8—9). С 1782 преподавал «правила российского красноречия, грамматики и правописания» в Сухоп. шлях. корпусе (ЦГИА, ф. 730, оп. 1, № 66, с. 5а). Преподавательская деятельность И. прерывалась лишь в 1784—1788, когда он работал корректором в корпусной типографии.

И. перевел с лат. «Нравоучительную философию» (1783) Ф.-Х. Баумейстера, популяризатора метафизико-телеологической теории Лейбница — Вольфа о предустановленной гармонии мира. Книга использовалась в качестве учебника и неоднократно переиздавалась.

И. известен также как популяризатор К. Линнея, переводы сочинений которого он печатал в «Новых ежемес. соч.» (1790—1791, ч. 51—53). Из них наиболее интересно «Естественное любопытство» — перевод отдельных глав из «Amoenitates Academicae», включавшего отрывки из сочинения Линнея «Отчет о Эландском и Готландском путешествии» и диссертаций его учеников.

Л. Ф. Капралова

Научное издание

СЛОВАРЬ РУССКИХ ПИСАТЕЛЕЙ XVIII ВЕКА

Выпуск 1 (А—И)

*Утверждено к печати
Институтом русской литературы
(Пушкинский Дом) АН СССР*

Редактор издательства Т. А. Лапицкая
Художник Л. А. Яценко
Технический редактор Н. А. Кругликова
Корректоры Е. А. Гинстлинг, Н. И. Журавлева,
А. Х. Салтанаева и Г. В. Семерикова

ИБ № 21118

Сдано в набор 14.12.87. Подписано к печати 08.12.88. М-42165. Формат 60×90^1/$_{16}$. Бумага офсетная № 1. Гарнитура обыкновенная. Печать высокая. Усл. печ. л. 22.5. Усл. кр.-от. 22.5. Уч.-изд. л. 34.73. Тираж 20 000. Тип. зак. № 2303. Цена 2 р. 20 к.

Ордена Трудового Красного Знамени издательство «Наука». Ленинградское отделение. 199034, Ленинград, В-34, Менделеевская лин., 1.

Ордена Трудового Красного Знамени Первая типография издательства «Наука». 199034, Ленинград, В-34, 9 линия, 12.

ЛЕНИНГРАДСКОЕ ОТДЕЛЕНИЕ
ИЗДАТЕЛЬСТВА «НАУКА»
ГОТОВИТ К ВЫПУСКУ КНИГИ:

С. И. Николаев.
Польская поэзия в русских переводах второй половины XVII—первой трети XVIII в. 15 л., 1 р., план 1989 г.

В книге прослеживается становление стихотворного перевода в России в XVII—первой трети XVIII в. Впервые в научной литературе анализируются переводы Я. Кохановского, С. Твардовского, В. Коховского, С. Х. Любомирского и других польских поэтов эпохи Возрождения и барокко. Исследование сопровождается научной публикацией неизданных переводов.

Проблемы изучения русской литературы: (XVIII век. Вып. 16). 20 л., 2 р. 40 к., план 1989 г.

Сборник содержит доклады, прочитанные и обсужденные на всесоюзной научной конференции «Итоги и проблемы изучения русской литературы XVIII века», проходившей в Институте русской литературы. В нем освещаются актуальные проблемы изучения литературы XVIII в.: взаимодействие европейских литератур, становление отдельных жанров, развитие журналистики и литературных направлений XVIII в.; подводятся итоги изучения творчества крупнейших писателей XVIII в. Привлечен большой архивный материал, часть которого впервые вводится в научный оборот.

КНИГИ ИЗДАТЕЛЬСТВА «НАУКА» МОЖНО ПРЕДВАРИТЕЛЬНО ЗАКАЗАТЬ В МАГАЗИНАХ КОНТОРЫ «АКАДЕМКНИГА», В МЕСТНЫХ МАГАЗИНАХ КНИГОТОРГОВ ИЛИ ПОТРЕБИТЕЛЬСКОЙ КООПЕРАЦИИ

Для получения книг почтой заказы просим направлять по адресу:

117192 Москва, Мичуринский пр., 12. Магазин «Книга — почтой» Центральной конторы «Академкнига»;

197345 Ленинград, Петрозаводская ул., 7. Магазин «Книга — почтой» Северо-Западной конторы «Академкнига»

или в ближайший магазин «Академкнига», имеющий отдел «Книга — почтой»:

480091 Алма-Ата, ул. Фурманова, 91/97 («Книга — почтой»);
370005 Баку, Коммунистическая ул., 51 («Книга — почтой»);
232600 Вильнюс, ул. Университето, 4;
690088 Владивосток, Океанский пр., 140 («Книга — почтой»);
320093 Днепропетровск, пр. Гагарина, 24 («Книга — почтой»);
734001 Душанбе, пр. Ленина, 95 («Книга — почтой»);
375002 Ереван, ул. Туманяна, 31;
664033 Иркутск, ул. Лермонтова, 289 («Книга — почтой»);
420043 Казань, ул. Достоевского, 53 («Книга — почтой»);
252030 Киев, ул. Ленина, 42;
252142 Киев, пр. Вернадского, 79;
252030 Киев, ул. Пирогова, 2;
252030 Киев, ул. Пирогова, 4 («Книга — почтой»);
277012 Кишинев, пр. Ленина, 148 («Книга — почтой»);
343900 Краматорск, Донецкой обл., ул. Марата, 1 («Книга — почтой»);
660049 Красноярск, пр. Мира, 84;
443002 Куйбышев, пр. Ленина, 2 («Книга — почтой»);
191104 Ленинград, Литейный пр., 57;
199034 Ленинград, Таможенный пер., 2;
194064 Ленинград, Тихорецкий пр., 4;
220012 Минск, Ленинский пр., 72 («Книга — почтой»);
103009 Москва, ул. Горького, 19а;
117312 Москва, ул. Вавилова, 55/7;
630076 Новосибирск, Красный пр., 51;
630090 Новосибирск, Морской пр., 22 («Книга — почтой»);
142284 Протвино, Московской обл., ул. Победы, 8;
142292 Пущино, Московской обл., МР «В», 1;
620161 Свердловск, ул. Мамина-Сибиряка, 137 («Книга — почтой»);
700000 Ташкент, ул. Ю. Фучика, 1;
700029 Ташкент, ул. Ленина, 73;
700070 Ташкент, ул. Шота Руставели, 43;
700185 Ташкент, ул. Дружбы народов, 6 («Книга — почтой»);
634050 Томск, наб. реки Ушайки, 18;
634050 Томск, Академический пр., 5;
450059 Уфа, ул. Р. Зорге, 10 («Книга — почтой»);
450025 Уфа, Коммунистическая ул., 49;
720000 Фрунзе, бульв. Дзержинского, 42 («Книга — почтой»);
310078 Харьков, ул. Чернышевского, 87 («Книга — почтой»).